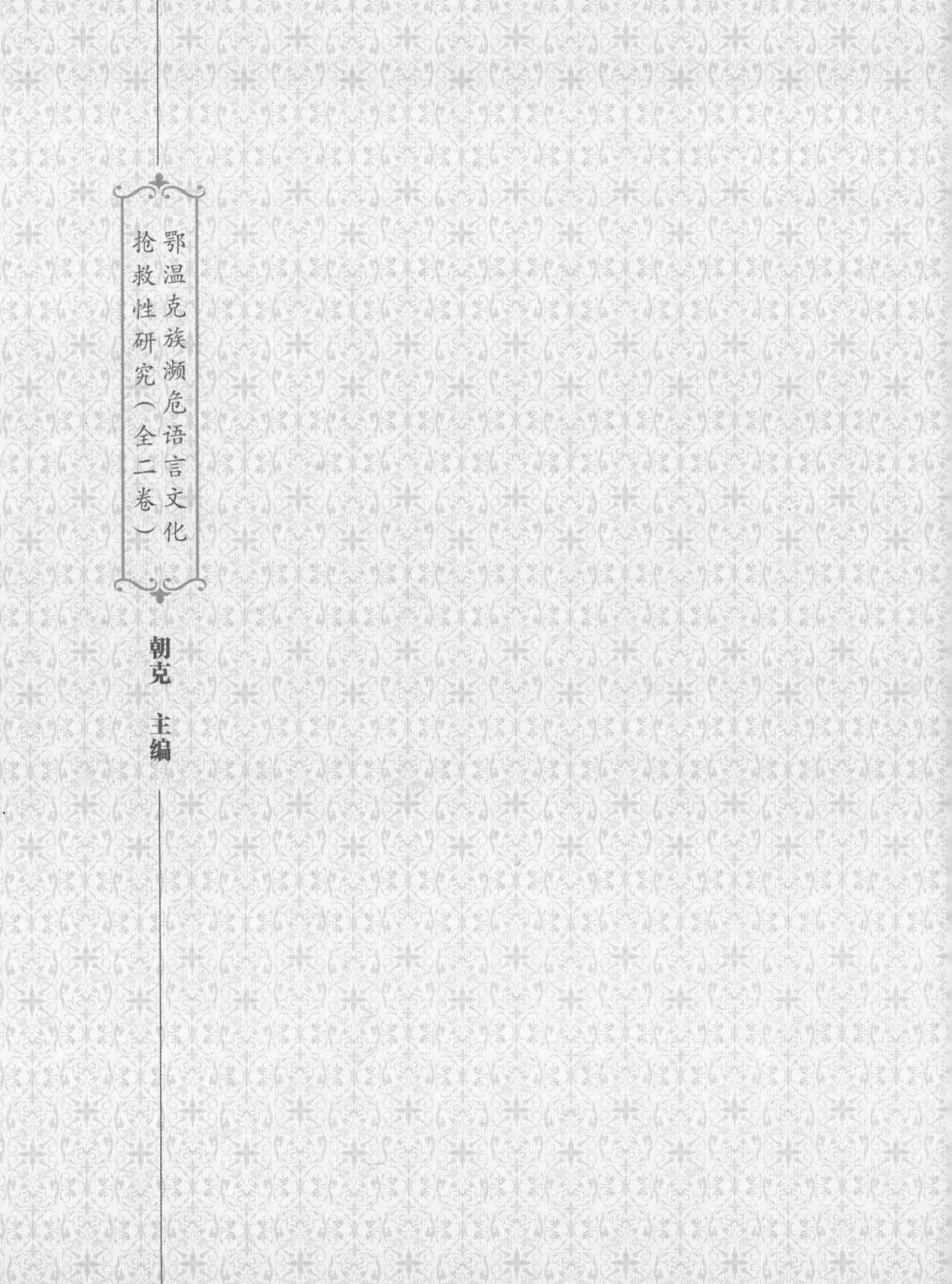

鄂温克族濒危语言文化抢救性研究（全二卷）

朝克 主编

杜拉尔鄂温克语词汇

朝克　娜佳　塔米尔　著

目 录

前　言	001
一　杜拉尔鄂温克语语音系统	001
1. 元音	001
2. 辅音	003
3. 音节	006
4. 语音和谐及词重音	006
二　杜拉尔鄂温克语基本词汇	008
1. 名词	008
2. 代词	120
3. 数量词	122
4. 形容词	126
5. 动词	139
6. 副词及虚词类词	179

三　杜拉尔鄂温克语词汇索引·················187

四　杜拉尔鄂温克语汉译词汇索引···············269

五　杜拉尔鄂温克语基本词汇英文索引·············353

参考文献·························427

后　语··························429

前 言

国家社科基金重大委托项目"鄂温克族濒危语言文化抢救性研究"子课题"杜拉尔鄂温克语词汇",是以内蒙古自治区呼伦贝尔市莫力达瓦达斡尔族自治旗(以下简称"莫旗")杜拉尔鄂温克民族乡的鄂温克语为调查对象,经过多次实地调研获取的第一手基本词汇为基础,编写完成的词汇集。杜拉尔鄂温克民族乡位于莫旗西北部、南连宝山镇、西临阿荣旗得力其尔乡、北接鄂伦春自治旗诺敏镇、东隔诺敏河与莫旗库如奇乡及阿尔拉镇接壤,占地面积达到530平方公里。该鄂温克民族乡三面环山一面环水,依山傍水、土地肥沃、物产丰富,是发展温寒带地区农业和牧业产业,以及经营作为传统产业的林业和渔业的理想沃土。同时,也是开发地方特色旅游产业的好地方。改革开放以来的40年里,杜拉尔鄂温克民族乡抓住时机,强有力地推动了地方性自主产业,以及地方特色一系列新兴产业,进而获得了相当丰厚的经济利益。当然,我们在田野调研时也发现,随着地方市场的日益活跃和开放,一系列新兴产业的不断发展壮大,该地区外来人口数量也逐年增多,外来文化影响也不断扩大。这些变化给本地区鄂温克族地传统文化,包括对他们的母语使用带来了严重冲击和负面影响。这使他们的本民族语言很快进入濒危。特别是近些年伴随我国科学技术的突飞猛进,广播电视电脑手机的不断普及,现代主流语言文化的影响变得越来越大,这些是杜拉尔鄂温克语从濒危日益走向严重濒危的根本原因。毫无疑问,这一现实情况给课题组对杜拉尔鄂温克语现存口语基本词汇进行实地调研,以及搜集整理工作带来了诸多不便。

根据课题组掌握的第一手调研资料,杜拉尔鄂温克民族乡的鄂温克族先民早在17世纪中叶就在杜拉尔河流域形成一定居住规模,并开始经营温

寒带地区农业和畜牧业生产活动。清朝初期这里只有"杜拉尔"（dular）、"杜克塔尔"（duktar）、"萨玛基日"（samagir）三个自然屯，隶属布特哈总管衙门管辖，但从康熙二十八年开始布特哈总管衙门移至尼尔基北的宜卧奇后屯。杜拉尔鄂温克族作为清政府索伦部兵营编内成员，他们还参加了诸多保卫疆土、打击入侵者、镇压叛乱武装力量等战役。与此同时，每年还要完成清政府繁重的纳贡任务。民国时期，杜拉尔鄂温克族划为西布特哈总管公署和西布特哈设治局辖区，后又改为莫力达瓦旗公署管辖。1946年莫力达瓦旗在杜拉尔生活区新设嘎查委员会，1956年11月18日成立了杜拉尔鄂温克民族乡。该乡西北是山岳地带，中部和南部有缓坡丘陵，东部有草牧场及诺敏河，所属地带为长方形地理结构。这里的气候属于温寒带大陆性半湿润气候，无霜期约为110天。而且，低山次生林植被为多，特别是有极其富饶的多种乔木、灌木、柞树林地，林地面积达到39万亩。还有24.8万亩的耕地面积，10.7万亩的自然草场。除此之外，辖区内还有纵横交错的大小河流和星罗棋布的大小湖泊，水域面积达到2.4万亩。

杜拉尔鄂温克族的"杜拉尔"（dular 或 dulaar）一词源于"杜拉尔"这条小河名，杜拉尔小河是诺敏河的支流，也就是穿越杜拉尔鄂温克民族乡的小河流。这里的鄂温克族世居于杜拉尔小河两岸，所以就叫他们杜拉尔河岸边生活鄂温克人，鄂温克语就叫 dulartʃen 或 dulaartʃen。可以看出，在"杜拉尔"dular 或 dulaar 后面，接缀了 -tʃen 这一从名词派生名词的构词词缀，由此派生出新名词 dulartʃen 或 dulaartʃen。早期的鄂温克人基本上都说 dulaar，把第二音节的元音 a 发作长元音 aa。依据阿尔泰语系语言语音缩合现象及其演变规律，满通古斯语族语言构词原理来分析，dulaar 一词的原来语音结构形式有可能是 *dulagar "清澈的"，后来产生了 *dulagar > *dula'ar > dulaar > dular 式语音变化。简言之，词中 aga 这一语音形式出现 *aga > *a'a > aa > a 是音变。这也是阿尔泰语系语言里普遍存在语音缩合现象。其实，在鄂温克语构词系统里，派生名词的构词词缀 -tʃen "千"主要表示"人们"之意。很显然，表示"杜拉尔河"的 dular 或 dulaar 后面接缀 -tʃen 之后，派生出来包含有"杜拉尔河流域的人们""杜拉尔河岸边的人们""杜拉尔河的人们"的名词 dulartʃen 或 dulaartʃen。该名词的构成原理应该是：

```
dular ─────┐                      ┌─── dular-tʃen ⇒ dulartʃen
           ├─ + -tʃen "人们" =     ┤
dulaar ────┘                      └─── dulaar-tʃen ⇒ dulaartʃen
"杜拉尔河"                             "杜拉尔河的人们"
```

说实话，课题组在实地调研时掌握的形容词内，如同 dulaar > dular 一样，两个相同短元音间的辅音 g 的脱落而出现长元音现象，后来长元音又演化为短元音的 *aga 类型语音缩合式音变实例有不少。例如：

tʃotʃor =*tʃotʃogor > *tʃotʃo'or > tʃotʃoor > tʃotʃor "竖的"
tonər =*tonəgər > *tonə'ər > tonəər > tonər "稳重的"
ʥəkir =*ʥəkigir > *ʥəki'ir > ʥəkiir > ʥəkir "古怪的"
netʃur =*netʃugur > *netʃu'ur > netʃuur > netʃur "腥的"

不难看出，以上四个形容词 tʃotʃor "竖的"、tonər "稳重的"、ʥəkir "古怪的"、netʃur "腥的" 均属于由原来的 *tʃotʃogor、*tonəgər、*ʥəkigir、*netʃugur，经过 *ogo > *o'o > oo > o、*əgə > *ə'ə > əə > ə、*igi > *i'i > ii > i、*ugu> *u'u> uu >u 式语音演变而来的产物。实际上，除了杜拉尔鄂温克语之外，其他鄂温克语方言土语中，也包括满通古斯语族语言，甚至在阿尔泰语系语言内也都有类似语音缩合式音变现象，称其为辅音 g 之脱落语音缩合音变原理，对此也有专门研究的学术论文。所以，在此不展开讨论相关语言的类似音变实例。另外，在这里还有必要解释的是，鄂温克族历来喜欢随大小河流而居。很有意思的是，他们内部不同分支的称呼、不同方言土语的说法，乃至包括不同族群的称谓，往往要依据某一大小河流来命名。比如说，像鄂温克语族不同方言土语的 olguyatʃen、mərgəltʃen、imiŋtʃen、huytʃen 等都是指称生活在美丽富饶的"敖鲁古雅河"（olguya）、"莫日格勒河"（mərgəl）、"伊敏河"（imiŋ）、"辉河"（huy）岸边生息繁衍的不同方言土语或不同分支的鄂温克人。

我们在前面说过，名词 dulartʃen 主要表示"杜拉尔河的人们"等词义，但后来人们就把 dulartʃen 的词义解释为"杜拉尔鄂温克人"。如此说来，人们会问杜拉尔河的"杜拉尔"（dular）一词是什么语、什么词？表示什么意思呢？毫无疑问，这是鄂温克语，是形容词，主要表示"清澈透明的"意思。很显然，杜拉尔河的 dular 这一形容词在人们的思想意识里已经有了"清澈透明之河"的概念。事实上，杜拉尔河就是一条"清澈透明的小河"，它横穿杜拉尔鄂温克族生活的辽阔大地。根据我们的调研资料，这里的鄂温克人叫"杜拉尔河"时，一般都说 dular birkan 或 dulaar birkan。也就是说，"杜拉尔"（dular 或 dulaar）后面，还要使用表示"小河"之意的 birkan 一词。毋庸置疑，dular birkan 或 dulaar birkan 是称"杜拉尔小河"。现在也有人将"杜拉尔河"就叫作 dular birkan 或 dulaar birkan，但说 dular birkan 的要比叫 dulaar birkan 的多。尽管如此，人们称呼生活在杜拉尔河岸边的鄂温克人时，一般都不叫 dular birkan-tʃen > dular birkantʃen，而是省去 birkan "小河"一词后，直接叫 dular-tʃen > dulartʃen，或者就说 dular əwəŋki "杜拉尔鄂温克族""杜拉尔鄂温克人""杜拉尔鄂温克"等。

在杜拉尔河流域成立乡一级行政机构及辖区时，遵循该地区鄂温克人的意愿，将乡名定为杜拉尔鄂温克民族乡。该乡隶属莫力达瓦达斡尔族自治旗管辖，距该旗政府所在地尼尔基镇83公里。杜拉尔鄂温克民族乡有10个行政村，生活着鄂温克族、达斡尔族、鄂伦春族、蒙古族、满族、朝鲜族、回族、汉族等民族。全乡有3274户人家，总人口为7913人。然而，作为主体民族的鄂温克人只占该乡总人口的9%左右。再说，这些鄂温克族主要居住在杜克塔尔和后沃尔奇两个鄂温克民族村，除此之外，像吾都海拉松和查哈阳及前沃尔奇三个村是达斡尔族聚居村落，另外像瓦西格奇、特温浅、尼西空海拉松、西沃尔奇、初鲁格奇五个村内汉族人口占绝对多数。所以，这里把吾都海拉松、查哈阳、前沃尔奇三个村，以及瓦西格奇、特温浅、尼西空海拉松、西沃尔奇、初鲁格奇五个村称为达斡尔村或汉族村。我们掌握的调研资料还表明，杜拉尔河流域生活的鄂温克族先民，根据不同季节的轮回和气候的变化，以及生产生活的实际需求，主

要从事畜牧业、农业、狩猎业、采集业、森林木料采伐业等多种生产活动。其中，畜牧业和农业生产是主业，而狩猎业、采集业、森林木料采伐业属于副业，他们一般在畜牧业和农业生产休闲季节进行。18世纪中叶起，由于战争与边境冲突，加上人们无休止地进行狩猎、采集、森林原木砍伐，该地区很难依靠传统产业维系生计。这种情况下，畜牧业和农业生产自然而然地成为主要产业。特别是19世纪中叶以后，外来移民的逐年增多，加上战争灾难的不断升级和外国列强随心所欲的挥霍，使杜拉尔鄂温克族生活区域作为副业经营的传统产业雪上加霜，像狩猎业、采集业、森林木料采伐业受到致命破坏，可是他们一户一家经营的畜牧业和农业生产却发挥了意想不到的重要作用。而且，这一生产生活模式一直延伸到新中国的成立。20世纪80年代开始，不断强化自然资源保护、生态保护、环境保护意识，进而启动了环保工程、天然林资源保护工程、森林生态保护工程等。同时，野生动物保护法，以及相关政策规定的不断完善，该地区传统意义上的副属性产业狩猎、采集、原木采伐等行业先后退出历史舞台，取而代之的是以家庭、家族为主或合办形式兴起的不同内容、不同形式、不同规模、不同层级的农业种植业、野菜野果种植业、农副产品加工业、农机设施设备服务业、家庭畜牧养殖业、名目繁多的小型食品加工业和服务业及其旅游业等。所有这些，对于本地传统意义上的农业生产及产业结构的科学调整、生产方式的全面提升和现代化生产手段的快速提高，不断走向更广阔更深入更理性的市场经济发挥了十分重要的作用，促使该地区经济社会获得可持续长足发展。与此相关，像野生动植物的人工养殖，包括淡水水产品及其鱼类养殖等副属性产业同样得到快速发展。

众所周知，鄂温克族是一个跨境民族，除了在我国的内蒙古自治区呼伦贝尔市、黑龙江讷河市、新疆伊犁等地区生活之外，在俄罗斯的远东和西伯利亚地区、蒙古国查嘎坦地区、日本也有鄂温克族。而且，俄罗斯的鄂温克族还使用由斯拉夫字母创制的民族文字，主要用于教学和记录本民族历史文献文化资料。鄂温克语属于阿尔泰语系满通古斯语族通古斯语支语言，该语言在语音、词汇、语法等方面均有十分明显的结构性特征，以及十分复杂又自成体系的语法形态变化系统。尤其是在语音形态变化和语法形态变化上，展现出极其丰富而严谨的结构关系及内部规律。或许正因

为如此，一直以来引起国内阿尔泰语言学专家学者的极大关注，进而国内外专家学者从不同程度、不同层面、不同角度展开过富有成效的调查研究，也取得了鼓舞人心的学术业绩。尤其是从20世纪60年代以后，俄罗斯、美国、日本、韩国、欧洲等国家和地区的专家学者，先后培养多了名鄂温克语研究高端人才，并对我国鄂温克语研究事业做出了相当重要的学术贡献，相关成果在海外陆续发表和出版。我国学术界，从20世纪50年代开始做了大量实地调查，搜集了不少弥足珍贵的语音、词汇、语法资料，但其研究成果自20世纪70年代末以后才大量公开发表和出版。另外，在20世纪八九十年代，我国鄂温克语专家学者还做了富有成效的补充调研，在新的调研资料基础上新发表不少论著。尤其可贵的是，国家社科基金重大委托项目将"鄂温克族濒危语言文化抢救性研究"这一课题委托给我们，使鄂温克族濒危或严重濒危的语言文化研究工作得以全面、全范围展开，同样取得了鼓舞人心的学术业绩，很大程度上展示了我国在此学术研究领域的领军态势以及学术权威性、前瞻性、代表性和话语权。杜拉尔鄂温克民族乡的鄂温克族使用的鄂温克语，也就是所谓的杜拉尔鄂温克语属于鄂温克语索伦方言的杜拉尔土语，对于杜拉尔鄂温克语的调研虽然始于20世纪80年代初，可是研究成果近几年才得以公开发表和出版。

　　就如上文所说，我国境内的鄂温克族没有本民族文字，所以杜拉尔鄂温克民族乡的鄂温克族学生几乎从幼儿时期开始通过汉语汉文学习文化知识，参加工作或走向社会的人们也都使用汉语汉文。其结果是他们的母语受到很大影响，母语使用者越来越少，反过来从孩童到老年人都十分流利地使用汉语和达斡尔语，一些人还会说蒙古语，还会使用蒙古文。可想而知，所有这些使杜拉尔鄂温克语使用变得越来越边缘化，并很快进入严重濒危状态。现在只有上了年纪的老年人才会较流利地使用母语，其他人的母语功能已经退化到很不完整的程度，甚至到了不会用母语交流的地步。

　　杜拉尔鄂温克语虽然属于鄂温克语索伦方言，但由于长期受达斡尔语和汉语的直接而广泛影响，该地区鄂温克语词汇中不仅借入了大量汉语和达斡尔语词汇，同时他们口语语音系统及其语法结构等方面也出现一定程度的变化。比如说，元音音位只有 a、ə、i、e、o、u 六个短元音和 aa、əə、ii、ee、oo、uu 六个长元音，却没有阴短元

音 ɵ 与 ʉ 及其阴长元音 ɵɵ 和 ʉʉ，而且元音和谐原理不像辉河鄂温克语①那么严格而有规律，还出现了一系列复合元音。另外，在辅音音位方面，有词首出现的 k 音，辉河鄂温克语没有这一语音现象，词首不使用辅音 k。像辉河鄂温克语的"儿媳妇"（hʉhiŋ）、"烟袋"（hattagga）等，在杜拉尔鄂温克语里要发音成 kukin、kartərgə。还有，词尾多数情况下都使用的鼻辅音 n，鼻辅音 ŋ 的使用率较低。像辉河鄂温克语的"父亲"（amiŋ）、"母亲"（əniŋ）等在杜拉尔鄂温克语中发为 amin、ənin。与此同时，重叠辅音在杜拉尔鄂温克语里出现得不多，而在辉河鄂温克语中有一定出现率。在词汇方面，也表现出一些特别之处，像"婴儿"（kudam）、"树皮"（kəər）、"耳塞"（hunug）、"包"（koligi）等是杜拉尔鄂温克语具有的代表性词汇。

再说，该地区的鄂温克语中与农村生活、温寒带农业生产词语相当丰富。在语法方面也是如此，尽管语法形态变化现象差异不是太明显，但由于已进入严重濒危状态，许多语法形态变化现象变得模糊不清，甚至丢失了不少语法内容和含义。总而言之，伴随严重濒危，杜拉尔鄂温克语在语音、词汇、语法等方面出现许多变化。更严重的是，他们的年轻人基本上不使用母语，而是都改用了汉语或达斡尔语。只有个别青少年，会说一些简单不过的几句日常用语，更多的时候使用汉语或达斡尔语。很有意思的是，在我们实地调研时，一些青少年跟我们讲，他们虽然不会说母语，但都能够听懂母语。然而，我们将老人讲的杜拉尔鄂温克语基本词汇，以及简单会话资料拿出来让他们听的时候，他们对那些基本词汇及其会话资料的词义或内容却解释不清楚，基本上处于无意识、非认知状态。对于个别词语，个别人只是似懂非懂。

杜拉尔鄂温克人在数百年的历史进程中，用自己勤劳的双手和聪明智慧创造了诸多地方性文化。同时，也创造了具有强烈农耕文化特色的萨满信仰、神话传说与口头文学，以及传统民风民俗。除此之外，他们还创造

---

① 辉河鄂温克语是指鄂温克语索伦方言的代表性土语，索伦方言的音位系统就是根据辉河土语的鄂温克语语音音位来确定的。所以，索伦方言也称辉河方言。

了充分体现杜拉尔鄂温克人美好心愿的、极其丰富的物质文化世界。然而，随着以主流语言为核心的大一统世界的不断形成，以及电视广播电脑手机的不断普及，加上从村落社会成员到家庭亲属成员的不断变迁和变化，杜拉尔鄂温克族用生命和信仰传承的一切精神、物质的文明，无一例外地面临濒危。不过，人们通过语言资料及相关词语，能够感悟到先民用共同的劳动和智慧创造的弥足珍贵的精神世界和物质世界。进而可以从心灵深处真切感受到，杜拉尔河流域孕育并传承的狩猎文化、采集文化、森林文化、畜牧业文化、温寒带农业文化、以万物有灵论为核心的崇拜大自然的萨满信仰文化等的深刻内涵。然而，就是这些十分珍贵而不可再生的古老文化和文明，以及它们的表述形式和符号系统却日益走向消亡。这不能不说是人类的一种遗憾和悲剧，为此我们应该下大力气进行抢救和保护。毋庸置疑，杜拉尔鄂温克严重濒危语言和非物质文化遗产的抢救性搜集整理与永久保存，对于研究该地区历史文明，传统意义上的生产生活、衣食住行、风土人情、文化教育、伦理道德、思想意识、宗教信仰等均有重要的学术价值、学术影响、学术意义。这也是课题组不辞辛苦地反复多次到杜拉尔鄂温克族生活区，深入开展实地调研的目的和使命所在。

从某种角度讲，杜拉尔鄂温克语研究在国内外还处于空白，到目前为止还未见过国内外专家学者发表或出版的有关杜拉尔鄂温克族语言文化方面的研究成果。特别是杜拉尔鄂温克语研究，更是没有见过任何刊发的论著。虽然国内鄂温克语专家分别于1984年、1993年、2006年和2014年先后四次到杜拉尔鄂温克民族乡，对杜拉尔鄂温克语进行过很有价值的田野调查，并搜集整理了相当数量的语音、词汇、语法等第一手资料，也做过一些有价值的分析研究。[1] 但是，一直到中国社科院研究生院博士研究生娜佳的博士学位论文《杜拉尔鄂温克语研究》[2]于2017年11月作为中国社会科学院创新工程成果，以及国家社科基金重大委托项目"鄂温克族濒危语言文化抢救性研究"子课题成果公开出版之前，没有任何研究论著发

---

[1] 中国社会科学院鄂温克族语言文化专家朝克于1984～2014年多次到杜拉尔鄂温克民族乡做田野调研，搜集并整理了上百万字的鄂温克语语音、词汇、语法，以及口语、会话、民间故事资料。

[2] 娜佳：《杜拉尔鄂温克语研究》，社会科学文献出版社，2017。

表。自 2008 年国家社科基金重大委托项目"鄂温克族濒危语言文化抢救性研究"启动之后，从 2015 年开始课题组先后多次到杜拉尔鄂温克族生活区，对严重濒危的鄂温克语进行了多次补充调查，搜集整理到过去的调研中被忽略或没有涉及的一部分口语词汇记语法资料，在此基础上撰写完成了《杜拉尔鄂温克语词汇》一书。有必要指出的是在完成这部书稿时，于 20 世纪八九十年代搜集整理的杜拉尔鄂温克语词汇资料等起到十分重要的作用。

总而言之，由于杜拉尔鄂温克语已全面进入严重濒危状态，许多基本词语已经被遗忘或丢失，即使在早期收集整理的词汇提示下开展词汇调研，也会遇到对于母语词汇记忆断片或完全想不起来的情况。在这种情况下，课题组成员只能够用已成为他们母语词汇组成部分的汉语借词或达斡尔语借词取而代之。从这个角度来说，30 年前收集到的杜拉尔鄂温克语词汇资料变得十分珍贵，同时也为完成这一国家社科基金重大委托项目子课题发挥了不可忽视的重要作用，对抢救保护严重濒危的杜拉尔鄂温克语词汇等产生了深远影响。

伴随我国经济社会的日益快速发展，尤其是边疆少数民族地区改革开放的深度和广度不断扩大，杜拉尔鄂温克族在特定生存环境、生活条件、生产活动中，用共同的智慧创造的独特词汇符号、语法关系、语言文化受到了致命的冲击和影响。令人感到遗憾的是，杜拉尔鄂温克语词汇中具有很强代表性的、本土性的、地域性的有关温寒带山林地区自然现象、自然变化、自然规律等方面的词语，有关温寒带山林地区山河湖泊、森林草原、草木花草植被、飞禽走兽及各种野生动物和昆虫方面的词语，有关温寒带山林地区畜牧业及农业生产方面的词语等日益被遗忘和丢失。尽管我们手里有 20 世纪八九十年代搜集整理的基本词汇，以及 21 世纪初收集到的一些词汇资料，但还是没有达到全面系统彻底搜集杜拉尔鄂温克语所有词汇的目的。对此我们认为，除了杜拉尔鄂温克族地区外来移民不断增多，以及主流语言文化不断渗透的直接影响，还与传统生产关系、生产内容、生产方式、生产手段的不断变革，以及传统生活及其文化的不断变迁等均有千丝万缕的关系。许多传统生产生活、传统文化内涵、传统语言词汇，逐渐被现代生产生活、现代文化内涵、现代主流词汇取代。在这一现实面前，

作为社会交际语言也会随着社会发展发生变化，进而导致弱势语言群体的母语交流。毋庸置疑，这也是鄂温克族母语交流变得越来越少，母语使用空间变得越来越窄的客观因素。

  我们调研时还发现，杜拉尔鄂温克语词汇系统内有许多与他们历史文化与文明，包括传统意义上生存观念、生活态度、生命哲学、思想理念、伦理道德、审美价值、人生追求、宗教信仰密切相关的内容，甚至有他们独到的理解和解释，给予我们许多启示和思考。课题组成员深刻感悟到，对于严重濒危的杜拉尔鄂温克语词语展开搜集整理和分析研究工作，不只是需要语言学、语音学、词汇学、语法学等方面的知识和理论，同时还需要语用学、语言接触学、语言变迁学，乃至需要自然环境学、气候学、地域学、生命科学、历史学、社会学、哲学、宗教学等方面的诸多综合知识和理论。反过来讲，杜拉尔鄂温克语词汇系统的完整记录和搜集整理，对于该地区自然现象、自然环境、动植物及生态研究，对于我国兴安岭地区早期人类活动的历史文化的研究，对于温寒带山林地区生产生活的研究，以及与此相关的口头传承文学和非物质文化遗产的保护和抢救等，均有极其重要的现实意义和长远的学术价值。同时，对于严重濒危的杜拉尔鄂温克语的永久保存，对于弘扬其优秀而传承文化与文明，增强民族凝聚力等方面同样具有不可忽视的重要学术意义。

一　杜拉尔鄂温克语语音系统

作为阿尔泰语系满通古斯语族通古斯语支北语支语言的杜拉尔鄂温克语，在语音方面具有鲜明的独到之处，有长短对应的六套元音音素，辅音音素根据不同发音方法与发音部位被分为不同结构类型。该地区鄂温克语还有元音和谐现象，请看下文的分析和论述。

1. 元音

杜拉尔鄂温克语主要有6个短元音和6个长元音。而且，相互对应的短元音和长元音，在发音方法和发音位置上完全相同。

6个短元音是 a、ə、i、e、o、u。
6个长元音是 aa、əə、ii、ee、oo、uu。

杜拉尔鄂温克语里 a 与 aa、ə 和 əə、i 同 ii、e 跟 ee、o 与 oo、u 同 uu 6对短元音和长元音在发音方法及发音部位上，没有什么区别性特征，基本上保持了相互的一致性和相同性。比如：

a ~ aa ⇨ 舌面后展唇低元音
ə ~ əə ⇨ 舌面中展唇央元音
i ~ ii ⇨ 舌面前展唇高元音
e ~ ee ⇨ 舌面前展唇次高元音
o ~ oo ⇨ 舌面后圆唇次高元音
u ~ uu ⇨ 舌面后圆唇高元音

杜拉尔鄂温克语 6 对短元音和长元音均可用于词首、词中、词尾。相比之下，长元音在词尾使用得较少，一般都在词首或词中出现，使用率也没有短元音那么高。反过来讲，短元音不仅有十分广泛的使用面，同时有很高的使用率。

表 1　杜拉尔鄂温克语 6 对短元音和长元音在词里具体使用情况

元音	词首	词中	词尾
a aa	akin 哥哥 aakin 肝脏	sabdara 月亮、tarali 姑舅 saawun 霜、ilaan 光	ilga 花、tala 桦树皮 talaa（远指的）那里
ə əə	əkin 母亲 əəkin 肺子	pəntu 鹿茸、gurəldʒi 蛐蛐 kəər 树皮、dʒəettə 粮食	iigə 角、hudə 草原 ələə（近指的）这里
i ii	ilaan 光 iigə 角	oʃitto 星星、ərin 时间 tiinug 昨天、giitʃən 狍子	irgi 尾巴、əri 这 əlgii 邋遢的
e ee	eger 麻烦的 eerittə 污垢	ʃedal 能力、dolgen 浪 ʃeerən 虹、haleer 韭菜	agde 雷、suuge 皮裤套 seer 胸椎
o oo	olgen 猪 oonne 胳肢窝	tontoke 啄木鸟 oroogto 草、oroon 顶	dʒolo 石头 omoo 木槽子
u uu	ukur 牛 uugga 初乳	daawukkun 近 muulu 江、tolguur 柱子	haʃenku 刷子 dʒuu 家

以上元音音位在具体使用中均有严格意义上的词义区别功能和作用，如果使用时出现错误就会直接影响词义结构及其内容，造成词义表达的不精确或词汇使用方面的混乱，请看下面的例子：

　　ani 相当　　ane 年　　　one 处女
　　adi 几个　　ədi 丈夫
　　əkin 姐姐　　akin 哥哥
　　kuda 价格　　kudə 草原　　kudu 僵硬的
　　əri 这　　　iri 哪个
　　al 裤裆　　əl 葱　　　el 无情的　　ol 桦树　　ul 空袋子

ir 地洞　　　　or 行李
arin 洁净的　　ərin 时间　　orin 二十
əru- 坏　　　　əri 这
akin 哥哥　　　aakin 肝脏
əkin 姐姐　　　əəkin 肺子
taa- 拉　　　　tii- 放走
ʥee 空隙　　　ʥoo 一百　　ʥuu 家
oron 驯鹿　　　oroon 屋顶　　ooron 做
tuurə- 读　　　tuuru- 迷路

  以上我们只是列举了一小部分区别词义的相关语音形式及其词汇，其实在杜拉尔鄂温克语中这样的例词还有很多。也就是说，一些词虽然在发音上极其相近，但一定要认真区别其存在的语音差异，千万不能混淆，否则就会给我们的语言交流、词义表达，造成不必要的损失。杜拉尔鄂温克语的短元音系统看似简单容易掌握，实际上该结构系统有其自身的严肃性、严谨性和精确性，在实际应用中每个短元音都必须按照其发音方法合理并准确地进行区分和使用。另外，该语言里，短元音的使用面要比长元音广，使用率也要比长元音高。长元音绝大多数是出现于词中，更准确地将多数是在词的第一音节或第二音节出现，在词首或词尾出现得较少。不过，在单音节词里，有一定出现率。在这里还有必要说明的是，一些长元音再具体发音时往往被发音成半长元音。还有一种现象是，随着杜拉尔鄂温克语中汉语借词数量的不断增多，长元音的使用率也在逐渐提高。比如说，loobu "萝卜"、intoor "樱桃"、ʥool "笊篱"、ʃeer "口香糖"、luusə "炉子"等。

2. 辅音

  杜拉尔鄂温克语有 b、p、m、w、d、t、n、l、r、s、ʥ、ʧ、ʃ、

j、g、k、h、ŋ 18 个辅音音位。该语言的辅音，无论从发音方法还是在发音部位上，甚至是在具体使用方面，都比元音复杂得多。4 个双唇音、6 个舌尖音、3 个舌叶音、4 个舌面音、1 个小舌音。根据这 18 个辅音在发音方法与发音部位方面表现出的不同情况、不同特点，以及其内部的区别关系，可以将它们从以下几个角度进一步分类为如下几种：

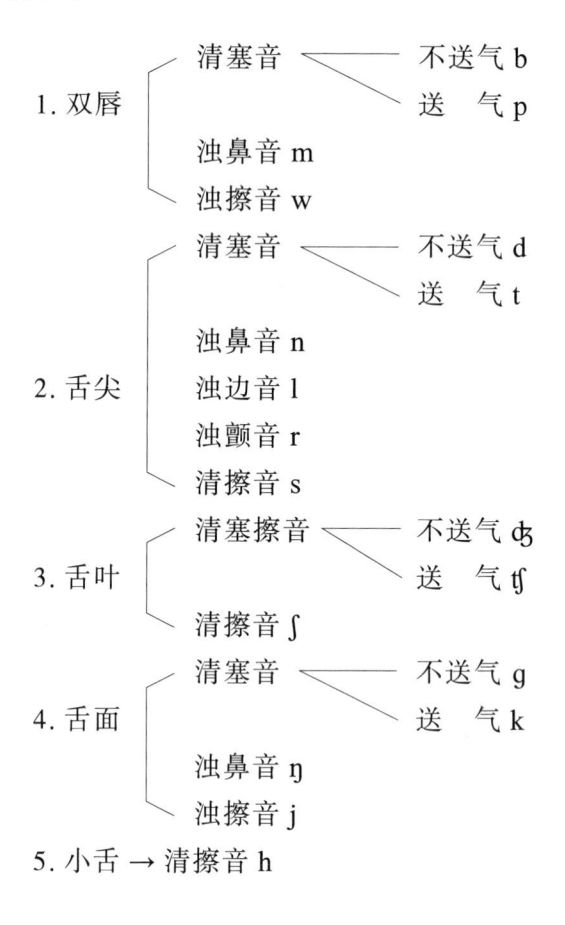

1. 双唇
   - 清塞音 —— 不送气 b / 送 气 p
   - 浊鼻音 m
   - 浊擦音 w

2. 舌尖
   - 清塞音 —— 不送气 d / 送 气 t
   - 浊鼻音 n
   - 浊边音 l
   - 浊颤音 r
   - 清擦音 s

3. 舌叶
   - 清塞擦音 —— 不送气 ʤ / 送 气 ʧ
   - 清擦音 ʃ

4. 舌面
   - 清塞音 —— 不送气 g / 送 气 k
   - 浊鼻音 ŋ
   - 浊擦音 j

5. 小舌 → 清擦音 h

表 2　杜拉尔鄂温克语辅音在词中使用实例

辅音	词首	词中	词尾
b	bəj 人	aba 父亲、laibar 脏的	ʃib 彻底

续表

辅音	词首	词中	词尾
p	pantʃiran 生气	apuran 黏稠、kopirtʃa 褶子	dələp 爆裂的
m	muʉ 水	amila 北、əmərən 来	əəm 药
w	walirin 红	daawukkun 近的、awur 空气	əw 技巧
d	daram 腰	ada 姐姐、kodir 井	mad 完全
t	tari 他	bitig 书、tatiran 学习	həgət 树尖刺
n	naalla 手	ane 年、naunuki 鹅	əkin 姐姐
l	lartʃi 叶子	ələ 这里、tarali 姑舅	aŋgal 人口、əl 葱
r		tərərəŋ 战胜、əri 这	ʃewar 泥
s	su 你们	asaran 赶走、əsə 没有	ʥas 冬天的柴火
ʥ	ʥolo 石头	əʥin 主人、amʥi 湖	təʥ 真确
tʃ	tʃaasun 纸	kutʃin 力气、atʃa 旅行包	
ʃ	ʃaŋirin 黄	niʃukun 小、əʃi 现在	əʃ 把儿
j	jalən 三	aji 好、ʥijatʃi 福气	bəj 人
k	kəwər 野外	akin 哥哥、soloki 狐狸	ʃirik 细线
g	gurun 国家	sagaran 挤奶、ʃigun 太阳	tug 冬天
h	həŋkə 黄瓜	noohoŋ 马驹	buh 凡是
ŋ	ŋom 宗教戒律	ʃaŋirin 黄	dalaŋ 河堤

　　表 2 的例词告诉我们杜拉尔鄂温克语辅音里除了 r 不出现词首，tʃ 一般不出现词尾之外，其他辅音均可在词首、词中、词尾出现。加上语音缩合现象的不断增多，以及汉语等外来借词的不断借入，该语言里福音连续使用实例也不断增多。再说，在汉语借词等中，辅音 r 也有在词首被使用的情况。比如说，rəmmimbi "人民币"、rəsuitʃi "热水器"、rili "日历" 等有不少。另外，像 b、p、m、w、d、t、s、ʥ、tʃ、ʃ、j、g 等辅音在词尾的出现率都不是太高，有的只是在单音节词里出现。我们的分析还表明，杜拉尔鄂温克语的这些辅音里，使用率最高的是 b、d、t、n、l、r、s、g、k，其次是辅音 m、ʥ、tʃ、h，像辅音 p、w、ʃ、j、ŋ 的使用率都不是很高。而且，辅音 b、m、w、d、t、n、l、s、ʥ、j、g、k、h 可以用于词的任

何位置。

3. 音节

杜拉尔鄂温克语的音节分为单音节和多音节两种结构类型，把单音节构成的词叫单音节词，单音节词主要由某一元音为核心构成。有两个或两个以上元音为主构成的词叫多音节词，其中包括两音节词、两音节词、三音节词、四音节词、五音节词、六音节词、七音节词、八音节词等，甚至有十音节的多音节词。事实上，词的音节基本上由元音数量来决定，也就是说词里有几个元音，就应该分几个音节。这里所说的元音，包括单元音、长元音、复元音等。正因为如此，我们区分词的音节时，主要依据词中使用的元音数量来判定。从田野调查词汇资料来看，杜拉尔鄂温克语词汇中绝对多数是多音节词，单音节词只占该语言基本词汇中的很小一部分。比如说，单音节词有 oo "是"、ur "丘陵"、əl "葱"、ʃi "你"、ʤuu "家"、bəj "人"、tog "火"等。多音节词中的两音节词[①]有 əri(ə-ri) "这"、akin(a-kin) "哥哥"、dawa (da-wa) "山岗"、sorso(sor-so) "韭菜花"、solget(sol-get) "蔬菜"；三音节词是 agderəŋ(ag-de-rəŋ) "雷声"、səwərə(sə-wə-rə) "毛毛雨"、sabdara(sab-da-ra) "雨点"；四音节词为 ukulʤirəŋ (u-kul-ʤi-rəŋ) "发烧"、niʃukukuŋ(ni-ʃu-ku-kuŋ) "细小的"等。除了上述提及的两音节词、三音节词和四音节词外，杜拉尔鄂温克语中有些词在词尾接缀各种复杂多变的形态变化语法词缀后，派生出的五音节词以上的多音节词。不过，在该语言的多音节词里三音节词为主，基本词汇中两音节词和三音节词占多数。

4. 语音和谐及词重音

杜拉尔鄂温克语的元音和谐现象十分复杂。虽然，其元音内部也

---

① 两音节词也叫双音节词。

分阳性元音（a、aa）、阴性元音（ə、əə）以及中性元音（i、ii、o、oo、u、uu、e、ee）等。可以看出，分类为阳性元音和阴性元音类型的是各属一个短元音和长元音，其他短元音和长元音均属于中性元音。从这一点我们能够看出，该语言的元音和谐现象并不十分严谨。相对而言，比较简单。根据我们掌握的语音资料，阳性元音 a、aa 及阴性元音 ə、əə 等，除了在阳性元音和阴性元音内部各自产生和谐关系外，还可以同中性元音 i、ii、o、oo、u、uu、e、ee 发生和谐现象，比如说，（1）阳性元音的和谐实例有：naala"手"、birkaŋ"小河"、hatʃtʃoŋku"河蟹"、awur"空气"、galle"蛔虫"等；（2）阴性元音的和谐实例有 mərmətə"猫头鹰"、məərə"公狗"、gurəs"野兽"、merdə"豹"、dəgi"雀"、solgektə"菜"等；（3）中性元音同阳性元音和阴性元音的和谐现象，从以上阳性元音和中性元音的和谐，以及阴性元音同中性元音的和谐实例中均能够看得很清楚，在此不一一举例。不过，在这里应该强调指出的是，杜拉尔鄂温克语中阳性元音和阴性元音，除极个别的借词之外，基本上不同时出现于某一个词。另外，我们还发现，该语言的词汇，属于同一个音位的短元音和长元音音素和谐构成的词有不少，比如说，haalahanan"改变"、gələərən"请求"、giikin"老鹰"、ogtʃoon"鱼"、muulu"江"、tʃelegen（tʃeleyen）"望远镜"等。总之，杜拉尔鄂温克语有较为严谨的元音和谐规律，并在该语言的语音系统中发挥着较为重要的作用。

　　再说，该地域的语言同样有词重音现象，而且基本上落在词的第二音节元音上，或落在词的前三音节的长元音上面。如果第一音节和第二音节都是长元音的话，词重音要落在第二音节的长元音上。

二 杜拉尔鄂温克语基本词汇

词汇表格的第一栏是杜拉尔鄂温克语词汇的汉译词、第二栏是杜拉尔鄂温克语基本词、第三栏是英译词。表格对于杜拉尔鄂温克语基本词汇，根据其词汇结构特征，紧密结合调研中搜集整理的基本词汇的具体情况，进行了名词、代词、数词、形容词、动词及副词和虚词类词等方面的分类。不过，在名词部分中包括方向方位词、时间词和一些专用词及个别常用借词等。

1. 名词

汉语	杜拉尔鄂温克语	英语
天空	dilə bog	sky
空气	awur	air
天气	bog	weather
太阳	ʃigun / ʃogon	sun
阳光 / 光	ilaan	sunshine
光阴	ənin	time
晨光	təmərə ərdə	dawn
光亮	gəgən	light
黎明	ʥabka tala / iinərən	dawn
月亮	biaga	moon
月光	biaga ilan	moonlight
月牙	koltoko biaga	crescent

续表

汉语	杜拉尔鄂温克语	英语
圆月	tukuren / biaga ʥalutʃa	full moon
星星	oʃikto	star
北斗星	nadan oʃikto	the Big Dipper
启明星	tʃolpon	venus
牛郎星	amin oʃikto	altair
织女星	əmin oʃikto	vega
流星	garpa	meteor
风	ədin	wind
龙卷风	orgel	tornado
雨	odon	rain
雨点	sabdara	raindrop
甘雨	nəmər	a good rain after a long drought
毛毛雨	səwərə	drizzle
大雨	udu odon	heavy rain
暴雨	jəwkən / əŋkuwun	rainstorm
虹	ʃeerən	rainbow
云	tugsə / tugs	cloud
彩云	walirbin tugsə	iridescent clouds
霞	walirin tugsə	rosy clouds
晚霞	ʃigun tikiʥir ərin	sunset glow
雾	talma / munun	fog
气	aur	mist
瘴气	sajin	miasma
霭气	manan	brume
烟气	manan	smoke
露水	ʃirus	dew
白露	saan	white dew
寒露	saawutʃi	cold dew
霜	saawun	frost

续表

汉语	杜拉尔鄂温克语	英语
霜冻	gəktin	frost
雪	jamanda	snow
雪片	jamun / jamu	snowflake
暴风雪	ʃaurug / udu jaman	blizzard
雪面微冻	tʃargin	partially freezing snow
春雪凝冻	tʃartʃi	freezing spring snow
冰雹	baani / booni / mundur	hail
闪电	talen / talegeŋ	lightning
雷	agda / arde	thunderclap
雷声	agderan	thunder
气候	ərin	climate
地	bog / bogo	earth
地面	gag	ground
地壳	kabkar	crust
地势	arbun	terrain
地脉	sudagan	ley
地理	nagan	geography
地球	oʃigan	the earth
地洞	ir / sobkor / solpon	a hole in the ground
地震	bog gulguwun	earthquake
自然界	səsəər / baigan	nature
土	tukul / tokol	earth
领土	təgə	territory
尘土	tuaral / tualla	dust
尘埃	tuasa	dust
飞尘	dəgdiwun / borgin	flying dust
泥	ʃewar	mud
泥泞	lakʃir	mire
水沟	goo	ditch

续表

汉语	杜拉尔鄂温克语	英语
石头	ʥolo / ʥol	stone
青石	hadar / kuku ʥolo	bluestone
岩石	had ʥolo	rock
磐石	ukur ʥolo	rock
打火石	hagga / tog ʥolo	flint
河流石	ara / hair ʥolo	river stone
小石子	niʃukun ʥolo	pebble
沙子	ʃoloktan / ʃilukta	sand
沙粒	iŋa / ʃirdal	sand
沙漠	ʃoloktan maŋka / maŋkar	desert
沙丘	maŋkar	dune
戈壁	gordo / gorbi	gobi
平原	tal / kəwər	plain
野外	kəwər / kudə	wilderness
山	ur / urə	mountain
大山	udu ur / gogdo ur	great mountain
矮平山	talaka ur	low mesa
山岭	dawa	mountain
岩山	hadar	rock
山顶	oroon / dawa diilə	cliff
山尖峰	tʃokto / urni sugur	mountain peak
半山腰	uri dolin	hillside
山坡	kumə / kudə	hillside
山陡坡	dawa	steep slope
山缓坡	nalu	hill slope
丘陵	urkut	hill
悬崖	əktʃir	cliff
陡壁	kerə	cliff
山岳	solko	mountain

续表

汉语	杜拉尔鄂温克语	英语
山梁	aluhan	ridge
山梁尽头	urdan	at the end of ridge
山肋	urtʃi	mountainside
山斜坡	antugu	mountain slope
山口	uryi am	mountain ridge
小山梁	ʥidən	ridge
山坡	antugo	hillside
山岗	dawa	hill
山陡坡	ʃeʥu	dangerous mountain slope
山阳坡	antaha	adret
山阴坡	bosog	ubac
山脚	bəələg	foot of a mountain
山根	urbutʃi / urniŋkə	foot of a mountain
山弯	dərən / yokun	winding mountain
山谷	jokun / ur aləha	valley
山洞	agun	cave
岩山	kad	rocky hill
荒山	haltʃug	barren mountain
山沟	aluhan	ravine
山缝	wəjir	crack in a mountain
山道	tʃodononto / ʥookto	mountain pass
山区	ur bog	mountain area
桥洞	guldu	bridge opening
涵洞	gulgun	culvert
窟窿	saŋaal / sagan	hole
穴	irə	hole
鼠洞	atʃigtʃan saŋaal	rathole
水	muu	water
瀑布	uʃkur	waterfall

续表

汉语	杜拉尔鄂温克语	英语
海	dale	sea
海滩	dale iŋga	beach
海边	dale kətʃi	seaside
海啸	dale ədir / suugan	tsunami
海湾	məgdən	bay
海岛	baagtʃa	island
大洋	lamu	ocean
潮水	orgeel / oreel	tide
浪	dalgan	wave
大浪	dolgen	large wave
浪水	tʃalgin	wave
波澜 / 波涛	ərən	billow
水纹	iraldʒi	ripple
鱼形水纹	iral	ripples caused by fish
湖	amdʒi	lake
江	muulu / niŋe / nəmin / muri	river
河	bira / bir	river
小河	birkan	brook
河床	moŋgor	riverbed
河口	daabtu	estuary
河岸	ərgi / nəəki	river bank
河坡	əgəl	river slope
河滩	iŋgakta	river shoal
河崖	nəəki / ketʃi	river bluff
河汊	ajan	branch of a river
河床	ərgilə / ərə	river bed
河沟	ogur	brook
河湾子	baakan	bend in the river
河源	dərən	river source

续表

汉语	杜拉尔鄂温克语	英语
水流 / 河流	ajən	river
上游	dərən / dəgə	upstream
下游	ərgilən	downstream
支流	salaa jən	tributary
河坝 / 堤	dalaŋ	dam
临时堤坎	urgin	mattress used in dyke construction
河对岸	bargila	the other side of the river
土坝	ba	earth dam
沙滩	inaguŋ	river shoal
溪	birakuŋ	creek
漩涡	orgel / horgel	whirlpool
激流	ʃurgun	torrent
激流不冻处	hair	ice-free part caused by torrent
流动水	əjən	running water
湍流	dalban	turbulence
洪水	galʤo muu	flood
湖泊	əlgəŋ	berth
死水	hargi	stagnant water
蓄水池	sawabku	tank
池塘	əlgəlʤə	pond
潭	tʃalbag	pond
泉	bulag / bular	spring
井	kodir	well
沟	dadə	ditch
渠	dərəən	canal
渡口	bogoŋ	ferry-place
沼泽	saltʃir	swamp
沼泽地 / 湿地	hurug bog	swamp
水泡	goombos / gomoso	bubble

续表

汉语	杜拉尔鄂温克语	英语
水面绵苔	noŋgar	moss floating on the water
水点	sabdar	water spot
冰	umugsu	ice
冰片	musubtʃi	a sheet of ice
冰冻	gəgti	freezing
冰窟窿	ʃii / sowon	ice hole
淹凌水	buuge	flooded with icy water
闸	amgag	lock
火	tog	fire
无焰火	dol	flameless fire
火光	ilaagan	fire
火星	oʃi	Mars
火盆	kobun	brazier
火夹子	kabtʃir	fire clip
灰	uləbtən / tualla	ash
烟（冒）	saŋŋən	smoke
浓烟	aagin / atruni saŋŋən	heavy smoke
金子	alta	gold
铜	gaoli	copper
红铜	geegən / walirin gaoli	copper
黄铜	ʃaŋirin gaoli	brass
铁	səl / kasu	iron
钢	gaŋ	steel
锡	giban	tin
银子	muŋgun	silver
铅	todʒ	lead
铁丝	urə	iron wire
铁锭	hadan	iron ingot
铁皮	tepel	iron sheet

续表

汉语	杜拉尔鄂温克语	英语
煤	jaaga	coal
木炭	dalga / jaaga	charcoal
宝	bobəi	treasure
玉	has	jade
翡翠	soŋgo	jadite
玛瑙	mana	agate
琥珀	bosir	amber
水银	giltahor	mercury
钻石	alimar	diamond
珍珠	tanar	pearl
鸡石	goldʒon	chicken stone
动物	amitan	animal
野兽	gurəs	wild beast
象	sawun	elephant
虎	tasag	tiger
公虎	marta	male tiger
母虎	mərtə / uutʃə tasag	tigress
彪	targas	young tiger
狮子	arsalaən	lion
豹	merdə	leopard
黑豹	konnor merdə	panthers
白豹	saa merdə	white leopard
金钱豹	kirkis	leopard
海豹	ləpu	seal
貂	sarki	mink
公貂	luŋgu	male mink
母貂	aihi	female mink
豺	masku	jackal
狼	guskə	wolf

续表

汉语	杜拉尔鄂温克语	英语
狐狸	soloki	fox
白狐狸	tʃindaha	white fox
沙狐	kiras	corsac
狸	əlbun	raccoon
猞猁	tibdʒik / kibdʒik	lynx
小猞猁	luka	young lynx
貉子	əlbəhi	raccoon
熊	ətərkən	bear
一岁熊	əmtuhu	one-year-old bear
二岁熊	dʒuutuhu	two-year-old bear
棕熊	naʃi	brown bear
公棕熊	amigan	male brown bear
母棕熊	ənigən	female brown bear
黑熊	modʒihe	black bear
公黑熊	ətugən	male black bear
母黑熊	matugan / sari	female black bear
猩猩	abgan / bəj gurəs	orangutan
猿	saran	ape
猴	monio / mojo	monkey
犀牛	iha	rhinocero
野骆驼	boor	wild camel
野马	hər morin	wild horse
野骡子	tʃiktu	wild mule
鹿	homhan / bogo	deer
四不像	orooŋ	milu deer
公鹿	saha	buck
母鹿	sahakan	doe
鹿羔	iŋtʃihaŋ	baby deer
一岁鹿	anka	one-year-old deer

续表

汉语	杜拉尔鄂温克语	英语
二岁鹿	ʥinka	two-year-old deer
三岁鹿	unka	three-year-old deer
驼鹿	handakan	moose
驼鹿羔	inga	baby moose
一岁驼鹿	tooho	one-year-old moose
三岁驼鹿	anami	three-year-old moose
母驼鹿	əmijən	female moose
公驼鹿	amijan	male moose
马鹿	ajan	red deer
梅花鹿	boɡ	sika deer
驯鹿	oroon	reindeer
狍子	giitʃən	roe deer
公狍	neraŋtʃi	male roe deer
母狍	saraŋtʃi	female roe deer
二岁狍	ʥusan	two-year-old roe deer
三岁狍	ujan	three-year-old Roe Deer
黄羊	ʥəɡrən / ʥuurə	Mongolian gazelle
黄羊羔	iŋʥiha	baby Mongolian gazelle
公黄羊	ono	male Mongolian gazelle
母黄羊	onokon	female Mongolian gazelle
獐子	ʃirga	river deer
公獐	argat	male river deer
母獐	argatkan	female river deer
獐羔	marga	baby river deer
獾子	həwər / əwər	badger
猪獾	maŋgis	hog-nosed badger
老獾	ahda	old badger
獾崽	jandag	baby badger
青鼬	harsa	weasel

续表

汉语	杜拉尔鄂温克语	英语
艾鼬	kurən	polecat
兔子	tuksəki / tauli	rabbit
白兔	tʃindaka	white rabbit
野兔	mamku	hare
刺猬	səŋge	hedgehog
鼠兔	okton	pika
老鼠	atʃigtʃaŋ	mouse
鼬鼠	sologi	weasel
灰鼠	uluki	squirrel
松鼠	əlki	squirrel
田鼠	urbuki	vole
鼹鼠	sokormo	mole
跳鼠	alakdaha	jerboa
豆鼠	ʤombor	bean mouse
盲鼠	nomo	blind mouse
鼯鼠	dowi	flying squirrel
黄鼠狼	soloki / soolge	yellow weasel
野猪	torki	wild boar
大野猪	ajtan	large wild boar
公野猪	ətigun	male wild boar
母野猪	atigun	female wild boar
野猪崽	miktʃa	wild boar cub
出生几月的野猪	surgan	few months old wild boar
一岁野猪	noha	one-year-old wild boar
二岁野猪	sorho	two-year-old wild boar
獠牙野猪	ajikta	wild boar with fangs
老野猪	təkun	old wild boar
猪	olgen	pig
白蹄猪	balda	white hoof pig

续表

汉语	杜拉尔鄂温克语	英语
公猪	buldu	boar
种子猪	atmal	boar
大公猪	jəlu	big boar
小公猪	bultugun	small boar
母猪	məgʥi	sow
老母猪	sagʥi	old sow
被阉母猪	soigur	castrated sow
猪崽	ʥilʥig	piglet
半岁猪	torgo	six months old pig
海獭	haligu	sea otters
水獭	muuluŋgə	otter
公水獭	amgi	male otter
母水獭	əmgi	female otter
水獭崽	boltu	baby otter
旱獭	tarbag	marmot
江獭	ləhərki	river otter
蝙蝠	lartuke	bat
飞禽	dəgi	birds
鸟	tʃibkan	bird
凤凰	gaərdi	phoenix
鸾	garuŋga	luan-a mythical bird like the phoenix
雁	nooniki / noonik	wild goose
鹈鹕	huta	pelican
鸨	todi	bustard
雀	ʥilʥimar	finch
百灵鸟	beldur	lark
麻雀	dargunda	sparrow
斑雀	tuutuge	spot bird
凭霄小鸟	tugi	bird in the sky

续表

汉语	杜拉尔鄂温克语	英语
水花冠红脖子鸟	tugeel	red neck bird with spray crest
朱顶红	ʧalikun	hippeastrum
苇鸟	huɳʧir	reed bird
元鸟	turaki	yuan bird
乌鸦	gawu / gaaki	crow
松鸦	iska	jay
花脖鸦	alaar gaaki	crow with colored neck
燕子	ʥelʥema / ʥilima	swallow
紫燕	ʃiwin	purple martin
寒燕	morin garasun	han yan / swallow
越燕	uriha	yue yan / swallow
喜鹊	saaʥig	magpie
老鹰	murgu / məəŋgə	eagle
苍鹰	giikin	goshawk
小鹰	geehu	eaglet
小黄鹰	ʥawukta	young hawk
鱼鹰	sawakta	osprey
老雕	hekʧən	eagle
白雕	gilbarin iska	white eagle
海青	ʃoŋkor	haiqing / gyrfalcon
海鸥	ʧabkuli	seagull
游隼	natʃin	peregrine falcon
燕隼	higgo	hobby
鸱鸮	uliŋʧi	strigiform
猫头鹰	mərmətə	owl
林鸮	humgi	earless owl
啄木鸟	tontoke	woodpecker
布谷鸟	gəkku	cuckoo
丹顶鹤 / 仙鹤	bulkir	red-crowned crane / crane

续表

汉语	杜拉尔鄂温克语	英语
丘鹬	jaksa	woodcock
鹬	sootʃal	snipe
灰鹤	toglo	common crane
鹳	uridʑi	stork
孔雀	todʑin	peacock
乌鸡	təglən	silkie
野鸡	korgol	pheasant
飞龙鸟/沙鸡	ito	dragon bird / sand grouse
鹨	sorkokto	pipit
鹭鸶	goʃike	grets
鹦鹉	todi	parrot
小体鹦鹉	iŋgər	small parrot
鹌鹑	bədunə	quail
鸥	gilgon	gull
秃鹫	taskar	vulture
狗鹫	jolo	dog eagle
鸳鸯	aruhan	mandarin duck
八哥	konnor todi	starling
画眉	boŋgon alaar ʃiibkan	thrush
黄鹂	gulin / gorgolde	oriole
白脖乌鸦	taawu	white neck crow
青鸦	garaki	green crow
戴胜鸟	əpəpi	hoopoe
斑鸠	honnobtʃi	turtledove
莺	jargi	warbler
蝙蝠	ələrdən	bat
鸡	kakara	chicken
小鸡	tʃurtʃu	chick
公鸡	amna	rooster

续表

汉语	杜拉尔鄂温克语	英语
母鸡	ənnə	hen
鹅	naunuki	goose
鹞	tʃilmən	harrier
天鹅	horʃel / orʃe	swan
鸭子	niiki / jaja	duck
黄鸭	aŋgir	yellow duck
小尾鸭	soʃil	small-tail duck
鸽子	tuutge	pigeon
猫	kəkə	cat
山猫	mala	bobcats
狗	iŋkin / jeŋkin	dog
公狗	məərə	male dogs
母狗	uktʃən	bitch
狗崽	haskan	the pups
小狗	haskan	puppy
四眼狗	durbə	four eye dog
玉眼狗	tʃargi	jade eye dog
白脖子狗	alga	white neck dog
白鼻梁狗	haldʒaəər	white nose dog
身高细长猎狗	taiga	tall and slender hound
藏獒	jolo	Tibetan mastiff
哈巴狗	baal	pug
牲畜	adus / agsun / adsuu	livestock
牲口	adus	livestock
牲畜胎	sutʃi	livestock / embryo
牛	ukur / əkur	cow
野牛	sarlan	wild ox
牤牛	bag / bahante / boho	bull
黄牛 / 阉牛	ərgəl	cattle / bullock

续表

汉语	杜拉尔鄂温克语	英语
无角牛	moktor	hornless cow
生牛	darbi	cattle
乳牛	unəgən	dairy cattle
牛犊	toktʃan	calf
二岁牛	itəm	two-year-old cattle
三岁牛	gonan	three-year-old cattle
四岁牛	dunən	four-year-old cattle
牦牛	sarlan	yak
水牛	muurlən	buffalo
羊	honin / konin	sheep
羊羔	hurb	lamb
公羊	hos	ram
母羊	bos	ewe
骟羊	iiggə	gelded sheep
山羊	imaga / imgan	goat
骆驼	təmə / təmgən	camel
马	morin	horse
出生几个月的马驹	inagan	few months old colt
马驹	noohon	colt
小马	daaga	pony
二岁马	tʃirbil	two-year-old horse
三岁马	gonon	three-year-old horse
四岁马	saktar	four-year-old horse
生马	əmdʒer	horse
种子马	adirgi	studhorse
骟马	arta	gelded horse
母马	gəgə	mare
骏马	huləg	steed
赛马	taiga	horse race

续表

汉语	杜拉尔鄂温克语	英语
白马	saaral morin	white horse
红马	ʤəərdə morin	red horse
红沙马	boorol morin	red horse
栗色马	hurin morin	chestnut horse
枣骝马	həjir morin	reddish brown horse
铁青马	bor morin	ashen horse
淡黄毛马	hoŋgor morin	yellowish horse
米黄毛马	ʃirga morin	beige horse
黑鬃黄马	kuala morin	yellow horse with black mane
干草黄马	kuawa morin	hay-yellow horse
海骝毛马	hailun morin	hailiu horse
黑青马	honnor morin	black grey horse
菊花青马	tolboktu morin	mottled grey horse
喜鹊青马	ulug morin	magpie-grey horse
豹花马	tʃuakar morin	leopard pinto
花斑马	algar morin	piebald horse
强性马	tʃaŋgar morin	fiery horse
温性马	nomoki morin	docile horse
劣性马	duaktʃin morin	inferior horse
驽马	haʃin morin	jade
笨马	ʤəiki morin	stupid horse
胆小马	oliha morin	timid horse
驴	əlʤig / əjgən	donkey
骡	luəs	mule
虫子	kolikan	insect
蝉	ʃurdu	cicada
蚕	iʃiktʃi	silkworm
蚕丝	ʃiliktʃi	silk
蝈蝈	gurəlʤi	katydisd

续表

汉语	杜拉尔鄂温克语	英语
蜜蜂	ʤəktə	bee
黄蜂	iigiktə	wasp
马蜂	morin iigiktə	wasp
蝴蝶	bəlbəti	butterfly
小蝴蝶	doondoku	small butterfly
蛾	əəpəlʤi	moth
扑灯蛾	pupəlʤi	flapping moth
萤火虫	ʤotʃiba / gilwəlʤi	firefly
毛毛虫	ʤirimke	caterpillars
蜻蜓	təməni	dragonfly
苍蝇	dilukən / gilukən	fly
绿豆蝇	ilakta / nogon dilukən	mung bean fly
麻豆蝇	ila	madou fly
蛆虫	uŋgul	maggot
蚊子	narmuktu	mosquito
大黄蚊子	tatʃtʃig	slaping at yellow mosquitoes
蜘蛛	ataki	spider
黑蜘蛛	basa	black spider
虻	jarakta	horsefly
小黑蝇/小咬	uruŋkət / ʃogʃol	black flies (midge)
蝎子	isəl	scorpion
蜈蚣	miŋgaŋbul / uugun	centipede
螳螂	təməne	mantis
麒麟	sabiktu	kylin
尺蠖	tawlaŋka	geometrid
蠓	ojolʤi	midge
蟋蟀	taartake	cricket
蚂蚱	tʃitʃugnə / tʃigtʃukun	locust
蚱蜢	tʃaartʃa	grasshopper

续表

汉语	杜拉尔鄂温克语	英语
蝗虫	taaddahun / ara	locust
蝗蛹	unka	hoppers
蜣螂	saklan	dung beetle
蝲蝲蛄	lalagu	mole cricket
蚂蚁	iiriktə	ant
蟑螂	altaŋ holikan / gorilʥi	cockroach
蛔虫	galle / hulgin	roundworm
蚜虫	misun	aphid
蚂蟥	ʥəguktu	leeche
臭虫	waatʃi holihan	bedbug
跳蚤	suar	flea
虱子	kuŋkə	louse
虮子	kior	nit
蜱	biʃiktə	tick
狗虱	gubil	dog louse
白蚱	sər	white grasshopper
蚯蚓	məərtə	earthworm
蛇	kolen	snake
蟒蛇	lookta	python
龙	mudur	dragon
蛟	namida	flood dragon
壁虎	gurbəlʥi	gecko
蛙	joraki	frog
青蛙	morin joraki	frog
蝌蚪	iggilən	tadpole
鱼	oktʃon	fish
公鱼	ətugən	male fish
母鱼	atugan	female fish
鱼子	tursu	roe

续表

汉语	杜拉尔鄂温克语	英语
鱼卵鱼子	boltog / turgu	roe
鱼秧子	onir	fry
小鱼	nitʃa / ʤiram	small fish
鱼群	ʤirgalʤi / irgalʤi	shoal of fish
鱼鳔	ugar	maw
鱼鳍	səli	fin
前鳍	utʃika	front Fin
后鳍	ətkə	hind fin
鱼鳞	ʤakilta	fish scale
鱼鳃	səŋkəl	gill
鱼刺	haga	fishbone
鱼白	hoodot	milt
鱼油	nomiktʃi	fish oil
鲤鱼	murgu	carp
小鲤鱼	kəəlbən	little carp
鲶鱼	daaki	catfish
鲫鱼	kəltəg	crucian
狗鱼	tʃoolle	pike
鳊花鱼	haigu	bream
鲭鱼	usəl	mackerel
鳑鱼	takul	bitterling fish
鳟鱼	ʤəələ	trout
泥鳅鱼	nitʃa	loach
鳇鱼	aʤin	sturgeon fish
白鱼	sogʤin	white fish
金鱼	altaktʃon	goldfish
草根鱼	murgu	grassroots fish
细鳞鱼	sagʤin	lenok
红尾鱼（赤稍）	suŋga	red-tail fish (slightly red)

续表

汉语	杜拉尔鄂温克语	英语
柳根池	nitʃakta	the willow root pool
松花鱼	ogsoŋgi	songhua fish
牛尾鱼	ukur i	oxtail fish
葫芦仔鱼	arsa	bitterling fish
河鱼	ol / oktʃon	river fish
白鲮鱼	gilitun	white mud carp
重嘴鱼	dʒuukti	chongzui fish
鲟鱼	kirbə	sturgeon
大马哈鱼	hirta	salmon
黑鱼/鳗鱼	moroldʒi	blackfish / eel
干鲦鱼	sətʃə	dry dace
筋斗鱼	urtʃi	jindou fish
花季鱼	uaha	huaji fish
大头鱼	laksa	bullhead
方口鲂头鱼	dawaki	square mouth bitterling head fish
白漂子鱼	gilitʃan	white minnow fish
白带鱼	giliguktu	white hairtail
白鲦子鱼	nitʃakun	white minnow fish
白鲩鱼	uja	white grass carp
鲳鱼	taiku	butterfish
黄鱼	musər	yellow-fin tuna
鲸鱼	sargaldʒi	sea bream
鳝鱼	morgol	eel
鲹鱼	adar	scad
细鳞梭鱼	ugur	sweetlips barracuda
鳖鱼	ʃimgən	the long-tailed anchovy
鲈鱼	saham	perch
海马	arma	sea horse
河豚	koska	puffer

续表

汉语	杜拉尔鄂温克语	英语
海参	kiʤim	sea cucumber
鲨鱼	dəpu	shark
螃蟹	hakt͡ʃohe	crab
鳖 / 甲鱼	aiku	turtle / soft-shelled turtle
龟	kabil	tortoise
蚌	kisuh	mussel
海螺	purə	conch
螺	olgi	conch
贝	əhu	shellfish
虾	ɢarpan	shrimp
河蟹	hakt͡ʃoŋku / arbalʤi	crab
甲壳	habi	shell
獠牙	sojo	fang
马鼻梁	haŋt͡ʃaku	bridge of the horse nose
马鬃	dəl	horse's mane
马头鬃	hoholi	horse head mane
马脖鬃	dəlbur	mane
尾鬃硬毛	ʃilgasun / kilgasun	horse tail hair
马胸	duləki	horse chest
马奶	t͡ʃəɡən / moriŋ əkun	horse milk
马膝骨	takim	bone in horse's knee
马脚后跟	borbi	horse heel
马小腿	ʃilbi	horse shank
马蹄	toro	horses hoof
蹄心	omogon	center of the hoof
蹄掌	alka	horseshoe
尾巴	irgi	tail
马印子	doron	horseshoe print
角	iigə	antler

续表

汉语	杜拉尔鄂温克语	英语
角根	niiŋgi	antler root
鹿茸	pəntu	pilose antler
兽类下颏	baldak	animal jaw
兽类肷皮	sawi	animal belly skin
兽蹄	toro	animal hoof
爪子	sarbakta	paw
兽类指甲	uʃika	animal nail
翅膀	aʃige	wing
毛	jaŋsa / jaanta	hair
厚毛	luku	thick hair
短毛	noŋga	short hair
卷毛	oreŋga / mendas	cicinnus
绒毛	noŋgakta	villus
毛梢	solmi	hair tip
皮	wanda / naŋda	leather
皮毛	urdəhu	fur
狍皮	giitʃəbtʃi	fur of a roe
貂皮	bolgaktʃi	mink
黑貂皮	sahaktʃi	sable
猞猁狲皮	tibdʑiktʃi	fur of a lynx
狐狸皮	dokiktʃi / solokiktʃi	fur of a fox
羊皮	honiktʃi	sheepskin
山羊皮	imgaktʃi	goatskin
牛皮	ukuktʃi	cow leather
去毛皮	ilgin	unhaired hide
去毛鹿皮	buhi	unhaired deerskin
皮条	suar	thong
兽类乳房	dələn	animal breast
胎盘	təbku	placenta

续表

汉语	杜拉尔鄂温克语	英语
胚内血块	balakta	clot in embryo
兽胎	sutʃi	animal embryo
蛋	omokto	egg
蛋壳硬皮	tʃotko	crust of eggshell
蛋壳嫩皮	numur	membrane of eggshell
蛋清	omokto giltirin	egg white
蛋黄	omokto ʃaŋirin	yolk
羽毛	uŋgal	feather
尾羽	gindahu	tail feather
氄毛	uŋgakta	fine soft hair
鸟嘴	toŋko	beak
嗉囊	oŋgol	crop
鸟鸡胸脯	halʤa	bird chicken breast
斑纹	bədəri	fleck
兽尾白毛	kikdaka	white hair in animal tail
驼峰	bokto	hump
木/树	moodo / moo	wood / tree
苗	noŋgi / niʃukuŋ moodo	seedling
芽	sojolon	bud
种子	ur	seed
小树	noja	small tree
叶	lartʃi / labtʃi	leaf
嫩叶	nilaktʃa	tender leaf
树枝	gara / lawa	branch
枝梢	saalba	branch tip
茎	muʃi	stem
藤	ʤilga / tənsə	vine
树梢	tʃaalba	tip of a tree
树皮	kəər / tal	tree bark

续表

汉语	杜拉尔鄂温克语	英语
树嫩皮	əmkuri	tender tree bark
树根	niintə	root
树盘根	ureelʤi	packing of a tree
木墩子	uŋkur	a block of wood
树干	golomto	trunk
桅杆	ʃiktə	mast
树杈	sala	tree fork
树汁	uural	myron
汁液	suuktʃi	juice
柳絮	oŋgar	catkin
仁/籽	ur	kernel / seed
刺	gabkem	thorn
树节子	gətus	burl on a tree
树小节	gidus	branch knot
树包	buktu	tree knob
树疖	gəsu	tree furuncle
树孔	uŋal	tree hole
果子	tubgi	fruit
竹子	susu	bamboo
苇子	holsoŋ	reed
穗子	suihə	tassel
樟	ʤagdə	camphor
柏	mailasu	cypress
松树	irəktə	pine
水松	mogda	Chinese cypress
果松	holdo	Korean pine
落叶松	irəktə	larch
红松	narga / urəbtə	Korean pine
松树籽	tʃoorika / kuriktə	pine seed

续表

汉语	杜拉尔鄂温克语	英语
松树针	adgalʤi	pine needle
松脂	sakakta / saargan	turpentine
梧桐	hailasin	Chinese parasol
山桐子	ilko	idesia
桑树	nimakta	mulberry
白桦树	tʃaalban	silver birch
黑桦树	tibgur	black birch
桦树皮	tal / halikta	birch bark
柳树	bargan	willow
柳条	bargan	wicker
河柳	huhakta	dryland willow
红柳	waliriŋ bargaŋ / ʃirigtə	rose willow
杏树	guiləsu	apricot tree
梨树	ʃiluktə	pear tree
山核桃树	kutʃigan	pecan tree
杨树	ulihakta / ollo	poplar
槐树	hoŋgokto	locust tree
枫树	holokto	maple tree
芦苇	holson / holso	reed
山槐	gorokto	maackia
紫檀	ʤanda	red sandalwood
檀	tʃahur	sandalwood
楠木	anakta	nanmu
椴木	əriktə	basswood
枸树	kantahu	cotoneaster tree
柞树 / 橡子树	maŋgakta	oak tree / acorn tree
榛子树	ʃiʃaktani moo	hazelnut tree
稠李子树	iintəni moo	plum tree
山丁子树	uliktəni moo	malus baccata tree

续表

汉语	杜拉尔鄂温克语	英语
椿树	dalgasu	Chinese toon tree
杉树	ulaha	cedar
榆树	hailasun	elm
山榆	uʃiktə	mountain elm
冬青树	nooŋko	holly
椴树	nuŋgərtə	linden
水柳	irgasun	water willow
沙果树	alimakta	crabapple tree
枣树	sorkokto	jujube tree
山楂树	ʤisuktu	hawthorn
葡萄树	məʧmuktə	vine
山藤	ʤigagta	shanteng
山麻	onokto	shanma
野麻	hagikta	wild flax
蓖麻	damas	castor oil plant
花椒树	usəktə	Chinese prickly ash tree
树林	hos / ʃige / urtə	forest
密林	ʃige	jungle
灌木	boton / urtumoo	shrub
丛树	bota	trees
无皮古树	hokto	skinless old tree
朽木	ibtə	deadwood
棉花	kugun / hugun	cotton
花	ilga	flower
牡丹	mandarwa	peony
山丹	sarna	morningstar lily
海棠	ulaga	cherry-apple
菊花	udwal	chrysanthemum
芙蓉	sasurga	hibiscus

续表

汉语	杜拉尔鄂温克语	英语
荷花	badma	lotus
梅花	aril	plum blossom
杏花	guiləktə	apricot flower
兰花	tʃagirma	orchid
木兰花	mulga	magnolia
玉兰花	guŋku	uulan magnolia
紫罗兰	ʃiɲabal	violet
莲花	anar	lotus
桃花	toor igga	peach blossom
玫瑰花	samur	rose
丁香花	nimtə	lilac
茶花	ladagi	camellia
山茶花	saha	camellia
桂花	gabir	fragrans
水仙花	səŋgid	daffodils
月季花	sarni	China rose
四季花	ərilən	the four seasons
鸡冠花	ulbildʒi	cockscomb
金钱花	girga	daisy
金盏花	giltuna	pot marigold
瑞香花	sabir	Daphne odora
杜鹃花	səŋkir dʒi	azalea
百合花	gilotʃi	lily
水葱花	muklən	scirpus
茉莉花	məlgir	jasmine
迎春花	honokto	winter jasmine
玉簪花	puntogor	Hosta flower
红花	ulibaldʒi	safflower
芍药花	soongor	Chinese peony

续表

汉语	杜拉尔鄂温克语	英语
蔷薇	saŋhogtʃi	rose
罂粟花	daanga	poppy
芦花	uraŋga	reed catkin
花心	dʒilha	center of a flower
花瓣	əltus	petal
花苞	boŋko	(flower) bud
草	orookto	grass
草坪	nogo	lawn
草原	tala / hudə	prairie
茅草	kagi	thatched
青草	nogorol	grass
荒草	seldʒi	weed
紫草	dʒamur	lithospermum
狗尾草	kari	green bristlegrass
兰菊草	əndʒə	lanju grass
艾草	saawa	asiatic wormwood
野艾草	agi	wild wormwood
黄艾	kərəəl	yellow wormwood
马兰草	sakilda	malan grass
落籽苗	alisun	seedling
荸荠	kamgil	rorippa indica
苜蓿	morko	alfalfa
席草	niʃikta	mat grass
苍耳子	iŋga	xanthium
蝎子草	gabtar	scorpion grass
鬼针草	kilgana	chostgrass
爬山虎	huʃiw	creeper
蒿草	saawa	wormwood
蓬蒿	haŋkildʒi	basil

续表

汉语	杜拉尔鄂温克语	英语
靰鞡草	aikta	wula grass
蕙草	ubkur	hui grass
麻	onokto	hemp
蒲草	gurbi	cattail
人参	orguda	ginseng
七里香	antʃu	daphne odera
灵芝	saalaga	glossy ganoderma
稻草	hanta	straw
棚圈铺草	ləmbə	hay for covered pen
床铺干草	səbtər	hay for bed
向日葵	ʃigun ilga	sunflower
田	tarigan	field
粮食	ʤəəkta	foodstuff
干粮	kumsu / am	solid food
秧子	jaŋʤi	seedling
稿 / 茎梗	musu	stem
穗	orni	the ear of grain
籼子	hukur	quzi
糠	aaga	bran
稻谷	narim	paddy
麦子	mais	wheat
荞麦	məl	buckwheat
燕麦	hualam	oat
青稞	muralʤi	highland barley
高粱	gaulian	Chinese sorghum
高粱垛	susukta	sorghum pile
米	ʤəəgtə	rice
米粒	mukuli	rice grain
米皮	dalka	bran

续表

汉语	杜拉尔鄂温克语	英语
米渣子	nirgi	rice dreg
面粉	gole	flour
大米	hanta / kanz / kanta / kandə	rice
小米	narimu	millet
小黄米	iʃihi	glutinous millet
糯米	naŋgi ʤəəttə	polished glutinous rice
糜子	piʃigə / təlmʉr	broom corn millet
水稻	handa	rice
早稻	nəlkini handa	early season rice
晚稻	bolni handa	late rice
大麦	murgəl	barley
小麦	mais	wheat
玉米	sulʤektə	corn
高粱	goolen	sorghum
苡米	ʃiluŋgi	husked sorghum
黄米	ʃaŋiriŋ ʤəəktə	glutinous millet
花生	hoaʃəŋ	peanut
水果	tubik	fruit
梨	li	pear
苹果	piŋgə	apple
桃子	toor	peach
樱桃	intoor	cherry
葡萄	almar	grape
瓜	həŋ / kəŋkə	melon
西瓜	duaŋgə	watermelon
柿子	sabdal	persimmon
枣	sor	Chinese date
酸枣	sorto	wild jujube
桔子	ʤius	orange

续表

汉语	杜拉尔鄂温克语	英语
橙子	ʤuktʃi	orange
橘子	ʤusum	tangerine
杏子	guiləsu	apricot
杨梅	ʤanʤi	waxberry
酸梅	ʤisukta	smoked plum
山丁子	uliktə	malus baccata
稠李子	iintə	plum
枸杞子	maskur	medlar
香榧	iskakta	torreya
李子	liis	plum
沙果	aalig	crabapple
槟子	mərsu	a species of apple
核桃	koʃig	walnut
山核桃	koʃikta	pecan
榛子	ʃiʃiktə	hazelnut
栗子	kurəltə	chestnut
核（果核）	omo	nutlet
石榴	anar	pomegranate
佛手	əgdur	fingered citron
木瓜	gadir	gapaya
柚子	tuurum	grapefruit
龙眼	tamra	longan
荔枝	musal	leechee
椰子	hotoʧi	coconut
山楂	omgokto	hawthorn
橄榄	ganlan	olive
无花果	naŋukta	fig
果仁	ahakta / sumkir	nutlet
瓜子	kəril	melon seeds

续表

汉语	杜拉尔鄂温克语	英语
瓜藤	ʥilga	vine
果汁	suhi	juice
果壳	notho	shell
果籽硬壳	donku	crust of fruit seed
果脐	ulgu	fruit navel
蔬菜	solgektə	vegetable
野菜	sooho	edible wild herbs
青菜	solge	vegetable
白菜	giltirin solgektə	Chinese cabbage
圆白菜	daatuse	cabbage
生菜	nalur	lettuce
芥菜	hargi	leaf mustard
荠菜	awalge	Shepher's purse
韭菜	kaleer	leek
韭菜花	sorso	pickled leek
芹菜	tʃokor	celery
山芹	aŋguula	mountain celery
菠菜	bəəse	spinach
薄荷	narsa	mint
蓼菜	ʥilim	knotweed
香菜	saagakta	coriander
苋菜	sarba	amaranth
茼蒿	kumbul	garland chrysanthemum
沙葱	maŋgir	golden onions
蕨菜	udal	fiddlehead
百合	ʥokton	lily
萝卜	loobu	turnip
胡萝卜	holoobo	carrot
水萝卜	giltirin loobu	summer radish

续表

汉语	杜拉尔鄂温克语	英语
大萝卜	daloobo	big turnip
柳蒿芽	kumbil	basket willow bud
倭瓜 / 南瓜	wəəgə	pumpkin
葫芦	hotor	gourd
茄子	haʃi	eggplant
蒜	suanda	garlic
葱	əl	onion
野葱 / 小葱	əluksə	wild onion / shallot
洋葱	goʃigon / jaɲʧuŋ	onion
野韭菜	maŋgikta	wild leek
细野葱	maŋgir	hosono onion
野蒜	goʃikto	wild garlic
辣椒	laaʥo	chili
姜	ʥaŋka	ginger
黄花菜	gilotʃi	day lily
蔓青	manʧin	carpesium abrotanoides
小根菜	masar	root vegetable
芥菜	hargi / gemu	leaf mustard
西红柿	ʃiis	tomato
青椒	ʧinʥo	green peppers
茴香	sushu	fennel
海带	beehə	kelp
黄瓜	kəŋkə	cucumber
丝瓜	sigua	loofah
冬瓜	həwər	wax gourd
香瓜	ʃiaŋgua	muskmelon
苦瓜	goʃikta həŋkə	bitter gourd
豆角	borʧo	green bean
土豆	tudu	potato

续表

汉语	杜拉尔鄂温克语	英语
豆子	bortʃo	bean
小豆	ʃisam	beans
黄豆	ʃaɲirin bortʃo	soy
黑豆	konnorin bortʃo	black bean
绿豆	kuku bortʃo	green bean
豌豆	bokro	pea
豇豆	walirin bortʃo	cowpea
豆芽	sojolgo	bean sprout
芋头	tʃoolo	taro
笋	ʃihig	bamboo shoot
山药	larsan	yam
紫菜	husuŋga	nori
蘑菇	məgə	mushroom
榛蘑	ʥisakta	mellea armillaria sporophore
木耳	bohokto	fungus
酸菜	ʥisun solgektə	Chinese sauerkraut
腌菜	tirisə solgektə	pickle
豆腐	dəpu	tofu
咸菜	dausu solgektə	pickle
芝麻	balə	sesame
胡麻	tʃarma	flax
家乡	təgən	hometown
籍贯	baldisa təgən	native place
生命	ərgə	life
人	bəj	people
家庭	ʥuu	family
家族	mokon	family
祖先	utatʃi	ancestor
根源/根	oʥori	root / root

续表

汉语	杜拉尔鄂温克语	英语
高祖	ududa	great-great-grandfather
族际	baldiwun	family occasion
首领	salgiŋtʃi bəj	leader / head
辈分	dʑalan	seniority in the family
曾祖父	ətə	great-grandfather
曾祖母	ata	great-grandmother
祖父	sardi utatʃi	grandfather
祖母	taiti	grandmother
爷爷	jəjə	grandfather
奶奶	taiti	grandmother
外祖父	naadʑil jəjə	maternal grandfather
外祖母	naadʑil taiti	maternal grandmother
长辈	udu dʑalan	elder
父亲	aba	father
母亲	məmə	mother
爹	amin	pa
娘	ənin	ma
伯父	udu aba / amikan	uncle
伯母	udu məmə / ənikən	aunt
叔叔	niʃuku aba / əʃikən	uncle
婶母	naini	aunt
姑姑	guugu	aunt
姑父	guujə	ancle
姨母	naukta	aunt
姨父	nautʃo	uncle
大姨父	nainima	uncle
大姨母	nainiwə	aunt
公公	hadam aba	father-in-law
婆婆	hadam ənin	mother-in-law

续表

汉语	杜拉尔鄂温克语	英语
舅父	nautʃo / naatʃo / nootʃo	uncle
舅母	bər nautʃo	aunt
哥哥	aka	elder brother
嫂子	bərgən	sister-in-law
大哥	udu aka	elder brother
弟弟	urkəkən nəkun	younger brother
弟妻	nəkun kukin	younger brother's wife
姐姐	əkə / əkin	elder sister
姐夫	auʃe	brother in law
妹妹	unaadʑi nəkun / une nəkun	sister
妹夫	nəkun kurəkən	younger sister's husband
连襟	badʑa	husbands of sisters
结发夫妻	abale	a couple by the first marriage
丈夫	ədi	husband
妻子	aʃe	wife
妾	niʃukun aʃe	concubine
妻兄	hadəm aka	brother-in-law
妻嫂	hadəm bərgən	wife's sister in law
妻弟	urkəkəŋ bənər	wife's younger brother
妻弟妇	nəkuŋ kukin	wife's sister-in-law
未婚男青年	urkəkən utu	unmarried young man
未婚女青年	unaadʑi	unmarried young woman
头胎	agun	first child
儿子	utə	son
儿媳妇	kukin	daughter-in-law
孕妇	bəj urgidi	pregnant woman
长子	udu utə	eldest son
次子	dʑuurki utə	second son
小儿子	niʃukun utə	youngest son

续表

汉语	杜拉尔鄂温克语	英语
养子	irgitʃə utə	adopted son
独子	əmul utə	only child
女儿	unaadʒi	daughter
女婿	kurəkən	son-in-law
长女	udu unaadʒi	eldest daught
童养媳	irgitʃə kukin	child brides
双胞胎	atku	twins
孙子	omole	grandson
孙女	unaadʒi omole	granddaughter
曾孙	domole	great-grandson
玄孙	guʃi	great-great-grandson
侄儿	dʒu	nephew
侄媳	dʒu kukin	nephew's wife
侄女	dʒu unaadʒi	niece
后代	udʒigubte	posterity
宝贝	bobi	baby
堂兄	ujəl aka	cousin
堂姐	ujəl əkə	cousin
堂弟	ujəl nəkun	cousin
堂妹	ujəl unaadʒi nəkun	cousin
兄弟	akin nəkun / akunur	brothers
姐妹	əkin nəkun / əkunur	sisters
小姑子	unaadʒi bənər	sister-in-law
小叔子	urkəkən bənər	brother-in-law
妯娌	wajali / badʒi	wifes of brothers
姑表亲	taarali	cousins
姑表	taara	cousin
表哥	taara aka	cousin
表姐	taara əkə	cousin

续表

汉语	杜拉尔鄂温克语	英语
表弟	taara nəkun	cousin
表妹	taara unaaʤi nəkun	cousin
表兄弟	taara akunur	cousin
表叔	taara niʃukun aba	uncle
表侄	taara ʤu	nephew
亲戚	baltʃa	relative
娘家	naaʤil	a married woman's parents' home
亲家	hudale	relatives by marriage
亲家父	huda	father of one's daughter-in-law or son-in-law
亲家母	hodgo	mother of one's daughter-in-law or son-in-law
岳父	hadəm aba	father-in-law
岳母	hadam əmə	mother-in-law
小姨子	unaaʤi bənər	sister-in-law
继父	amigukti aba	stepfather
继母	amigukti məmə	stepmother
养父	irgitʃə amin	adoptive father
养母	irgitʃə ənin	adoptive mother
外甥	ʤə	nephew
外甥子	ʤə utə	nephew
外甥女	ʤə unaaʤi	niece
姑舅	bul nautʃo	cross-cousin
姑舅亲	buləli	cross-cousin
后世	amigu ʤalan	posterity
后人	amigu bəj	posterity
干爹	taagtʃa amin	godfather
干妈	taagtʃa ənin	godmother
干儿子	taagtʃa utə	godson
干女儿	taagtʃa unaaʤi	goddaughter
老人	sagdi bəj	elderly

续表

汉语	杜拉尔鄂温克语	英语
老翁	ətkən	elderly man
老太太	sagdi ətəwu	old lady
夫妻	ədi aʃi	husband and wife
大人	udu bəj	adult
年轻人	ʥalu bəj	young man
小孩	niʃukur	child
婴儿	kudam / kuŋakan	baby
男孩	urkəkən ut	boy
女孩	unaaʥi	girl
姑娘	unaaʥi	girl
寡妇	bəlbisun	widow
单身汉	gəŋgə / əmkəndi nero	bachelor
孤儿	aŋaʥin	orphan
男人	nero bəj	man
女人	aʃe bəj / aʃe	woman
孕妇	bəj urgugdi	pregnant woman
奶妈	əkuntʃen	nanny
贤人	nandi bəj	worthy
聪明人	dilitʃi bəj	smart person
机灵人	sərtə bəj	clever person
巧手者	darkan	dab hand
麻利者	sampal bəj	deft man
智者	uhata	wise man
明白人	gətkʉtə	sensible person
神者	səgəəntə	god
预知者	utʃihata	prophet
豁达者	əŋgəltə	a light heart
能干者	ətəŋgətə	competent person
勤俭者	arbita	thrifty person

续表

汉语	杜拉尔鄂温克语	英语
名人	gərbitə	celebrity
文人	bitigtə	literati
公务员	albata	public servant
使者	əltʃitə	messenger
门卫	urkuʃin	guard
残疾人	dʑəndər bəj	disabled person
近视眼	baligta	nearsightedness
瞎子	tʃohor bəj	blind person
圆眼者	bultagta	round eyes
哑巴	uktʃəm əʃin ətər bəj	dumb
结巴	kəlgi	stammer
瘸子	dokolon	lame
扇风耳	dəldən	fan-like ears
聋子	koŋgo	deaf person
耳背者	duli	person hard of hearing
高鼻梁者	babukta	person with a Roman nose
塌鼻者	hapikta	person with a collapsed nose
翻唇者	ərtəgər bəj	person with lip eclabium
齿露者	saktʃakta	person with exposed teeth
扁嘴者	matan	person with a flat mouth
秃子	kodʑigir	baldhead
谢顶人	haldʑin	bald man
麻子	tʃookor	pock
斜眼	hilan bəj	cross-eyed
独眼	oligor	one-eyed
歪脖子	haldʑig	wryneck
歪指者	takir	person with crooked fingers
豁嘴	sərtəg	hare-lip
豁牙	səntəku	missing teeth

续表

汉语	杜拉尔鄂温克语	英语
驼背	bəəktə	humpback
鸡胸	tugdur	pigeon breast
矮子	laka	dwarf
罗圈腿	morgo	bandy legs
手足迟缓者	bokir	hand and foot retardation
傻子	ʃogol	fool
疯子	galʤu / koodo	madman
瘫痪	tambal	paralysis
六指者	nugun wanhan	person with six fingeres
丫鬟	suruhu	maid
妓女	jaŋkan	prostitute
荡女	dalgan	dissolute girl
姘头	guʃihu	mistress
佣人	takurawuʃin	servant
奴隶	kutʃuku	slave
长工	kara uiləʃin	long-term farmhand
木匠	maʤin	carpenter
铁匠	darkan	blacksmith
石匠	ʤoloʃin	sason
瓦匠	waarʃin	bricklayer
厨师	iikəʃin	chef
老师 / 师傅	səbə	teacher / master
徒弟	ʃawi	apprentice
伐木工	mooʃin	lumberjack
水手	muuʃin	sailor
歌手	ʤaannaʃin	singer
乐手	huʤimʃin	musician
说书人	unugulʃin	storyteller
戏子	ʃiisi	actor

续表

汉语	杜拉尔鄂温克语	英语
工人	gərbəʃin	worker
农民	tariʃin	farmer
牧民	adoʃin	herdsman
渔民	oktʃoʃin	fishermen
猎人	bəjuʃin	hunter
商人	maimaiʃin	businessman
医生	ʃeenʃin	doctor
萨满	saman / jadəgəŋ / bakʃi / oktoʃi	Shaman
算命人	mədəʃin	fortune teller
先生	ʃentʃin	Mr.
军人	tʃuaga	armyman
兵	tʃərig	soldier
英雄	mərgən / baatur	hero
摔跤手	bukuʃin	wrestler
闲人	ʥugaʃin	idlers
小姐	unaaʥi	miss
乞丐	gələəʃin / giawutə	beggar
小偷	hualəg	thief
土匪	tuibəʃin	bandit
强盗	dəərəm	robber
法西斯	paʃis	Fascist
坏人	əru bəj	villain
无赖	loibartʃi	rogue
矬子	nəktə	dwarf
酒鬼	sokto	drunkard
穷人	hallig bəj / jadu bəj	the poor
富人	bajin bəj	the rich
瘦高人	nerin gogdo bəj	tall and thin man

续表

汉语	杜拉尔鄂温克语	英语
粗胖人	babugar	short and fat man
左撇子	solgi	left-handed person
鼻音重者	goŋgina	person with strong nasal tone
陌生人	əsən tagda bəj	stranger
独身者	əkoni / əmukən / aŋaʤin	celibate
伙计	kamsakta	helper
伙伴	hani	partner
客人	ajilʃin	guest
女伴儿	nəju	girl friend
朋友	guʧu	friend
密友	anda	close friend
女友	aʃe guʧu	girlfriend
邻居	dərgildə	neighbor
近邻	dakkelda	close neighbors
近亲	dag balʧa	close relative
远亲	goro balʧa	distant relatives
乡亲	əmun booji bəj	folks
村长	ajilda / gaʧada	village head
乡长	somda	head of a township
旗长	koʃuda	head of aqi
镇长	ajilda	mayor
族长	mohonda	patriarch
市长	kotonda	mayor
主席	ʤuʃi	chairman
总理	ʤuŋli	premier
总统	gurunda	president
主人	əʤin	host
武官	ʧuagada	military attache
官	nojin	official

续表

汉语	杜拉尔鄂温克语	英语
大臣	amban	chancellor
领导	tərun	leadership
皇帝	bɔgdi	emperor
天王	bɔgda	king
强者	ətuŋgə	the strong
职务	tuʃan	post
官职	nojiktʃi	official position
职业	gərbəŋgə	profession
职工	gərbəʃin	staff
干部	kaatar / alban bəj	cadre
教授	səbə / porpesor / ʥioʃu	professor
老师	səbə	teacher
学生	ʃebi / tatiʃin	student
同学	əmundu tatiʃin	classmate
艺人	orlagʃin	artist
服务员	uiləʃin	waiter
通讯员	mədəʃin	correspondent
司机	tərgən əlgəʃin	driver
马夫	moriʃin	groom
更夫	manaʃin	night watchman
牧马人	aduʃin	wrangler
牛倌	ukurʃin	cattle herdsman
羊倌	honiʃin	shepherd
向导	oktoʃin	guide
随从	aaŋiʃin	retinue
仆人	tahuraʃin	servant
勤务员	goʃihu	odd-jobman
送信人	uiləʃin	messenger
探子	ʃeeniʃin	spy

续表

汉语	杜拉尔鄂温克语	英语
敌人	bata	enemy
奸细	gulbugʃin	spy
逃犯	sosaʃin	escapee
俘虏	ʤawawuʃin	vaptive
部族	aimin	tribe
民族	undustun / ajmən	nation
群众	gərən	the masses
代表	tuləlaktʃi	representative
汉人	niahan bəj	the Hans
女真	ʤurtʃin	Nuzhen
满族人	manʤi	Manchu people
锡伯人	ʃiwə	xibe people
人口	aŋgal	population
人群	ulur	crowd
人体	bəj	human body
身体	bəj	body
生相	baldisa banin	looks
相貌	durun	appearance
形像	aabun	appearance
形状	duru	shape
孤身	əmunkən bəj	unaccompanied
赤身	ʤulakin	naked
头	dili	head
头顶	horeel	the top of the head
尖头	ʃilgu	pointed head
头皮	almi / huuga	scalp
额头	maŋgil	forehead
凸额	tuki	convex forehead
凹额	huŋga	concave forehead

续表

汉语	杜拉尔鄂温克语	英语
额角	tʃuŋgur	frontal angle
囟门	ʥole	fontanel
皱纹	hompes	wrinkle
后脑勺	duaka	the back of the head
脑子	irgə	brain
鬓角	tʃokto	temple
耳朵	ʃeen	ear
耳垂	suikə	earlobe
耳孔	ugal	earhole
眼睛	jaasal	eye
眼眶	hoŋokto	eye socket
眼皮	balukun	eyelid
眼角	sugum	canthus
眼珠	bultukta	eyeball
瞳孔	anahan	pupil
瞳仁	ana	pupil
眼白	gilibarin	the white of the eye
鼻子	nians / nian	nose
鼻梁	nala	bridge of the nose
鼻翼	ərtəg	nosewing
鼻孔	neŋanin	nostril
嘴	amga	mouth
嘴唇	uduru	lip
嘴角	ʥibʥi	corners of the outh
唇下洼处	suŋuktʃi	low-lying area below the lips
人中	humuktu / doŋo	philtrum
牙齿	iiktə	tooth
门牙	ʥullə iiktə	front tooth
牙床	bul	gum

续表

汉语	杜拉尔鄂温克语	英语
牙垢	bulkin	tartar
牙关	ʥaʥim	maxillary joint
舌头	iinig	tongue
舌尖	iinig sugur	tip of tongue
舌根	iinig niiŋ	root of tongue
舌面	iinigibtu	lingual surface
小舌	iiniglən	uvula
下腭	səŋki	the lower jaw
上腭	taŋan	palate
腮	ʥəgi	cheek
腮根	ʃina	gill
脸	dəllə	face
脸蛋/脸颊	hanʧin / aŋʧin	face / cheeks
脖子	kuəmə / kuʥun	neck
喉咙	boloko	throat
食道/喉咙	bilgar	esophagus
喉结	balgoŋku	Adam's apple
气管	əriŋkə	trachea
后颈	niam	hindneck
肩膀	miir / miirə	shoulder
胳膊	iisən	arm
胳肢窝	oone	armpit
肘	inʧən	elbow
手腕子	bagalʥar	wrist
手	naala	hand
手掌	haləgən / naalla algan	palm
巴掌	sasag	hand
手背	argən	the back of the hand
拳头	babug	fist

续表

汉语	杜拉尔鄂温克语	英语
手指头	wankan	finger
拇指	hərgə / orgon / ərgokton	thumb
食指	ojobkan	index finger
中指	dolin wanəhaŋ / dolgobkan	middle finger
无名指	gərbi atʃin wankan	ring finger
小指	tʃitkən / niʃukun wankan	pinkie
指甲	uʃikta	fingernail
指甲根	ʤumki	nail root
指纹	tʃumguri	fingerprint
虎口	hoho	jaws of death
胸脯	kəŋgər	chest
胸	tigin	chest
乳房	əkun	breast
乳头	tomi	nipple
奶汁	əkun	milk
胳肢窝	oono	armpit
肚子	gudug	belly
小肚	niʃukun gudug	lower abdomen
肚脐	tʃuŋgur	navel
腰	daram	waist
后背	dala	back
肋	əutəle / habrig	rib
肋骨	habirg	rib
肌肉	boltʃin	muscle
腰眼	ʃibkal	either side of the small of the back
腿	bəgdəl / bəldir	leg
大腿	ogni / udu og	thigh
膝盖	tualtʃig / ənəgən	knee
小腿	niʃukun bəgdəlr	shank

续表

汉语	杜拉尔鄂温克语	英语
屁股	bugsə	ass
肛门	aŋar	anus
脐带	tʃirgən	umbilical cord
男生殖器	pə / tʃitʃi	male genitalia
睾丸	atmal	testis
精液	amiral / ʃiral	semen
阴囊	oloŋgo	scrotum
女生殖器	motog / moko	female genital
胯骨	səwdʑi / tʃiiŋki	hipbone
髋	saalag	hip
大腿内侧	kabas	inner thigh
脚	bədlir	foot
脚面	umkun	instep
脚后筋	borbi	hamstring
脚后跟	dʑawdʑa / niimtə	heel
脚趾	bəgdəl wanhən	toe
脚底	wala	sole of the foot
头发	nuuktu	hair
发髻	satʃug	bun
头发分叉	salbag	hair parting
辫子	iltʃaŋka	braid
鬓发	santʃig	hair on the temples
眉毛	sarmikta	eyebrow
睫毛	narməktə	eyelash
鼻毛	iŋa	vibrissa
胡子	gorgokto	beard
汗毛	iŋaha	fine hair on the human body
阴毛	saahu	pubes
骨头	giaranda	bone

续表

汉语	杜拉尔鄂温克语	英语
软骨	məərsə / məmtʃi	cartilage
脑骨	howog / dokonto	skull
脑盖骨	gawal	skull
脖颈骨	ildu	neck bone
锁骨	təwuhu / təwu giaranda	clavicle
胸尖骨	bogso	chest apex bone
胸岔软骨	ʃiwəhə	chest fork cartilage
琵琶骨	iʃki	spealbone
脊椎骨	səərə	spine
尾骨	udʑihi	coccyx
腕骨	bagaldʑir	carpus
肱骨	halan	humerus
膝盖骨	tobki	kneecap
大腿骨	ogni	femur
小腿骨	boltʃikto	shin
踝骨	ʃiga / ajubkan	anklebone
骨髓	omon	marrow
脊髓	ʃumur	spinal cord
关节	dʑalan	joint
骨槽	kəmun	bone groove
皮肤	nanda	skin
内脏	doo	viscus
五脏	urikin	the five internal organs
心脏	miawun	heart
肝脏	dəlkin / aakin	liver
肾	basarta	kidney
肺	əwtə	lung
胆	tʃiildə	gallbladder
胃	gudʑə	stomach

续表

汉语	杜拉尔鄂温克语	英语
肠子	ʃulotto	intestine
肠子脂肪	səmʤi	intestine fat
脾	dəlihu	spleen
膀胱	uʤiki	bladder
子宫	təbki	uterus
血	səəgsə	blood
血管	suadalta	blood vessel
血块	adilʤi	blood clot
脉	suadal	pulse
肉中血水	suusum	blood in flesh
肉	uldə / ulli	flesh
脂肪	imusə	fat
筋	muŋgi	muscle
筋头	muŋgiktu	tendons tip
月经	bəgibtə	menstruation
尿	tʃikin	urine
屎	amən	feces
屁	mukər	fart
尾部臀部	bugsur	buttocks
汗	nəəsən	sweat
大汗	nərbən	profuse sweating
手足汗	ʃiwər	hand, foot sweat
眼泪	narmət	tear
眼胶	loogo / noogo	eye gum
呼吸	ərgən	breath
口水	ʃulus	saliva
鼻涕	ilagsa	nasal mucus
痰	tomin	sputum
口沫	həəsumkə	froth

续表

汉语	杜拉尔鄂温克语	英语
耳塞	koligi	earwax
头皮屑	haram / haga	dandruff
分泌物	ʃiməŋgi	secretion
身上污垢	janda	body dirt
衣服	tərgəs / tərəs	clothes
服装	tərgəbtʃi	clothing
礼服	guaŋgal tərgəbtʃi	formal dress
上衣（长）	kantas	jacket
上衣（短）	kurum	unlined jacket
内衣	doolo tʃintʃi	underwear
衬衫	hantatʃintʃi	shirt
汗衫	kantasun	T-shirt
绒衣	jaanta tʃintʃi	sweatshirt
棉短衣	kugun tʃintʃi	cotton wadded jacket
袍子	ʃidʒigan / kurtə	robe
棉长袍	labʃir / kurtə	cotton wadded robe
毛皮长袍	suun	fur robe
单布长袍	gagar	unlined cotten robe
马褂	olbo	mandarin jacket worn over a gown
坎肩	dəkələ	waistcoat
女坎肩	kəŋgəbtʃi	waistcoat for women
紧身衣	kamkta	tights
夹衣	adaksa	lined dress
布衣	bəəs tərgəbtʃi	cloth gown
棉衣	uluku	cotton-padded clothing
狍皮衣	dʒaubka	roe deer leather clothing
长毛短皮衣	daka	long wool fur clothing
稀毛皮衣	garma	thin wool fur clothing
鹿狍皮衣	karaŋka	roe deer leather clothing

续表

汉语	杜拉尔鄂温克语	英语
去毛皮衣	namiktʃi	depilatory leather clothing
鱼皮衣	olʃi	fishskin clothing
袍褂	dahabtʃi	gown
毡褂	ʥaŋtʃi	felt gown
斗篷	nəməbtʃi	cloak
雨伞	saran	umbrella
雨衣	uluŋku	raincoat
衣领	ʥirkəhtə	collar
垫肩	miiritʃi	shoulder pad
皮袄	dəələ	fur coat
衣面	talabtʃi	clothing surface
皮袄布面	buresun	cloth cover of fur coat
衣里	doogubtʃi	clothes lining
皮衣料	ʥisku	leather clothing material
袖子	kamtʃi / uubtʃil	sleeve
袖口	uhun	cuff
套袖	ulkubtun	sleevelet
袍衣大襟	adasun	the front of a Chinese garment which buttons on the right
袍衣内襟	doogu kuarme	the lining of a Chinese garment
袍衣前襟	kuarme	the front of a Chinese garment
衣襟角	sugum	hem of the front of a Chinese garment
袍衣开衩	səlbən	slit of a gown
衣边	ʥabka	hem
扣子	tortʃi	button
扣眼	tortʃilaŋka	buttonhole
扣襻	sənʥi	buckle loop
衣兜	oloŋku / təbku	pocket
裤子	ərki	pants

续表

汉语	杜拉尔鄂温克语	英语
涉水皮裤	olooŋko	wading lederhosen
无毛皮裤	aduki / adirsu	depilatory leather pants
棉裤	kugun ərki	cotton-padded trousers
女内裤	niʃukuŋ ərki	briefs for woman
套裤	gotʃiku	leggin
围裙	akubtʃi	apron
裙子	kuʃigan / buraadʒi / tʃuns	skirt
短裤	urumkun ərki	shorts
裤腰	big / dʒakabtʃi	waist of trousers
裤裆	al	crotch
裤腿	ʃolog	trouser legs
裹小腿布	oreŋka	leggings
鹿皮衣	namig	buckskin clothing
帽子	aagun / aawun	hat
护耳帽	ʃeen aawun	hat with earlaps
带耳毡帽	torkib	felt hat with earlaps
毡帽	kamtus	trilby
宽檐帽	saraku	wide-brimmed hat
凉帽	saragubtʃi aawun	summer hat
草帽	dərsun aawun	straw hat
狍皮帽子	giisəbtʃi aawun	roedeer skin hat
蚊蝇帽	dʒosma aawun	uito-fly cap
帽顶	tobkor	top of a hat
帽檐	dəlbi	brim of a hat
帽缨	dʒala	hat tassel
帽带子	aawuni ujir	hat strap
护耳	ʃeebtun	earflap
脖套	kuəməbtʃi	collar for woman
脸罩	amgabtʃi	face mask for woman

续表

汉语	杜拉尔鄂温克语	英语
围脖	nikamabtʃi	boa
头巾	uuŋku	scarf
手套	bəəle / pəəli	gloves
三指手套	osuko	three-fingered gloves
手闷子	toro	mittens
皮手闷子	katʃumi	leather mittens
腰带	tulge	belt
长袍腰带	omol	robe belt
女士腰带	təəli	woman's belt
腰带饰板	tobkimal	belt plaque
腰带扣环	gorki	belt buckle
鞋	wantə	shoes
布鞋	sabi	cloth shoes
靴子	gulha wanta	boots
皮鞋	nanda wanta	leather shoes
长筒靴	buuruk	boots
高跟鞋	gogdo niintətʃi wanta	high-heeled shoes
鱼皮靴	olokta	fishskin boots
靴腰	ture	boot waist
高腰靴	buuruŋku	boots
软皮套鞋	aluktʃa	soft leather shoes
矮腰女靴	sulgu	buskin
高腰鞋绑带	ujibkun	high waist shoe strap
高腰靴穿带皮绑子	səntʃiku	boots with leather strap
鞋帮子	arkam	upper of a shoe
鞋底	wal	sole
鞋底铁掌	taka	calkin
鞋底高木板	tabkar	wood sole
靴里衬皮	darug	lining leather of a shoe

续表

汉语	杜拉尔鄂温克语	英语
鞋底沿条	haiga	brim of a sole
鞋跟	niintə	shoe heel
鞋带	sabi duruku	shoelace
楦子	gultəku	shoe last
袜子	waimas	socks
皮袜子	utun	leather stocking
毡袜子	omoho	felt socks
裹脚布	hulibtun	foot bindings
麻布	ol bəəs	linen
棉布	bəəs	cotton cloth
绸子	torgo	silk
缎子	duardan	satin
褶子	kompirtu	crease
纺线车	ərumku	spinning wheel
兽筋细线	gilga	thread
棉线	hilasu / ʃirigtə	thread (cotton thread)
墨线	dʑusubtʃi	a line drawn
线头	suumubtʃi	the end of a hread
线纫头	səmihu	sewing thread head
线轴	isku	thread spool
线桄子	əruŋkə	thread reel
线麻	olokto	flax
纱	ʃa	yarn
毡子	iʃiki	felt
鱼皮	sooho	fishskin
鱼皮衣	soohobtʃi	fish leather clothing
手帕	naala huŋku	handkerchief
毛巾	huŋku	towel
被子	wanla	quilt

续表

汉语	杜拉尔鄂温克语	英语
棉絮	kugun	cotton batting
褥子	dərdʑə	cotton-padded mattress
婴孩尿布	waadas	baby diapers
地铺	səbtəg	shakedown
坐褥坐垫	dərkul	cushion
毡褥	iʃihi dərdʑə	felt mattress
毯子	tans	blanket
枕头	dərbə	pillow
席子	dərsun	mat
凉席	ʃiʃig	summer sleeping mat
垫子	səbtəŋkə	mat
蚊帐	dʑanpan	mosquito net
皮条	uʃilən	thong
皮包	nanda miidəwun	briefcase
烟荷包	kabtarga	tobacco pouch
荷包系绳	gurku	pouch tether
荷包穗子	satʃug	pouch tassel
扇子	dəwəkir / dəwəbtun	fan
羽扇	dəbuur	feather fan
马尾掸子	ʃibbil	horsetail duster
短毛掸子	gubir	short-haired duster
扫帚	həsuur	broom
大扫帚	udu həsuur	big broom
簸箕	darkur	dustpan
首饰	dasaŋka	jewelry
容貌	dursun	appearance
耳坠子	anasun	eardrop
男用大耳坠	guikur	large eardrop for man
耳环	garga	earring

续表

汉语	杜拉尔鄂温克语	英语
戒指	wankakton	ring
石戒指	urgəbtun	stone ring
手镯	bare / bargan	bracelet
手表	naala bio	wristwatch
钟表	ukur bio	clock and watch
头簪子	ʃiwiktu	hairclasp
梳子	igdun / sanda	comb
篦子	suuŋku	double-edged fine-toothed comb
镜子	buluku	mirror
铜镜	gaoli buluku	bronze mirrors
刷子	kaʃenku	brush
镊子	kimki	tweezers
扦子	ʃilun	skewer
耳挖子	ugur	curette
肥皂	iisi	soap
香皂	ʃianʤo	toilet soap
牙膏	jaago	toothpaste
粉	oono	powder
胭脂	iŋkir	rouge
食物	ʤibtəŋkə	food
米	ʤəəbtə	rice
面	goli	flour
饭	ʤəəbtə	rice
菜	solgektə	dish
烩菜	sasgan	braised dish
米饭	ʤəəbtə	rice
米汤	sumsu	rice soup
面片汤	pialtan	noodle soup
馅子	ʃens	filling

续表

汉语	杜拉尔鄂温克语	英语
粥	ʃiŋgən ʤəəbtə	gruel
奶子	əkun	breast
奶嘴	ogʤi	nipple
酸奶	əŋgəər / ʧiga	yogurt
奶皮	urum	skin on boiled milk
奶酪	aarakʧi	cheese
奶渣子	əəʤig	cottage cheese
奶豆腐	aaragan	milk tofu
奶油	ʃaŋirin imugsə	cream
奶油糕	ugat	cream cake
奶饼子	hurum	milk biscuit
奶茶	ukun ʧe	tea with milk
奶酒	airag	kumiss
饮料	imaŋka	drink
肉粥	uliʧi ʤəəbtə	congee with meat
肉汤	uldəʧi ʃilə	broth
肉汁	suukʧi	gravy
肉丁	sakka	diced meat
汤	ʃilə	soup
饺子	benʃi	dumpling
包子	booʤi	steamed stuffed bun
饽饽	harʧa əwəən	pastry
面条	gurul ʤəəbtə	noodle
汤面	gurul ʃilə	noodles with soup
油	imugsə / imusə	oil
豆油	dəəfu	bean oil
酱油	ʧinʤaŋ	soy sauce
面酱	misun	miso
醋	ʧu	vinegar

续表

汉语	杜拉尔鄂温克语	英语
盐	kata / dausun	salt
碱	kuʤir	alkali
花椒	hooʤor	pepper
胡椒	guʃin	black pepper
糖	satan	sugar
白糖	giltirin satən	sugar
蜂蜜	bal	honey
鸡蛋	omotto	egg
蛋黄	joho	yolk
蛋白	ʃoho	egg white
面包	əwən	bread
大面包	leebə	big bread
炒面	muʃig	fried noodles
饼	əwəən	pancake
糖饼	satan əwəən	sweet pancake
烧饼	hagrimal	sesame seed cake
油饼	imugsə əwəən	deep-fried dough cake
麻花	morkimal əwəən	fried dough twist
馄饨	hundun	wonton
鱼肉	olni ʉldə	fish
兽肉	gʉrəsʉnni ʉldə	animal meat
凉菜	səruun nogo	cold dish
酒	arki	wine
红酒	walirin arki	red wine
白酒	giltirin arki	white spirit
黄酒	ʃaŋirin arki	yellow wine
米酒	darasu	rice wine
啤酒	piʤu	beer
茶	tʃe	tea

续表

汉语	杜拉尔鄂温克语	英语
白开水	uitʃə muu	plain water
咖啡	kafi	coffee
味	wa / amtan	taste
臭味	uun	odour
腥味	nion	fishy smell
烟（吸）	daŋga	smoke
烟叶	latʃtʃi daŋga	tobacco leaf
烟袋	dair təbku	pipe
烟斗	dair	pipe
烟嘴	ʃimiŋku	cigarette holder
糠	kandal	bran
房子	ʥuu	house
平房	nəgtə ʥuu / wəpən	bungalow
仓库	haʃi ʥuu	warehouse
粮库	ʥəəbtəni ʥuu	grain depot
窝棚	wəpən ʥuu	shack
撮罗子	ʃiran ʥuu	cuoluozi / conical shack
草房	orookto ʥuu	thatched cottage
草棚	dəl	straw shed
凉棚	sarabtʃi	pergola
帐篷	ʥanpan	tent
帐子	huʃag	mostʃtʃuito net
游牧包	holso ʥuu / otorni ʥuu	yurt
亭子	iligan / towor / tins	pavilion
别墅	əŋgəlig ʥuu	villa
围栏	kurigan	pen
院子	kərʥa / jawa	courtyard
菜园	solgektəni kərʥa	vegetable garden
篱笆	kuʃə	fence

续表

汉语	杜拉尔鄂温克语	英语
家	ʤuu / urirən	home
户	urirən / əruku	household
房间	gialan	room
墙	dusə	wall
墙壁	kəʤin	wall
山墙	sagaŋka	gable
玻璃	guu	glass
间壁	gialan	partition
轩	mohlar	a high-fronted, curtained carriage used in ancient times
桴	taibu	gider
托檩	tuʃibku / taibug	joist
中檩	mulu	beam
山桴	ətuŋku	gable girder
柱子	tula / tolgur	pillar
斗拱	bantu	a system of brackets
土围子	tukul kəʤin	fortified village
板子	kabtasu / kattas	board
木料	moo	timber
桩子	ʃilon	stake
木桩子	gadasu	wood pile
梯子	kuli moo / tuttugən	ladder
门	urku	door
院门	tuligu urku	gate of a courtyard
门栓	jakʃin	bolt
门槛	bokso	threshold
门上轴	horgiku	upper door-hinge
门下轴	ʃihiku	lower door-hinge
门转轴	suʃiku	door-hinge

续表

汉语	杜拉尔鄂温克语	英语
合叶	həigəsun	hinge
榫凸处	haadi	convex tenon
榫凹处	həədi	mortise recess
房脊	orona	the ridge of a roof
檩子	jəndu	purlin
椽子	oni	rafter
房檐	ʃikibtʃi	eaves
廊	taŋgin	corridor
房盖	adaar	housing cover
房顶	oroon	roof
房顶草房	əlwəbtʃi	roof of thatched cottage
廊檐	naŋgin	the eaves of a veranda
顶棚	sugur adaar	ceiling
纸顶棚	tʃaasun adaar	paper ceiling
聊条笆	basa	liaotiao fence
地基	bogogtu	foundation
室内地	iildə / iillə	indoor floor
砖	həjdʒi	brick
瓦	waar	tile
烟筒	holdi / holli	chimney
炕	huala	kang / a heatable brick bed
炕洞	kooldi	the flue of a kang
烟筒隔板	tiriŋki	chimney clapboard
炕沿	itə	edge of a kang
地炕	nakan	kang
炕后头	bədʒin	back-end of a kang
光炕	ilban / haʃen	bare kang
床铺	or	bed
窗户	tʃoŋko	window

续表

汉语	杜拉尔鄂温克语	英语
窗竖棍	dutku	vertical lattice of window
窗台	tʃoŋko tig	windowsill
窗框/门框	mugubtʃi	window frame / door frame
台阶	tubtugəŋkə	steps
墙角	nua	corner
大房	udu ʤuu	big house / legal wife
正房	gol ʤuu	principal room
边房/耳房	oldon ʤuu	side room / aisle
后房/照房	amigu ʤuu	posterior chamber
大厅	udu taŋkin	hall
厨房	ʤəəbtini ʤuu	kitchen
室内地面	iildə	indoor floor
地窖	ʤaur	cellar
木房	moo ʤuu	log cabin
澡堂	bəj ʃilkir ʤuu	bathhouse
窝	həur	nest
鸡窝	kakara həur	henhouse
猪窝	olgen həur	pigsty
猪圈	olgen koril	pigpen
猪槽	olgen moŋgo	pig trough
马圈	morini kurigan	stable
饲料	ujə / irgibtʃi / bordor	feed
笼子	horigol	cage
床	moo or / tʃuan	bed
座椅	təgəŋkə	seat
桌子	ʃirə	table
餐桌	ʤəəbtəni ʃirə	dining table
书桌	bitigni ʃirə	desk
办公桌	albani ʃirə	desk

续表

汉语	杜拉尔鄂温克语	英语
抽屉桌	tatakutʃi ʃirə	desk with drawers
长桌子	gonim ʃirə	long table
方桌	durbəldʒin ʃirə	square table
圆桌	murliŋ ʃirə	round table
桌面	ʃirə dilə	desktop
桌子斗拱	mugur	table bracket
桌撑子	ʃidhu	table support
桌子腿	ʃirəni bəldiir	table leg
椅子	təgən	chair
凳子	mokor təgən	stool
小凳子	nitʃukun təgən	small stool
板凳	bandan	wooden bench
桌椅踏板	əkiŋkə	pedal of table and chair
盒子	kiadʒi / tigi / təbku	box
柜子	horgo	cabinet
卧柜	horgoidʒi	lying cabinet
箱子	abdar	chest
皮箱	pidʒan / nanda abdar	leather suitcase
房樑储存处	əlibtu	storage at the roof beam
贮银箱	kudʒu	money locker
带把的箱子／抬箱	dərtəki	chest with handles
炕柜	huala horgo	cabinet on the Kang
衣柜	kaŋtʃen	wardrobe
小柜子	nitʃukun horgo	small cupboard
匣子	kaptʃan	box
桦皮篓	hasa	birchbark basket
架子	tag	shelf
碗架	tartal / tigə	dish rack
花架	sulku	flowerpot stand

续表

汉语	杜拉尔鄂温克语	英语
帽架子	aawun tag	hat stand
衣架子	təti tag	clothes hanger
衣挂钩	təti lokuŋku	clothes hook
抽屉	tataku	drawer
漆	budur	paint
车	tərgən	car
汽车	maʃin tərgən / tʃiitʃə	car
摩托车	motoor / mətutʃə	motorcycle
公共汽车	paas	bus
自行车	ogor tərgən / ʥiʃiɲtʃə	bicycle
出租车	turir tərgən	taxi
轿车	nitʃukun tərgən	car
轿	suuhu	sedan chair
帘子	haadi	curtain
车辕	aral	shafts of a carriage
车厢	adara	car
车底横撑	jelu	crossbrace at the bottom of the vehicle
车轴	təŋgəl	axle
车毂	bol	hub
轴承	gulgur	bearing
辐条	həigəsun	spoke
车轮	kurdu	wheel
车辋	məərə	rim of a wheel
辕头横木	bə / suu	crossbar on top of the shaft
绞杆	tokir	shed stick
标棍	morkel	mark stick
插绞杆弯木	boorgolʥi	bending wood where shed stick is inserted
轭	boorgol	yoke

续表

汉语	杜拉尔鄂温克语	英语
火车	səl tərgən / tog tərgən	train
飞机	dəglir tərgən / pəitən	aircraft
船	ʤabi	ship
渡船	əduldur ʤabi	ferry
桦皮船	tala ʤabi	birchbark boat
独木船	mookto	canoe
划船	səlibin	boat
帆船	dalbaktu	sail boat
快艇 / 快船	gulbaktu	speedboat / clipper
船舱	dəwubtʃi	cabin
船棚子	burkul	mat roofing of a boat
船舵	hirwʉŋ	rudder
船桨	səlbiŋkə	oar
船滑轮	ərgiŋkə	pulley of a boat
船底	ərələn	bilge
船头	hoŋgotu	bow
船艄	hud	stern
船舷	talta	side of the boat / ship
篙子	suruku	barge pole
桨桩	ʃaŋga	paddle pile
划子	səlbir	canoe
舟	oŋgobtʃi	boat
木筏	sal	raft
桅杆	solo	mast
帆	dalbaŋka	sail
套马杆	huarag	horse pole
马挠子	samur	dandy brush / currycomb
笼头	lonto	halter
马嚼子	kadal	snaffle

续表

汉语	杜拉尔鄂温克语	英语
鼻钩子	səntʃiku	nose hook
缰绳	ʥolo	rein
马绊子	ʃidər	horselock
夹板子	hibsa	boards for pressing things
鼻勒	santʃih	nose rein
蹄铁	tak	horseshoe
爬犁（大雪橇）	udu paar	sledge (big sled)
雪橇	paar	sleigh
狗雪橇	ʃirgool	dog sled
滑雪板	səku	skis
滑雪杖	malku	Ski pole
溜冰鞋	bildaku	roller skates
马车	morin tərgən	carriage
牛车	ukur tərgən	oxcart
风车	huʥuku	windmill
篷车	molar	covered truck
鹿窖	bogtokʥo	deer-hunting pit
土坯	huʥi	adobe
石板	taga	slate
炉子	birdan	stove
铁炉子	biraʃig	iron stove
灶	gulʥar	cooking stove
灶坑	ʥooko	stove pit
锅台	huarka	the top of a kitchen range
碗架	tartal	dish rack
风箱	hugur	bellows
风筒	uugun	airduct
案板	ambasun	chopping board
擀面棍	biiruŋku	rolling pin

续表

汉语	杜拉尔鄂温克语	英语
模子	kədʒi	mold
庙	sum	temple
棺材	abus / bagsa	coffin
轿	jugdən	sedan chair
桥	həərgə	bridge
路	okto	road
小路	sowe	lane
小道	dʒurga	trail
公路	dasan tərgu	highway
铁路	səl tərgu	railway
岔路口	salabur tərgu	fork in the road
转弯处	murihan	turning place
路中 / 途中	aldan / tərgu dolin	on the way
用具	dʒaha / bajtalaŋka	appliance
锥子	ʃolgon	awl
锤子	mallug	hammer
小锤子	nitʃukun mallug	small hammer
斧子	suku	ax
小斧子	topor	small ax
铁榔头	alku	iron hammer
木榔头	malu	wooden hammer
钳子	əjrug / əjug	pliers
凿子	tʃuutʃi	chisel
锯	oogon	saw
锯末	urdəsu	sawdust
钻子	ərun	drill
钻弓	bərləŋkə	drill bow
铳子	tujək	punch
钉子	tibkəs / tibkəsun	nail

续表

汉语	杜拉尔鄂温克语	英语
穿钉	ʃibkə	driftbolt
木塞子	ʃiwag	cork
铁锉	irgə	iron file
木锉	urun	rasp
剜刀	ukuhu	knife for scrooping out
弯刀	toŋgorgo	scimitar
刻刀	səiləŋkə	burin
刨子	tuigan	plane
刨花	tʃarsa	wood shavings
锛子	əwkur	adze
小锛	oli	short axe
镐头	tʃartʃiku	pickaxe
锹	kəldur / səlun	shovel
采挖草根木具	suwar	wooden tool for digging root
扁担	damdʒi	shoulder pole
扁担钩	goho	hook of a carrying pole
水龙头	tʃorgiŋ / sorgiŋ	faucet
叉子	hatʃi	fork
肉叉子	ʃor / ʃilon	meat fork
木锨	uduku	wooden shovel
草囤	ʃobtu	hay hoard
柳编箱	səəltʃəbtu	crate
柳编笸箩	səəltʃəhu / bural	wicker shallow basket
篓子	loska	basket
筛子	ʃuruku	sieve
簸箕	dabkul	dustpan
镰刀	hadun	sickle
铡刀	dʒigiŋki	hay cutter
菜刀	boodu	kitchen knife

汉语	杜拉尔鄂温克语	英语
刀	utʃikən	knife
刀尖	utʃikəni sugur	tool nose
刀把	əʃi	hilt
小刀柄	daʃim	small knife handle
刀刃	ʥigi	edge of a knife
刀背	nala	back of a knife blade
刀鞘	homogon	knife sheath
剪刀	kaitʃi	scissors
望远镜	tʃeleen / tʃelegen	telescope
碗	taŋgur / tʃaatʃug	bowl
大碗	udu taŋgur	barge bowl
中碗	tomor	medium bowl
木碗	moo tʃaatʃug	wooden bowl
带把木碗	owoŋgo	wooden bowl with handle
桦树皮碗	taŋgur	birchbark bowl
瓷碗	tʃaatʃug	porcelain bowl
铜碗	gaoli taŋgur	copper bowl
口大矮碗	tʃagun	bowl with an open mouth
盘子	pila / deeʥi / dias	plate
木盘	tagar	wooden tray
碟子	dias	small dish
小碟子	niʃukun dias	small plate
托碟	pilaŋka	saucer
杯子	tʃomo / duŋtʃi	cup
茶杯	tʃe tʃomo	cup
筷子	sarpa	chopsticks
瓢子	mana	gourd ladle
木瓢	malku	wooden ladle
长把木瓢	masug	long wooden ladle

续表

汉语	杜拉尔鄂温克语	英语
马勺	masu	ladle
勺子	barutʃi	spoon
水果叉子	sərə	fruit fork
木制小勺	huna	wooden teaspoon
羹匙	somuɡ / kujə	soup spoon
坛子	boton	earthen jar
瓶子	ɡuun / loŋko	bottle
长颈瓶	loŋko	flask
瓷瓶	saadʒin ɡuun	porcelain bottle
插花瓶	ilɡaji saadʒin	vase for flower arrangement
罐子	kobko	jar
酒杯	arkini tʃomo	wineglass
大酒杯	utu tʃomo	big wineglass
木酒杯	moo tʃomo / labar	wooden cup
高酒杯	ɡoɡdo tʃomo	goblet
酒鐥	tʃara	jiudi
漏斗	tʃorɡibtu	funnel
漏勺 / 笊篱	dʒoolo	colander
杵杆	bulkur	pestle rod
烧酒溜槽	tʃorko	liquor chute
壶	tʃaku	kettle
茶壶	tʃeji tʃaku	teapot
扁背壶	kuhur	flat back pot
火壶	toɡlon tʃaku	fire pot
浇花水壶	muuji tʃaku	watering jug
盆子	tumpun	basin
木盆	moo tumpun	wooden basin
铁盆	səl tumpun	iron basin
火盆	toɡni tumpun	brazier

续表

汉语	杜拉尔鄂温克语	英语
铜盆	galga	copper basin
瓷盆	hobon	porcelain basin
带把槽盆	jalka	trough basin with handle
整木槽盆	otomdʒi	trogue basin
马槽	moŋgobtʃi	manger
水槽	mooni moŋgo	sink
整木圆形无把容器	oŋgol	handleless round wooden container
桶	tulma	barrel
木桶	moo tulma	cask
大木桶	udu moo tulma	large barrel
桦皮桶	amasabka	birchbark barrel
敞口桦皮桶	salka	open birchbark barrel
铁桶（带把儿）	wəidərə	metal pail (with handle)
铁水桶	soolug	iron bucket
茶桶	tʃeni soolug	tea barrel
小水桶	niʃukun tulma	small bucket
提水桶	muuləŋku	bucket
桶提梁	bawumdʒi	hoop handle of a bucket
桶把手	səŋdʒi	bucket handle
桶箍	ərəkən	barrel hoop
桶底	ərə	bottom of the barrel
锅铲子	kisoor	spatula
炒米棍	kurkumku	rice parching stick
锅刷子	kaʃeŋku	pot brush
锅	iikə	pot
铞	sajak	xuan
铜铞	gaoli sajak	copper xuan
小锅	niʃukun iikə	pot
大锅	udu iikə	cauldron

续表

汉语	杜拉尔鄂温克语	英语
大铁锅	morin iikə	large wok
火锅	ukugdi iikə	chafing dish
吊锅	lokur iikə	hanging pot
铜锅	gaoli iikə	copper pot
砂锅	ʃaguə	casserole
锅盖	iikə daibə	lid
锅撑子	iikə təguŋkə	pot support
锅耳子	ʥawa	pot ears
锅烟子	kuə	pot soot
三木支锅棍	sarkum	three-stick pot support
汤罐	ʃiləji kobko	soup jar
蒸笼	ʥinnur	food steamer
蒸箅子	ʃigiktʃi	perforated strainer of food steamer
水缸	ʥismal	water vat
敞口大水缸	ukur ʥismal	open water vat
大水缸	udu ʥismal	big water vat
瓮	malur	urn
盖子	wakten	cover
瓶盖	libkir	cap
木楔子	ʃiwa	wooden wedge
木隔板	gialka	wood board
支棍	toloki	support stick
罩子	burkul	cover
切菜墩	duŋsu	chopping plancon
抹布	awaŋki	rag
垫圈	səkti	gasket
背物架子	ana	backpack frame
蜡	la	wax
蜡心	laji gol	wick

续表

汉语	杜拉尔鄂温克语	英语
蜡台	təgubtʃi	candlestick
糠灯	kiabu	bran light
灯	dɔnʤən / ilan	lamp
油灯	ʤola	oil lamp
煤油灯	jaŋdən	kerosene lamps
灯架	ʃindaku	lantern support
灯芯	ʃibər	wick
灯笼	dəŋlu	lantern
灯泡	dəŋpos	bulb
火石	tʃargi	flint
火柴 / 取灯	tʃuidən	match / material for starting fire
引柴	sujir	kindling
引火木片	hooga	pyrophoric wood chips
火把	tolon	torch
油松火把	jaŋga	pine torch
薰蚊虫烟火	saŋaŋga	smok to drive away mosquitoes
荒火 / 野火	ʤəgdə	prairie fire / wildfire
火焰	dola	flame
火镰子	jatabku	steel for flint
拨火棍	ʃilugur	poker
火钳	kabtʃiŋku	tongs
柴火	ʤas	firewood
火炭	jaaga	live charcoal
火灾	tuimur	fire
天灾	ʤod	natural disaster
干旱	ganda	drought
垃圾	ʃurtul	garbage
泔水	ʃiggat	swill
锈	ʤiwu	rust

续表

汉语	杜拉尔鄂温克语	英语
拐杖	baldaar	crutch
摇篮	dagda / əməkə	cradle
背带	ʥilaktu	braces
把手	ʥawun	handle
包	əbkər	package
包袱	əbkəŋkə	a bundle wrapped in cloth
行李	or	luggage
带子	ujir	band
棉线宽带子	hurku	cotton broadband
棉线细带子	uʃiha	cotton string
绳子	orkon	rope
粗绳子	taaktun	thick rope
细绳子	ujilən	string
缆绳	argamʥi	cable
缰绳	ʥolo	rein
绳结	ʥaŋgirga	knot
青麻	kiama	piemarker
线麻	onokto	hemp
麻绳	onokto uʃilən	hemp rope
麻袋	maade	sack
染料	bodor	dye
秤	giŋ	scale
镒（20斤）	giŋtu	yi (20 jin)
小秤子	dəŋgə	small balance
秤星	oʃika	gradations marked on the beam of a steelyard
秤盘	alikur	scale pan
秤砣	tuəs	weights
秤杆	darku	weighbeam

续表

汉语	杜拉尔鄂温克语	英语
尺子	kəŋʥələŋkə	ruler
尺寸	kəŋʥə	size
针	immə	needle
顶针	unugtu	thimble
补丁	saŋabtun	patch
线（搓线）	tomobko	thread (twist thread)
环锥	suribku	ring cone
熨斗	ujəktə	iron
烙铁	hagrin	iron
锁头	anaku	lock
锁簧	səŋgəl	locking spring
钥匙	tulkunku	key
旧式钥匙穿钉	ʃiwkər	driftbolt of old-fashioned key
链子	holgo	chain
铁链子	garka	iron chain
轮子	kurdu	wheel
犁	anʥas	plow
犁把手	babur	plow handle
犁铧子	alkun	plow share
犁挽钩	salku	plow hook
犁身	gobtʃi	plow body
耙子	maltuku	rake
锄头	tʃabtʃuku	hoe
铲子	kosoŋku	shovel
撒种篓斗	usku	sowing basket
木磙子	kubur	wood roller
压种子的轱辘	tiruku	wheel to press seeds
木叉子	həntər	wooden fork
木叉子棍	asala	wooden fork stick

续表

汉语	杜拉尔鄂温克语	英语
爬子	kədəri	rake
荆囤	sagsu	jingtun / hoard
席囤	kaʃig	xitun / hoard
筐子	tʃəltʃə	basket
提筐	səŋdʑiʃi tʃəltʃə	basket
竹筐	sus tʃəltʃə	bamboo basket
大筐子	udu tʃəltʃə	large basket
荆条篓子	sarkun	twig basket
痰盂	tomintu	spittoon
挠痒具	uʃiha	itch scratcher
笤帚	həsur	broom
碾干	neŋgar	grind dry
风车	kugur	windmill
筐箩	sakasan	shallow basket
小筐箩	niʃukun sakasan	small basket
针线筐箩	immə tomobkoji sakasan	needlework basket
熟皮槌子	malu	leather mallet
熟皮木锯	hədər	leather wood saw
熟皮木铡刀	dʑaŋku	leather wooden guillotine
熟皮刮刀	gisun	leather scraper
磨米石	iŋ	millstone
水磨	homo	watermill
碾子	nuluku	roller
碓子	ogordʑi	pestle
石碓头	nugdun	stone pestle
碾杆木	gokto	grinding rod
碓房	ogortu	pestle room
磨刀石	lək	grindstone
杵	tʃoŋkir	pestle

续表

汉语	杜拉尔鄂温克语	英语
臼	owom	mortar
泥抹子	piltaku	mud trowel
硪	ukuŋku	stone rammer
木桩子	tura	wooden pole
战争	apun	war
战役	apugan	battle
战士	tʃərgi	soldier
军号	bure	bugle
盔	hujag	helmet
甲	ukʃin	armor
弓	nəm / bər	bow
弓别	misa	bolt of a bow
弓玄	uli	string of a bow
弓脑	boksor	head of a bow
弓梢	igən	tip of a bow
弓垫子	təbku	bow pad
弓套	togon	bow sheath
弓罩	otʃika	bow cover
弓挈子	taagun	bow holder
箭	som / nor	arrow
小箭	dolbi	small arrow
大箭	kiwug	big arrow
长箭	magdʒa	long arrow
快箭	kalgin	fast arrow
水箭	mursu	water arrow
火箭	togsu	rocket
哨箭	ʃoogin	whistle arrow
带哨箭	ʃoogisu	arrow with whistle
梅针箭	ʃirda	meizhen arrow

续表

汉语	杜拉尔鄂温克语	英语
角头箭	ʥurgi	arrow with pointed head
扁头箭	kabda	arrow with flat head
箭头铁刃	səltu	iron blade of arrowhead
箭头铁脊	kubgu	iron ridge of arrowhead
箭羽	dəbki	fletching
箭匣	kobdo	arrow box
箭筒	ʥəwəktu	quiver
箭罩	jagib	arrow cover
弩箭	sərmin	crossbow
箭靶子	ajigar	arrow target
箭靶心	tuʃi	bull's-eye
箭档子	dala	pigeonhole for arrows
扎枪	gida	thrust spear
短扎枪	gidaku	short thrust spear
带钩扎枪	gidabkur	thrust spear with hook
剑	sələm	sword
大刀	ʥaŋgu	broadsword
腰刀	wantʃi	broadsword
战刀	watugu / tʃabtʃir / sələm	sabre
炮	pau	gun
枪	miitʃan	gun
猎枪	kijaŋka	shotgun
瞄准器眼	ʃigeen	sight
枪冲条	tʃirgəhu	gun charging
枪机子	anabtu	gunlock
枪套	hooktu	holster
子弹	moolen	bullet
火药	dari	gunpowder
火药罐	sumga	powder keg

续表

汉语	杜拉尔鄂温克语	英语
枪的火门	ʃeentu	nipple
导火线	bilda	fuse
棍子	dagasun / tame	stick
棒	dəŋtʃi	club
杖	gat	cane
杆子	ooni	pole
狩猎	bəju	hunting
冬猎	hojibka	winter hunting
围猎	saha / aw	hunting
渔猎	butka	hunting and fishing
鱼叉	horiŋki	harpoon
网	alag	net
兜网	daiha	blanket net
抄网	sobdoku	diddle-net
网边	kətʃir	net edge
网绳	alagamʤi	net rope
鱼饵	bətə	bait
鱼钩尖	ada	fishhook tip
鱼钩	əmkən	fishhook
小鱼钩	əmhəktə	small hook
鳇鱼钩	ərəkən	sturgeon fish hook
三齿甩钩	ilagan	tridentate casting hook
大掠钩	əlkur	big flittering hook
倒须钩	wata	inverting hook
挂钩	dəgə	hook
抄罗子	asubku	fishing net
鲤鱼钩	dungu	carp hook
拎钩	gokoloŋ	lifting hook
冰穿子	tʃaleer / mona	ice auger

续表

汉语	杜拉尔鄂温克语	英语
冰兜	oog	ice pack
撬棍	uliŋku	crowbar
梯子	tuktur	ladder
鱼篓子	omobtʃi	creel
鱼兜子	sodoŋkur	fish bag
鱼笼	ugum	fish basket
鱼簰子	kaadi	raft for fishing
鱼罩	humu	fishing tool made of bamboo
鱼漂子	hoktom	float on a fishing line
鱼钩线	ʃilagakta	fishhook line
钓鱼竿	majin	fishing rod
马尾套子	hugga	horsetail sheath
猞猁套子	səbun	lynx sheath
哨子/鹿哨	pitʃaŋka	whistle / deer whistle
口哨	ʃiibkən	whistle
夹子	kabka	trap
野兽夹子	kabtʃiktu	beast trap
夹子弓	tʃor	clip arch
夹子嘴	satʃimku	clip mouth
夹子舌	iləgun	clip tongue
夹子支棍	bikibtu	supporting stick of a clip
鹰网	toorga	eagle net
野鸡网	taawa	pheasant net
兔网	asuku	rabbit net
口袋	uluŋku / tʃindas / kəudi	sack
小口袋	utaku	small bag
半大口袋	sumal	medium bag
细长口袋	ulukun	slender bag
布口袋	bəəs uluŋku	cloth bag

汉语	杜拉尔鄂温克语	英语
皮口袋	utku	leather bag
小皮口袋	niʃukun utku	small leather bag
装肉的口袋	sunda	bag to contain meat
装碗筷袋	dobtog	bag to contain bowls and chopsticks
小袋囊	ʤumka	sachet
褡裢	aktalin	dalian
小褡裢	ihibtu	small dalian
网兜	alan	wangdou
小木鞍	ərkəlʤi	small wooden saddle
鞍子	əmgəl	saddle
驼鞍	homo	camel saddle
鞍鞴	tokom	saddle cloth
鞍翅	kabtar	saddle wing
鞍鞒	burəs	saddle bow
鞍缦	oŋgor	saddle mantle
鞍座	sowubtʃi	saddle
鞍毡垫	ʃirdəs	saddle pad
鞍褥	namku	saddle cloth
鞍屉	homogon	saddle
鞍笼	burkul	saddle and halter
鞍铁镊子	ʃikilən	iron tweezers of a saddle
鞍子皮绳	ganʤoha	leather cord of a saddle
鞍子细带	ganinu	saddle belt
鞍子前肚带	olon	girth
鞍子后肚带	tʃalbur	girth behind saddle
鞍子吊带	olobtʃi	saddle sling
肚带铲子	gorkiŋki	girth scoop
马鞭子	ʃisug / mina	whip
鞍蹬子	durəŋki	saddle pedal

续表

汉语	杜拉尔鄂温克语	英语
缰绳皮条	dʒolo	rein
偏缰	ʃolbur	bridle
鞴	kudur	leather strap
鞴稍	heebka	tip of the leather strap
国家	gurun	country
京都	mugdun	capital
边疆	kil	frontier
边远	kil dʒabka	remote
社会	nəigən	society
政府	dasan / jaaman / alban	government
法律	pabun	law
法度	papuŋga	law
法则	kəmu	law
宪法	hauli	constitution
常规	aana / geen	conventional duty
政策	dasagga	policy
机关	alban	office
政治	gurun tur	politics
经济	mugun dʒiga	economy
党	nam / daŋ	party
旗	hiru / tug	flag
战旗	tulan tug	flag
旌	dalwa	banner
等级	dʒərgi / dəs	grade
阶级	aŋgi	class
人民	irgən	people
关系	daldʒi	relationship
城市	koton	city
市区	girin / tuwa	downtown area

续表

汉语	杜拉尔鄂温克语	英语
城墙	kɔdʒin	city wall
围墙	kɔrəm	wall
隐壁	daldal	concealed wall
城头望塔	matu / təktər	watchtower on top of the city wall
城墙排水口	ʃibkur	outfall in the wall
阁	taktar	cabinet
楼 / 楼阁	luus	building / pavilion
月台	səligər	platform
栏杆	kaadi	railing
哨楼	soboktu	sentry turret
瓮城 / 小城	bogon	urn, a small town
朝廷	jaaman	imperial court
宫	ordon	palace
殿	dəjən	temple
郊区 / 城外	koton tulə	suburb / outside the city
集市	dʒaka unir bog	market
巷	godoŋdʒi	lane
关口	booggo	pass
豁口	sətəgə	opening
裂口	jar	cleft
隘口	habtʃin	mountain pass
公园	tʃətʃəər	park
省	amban	province
内蒙古	ubur moŋgol	Inner Mongolia
黑龙江	suŋgari / konnor muulu	Heilongjiang
辽宁	lioniŋ	Liaoning
吉林	dʒiilin / kiriŋ	Jilin
新疆	ʃindʒiaŋ	Xinjiang
青海	tʃiŋhai	Qinghai

续表

汉语	杜拉尔鄂温克语	英语
甘肃	gansu	Gansu
北京	bəidʑiŋ	Beijing
上海	ʃaŋhai	Shanghai
天津	tendʑin	Tianjin
县	hoʃo	county
乡	suam / aila	countryside
牛录 / 乡	nioru	Niulu village
村	aila / urirən	village
农村	tarigan aila	countryside
部落	aiman	tribe
屯子	urirən	village
山寨	uri urirən	mountain fastness
村庄	tuaskan	village
街道	gia	street
牌匾	tʃamka	plaque
邻居	oldon urirən	neighbor
原籍	da bog / təgəən	native place
衙门	jaaman	yamen
堂	taŋkin	hall
部	həltəs	ministry
局	ajmar / tobtʃa	bureau
处	bog	department
科	həltəs	section
馆 / 所	kurə	house
库	namun	library
仓房	haʃen	barn
办事处	bajta iʃikir bog	office
案件	bajta	case
内容	doogu uhan	content

续表

汉语	杜拉尔鄂温克语	英语
特长	ətəŋkə	specialty
优点	aji bog	advantage
缺点	əru bog	shortcoming
错误	taʃen	error
过错	taʃerawan	fault
悲伤/哀叹	gasan	sad lament
灾祸/累赘	ʤogol / tamu	disaster and cumbersome
困倦	aami / baanan	sleepy
刑	əruŋ	punishment
枷锁	kabʤin / səlkən	shackle
任务	tusan / tuʃal	task
计划	bodoŋgo	plan
计谋	arga uka	plot
态度	owor banin	attitude
行为	ooggo	behavior
稀奇	geehal	rarity
玩笑	ugin	joke
意见	guninku	opinion
教育	tatigan	education
思想	gunin	thinking
思维	ojoŋgo	thinking
道德	moral	morality
意识	ojon / ʤali / uka	awareness
度量	kəŋgər / dooloni	measure
感情	guniŋga / ajiwun	affection
回忆	ʤoomuwun	recall
兴奋	agdan / dəəwən	excitement
高兴	agdawun	happiness
兴趣	ajiwun	interest

续表

汉语	杜拉尔鄂温克语	英语
兴味	doron	interest
心情	gunimka / doogubtu	mood
觉悟	sərgən	consciousness
革命	howisgal	revolution
过程	uliwun	process
经验	torʃil / nuktʃigən	experience
讲话	ugtʃən	speak
报告	alan	(conference) report
民主	araktʃil	democracy
自由	doroŋgi	freedom
平等	təgtʃi adali	equality
和平	teebun	peace
变革	kuwilgan	change
运动	gurgulgən	movement
卫生	arubkul	hygiene
艺术	waran	art
文化	tatigan	culture
文明	pabun	civilization
科学	ʃiŋʥilgən	science
工厂	ʥawuud	factory
企业	tʃije	enterprise
产业	ədlər	industry
矿业	nəmur	mining
公司	guns	company
工业	wəilar	industry
农业	tarigar	agriculture
畜牧业	malʥir	animal husbandry
牧场	otor	ranch
游牧区	notor	nomadic area

续表

汉语	杜拉尔鄂温克语	英语
财产	əd kurun / ulan / jəəmə	property
工作	gərbə	work
劳动	gərbələn	labor
观察仪	ʃiŋʤibtʃi	visualizer
电报	denbo	telegraph
电话	denhua	phone
电脑	denno	computer
数字	too / toon	digital
号	nuamir / too	number
数学	toongo	mathematics
机器	maʃin	machine
拖拉机	tulaʤi / turaktur	tractor
技术	ərdəm	technology
事情	baita	thing
买卖	maima	business
抵押品	orlom tirisə jəəmə	guarantees
价格	kuda	price
税	gail	tax
自由市场	jəəmə unir bog	free market
商店	kortʃo / ʃanden	store
收银台	ʤiga buur bog	cashier desk
问询处	baita aŋur bog	information desk
宾馆	aasənər bog / biŋguan	guesthouse
饭馆	ʤəəbtə ʤibtər bog	restaurant
酒家	arkini puus	restaurant
宿驿	əwər bog	post house
当铺	dampul	pawnshop
铺子	puus	shop
杂货	əlbəw jəəmə	groceries

续表

汉语	杜拉尔鄂温克语	英语
杂货店	əlbəw jəəmə uniir bog	grocery store
小卖部	niʃukun hortʃo	canteen
货币/钱	ʤiga	currency / money
零钱	sual ʤiga	change
工资	tʃalin	salary
奖励	kukikənəl	reward
罚金	gadukan	fine
票	piu	ticket
股票	gupiu	stock
算盘	suampan	abacus
帐	dans	account
银行	baaŋki / jinkan	bank
利息	madagan / hu	interest
利益	tusu	interest
人行道	bəj ulər okto	sidewalk
路灯	oktoji dənʤə	street lights
红灯	walirin dənʤə	red light
绿灯	kuku dənʤə	green light
黄灯	ʃaŋirin dənʤə	yellow light
车站	tərgəni bog	station
驿站	gamun	inn
码头	ədəlgə	pier
报纸	sərgin / sonin	newspaper
信	ʤaʃigan	letter
信封	dokto	envelope
邮票	ʤaʃigani mugun	stamp
邮局	ʤaʃigani bog	post office
学校	ʃuitan	school
大学	udu ʃuitan	university

续表

汉语	杜拉尔鄂温克语	英语
中学	doligu ʃuitan	high school
小学	niʃukun ʃuitan	primary school
私塾	məəni bəji tasug	old-style private school
幼儿园	uruli bog / tuəsə	kindergarten
课程	bitig	curriculum
教导	tatigal / tatin	teach
纸	tʃaasun	paper
字	kərgən	word
书	bitig	book
传	ulagan	biography
史册	təuhə	annals
史书	suadar	historical records
经书	nomno	Confucian classics
演义	nimagan	historical novel
档案	dans / daŋan	files
资料	matrel	data
刊物	sətkul	publication
稿件	naala bitig	manuscript
奏章	ilətun	suggest
证件	təmtər bitig / gərʃi	credentials
文章	ʥorigan	article
论文	ugtʃən	thesis
通知 / 布告	ulkibun / ʥarlan	notice / bulletin
题目	gərbiwun	topic
序	ʥulgidə ug	preface
章	kəsər	chapter
节	badar	section
段落	məjən	paragraph
续篇	ʃeragan	sequel

续表

汉语	杜拉尔鄂温克语	英语
注解	totgol	annotation
书页	dərəl	page
书签	ʃikin	bookmark
劝告	haʃgin	advice
警告	saahan	warning
敕令	sukən	royal decree
导言/引言	noorilta	introduction / foreword
戒备	səərəl	on the alert
言论	am iinig	remark
语言	gisun / ʤiŋʤiwun / ug	language
决定	tokton / kəsər	decide in consultation
思考	ʤoonokin	think
估量	taawun	estimate
商量	həwʃən	discuss
矛盾	haktʃan	contradiction
问题	aŋun / aŋuŋka	problem
原因	ogin	reason
借口	anagan	pretense
考察	beesan	investigate
考试	ʃindən / ʃigalta	examination
呈文/上书	alika	document / written statement submitted
判断	itʃiggə	judge
思路/谋略	bodogon	thinking / strategy
目标	ʤorin	target
办法	arga	way
记忆力	əʤiggə	memory
记录	əʤibun	record
抄录	sargin	copy
编撰	nəkul	compile

续表

汉语	杜拉尔鄂温克语	英语
分类	alɡaɡ	classify
句子	uɡtʃən	sentence
逗号 / 点	toŋki	comma / dot
句号	tʃiɡ	period
标志 / 标记	ədʒibur	mark / sign
标志	təmtər	mark
本	bəl / dəbtər	book
册子	dəbtər	volume
笔	bi	pen
钢笔	ɡambi	pen
铅笔	tʃenbi	pencil
毛笔	moobir	writing brush
墨	bəɡ	Chinese ink
砚	iiŋkir	inkstone
牛角砚	uɡasa	horn inkstone
镇纸	ɡidaku	paperweight
圆形镇纸	muɡər	round paperweight
糨糊	labtaɡaŋka	paste
墨水	miisul	ink
黑板	sambar	blackboard
书库	bitiɡ nəərə boɡ	stack room
书店	bitiɡni dʒuu	bookstore
书包	bitiɡni təbku / ʃuubol	school bag
书信	dʒaʃiɡan	letter
书架	bitiɡni taɡ	book shelf
书面语	bitiɡni uɡ	written language
谜语	onisuɡ	riddle
书籍	bitiɡ namtar	books
画	niorɡan	painting

续表

汉语	杜拉尔鄂温克语	英语
画线	ʥisum	setting-out
墨线	miskabta	make chalk line
雕刻	səiləŋkə	carving
地图	boni niorgan	map
图谱	durugun	collection of illustrative plates
图书	dansmal bitig	book
图章/印	doron / tamar	stamp / seal
账单档案	dans əbkəməl	file of statement of account
牌子	uʃiku	brand
故事	urugul	story
传说	ulawul	legend
诗	ʃilug	poetry
词	gisuŋku	classical Chinese poetry
词典	toli	dictionary
邀请	soligan	invite
电影	səwdər / dijan	movie
俱乐部	kulub / ʥuləbu	club
席位	təgəŋkə	seat
音乐	kugon / hukʥim	music
歌	ʥaandan	song
曲调	iro / ajis	melody
流行歌	aji ʥaandan	pop music
舞	lurgil / lurge	dance
戏	ʃiis	play
琴	kitukan	musical instrument
提琴	tatukan	violin
胡琴	hoor	huqin
口琴	tʃooron	harmonica
琴弦	ʃirigəbtu	string

续表

汉语	杜拉尔鄂温克语	英语
鼓	tuŋku	drum
敲鼓棒	utun	drum stick
锣	tʃaŋka	gong
钹	tʃaŋtʃihu	cymbals
唢呐	bilər	suona horn
笛子	limbu	flute
箫	pitʃaŋku	xiao
笙	baksaŋga	sheng
瑟	dʒatug	se
琵琶	salgaŋ	pipa
号	bure	bugle
喇叭	laaba	trumpet
管	ʃikaku / saagin	wind
胡笳	tʃooro	hujia
回声钟声	uran	echo of bell
声音	delgan	sound
话	wugi / uu	word
例子	dʒiʃə	example
球	bumbug	ball
皮球	pitʃuul	rubber ball
篮球	lantʃuul	basketball
毽子	tetʃel	shuttlecock
哨子	pitʃaŋku	whistle
牌	sasuku / pais	cards
骨牌	gilug	domino
纸牌	tʃaasu pai	card
扑克	pukəl / kaarta	poker
棋 / 围棋	ʃag	chess / weiqi
黑白棋	bandʒi	reversi

续表

汉语	杜拉尔鄂温克语	英语
象棋	ʃatar	Chinese chess
风筝	dəgilin	kite
秋千	gaakulʤi	swing
游戏	ugiiwun	game
羊拐游戏	ajubkan / galha	grasping the bones game
风俗	ʤan datkal	custom
习惯	tatʃin	habit
性格	banin	character
本性	baltʃa banin	nature
季节	ərin	season
节日	aji inig	festival
大年 / 春节	ane	New year / the Spring Festival
元旦	irkin ane	New Year's Day
清明节	hantʃi	Qing Ming Festival
腊八	ʤorgon inig	Laba
重阳	muduri inig	Double Ninth Festival
端午节	toron biani toron	Dragon Boat Festival
中秋节	bianig	Mid-Autumn festival
吉日	ʤijanig	lucky day
诞辰	ʤalawun	birthday
敖包节	obo	Aobao Festival
狂欢节	səbʤin	carnival
爆竹	pooʤan	firecracker
媒人	ʤautʃi	matchmaker
证婚人	gərtʃilər bəj	witnesses at a wedding
婚姻	ujuu	marriage
婚礼	ujuulən	wedding
婚宴	koda	wedding feast
喜酒	kodani arki	wedding feast

续表

汉语	杜拉尔鄂温克语	英语
婚礼品	kodani bələr	wedding goods
洞房	irkin ʤuu	bridal chamber
坐月子	biaga təgəwun	confinement in childbirth
生日	baltʃa inig	birthday
礼节	gian joso	courtesy
礼仪	joso	etiquette
礼物	bələr	gift
礼服	ʤawag	formal dress
招待	kunduləggə	entertain
力气	kutʃi	strength
劲头	idə	strength
力量	pəl	force
精力	təŋkə	energy
本事	ətəgən / tʃidal	skill
才能	dilitʃi	talent
能力	bəntʃin	ability
梦	tolkin	dream
影子	anan	shadow
相片	ʤoopel	photo
脚印	waʤi	footprint
样子	jaŋʤi	appearance
模样	durun	appearance
容貌体格	dursu	appearance and physique
样款	həwə durun	style
声音	diligan	sound
声调	aji	tone
消息	aldur	news
声势	urakil	momentum
声望	uragan	prestige

续表

汉语	杜拉尔鄂温克语	英语
声誉	ural aldar	reputation
兴旺	mukdən	thrive
事物	ʤak	thing
姓	hal	surname
名字	gərbi	name
同名	aminde	the same name
称号	sol	title
年纪	nas	age
寿命	ʤalagan / gonim nas	life
福气	ʤija	blessing
幸运	majin	lucky
运气	kəʃir	luck
平安	əlkər	safe and sound
好兆	bəlgə	good sign
仁	gutʃin / utʃtʃel	benevolence
慈	ʤilan	kind
义	ʤurgan	justice
恩	kəʃiktə	grace
忠	tondo	loyal
正	tow	positive
平等	təgəri / təgtʃi	equality
恩惠	atʃi	grace
宽恕	aalag	forgiveness
包容	ooʃibko	forgiveness
道理	gian	reason
信心	itgəl	confidence
宗教	ʃaʃin	religion
信仰	itgən	faith
咒	tarni	curse

续表

汉语	杜拉尔鄂温克语	英语
戒	tʃəər	give up
法术	papun	magic arts
神	barkan	god
转世	udʒigu dʒagan	reincarnation
神兽	bugan	mythical animal
萨满神	saman	Shaman god
萨满神院	samaldar bog	Shaman divine court
萨满神屋	samaldar dʒuu	Shaman divine home
神祇	sogor	gods
神龛	ərəgun	shrine
神杖	dʒaŋga	scepter
神乐	humun	divine music
神鼓	tuŋkurgu	divine drum
神学	dʒalibun	theology
神权	bogantur	theocracy
萨满男鼓	imtʃin / tuŋgubtu	Shaman male drum
萨满女鼓	untun	Shaman female drum
萨满腰铃	ʃiska	Shaman waist bell
萨满神医	saman oktotʃi	Shaman geniuses
萨满神灵	utʃuku	Shaman gods
神槌	utun	god mallet
神符	karmaktʃi	Rune
护心镜	tula	mirror to shield heart
护背镜	dula	mirror to shield back
神镜	biluku	divine mirror
神杆	somo / solon / sologoŋ	divine pillar
神幡	girdakta	divine banner
神铃	ʃadʒir	divine bell
神刀	səribtu	divine blade

续表

汉语	杜拉尔鄂温克语	英语
神树	solotan	sacred tree
萨满刀梯	sakur / takur	Shaman knife ladder
猎神	majaŋga	Hunting God
山神 / 山路神	bainatʃa	Yamagami
打猎神	maniha	Hunting God
鹰神	muri / murigu	Eagle God
熊神	ətirkən	Bear God
鹿神	alun	Deer God
狼神	jogon	Wolf gods
马神	morin barkan	Horse God
豹神	merdə barkan	Panther God
虎神	tasug barkan	Tiger God
獭神	ləhərki barkan	Otter God
蟒神	lookta barkan	Python God
天神	bogda	God
生命神	ərgəbtun	Life God
福神	ʥijatʃi	Mascot
门神	bumbun	Door God
大地神	nagan	Earth God
土地神	banatʃa	Land of God
疾病神	əmʥiku	Disease God
石神	ʥol barkan	Stone God
山路神	bodi	Mountain-road God
婚神	sarin	Marriage God
猎神	bainatʃa	Hunting God
偶神	urən / tʃidugən	Even God
司鬼神	bugun	god taking charge of ghosts
司鬼娘娘	ənigən	goddess taking charge of ghosts
男神	amigan / ədəgən	male god

续表

汉语	杜拉尔鄂温克语	英语
女神	adagan	goddess
野神	ʤərgilən	wild god
阎王	ərlig	Yama
灶君	iikə barkan	kitchen god
龙王	muduri kawan	the Dragon King
雷公	agdi barkan	thunder
佛	barkan	buddha
转世佛	ənduri	reincarnated buddha
喇嘛	lam	lama
尼姑	tʃibaktʃi	nun
和尚	nomŋo	buddhist monk
道士	bombo	taoist priest
祈祷者	nomnaʃeŋ	prayer
帝王	bogda	emperor
菩萨	pusa	buddha
仙女	takini / itugan	fairy
神仙	arutʃig	immortal
圣主	ənduri əʤin / bogda	lord
圣母	kodogo / ənduri ənikən	godess
圣像	bogdabta	icon
圣书	ərdəni bitig	holy book
圣谕	ənduri kəsər	oracle
圣训	ənduri tatigan	sermon
圣神	gəgən	holy god
圣人	mərgətu	sage
神像	urəg	god statue
神杆	iligan / solon	holy pole
神果	sor	holy fruit
祭祀	takin / ominan	sacrifice

续表

汉语	杜拉尔鄂温克语	英语
祭品	amsun	oblation
祭奠	gisarga	hold a memorial ceremony for
祭文	taŋga	funeral oration
经书	nomnno	Confucian classics
塔	soborgo	tower
寺	uʃikat	temple
庙	mio	temple
香	kuʤi	incense
香桌	ənkir	incense table
香墩	təgəltu	incense holder
香筒	kuʤiŋku	incense barrel
钵盂	badir	alms bowl
墓	hooron / baktʃi	grave
尸体	giaranda	corpse
灵魂	sumsu	soul
迷信	itgə / ʃitun	superstition
上供	takin	offer up a sacrifice
戴孝	gosun	mourning
孝服	ʃinaktʃi	mourning clothes
孝带	suwəku	mourning band
阴间	iləm	hades
地狱	gindan	hell
地道	guldun	tunnel
鬼	ʃurkul	ghost
怪	ibag	monster
妖精	ʃolom	demon
恶魔	ʃomnos	devil
魔鬼	maŋgis	devil
恶鬼	ʃonkor	demon

续表

汉语	杜拉尔鄂温克语	英语
女妖怪	ʃolmos	woman monster
狐狸精	əligun	foxtrel
鬼火	ʃolagen	will-o'-the-wisp
鬼祟	gilman	stealth
野鬼	maŋgirta	ghost
野怪	ʥənugən	monster
鬼魂	sumsuktu	ghost
妖术	ardaga	witchcraft
祸兆	basur	bad omen
罪孽	gasan / kətu	sin
罪	nigul	crime
忌	səər	avoid
医院	oktoʃini bog / jijen	hospital
医生	oktoʃin / dooktor	doctor
护士	sowlaʃin	nurse
药方	oktoni bitig	prescription
药	okto / əəm	drug
草药	lam okto	herb
丸药	mogoli okto	pill
膏药	labtagar okto	plaster
牛黄	iskon	bezoar
灵丹	nakta	panacea
麻醉药	mənrəhəŋkə	narcotic
毒	kor	poison
毒药	kor okto	poison
医用针	namna	medical needle
病	ənuku	illness
病人	ənukutʃi olor	patient
疾病	ʥadgan	disease

续表

汉语	杜拉尔鄂温克语	英语
痨病	jadgan	tuberculosis
感冒	əkugdinən	cold
痰喘病	jam	asthma due to phlegm
哮喘	hikkar / əərgən	asthma
腹胀病	kəwən	abdominal distension
瘟疫	kirig	plague
伤寒	tʃaŋka	typhoid
疟疾	ində / takul	malaria
痢疾	ʃilin	dysentery
癫痫	tamul	epilepsy
疯病	sole ənuku	mental disorder
瘫痪	dampa	saralysis
病弱	jadar	sick
残疾	dʒəmdəg	disability
流行病	dʒiraga	epidemic disease
麻疹	mapa	measles
天花	mama	smallpox
淋巴结	tʃilitʃi	lymph node
小儿病	takul	pediatric disease
痱子	ulagar	prickly heat
水痘	mujuktu	chickenpox
狐臭	holoŋgo	body odor
疖子	kətəs	boil
疮	dʒəktə	sore
疮痂	kuthə	scab
痔疮	uraŋka	hemorrhoid
疥疮	uskəktə / sawun	scabies
牲畜疥疮	hamo	livestock scabies
黄水疮	namgu	impetigo

续表

汉语	杜拉尔鄂温克语	英语
毒疮	ʃakag	sore botch
梅毒	subgin / tambor	syphilis
癣	ildə / illə	ringworm
口疮	narma	month canker
唇疮	ərəg	cold sores
疮疤	sorbi	scar
针眼	hirgakta	sty
鸡眼	əwər	corn
膙子	iiriktə	callus
瘊子	uu / uuktu	wart
痣	bəlgə	mole
痦子	wəə	mole
雀斑	bədəri	freckle
脓	naaktʃi	pus
脓水	suusu / ʃius	pus
黄水	ʃaɲiriŋ muu	yellow fluid
伤	ʃarka	wound
伤口	jar	wound
冻伤	gəkti	frostbite
伤痕	anagan	scar
按摩	iligən	massage
火罐	bagu / bombo	cupping jar
仇	kimnul / uʃe / kor	hatred
方向	dərən / ʥuwu	direction
东	ʃiguntu	east
东方	ʥəəŋgidə	east
南	ʥulilə	south
南方	ʥuligidə	south
西	ʃiwun əwəntu	west

续表

汉语	杜拉尔鄂温克语	英语
西方	baragida	west
北	amila	north
北方	amigida	north
上	diidə / diilə	up
下	ərgilə / ərgidə	down
左	solge	left
右	baran	right
中	dolin	middle
中间	ʃirdən	center
当中	dolindu	among
正中	tob dolin	middle / center
旁边	oldon	side
左边	solgedadu	left
右边	barangidadu	on the right
周围	toorin	around
里面	doola	inside
外面	tulilə	outside
向外	tuliʧigi	outward
附近	dakki / dərgədu	nearby
跟前	ʤaha / dagadu	in front of
对面	akʧabki	opposite
底	ərə	bottom
顶	oroon	top
前	ʤulilə	before
前面	ʤulidə	front
后	amila	after
后面	arkandu	back
上面	ugilə	on top of
下面	ərgilə	below

续表

汉语	杜拉尔鄂温克语	英语
正面	ʃig	front
往东	ʥəəŋgiʃigi	eastbound
往西	baranʃigi	westerly
往前	ʥuliʃigi	forward
往后	amitʃigi	backward
往上	diiʃigi	up
往下	ərgiʃigi	down
往里	dooʃiki	in
角	uŋtʃur	angle
时间	ərin	time
年	ane	year
鼠年 / 子	atʃiktʃan hon	Year of the Rat
牛年 / 丑	ukur hon	Year of the Ox
虎年 / 寅	tasag hon	Year of the Tiger
兔年 / 卯	tuksəki hon	Year of the Rabbit
龙年 / 辰	mudur hon	Year of the Dragon
蛇年 / 巳	kolen hon	Year of the Snake
马年 / 午	morin hon	Year of the Horse
羊年 / 未	konin hon	Year of the Sheep
猴年 / 申	monio hon	Year of the Monkey
鸡年 / 酉	kakara hon	Year of the Rooster
狗年 / 戌	iŋkin hon	Year of the Dog
猪年 / 亥	olgen hon	Year of the Pig
今年	ər ane	this year
明年	gotʃen / əmər ane	next year
去年	tiaŋan / duləsə ane	last year
来年	əmər ane	next year
后年	timaan saaguʥin ane	the year after
前年	tiŋan saaguʥin ane	the year before last

续表

汉语	杜拉尔鄂温克语	英语
大前年	tu tiŋan saaguʤin ane	three years ago
大后年	tu timaan saaguʤin ane	three years from now
岁数	baktʃi	age
周岁	nasu	a full year of life
百岁	bargan / namaaʤi nasu	centenarian
寿	ʤalaburin	long life
月	biaga	month
正月	ane bia	the first month of lunar year
二月	ʤuur bia	February
三月	jalan bia	March
四月	digin bia	April
五月	toron bia	May
六月	nugun bia	June
七月	nadan bia	July
八月	ʤakun bia	August
九月	jəgin bia	September
十月	ʤaan bia	October
十一月	ʤaan əmun bia	November
十二月	ʤaan ʤuur bia	December
本月	ər bia	this month
来月	əmər bia	the coming month
单月	soŋtʃoh bia	odd month
双月	dabkur bia	even month
月初	bia əkin	the beginning of a month
月中	bia dolin	the middle of a month
月底	bia madan	the end of the month
日	inig	day
每天	inig inig / inigtula	every day
今天	ər inig	today

续表

汉语	杜拉尔鄂温克语	英语
昨天	tinug / tiinu	yesterday
前天	tinug saagudʒin	the day before yesterday
大前天	tu tinug saagudʒin	three days ago
明天	timatʃin	tomorrow
后天	timaniŋtʃi / tʃaula	the day after tomorrow
大后天	timan timaniŋtʃi	four days from now
白天	inig	daytime
早晨	temər / ərdə	morning
晚上	oreko	evening
夜晚	dolbo	night
每晚	dolobtula	every night
午前	inig dʒulilə	forenoon
中午	inig dolin	noon
午后	inig amila	afternoon
黄昏	baada / loŋguri	dusk
整夜	əmun dolbo / dolboŋgu	all night long
半夜	dolbon dolin	midnight
除夕	butu / ʃinən	New Year's Eve
初一	bʉtʉ əmun	the first day of lunar year
初二	irkin dʒuur	the second day of the lunar year
初三	irkin jalan	the third day of the lunar year
初四	irkin digin	the fourth day of the lunar year
初五	irkin toron	the fifth day of the lunar year
初十	irkin dʒaan	the tenth day of the lunar year
初十五	irkin dʒaan toron	the fifteenth day of the lunar year / the Lantern Festival
春	nəlki	spring
夏	dʒog	summer
秋	bol	autumn

续表

汉语	杜拉尔鄂温克语	英语
冬	tug	winter
古代	ajibte	antiquity / ancient times
从前	noogudu	formerly
以内	doola	within
开始	əurkən	start / beginning
末尾	daorkan	end
自从	ədubki	from
现在	ətʃi	now
当今	ətʃibte	nowadays
世纪 / 时代	ʥalan	century / era
闰	anga	intercalary
小时 / 钟头	ərin / sag	hour
时分	minot	minute
时秒	səkunt	second
一刻	əmkət	moment
半小时	dolin ərin	half an hour
机会	ʥabʃa / ʥabka	opportunity
中国	doligu gurun	China
外国	tuligu gurun	foreign country
美国	amerik	the United States
英国	aaŋgil	Britain
法国	parans	France
德国	girman	Germany
意大利	idali	Italy
加拿大	kanada	Canada
俄罗斯	loota	Russia
印度	indu	India
土耳其	turki	Turkey
蒙古国	moŋgol	Mongolia

续表

汉语	杜拉尔鄂温克语	英语
日本	jopon	Japan
韩国	ʤuligu soloŋgos	Korea
朝鲜	amigu soloŋgos	Korea
越南	wəitnam	Vietnam
老挝	lauwə	Laos
新加坡	ʃiŋgapor	Singapore
泰国	tai gurun	Thailand
菲律宾	pəilibin	Philippines
缅甸	menden	Myanmar
柬埔寨	ʤimpuse	Cambodia

2. 代词

汉语	杜拉尔鄂温克语	英语
我	bi	I
你	ʃi	you
您	su	you
他	noon / tari	he
他/她（褒义）	noon	he
他/她（贬义）	taja	he
她	noon	she
它	tari	it
我们	bu	we
你们	su	you
他们	talur / talar	they
咱们	bitə / mitə	we
大家	baraŋʤi	everyone
人们	ulur	people
全部	ho / gəiʤi	whole

续表

汉语	杜拉尔鄂温克语	英语
全	bolgo	all
都	gub	all
所有	gurʤi	all
其他 / 另外	untu / antʃu / toomna	other / in addition
别人	untu bəj	other people
某个	əmuki / untuki	certain
自己	məəndi	self
各自	məən məəndi	each
谁	awu	who
那	tari	that
那（远指）	taari	there
那样	tanatʃin	that kind
那样的	tanagan	of that kind
那些	taril / tekən	those
那边	targi	there
那里	tala	there
那时	tarirən	then
那么	tobki	then
这	əri	this
这些	əjkən / aril	these
这样	ənətʃin	so
这样的	ənəgən	this
这边	ələ	here
这里	ədu	here
这时	ərirən	at this time
这么	əbtu / əntʃin	so
如此	ərilən	so
为何	iida	why
什么	jokon	what

续表

汉语	杜拉尔鄂温克语	英语
怎么	oni	how
怎样	iktukən / ondi	how
如何	iktu	how
几个	adi	several
多少	jəəki	how much / how many
哪个	iri	which
哪里	ilə	where
哪儿	idu	where
到处	iləbkət	everywhere
什么时候	oni ərin / idudu	when

3. 数量词

汉语	杜拉尔鄂温克语	英语
一个	əmukən	a
一	əmun	one
二	ʤuur	two
三	jalan	three
四	digin	four
五	toron	five
六	nugun	six
七	nadan	seven
八	ʤakun / ʤabkun	eight
九	jəgin	nine
十	ʤaan	ten
十一	ʤaan əmun	eleven
十二	ʤaan ʤuur	twelve
十三	ʤaan jalan	thirteen
十四	ʤaan digin	fourteen

续表

汉语	杜拉尔鄂温克语	英语
十五	ʤaan toron	fifteen
十六	ʤaan nugun	sixteen
十七	ʤaan nadan	seventeen
十八	ʤaan ʤakun	eighteen
十九	ʤaan jəgin	nineteen
二十	orin	twenty
二十一	orin əmun	twenty-one
二十三	orin jalan	twenty-three
二十五	orin toron	twenty-five
二十八	orin ʤakun	twenty-eight
三十	gotin	thirty
四十	dəki	forty
五十	toojin	fifty
六十	nugurjin	sixty
七十	nadarjin	seventy
八十	ʤokorjin	eighty
九十	jirən	ninety
百	namaaʤi	hundred
二百	ʤuur namaaʤ	two hundred
千	meŋgan	thousand
三千	jalan meŋgan	three thousand
万	tumun	ten thousand
亿	booni	one hundred million
半	dolin	half
第一	əmuki	first
第二	ʤuuki	second
第三	jaləki	third
第四	digiki	fourth

汉语	杜拉尔鄂温克语	英语
第五	toroki	fifth
一次	əmun ərin / əmun tan	once
二次	ʤuur ərin / ʤuur tan	twice
三次	jalan ərin / jalan tan	three times
星期一	ʃiŋtʃi əmun	Monday
星期二	ʃiŋtʃi ʤuur	Tuesday
星期三	ʃiŋtʃi jalan	Wednesday
星期四	ʃiŋtʃi digin	Thursday
星期五	ʃiŋtʃi toron	Friday
星期六	ʃiŋtʃi nugun	Saturday
星期日	ʃiŋtʃi inig	Sunday
冠军	turugun	champion
亚军	ʤurugun	runner-up / second place
季军	gorogun	second runner-up / third place
份（一份）	ob	a part
封（一封）	dokto	a part
杆（一杆）	gat	one
趟（一趟）	tan	one trip
回（一回）	ərin	once
张（一张）	abka	a piece of / a sheet of
棵（一棵）	goʤi	a
把（一把）	asug	a handful of
束（一束）	baksa	a bunch of
块（一块）	mokoli	a piece of
堆（一堆）	obo	a heap of / a pile of
面（一面）	tal	one side
方（一方）	talgi	a party
朝（一朝）	ərin	once / in one day

续表

汉语	杜拉尔鄂温克语	英语
代（一代）	ʤalan	a generation
侧（一侧）	ʤabka	one side
边（一边）	hartʃin	a side
片（一片）	lapka	a slice of
带（一带）	torgin	area
页（一页）	daliku	a page
卷（一卷）	moŋoli	a roll
套（一套）	toor	a set of
朵（一朵）	ulka	a
只（一只）	gagdan	one
枝（一枝）	garga	one
双（一双）	ʤuuru / təəre	a pair of
绳（一绳-18丈）	uta	18 zhang
串（一串）	tʃor	a string of
连（一连）	ʃira	continuation
阵（一阵）	ʤərgi	a burst of
场（一场）	aliga	a round / a scene
滴（一滴）	sabdar	a drop of
层（一层）	dərgi / taktar	a layer
间（一间）	gialan	a
包（一包）	əbkən	a packet of
座（一座）	aliga	one
站（一站地）	dədun / urtə	one stop
柄（一柄）	daʃin	a
扇（一扇）	gargan	a
轴（一轴）	təmkə	a
盒（一盒）	təbku	a box of
根（一根）	ʃibhəg	a

续表

汉语	杜拉尔鄂温克语	英语
行（一行）	ʤurgan	one line
丝（一丝）	ʃirgən	a little
粒（一粒）	bəlgən	a
服（一服）	əbkər	a
公斤	kilo	kilogram
斤	giŋ	jin
两	laŋ	liang
分	pən	fen
钱	ʤiga	qian
丈	ʤaŋ	zhang
里（一里）	bog	li
庹	daar	arm spread
米	togor / miitər	meter
尺	iisən	chi
寸	sun	cun
拃	togor / togo	measure by handspan
升	moro	liter
斗	kiat	dou / a measure for grain
亩	mu	a unit of area
晌	bogo	noon
顷	dəlkə	qing
元（一元）	jen	yuan
一些	əʤig	some
几个	adi	several

4. 形容词

汉语	杜拉尔鄂温克语	英语
颜色	bodor / ʤus	color

续表

汉语	杜拉尔鄂温克语	英语
红	walirin	red
水红	walibir	cerise
桃红	waligar	pink
白	giltarin	white
蛋白	giltabtin	egg-white
雪白	gilbarin	snow-white
淡白色	bagdarbin / nəəriŋ	light white
黑	konnorin	black
淡黑	konnor	light black
乌黑	honnorgon	pitch-black
黄	ʃaŋirin	yellow
橘黄	sokon	orange
蛋黄	sokokon	yellow
微黄	ʃaŋirintʃala	yellowish
焦黄	sokokor	brown
黄黄的	sokorgan	yellow
蓝	tʃilan	blue
绿	tʃuuturin / kuku	green
深绿	tʃəŋgər	dark green
松绿	nuwan	pine-green
青	jatʃin	blue-green
粉色	kuaga	pink
紫	misun / kələg	purple
深紫 / 酱色	misugun	dark purple / dark reddish brown
灰色	hojʃe	gray
淡白的不鲜亮色	səŋgəgər	light white color which is not bright
暗色	aktadi	dark color
深色 / 深蓝	pagdir	deep color / dark blue

汉语	杜拉尔鄂温克语	英语
深蓝	lamun	dark blue
浅色	əbirkən	light color
混浊色	bogan	turbid color
亮色	nəərin	bright colors
光华色	əldəŋə	bright color
米色	suhun	cream-colored
棕色	əəkir / ulbur	brown
古铜色	kurən	bronze-colored
驼色	bor	light tan
花的	iləgatʃi	floral
花斑的	sookor	piebald
浓密的	luku	bushy
好	aji	good
极好的	madan aji	excellent
坏	əru	bad
善	əniŋgər	good
恶	ʃolmoŋgor	evil
真	unəŋ / unəŋgi / tədʒi	true
真实的	dʒiŋkin	true
荣	dərəŋgə	glory
辱	girumsun	disgrace
假	ələəku	false
实	tədʒiŋgi	real
虚	obtug	void
空	hooson	empty
空旷的	obtuggor	open
空有的	obtugto	in name only
新	irkin	new

续表

汉语	杜拉尔鄂温克语	英语
旧	irəbtə	old
锐利的	tʃirgun	sharp (knife)
钝迟的	mokor	blunt (knife)
富	bajin	rich
贵（贵重）	katu / kudatʃi	precious
穷	kaldig / jadar	poor
贱（下贱）	papir / piis	humble
孤独	goŋgo / goŋgor	lonely
贵（价格）	kudatʃi	expensive (price)
便宜	kimda	cheap
快	digar / tuggun	fast
快捷	sampal、ʃaatu	fast
慢	wadan	slow
高	gogdo	high
低	ərgilə	low
矮	laka / nəgtə	short
凹的	huaŋgira / watgar	concave
凸的	tutigər / gudgər	convex
凸出的	bultagur	protruding
深	sonto	deep
浅	gugan / albin	shallow
宽	əmgə / kuargan	wide
自如心宽	ələkur / əŋgəl	free and smooth attitude
窄	dabtʃi / naribku	narrow
长	gonim / nuanan	long
短	urumkun	short
短缺的	mokto	short
剪短的	moktor	bobbed

汉语	杜拉尔鄂温克语	英语
远	gor	far
近	dag / dabkun	near
亲近	dabkilan	get close to
硬	katan	hard
软	dəj	soft
粗	bargun	thick
粗糙的	halba / bolgi	coarse
粗壮的	kudər / meldagar	stout
褴褛	lataki / ladra	ragged
臃肿	burgu / piltgar	bloated
草率的	dəəwə / dərgin	rash
细	narin	fine
细长的	naribkun	slender
细致的	nariŋgi	meticulous
细小的	ʃimkir / ʥiʥig / niʃubkun	fine
直	tondo / tʃitʃoor / ʃiiggən	straight
弯	moktʃiku	bent
弯曲的	matugan	crooked
弯弯曲曲	moktʃildur	in twists and turns
大	udu	large
小	niʃukun	small
多	baraan	many / much
众多	gərən	numerous
许多	diargun	many
少	homdo / hondo	few / little
矮小的	laka / lata	scrubby
瘦	ʥotar / turan / jandan	thin
厚	diram	thick
薄	nimnikun	thin

续表

汉语	杜拉尔鄂温克语	英语
圆	baŋgal / mokolin	round
方	durbəldʒin	square
扁	kabtig / pialtgar	flat
平	nətʃin / təktʃi	flat
平平的	nətʃiggən	flat
正	tondo / dʒiig	straight
整个的	bolog / bukuldʒi	neat
反 / 颠倒	atʃʃalam / urgim	reversed / upside down
偏	oldoʃi / kəltək	incline to one side
歪	mortʃige / modʒigu	askew
横	kundulun / kətu	transverse
竖	tʃotʃor / goldo	vertical
纵	jolgu	vertical
顺	jolgun	along
斜	kəltiku	oblique
陡	tʃardam / əktʃi	steep
重	urgugdi	heavy
轻	ənibkun / kuŋgən	light
早	ərdə	early
迟	deldə	late
强	ətəŋgi / mandi / kətʃu	powerful
弱	əbir / doro / ərukəjə	weak
柔软	dəjə	soft
怕事的	nəəlməke	timid
干	olgokon	dry
湿	walabkun	wet
潮湿的	dərbun	damp
紧	tʃiŋga / digar	tight
松	suala	loose

续表

汉语	杜拉尔鄂温克语	英语
松软	həwər / dəjəbkun	fluffy
结实	buku / agdun	solid
坚固的	bəki / katan	sturdy
坚定的	kataŋgir / bat	firm
坚决的	tag / ərəs / kata	firm
皮实的	bəgi / ʃiləm	sturdy
稳妥的	toktun / tomogon	secure
稳重的	labdun	steady
不稳重的	darban / kiikgə	unsteady
不踏实的	dardanan	undependable
轻浮的	dolbin	flippant
轻薄的	olbir / kiikgər	flippant
勉强的	aran / duŋgum	reluctant
固执的	doroŋgir / ʥaliʥi	stubborn
倔强的	ʥiruʥike / morke	stubborn
步行的	jookon	walking
锋利的	hortʃi / sərbin / iigitʃi	sharp
尖	sururtʃi / girubku	pointed
有刃的	iigitʃi / ʥəjitʃi	with edge
钝	mapa / multuk / mulgur	blunt
秃头	mokor	bald
秃尾	moktor	with short tail
大头的	dilatu / loktor	macrocephalic
短粗的	pokʥor / ogdom	stubby
罗锅	bəktur	hunchback
宽大的	lətgər	large
瞎的	bali / tʃokor	blind
敞口的	darbagar / darpelʥi	open
漏洞的	tʃorgin / ultug / solpok	having holes

续表

汉语	杜拉尔鄂温克语	英语
残缺的	abal / dʒəmdər	incomplete
尖腮	ʃobtor	pointed cheek
滑	baldaka	slippry
光滑	gilbar	smooth
光明的	əldəŋgə / ilaaŋga	bright
平面的	bisun / təktʃibkun	plane
精致的	narilin / goŋgo	exquisite
精巧	warlig / waran	delicate
模糊	burkur / balar	fuzzy
热	ukugdi	hot
凉	səruun	cool
寒	inigdi	cold
冷	bəgin	cold
暖	namugdi	warm
冰凉	baktagdi	ice-cold
难	haldig / mokʃon / bərkə	difficult
容易	kindi / amal	easy
简单	kindibkan / amalkan	simple
顺利的	idʒiskun / dʒulibki	smoothly
现成的	bələn / bələkə	ready-made
聪明	dilatʃi / sərgəg	bright
伶俐	sərtə / dʒiliŋgi	clever
笨	dʒuntug / əbir	stupid
笨重的	duŋgu / mənən	bulky
拙	modʒun / dʒiru / moŋki	awkward
痴呆	mənən / moŋkar	dementia
糊涂	dʒəki / duirən / koodo	muddled
邋遢的	latar	sloppy
愚蠢	dulpa / ʃogol / mənər	silly

续表

汉语	杜拉尔鄂温克语	英语
傻	ʃogol / ojbon / tənər	stupid
迟钝	udan / moŋkir	slow
老实	nomoki / unəŋgir	honest
温和的	ʥəwləkən	moderate
柔和的	niolon / dəjibkun	mild
温顺的	dəjikun / əjilən	meek
和睦的	əbə / əwəʃi	harmonious
幸福的	ʥijaʃi / ʥiggalʧi	happy
纯真	arun / ʥiŋkin / təʥiŋgər	pure
小气	kimki / gaaʥas / narin	stingy
狡猾	ʥaliŋgir / hoŋʥan / hualʥin	cunning
狡诈	bolgin / hualʥin	cunning
可恶	əsuhun / ʃiʃirmu	hateful
细心的	nariŋga	careful
轻快	ənibkun	brisk
勤劳的	gərbəʧin	industrious
懒	baaŋgi / ʥalku / ʃalku	lazy
臭	waaʧi	stink
苦（味）	goʧikti / goʧigon	bitter
香	uunʧi / antaŋʧi	savoury
酸	ʥisun	sour
甜	sitaŋgir / antaŋʧi	sweet
酸甜	dasun ʥisun	sweet and sour
辣	goʧigdi	spicy
咸	dausuŋgo	salty
涩	həlun / əksun	astringent
臊	koloŋgo	foul smell
膻	saaŋur / ʃoŋgir	the smell of mutton

续表

汉语	杜拉尔鄂温克语	英语
腥	neltʃur	fishy
稠	apun / tibka / utgun	thick
稀	ʃiŋgən	thin
稀疏的	sargin / kojigo	sparse
有汤的	ʃiltʃi	soupy
淡（味）	suala / əbir	light (taste)
清	nəəribkun / toŋgu	clear
混浊	buraŋgi / bugan	muddy
腻	niolgon	greasy
胖	burgu / iildətʃi / miratʃi	fat
瘦（一般用）	jandan / gaŋgaku	thin
瘦削的	gaŋgagar / ətʃəŋgər	lean
脆弱的	həwər / kapir / jawar	fragile
单薄	nəmmə / əbirkun	thin
虚弱	kutʃu aatʃin / sualaŋgi	weak
贫穷的	kaldig / jadu / mogun	poor
闲	əlkə / meigən / suala	idle
空闲	sulətʃi / əŋgəl / bailə	idle
忙	əksəkun / uutabku / jaaru	busy
满	ʥalun / pik	full
平整的	ʥigdən / nətʃibun	smooth
乱	patʃun / paskun	messy
蛮干的	ləntu / əlku / bolgir	foolhardy
清洁/干净	arubkun / gilagar	clean
脏	laibar / laigar	dirty
污	baʥir / akti / kir	dirt
明亮的	uəərin / gəgəkən	bright
明显的	iləkən / gətkun	apparent
公开的	ilə	public

续表

汉语	杜拉尔鄂温克语	英语
明的	iləŋgi / totkun / ʥulidədu	declared
暗的	daliŋgi / dalidaku / amidatu	dark
清楚	gətkun	clear
新鲜	irkikin	fresh
鲜活的	iiɲiŋkir / irkilən	fresh
活的	iiɲikin	live
相干的	dalʥitʃi	have to do with
类同的	təəre	analogous
一样的	adal	the same
闷的	butu / buktʃin / boknir	boring
暗黑的	aktagdi / buruŋgur	dark
灰暗的	bugan	gloomy
黑暗的	aktarin	dark
温暖的	namagdi	warm
阴天的	tugsətʃi	cloudy
美的	nandakan	aesthetic
秀美的	nanda / goji	beautiful
英俊的	tondobkon / gaŋaku	handsome
鲜艳	goŋgol	bright
闪亮的	giltagun / gilbakun	shiny
耀眼的	giltagnar / gilbalʥakun	dazzling
秀气的	gosgon / gaŋgan	elegant
愉快	səwʥin / agdamu	pleasant
安宁	əlkə / tubtʃin / taiwan	peaceful
丑陋的	ərukəjə / ʥiwutʃi	ugly
丑的	akti / ərubti	ugly
醉酒的	sokto	drunken
醉如烂泥	maŋkar / laalandi	well-done

二 杜拉尔鄂温克语基本词汇 | 137

续表

汉语	杜拉尔鄂温克语	英语
危险	nəələmu	dangerous
险恶	nəŋərigdi	sinister
奇怪的	gaikamu / sonibku	strange
稀奇的	homor / kondo	curious
古怪的	katʃin / jəənutʃi	odd
广阔	nəli / əŋgəl / tənigər	broad
生	əʃikin	raw
熟	irkin / irtʃə	ripe
老	sagdi	old
年轻	ʥalu	young
男的	nero	man
女的	aʃe	woman
公的	amna / anna	male
母的	əmnə / ənnə	female
嫩	dəjibkun / nilkar	soft
巧	waran / dəmgi	skillful
厉害	mandi / maŋga	powerful
专横	kərkis / karkis / ʥərlig	imperious
暴躁	doktʃin / həʥun	irritable
狂妄	balmad / galʥu	wildly arrogant
直心眼的	tʃitʃor	frank
自夸	bardan / kiimki	boast
自傲	kuərə / udubkur / kiiggə	pride
残酷	karkis / tamnus / tamu	cruel
吝啬	kimki / haʥir	stingy
抠门儿	gaaʥas / haʥimgar	miserly
啰唆的	jargi / loktʃi	wordy
麻烦的	largin / larʥaŋka	troublesome

续表

汉语	杜拉尔鄂温克语	英语
有名的	gərbitʃi	famous
有力的	təŋkətʃi	strong
可爱的	gudʑəmugdi	lovely
可笑的	nəktəmugdi	laughable
可惜的	hairan / mulamugdi	unfortunately
悲伤的	gaslamu	sorrowful
可恨的	tʃitʃirmu	hateful
可恶的	kordomugdi	hateful
可耻的	ilintəmu	shameful
不知耻的	aldʑimu	shameless
可怜的	gudʑəmn	poor
可怕的	nəəlməgdi	fearsome
惊怕的	olomogdi	frightened
滑稽的	mojo / nəktəmu	clownish
怪异的	geekaltʃi / sonimku	weird
高兴的	agdar / agdamugdi	pleased
吉祥的	urgun / dʑijatʃi	auspicious
仁慈的	əniŋgər / goʃiŋga	humane
痛快的	səlubkun / əŋgəlmugdi	straightforward
厌烦的	akamugdi	boring
讨厌的	golkimu / akamu	disgusting
忧郁的	gumdun / gutral	melancholy
单的	əmulə / əmikən	single
双的	dabkur / dʑuure / təəre	dual
不对称的	suldʑir	asymmetric
相等的	adaltar / dʑərgə / dərgə	equivalent
正面的	ishun / dərəlkin / dədʑibkin	front
公正	tow / goltʃi / dədʑiŋgər	fair

续表

汉语	杜拉尔鄂温克语	英语
理性的	geeŋga / ʥaliŋga	rational
重要的	ojoŋgo / gol	important
错误的	taʃen / boro / əndul	wrong

5. 动词

汉语	杜拉尔鄂温克语	英语
闻	uun- / wən	smell
呼吸	ərgə-	breath
吸气	ərgən-	inhale
呼气	uugub	exhale
吮吸	ʃim-	suck
张（嘴）	aŋgi-	open (mouth)
咬	kiki- / amgan-	bite
嚼	nana-	chew
嚼无牙者	məmu-	toothless person chewing
啃	kəəɲirə- / mərə-	bite
吃	ʥib-	eat
吃饭	ʥəəbtələ-	have a meal
含	amgan- / ʃimi-	keep in the mouth
喝	ima-	drink
吸	ʃimə-	absorb
吞	nimgi-	swallow
咽	niŋgə-	ingest
卡住	kaka-	stuck
噎住	ʥaŋgib- / kimgin-	choke
喂	ʥibkə-	feed
喂饲料	bordo-	feed forage
饱	ələ-	full

续表

汉语	杜拉尔鄂温克语	英语
消化	ʃiŋgə-	digest
饿	ʤəmu-	hungry
渴	aŋka-	thirsty
吹	uugu-	blow
喊	konetʃa-	shout
说/讲	ugtʃə- / ultʃə- / ʤiŋʤi-	say / speak
述说	kəənnə- / uktʃi-	say / call
称/道	gu-	call / say
吩咐	ʃilba-	bid
点名	gərbi əəri-	call the roll
聊天	kəərəldi-	chat
说梦话	tolkitʃi-	talk in one's dream
结巴	kəlgilʤi-	stammer
耳语	ʃiwagna-	whisper
打听	soratʃila- / soragla-	ask about
窃听	ʃiŋna- / ʃiliktʃi-	wiretap
解释	ʤiŋʤibu-	explain
叙述	gisubu-	narrate
表达	iltugə-	express
说理	geenla-	argue
传播/宣传	səlge-	spread
啰唆	noktʃi-	verbose
唠叨	jaŋtʃi-	nag
唠唠叨叨	jaŋtʃigla-	chatter
出声/吭声	digab-	utter a sound / word
吟	gəŋtʃi- / gəgələ-	chant
嘟囔	dumburi-	mutter
嘟哝	dutuni-	mumble
胡扯	soltʃi-	baloney

续表

汉语	杜拉尔鄂温克语	英语
瞎说	baltʃi-	nonsense
瞎扯	ʃilməlʤi-	gab
折腾	uimukə- / ʤəədələ-	toss about
读	tuurə- / əəri-	read
背（诵）	səəʤilə-	recite
问	aŋu-	ask
笑	nəktə- / iniktə-	laugh
嘲笑	basu-	ridicule
开玩笑	basumki-	joke
舔	ilkə-	lick
呕吐	itʃiri-	vomit
恶心	korko-	nausea
吐痰	tomi-	expectorate
噘嘴	jarbalʤika- / ʃorbeka-	pout
哭	soŋo-	cry
吞声哭	soktʃiki-	gulped down a sob
哭泣	gəgəni- / soŋoni-	cry
哄（孩子）	ondo-	coax
叫	əər- / əəri- / koktʃi-	call
喊	kooni-	shout
大声喊叫	warkira- / barkira-	shout
响 / 回响	ura-	echo
吼	wagari- / bʉʉŋi-	roar
狗叫	əktʃu-	dog barking
狼嚎	buuni-	wolf howling
马嘶	iŋtʃagla- / iŋila- / iŋgili-	horse neighing
牛叫	məərə-	cattle mooing
羊叫	meera-	sheep barking
鸡叫	tuurə-	cock crowing

续表

汉语	杜拉尔鄂温克语	英语
母鸡叫	gogola-	hen cackling
鸟叫	ʃektʃigna-	bird tweeting
喜鹊叫	sakʃi-	magpie calling
乌鸦叫	gaagala-	crow calling
布谷叫	gəkkulə-	cuckoo calling
斑鸠鸣	turigi-	turtle dove tweeting
蛐蛐叫	tʃorgi- / ʃirtʃigna-	cricket calling
嚷	saagi-	shout
劝说	haʃgi-	persuade
告诉	tʃilba-	tell
转告	damdʒikan-	convery
答应/接受	ali-	promise
回答	karula-	answer
听	dooldi-	listen
眼亮	gilobta-	eyes lighting up
看	itʃi-	look
看见	itʃim baka-	see
看守	saki-	guard
看病	anuku itʃi-	see a doctor
观察	itʃibu-	observe
窥视	ʃige-	peep
学	tati-	learn
写	ara- / dʒori- / oo-	write
草写	laʃkikan-	draft
抄写	sarki- / kooli-	transcribe
写诗	ʃiloglə-	write poetry
遇见	bakaldima-	meet
见/接见	bahaldi-	see / interview
行礼	joslo-	salute

续表

汉语	杜拉尔鄂温克语	英语
介绍	taaldika-	introduce
认识	taag-	know
打	monda-	fight
捶打	lantugda-	beat
拳打	babugla-	punch
拍打	gubi-	pound (table)
冲突	murguldi- / aktʃat-	conflict
愁闷	bokini- / ʥorki-	attack
打盹	toŋkotʃi-	nap
打扮	jansla-	dress up
打饱嗝	kəkərə-	burp
打嗝	ʥokto-	hiccups
打喷嚏	iktʃina-	sneeze
打哈欠	kəwʃe-	yawn
打呼噜	korkira-	snore
打寒战	tʃiliktʃi-	shiver with cold
打趔趄	ətʃit- / bədri-	stagger
打闹	takʃildi- / əktʃuldi-	quarrel and fight noisily
打赌	məlʥə-	bet
打扫	ərgin- / əsʉ-	sweep
打雷	agdira- / nirgi-	thunder
打闪	taleran-	lightning
刮风	ədi-	windy
飘荡/飘扬	ədimu-	flutter and fly
裂缝	ʥabkara-	crack
裂开	gabkara- / gawara-	dehiscence
裂口	sərtəg-	gap
倒塌	norgo-	collapse
心跳	tukʃi- / gurgul-	heartbeat

续表

汉语	杜拉尔鄂温克语	英语
着急	uuta-	worry
忙碌	uutaldi-	busy
急躁 / 发急	paagildi-	impatient
忍耐	təsə- / daat-	endure
累	tʃaŋgal- / usu- / əsu-	tired
劳心	ʥogo- / ʥowo-	worry about
辛苦	mogo- / tʃaŋgal-	hard
歇	amra-	rest
伸手	giini- / sooni-	stretch out hand
招手	əlki- / larki- / dalla-	beckon
指给	ʥorimbu- / ʃilba-	show
指示	ʥarla-	instruction
碰	naab-	touch
借	aktʃi- / illima-	borrow
租	turi-	rent
要	ga-	ask for
摸	təmi-	touch
摸黑找	təmili- / təmtəri-	look for in darkness
摸索	təmilə-	grope
抚摸	ili-	pet
推	ana-	push
推辞	anabu-	decline
敲	duktu- / toŋtʃi-	knock
拉	taa-	pull
拽	ʥukla-	drag
按 (按摩)	askub-	massage
压	tir- / tiri-	press
抓	ʥawa-	grab
握	asugla-	grip

续表

汉语	杜拉尔鄂温克语	英语
挠	maaʥi- / uʃikala	scratch
掐	kakuri-	pinch
捂	ahu--	muffle
迎接	aktʃa-	receive and take
拿	ga- / ʥawa-	take
拿走/拿去	əlbu-	take away
採	urə-	pick
捧	komtʃala-	hold in hands
夹	habtʃi-	press from both sides
挟	oonob- / sooda-	hold under the arm
搓（绳）	toŋko-	twist a rope
拧（衣）	ʃiri-	wring clothes
拧（螺丝）	morki-	turn the screw
捏	ʃimki-	pinch
拔	sogolo-、taa-	pull
连根拔	bolta taa-	uproot
摘（花）	tawa-	pick flowers
摘（野菜）	mara-	pick edible wild herbs
摘（野果）	muli-	pick wild fruits
摘（帽子）	suga-	take off hat
摘选	ʃili-	excerpt
揪	lokta- / loggi-	pull
抠	hoŋki-	dig out
擤鼻子	ʃee-	blow one's nose
放下	nəə-	put down
放走	tii-	let go
松开	sualla-	relcase
禁止	papula- / haʃi- / udi-	ban
放盐	dausula-	salt

汉语	杜拉尔鄂温克语	英语
放牧	adola-	grazing
吃草	oŋho-	grazing
扔	nuuda-	throw
扔石头	ʥoldo-	throw stones
投	orki- / ʥoldo-	cast
摔出	saʥi-	fall
找	gələə-	look for
捡	tuŋkə-	pick up
拾	tewe-	pick up
舀	tʃoko-	scoop
撇浮油	kalge- / karma-	remove the floating oil
倒掉	uŋku-	throw away
遗失	əmən-	lost
扛	miidə- / miirlə-	shoulder
抬	uuri-	lift
抡	dale-	brandish
提	əlgə-	mention
抱 / 搂	kumli-	hold / hug
搂怀里	əwək-	hold in arms
背（孩子）	ʥiʥa-	carry on the back
背（物）	iini- / ʥiʥa-	carry on the back
穿	təti-	wear
戴	aawala-	wear
脱	bəri- / lok-	take off
盖	nəmbə- / nəmi-	cover
装入	təwə-	load
靠	naaktʃala- / nalu-	by
靠近	dagkila-	near
依靠	naatʃila- / tuʃi- / aanag-	rely

续表

汉语	杜拉尔鄂温克语	英语
倚仗	ərtəg- / ərtəldʒə-	rely
站立	ila-	stand
起来/起床	juu-	get up
坐	təgə-	sit
跪	əntə- / əŋəntə-	kneel
盘膝	dʒeebila-	cross one's legs
爬(人)	milku-	crawl
爬(虫)	taakala-	creep
爬山	matʃu-	climb
攀登	tubtugə-	climb
勤奋	tʃirme- / təmuli-	diligent
蹲	tʃomtʃi-	squat
撅屁股	toŋge-	swivel hips
掉	tiki-	drop
俯卧	kummutʃi kuləə-	lie prostrate
仰卧	taŋgatʃi kuləə-	lie supine
出溜	kalturi- / kalgi-	slide
跌倒	tuki-	fall
跌价	ərgitʃi- / əwəb-	decline in value
躺下	kuləə-	lie down
扭	morki-	twist
回头	ortʃi- / ərgi-	turn round
背手	naalaji dʒidʒa-	with hands clasped behind one's back
挺胸	kəkti- / həŋgərtʃi-	with chest out
俯身	məku-	bend
弯腰	moro- / buke-	stoop
歪斜	kadʒe- / moktʃe-	skew
四肢伸展	sooŋi-	stretching limbs
翻	kurbu-	turn

续表

汉语	杜拉尔鄂温克语	英语
更新	irkinlə-	retread
翻跟头	toŋkol- / bədri-	somersault
翻转	kurbu-	reversal
推翻	tiku-	overthrow
超越	dawa-	transcend
超群	tʃilgura-	preeminent
仔细查找	kimnab- / naribkula-	look up carefully
垮台	muku- / diki- / madal-	downfall
转过去	hortʃibu- / orgib-	turn around
返回	mutʃu- / nənu-	return
退回	buurgi- / mutʃuka-	return
绕弯子	təkəər- / tʃəkər-	equivocate
缩小	aktʃi-	reduce
缩口	urub-	neck
缩短	urumkud-	shorten
缩回	ʃirgib- / atri-	draw back
缩紧	aktʃib-	shrink
卷	uku-	roll up
刀刃卷	mumuri- / umtu-	(blade) be turned
毛发卷	orgeldi-	curled hair
卷衣袖	ʃima- / ʃimla-	roll up sleeves
卷曲	uturu- / bodʑdʑe-	curl
掘	ətu- / ukubu-	dig
滚	tʃuŋguri-	roll
踩	əki- / gərki-	tread
踢	pətʃiglə-	kick
跳	togsa-	jump
蹦跳	ətikilə-	crowhop
心跳	tuktʃi-	heartbeat

续表

汉语	杜拉尔鄂温克语	英语
跳舞	əkilə- / dansla-	dance
唱歌	ʥaanda-	sing a song
走	uli-	go
步行	jookolo- / alku-	walk
迈步	alkutʃi-	take a step
散步	ulikətʃi-	take a walk
闲逛	təkəri-	saunter
摸黑走	təmulə-	walk in darkness
大步走马	ʥorolo-	stride a horse
串门/旅游	ajiltʃila-	drop around / tourism
踏	əkilə-	tread
弯腰走	tʃomtʃi-	stoop to go
离开	əjələ-	leave
离婚	sala-	divorce
摆脱	moltog-	get rid of
脱开	bultag-	disengage
逃脱	sosab-	escape
解开	moltolo- / bəri-	untie
越过	dulə- / dawa-	cross
过河	ədəl- / dulə-	cross a river
涉水	wala-	wade
横跨	alabki-	across
过分	nuke- / dawa-	undue
过火	kətrə-	go too far
过错	əndə- / burut-	fault
乘机	dalimgi-	seize the opportunity
挑拨	orkula-	incite
弄错	taʃera-	make a mistake
移	gulgub- / guribu-	remove

续表

汉语	杜拉尔鄂温克语	英语
排队	miirlə-	queue
退出	metʃi- / mita- /	quit
跟	aaŋi-	with
追	nannatʃi- / asa-	chase
追寻	nəkə- / nəkəldi-	seek
让	anabu-	let
允许	ooʃi-	allow
佩带	tulə-	wear
带路	əlbu- / aajika- / aaŋika-	lead the way
经过（人生）	duləb- / nuktʃi-	pass
路过	daari- / nuktʃi-	pass
来	əmə-	come
进／入	iinə-	enter / go into
去	gənə- / nəni-	go
出去	juub-	get out
上	tuktugə-	up
上升	ugiʃikilə-	rise
上去／登上	matʃi- / takala-	go up / board
兴起	mukdə- / kuərə-	rise
下	əwə-	down
起云	tugsələ-	cloud
云堆积	bəəmərə-	cloud accumulation
下雨	odon-	rain
下雪	jaman-	snowed
天晴	gaal-	clear up
天阴	tugsəb- / burkuk-	overcast
晚、迟	deldət- / amindi-	late
迟延长久	guidaka- / udatʃila-	long delay
加快	turgutkə-	accelerate

续表

汉语	杜拉尔鄂温克语	英语
过	dulə-	cross
过期	nuktʃibu-	expire
过瘾	səlbu- / hiigbu-	enjoy oneself
经过（某地）	daari-	go through
过失	əndəwu- / aldabu-	fault
跨越	alalki- / dawalki -	leap over
跑	tuktuli- / uktuli- / tutuli-	run
小跑	soɲtʃi-	trot
奔跑	kəəwu oo- / tatʃikna-	run
马小跑	katra-	trot
马颠走	soɲtʃi-	gallop
马尥蹶	bolgi- / dʑiki-	horse kicking back
马惊吓	urgub-	horse getting frightened
马拉套	sogda-	horse pulling a load
骑马	morila- / ogo-	ride a horse
策马	dabki-、dəbki-	urge with a horse whip
牛顶	murgu-	ox pushing with horn
飞	dəgli-	fly
出发	gurgul-	depart
到	etʃe-	arrive
到达	etʃena-	reach
降落	doo-	land
栖息	doomu- / urgilə-	perch
等待	alaatʃi-	wait
有	bi-	have
得到	bak-	get
丢	əmən- / əmmən-	lose
收回	gadʑir-	take back
回去	gənu-	go back

续表

汉语	杜拉尔鄂温克语	英语
送	iraa- / buub-	send
送行	əwərkə-	see off
送到家	iraab-	sent home
回来	əmərgi-	come back
转弯	əggi-	turn
弯曲	mori-	bend
扭曲	morkildi-	distort
扣弦上弓	jaktʃi-	play bowed stringed instrument
切	ʥigi- / kərtʃi- / mii-	cut
剔肉剥皮	goo-	scrape meat off bone and skin
剥	kooli-	peel
和面	noko-	knead dough
发面	paala-	leaven dough
割（刀）	mii- / ʥisu-	cut
割（镰刀）	kadi-	mow
划开	ʥisubki-	gash
扎	arki-	prick
扎（扎枪）	gidla-	thrust
扎针	arki-	give or take an injection
刻	səilə-	engrave
雕刻	səiləg-	carve
砍	tʃabtʃi-	cut
劈	dəlkə-	hack
砸破	bisla-	smash
分（分解）	ujitʃilə- / ujitʃi-	decompose
分配	uutʃa-	allocate
区分	ilga-	distinguish
结合	holbo- / nəilukə-	combine
分开	həjilə-	separate

续表

汉语	杜拉尔鄂温克语	英语
裂开		breach
开	naji-	open
关闭	tirə-	close
开始	əurkə-	start
开线	handʒira- / ədʒirgi-	come unsewn
裂开（布）	orub- / sədʒig-	split
揭露	ilətgə-	expose
花怒放	ulkara-	in full bloom
闭（眼）	nimdi-	close (eyes)
吹口哨	ʃiibkə-	whistle
圈起来	kori-	fenced
下套	turu-	set the headrope of a fishing net
围猎	batka-	hunting
打猎	anna- / bəjutʃi-	hunt
锁	goldʒi-	lock
闩上门	jakʃi-	latch the door
出	juu-	go out
出来	juum əmə-	come out
露出	bulte-	show
住	aaŋa- / təgə-	live
闭眼	nimdi-	with eyes closed
睡	aatʃa-	sleep
哄孩睡	ondo-	coax children to sleep
瞌睡	toŋkotʃi- / gəkətʃi-	doze
醒来	sər-	wake
清醒（酒后）	gət-	sober
休息	amra-	rest
安宁/安定	əlkən- / taibutʃi-	peace and stability
享受	dʒirga-	enjoy

续表

汉语	杜拉尔鄂温克语	英语
照	ilaan- / ʃigundə-	photo
照射	ilaanta-	irradiate
照镜子	bulukudə-	look in the mirror
编辫子	iltʃa-	braid
梳头	igdu- /	comb
剃头	kanda-	have a haircut
漱口	bolko-	gargle
洗	ʃilki-	wash
洗锅	kaʃe-	wash the pot
洗牌	satʃu-	shuffle
洗澡	baji ʃilki-	bathe
游泳	əlbətʃi-	swim
害羞	ilint-	shy
害臊	aldʒi-	ashamed
理睬	jaasaldiwi itʃi-	pay attention
理解	guuru-	understanding
诽谤	əjətʃi- / gaagula-	slander
尝	amta-	taste
尝试	ʃində- / itʃibkilə-	try
含	amga-	contain
包含	bakta- / iigubkə-	contain
点火	təŋki-	ignite
烟熏	otu-	smoked
烧	dalga-	burn
烧火	jala-	light a fire
烧红	utee-	burn red
烧烤	dalguka-	barbecue
烤焦	kaksa-	burned
发烧	ukugdilə-	fever

续表

汉语	杜拉尔鄂温克语	英语
燃烧	lurgi-	burn
火旺	hugʤi-	high temperature fire
烧开水	ujukə-	boil water
水开	uji-	boiling water
灭亡	mukə-	perish
消灭	muku-	eliminate
泯灭	arilga-	die out
炒	kulku-	fry
扬（茶）	samar-	winnow (tea)
冒烟气	saŋant-	steam
做	gərbə- / oo-	do
办事	itʃige-	handle affairs
烤	ʃala-	roast
烤火	oloo- / haga-	warm oneself by fire
炸	tʃaru-	fry
煨（用火）	igi- / ujəktələ-	cook over a slow fire
煨（用水）	ilʤirka- / buldu-	simmer
冒烟	saŋan-	smoke
炖	nuŋala- / dunlə-	stew
烙	hagri-	bake in a pan
煎	karsa-	pan-fried
煮	ələə-	boil
蒸	ʤinnu-	steam
用热水烫	buldu-	in hot water
热	əkul-	hot
扇	dəwə-	fan
磨面	ində-	mill flour
磨损	manu-	wear and tear
磨滑	nila-	rup

续表

汉语	杜拉尔鄂温克语	英语
揉	moɲi-	knead
和面	noku-	knead dough
筛	saiʥila-	sieve
挤奶	saga-	milking
挤干	ʃiri-	squeeze
盛	tʃoko-	contain
饭变味	uumu- / əktʃə-	rice going sour
变馊	ʥisul-	become rancid
腌咸菜	solge tir-	make salted vegetables
发酵	ʥisulə-	ferment
想	ʥoo-	want
猜	taamarla-	guess
估计	anabu-	estimate
信	itgə- / unəŋgi-	letter
回忆	ʥoonak-	recall
思念	ʥoon-	miss
怀念	ʥoobu-	yearn
记住	əʥi-	remember
忘记	omgo- / ommo-	forget
怀疑	səʥi-	suspect
爱	ajiwu-	love
吻/接吻	nokon-	miss
爱护	mula-	care
宠爱	kuŋala-	dote on
溺爱	ərkələkə-	spoil
珍惜	mulak- / narla-	treasure
爱惜	guʥəb-	cherish
喜欢	ajiwu- / dorla-	like
尊敬	kundunə-	respect

续表

汉语	杜拉尔鄂温克语	英语
尊重	urgulə-	respect
行孝	gosula-	show filial piety to parents
戴孝	ʃinakila-	mourn
重视	urgutʃi-	attach importance to
款待	kundulə-	treat cordially
伺候	artʃala- / sikul-	wait upon
包容	ooʃibko- / təwu-	forgive
体谅	guurubu-	understanding
宽大	əŋɡəli-	leniency
感谢	banika- / agda-	thanks
祝贺	urgubtʃi-	congratulate
谢绝	anaki- / anamki-	decline
恨	kinu- / kordo- / gəsu-	hate
憎恨	tʃitʃir-	hatred
怀恨	gəsu- / kordobu-	grudge
讨厌	dʒiwutʃi-	hate
抱怨 / 伤感	gasla-	complain / sentimental
怨恨	tʃitʃir-	resentment
埋怨	gumdu-	complain
腻烦	anabki-	bored
烦恼	aka- / bokni-	trouble
哀伤 / 悲痛	gasalabu- / gotʃigo-	grief
为难	dʒogomki-	embarrassed
生气	pantʃi-	angry
赌气	butu- / agli-	feel wronged and act rashly
气消	tiimug-	cool down
骄傲	omogtʃi- / bardagna-	proud
兴奋	dəəwə-	excited
高兴	agda-	happy

续表

汉语	杜拉尔鄂温克语	英语
过年	ane- / anela-	celebrate the New Year
奇怪	gaika-	strange
惊奇 / 吃惊	olobki-	surprise
惊呆	mələbki-	stunned
惊动	oloku-	disturb
惊乱	urgubgi- / purgi-	panic disorder
惊怕	tʃotʃimki-	scared
可怜	gudʒəmuk-	pitiful
帮助	ajiʃila-	help
用	baita-	use
雇佣	kusu- / takur-	hire
派（去）	tomla-	send to
派遣	tomlabu-	dispatch
求 / 请求	gələəbki-	demand / request
央求	janda-	beg
托付	dʒakib-	entrust
称赞	həənnə-	praise
决定	tokto-	decide
同意	tədʒiʃi- / dʒibʃer-	agree
批评	etʃege- / borotʃi-	criticise
断绝	udib-	sever
稳重	labdula-	steady
立春	nələki-	Beginning of Spring
惊蛰	itʃikbu- / itʃiksəd guggul-	the Waking of Insects
立夏	dʒog oo-	Beginning of Summer
开荒	suksala-	open up wasteland
开垦	sətʃi- / adarla-	reclaim wasteland
犁地	aŋdʒisula- / tanda-	plow
耙地	narga-	harrow

续表

汉语	杜拉尔鄂温克语	英语
种	tari-	till
翻地	urtʃa- / urbuka-	plowing
浸种子	dəbtugə-	soak seeds
撒种子	tʃatʃu- / tʃitʃi-	sowing
发绿	nogoro-	look green
发芽	sojolo- / orgu- / ʃikilə-	germinate
长出来	isu-	grow out
开花	waltira-	bloom
结果	ulabu-	result
成熟	iribu-	mature
收割	kadi-	reap
簸	suksu- / dəbi-	winnow with a dustpan
挖	ulə- / malta-	dig
剜/挖	koŋki- / utə-	scoop out / dig
掏/挖井	malta-	dig / dig a well
插（秧）	ʃiʃi-	insert
栽（苗）	təgukə-	plant
浇	uŋkə-	water
倾倒水	jəəbkʉ-	pour water
霜降	gətti- / santa-	frost
搓	toŋko- / tomo-	twist
纺线	əru- / nəkə-	spinning
搬/运	ʤugu-	move / transport
搬迁	nuulgi-	move
游牧迁徙	otorlo-	migration
变化	kowil- / kaala-	change
变老	sagdera-	aging
变弱	əwrə-	weaken
变穷	jadura-	become poor

续表

汉语	杜拉尔鄂温克语	英语
受苦	mogo-	suffer
变富	bajiʤi-	become rich
拖延	udaga- / amitʃigilaka-	delay
耽误	saat-	delay
转动	ərgi-	turn
撞	murgu-	hit
分解	əiləkə- / ʤatla-	decompose
捣 / 舂	nuku-	pound / pestle
杵	tʃoktʃo-	pestle
染色	bodorda-	dye
褪（色）	əwərə- / tikib-	fade
退缩	mitak- / amitʃikila-	flinch
涂油	imugsələ-	anoint
蘸	laktu-	dip
晾	olgi-	dry in air or sun
溅出	salge- / əŋku-	spatter
喷出	pusu-	spray
抽出	sugala- / ʃirba-	extract
捞出	ʃiwu-	fish out
刺入	gidala-	pierce
插入	arki-	insert
塞入	tʃibtʃi-	stuff
弄满	ʤalu-	fill with
缺	awal- / komdok-	lack
漏	tʃorgi- / tʃoor- /	leak
滴	sabda- / dosla-	drop
塞	ʃiwa-	stopper
堵	kaadi- / butə-	block
和泥	ʤuara-	mix sand and soil

续表

汉语	杜拉尔鄂温克语	英语
垒/砌	sagaa-	build by laying bricks and stones
抹泥	telpa- / pilta-	plaster
陷入泥泞	ʃewarda-	stuck in the mud
下沉	jəwub-	sink
塌方	norgi-	collapse
浮出来	kubu- / dəgdə-	emerge
漂浮	əjəmu-	float
流	ajə-	flow
泼水	tʃitʃi-	sprinkle water
洒（水）	əŋku-	spray
涨水	ujirbu-	swell
泛滥	uju-	flood
溢	piltag-	overflow
沸	ujik-	boil
掺	orku-	mix
缠绕	əbkəldi-	twine
蛇缠	kagib- / əbku-	snake winding round
缠扰	karʃe- / kaadi-	disturb
缠	ərə-	tangle
绊脚	budri- / gokla-	stumble
绊住	dəgələ- / goklu-	bog down
阻挡	kaadi-	stop
阻塞	ʃewu- / libku-	block
拦阻	kaʃi- / dalibka-	block
拦截	kaadib- / korikna-	intercept
绊住（马）	ʃidərlə-	tie the horse
陷害	korlo-	frame up
诬陷	gərdə-	frame up
诬害诽谤	əələ-	slander

续表

汉语	杜拉尔鄂温克语	英语
整人/害人	jodlo- / jorlo-	persecute others
陷落	gawu- / gartu-	subside
挣扎	pəltʃi- / təltʃi-	struggle
拉扯/抚养	irobki-	raise
用力拉扯	lorgi-	pulling force
牵扯	largila- / lobtʃi-	involve
断掉	tʃakarbu- / tuʃibu-	broken
弄断（线绳）	puʃit-	break
撅断（棍）	kontʃot-	break
折断	tʃakalo-	fracture
割断	tuʃit-	cut off
裂纹	gawra-	crack
出豁口	holtok- / səntəg-	form a gap
弄成圆	mokoli- / baŋgalki-	form a circle
甩	laʃi- / larki-	fling
拴	uji- / hurkudə-	tie
钉	tibkə-	nail
钉铁掌	takla-	iron shoe
顶/撑住	tulga-	push up / stake
顶替	warla- / orlo-	replace
顶嘴	uduruldi-	answer back
立起来	iluk-	stand up
扣放	humut-	place something upside down
挂住	tawu-	hitch
套车	toko-	harness an animal to a cart
驾车	ilgə-	drive
套马	huaragla-	lasso a horse
蒙盖	butulə- / kumi-	cover
捂（头）	uku-	cover (head)

续表

汉语	杜拉尔鄂温克语	英语
铺 / 垫	səktə-	pave / put sth under sth.
撒网	alagda-	cast net
垫平	təgtʃilə-	level up
增加	nəm- / noɲi-	addition
缩减	ibka- / aktʃu-	reduce
迟缓	naŋalib- / wada-	slow
重叠	dabkurla-	overlapping
重骑马	suandala-	horse riding
折叠	koppe- / mata-	fold
挂	loku-	hang
钩	goholo-	hook
钩上 / 别上	tabu- / təbki-	hook
钩住	dəgələ-	hook
用脚钩	taʃi-	reach with foot
勾结	suwəldi-	collusion
勾引	gorki- / gordok-	seduce
购销	unim ga-	purchase and sale
钓	əmkəndə-	fish
动	gurgul-	move
动用	gurgulkə-	put to use
动手	naalada- / əurkə-	start work
摆动	laʃila-	swing
上下摆动	əwkəlʤə-	swing up and down
摆弄	batʃila-	fiddle
挪动	gurgulbu-	move
隔开	geela-	separate
搅动	korkola- / urku-	stir
修理	ʤoka-	repair
整理	ərgin- / dasa-	sort out

续表

汉语	杜拉尔鄂温克语	英语
劳动	gərbə-	labor
努力	kusulə-	struggle
扫地	həsu-	sweep the floor
挑担	damʥila-	carry a load
划船	səli-	row a boat
抽烟	daŋga ima-	smoking
冻	gəkti-	freeze
冻僵	bəbrə-	frozen
冻硬雪面	tʃagʥi-	frozen snow
结冰	umugsulə-	freeze
冻薄冰	tʃartʃa-	thin ice is formed
溶化	uu- / gəs-	melt
晒蔫	hampi- / lombe-	withered by the sunshine
枯萎	goni-	wither
干枯	olgob-	shriveled
腐烂	munu- / lanla-	rot
生锈	ʥiwrə-	get rusty
晒干	olge- / katga-	dry in the sun
干涸	haga- / ʃirgi-	dry up
晒太阳	kagri-	bask in the sun
晒谷物	sara-	dry grain
变坏	ərut-	gone bad
反目	əruldi-	turn against
破损	əbdu-	damaged
得病	ənukulə-	fall ill
发愁	ʥogo-	worry
郁闷	bokini-	depressed
包	əbkə-	package
捆	uhu- / katala-	bundle

续表

汉语	杜拉尔鄂温克语	英语
治病	dasa-	treat an illness
偏方治疗	domno-	treat with folk prescription
刮毛	kusu-	shave
刮皮子	ʃilu- / goo-	scrape the leather
刮鱼鳞	ərub-	scraping scales
剪掉	kaitʃila-	cut
擦	awa-	rub
抹药	okto bid-	wipe medicine
膨胀	kəwəbu- / kupiʤi-	swell
胀肚子	mada- / kəwəb-	bulging belly
腹泻	tʃitʃira-	diarrhea
发大水	ujirlə-	flood
发木	monokro- / ʤunt-	paralysis
发呆	mənərə-	in a daze
发懒	baa- / ʤakur-	feel lazy
发掘	ətuk-	excavate
发情（马）	giruli-	estrus
发送	ulikə-	send
发抖	ʃilgitʃi-	tremble
发配/流放	tʃulu-	banish and exile
发誓	taŋgag-	swear
发奋	ʃirlmeg-	strenuous
发光	ilaant-	shine
闪光	gilbalʤa-	flash
发亮光	giltagna-	shiny
发扬	ilaaŋka-	carry forward
急喘气	ərgən-	pant
晕	səgri-	dizzy
昏厥	mənət-	faint

续表

汉语	杜拉尔鄂温克语	英语
昏迷	maŋgara-	coma
眩晕	bʉrʉldʑi-	dizziness
摇晃	həlbəldʒə-	shake
摇头（一次）	laʃi- / larki- / sadʑi-	shaking his head
摇头（不断）	laʃila-	shaking his head
摇尾	ʃibbutkən-	wag its tail
翘尾巴	godʑibko-	cocky
摇动	kawildʑi-	shake
痛	ənu-	pain
瘸	dokolo-	lame
拄拐棍	baldaarda-	on walking stick
烫手	kalgi- / dalgab-	hot potato
卷缩	moro- / əgərə-	huddle
皮破肉出	walga- / darpak-	bruised and lacerated
变皮包骨	gaŋgat-	skinny
变罗锅	muktur-	become hunchbacked
变瞎	balit-	become blind
瞪眼	bulti- / gulii-	stare
生活	ərgən-	life
准备	bələk-	prepare
出嫁	bəjdu juu-	marry
结婚	koda oo-	get married
结亲	sadula-	marry
娶妻	aʃe ga-	marry
邀请	soli-	invite
等候	alaatʃi-	wait
迎接	aktʃab-	meet
给	buu-	give
给彩礼	tʃantla-	bride price

续表

汉语	杜拉尔鄂温克语	英语
献给	alibu-	dedicate
发放	tiig-	grant
客气	anatkib- / ərəələ-	polite
繁殖	pusu- / baldibki-	breed
怀孕	bəj baka- / bəj dabkur oo-	pregnancy
生 / 生子	baldi-	give birth to
分娩	itʃiwu- / bəjmus-	deliver
起名	gərbulə-	give name to
坐月子	biadu təgə-	confinement in childbirth
吃奶	uku-	suck the breast
活	ərgə- / iinigbu-	live
长	usu- / udu oo-	long
淘气	ʃeengaldʑi--	naughty
轻佻	dəwə-	frivolous
挽裤腿	ʃama-	roll up trousers
麻木	mənərə-	numbness
酸麻	ʃili-	limp and lumb
肿	kuwu-	swollen
抽筋 / 抽搐	taamu-	cramp / convulsion
孵	tirib-	hatch
酿酒	nərə-	make wine / brew beer
醉	sokto-	drunk
拉屎	amə-	shit
撒尿	tʃikin-	pee
把尿	ali-	urine
发痒	utun-	itch
瘙痒	dʑawul-	itching
红肿	guru-	red and swollen
生疮	hətəslə-	have sore

续表

汉语	杜拉尔鄂温克语	英语
化脓	naaktʃila-	fester
发霉	uunu-	become mildewed
发臭	waala-	smell bad
蹭破	ʃilbug- / ʃildʑig-	scrape
蹭	iiŋki-	rub
碾伤	neldʑig-	run-over injury
血凝结	kortʃa-	blood coagulation
着凉/冷	bəgi-	have a cold / cold
发冷卷缩	gokoro-	huddle up because of cold
乘凉	səruutʃi-	enjoy the cool
出天花	mampat-	smallpox
传染	kaldi-	infection
咳嗽	ʃiiŋki-	cough
病重	urgugdilə-	seriously ill
贴上	laktuka-	paste
粘住	lakta-	stick
吓唬	nəəlukə-	frighten
吓一跳	olob- / tʃotʃib-	startle
赌博	ətəldi-	gamble
眼红	walib-	jealous
皱眉	atori- / dʑaŋgit-	frown
斜视	kile-	squint
蔑视	basu-	scorn
眨眼	məmmi-	wink
输	ətəu-	lose
赢	ətə-	win
偷	hualə-	steal
撒谎/骗	ələəkutʃi-	lie / cheat
撒酒疯	solera-	obstreperous after drinking

续表

汉语	杜拉尔鄂温克语	英语
发疯	galʤura-	crazy
撒娇	ərkələ-	act like a spoiled child
撒野	aaʃila-	act wildly
称霸	əʤək-	dominate
隐瞒/隐藏	ʤagi- / dalu-	conceal / hide
讨饭	gələərkə-	beg for food
耍赖	əətusdə- / gərdə-	act shamelessly
耍心眼	ʤalida-	exercise one's wits for personal gain
胡搅	korkula-	mischievous
逞狂	balmadla-	extremely conceited
夸耀	kuərə- / kiibkə-	brag
骂	niɲi-	curse
大声吵闹	durgi- / saagildi-	loud noise
诅咒	nonnoʃi- / noŋtʃi-	curse
吵嚷	saagi-	racket
吵嘴	kəruldi-	bicker
吵架	soogildi-	quarrel
打架	mondaldi- / tantamatʃi-	fight
杀	waa-	kill
屠杀	kidu-	massacre
宰	waab-	slaughter
饲养	irgi-	feed
叮	sari-	bite
皲裂	jatag-	chap
接近	dagkela-	approach
亲近	dakke-	get close to
接替	orlo-	succeed
对着	atʃtʃakla-	against
玩耍	əwi- / ugii-	play

续表

汉语	杜拉尔鄂温克语	英语
接续	ʃira- / ʤalga-	continue
操练	ərbu- / bolbasur-	practice
测量	kəmʤələ-	amount
秤	giŋlə-	scales
比	ʤuurlə-	ratio
比喻	adalka-	metaphor
模仿	alma-	imitate
比量	təmnə-	take rough measurement
比赛	məlʤi-	game
用劲	kusulə- / kutʃilə-	exert oneself
动作缓慢	əbəlʤi-	slow movement
动作笨拙	moŋkilʤi-	clumsiness
区别	əntʃulə-	difference
战斗/打仗	apuldi-	fight / fight
征战	dajla-	campaign
武装	uktʃilə-	armed forces
侵犯	nətʃi- / turumki-	invasion
乱扑乱打	tuibəldi- / ʤoorildi-	mangle and swat
弄脏乱	tuibə- / buʤirtkan- / baltʃi-	get dirty and messy
散乱	butarabu-	scattered
射	garpa-	shoot
打偏	kəltər- / ʤuriu-	miss
打中	əndə- / naak-	hit
结束	ətə- / mana-	end
结交	gutʃulə- / ajildi-	make friends
摔跤	ʤawaldi-	wrestling
结盟	holboldi-	ally
上吊	kakurik-	hang

续表

汉语	杜拉尔鄂温克语	英语
死	bu-	die
埋葬	bulaʃi-	bury
祭祀	omina-	offer sacrifices
祭酒	tʃisala-	libate
敢	ətəŋgim- / ʥoriktʃi-	dare
英勇	baturna-	heroic
会	ətə-	can
救	ajibu- / awara-	save
得到	baka-	get
肯定/赞许	ʥubki- / təʥibki-	yeah / right
否定	untuki-	no
点头	doki-	nod
尝试	amtala- / amtalam itʃi-	try
祈祷	ʥalbari-	pray
祷告	iruə-	pray
跳神	samani-	sorcerer's dance in a trance
招魂	horela-	call back the spirit of the dead
受伤	gəntə-	injured
记仇	uʃək-	harbor bitter resentment
忌恨	atagga- / ginulki-	hate
忌讳	səərlə-	taboo
低头	muke- / buke-	yield
磕头	murgu-	kowtow
怕	nəələ-	fear
畏惧	tukʃib-	fear
惊吓	olo-	startle
颤抖	ʃiligtʃi-	tremble
躲藏	ʥagi- / dikin-	hide

续表

汉语	杜拉尔鄂温克语	英语
躲闪	ʤaila-	dodge
逃跑	sosa- / uktuli-	flee
败逃	borola-	retreat
擒拿	olʤala- / ʤawab-	catch
藏起来	ʤaji-	hide
遮挡	akub-	shelter
撕破	wara-	tear
撕开	warab-	tear
撕碎	səgi-	shred
破	əbdu-	break
破碎（布）	suibgə- / urubkən-	tattered
破碎（碗）	pisarga-	broken
碾碎	nitʃla-	crushe
破损	ludra- / əbdu-	damage
损失	kokira-	loss
破产	suntu- / sunu-	go bankrupt
掠夺	duri- / tiin-	plunder
抢	tiin-	grab
抢劫	tabtʃila-	rob
逼迫	albala-	force
羞辱	ilintmu-	humiliate
欺负	ərutʃi-	bully
剥削	gəʤurə- / mulʤi-	exploit
捆绑	boki-	bind
赶走	asam ulikən-	drive away
赶（车）	ilgə- / gələ-	rush
围堵 / 赶围	komo- / kaʃi- / kori-	contain
骑	ogo-	ride

续表

汉语	杜拉尔鄂温克语	英语
牵 / 开车	ilgə-	pull / drive car
牵引	kutlə-	tow
牵连	kolbowu-	involved in
驮带	atʃi-	loaded with
阉割	akta- / arta-	castrate
尥蹶子	bolig-	give a backward kick
啄	tonto-	peck
钻研	ʃilgib-	study
钻入	ʃurgu-	drill into
人群里钻来钻去	gilduri-	get in and out of the crowd
钻洞	guldari-	drill a hole
钻透	ultugbu- / ultubu-	drill through
陷入	ləwərə-	fall into
抽打	ʃikkid-	whip
鞭打	ʃisugda-	whip
棒打	gasuda-	bastinado
用刑	ərulə-	torture
扑	tokko-	pounce on
扑空	obtugbu-	come away empty-handed
澄清	gətkulə-	clarify
幸福	dʑirgi-	happiness
快乐	səbdʑilə-	happy
舒畅	səlubki-	comfortable
知道	saa-	know
清醒过来	sərgəbu-	sober
懂	guuru-	understand
炼（钢）	urbu-	steelmaking
铲	sabtʃi-	hoe

续表

汉语	杜拉尔鄂温克语	英语
锄草	jaŋsa-	weeding
堆	bukala-	heap
堆起	obolo-	pile
堆积	uruu-	accumulate
灌溉	muulə-	irrigate
发潮	ʃiikt-	damp
湿透	nəbtərə-	soaked
渗透	ləbtərə-	penetrate
扎透	solpot-	Spike
装订	dəbtələ-	binding
装套	doktolo-	suit
泡	dəbtəgə-	bubble
浸泡	dəbtəkən-	soak
穿线	səəmi-	thread
缝	uldi	sew
细缝/缉	ʃidʒi-	stitch
绷	tobke-	stretch
织	nəkə-	weave
绗	tongo-	quilt
纳鞋底	uʃi-	stitch the sole
连接	ʃira-	connect
补衣服	saŋa-	mend clothes
捶衣服	malu-	hammer clothes
扣扣子	tobtʃila-	button a shirt
解绳索	bərii-	loose ropes
系鞋带	uʃilə-	fasten / tie / lace up
系腰带	omola-	wear a belt
绣花	səilə- / arki-	embroider

续表

汉语	杜拉尔鄂温克语	英语
捻	tʃirbirə- / ʃirbu-	twist
改	haala-	change / exchange
换	ʥuulə-	change
选	soŋgo-	select
挑选	ʃili- / ilga-	select
转	tʃəkəər-	turn
用刀	utʃikəndə-	use a knife
磨刀	ləkdə-	sharpen
磨亮	nila-	polish
摩擦	iiŋki-	conflict
磨蹭	larʥila-	dawdle
脱落	moltag- / kobkoro-	fall off
弹奏	ituga-	play
唱	ʥaanda-	sing
画画	nioro-	paint
讲故事	urugul ʥiŋʥi-	storytelling
告状	hoobtʃolo-	file a suit
教	ʃilba-	teach
教育	tatiga-	education
做生意	huda oo-	deal
做买卖	maima oo-	do business
做工	gərbənə-	work
做细 / 弄细	narila-	careful and meticulous
谨慎	kitʃə- / ʥalibu-	cautious
做梦	tolkitʃi-	dream
买	uniim gada-	buy
卖	unii-	sell
欠债	tambu-	debt

续表

汉语	杜拉尔鄂温克语	英语
抵押	damtula-	mortgage
赔偿	tamu-	compensate
省钱	mula-	save money
付／交	buub-	pay
节约	kimtʃila-	economize
攒钱	mugun uruu-	save money
创造	irkinʤi butgə-	create
建设	iliwu- / butgə-	build
奋斗	ʤurku-	struggle
发展	badara-	develop
提高	ugiʃikilə-	improve
争先	noorildi-	try to be the first to do
强化	bəkilə-	strengthen
管理	hamer- / gonli-	manage
治理	dasa-	govern
照看	ondo- / hargalʤa-	take care of
伺候	asra-	wait upon
干预	dalʤila-	intervene
投合	ʤokildi-	agree
合适	ʤuku-	appropriate
合作	kortʃo-	cooperation
安宁	əlkə-	peace
开会	gisala-	hold a meeting
讨论	kəbʃeldi-	discuss
议论	ʤinʤimatʃi-	comment
动员	gurgukə-	mobilize
聚集	korab-	gather
领导／指引	aaŋika-	leadership and guidance

续表

汉语	杜拉尔鄂温克语	英语
号召	orela-	call for
统一	əmulə-	unify
解放	suləlɑ-	liberation
胜利	ətə-	victory
翻身	ugri- / hubbə-	stand up
传达	ula-	convey
支持	kuʧuləbu- / dəmʤi-	support
保护	koomokʧilo- / karma-	protect
保留	ulgə-	retain
报答	karula-	repay
表扬 / 夸奖	kəənnə-	praise
勉励	kuke-	encourage
奖赏	ʃaŋna-	reward
检查	beesa-	inspect
争辩	akʧatkindi-	argue
斗争	təmʧə-	struggle
平息	nəʧiki- / tirib-	calm down
迷路	tuər-	get lost
失败	ətəwu-	fail
成功	butgə-	succeed
违背	ʤurgi- / boka-	violation
叛变	urbu-	betray
罚	tawuka-	punish
批评	ʃiibkə- / pipinli- / alee-	criticise
反对	akʧakla-	oppose
处治	ʃiibkə-	deal with
歼灭	gisabu- / sungə-	annihilate
混乱	samura-	confuse

续表

汉语	杜拉尔鄂温克语	英语
捣乱	daiʃe-	make trouble
流放	ala- / tənukə-	exile
流浪	toŋtʃi- / tənu-	roam about
浪费	manuha-	waste
拥挤	tʃikaldi-	crowd
挤虱子	nisla-	squeeze lice
数	taŋi-	count
算	bod-	count
剩	ulə-	surplus
留下	uldə-	stay
狩猎	bəjutʃi-	hunt
打野兽	bəjub-	hunt beast
冬猎	koikala-	winter hunting
围猎	sakala-	hunting
渔猎	butkala-	hunting and fishing
搜山	nəŋib-	search the hill
巡逻	tʃagda-	patrol
埋伏	buktʃi- / dikimki-	ambush
埋	bula- / umi-	bury
能	ətəb-	can
逞能	ətəŋgilə-	parade one's ability
叫作 / 道	gu-	called
干什么	joondi	what
别	əʥi	don't
没有	aatʃin	no
有 / 在	bitʃin-	have / there are
够 / 足	itʃik-	enough / sufficient
平均	təŋtʃibu-	average

续表

汉语	杜拉尔鄂温克语	英语
行/可以	oodon	may / can
对	ʥukdan	yes
不	ətʃin	no / not

6. 副词及虚词类词

汉语	杜拉尔鄂温克语	英语
早就	kəʥəni	long since
早已	nooribti	long ago
早先	noobti	previously
早点	ərdəhən	early
原来	daadi	original
以前	noogudu	before
从前	ajibti	formerly
从来	datʃibti	always
从而	taratʃin	thus
从此	ətʃibtiki	since then
以上	ditʃiki / ugidəbki-	above
以下	ərgətʃiki-	the following
以来	ugilə-	since
近来	əʃibki-	recently
最近	dabki-	lately
以后	amitʃigi	after
以及	ooŋ	and
已经	əməndən	already
已然	toonkin	already
已往	dulət-	past
才	təligki-	only
刚才	təlint	just now

续表

汉语	杜拉尔鄂温克语	英语
马上	əktələ	immediately
尚未	ətʃə	not yet
快速	digar	fast
片刻	kiurdu	moment
立刻	iliki	at once
赶快	kiktʃo	quickly
正在	jag / ʥiŋ	is / are doing
当即	nərgin / ibti	at once
有时	əmuduwi / aadaduwi	sometimes
往后	amigudu / uʥudu	later
非常	ətʃukul	very
格外	muʥiku	particularly
很	mandi / ərsun	very
十分	əgənti	very
特别	əntʃukuli	special
但是	tootʃokit	but
极其	kətə	extremely
最	miiŋ / əkən	most
最最	miiŋti / əkəkən	most
更	əli	more
愈	nəŋ	better / more
更加	əliki	more
相当	ani	quite
真	ʥiŋkin / unun	true
的确	təʥigin	indeed
确实	unungir / mətər	indeed
厉害	maŋga	powerful
完整	gulukun / butun / bukulʥi	complete
一半	dolibku / koltoko / baala	half

续表

汉语	杜拉尔鄂温克语	英语
都	bolgu / gub	all
凡是	buku	all
各种	katʃin / əldəb	all kinds
全都	sut / gumu	all
一下子	əmundə	all of a sudden
恰好	tow / towkin	exactly
正好 / 刚好	ʤəəkin	just
共同	əmukul / nəkəndə	common
和	ookin	and
只	əmukən	only
只是	daŋ	just
一直	jərdi / əmgərin / nəigən	always
直直地	tondobkon / tʃitʃoor	straight
光	əmukuldu / daŋ	light
就	utke / əgtom	on
就此	ərətʃin / əgtutʃin	at this point
大概	barag / udubti	probably
好像	nəgən / magad	as if
故意	ʤorte / ʤoreen	deliberately
突然	gaita /	suddenly
猛然间	gəntəkən / gaitakan	suddenly
忽然	gəntə	suddenly
猛然	olokin / dolkun / dilgun	suddenly
慢慢	əlkəŋʤi / əŋgəlkən	slowly
差一点	gəl	almost
稍微	atʃkun	a little
经常	dagtan	often
常常	alikat	usually
平常	jərdi / ʤəəkinduwi	generally

续表

汉语	杜拉尔鄂温克语	英语
依然	taril / haʃil	still
依照	ogiŋdʒi	according to
永远	alidukat / dʒalan dʒalanduwi	forever
长久	wadan / gonimkun	long
必须	itukət / dʒaabal	must
每	madan	each
好好	ajikan	well
好多	baikal	many
过分	dawaŋgi	excessively
一次	əmuntan	once
一点	əmukəl / əmu atʃukun	a little
一旦	əmundə	once
一面（面）	əmun talgi	one side (surface)
一起	əmundu	together
一共	bolgudʒi / urdʒi / gubdʒi	altogether
一样	adil / təəri	the same
一并	əmurəl / əmuntul	along with all the others
一概	əmukil	one and all
一贯	dʒəril / dʒərimki	consistent
一气	əmuntʃil	at a stretch
一同	əmunkul	together
一切	gubdʒi / bongobti	all
一一	əmun əmundʒin	one by one
一再	əmundurun	repeatedly
一会儿	əʃitələ / kiurdə	a while
一早	ərtəli / temudəli	early in the morning
一向	səwəni / daatʃiduki	always
一顺儿	əmundə	in the same direction or seʧuence
一瞬	kiurdəl	a moment

续表

汉语	杜拉尔鄂温克语	英语
一时	əmukəldu	a moment
还	naan / daki	also
还是	haʃil	or
也	naa / naan	also
先	noogu	first
先前	daatʃi / noogubti	previously
领先	noorim	take the lead
起初	turtan	at first
直到	ʤabka	until
白白	beel	in vain
随便	doronʤi / ʤaliʤi	casual
随意	ʤaliŋar / doronkul	random
随后	amigiʤi	followed by
勉强	araŋkan	reluctant
同等	adili / ʤərgi	equivalent
互相	dolinduwol	each other
和……一样	-ʤi...adili	same as
又	daki / bas	and
或者	əmubiki	or
或	ətʃibki	or
要么	əmuŋkin / ətʃibkin	either
再	daki	again
重新	irkinʤi / dakin	again
重复	dakibkin	repeat
再三	dakin dakin	repeatedly
为了	ʤaarin	in order to
如果	ajaki	if
若是	oobki	if
因为	toordi	because

续表

汉语	杜拉尔鄂温克语	英语
所以	toobtʃi	so
虽然	toosokot	although
虽则	toomi	though
不过	ətʃibkin	but
然后	tooton / tooman	then
然而	gəwətʃi	however
而且	tooktʃi	and
可是	tottosokot	but
暂且	ətʃidi	for the time being
向	ʥuru	to
越	əli	the more
顺着	aaŋim	along
逆着	aktʃam	against
横着	kunduləm / kətum	sidewards
竖着/纵	goldom	endways
嗯	oo	ah
嘿	həi	hey
嗳	aj	oh
呀	ja	yeah
啊	a	ah
啊（疑问）	jə	eh
咳	hai	cough
哟	oro	oh
哼	həŋ	hum
呸	pəi	bah
呸呸	pəi pəi	pooh-pooh
哈	ha	ha
哈哈	ha ha	ha ha
哎	aj	hey

续表

汉语	杜拉尔鄂温克语	英语
喂	wəi	hey
唉	aaji	alas
哎呀	ajja	ah
哎哟	əre	ouch
吁	aja	oh
哦哟	ojo	oh
嘶	si	hiss
吗	gi / jə	what
吧	jə	let's
呵	hə	ah
呀	aj	yeah
啊呀	əre	blimey
别	ədʒi	don't
不	əntu	no
是 / 正确	dʒukir	right
嗨	ee	hey
啊哟	ajaa	ah yo
唉呀呀	ərere	oh my
啊呀呀	ajaja	oh my
天呐	barkan	oh my dear
噢	oo	oh
是	bolbe	yes
嗬	hə	ho
嗜	huuj	oh
哼哼	həŋ	hum
呼呼	hur hur	whirr
呼噜呼噜	kor kor	snore
嗡嗡	wəŋ wəŋ	buzz
喔喔	wu wu	wohoh

续表

汉语	杜拉尔鄂温克语	英语
呜呜	əŋ əŋ	pur
嘣嘣	tuk tuk	boo boo
咕咚	gutuŋ	plump
给	ma	to

三 杜拉尔鄂温克语词汇索引

A

aabun ……………… 054	aawala- ……………… 146
aaga ………………… 038	aawun tag ……………… 075
aagin/atruni saŋŋən …… 015	aawuni ujir ……………… 063
aagun/aawun …………… 063	aaʃila- ………………… 169
aaji ……………………… 185	aba ……………………… 044
aalag …………………… 107	abal/dʒəmdər ………… 133
aalig …………………… 040	abale …………………… 045
aami/baanan …………… 096	abdar …………………… 074
aana/geen ……………… 093	abgan/bəj gurəs ……… 017
aaragan ………………… 068	abka …………………… 124
aaraktʃi ………………… 068	abus/bagsa …………… 078
aasənər bog/biŋguan … 098	ada ……………………… 090
aatʃa- …………………… 153	adaar …………………… 072
aatʃin …………………… 178	adagan ………………… 110
aaŋa-/təgə- …………… 153	adaksa ………………… 061
aaŋgil …………………… 119	adal …………………… 136
aaŋi- …………………… 150	adalka- ………………… 170
aaŋika- ………………… 176	adaltar/dʒərgə/dərgə … 138
aaŋim ………………… 184	adar …………………… 029
aaŋiʃin ………………… 053	adara …………………… 075
	adasun ………………… 062

adgaldʑi	034	aimin	054
adi	122/126	airag	068
adil/təəri	182	aj	184/185
adildʑi	060	aja	185
adili/dʑərgi	183	ajaa	185
adirgi	024	ajaja	185
adola-	146	ajaki	183
adoʃin	051	ajan	013/018
aduki/adirsu	063	ajə-	161
adus	023	ajən	014
adus/agsun/adsuu	023	aji	106/128
aduʃin	053	aji dʑaandan	103
adʑin	028	aji bog	096
agda-	157	aji inig	105
agda/arde	010	ajibte	119
agdan/dəəwən	096	ajibu-/awara-	171
agdar/agdamugdi	138	ajigar	089
agdawun	096	ajikan	182
agderan	010	ajikta	019
agdi barkan	110	ajilda	052
agdira-/nirgi-	143	ajilda/gatʃada	052
agi	037	ajiltʃila-	149
agun	012/045	ajilʃin	052
ahakta/sumkir	040	ajiwu-	156
ahda	018	ajiwu-/dorla-	156
aihi	016	ajiwun	096
aikta	038	ajiʃila-	158
aiku	030	ajja	185
aila/urirən	095	ajmar/tobtʃa	095
aiman	095	ajtan	019

ajubkan/galha	105	alalki-/dawalki -	151
aka	045	alan	092/097
aka-/bokni-	157	albala-	172
akamugdi	138	alban	093
akin nəkun/akunur	046	albani ʃirə	073
akta-/arta-	173	albata	049
aktadi	127	aldan/tərgu dolin	078
aktagdi/buruŋgur	136	aldur	106
aktalin	092	aldʑi-	154
aktarin	136	aldʑimu	138
akti/ərubti	136	alga	023
aktʃa-	145	algag	102
aktʃab-	166	algar morin	025
aktʃabki	115	ali-	142/167
aktʃakla-	177	alibu-	167
aktʃam	184	alidukat/dʑalan dʑalanduwi	182
aktʃatkindi-	177	aliga	125
aktʃi-/illima-	144/148	alika	101
aktʃib-	148	alikat	181
akubtʃi	063	alikur	085
al	063	alimakta	035
ala-/tənukə-	178	alimar	016
alaar gaaki	021	alisun	037
alaatʃi-	151/166	alka	030
alaatʃi-	151/166	alku	078
alabki-	149	alkun	086
alag	090	alkutʃi-	149
alagamdʑi	090	alma-	170
alagda-	163	almar	039
alakdaha	019	almi/huuga	054

alta ············ 015	amigukti məmə ········· 047
altaktʃon ········· 028	amijan ············ 018
altaŋ holikan/gorilʤi ····· 027	amila ············ 115
aluhan ············ 012	amin ············ 044
aluhan ············ 012	amin oʃikto ········· 009
aluktʃa ············ 064	aminde ············ 107
alun ············ 109	amiral/ʃiral ········· 058
am iinig ··········· 101	amitan ············ 016
amasabka ·········· 082	amitʃigi ············ 116/179
amban ············ 053/094	amna ············ 022/137
ambasun ············ 077	amra- ············ 144/153
amə- ············ 167	amsun ············ 111
amən ············ 060	amta- ············ 154
amʤi ············ 013	amtala-/amtalam itʃi- ····· 171
amerik ············ 119	ana- ············ 144
amga ············ 055	anabki- ············ 157
amga- ············ 154	anabtu ············ 089
amgabtʃi ··········· 063	anabu- ········· 144/150/156
amgag ············ 015	anagan ············ 101/114
amgan-/ʃimi- ········ 139	anahan ············ 055
amgi ············ 020	anaki-/anamki- ········ 157
amigan/ədəgən ······· 017/109	anakta ············ 034
amigida ············ 115	anaku ············ 086
amigiʤi ············ 183	anami ············ 018
amigu bəj ·········· 047	anan ············ 106
amigu ʤalan ········· 047	anar ············ 036/040
amigu ʤuu ·········· 073	anasun ············ 066
amigu soloŋgos ········ 120	anatkib-/ərəələ- ········ 167
amigudu/uʤudu ········ 180	anda ············ 052
amigukti aba ········· 047	anʤas ············ 086

三 杜拉尔鄂温克语词汇索引

ane	105/116	argən	056
ane bia	117	aril	036
ane-/anela-	158	arilga-	155
anga	119	arkam	064
ani	180	arkandu	115
anka	017	arki	069
anna-/bəjutʃi-	153	arki-	152/160
antaha	012	arkini puus	098
antugo	012	arkini tʃomo	081
antugu	012	arma	029
antʃu	038	arsa	029
anuku itʃi-	142	arsalaən	016
apugan	088	arta	024
apuldi-	170	artʃala-/sikul-	157
apun	088/135	arubkul	097
apun/tibka/utgun	088/135	arubkun/gilagar	135
ara-/dʒori-/oo-	142	aruhan	022
ara/hair dʒolo	011	arun/dʒiŋkin/tədʒiŋgər	134
araktʃil	097	arutʃig	110
aral	075	asala	086
aran/duŋgum	132	asam ulikən-	172
araŋkan	183	askub-	144
arbita	048	asra-	176
arbun	010	asubku	090
ardaga	112	asug	124
arga	101	asugla-	144
arga uka	096	asuku	091
argamdʒi	085	ata	044
argat	018	atagga-/ginulki-	171
argatkan	018	ataki	026

atigun	019	awu	121
atku	046	awur	008
atmal	020/058	aʃe	045/137
atori-/ʤaŋgit-	168	aʃe bəj/aʃe	048
atugan	027	aʃe ga-	166
atʃi	107	aʃe gutʃu	052
atʃi-	173	aʃige	031

B

atʃigtʃan saŋaal	012		
atʃigtʃaŋ	019	ba	014
atʃiktʃan hon	116	baa-/ʤakur-	165
atʃkun	181	baada/loŋguri	118
atʃtʃakla-	169	baagtʃa	013
atʃtʃalam/urgim	131	baakan	013
aur	009	baal	023
auʃe	045	baani/booni/mundur	010
aŋaʤin	048	baaŋgi/ʤalku/ʃalku	134
aŋar	058	baaŋki/jinkan	099
aŋʤisula-/tanda-	158	babug	056
aŋgal	054	babugar	052
aŋgi	093	babugla-	143
aŋgi-	139	babukta	049
aŋgir	023	babur	086
aŋguula	041	badar	100
aŋka-	140	badara-	176
aŋu-	141	badir	111
aŋun/aŋuŋka	101	badma	036
awa-	165	baʤa	045
awal-/komdok-	160	baʤir/akti/kir	135
awalge	041	bag/bahante/boho	023
awaŋki	083		

bagalǯar	056	baldi-	167
bagdarbin/nəəriŋ	127	baldisa banin	054
bagu/bombo	114	baldisa təgən	043
bahaldi-	142	baldiwun	044
baikal	182	balgoŋku	056
bainatʃa	109	bali/tʃokor	132
baita	098	baligta	049
baita aŋur bog	098	balit-	166
baji ʃilki-	154	balmad/galǯu	137
bajiǯi-	160	balmadla-	169
bajin	129	baltʃa	047
bajin bəj	051	baltʃa banin	105
bajta	095	baltʃa inig	106
bajta iʃikir bog	095	baltʃi-	141
bak-	151	balukun	055
baka-	171	banatʃa	109
bakaldima-	142	bandan	074
baksa	124	banǯi	104
baksaŋga	104	banika-/agda-	157
bakta-/iigubkə-	154	banin	105
baktagdi	133	bantu	071
baktʃi	117	baraan	130
bal	069	barag/udubti	181
balakta	032	baragida	115
balə	043	baran	115
balda	019	barangidadu	115
baldaar	085	baraŋǯi	120
baldaarda-	166	baraŋʃigi	116
baldak	031	bardan/kiimki	137
baldaka	133	bare/bargan	067

bargan ················· 034/117	bədʒin ················· 072
bargan/namaadʒi nasu··· 034/117	bəg ··················· 102
bargila ··················· 014	bəgdəl wanhən ········· 058
bargun ··················· 130	bəgdəl/bəldir ·········· 057
barkan ············ 108/110/185	bəgi- ·················· 168
barutʃi ···················· 081	bəgi/ʃiləm ············· 132
basa ···················· 026/072	bəgibtə ················ 060
basarta ··················· 059	bəgin ················· 133
basu- ···················· 141/168	bəidʒiŋ ················ 095
basumki- ················· 141	bəj ·················· 043/054
basur ····················· 112	bəj baka-/bəj dabkur oo- ··· 167
bata ······················ 054	bəj ulər okto ··········· 099
batka- ···················· 153	bəj urgidi ·············· 045
baturna- ·················· 171	bəj urgugdi ············ 048
batʃila- ··················· 163	bəj ʃilkir dʒuu ·········· 073
baŋgal/mokolin ············ 131	bəjdu juu- ············· 166
bawumdʒi ················ 082	bəju ·················· 090
bə/suu ··················· 075	bəjub- ················ 178
bəbrə- ··················· 164	bəjutʃi- ················ 178
bəəktə ··················· 050	bəjuʃin ················ 051
bəələg ··················· 012	bəki/katan ············· 132
bəəle/pəəli ··············· 064	bəkilə- ················ 176
bəəmərə- ················· 150	bəktur ················ 132
bəəs ····················· 065	bəl/dəbtər ············· 102
bəəs tərgəbtʃi ············· 061	bəlbəti ················ 026
bəəs uluŋku ··············· 091	bəlbisun ··············· 048
bəəse ···················· 041	bələk- ················ 166
bədəri ··················· 032/114	bələn/bələkə ··········· 133
bədlir ···················· 058	bələr ·················· 106
bədunə ·················· 022	bəlgə ················ 107/114

bəlgən	126	bildaku	077
bəntʃin	106	bilgar	056
bər nautʃo	045	biluku	108
bərgən	045	bira/bir	013
bəri-/lok-	146	birakuŋ	014
bərii-	174	biraʃig	077
bərləŋkə	078	birdan	077
bətə	090	birkan	013
beehə	042	bisla-	152
beel	183	bisun/təktʃibkun	133
beesa-	177	bitə/mitə	120
beesan	101	bitig	100
beldur	020	bitig namtar	102
benʃi	068	bitig nəərə bog	102
bʉrʉlʥi-	166	bitigni ʥuu	102
bʉtʉ əmun	118	bitigni tag	102
bi	102/120	bitigni təbku/ʃuubol	102
bi-	151	bitigni ug	102
bia əkin	117	bitigni ʃirə	073
bia dolin	117	bitigtə	049
bia madan	117	bitʃin-	178
biadu təgə-	167	biʃiktə	027
biaga ilan	008	bobəi	016
biaga təgəwun	106	bobi	046
bianig	105	bod-	178
big/ʥakabtʃi	063	bodi	109
biiruŋku	077	bodogon	101
bikibtu	091	bodor	085/126
bilər	104	bodor/ʥus	085/126
bilda	090	bodorda-	160

bodoŋgo ··············· 096
bog ······ 008/010/018/095/126
bog gulguwun ············ 010
bog/bogo ··· 008/010/018/095/126
bogan ··················· 128
bogantur ················ 108
bogda ············ 053/109/110
bogdabta ················ 110
bogdi ··················· 053
bogo ···················· 126
bogogtu ················· 072
bogon ··················· 094
bogso ··················· 059
bogtokʤo ················ 077
bohokto ················· 043
boki- ··················· 172
bokini- ············· 143/164
bokini-/ʤorki- ······· 143/164
bokir ··················· 050
bokro ··················· 043
bokso ··················· 071
boksor ·················· 088
bokto ··················· 032
bol ················· 075/118
bolbe ··················· 185
bolgakʧi ················ 031
bolgi-/ʤiki- ············ 151
bolgin/hualʤin ·········· 134
bolgo ··················· 121
bolgo/gub ··············· 121

bolgo/bukulʤi ··········· 121
bolig- ·················· 173
bolko- ·················· 154
bolni handa ············· 039
boloko ·················· 056
bolta taa- ·············· 145
boltog/turgu ············ 028
boltu ··················· 020
bolʧikto ················ 059
bolʧin ·················· 057
bombo ··················· 110
boni niorgan ············ 103
boodu ··················· 079
booʤi ··················· 068
booggo ·················· 094
booni ··················· 123
boor ···················· 017
boorgol ················· 075
boorgolʤi ··············· 075
boorol morin ············ 025
bor ····················· 128
bor morin ··············· 025
borbi ··············· 030/058
bordo- ·················· 139
borola- ················· 172
borʧo ··············· 042/043
bos ····················· 024
bosir ··················· 016
bosog ··················· 012
bota ···················· 035

boton ⋯⋯⋯⋯⋯⋯ 035/081	bultagur ⋯⋯⋯⋯⋯⋯ 129
boton/urtumoo ⋯⋯ 035/081	bulte- ⋯⋯⋯⋯⋯⋯ 153
boŋgon alaar ʃiibkan ⋯⋯ 022	bulti-/gulii- ⋯⋯⋯⋯ 166
boŋko ⋯⋯⋯⋯⋯⋯ 037	bultugun ⋯⋯⋯⋯⋯ 020
bu ⋯⋯⋯⋯⋯⋯⋯ 120	bultukta ⋯⋯⋯⋯⋯ 055
bu- ⋯⋯⋯⋯⋯⋯⋯ 171	buluku ⋯⋯⋯⋯⋯⋯ 067
budri-/gokla- ⋯⋯⋯ 161	bulukudə- ⋯⋯⋯⋯⋯ 154
budur ⋯⋯⋯⋯⋯⋯ 075	bumbug ⋯⋯⋯⋯⋯⋯ 104
bugan ⋯⋯⋯⋯⋯ 108/136	bumbun ⋯⋯⋯⋯⋯⋯ 109
bugsə ⋯⋯⋯⋯⋯⋯ 058	buraŋgi/bugan ⋯⋯⋯ 135
bugsur ⋯⋯⋯⋯⋯⋯ 060	burəs ⋯⋯⋯⋯⋯⋯ 092
bugun ⋯⋯⋯⋯⋯⋯ 109	bure ⋯⋯⋯⋯⋯⋯ 088/104
buhi ⋯⋯⋯⋯⋯⋯⋯ 031	buresun ⋯⋯⋯⋯⋯⋯ 062
bukala- ⋯⋯⋯⋯⋯ 174	burgu/iildətʃi/miratʃi 130/135
buktu ⋯⋯⋯⋯⋯⋯ 033	burgu/piltgar ⋯⋯⋯ 130/135
buktʃi-/dikimki- ⋯⋯⋯ 178	burkul ⋯⋯⋯⋯ 076/083/092
buku ⋯⋯⋯⋯⋯⋯ 132/181	burkur/balar ⋯⋯⋯⋯ 133
buku/agdun ⋯⋯⋯ 132/181	butarabu- ⋯⋯⋯⋯⋯ 170
bukuʃin ⋯⋯⋯⋯⋯ 051	butgə- ⋯⋯⋯⋯⋯⋯ 177
bul ⋯⋯⋯⋯⋯⋯⋯ 055	butka ⋯⋯⋯⋯⋯⋯ 090
bul nautʃo ⋯⋯⋯⋯ 047	butkala- ⋯⋯⋯⋯⋯ 178
bula-/umi- ⋯⋯⋯⋯ 178	butu-/agli- ⋯⋯⋯⋯ 157
bulag/bular ⋯⋯⋯⋯ 014	butu/buktʃin/boknir ⋯ 118/136
bulaʃi- ⋯⋯⋯⋯⋯⋯ 171	butu/ʃinən ⋯⋯⋯⋯ 118/136
buləli ⋯⋯⋯⋯⋯⋯ 047	butulə-/kumi- ⋯⋯⋯ 162
bulkin ⋯⋯⋯⋯⋯⋯ 056	buu- ⋯⋯⋯⋯⋯⋯⋯ 166
bulkir ⋯⋯⋯⋯⋯⋯ 021	buub- ⋯⋯⋯⋯⋯⋯ 176
bulkur ⋯⋯⋯⋯⋯⋯ 081	buuge ⋯⋯⋯⋯⋯⋯ 015
bultag- ⋯⋯⋯⋯⋯⋯ 149	buuni- ⋯⋯⋯⋯⋯⋯ 141
bultagta ⋯⋯⋯⋯⋯ 049	buurgi- ⋯⋯⋯⋯⋯⋯ 148

buurgi-/mutʃuka- ······ 148
buuruk ······ 064
buuruŋku ······ 064

ə

əbə/əwəʃi ······ 134
əbəlʥi- ······ 170
əbdu- ······ 164/172
əbir/doro/ərukəjə ······ 131
əbirkən ······ 128
əbkə- ······ 164
əbkəldi- ······ 161
əbkən ······ 125
əbkər ······ 085/126
əbkəŋkə ······ 085
əbtu/əntʃin ······ 121
əəʥig ······ 068
əəkir/ulbur ······ 128
əələ- ······ 161
əəpəlʥi ······ 026
əər-/əəri-/koktʃi- ······ 141
əətusdə-/gərdə- ······ 169
əd kurun/ulan/jəəmə ······ 098
ədəl-/dulə- ······ 149
ədəlgə ······ 099
ədi- ······ 143
ədi aʃi ······ 048
ədimu- ······ 143
ədin ······ 009
ədlər ······ 097

ədu ······ 121
ədubki ······ 119
əduldur ʥabi ······ 076
əʥək- ······ 169
əʥi ······ 178/185
əʥi- ······ 156
əʥibun ······ 101
əʥibur ······ 102
əʥig ······ 126
əʥiggə ······ 101
əʥin ······ 052
əgəl ······ 013
əgənti ······ 180
əgdur ······ 040
əggi- ······ 152
əhu ······ 030
əilək-/ʥatla- ······ 160
əjələ- ······ 149
əjəmu- ······ 161
əjən ······ 014
əjətʃi-/gaagula- ······ 154
əjkən/aril ······ 121
əjrug/əjug ······ 078
əkə/əkin ······ 045
əki-/gərki- ······ 148
əkilə- ······ 149
əkilə-/dansla- ······ 149
əkin nəkun/əkunur ······ 046
əkiŋkə ······ 074
əkoni/əmukən/aŋaʥin ······ 052

三 杜拉尔鄂温克语词汇索引 | 199

əksəkun/uutabku/jaaru ··· 135
əktələ ·················· 180
əktʃir ··················· 011
əktʃu- ·················· 141
əkugdinən ············· 113
əkul- ···················· 155
əkun ··············· 057/068
əkuntʃen ··············· 048
əl ······················· 042
əlbəhi ·················· 017
əlbətʃi- ················· 154
əlbəw jəəmə ··········· 098
əlbəw jəəmə uniir bog ··· 099
əlbu- ··············· 145/150
əlbu-/aajika-/aaɲika- 145/150
əlbun ··················· 017
ələ ······················ 121
ələ- ····················· 139
ələə- ···················· 155
ələəku ·················· 128
ələəkutʃi- ·············· 168
ələkur/əŋgəl ··········· 129
ələrdən ················· 022
əldəŋə ·················· 128
əldəŋgə/ilaaŋga ······· 133
əldʒig/əjgən ············ 025
əlgə- ··················· 146
əlgəldʒə ················ 014
əlgəŋ ··················· 014
əli ················· 180/184

əlibtu ··················· 074
əligun ·················· 112
əliki ···················· 180
əlkə- ··················· 176
əlkə/meigən/suala ··· 135/136
əlkə/tubtʃin/taiwan ··· 135/136
əlkən-/taibutʃi- ········ 153
əlkər ··················· 107
əlkəndʒi/əŋgəlkən ····· 181
əlki ···················· 019
əlki-/larki-/dalla- ····· 144
əlkur ··················· 090
əltus ··················· 037
əltʃitə ·················· 049
əluksə ·················· 042
əlwəbtʃi ················ 072
əmə- ··················· 150
əmən- ·············· 146/151
əmən-/əmmən- ····· 146/151
əməndən ··············· 179
əmər ane ··············· 116
əmər bia ··············· 117
əmərgi- ················ 152
əmdʒər ················· 024
əmdʒiku ················ 109
əmgə/kuargan ·········· 129
əmgəl ·················· 092
əmgi ··················· 020
əmhəktə ················ 090
əmijən ·················· 018

əmin oʃikto ········· 009	əmunkul ············· 182
əmkən ··················· 090	əmuntan ············· 182
əmkəndə- ············· 163	əmuntʃil ············· 182
əmkət ··················· 119	əmurəl/əmuntul ····· 182
əmkuri ·················· 033	əmuŋkin/ətʃibkin ····· 183
əmnə/ənnə ············ 137	ənəgən ·············· 121
əmtuhu ················· 017	ənətʃin ·············· 121
əmubiki ················ 183	əndə-/burut- ········ 149/170
əmuduwi/aadaduwi ···· 180	əndə-/naak- ········ 149/170
əmukəl/əmu atʃukun ·· 182	əndəwu-/aldabu- ····· 151
əmukəldu ··············· 183	ənduri ··············· 110
əmukən ············ 122/181	ənduri ədʒin/bogda ··· 110
əmuki ············ 121/123	ənduri kəsər ········· 110
əmukil ·················· 182	ənduri tatigan ······· 110
əmukul/nəkəndə ······· 181	əndʒə ················ 037
əmukuldu/daŋ ········· 181	ənibkun ········· 131/134
əmul utə ················ 046	ənibkun/kuŋgən ···· 131/134
əmulə- ·················· 177	ənigən ············ 017/109
əmulə/əmikən ········· 138	ənin ··············· 008/044
əmun ··················· 122	əniŋgər ············ 128/138
əmun booji bəj ········ 052	əniŋgər/goʃiŋga ····· 128/138
əmun əmundʒin ········ 182	ənkir ················ 111
əmun ərin/əmun tan ··· 124	ənnə ················ 023
əmun dolbo/dolboŋgu ·· 118	əntə-/əŋəntə- ········ 147
əmun talgi ············· 182	əntu ················ 185
əmundə ············ 181/182	əntʃulə- ············· 170
əmundu ················· 182	ənu- ················ 166
əmundu tatiʃin ········ 053	ənuku ··············· 112
əmundurun ············· 182	ənukulə- ············ 164
əmunkən bəj ··········· 054	ənukutʃi olor ········ 112

əntʃukuli	180	ərgilə/ərgidə	013/115/129
əpəpi	022	ərgilən	014
ər ane	116	ərgin-/əsu-	143/163
ər bia	117	ərgin-/dasa-	143/163
ər inig	117	ərgitʃi-/əwəb-	147
ərbu-/bolbasur-	170	ərgiŋkə	076
ərə	082/115	ərgiʃigi	116
ərə-	161	əri	121
ərəg	114	əriktə	034
ərəgun	108	ərilən	036/121
ərəkən	082/090	ərin	010/105/116/119/124
ərələn	076	ərin/sag	010/105/116/119/124
ərən	013	ərirən	121
ərətʃin/əgtutʃin	181	əriŋkə	056
ərdə	131	ərkələ-	169
ərdəhən	179	ərkələkə-	156
ərdəm	098	ərkəldʒi	092
ərdəni bitig	110	ərki	062
əre	185	ərlig	110
ərere	185	ərtəg	055
ərgə	043	ərtəg-/ərtəldʒə-	147
ərgə-	139/167	ərtəgər bəj	049
ərgə-/iinigbu-	139/167	ərtəli /temudəli	182
ərgəbtun	109	əru	128
ərgəl	023	əru bəj	051
ərgətʃiki-	179	əru bog	096
ərgi-	160	əru-/nəkə-	159
ərgi/nəəki	013	ərub-	165
ərgilə	013/115/129	ərukəjə/dʒiwutʃi	136
ərgilə/ərə	013/115/129	ərulə-	173

əruldi-	……………………	164
ərumku	……………………	065
ərun	……………………	078
ərut-	……………………	164
ərutʃi-	……………………	172
əruŋ	……………………	096
əruŋkə	……………………	065
əsən tagda bəj	……………	052
əsuhun/ʃiʃirmu	……………	134
ətə	……………………	044
ətə-/mana-	… 168/170/171/177
ətəb-	……………………	178
ətəgən/tʃidal	……………	106
ətəldi-	……………………	168
ətərkən	……………………	017
ətəu-	……………………	168
ətəŋgətə	……………………	048
ətəŋgi/mandi/kətʃu	…………	131
ətəŋgilə-	……………………	178
ətəŋgim-/ʤoriktʃi-	…………	171
ətəŋkə	……………………	096
ətəwu-	……………………	177
ətigun	……………………	019
ətikilə-	……………………	148
ətirkən	……………………	109
ətkə	……………………	028
ətkən	……………………	048
ətu-/ukubu-	……………………	148
ətugən	……………………	017/027
ətugən	……………………	017/027

ətuk-	……………………	165
ətuŋgə	……………………	053
ətuŋku	……………………	071
ətʃə	……………………	180
ətʃi	……………………	119
ətʃibki	……………………	183
ətʃibkin	……………………	184
ətʃibte	……………………	119
ətʃibtiki	……………………	179
ətʃidi	……………………	184
ətʃin	……………………	179
ətʃit-/bədri-	……………	143
ətʃukul	……………………	180
əurkə-	……………………	153
əurkən	……………………	119
əutəle/habrig	……………	057
əŋ əŋ	……………………	186
əŋgəər/tʃiga	……………	068
əŋgəli-	……………………	157
əŋgəlig ʤuu	……………	070
əŋgəltə	……………………	048
əŋku-	……………………	161
əwə-	……………………	150
əwəən	……………………	069
əwək-	……………………	146
əwən	……………………	069
əwər	……………………	114
əwər bog	……………………	098
əwərə-/tikib-	……………	160
əwərkə-	……………………	152

əwi-/ugii-	169	dag baltʃa	052
əwkəldʒə-	163	dag/dabkun	130
əwkur	079	dagasun/tame	090
əwrə-	159	dagda/əməkə	085
əwtə	059	dagkela-	169
əʃi	080	dagkila-	146
əʃibki-	179	dagtan	181
əʃikin	137	dahabtʃi	062
əʃitələ/kiurdə	182	daiha	090
		dair	070

D

da bog/təgəən	095	dair təbku	070
daabtu	013	daiʃe-	178
daadi	179	dajla-	170
daaga	024	daka	061
daaki	028	daki	183
daanga	037	daki/bas	183
daar	126	dakibkin	183
daari-/nuktʃi-	150/151	dakin dakin	183
daatuse	041	dakke-	169
daatʃi/noogubti	183	dakkelda	052
dabki-	179	dakki/dərgədu	115
dabki-、dəbki-	151	dala	057/089
dabkilan	130	dalaŋ	014
dabkul	079	dalbaktu	076
dabkur bia	117	dalban	014
dabkur/dʒuure/təəre	138	dalbaŋka	076
dabkurla-	163	daldal	094
dabtʃi/naribku	129	daldʒi	093
dadə	014	daldʒila-	176
		daldʒitʃi	136

dale-	146	darban/kiikgə	132
dale ədir/suugan	013	darbi	024
dale iŋga	013	dardanan	132
dale kətʃi	013	dargunda	020
dalga-	154	dari	089
dalga/jaaga	016	darkan	048/050
dalgan	013/050	darku	085
dalgasu	035	darkur	066
dalguka-	154	darug	064
daliku	125	dasa-	165/176
dalimgi-	149	dasagga	093
daliŋgi/dalidaku/amidatu	136	dasan tərgu	078
dalka	038	dasan/jaaman/alban	093
daloobo	042	dasaŋka	066
dalwa	093	dasun ʤisun	134
damas	035	datʃibti	179
damʤi	079	dausu solgektə	043
damʤikan-	142	dausula-	145
damʤila-	164	dausuŋgo	134
dampa	113	daŋ	181
dampul	098	daŋga	070
damtula-	176	daŋga ima-	164
dans	099/100	dawa	011/012
dans əbkəməl	103	dawa-	148
dans/daŋan	099/100	dawaki	029
dansmal bitig	103	dawaŋgi	182
daorkan	119	daʃim	080
daram	057	daʃin	125
darasu	069	dəbki	089
darbagar/darpelʤi	132	dəbtəgə-	174

dəbtəkən- ……………… 174
dəbtələ- ……………… 174
dəbtər ……………… 102
dəbtugə- ……………… 159
dəbuur ……………… 066
dəəfu ……………… 068
dəələ ……………… 062
dəərəm ……………… 051
dəəwə- ……………… 157
dəəwə/dərgin ……………… 130
dədun/urtə ……………… 125
dəgə ……………… 090
dəgələ- ……………… 161/163
dəgələ-/goklu- ……………… 161/163
dəgdiwun/borgin ……………… 010
dəgi ……………… 020
dəgilin ……………… 105
dəgli- ……………… 151
dəglir tərgən/pəitən ……………… 076
dəj ……………… 130
dəjə ……………… 131
dəjən ……………… 094
dəjibkun/nilkar ……………… 137
dəjikun/əjilən ……………… 134
dəkəle ……………… 061
dəki ……………… 123
dəl ……………… 030/070
dəlbi ……………… 063
dəlbur ……………… 030
dələn ……………… 031

dəldən ……………… 049
dəlihu ……………… 060
dəlkə ……………… 126
dəlkə- ……………… 152
dəlkin/aakin ……………… 059
dəllə ……………… 056
dənʤən/ilan ……………… 084
dəpu ……………… 030/043
dərbə ……………… 066
dərbun ……………… 131
dərəən ……………… 014
dərəl ……………… 101
dərən ……………… 012/013/014/114
dərən/dəgə ……………… 012/013/014/114
dərən/ʤuwu ……………… 012/013/014/114
dərən/jokun ……………… 012/013/014/114
dərəŋgə ……………… 128
dərʤə ……………… 066
dərgi/taktar ……………… 125
dərgildə ……………… 052
dərkul ……………… 066
dərsun ……………… 066
dərsun aawun ……………… 063
dərtəki ……………… 074
dəŋgə ……………… 085
dəŋlu ……………… 084
dəŋpos ……………… 084
dəŋtʃi ……………… 090
dəwə- ……………… 155/167
dəwəkir/dəwəbtun ……………… 066

dəwubtʃi	076	dokolo-	166
deldə	131	dokolon	049
deldət-/amindi-	150	dokto	099/124
delgan	104	doktolo-	174
denbo	098	doktʃin/həgʤun	137
denhua	098	dol	015
denno	098	dola	084
diargun	130	dolbi	088
dias	080	dolbin	132
digab-	140	dolbo	118
digar	129/180	dolbon dolin	118
digar/tuggun	129/180	dolgen	013
digiki	123	dolibku/koltoko/baala	180
digin	122	doligu gurun	119
digin bia	117	doligu ʃuitan	100
diidə/diilə	115	dolin	115/123
diiʃigi	116	dolin ərin	119
dilatu/loktor	132	dolin wanəhaŋ/dolgobkan	057
dilatʃi/sərgəg	133	dolindu	115
dilə bog	008	dolinduwol	183
dili	054	dolobtula	118
diligan	106	domno-	165
dilitʃi	106	domole	046
dilitʃi bəj	048	donku	041
dilukən/gilukən	026	doo	059
diram	130	doo-	151
ditʃiki/ugidəbki-	179	doogu kuarme	062
dobtog	092	doogu uhan	095
doki-	171	doogubtʃi	062
dokiktʃi/solokiktʃi	031	doola	115/119

dooldi- ……………………… 142	durəŋki ……………………… 092
doolo tʃintʃi ……………… 061	durgi-/saagildi- …………… 169
doomu-/urgilə- ……………… 151	duri-/tiin- ………………… 172
doondoku …………………… 026	dursu ……………………… 106
dooʃiki …………………… 116	dursun ……………………… 066
doron ………… 030/097/103	duru ………………………… 054
doron/tamar …… 030/097/103	durugun …………………… 103
dorondʑi/dʑalidʑi ………… 183	durun ………………… 054/106
doroŋgi …………………… 097	dusə ………………………… 071
doroŋgir/dʑalidʑi ………… 132	dutku ……………………… 073
dowi ……………………… 019	dutuni- …………………… 140
duaka ……………………… 055	duŋgu/mənən ……………… 133
duaktʃin morin …………… 025	duŋsu ……………………… 083
duardan …………………… 065	
duaŋgə …………………… 039	dʑ
duktu-/toŋtʃi- …………… 144	dʑaan ……………………… 122
dula ………………………… 108	dʑaan bia ………………… 117
dulə- …………………… 149/151	dʑaan əmun ……………… 122
dulə-/dawa- …………… 149/151	dʑaan əmun bia …………… 117
duləb-/nuktʃi- …………… 150	dʑaan digin ……………… 122
duləki …………………… 030	dʑaan dʑakun …………… 123
dulət- …………………… 179	dʑaan dʑuur ……………… 122
duli ………………………… 049	dʑaan dʑuur bia …………… 117
dulpa/ʃogol/mənər ……… 133	dʑaan jalan ……………… 122
dumburi- ………………… 140	dʑaan jəgin ……………… 123
dunən ……………………… 024	dʑaan nadan ……………… 123
dungu ……………………… 090	dʑaan nugun ……………… 123
durbə ……………………… 023	dʑaan toron ……………… 123
durbəldʑin ……………… 131	dʑaanda- ……………… 149/175
durbəldʑin ʃirə ………… 074	dʑaandan ………………… 103

ʤaannaʃin	050	ʤalawun	105
ʤaarin	183	ʤalbari-	171
ʤabi	076	ʤalibun	108
ʤabka	062/125/183	ʤalida-	169
ʤabka tala/iinərən	008	ʤaliŋgar/doronkul	183
ʤabkara-	143	ʤaliŋgir/hoŋʤan/hualʤin	134
ʤabʃa/ʤabka	119	ʤalu	137
ʤadgan	112	ʤalu-	160
ʤaʤim	056	ʤalu bəj	048
ʤagdə	033	ʤalun/pik	135
ʤagi-/dalu-	169/171	ʤamur	037
ʤagi-/dikin-	169/171	ʤan datkal	105
ʤiraga	113	ʤanda	034
ʤoloʃin	050	ʤanʤi	040
ʤuligu soloŋgos	120	ʤanpan	066/070
ʤuliʃigi	116	ʤarla-	144
ʤaha/bajtalaŋka	078/115	ʤas	084
ʤaha/dagadu	078/115	ʤatug	104
ʤaila-	172	ʤaubka	061
ʤaji-	172	ʤaur	073
ʤak	107	ʤautʃi	105
ʤaka unir bog	094	ʤaŋ	126
ʤakib-	158	ʤaŋga	108
ʤakilta	028	ʤaŋgib-/kimgin-	139
ʤakun bia	117	ʤaŋgirga	085
ʤakun/ʤabkun	122	ʤaŋgu	089
ʤala	063	ʤaŋka	042
ʤalaburin	117	ʤaŋku	087
ʤalagan/gonim nas	107	ʤaŋtʃi	062
ʤalan	044/059/119/125	ʤawa-	144

dʑawag	106	dʑəgrən/dʑuurə	018
dʑawaldi-	170	dʑəguktu	027
dʑawawuʃin	054	dʑəiki morin	025
dʑawdʑa/niimtə	058	dʑəki/duirən/koodo	133
dʑawukta	021	dʑəktə	026/113
dʑawul-	167	dʑəmdəg	113
dʑawun	085	dʑəmu-	140
dʑawuud	097	dʑəndər bəj	049
dʑaʃigan	099/102	dʑənugən	112
dʑaʃigan	099/102	dʑərgi	093/125
dʑaʃigani bog	099	dʑərgi/dəs	093/125
dʑaʃigani mugun	099	dʑərgilən	110
dʑə	047	dʑəwəktu	089
dʑə unaadʑi	047	dʑəwləkən	134
dʑə utə	047	dʑeebila-	147
dʑəəbtə	067	dʑeldʑema/dʑilima	021
dʑəəbtə dʑibtər bog	098	dʑib-	139
dʑəəbtələ-	139	dʑibdʑi	055
dʑəəbtəni dʑuu	070	dʑibkə-	139
dʑəəbtəni ʃirə	073	dʑibtəŋkə	067
dʑəəbtini dʑuu	073	dʑidən	012
dʑəəgtə	038	dʑidʑa-	146
dʑəəkin	181	dʑiga	099/126
dʑəəktə	038	dʑiga buur bog	098
dʑəələ	028	dʑigagta	035
dʑəərdə morin	025	dʑigdən/nətʃibun	135
dʑəəŋgidə	114	dʑigi	080
dʑəəŋgiʃigi	116	dʑigi-/kərtʃi-/mii-	152
dʑəgdə	084	dʑigiŋki	079
dʑəgi	056	dʑiilin/kiriŋ	094

ʤija	107	ʤisum	103
ʤijanig	105	ʤisun solgektə	043
ʤijatʃi	109	ʤius	039
ʤijaʃi/ʤiggaltʃi	134	ʤiŋʤibu-	140
ʤilaktu	085	ʤiŋʤimatʃi-	176
ʤilan	107	ʤiŋkin	128/180
ʤilʤig	020	ʤiŋkin /unun	128/180
ʤilʤimar	020	ʤiwrə-	164
ʤilga	032/041	ʤiwu	084
ʤilga/tənsə	032/041	ʤiwutʃi-	157
ʤilha	037	ʤiʃə	104
ʤilim	041	ʤod	084
ʤimpuse	120	ʤog	118
ʤinka	018	ʤog oo-	158
ʤinnu-	155	ʤogo-	144/164
ʤinnur	083	ʤogo-/ʤowo-	144/164
ʤirga-	153	ʤogol/tamu	096
ʤirgalʤi/irgalʤi	028	ʤogomki-	157
ʤirgi-	173	ʤoloʃin	050
ʤirimke	026	ʤoka-	163
ʤirkəhtə	062	ʤokildi-	176
ʤiruʤike/morke	132	ʤokorjin	123
ʤisakta	043	ʤokto-	143
ʤisku	062	ʤokton	041
ʤismal	083	ʤol barkan	109
ʤisubki-	152	ʤola	084
ʤisukta	040	ʤoldo-	146
ʤisuktu	035	ʤole	055
ʤisul-	156	ʤolo	11/77/85/93
ʤisulə-	156	ʤolo/ʤol	11/77/85/93

ʥoloʃin	050	ʥuktʃi	040
ʥombor	019	ʥuku-	176
ʥoo-	156	ʥulakin	054
ʥoobu-	156	ʥuligu soloŋgos	120
ʥooko	077	ʥuliʃigi	116
ʥoolo	081	ʥulgidə ug	100
ʥoomuwun	096	ʥulidə	115
ʥoon-	156	ʥuligidə	114
ʥoonak-	156	ʥulilə	114/115
ʥoonokin	101	ʥullə iiktə	055
ʥoopel	106	ʥumka	092
ʥorgon inig	105	ʥumki	057
ʥorigan	100	ʥuntug/əbir	133
ʥorimbu-/ʃilba-	144	ʥurga	078
ʥorin	101	ʥurgan	107/126
ʥorolo-	149	ʥurgi	089
ʥorte/ʥoreen	181	ʥurgi-/boka-	177
ʥosma aawun	063	ʥurku-	176
ʥotar/turan/jandan	130	ʥurtʃin	054
ʥotʃiba/gilwəlʥi	026	ʥuru	184
ʥu	046	ʥurugun	124
ʥu kukin	046	ʥusan	018
ʥu unaaʥi	046	ʥusubtʃi	065
ʥuara-	160	ʥusum	040
ʥubki-/təʥibki-	171	ʥuu	043/070/071
ʥugaʃin	051	ʥuu/urirən	043/070/071
ʥugu-	159	ʥuuki	123
ʥukdan	179	ʥuukti	029
ʥukir	185	ʥuulə-	175
ʥukla-	144	ʥuur	122

ʥuur bia ·················· 117
ʥuur ərin/ʥuur tan ········ 124
ʥuur namaaʥ ·············· 123
ʥuurki utə ················ 045
ʥuurlə- ·················· 170
ʥuuru/təəre ············· 125
ʥuutuhu ················· 017
ʥuŋli ··················· 052
ʥuʃi ···················· 052

E

ee ····················· 185
etʃe- ··················· 151
etʃege-/borotʃi- ··········· 158
etʃena- ················· 151

G

ga- ················· 144/145
ga-/ʥawa- ············ 144/145
gaaʥas/haʥimgar ········ 137
gaagala- ················ 142
gaakulʥi ··············· 105
gaal- ·················· 150
gabir ·················· 036
gabkara-/gawara- ········ 143
gabkem ················ 033
gabtar ················· 037
gaərdi ·················· 020
gadasu ················· 071
gadir ·················· 040

gadukan ················ 099
gaʥir- ················· 151
gag ··················· 010
gagar ·················· 061
gagdan ················· 125
gaika- ················· 158
gaikamu/sonibku ········· 137
gail ··················· 098
gaita/ ················· 181
galʥo muu ·············· 014
galʥu/koodo ············ 050
galʥura- ··············· 169
galga ·················· 082
galle/hulgin ············· 027
gambi ·················· 102
gamun ················· 099
ganda ·················· 084
ganinu ················· 092
ganlan ················· 040
gansu ·················· 095
gaoli ··················· 015
gaoli buluku ············· 067
gaoli iikə ··············· 083
gaoli sajak ·············· 082
gaoli taŋgur ············· 080
gara/lawa ··············· 032
garaki ················· 022
garga ··············· 066/125
gargan ················· 125
garka ·················· 086

garma	061	gələə-	146
garpa-	170	gələəbki-	158
garpan	030	gələərkə-	169
garuŋga	020	gələəʃin/giawutə	051
gasalabu-/gotʃigo-	157	gənə-/nəni-	150
gasan	096/112	gəntə	181
gasan/kətu	096/112	gəntə-	171
gasla-	157	gəntəkən/gaitakan	181
gaslamu	138	gənu-	151
gasuda-	173	gərbə	098
gat	090/124	gərbə-	155/164
gaulian	038	gərbə-/oo-	155/164
gaŋ	015	gərbələn	098
gaŋʥoha	092	gərbənə-	175
gaŋgagar/ətʃəŋgər	135	gərbətʃin	134
gaŋgat-	166	gərbəŋgə	053
gawal	059	gərbəʃin	051/053
gawra-	162	gərbəʃin	051/053
gawu/gaaki	021	gərbi	107
gawu-/gartu-	162	gərbi atʃin wankan	057
gəʥurə-/mulʥi-	172	gərbi əəri-	140
gəgə	024	gərbitə	049
gəgən	008/110	gərbitʃi	138
gəgəni-/soŋoni-	141	gərbiwun	100
gəgti	015	gərbulə-	167
gəkku	021	gərən	054/130
gəkkulə-	142	gərdə-	161
gəkti-	164	gərtʃilər bəj	105
gəktin	010	gəsu	033
gəl	181	gəsu-/kordobu-	157

gət-	153	gidla-	152
gətkʉtə	048	gidus	033
gətkulə-	173	giikin	021
gətkun	136	giini-/sooni-	144
gətti-/santa-	159	giisəbtʃi aawun	063
gətus	033	giitʃəbtʃi	031
gəŋgə/əmkəndi nero	048	giitʃən	018
gəŋtʃi-/gəgələ-	140	gilbalʤa-	165
gəwətʃi	184	gilbar	133
geegən/walirin gaoli	015	gilbarin	127
geehal	096	gilbarin iska	021
geehu	021	gilduri-	173
geekaltʃi/sonimku	138	gilga	065
geela-	163	gilgon	022
geenla-	140	gilibarin	055
geeŋga/ʤaliŋga	139	giliguktu	029
gʉrəsʉnni ʉldə	069	gilitun	029
gi/jə	185	gilitʃan	029
gia	095	gilman	112
gialan	071/125	gilobta-	142
gialka	083	gilotʃi	036/042
gian	107	giltabtin	127
gian joso	106	giltagna-	165
giaranda	058/111	giltagnar/gilbalʤakun	136
giaranda	058/111	giltagun/gilbakun	136
giban	015	giltahor	016
gida	089	giltarin	127
gidabkur	089	giltirin arki	069
gidaku	089/102	giltirin loobu	041
gidala-	160	giltirin satən	069

giltirin solgektə	041	goholo-	163
giltuna	036	gokoloŋ	090
gilug	104	gokoro-	168
gindahu	032	gokto	087
gindan	111	golʤuu	073
girdakta	108	goldom	184
girga	036	golʤi-	153
girin/tuwa	093	golʤon	016
girman	119	gole	039
giruli-	165	goli	067
girumsun	128	golkimu/akamu	138
gisabu-/sungə-	177	golomto	033
gisala-	176	gonan	024
gisarga	111	goni-	164
gisubu-	140	gonim ʃirə	074
gisun	087/101	gonim/nuanan	129
gisun/ʤiŋʤiwun/ug	087/101	gonon	024
gisuŋku	103	goo	010
giŋ	085/126	goo-	152
giŋlə-	170	goolen	039
giŋtu	085	goombos/gomoso	014
gobtʃi	086	gor	130
godoŋʤi	094	gordo/gorbi	011
goʤi	124	gorgokto	058
goʤibko-	166	gorki	064
gogdo	129	gorki-/gordok-	163
gogdo niintətʃi wanta	064	gorkiŋki	092
gogdo tʃomo	081	goro baltʃa	052
gogola-	142	gorogun	124
goho	079	gorokto	034

gosgon/gaŋgan	136
gosula-	157
gosun	111
gotin	123
gotʃen/əmər ane	116
gotʃigdi	134
gotʃikti/gotʃigon	134
gotʃiku	063
goŋgina	052
goŋgo/goŋgor	129
goŋgol	136
goʃigon/jaŋtʃuŋ	042
goʃihu	053
goʃike	022
goʃikta həŋkə	042
goʃikto	042
gu-	140/178
guaŋgal tərgəbtʃi	061
gub	121
gubʥi/bongobti	182
gubi-	143
gubil	027
gubir	066
gudug	057
guʥə	059
guʥəb-	156
guʥəmugdi	138
guʥəmuk-	158
gugan/albin	129
guidaka-/udatʃila-	150
guikur	066
guiləktə	036
guiləsu	034/040
gulbaktu	076
gulbugʃin	054
guldari-	173
guldu	012
guldun	111
gulʥar	077
gulgub-/guribu-	149
gulgun	012
gulgur	075
gulha wanta	064
gulin/gorgolde	022
gultəku	065
gulukun/butun/bukulʥi	180
gumdu-	157
gumdun/gutral	138
gunimka/doogubtu	097
gunin	096
guninku	096
guniŋga/ajiwun	096
guns	097
gupiu	099
gurbəlʥi	027
gurbi	038
gurəlʥi	025
gurəs	016
gurʥi	121
gurgukə-	176

gurgul-	151/163	haadi	072/075
gurgulbu-	163	haala-	175
gurgulgən	097	habi	030
gurgulkə-	163	habirg	057
gurku	066	habtʃi-	145
guru-	167	habtʃin	094
gurul ʤəəbtə	068	had ʤolo	011
gurul ʃilə	068	hadam aba	044
gurun	093	hadam əmə	047
gurun tur	093	hadam ənin	044
gurunda	052	hadan	015
guskə	016	hadar	011
gutuŋ	186	hadar/kuku ʤolo	011
gutʃin/utʃtʃel	107	hadəm aba	047
gutʃu	052	hadəm aka	045
gutʃulə-/ajildi-	170	hadəm bərgən	045
guu	071	hadun	079
guugu	044	haga	028
guujə	044	haga-/ʃirgi-	164
guun/loŋko	081	hagga/tog ʤolo	011
guuru-	154/173	hagikta	035
guurubu-	157	hagri-	155
guŋku	036	hagrimal	069
guʃi	046	hagrin	086
guʃihu	050	hai	184
guʃin	069	haiga	065
		haigu	028
H		hailasin	034
ha	184	hailasun	035
ha ha	184	hailun morin	025

hair	014	hapikta	049
hairan/mulamugdi	138	haram/haga	061
haktʃan	101	hargi	014/041/042
haktʃohe	030	hargi/gemu	014/041/042
haktʃoŋku/arbalʥi	030	harsa	018
hal	107	hartʃa əwəən	068
halan	059	hartʃin	125
halba/bolgi	130	has	016
haləgən/naalla algan	056	hasa	074
haldig/moktʃon/bərkə	133	haskan	023
halʥa	032	hatʃi	079
halʥaəər	023	hauli	093
halʥig	049	haŋkilʥi	037
halʥin	049	haŋtʃaku	030
haligu	020	haʃen	095
hallig bəj/jadu bəj	051	haʃgi-	142
haltʃug	012	haʃgin	101
hamer-/gonli-	176	haʃi	042
hamo	113	haʃi ʥuu	070
hampi-/lombe-	164	haʃil	183
handa	039	haʃin morin	025
handakan	018	hə	185
hanʥira-/əʥirgi-	153	həədi	072
hani	052	həənnə-	158
hanta	038/039	həərgə	078
hanta/kanz/kanta/kandə	038/039	həəsumkə	060
		hədər	087
hantatʃintʃi	061	həi	184
hantʃi	105	həigəsun	072/075
hantʃin/aŋtʃin	056	həjʥi	072

həjilə-	152	hirta	029
həjir morin	025	hiru/tug	093
həlbəldʒə-	166	hirwuŋ	076
həltəs	095	ho/gəidʒi	120
həlun/əksun	134	hoaʃəŋ	039
həntər	086	hobon	082
hər morin	017	hodgo	047
hərgə/orgon/ərgokton	057	hoho	057
həsu-	164	hoholi	030
həsur	087	hojibka	090
həsuur	066	hojʃe	127
hətəslə-	167	hokto	035
həur	073	hoktom	091
həŋ	39/184/185	holbo-/nəilukə-	152
həŋ/kəŋkə	39/184/185	holboldi-	170
həwə durun	106	holdi/holli	072
həwər	018/42/132/135	holdo	033
həwər/əwər	018/42/132/135	holgo	086
həwər/dəjəbkun	018/42/132/135	holokto	034
həwər/kapir/jawar		holoobo	041
	018/42/132/135	holoŋgo	113
həwʃən	101	holso dʒuu/otorni dʒuu	070
heebka	093	holson/holso	034
hektʃən	021	holsoŋ	033
hibsa	077	holtok-/səntəg-	162
higgo	021	homdo/hondo	130
hikkar/əərgən	113	homhan/bogo	017
hilan bəj	049	homo	087/092
hilasu/ʃirigtə	065	homogon	080/092
hirgakta	114	homogon	080/092

homor/kondo	137	hotor	042
hompes	055	hototʃi	040
honiktʃi	031	hoŋokto	034/055
honin/konin	024	hoŋor morin	025
honiʃin	053	hoŋotu	076
honnobtʃi	022	hoŋki-	145
honnor morin	025	howisgal	097
honnorgon	127	howog/dokonto	059
honokto	036	hoʃo	095
hoobtʃolo-	175	huala	072
hoodot	028	huala horgo	074
hooʤor	069	hualam	038
hooga	084	hualə-	168
hoŋokto	034/055	hualəg	051
hooktu	089	huarag	076
hoor	103	huaragla-	162
hooron/baktʃi	111	huarka	077
hooson	128	huaŋira/watgar	129
horeel	054	hud	076
horela-	171	huda	047
horgiku	071	huda oo-	175
horgo	074	hudale	047
horgoiʤi	074	huʤi	077
horigol	073	huʤuku	077
horiŋki	090	hugʤi-	155
hortʃi/sərbin/iigitʃi	132	hugʤimʃin	050
hortʃibu-/orgib-	148	hugga	091
horʃel/orʃe	023	hugur	077
hos	024/035	huhakta	034
hos/ʃige/urtə	024/035	hujag	088

hukur	038	idu	122
huləg	024	idʑiskun/dʑulibki	133
hulibtun	065	igən	088
humgi	021	igdu-	154
humu	091	igdun/sanda	067
humuktu/doŋgo	055	iggilən	027
humun	108	igi-/ujəktələ-	155
humut-	162	iha	017
huna	081	ihibtu	092
hundun	069	iida	121
hurb	024	iigə	030
hurin morin	025	iiggə	024
hurku	085	iigiktə	026
hurug bog	014	iigitʃi/dʑəjitʃi	132
hurum	068	iikə	082
husuŋga	043	iikə barkan	110
huta	020	iikə daibə	083
huuj	185	iikə təguŋkə	083
huŋga	054	iikəʃin	050
huŋku	065	iiktə	055
huŋtʃir	021	iildə	073
huʃag	070	iildə、iillə	072
huʃiw	037	iinə-	150
		iini-/dʑidʑa-	146
I		iinig	056
ibag	111	iinig niiŋ	056
ibka-/aktʃu-	163	iinig sugur	056
ibtə	035	iinigibtu	056
idali	119	iiniglən	056
idə	106	iintə	040

iintəni moo	034	ilətgə-	153
iiriktə	027/114	ilətun	100
iisən	056/126	iləŋgi/totkun/ʥulidədu	136
iisən	056/126	ildə/illə	114
iisi	067	ildu	059
iiŋikin	136	ilʥirka-/buldu-	155
iiŋiŋkir/irkilən	136	ilga	035
iiŋki-	168/175	ilga-	152
iiŋkir	102	ilgaji saaʥin	081
iktu	122	ilgə-	162/172/173
iktukən/ondi	122	ilgə-/gələ-	162/172/173
ikʧina-	143	ilgin	031
ila	026	ili-	144
ila-	147	iligan/solon	070/110
ilaagan	015	iligan/towor/tins	070/110
ilaan	008	iligən	114
ilaan-/ʃigundə-	154	iliki	180
ilaant-	165	ilint-	154
ilaanta-	154	ilintəmu	138
ilaaŋka-	165	ilintmu-	172
ilagan	090	iliwu-/butgə-	176
ilagsa	060	ilkə-	141
ilakta/nogon dilukən	026	ilko	034
ilban/haʃen	072	iltugə-	140
ilə	122/135	ilʧa-	154
iləbkət	122	ilʧaŋka	058
iləgaʧi	128	iluk-	162
iləgun	091	ima-	139
iləkən/gətkun	135	imaga/imgan	024
iləm	111	imaŋka	068

imgaktʃi	031	irgə	055/079
immə	086	irgən	093
immə tomobkoji sakasan	087	irgi	030
imtʃin/tuŋgubtu	108	irgi-	169
imugsə əwəən	069	irgitʃə amin	047
imugsə/imusə	068	irgitʃə ənin	047
imugsələ-	160	irgitʃə kukin	046
imusə	060	irgitʃə utə	046
inagan	024	iri	122
ində-	155	iribu-	159
ində/takul	113	irkikin	136
indu	119	irkin	128/137
inga	018	irkin ane	105
inig	117/118	irkin digin	118
inig amila	118	irkin ʤaan	118
inig dolin	118	irkin ʤaan toron	118
inig ʤulilə	118	irkin ʤuu	106
inig inig/ inigtula	117	irkin ʤuur	118
inigdi	133	irkin jalan	118
intoor	039	irkin toron	118
intʃən	056	irkin/irtʃə	128/137
ir/sobkor/solpon	010	irkinʤi butgə-	176
iraa-/buub-	152	irkinʤi/dakin	183
iraab-	152	irkinlə-	148
iral	013	iro/ajis	103
iralʤi	013	irobki-	162
irə	012	iruə-	171
irəbtə	129	isəl	026
irəktə	033	ishun/dərəlkin/dəʤibkin	138
irgasun	035	iska	021

iskakta ················· 040	iŋkin hon ················ 116
iskon ·················· 112	iŋkin/jeŋkin ············ 023
isku ···················· 065	iŋkir ···················· 067
isu- ···················· 159	iŋtʃagla-/iŋila-/iŋgili- ······ 141
itə ····················· 072	iŋtʃihaŋ ················ 017
itəm ···················· 024	iʃihi ···················· 039
itgə-/unəŋgi- ············ 156	iʃihi dərʤə ············· 066
itgə/ʃitun ··············· 111	iʃiki ···················· 065
itgəl ···················· 107	iʃiktʃi ··················· 025
itgən ··················· 107	iʃki ····················· 059
ito ····················· 022	
ituga- ··················· 175	**J**
itukət/ʤaabal ··········· 182	ja ······················ 184
itʃi- ····················· 142	jaaga ················ 016/084
itʃibu- ··················· 142	jaago ··················· 067
itʃige- ··················· 155	jaaman ··············· 094/095
itʃiggə ··················· 101	jaanta tʃintʃi ············ 061
itʃik- ··················· 178	jaasal ··················· 055
itʃikbu-/itʃiksəd guggul- ··· 158	jaasaldiwi itʃi- ·········· 154
itʃim baka- ·············· 142	jadar ··················· 113
itʃiri- ··················· 141	jadgan ·················· 113
itʃiwu-/bəjmus- ··········· 167	jadura- ················· 159
iŋ ······················ 087	jag/ʤiŋ ················· 180
iŋa ················· 011/058	jagib ···················· 089
iŋa/ʃirdal ············ 011/058	jaksa ··················· 022
iŋaha ··················· 058	jaktʃi- ··················· 152
iŋʤiha ·················· 018	jakʃi- ··················· 153
iŋga ···················· 037	jakʃin ··················· 071
iŋgakta ················· 013	jala- ···················· 154
iŋgər ··················· 022	jalan ··················· 122

jalan bia	117	jə	184/185
jalan ərin/jalan tan	124	jəəbkʉ-	159
jalan meŋgan	123	jəəki	122
jaləki	123	jəəmə unir bog	098
jalka	082	jəgin	122
jam	113	jəgin bia	117
jaman-	150	jəjə	044
jamanda	010	jəlu	020
jamun/jamu	010	jəndu	072
janda	061	jərdi/əmgərin/nəigən	181
janda-	158	jərdi/ʥəəkinduwi	181
jandag	018	jəril/jərimki	182
jandan/gaŋgaku	135	jəwkən/əŋkuwun	009
jansla-	143	jəwub-	161
jar	094/114	jelu	075
jarakta	026	jen	126
jarbalʥika-/ʃorbeka-	141	jirən	123
jargi	022/137	jodlo-/jorlo-	162
jargi/loktʃi	022/137	jogon	109
jatabku	084	joho	069
jatag-	169	jokon	121
jatʃin	127	jokun/ur aləha	012
jaŋdəŋ	084	jolgu	131
jaŋʥi	038/106	jolgun	131
jaŋga	084	jolo	022/023
jaŋkan	050	jolo	022/023
jaŋsa-	174	jookolo-/alku-	149
jaŋsa/jaanta	031	jookon	132
jaŋtʃi-	140	joondi	178
jaŋtʃigla-	140	jopon	120

joraki ················· 027
joslo- ················· 142
joso ··················· 106
jugdən ················· 078
juu- ··············· 147/153
juub- ·················· 150
juum əmə- ·············· 153

K

kaadi ·············· 091/094
kaadi- ············ 160/161
kaadi-/butə- ······ 160/161
kaadib-/korikna- ······· 161
kaatar/alban bəj ······· 053
kabas ·················· 058
kabda ·················· 089
kabʤin/səlkən ·········· 096
kabil ·················· 030
kabka ·················· 091
kabkar ················· 010
kabtar ················· 092
kabtarga ··············· 066
kabtasu/kattas ········· 071
kabtig/pialtgar ········ 131
kabtʃiktu ·············· 091
kabtʃir ················ 015
kabtʃiŋku ·············· 084
kad ···················· 012
kadal ·················· 076
kadi- ············· 152/159

kaʤe-/mokʧe- ··········· 147
kafi ··················· 070
kagi ··················· 037
kagib-/əbku- ··········· 161
kagri- ················· 164
kaitʃi ················· 080
kaitʃila- ·············· 165
kaka- ·················· 139
kakara ················· 022
kakara həur ············ 073
kakara hon ············· 116
kaksa- ················· 154
kakuri- ················ 145
kakurik- ··············· 170
kaldi- ················· 168
kaldig/jadar ······ 129/135
kaldig/jadu/mogun · 129/135
kaleer ················· 041
kalge-/karma- ·········· 146
kalgi-/dalgab- ········· 166
kalgin ················· 088
kalturi-/kalgi- ········ 147
kamgil ················· 037
kamkta ················· 061
kamsakta ··············· 052
kamtus ················· 063
kamtʃi/uubtʃil ········· 062
kanada ················· 119
kanda- ················· 154
kandal ················· 070

kantahu	034	kəənnə-	140/177
kantas	061	kəənnə-/uktʃi-	140/177
kantasun	061	kəər/tal	032
kaptʃan	074	kəərəldi-	140
kara uiləʃin	050	kəəŋirə-/mərə-	139
karaŋka	061	kəəwu oo-/tatʃikna-	151
kari	037	kədəri	087
karkis/tamnus/tamu	137	kədʒəni	179
karmaktʃi	108	kədʒi	078
karsa-	155	kədʒin	071/094
karula-	142/177	kəkə	023
karula-	142/177	kəkərə-	143
karʃe-/kaadi-	161	kəkti-/həŋgərtʃi-	147
kata/dausun	069	kəldur/səlun	079
katan	130	kəlgi	049
kataŋgir/bat	132	kəlgildʒi-	140
katra-	151	kəltəg	028
katu/kudatʃi	129	kəltər-/dʒuriu-	170
katʃin/əldəb	137/181	kəltiku	131
katʃin/jəənutʃi	137/181	kəmdʒələ-	170
katʃumi	064	kəmu	093
kaŋtʃen	074	kəmun	059
kawildʒi-	166	kərəəl	037
kaʃe-	154	kərəm	094
kaʃenku	067	kərdʒa/jawa	070
kaʃeŋku	082	kərgən	100
kaʃi-/dalibka-	161	kəril	040
kaʃig	087	kərkis/karkis/dʒərlig	137
kəbʃeldi-	176	kəruldi-	169
kəəlbən	028	kəsər	100

kətə	180	kilgana	037
kətəs	113	kilo	126
kətrə-	149	kimda	129
kətʃir	090	kimki	067/134/137
kəŋdʑə	086	kimki/gaadʑas/narin	067/134/137
kəŋdʑələŋkə	086	kimki/hadʑir	067/134/137
kəŋgəbtʃi	061	kimnab-/naribkula-	148
kəŋgər	057/096	kimnul/uʃe/kor	114
kəŋgər/dooloni	057/096	kimtʃila-	176
kəŋkə	042	kindi/amal	133
kəwəbu-/kupidʑi-	165	kindibkan/amalkan	133
kəwən	113	kinu-/kordo-/gəsu-	157
kəwər/kudə	011	kior	027
kəwʃe-	143	kiras	017
kəʃiktə	107	kirbə	029
kəʃir	107	kirig	113
kerə	011	kirkis	016
kiabu	084	kisoor	082
kiadʑi/tigi/təbku	074	kisuh	030
kiama	085	kitukan	103
kiat	126	kitʃə-/dʑalibu-	175
kidu-	169	kiurdəl	182
kidʑim	030	kiurdu	180
kijaŋka	089	kiwug	088
kikdaka	032	kobdo	089
kiki-/amgan-	139	kobko	081
kiktʃo	180	kobun	015
kil	093	koda	105
kil dʑabka	093	koda oo-	166
kile-	168		

kodani arki	105	kor	112
kodani bələr	106	kor kor	185
kodir	014	kor okto	112
kodogo/ənduri ənikən	110	korab-	176
koʤigir	049	kordomugdi	138
koikala-	178	korgol	022
kokira-	172	kori-	153
kolbowu-	173	korkira-	143
kolen	027	korko-	141
kolen hon	116	korkola-/urku-	163
koligi	061	korkula-	169
kolikan	025	korlo-	161
koloŋgo	134	kortʃa-	168
koltoko biaga	008	kortʃo-	176
komo-/kaʃi-/kori-	172	kortʃo/ʃanden	098
kompirtu	065	koska	029
komtʃala-	145	kosoŋku	086
konetʃa-	140	koton	093
konin hon	116	koton tulə	094
konnor	127	kotonda	052
konnor merdə	016	koŋgo	049
konnor todi	022	koŋki-/utə-	159
konnorin	127	kowil-/kaala-	159
konnorin bortʃo	043	koʃig	040
kontʃot-	162	koʃikta	040
kooldi	072	koʃuda	052
kooli-	152	kuaga	127
koomoktʃilo-/karma-	177	kuala morin	025
kooni-	141	kuarme	062
koppe-/mata-	163	kuawa morin	025

kubgu	089	kulku-	155
kubu-/dəgdə-	161	kulub/ʤuləbu	103
kubur	086	kumbil	042
kuə	083	kumbul	041
kuəmə/kuʤun	056	kumə/kudə	011
kuəməbtʃi	063	kumli-	146
kuərə-/kiibkə-	169	kummutʃi kuləə-	147
kuərə/udubkur/kiiggə	137	kumsu/am	038
kuda	098	kundulə-	157
kudam/kuŋakan	048	kunduləggə	106
kudatʃi	129	kunduləm/kətum	184
kudər/meldagar	130	kundulun/kətu	131
kudur	093	kundunə-	156
kuʤi	111	kurbu-	147/148
kuʤir	069	kurə	095
kuʤiŋku	111	kurəkən	046
kuʤu	074	kurəltə	040
kugon/hukʤim	103	kurən	019/128
kugun	035/066	kurdu	075/086
kugun tʃintʃi	061	kurigan	070
kugun ərki	063	kurkumku	082
kugun/hugun	035/066	kurum	061
kugur	087	kusu-	158/165
kuke-	177	kusu-/takur-	158/165
kukikənəl	099	kusulə-	164/170
kukin	045	kusulə-/kutʃilə-	164/170
kuku bortʃo	043	kuthə	113
kuku dənʤə	099	kutlə-	173
kuləə-	147	kutʃi	106
kuli moo/tuttugən	071	kutʃigan	034

kutʃu aatʃin/sualaŋgi …… 135	lalagu …… 027
kutʃuku …… 050	lam …… 110
kutʃuləbu-/dəmdʒi- …… 177	lam okto …… 112
kuɲala- …… 156	lamu …… 013
kuŋkə …… 027	lamun …… 128
kuwilgan …… 097	lantugda- …… 143
kuwu- …… 167	lantʃuul …… 104
kuʃə …… 070	lapka …… 125
kuʃigan/buraadʒi/tʃuns …… 063	lardʒila- …… 175
	largila-/lobtʃi- …… 162

L

	largin/lardʒaŋka …… 137
la …… 083	larsan …… 043
laaba …… 104	lartuke …… 020
laadʒo …… 042	lartʃi/labtʃi …… 032
labdula- …… 158	lataki/ladra …… 130
labdun …… 132	latar …… 133
labtagar okto …… 112	latʃtʃi daŋga …… 070
labtagaŋka …… 102	lauwə …… 120
labʃir/kurtə …… 061	laŋ …… 126
ladagi …… 036	laʃi-/larki- …… 162/166
laibar/laigar …… 135	laʃi-/larki-/sadʒi- …… 162/166
laji gol …… 083	laʃila- …… 163/166
laka …… 50/129/130	laʃkikan- …… 142
laka/lata …… 50/129/130	ləbtərə- …… 174
laka/nəgtə …… 50/129/130	ləhərki …… 020
laksa …… 029	ləhərki barkan …… 109
lakta- …… 168	lək …… 087
laktu- …… 160	ləkdə- …… 175
laktuka- …… 168	ləmbə …… 038
lakʃir …… 010	ləntu/əlku/bolgir …… 135

ləpu	016		M
lətgər	132	ma	186
ləwərə-	173	maade	085
leebə	069	maadʑi-/uʃikala	145
li	039	mada-/kəwəb-	165
libkir	083	madagan/hu	099
liis	040	madan	182
limbu	104	madan aji	128
lioniŋ	094	madʑin	050
loibartʃi	051	magdʑa	088
lokta-/loggi-	145	mailasu	033
loku-	163	maima	098
lokur iikə	083	maima oo-	175
lonto	076	maimaiʃin	051
loobu	041	mais	038/039
loogo/noogo	060	majaŋga	109
lookta	027	majin	091/107
lookta barkan	109	mala	023
loota	119	maldʑir	097
lorgi-	162	malku	077/080
loska	079	mallug	078
loŋko	081	malta-	159
luəs	025	maltuku	086
ludra-/əbdu-	172	malu-	174
luka	017	malur	083
luku	031/128	mama	113
lurgi-	155	mamku	019
lurgil/lurge	103	mampat-	168
luus	094	mana	016/080
luŋgu	016	manan	009

manaʃin	053	maŋgil	054
mandarwa	035	maŋgir	041/042
mandi/ərsun	137/180	maŋgirta	112
mandi/maŋga	137/180	maŋgis	018/111
manʤi	054	maŋkar	011/136
maniha	109	maŋkar/laalandi	011/136
mantʃin	042	maʃin	098
manu-	155	maʃin tərgən/tʃiitʃə	075
manuha-	178	məən məəndi	121
mapa	113/132	məəndi	121
mapa/multuk/mulgur	113/132	məəni bəji tasug	100
mara-	145	məərə	023/075
marga	018	məərə-	141
marta	016	məərsə/məmtʃi	059
masar	042	məərtə	027
masku	016	mədəʃin	051/053
maskur	040	məgə	043
masu	081	məgdən	013
masug	080	məgʤi	020
matan	049	məjən	100
matrel	100	məku-	147
matu/təktər	094	məl	038
matugan	017/130	mələbki-	158
matugan/sari	017/130	məlʤə-	143
matʃi-/takala-	150	məlʤi-	170
matʃu-	147	məlgir	036
maŋga	180	məmə	044
maŋakta	034	məmmi-	168
maŋara-	166	məmu-	139
maŋikta	042	mənən/moŋkar	133

mənərə- ·················· 165/167	miskabta ·················· 103
mənət- ························ 165	misugun ······················ 127
mənrəhəŋkə ·················· 112	misun ················ 027/068/127
mərgən/baatur ··············· 051	misun/kələg ······ 027/068/127
mərgətu ························ 110	mitak-/amitʃikila- ········· 160
mərmətə ························ 021	miŋgaŋbul/uugun ··········· 026
mərsu ··························· 040	moʤihe ························ 017
mərtə/uutʃə tasag ··········· 016	mogda ··························· 033
mətʃmuktə ······················ 035	mogo- ······················ 144/160
meera- ·························· 141	mogo-/tʃaŋgal- ··········· 144/160
menden ·························· 120	mogoli okto ··················· 112
merdə ··························· 016	mohlar ··························· 071
merdə barkan ················· 109	mohonda ························ 052
metʃi-/mita-/ ················· 150	mojo/nəktəmu ················· 138
meŋgan ························· 123	mokoli ··························· 124
miawun ·························· 059	mokoli-/baŋgalki- ············ 162
mii-/ʤisu- ···················· 152	mokon ···························· 043
miidə-/miirlə- ················ 146	mokor ······················ 129/132
miir/miirə ····················· 056	mokor təgən ·················· 074
miiritʃi ························ 062	mokto ···························· 129
miirlə- ·························· 150	moktor ···················· 024/129/132
miisul ··························· 102	moktʃiku ························ 130
miitʃan ·························· 089	moktʃildur ····················· 130
miiŋ/əkən ······················ 180	molar ···························· 077
miiŋti/əkəkən ················· 180	moltag-/kobkoro- ············ 175
miktʃa ··························· 019	moltog- ·························· 149
milku- ··························· 147	moltolo-/bəri- ················· 149
minot ···························· 119	monda- ·························· 143
mio ······························· 111	mondaldi-/tantamatʃi- ····· 169
misa ····························· 088	monio hon ······················ 116

monio/mojo	017	morkel	075
monokro-/ʥunt-	165	morki-	145/147
moo	071	morkildi-	152
moo tʃomo/labar	081	morkimal əwəən	069
moo ʥuu	073	morko	037
moo or/tʃuan	073	moro	126
moo tulma	082	moro-/buke-	147/166
moo tumpun	081	moro-/əgərə-	147/166
moo tʃaatʃug	080	morolʥi	029
moobir	102	mortʃige/moʥigu	131
moodo/moo	032	moʥun/ʥiru/moŋki	133
mookto	076	motog/moko	058
moolen	089	motoor/mətutʃə	075
mooni moŋgo	082	moŋgobtʃi	082
mooʃin	050	moŋgol	119
moral	096	moŋgor	013
morgo	050	moɲi-	156
morgol	029	moŋkilʥi-	170
mori-	152	moŋoli	125
morila-/ogo-	151	mu	126
morin	024	mudur	027
morin barkan	109	mudur hon	116
morin garasun	021	muduri inig	105
morin hon	116	muduri kawan	110
morin iigiktə	026	muʥiku	180
morin iikə	083	mugər	102
morin joraki	027	mugdun	093
morin tərgən	077	mugubtʃi	073
morini kurigan	073	mugun ʥiga	093
moriʃin	053	mugun uruu-	176

mugur	074	musal	040
mujuktu	113	musər	029
mukə-	155	musu	038
mukər	060	musubtʃi	015
mukdə-/kuərə-	150	mutʃu-/nənu-	148
mukdən	107	muu	012
muke-/buke-	171	muuji tʃaku	081
muklən	036	muulə-	174
muktur-	166	muuləŋku	082
muku-	148/155	muulu/niŋe/nəmin/muri	013
muku-/diki-/madal-	148/155	muuluŋgə	020
mukuli	038	muurlən	024
mula-	156/176	muuʃin	050
mulak-/narla-	156	muŋgi	060
mulga	036	muŋgiktu	060
muli-	145	muŋgun	015
mulu	071	muʃi	032
mumuri-/umtu-	148	muʃig	069
munu-/lanla-	164		
muralʤi	038	**N**	
murgəl	039	naa/naan	183
murgu	021/028	naab-	144
murgu-	151/160/171	naaʤil	047
murgu-	151/160/171	naaʤil jəjə	044
murgu/məəŋgə	021/028	naaʤil taiti	044
murguldi-/aktʃat-	143	naaktʃala-/nalu-	146
muri/murigu	109	naaktʃi	114
murihan	078	naaktʃila-	168
murliŋ ʃirə	074	naala	056
mursu	088	naala bio	067

三 杜拉尔鄂温克语词汇索引

naala bitig ……………… 100	namun ………………… 095
naala huŋku ………………… 065	nana- …………………… 139
naalada-/əurkə- ………… 163	nanda ………………… 059/136
naalaji ʥiʥa- …………… 147	nanda miidəwun ……… 066
naan/daki ……………… 183	nanda wanta …………… 064
naatʃila-/tuʃi-/aanag- …… 146	nanda/goji …………… 059/136
nadan ……………………… 122	nandakan ……………… 136
nadan bia ……………… 117	nandi bəj ……………… 048
nadan oʃikto ……………… 009	nannatʃi-/asa- ………… 150
nadarjin ………………… 123	narga- ………………… 158
nagan ………………… 010/109	narga/urəbtə ………… 033
naini …………………… 044	naribkun ……………… 130
nainima ………………… 044	narila- ………………… 175
nainiwə ………………… 044	narilin/goŋgo ………… 133
naji- …………………… 153	narim …………………… 038
nakan ………………… 072	narimu ………………… 039
nakta …………………… 112	narin …………………… 130
nala ………………… 055/080	nariŋgi ………………… 130
nalu …………………… 011	narma …………………… 114
nalur …………………… 041	narməktə ……………… 058
nam/daŋ ……………… 093	narmət ………………… 060
namaaʥi ……………… 123	narmuktu ……………… 026
namagdi ……………… 136	narsa …………………… 041
namgu ………………… 113	nas ……………………… 107
namida ………………… 027	nasu …………………… 117
namig ………………… 063	natʃin ………………… 021
namiktʃi ……………… 062	naukta ………………… 044
namku ………………… 092	naunuki ……………… 023
namna ………………… 112	nautʃo ………………… 044/045
namugdi ……………… 133	nautʃo/naatʃo/nootʃo … 044/045

naŋalib-/wada-	163	nəli/əŋgəl/tənigər	137
naŋgi ʥəəttə	039	nəlki	118
naŋgin	072	nəlkini handa	039
naŋukta	040	nəm/bər	088
naʃi	017	nəm-/noŋi-	163
nəbtərə-	174	nəmbə-/nəmi-	146
nəə-	145	nəməbtʃi	062
nəəki/ketʃi	013	nəmər	009
nəələ-	171	nəmmə/əbirkun	135
nəələmu	137	nəmur	097
nəəlməgdi	138	nərbən	060
nəəlməke	131	nərə-	167
nəəlukə-	168	nərgin/ibti	180
nəəribkun/toŋgu	135	nətʃi-/turumki-	170
nəərin	128	nətʃiggən	131
nəəsən	060	nətʃiki-/tirib-	177
nəgən/magad	181	nətʃin/təktʃi	131
nəgtə ʥuu/wəpən	070	nəŋ	180
nəigən	093	nəŋərigdi	137
nəju	052	nəŋib-	178
nəkə-	150/174	nelʥig-	168
nəkə-/nəkəldi-	150/174	neltʃur	135
nəktə	051	neraŋtʃi	018
nəktə-/iniktə-	141	nerin gogdo bəj	051
nəktəmugdi	138	nero	137
nəkul	101	nero bəj	048
nəkun kukin	045	neŋanin	055
nəkun kurəkən	045	neŋgar	087
nəkuŋ kukin	045	niahan bəj	054
nələki-	158	niam	056

nians/nian	055	nitʃukun tərgən	075
nigul	112	niŋgə-	139
niiki/jaja	023	niɲi-	169
niintə	033/065	niʃikta	037
niiŋgi	031	niʃuku aba/əʃikən	044
nikamabtʃi	064	niʃukun	130
nila-	155/175	niʃukun aʃe	045
nilaktʃa	032	niʃukun bəgdəlr	057
nimagan	100	niʃukun dias	080
nimakta	034	niʃukun dʒolo	011
nimdi-	153	niʃukun gudug	057
nimgi-	139	niʃukun hortʃo	099
nimnikun	130	niʃukun iikə	082
nimtə	036	niʃukun sakasan	087
niolgon	135	niʃukun tulma	082
niolon/dəjibkun	134	niʃukun utə	045
nion	070	niʃukun utku	092
niorgan	102	niʃukun ʃuitan	100
nioro-	175	niʃukur	048
nioru	095	niʃukuŋ ərki	063
nirgi	039	nogo	037
nisla-	178	nogoro-	159
nitʃa	028	nogorol	037
nitʃa/dʒiram	028	noha	019
nitʃakta	029	noja	032
nitʃakun	029	nojiktʃi	053
nitʃla-	172	nojin	052
nitʃukun horgo	074	noko-	152
nitʃukun mallug	078	nokon-	156
nitʃukun təgən	074	noktʃi-	140

noku-	156	nua	073
nomiktʃi	028	nuamir/too	098
nomnaʃeŋ	110	nugdun	087
nomnno	111	nugun	122
nomno	100	nugun bia	117
nomo	019	nugun wanhan	050
nomoki morin	025	nugurjin	123
nomoki/unəŋgir	134	nuke-/dawa-	149
nomŋo	110	nuktʃibu-	151
nonnoʃi-/noŋtʃi-	169	nuku-	160
noobti	179	nuluku	087
noogu	183	numur	032
noogudu	119/179	nuuda-	146
noohon	024	nuuktu	058
noon	120	nuulgi-	159
noon/tari	120	nuŋala-/dunlə-	155
nooniki/noonik	020	nuŋgərtə	035
nooribti	179	nuwan	127
noorildi-	176		
noorilta	101	**O**	
noorim	183	ob	124
nooŋko	035	obo	105/124
norgi-	161	obolo-	174
norgo-	143	obtug	128
notho	041	obtugbu-	173
notor	097	obtuggor	128
noŋga	031	obtugto	128
noŋakta	031	odon	009
noŋar	015	odon-	150
noŋgi/niʃukuŋ moodo	032	odʑori	043

ogdʑi	068	olbir/kiikgər	132
ogin	101	olbo	061
ogiŋdʑi	182	oldon	115
ogni	057/059	oldon dʑuu	073
ogni/udu og	057/059	oldon urirən	095
ogo-	172	oldoʃi/kəltək	131
ogor tərgən/dʑiʃiŋtʃə	075	oldʑala-/dʑawab-	172
ogordʑi	087	olge-/katga-	164
ogortu	087	olgen	019
ogsoŋgi	029	olgen həur	073
ogur	013	olgen hon	116
ojo	185	olgen koril	073
ojobkan	057	olgen moŋgo	073
ojoldʑi	026	olgi	030
ojon/dʑali/uka	096	olgob-	164
ojoŋgo	096/139	olgokon	131
ojoŋgo/gol	096/139	oli	079
okto	078/112	oligor	049
okto bid-	165	oliha morin	025
okto/əəm	078/112	olo-	171
oktoji dəndʑə	099	olob-/tʃotʃib-	168
okton	019	olobki-	158
oktoni bitig	112	olobtʃi	092
oktoʃin	053/112	olokin/dolkun/dilgun	181
oktoʃin/dooktor	053/112	olokto	065
oktoʃini bog/jijen	112	oloku-	158
oktʃon	027	olomogdi	138
oktʃoʃin	051	olon	092
ol bəəs	065	oloo-/haga-	155
ol/oktʃon	029	olooŋko	063

oloŋgo	058	oodon	179
oloŋku/təbku	062	oog	091
oltʃi	062	ooggo	096
omgo-/ommo-	156	oogon	078
omgokto	040	ookin	181
omina-	171	oone	056
omo	040	ooni	090
omobtʃi	091	oono	057/067
omogon	030	oonob-/sooda-	145
omogtʃi-/bardagna-	157	ooŋ	179
omoho	065	ooʃi-	150
omokto	032	ooʃibko	107
omokto giltirin	032	ooʃibko-/təwu-	157
omokto ʃaŋirin	032	or	072/085
omol	064	ordon	094
omola-	174	oreko	118
omole	046	orela-	177
omon	059	oreŋga/mendas	031
omotto	069	oreŋka	063
ondo-	141/153/176	orgeel/oreel	013
ondo-/hargaldʒa-	141/153/176	orgel	009/014
oni	072/122	orgel/horgel	009/014
oni ərin/idudu	122	orgeldi-	148
onir	028	orguda	038
onisug	102	orin	123
ono	018	orin əmun	123
onokon	018	orin dʒakun	123
onokto	035/038/085	orin jalan	123
onokto uʃilən	085	orin toron	123
oobki	183	orki-/dʒoldo-	146

orkon	085	oʃi	015
orku-	161	oʃigan	010
orkula-	149	oʃika	085
orlagʃin	053	oʃikto	009
orlo-	169		
orlom tirisə jəəmə	098	**P**	
orni	038	paala-	152
oro	184	paar	077
orona	072	paas	075
orookto	037	pabun	093/097
orookto ʥuu	070	pagdir	127
oroon	011/018/072/115	pantʃi-	157
oroon/dawa diilə	011/018/072/115	papir/piis	129
		papula-/haʃi-/udi-	145
ortʃi-/ərgi-	147	papun	108
orub-/səʥig-	153	papuŋga	093
osuko	064	parans	119
otomʥi	082	patʃun/paskun	135
otor	097	pau	089
otorlo-	159	paʃis	051
otu-	154	pə/tʃitʃi	058
otʃika	088	pəi	184
oŋgar	033	pəi pəi	184
oŋgobtʃi	076	pəilibin	120
oŋgol	032/082	pəl	106
oŋgor	092	pəltʃi-/təltʃi-	162
oŋho-	146	pən	126
owom	088	pəntu	031
owor banin	096	pətʃiglə-	148
owoŋgo	080	pialtan	067

pidʒan/nanda abdar	074	saagakta	041
pidʒu	069	saagi-	142/169
pila/deedʑi/dias	080	saahan	101
pilaŋka	080	saahu	058
piltag-	161	saalag	058
piltaku	088	saalaga	038
pisarga-	172	saalba	032
pitʃaŋka	091	saan	009
pitʃaŋku	104	saaral morin	025
pitʃuul	104	saat-	160
piu	099	saaŋur/ʃoŋgir	134
piŋgə	039	saawa	037
piʃigə/təlmʉr	039	saawun	009
pokdʒor/ogdom	132	saawutʃi	009
poodʒan	105	sabda-/dosla-	160
pukəl/kaarta	104	sabdal	039
puntogor	036	sabdar	015/125
pupəldʑi	026	sabdara	009
purə	030	sabi	064
pusa	110	sabi duruku	065
pusu-	160/167	sabiktu	026
pusu-/baldibki-	160/167	sabir	036
puus	098	sabtʃi-	173
puʃit-	162	sadula-	166
		sadʑi-	146
S		saga-	156
saa-	173	sagaa-	161
saa merdə	016	sagaŋka	071
saadʑig	021	sagdera-	159
saadʑin guun	081	sagdi	137

sagdi bəj	047	salgaŋ	104
sagdi ətəwu	048	salge-/əŋku-	160
sagʥi	020	salgiŋʧi bəj	044
sagʥin	028	salka	082
sagsu	087	salku	086
saha	17/36/90	salʧir	014
saha/aw	17/36/90	samaldar bog	108
sahakan	017	samaldar ʥuu	108
sahakʧi	031	saman	051/108
saham	029	saman oktoʧi	108
saiʥila-	156	samani-	171
sajak	082	samar-	155
sajin	009	sambar	102
sakakta/saargan	034	sampal bəj	048
sakala-	178	samur	036/076
sakasan	087	samura-	177
saki-	142	sanʧig	058
sakilda	037	sanʧih	077
sakka	068	sara-	164
saklan	027	sarabʧi	070
saktar	024	saragubʧi aawun	063
sakʧakta	049	saraku	063
sakur/takur	109	saran	017/062
sakʃi-	142	saraŋʧi	018
sal	076	sarba	041
sala	033	sarbakta	031
sala-	149	sardi utaʧi	044
salaa jən	014	sargalʥi	029
salabur tərgu	078	sargin	101/135
salbag	058	sargin/kojigo	101/135

sari- 169	sawi 031
sarin 109	sawun 016
sarki 016	səbə 050/053
sarki-/kooli- 142	səbə/porpesor/ʥioʃu 050/053
sarkum 083	səbʥilə- 173
sarkun 087	səbʥin 105
sarlan 023/024	səbtəg 066
sarmikta 058	səbtər 038
sarna 035	səbtəŋkə 066
sarni 036	səbun 091
sarpa 080	səəʥilə- 141
sasag 056	səəgsə 060
sasgan 067	səəltʃəbtu 079
sasuku/pais 104	səəltʃəhu/bural 079
sasurga 035	səəmi- 174
satan 069	səər 112
satan əwəən 069	səərə 059
satʃimku 091	səərəl 101
satʃu- 154	səərlə- 171
satʃug 058/066	səʥi- 156
saɲa- 174	səgəəntə 048
saŋaal/sagan 012	səgi- 172
saŋabtun 086	səgri- 165
saŋan- 155	səilə- 152/174
saŋant- 155	səilə-/arki- 152/174
saŋaŋga 084	səiləg- 152
saŋhogtʃi 037	səiləŋkə 079/103
saŋŋən 015	səktə- 163
sawabku 014	səkti 083
sawakta 021	səku 077

səkunt	119	səribtu	108
səl tərgən/tog tərgən	076	sərmin	089
səl tərgu	078	sərtə bəj	048
səl tumpun	081	sərtə/ʥiliŋgi	133
səl/kasu	015	sərtəg	049
səlbən	062	sərtəg-	143
səlbir	076	səruun	133
səlbiŋkə	076	səruun nogo	069
səlbu-/hiigbu-	151	səruutʃi-	168
sələm	089	səsəər/baigan	010
səlge-	140	sətəgə	094
səli	028	sətkul	100
səli-	164	sətʃə	029
səlibin	076	sətʃi-/adarla-	158
səligər	094	səŋʥi	082
səltu	089	səŋgəgər	127
səlubki-	173	səŋgəl	086
səlubkun/əŋgəlmugdi	138	səŋge	019
səmʥi	060	səŋgid	036
səmihu	065	səŋkəl	028
sənʥi	062	səŋki	056
səntəku	049	səwəni/daatʃiduki	182
səntʃiku	064/077	səwərə	009
səŋkir ʥi	036	səwdər/dijan	103
sər	027	səwʥi/tʃiiŋki	058
sər-	153	səwʥin/agdamu	136
sərə	081	selʥi	037
sərgəbu-	173	si	185
sərgən	097	sigua	042
sərgin/sonin	099	sitaŋgir/antaŋtʃi	134

sobdoku	090	solgi	052
soboktu	094	soli-	166
soborgo	111	soligan	103
sodoŋkur	091	solko	011
sogda-	151	solmi	031
sogʤin	028	solo	076
sogolo-、taa-	145	sologi	019
sogor	108	soloki	017/019
soigur	020	soloki/soolge	017/019
sojo	030	solotan	109
sojolgo	043	solpot-	174
sojolo-/orgu-/ʃikilə-	159	solt͡ʃi-	140
sojolon	032	som/nor	088
sokokon	127	somda	052
sokokor	127	somo/solon/sologoŋ	108
sokon	127	somug/kujə	081
sokorgan	127	sonto	129
sokormo	019	soogildi-	169
sokto	051/136	sooho	041/065
sokto-	167	soohobt͡ʃi	065
sokt͡ʃiki-	141	sookor	128
sol	107	soolug	082
sole ənuku	113	soongor	036
solera-	168	soot͡ʃal	022
solge	041/115	sooŋi-	147
solge tir-	156	sor	039/110
solgedadu	115	sorat͡ʃila-/soragla-	140
solgektə	041/067	sorbi	114
solgektə	041/067	sorho	019
solgektəni kərʤa	070	sorkokto	022/035

sorso ⋯⋯⋯⋯⋯⋯⋯⋯ 041	sugala-/ʃirba- ⋯⋯⋯⋯⋯ 160
sorto ⋯⋯⋯⋯⋯⋯⋯⋯ 039	sugum ⋯⋯⋯⋯⋯⋯ 055/062
sosa-/uktuli- ⋯⋯⋯⋯⋯ 172	sugur adaar ⋯⋯⋯⋯⋯⋯ 072
sosab- ⋯⋯⋯⋯⋯⋯⋯⋯ 149	suhi ⋯⋯⋯⋯⋯⋯⋯⋯⋯ 041
sosaʃin ⋯⋯⋯⋯⋯⋯⋯ 054	suhun ⋯⋯⋯⋯⋯⋯⋯⋯ 128
soŋgo ⋯⋯⋯⋯⋯⋯⋯⋯ 016	suibgə-/urubkən- ⋯⋯⋯⋯ 172
soŋgo- ⋯⋯⋯⋯⋯⋯⋯ 175	suihə ⋯⋯⋯⋯⋯⋯⋯⋯ 033
soɲo- ⋯⋯⋯⋯⋯⋯⋯⋯ 141	suikə ⋯⋯⋯⋯⋯⋯⋯⋯ 055
soɲtʃi- ⋯⋯⋯⋯⋯⋯⋯ 151	sujir ⋯⋯⋯⋯⋯⋯⋯⋯ 084
soɲtʃoh bia ⋯⋯⋯⋯⋯⋯ 117	sukən ⋯⋯⋯⋯⋯⋯⋯⋯ 101
sowe ⋯⋯⋯⋯⋯⋯⋯⋯ 078	suksala- ⋯⋯⋯⋯⋯⋯⋯ 158
sowlaʃin ⋯⋯⋯⋯⋯⋯ 112	suksu-/dəbi- ⋯⋯⋯⋯⋯ 159
sowubtʃi ⋯⋯⋯⋯⋯⋯ 092	suku ⋯⋯⋯⋯⋯⋯⋯⋯ 078
soʃil ⋯⋯⋯⋯⋯⋯⋯⋯ 023	sulələ- ⋯⋯⋯⋯⋯⋯⋯ 177
su ⋯⋯⋯⋯⋯⋯⋯⋯⋯ 120	sulətʃi/əŋgəl/bailə ⋯⋯ 135
suadal ⋯⋯⋯⋯⋯⋯⋯ 060	suldʒektə ⋯⋯⋯⋯⋯⋯ 039
suadalta ⋯⋯⋯⋯⋯⋯ 060	suldʒir ⋯⋯⋯⋯⋯⋯⋯ 138
suadar ⋯⋯⋯⋯⋯⋯⋯ 100	sulgu ⋯⋯⋯⋯⋯⋯⋯⋯ 064
sual dʒiga ⋯⋯⋯⋯⋯⋯ 099	sulku ⋯⋯⋯⋯⋯⋯⋯⋯ 074
suala ⋯⋯⋯⋯⋯⋯ 131/135	sum ⋯⋯⋯⋯⋯⋯⋯⋯ 078
suala/əbir ⋯⋯⋯⋯ 131/135	sumal ⋯⋯⋯⋯⋯⋯⋯⋯ 091
sualla- ⋯⋯⋯⋯⋯⋯⋯ 145	sumga ⋯⋯⋯⋯⋯⋯⋯⋯ 089
suam/aila ⋯⋯⋯⋯⋯⋯ 095	sumsu ⋯⋯⋯⋯⋯⋯ 067/111
suampan ⋯⋯⋯⋯⋯⋯ 099	sumsuktu ⋯⋯⋯⋯⋯⋯ 112
suanda ⋯⋯⋯⋯⋯⋯⋯ 042	sun ⋯⋯⋯⋯⋯⋯⋯⋯⋯ 126
suandala- ⋯⋯⋯⋯⋯⋯ 163	sunda ⋯⋯⋯⋯⋯⋯⋯⋯ 092
suar ⋯⋯⋯⋯⋯⋯ 027/031	suntu-/sunu- ⋯⋯⋯⋯⋯ 172
subgin/tambor ⋯⋯⋯⋯ 114	surgan ⋯⋯⋯⋯⋯⋯⋯⋯ 019
sudagan ⋯⋯⋯⋯⋯⋯ 010	suribku ⋯⋯⋯⋯⋯⋯⋯ 086
suga- ⋯⋯⋯⋯⋯⋯⋯⋯ 145	suruku ⋯⋯⋯⋯⋯⋯⋯ 076

sururtʃi/girubku	132	taagun	088
sus tʃəltʃə	087	taakala-	147
sushu	042	taaktun	085
susu	033	taaldika-	143
susukta	038	taamarla-	156
sut/gumu	181	taamu-	167
sutʃi	023/032	taara	046
suuhu	075	taara aka	046
suuktʃi	033/068	taara akunur	047
suumubtʃi	065	taara əkə	046
suun	061	taara ʥu	047
suusu/ʃius	114	taara nəkun	047
suusum	060	taara niʃukun aba	047
suuŋku	067	taara unaaʥi nəkun	047
suŋga	028	taarali	046
suŋgari/konnor muulu	094	taari	121
suŋguktʃi	055	taartake	026
suwar	079	taawa	091
suwəku	111	taawu	022
suwəldi-	163	taawun	101
suʃiku	071	tabkar	064
		tabtʃila-	172
		tabu-/təbki-	163

T

taa-	144	tag	074/132
taaddahun/ara	027	tag/ərəs/kata	074/132
taag-	143	taga	077
taagtʃa amin	047	tagar	080
taagtʃa ənin	047	tahuraʃin	053
taagtʃa unaaʥi	047	tai gurun	120
taagtʃa utə	047	taibu	071

taiga	023/024	tambal	050
taiku	029	tambu-	175
taiti	044	tamra	040
taja	120	tamu-	176
tak	077	tamul	113
taka	064	tan	124
takim	030	tanagan	121
takin	110/111	tanar	016
takin/ominan	110/111	tanatʃin	121
takini/itugan	110	tans	066
takir	049	taratʃin	179
takla-	162	tarbag	020
taktar	094	targas	016
takul	028/113	targi	121
takurawuʃin	050	tari	120/121
takʃildi-/əktʃuldi-	143	tari-	159
tal	011/034/124	tarigan	038
tal/halikta	011/034/124	tarigan aila	095
tal/kəwər	011/034/124	tarigar	097
tala	037/121	taril/haʃil	121/182
tala ʥabi	076	taril/tekən	121/182
tala/hudə	037/121	tarirən	121
talabtʃi	062	tariʃin	051
talaka ur	011	tarni	107
talen/talegeŋ	010	tartal	074/077
taleran-	143	tartal/tigə	074/077
talgi	124	tasag	016
talma/munun	009	tasag hon	116
talta	076	taskar	022
talur/talar	120	tasug barkan	109

tataku	075	təəre	136
tatakutʃi ʃirə	074	tədʒiŋgi	128
tati-	142	tədʒiʃi-/dʒibʃer-	158
tatiga-	175	təgə	010
tatigal/tatin	100	təgə-	147
tatigan	096/097	təgəltu	111
tatukan	103	təgən	043/074
tatʃin	105	təgəri/təgtʃi	107
tatʃtʃig	026	təgəŋkə	073/103
taŋan	056	təglən	022
taŋga	111	təgtʃi adali	097
taŋgag-	165	təgtʃilə-	163
taŋgatʃi kuləə-	147	təgubtʃi	084
taŋgin	072	təgukə-	159
taŋgur	080	təkəər-/tʃəkər-	148
taŋgur/tʃaatʃug	080	təkəri-	149
taɲi-	178	təkun	019
taŋkin	095	təligki-	179
tawa-	145	təlint	179
tawlaŋka	026	təmə/təmgən	024
tawu-	162	təməne	026
tawuka-	177	təməni	026
taʃen	096/139	təmərə ərdə	008
taʃen/boro/əndul	096/139	təmi-	144
taʃera-	149	təmilə-	144
taʃerawan	096	təmili-/təmtəri-	144
taʃi	163	təmkə	125
təbki	060	təmnə-	170
təbku	031/088/125	təmtər	102
təəli	064	təmtər bitig/gərʃi	100

təmtʃə-	177	tibʤiktʃi	031
təmulə-	149	tibgur	034
tərgəbtʃi	061	tibkə-	162
tərgən	075	tibkəs/tibkəsun	078
tərgən əlgəʃin	053	tigin	057
tərgəni bog	099	tii-	145
tərgəs/tərəs	061	tiig-	167
təʤigin	180	tiimug-	157
tərun	053	tiin-	172
təsə-/daat-	144	tiki-	147
təti-	146	tiku-	148
təti lokuŋku	075	timaan saaguʤin ane	116
təti tag	075	timan timaniŋtʃi	118
təuhə	100	timaniŋtʃi/tʃaula	118
təŋgəl	075	timatʃin	118
təŋkə	106	tinug saaguʤin	118
təŋkətʃi	138	tinug/tiinu	118
təŋki-	154	tir-/tiri-	144
təŋtʃibu-	178	tirə-	153
təwə-	146	tirib-	167
təwuhu/təwu giaranda	059	tirisə solgektə	043
teebun	097	tiriŋki	072
telpa-/pilta-	161	tiruku	086
temər/ərdə	118	tiŋan saaguʤin ane	116
tenʤin	095	tob dolin	115
tepel	015	tobke-	174
tetʃel	104	tobki	059/121
tewe-	146	tobkimal	064
tiaŋan/duləsə ane	116	tobkor	063
tibʤik/kibʤik	017	tobtʃila-	174

todi	020/022	tomla-	158
toʤ	015	tomlabu-	158
toʤin	022	tomɔbko	086
tog	015	tomor	080
toglo	022	tondo	107/130/131
toglon tʃaku	081	tondo/ʤiig	107/130/131
togni tumpun	081	tondo/tʃitʃoor/ʃiiggən	107/130/131
togon	088		
togor/miitər	126	tondobkon/gaŋgaku	136/181
togor/togo	126	tondobkon/tʃitʃoor	136/181
togsa-	148	tongo-	174
togsu	088	tonto-	173
tokir	075	tontoke	021
tokko-	173	too/toon	098
toko-	162	toobtʃi	184
tokom	092	tooho	018
tokto-	158	toojin	123
tokton/kəsər	101	tooktʃi	184
toktun/tomogon	132	toomi	184
toktʃan	024	toongo	098
tolboktu morin	025	toonkin	179
toli	103	toor	039/125
tolkin	106	toor igga	036
tolkitʃi-	140/175	toordi	183
toloki	083	toorga	091
tolon	084	toorin	115
tomi	057	toosokot	184
tomi-	141	tooton/tooman	184
tomin	060	tootʃokit	180
tomintu	087	topor	078

torgin	125	tualtʃig/ənəgən	057
torgo	020/065	tuaral/tualla	010
torki	019	tuasa	010
torkib	063	tuaskan	095
toro	30/31/64	tubgi	033
toroki	124	tubik	039
toron	122	tubtugə-	147
toron bia	117	tubtugəŋkə	073
toron biani toron	105	tuər-	177
tortʃi	062	tuəs	085
tortʃilaŋka	062	tudu	042
torʃil/nuktʃigən	097	tug	119
totgol	101	tugdur	050
tottosokot	184	tugeel	021
toŋge-	147	tugi	020
toŋgorgo	079	tugsə/tugs	009
toŋki	102	tugsəb-/burkuk-	150
toŋko-	145/159	tugsələ-	150
toŋko-/tomo-	145/159	tugsətʃi	136
toŋkol-/bədri-	148	tuibə-/budʒirtkan-/baltʃi-	170
toŋkotʃi-	143/153	tuibəldi-/dʒoorildi-	170
toŋkotʃi-/gəkətʃi-	143/153	tuibəʃin	051
toŋtʃi-/tənu-	178	tuigan	079
tow	107/138/181	tuimur	084
tow/goltʃi/dədʒiŋgər 107/138/181		tujək	078
		tuk tuk	186
tow/towkin	107/138/181	tuki	054
tu timaan saagudʒin ane	117	tuki-	147
tu tinug saagudʒin	118	tuksəki hon	116
tu tiŋan saagudʒin ane	117	tuksəki/tauli	019

tuktugə-	150	turigi-	142
tuktuli-/uktuli-/tutuli-	151	turir tərgən	075
tuktur	091	turki	119
tuktʃi-	148	tursu	027
tukul kədʒin	071	turtan	183
tukul/tokol	010	turu-	153
tukuren/biaga dʒalutʃa	009	turugun	124
tukʃi-/gurgul-	143	tusan/tuʃal	096
tukʃib-	171	tusu	099
tula	071/108	tutigər/gudgər	129
tula/tolgur	071/108	tuurə-	141
tuladʒi/turaktur	098	tuurə-/əəri-	141
tulan tug	093	tuurum	040
tulə-	150	tuutge	023
tulələktʃi	054	tuutuge	020
tulga-	162	tuŋkə-	146
tulge	064	tuŋku	104
tuligu gurun	119	tuŋkurgu	108
tuligu urku	071	tuʃan	053
tulilə	115	tuʃi	089
tulitʃigi	115	tuʃibku/taibug	071
tulkunku	086	tuʃit-	162
tulma	082		
tumpun	081	**tʃ**	
tumun	123	tʃaalba	032
tura	088	tʃaalban	034
turaki	021	tʃaartʃa	026
ture	064	tʃaasu pai	104
turgutkə-	150	tʃaasun	100
turi-	144	tʃaasun adaar	072

tʃaatʃug	080	tʃatʃu-/tʃitʃi-	159
tʃabkuli	021	tʃaŋgal-/usu-/əsu-	144
tʃabtʃi-	152	tʃaŋgar morin	025
tʃabtʃuku	086	tʃaŋka	104/113
tʃagda-	178	tʃəər	108
tʃagdʑi-	164	tʃəgən/moriŋ əkun	030
tʃagirma	036	tʃəkəər-	175
tʃagun	080	tʃəltʃə	087
tʃahur	034	tʃərgi	088
tʃakalo-	162	tʃərig	051
tʃakarbu-/tuʃibu-	162	tʃətʃəər	094
tʃaku	081	tʃəŋgər	127
tʃalbag	014	tʃe	069
tʃalbur	092	tʃe tʃomo	080
tʃaleer/mona	090	tʃeji tʃaku	081
tʃalgin	013	tʃeleen/tʃelegen	080
tʃalikun	021	tʃenbi	102
tʃalin	099	tʃeni soolug	082
tʃamka	095	tʃibaktʃi	110
tʃantla-	166	tʃibkan	020
tʃara	081	tʃibtʃi-	160
tʃardam/əktʃi	131	tʃig	102
tʃargi	023/084	tʃiildə	059
tʃargin	010	tʃije	097
tʃarma	043	tʃikaldi-	178
tʃarsa	079	tʃikin	060
tʃartʃa-	164	tʃikin-	167
tʃartʃi	010	tʃiktu	017
tʃartʃiku	079	tʃilan	127
tʃaru-	155	tʃilba-	142

tʃilgura- 148
tʃiliktʃi- 143
tʃilitʃi 113
tʃilmən 023
tʃindaka 019
tʃinʥaŋ 068
tʃirbil 024
tʃirbirə-/ʃirbu- 175
tʃirgəhu 089
tʃirgən 058
tʃirgun 129
tʃirme-/təmuli- 147
tʃisala- 171
tʃitkən/niʃukun wankan 057
tʃitʃi- 161
tʃitʃir- 157
tʃitʃira- 165
tʃitʃugnə/tʃigtʃukun 026
tʃiŋʥo 042
tʃiŋga/digar 131
tʃiŋhai 094
tʃodononto/ʥookto 012
tʃohor bəj 049
tʃoko- 146/156
tʃokor 041
tʃokto 011/055
tʃokto/urni sugur 011/055
tʃoktʃo- 160
tʃolpon 009
tʃomo/duŋtʃi 080

tʃomtʃi- 147/149
tʃookor 049
tʃoolle 028
tʃoolo 043
tʃoorika/kuriktə 033
tʃooro 104
tʃooron 103
tʃor 091/125
tʃorgi-/tʃoor-/ 142/160
tʃorgi-/ʃirtʃigna- 142/160
tʃorgibtu 081
tʃorgin/ultug/solpok 132
tʃorgiŋ/sorgiŋ 079
tʃorko 081
tʃotʃimki- 158
tʃotʃor/goldo 131
tʃoŋkir 087
tʃoŋko 072
tʃoŋko tig 073
tʃu 068
tʃuaga 051
tʃuagada 052
tʃuakar morin 025
tʃuidən 084
tʃulu- 165
tʃumguri 057
tʃurtʃu 022
tʃuuturin/kuku 127
tʃuutʃi 078
tʃuŋgur 055/057

tʃuŋguri- ·················· 148	udu ur/gogdo ur ············ 011
uaha ························ 029	udu utə ······················ 045
tʃaŋka ················ 104/113	udu ʃuitan ··················· 099
tʃaŋtʃihu ··················· 104	ududa ························ 044
	uduku ························ 079
U	uduru ························ 055
ubkur ························ 038	uduruldi- ···················· 162
ubur moŋgol ················ 094	udwal ························ 035
uəərin/gəgəkən ············· 135	udʑigu dʑagan ·············· 108
udaga-/amitʃigilaka- ········ 160	udʑigubte ···················· 046
udal ························· 041	udʑihi ························ 059
udan/moŋkir ················ 134	udʑiki ························ 060
udib- ························ 158	ugal ·························· 055
udu ·························· 130	ugar ·························· 028
udu aba/amikan ············· 044	ugasa ························· 102
udu aka ······················ 045	ugat ·························· 068
udu bəj ······················ 048	ugiiwun ······················ 105
udu dʑalan ··················· 044	ugilə ·························· 115
udu dʑismal ·················· 083	ugilə- ························· 179
udu dʑuu ····················· 073	ugin ·························· 096
udu həsuur ··················· 066	ugiʃikilə- ················ 150/176
udu iikə ······················ 082	ugri-/hubbə- ················· 177
udu məmə/ənikən ············ 044	ugtʃə-/ultʃə-/dʑindʑi- ········ 140
udu moo tulma ··············· 082	ugtʃən ················ 097/100/102
udu odon ····················· 009	ugum ························· 091
udu paar ····················· 077	ugur ····················· 029/067
udu taŋgur ··················· 080	uhata ························· 048
udu taŋkin ··················· 073	uhu-/katala- ················· 164
udu tʃəltʃə ···················· 087	uhun ························· 062
udu unaadʑi ·················· 046	uiləʃin ························ 053

uimukə-/ʤəədələ-	141	ukuhu	079
uitʃə muu	070	ukuktʃi	031
uja	029	ukun tʃe	068
ujan	018	ukur bio	067
ujə/irgibtʃi/bordor	073	ukur ʤismal	083
ujəktə	086	ukur ʤolo	011
ujəl aka	046	ukur hon	116
ujəl əkə	046	ukuri	029
ujəl nəkun	046	ukur tərgən	077
ujəl unaaʤi nəkun	046	ukur/əkur	023
uji-	155/162	ukurʃin	053
uji-/hurkudə-	155/162	ukuŋku	088
ujibkun	064	ukʃin	088
ujik-	161	ula-	177
ujilən	085	ulabu-	159
ujir	085	ulaga	035
ujirbu-	161	ulagan	100
ujirlə-	165	ulagar	113
ujitʃilə-/ujitʃi-	152	ulaha	035
uju-	161	ulawul	103
ujukə-	155	ulbilʤi	036
ujuu	105	ulə-	159/178
ujuulən	105	ulə-/malta-	159/178
uktʃəm əʃin ətər bəj	049	uləbtən/tualla	015
uktʃən	023	uldə-	178
uktʃilə-	170	uldə/ulli	060
uku-	148/162/167	uldətʃi ʃilə	068
ukugdi	133	uldi	174
ukugdi iikə	083	ulgə-	177
ukugdilə-	154	ulgu	041

uli ⋯⋯⋯⋯⋯⋯⋯⋯⋯⋯ 088	unaadʒi omole ⋯⋯⋯⋯⋯ 046
uli- ⋯⋯⋯⋯⋯⋯⋯⋯⋯⋯ 149	unəgən ⋯⋯⋯⋯⋯⋯⋯⋯ 024
ulibaldʒi ⋯⋯⋯⋯⋯⋯⋯ 036	unəŋ/unəŋgi/tədʒi ⋯⋯⋯ 128
ulihakta/ollo ⋯⋯⋯⋯⋯ 034	undustun/ajmən ⋯⋯⋯⋯ 054
ulikə- ⋯⋯⋯⋯⋯⋯⋯⋯⋯ 165	unii- ⋯⋯⋯⋯⋯⋯⋯⋯⋯ 175
ulikətʃi- ⋯⋯⋯⋯⋯⋯⋯ 149	uniim gada- ⋯⋯⋯⋯⋯⋯ 175
uliktə ⋯⋯⋯⋯⋯⋯⋯⋯⋯ 040	unim ga- ⋯⋯⋯⋯⋯⋯⋯ 163
uliktəni moo ⋯⋯⋯⋯⋯⋯ 034	unka ⋯⋯⋯⋯⋯⋯ 018/027
ulitʃi dʒəəbtə ⋯⋯⋯⋯⋯ 068	untu bəj ⋯⋯⋯⋯⋯⋯⋯⋯ 121
uliŋku ⋯⋯⋯⋯⋯⋯⋯⋯⋯ 091	untu/antʃu/toomna ⋯⋯⋯⋯ 121
uliɲtʃi ⋯⋯⋯⋯⋯⋯⋯⋯⋯ 021	untuki- ⋯⋯⋯⋯⋯⋯⋯⋯ 171
uliwun ⋯⋯⋯⋯⋯⋯⋯⋯ 097	untun ⋯⋯⋯⋯⋯⋯⋯⋯⋯ 108
ulka ⋯⋯⋯⋯⋯⋯⋯⋯⋯⋯ 125	unugtu ⋯⋯⋯⋯⋯⋯⋯⋯ 086
ulkara- ⋯⋯⋯⋯⋯⋯⋯⋯ 153	unugulʃin ⋯⋯⋯⋯⋯⋯⋯ 050
ulkibun/dʒarlan ⋯⋯⋯⋯ 100	unuŋgir/mətər ⋯⋯⋯⋯⋯ 180
ulkubtun ⋯⋯⋯⋯⋯⋯⋯ 062	ur ⋯⋯⋯⋯⋯ 011/032/033
ultugbu-/ultubu- ⋯⋯⋯⋯ 173	ur bog ⋯⋯⋯⋯⋯⋯⋯⋯ 012
ulug morin ⋯⋯⋯⋯⋯⋯ 025	ur/urə ⋯⋯⋯⋯ 011/032/033
uluki ⋯⋯⋯⋯⋯⋯⋯⋯⋯ 019	ura- ⋯⋯⋯⋯⋯⋯⋯⋯⋯ 141
uluku ⋯⋯⋯⋯⋯⋯⋯⋯⋯ 061	uragan ⋯⋯⋯⋯⋯⋯⋯⋯ 106
ulukun ⋯⋯⋯⋯⋯⋯⋯⋯ 091	urakil ⋯⋯⋯⋯⋯⋯⋯⋯⋯ 106
ulur ⋯⋯⋯⋯⋯⋯⋯ 054/120	ural aldar ⋯⋯⋯⋯⋯⋯⋯ 107
uluŋku ⋯⋯⋯⋯⋯⋯ 062/091	uran ⋯⋯⋯⋯⋯⋯⋯⋯⋯ 104
uluŋku/tʃindas/kəudi 062/091	uraŋga ⋯⋯⋯⋯⋯⋯⋯⋯ 037
umkun ⋯⋯⋯⋯⋯⋯⋯⋯ 058	uraŋka ⋯⋯⋯⋯⋯⋯⋯⋯ 113
umugsu ⋯⋯⋯⋯⋯⋯⋯⋯ 015	urbu- ⋯⋯⋯⋯⋯⋯⋯ 173/177
umugsulə- ⋯⋯⋯⋯⋯⋯ 164	urbuki ⋯⋯⋯⋯⋯⋯⋯⋯ 019
unaadʒi ⋯⋯⋯⋯ 45/46/48/51	urbutʃi/urniŋkə ⋯⋯⋯⋯ 012
unaadʒi bənər ⋯⋯⋯ 046/047	urə ⋯⋯⋯⋯⋯⋯⋯⋯⋯⋯ 015
unaadʒi nəkun/une nəkun 045	urə- ⋯⋯⋯⋯⋯⋯⋯⋯⋯ 145

urəg ·················· 110	urtʃa-/urbuka- ············ 159
urən/tʃidugən ·········· 109	urtʃi ················ 012/029
urdan ················ 012	urub- ················ 148
urdəhu ··············· 031	urugul ··············· 103
urdəsu ··············· 078	urugul ʥinʥi- ········· 175
ureelʥi ··············· 033	uruli bog/tuəsə ········· 100
urgəbtun ············· 067	urum ················ 068
urgin ················ 014	urumkud- ············· 148
urgub- ··············· 151	urumkun ············· 129
urgubgi-/purgi- ········· 158	urumkun ərki ·········· 063
urgubtʃi- ············· 157	urun ················ 079
urgugdi ·············· 131	uruu- ················ 174
urgugdilə- ············ 168	uruŋkət/ʃogʃol ·········· 026
urgulə- ·············· 157	usəktə ··············· 035
urgun/ʥijatʃi ·········· 138	usəl ················· 028
urgutʃi- ·············· 157	uskəktə/sawun ·········· 113
uri dolin ············· 011	usku ················ 086
uri urirən ············ 095	usu-/udu oo- ··········· 167
uriʥi ················ 022	uta ················· 125
uriha ················ 021	utaku ················ 091
urikin ··············· 059	utatʃi ················ 043
urirən ············ 071/095	utə ················· 045
urirən/əruku ········ 071/095	utee- ················ 154
urkəkən bənər ·········· 046	utke/əgtom ············ 181
urkəkən nəkun ·········· 045	utku ················ 092
urkəkən ut ············ 048	utu tʃomo ············· 081
urkəkəŋ bənər ·········· 045	utun ············ 065/104/108
urku ················ 071	utun- ················ 167
urkut ··············· 011	uturu-/boʥe- ·········· 148
urkuʃin ·············· 049	utʃihata ·············· 048

utʃika	028	uʃi-	174
utʃikən	080	uʃika	031
utʃikəndə-	175	uʃikat	111
utʃikəni sugur	080	uʃikta	057
utʃuku	108	uʃiku	103
uu-/gəs-	164	uʃilə-	174
uu/uuktu	114	uʃilən	066
uugu-	140	uʃkur	012
uugub	139		

W

uugun	077	wa/amtan	070
uumu-/əktʃə-	156	waa-	169
uun	070	waab-	169
uun-/wən	139	waadas	066
uuntʃi/antaŋtʃi	134	waala-	168
uunu-	168	waar	072
uural	033	waarʃin	050
uuri-	146	waatʃi	134
uuta-	144	waatʃi holihan	027
uutaldi-	144	wadan	129/182
uutʃa-	152	wadan/gonimkun	129/182
uuŋku	064	wadʑi	106
uŋal	033	wagari-/bʉʉɲi-	141
uŋakta	032	waimas	065
uŋgal	032	wajali/badʑi	046
uŋgul	026	wakten	083
uŋkə-	159	wal	064
uŋku-	146	wala	058
uŋkur	033	wala-	149
uŋtʃur	116	walabkun	131
uʃək-	171		

walga-/darpak-	166	wəi	185
walib-	168	wəidərə	082
walibir	127	wəilar	097
waligar	127	wəitnam	120
walirbin	009	wəjir	012
walirbin tugsə	009	wəpən ʥuu	070
walirin	127	wəŋ wəŋ	185
walirin arki	069	wu wu	185
walirin bortʃo	043	wugi/uu	104
walirin dənʥə	099		
walirin tugsə	009		
waliriŋ bargaŋ/ʃirigtə	034	**ʃ**	
waltira-	159	ʃa	065
wanda/naŋda	031	ʃaʥir	108
wankakton	067	ʃag	104
wankan	057	ʃaguə	083
wanla	065	ʃakag/	114
wantə	064	ʃala-	155
wantʃi	089	ʃama-	167
wara-	172	ʃarka	114
warab-	172	ʃatar	105
waran	097/137	ʃaurug/udu jaman	010
waran/dəmgi	097/137	ʃaŋga	076
warkira-/barkira-	141	ʃaŋhai	095
warla-/orlo-	162	ʃaŋirin	127
warlig/waran	133	ʃaŋirin arki	069
wata	090	ʃaŋirin bortʃo	043
watugu/tʃabtʃir/sələm	089	ʃaŋirin dənʥə	099
wəə	114	ʃaŋirin gaoli	015
wəəgə	042	ʃaŋirin imugsə	068
		ʃaŋirintʃala	127

ʃaŋna-	177	ʃidər	077
ʃawi	050	ʃidərlə-	161
ʃaʃin	107	ʃidhu	074
ʃebi/tatiʃin	053	ʃiʥi-	174
ʃeʥu	012	ʃiʥigan/kurtə	061
ʃee-	145	ʃig	116
ʃeebtun	063	ʃiga/ajubkan	059
ʃeen	055	ʃige	035
ʃeen aawun	063	ʃige-	142
ʃeengalʥi-	167	ʃigeen	089
ʃeentu	090	ʃiggat	084
ʃeenʃin	051	ʃigikʧi	083
ʃeerən	009	ʃigun ilga	038
ʃekʧigna-	142	ʃigun tikiʥir ərin	009
ʃens	067	ʃigun/ʃogon	008
ʃenʧin	051	ʃiguntu	114
ʃeragan	100	ʃihig	043
ʃewar	010	ʃihiku	071
ʃewarda-	161	ʃii/sowon	015
ʃewu-/libku-	161	ʃiibkə-	153/177
ʃi	120	ʃiibkə-/pipinli-/alee-	153/177
ʃiaŋʥo	067	ʃiibkən	091
ʃiaŋgua	042	ʃiikt-	174
ʃibbil	066	ʃiis	042/103
ʃibbutkən-	166	ʃiisi	050
ʃibər	084	ʃiiŋki-	168
ʃibhəg	125	ʃikaku/saagin	104
ʃibkal	057	ʃikibʧi	072
ʃibkə	079	ʃikilən	092
ʃibkur	094	ʃikin	101

ʃikkid-	173	ʃimə-	139
ʃiktə	033	ʃiməŋgi	061
ʃilagakta	091	ʃimgən	029
ʃilba-	140/175	ʃimiŋku	070
ʃilbi	030	ʃimki-	145
ʃilbug-/ʃilʥig-	168	ʃimkir/ʥiʥig/niʃubkun	130
ʃilə	068	ʃina	056
ʃiləji kobko	083	ʃinakila-	157
ʃilgasun/kilgasun	030	ʃinakʧi	111
ʃilgib-	173	ʃindaku	084
ʃilgiʧi-	165	ʃində-/iʧibkilə-	154
ʃilgu	054	ʃindən/ʃigalta	101
ʃili-	145/167/175	ʃinʥiaŋ	094
ʃili-/ilga-	145/167/175	ʃira	125
ʃiligʧi-	171	ʃira-	170/174
ʃilikʧi-	025	ʃira-/ʥalga-	170/174
ʃilin	113	ʃiran ʥuu	070
ʃilki-	154	ʃirə	073
ʃilməlʥi-	141	ʃirə dilə	074
ʃiloglə-	142	ʃirəni bəldiir	074
ʃilon	071	ʃirda	088
ʃilʧi	135	ʃirdən	115
ʃilu-/goo-	165	ʃirdəs	092
ʃilug	103	ʃirga	018
ʃilugur	084	ʃirga morin	025
ʃiluktə	034	ʃirgən	126
ʃilun	067	ʃirgib-/atri-	148
ʃiluŋgi	039	ʃirgool	077
ʃim-	139	ʃiri-	145/156
ʃima-/ʃimla-	148	ʃirigəbtu	103

ʃirlmeg-	165	ʃiwkər	086
ʃirus	009	ʃiwu-	160
ʃisam	043	ʃiwun əwəntu	114
ʃiska	108	ʃiʃaktani moo	034
ʃisug/mina	092	ʃiʃi-	159
ʃisugda-	173	ʃiʃig	066
ʃiŋabal	036	ʃiʃiktə	040
ʃiŋʤibtʃi	098	ʃobtor	133
ʃiŋʤilgən	097	ʃobtu	079
ʃiŋgapor	120	ʃogol	050/134
ʃiŋgə-	140	ʃogol/ojbon/tənər	050/134
ʃiŋgən	135	ʃoho	069
ʃiŋgən ʤəəbtə	068	ʃolagen	112
ʃiŋna-/ʃiliktʃi-	140	ʃolbur	093
ʃiŋtʃi əmun	124	ʃolgon	078
ʃiŋtʃi digin	124	ʃolmos	112
ʃiŋtʃi ʤuur	124	ʃolmoŋor	128
ʃiŋtʃi inig	124	ʃolog	063
ʃiŋtʃi jalan	124	ʃoloktan maŋka/maŋkar	011
ʃiŋtʃi nugun	124	ʃoloktan/ʃilukta	011
ʃiŋtʃi toron	124	ʃolom	111
ʃiwa	083	ʃomnos	111
ʃiwa-	160	ʃonkor	111
ʃiwag	079	ʃoogin	088
ʃiwagna-	140	ʃoogisu	088
ʃiwə	054	ʃor/ʃilon	079
ʃiwəhə	059	ʃoŋkor	021
ʃiwər	060	ʃuitan	099
ʃiwiktu	067	ʃulotto	060
ʃiwin	021	ʃulus	060

ʃumur ·························· 059
ʃurdu ·························· 025
ʃurgu- ························ 173
ʃurgun ························ 014

ʃurkul ·························· 111
ʃurtul ·························· 084
ʃuruku ························ 079

四　杜拉尔鄂温克语汉译词汇索引

A

啊 ················ 184
啊（疑问）············ 184
啊呀 ··············· 185
啊呀呀 ············· 185
啊哟 ··············· 185
哎 ················ 184
哎呀 ··············· 185
哎哟 ··············· 185
哀伤 / 悲痛 ·········· 157
唉 ················ 185
唉呀呀 ············· 185
矮 ················ 129
矮平山 ············· 011
矮小的 ············· 130
矮腰女靴 ··········· 064
矮子 ·············· 050
霭气 ·············· 009
艾草 ·············· 037
爱 ················ 156
爱护 ·············· 156

爱惜 ·············· 156
隘口 ·············· 094
嗳 ················ 184
安宁 ·············· 136/176
安宁 / 安定 ········· 153
鹌鹑 ·············· 022
鞍鞯 ·············· 092
鞍翅 ·············· 092
鞍蹬子 ············ 092
鞍笼 ·············· 092
鞍缦 ·············· 092
鞍鞒 ·············· 092
鞍褥 ·············· 092
鞍屉 ·············· 092
鞍铁镊子 ·········· 092
鞍毡垫 ············ 092
鞍子 ·············· 092
鞍子吊带 ·········· 092
鞍子后肚带 ········ 092
鞍子皮绳 ·········· 092
鞍子前肚带 ········ 092

鞍子细带	092	白菜	041
鞍座	092	白带鱼	029
按（按摩）	144	白雕	021
按摩	114	白狐狸	017
案板	077	白桦树	034
案件	095	白鲩鱼	029
暗的	136	白酒	069
暗黑的	136	白开水	070
暗色	127	白鲮鱼	029
凹的	129	白露	009
凹额	054	白马	025
敖包节	105	白漂子鱼	029
		白糖	069
B		白蹄猪	019
八	122	白天	118
八哥	022	白鲦子鱼	029
八十	123	白兔	019
八月	117	白鱼	028
巴掌	056	白蚱	027
拔	145	百	123
把（一把）	124	百合	041
把尿	167	百合花	036
把手	085	百灵鸟	020
吧	185	百岁	117
白	127	柏	033
白白	183	摆动	163
白豹	016	摆弄	163
白鼻梁狗	023	摆脱	149
白脖乌鸦	022	败逃	172
白脖子狗	023	斑鸠	022

斑鸠鸣	142	薄	130
斑雀	020	薄荷	041
斑纹	032	饱	139
搬/运	159	宝	016
搬迁	159	宝贝	046
板凳	074	保护	177
板子	071	保留	177
办法	101	报答	177
办公桌	073	报告	097
办事	155	报纸	099
办事处	095	抱/搂	146
半	123	抱怨/伤感	157
半大口袋	091	豹	016
半山腰	011	豹花马	025
半岁猪	020	豹神	109
半小时	119	暴风雪	010
半夜	118	暴雨	009
绊脚	161	暴躁	137
绊住	161	杯子	080
绊住（马）	161	悲伤/哀叹	096
帮助	158	悲伤的	138
蚌	030	北	115
棒	090	北斗星	009
棒打	173	北方	115
包	085/164	北京	095
包（一包）	125	贝	030
包袱	085	背（孩子）	146
包含	154	背（诵）	141
包容	107/157	背（物）	146
包子	068	背带	085

背手	147	比喻	170
背物架子	083	笔	102
被阉母猪	020	必须	182
被子	065	闭（眼）	153
辈分	044	闭眼	153
奔跑	151	蓖麻	035
锛子	079	篦子	067
本	102	壁虎	027
本事	106	边（一边）	125
本性	105	边房/耳房	073
本月	117	边疆	093
笨	133	边远	093
笨马	025	编辫子	154
笨重的	133	编撰	101
绷	174	蝙蝠	020/022
嘣嘣	186	鳊花鱼	028
蹦跳	148	鞭打	173
逼迫	172	扁	131
鼻钩子	077	扁背壶	081
鼻孔	055	扁担	079
鼻勒	077	扁担钩	079
鼻梁	055	扁头箭	089
鼻毛	058	扁嘴者	049
鼻涕	060	变富	160
鼻翼	055	变革	097
鼻音重者	052	变化	159
鼻子	055	变坏	164
比	170	变老	159
比量	170	变罗锅	166
比赛	170	变皮包骨	166

变穷	159		冰冻	015
变弱	159		冰兜	091
变馊	156		冰窟窿	015
变瞎	166		冰凉	133
便宜	129		冰片	015
辫子	058		兵	051
标棍	075		柄（一柄）	125
标志	102		饼	069
标志/标记	102		病	112
彪	016		病人	112
表达	140		病弱	113
表弟	047		病重	168
表哥	046		拨火棍	084
表姐	046		波澜/波涛	013
表妹	047		玻璃	071
表叔	047		钵盂	111
表兄弟	047		饽饽	068
表扬/夸奖	177		剥	152
表侄	047		剥削	172
鳖/甲鱼	030		菠菜	041
别	178/185		伯父	044
别人	121		伯母	044
别墅	070		钹	104
宾馆	098		脖颈骨	059
槟子	040		脖套	063
鬓发	058		脖子	056
鬓角	055		簸	159
冰	015		簸箕	066/079
冰雹	010		补丁	086
冰穿子	090		补衣服	174

不	179/185	菜园	070
不对称的	138	餐桌	073
不过	184	残疾	113
不踏实的	132	残疾人	049
不稳重的	132	残酷	137
不鲜亮色	127	残缺的	133
不知耻的	138	蚕	025
布谷叫	142	蚕丝	025
布谷鸟	021	仓房	095
布口袋	091	仓库	070
布鞋	064	苍耳子	037
布衣	061	苍鹰	021
步行	149	苍蝇	026
步行的	132	藏葵	023
部	095	藏起来	172
部落	095	操练	170
部族	054	草	037
		草房	070
C		草根鱼	028
擦	165	草率的	130
猜	156	草帽	063
才	179	草棚	070
才能	106	草坪	037
财产	098	草囤	079
采挖草根木具	079	草写	142
採	145	草药	112
彩云	009	草原	037
踩	148	册子	102
菜	067	测量	170
菜刀	079	策马	151

层（一层）………………	125
曾孙…………………………	046
曾祖父………………………	044
曾祖母………………………	044
蹭……………………………	168
蹭破…………………………	168
叉子…………………………	079
插（秧）……………………	159
插花瓶………………………	081
插绞杆弯木…………………	075
插入…………………………	160
茶……………………………	069
茶杯…………………………	080
茶壶…………………………	081
茶花…………………………	036
茶桶…………………………	082
岔路口………………………	078
差一点………………………	181
柴火…………………………	084
豺……………………………	016
掺……………………………	161
缠……………………………	161
缠扰…………………………	161
缠绕…………………………	161
蝉……………………………	025
产业…………………………	097
铲……………………………	173
铲子…………………………	086
颤抖…………………………	171
鲳鱼…………………………	029

肠子…………………………	060
肠子脂肪……………………	060
尝……………………………	154
尝试…………………………	154/171
常常…………………………	181
常规…………………………	093
场（一场）…………………	125
敞口大水缸…………………	083
敞口的………………………	132
敞口桦皮桶…………………	082
唱……………………………	175
唱歌…………………………	149
抄录…………………………	101
抄罗子………………………	090
抄网…………………………	090
抄写…………………………	142
超群…………………………	148
超越…………………………	148
朝（一朝）…………………	124
朝廷…………………………	094
朝鲜…………………………	120
嘲笑…………………………	141
潮湿的………………………	131
潮水…………………………	013
吵架…………………………	169
吵嚷…………………………	169
吵嘴…………………………	169
炒……………………………	155
炒米棍………………………	082
炒面…………………………	069

车	075	秤	085/170
车底横撑	075	秤杆	085
车毂	075	秤盘	085
车轮	075	秤砣	085
车辆	075	秤星	085
车厢	075	吃	139
车辕	075	吃草	146
车站	099	吃饭	139
车轴	075	吃奶	167
尘埃	010	鸱鸮	021
尘土	010	痴呆	133
晨光	008	池塘	014
衬衫	061	迟	131
称 / 道	140	迟钝	134
称霸	169	迟缓	163
称号	107	迟延长久	150
称赞	158	尺	126
成功	177	尺寸	086
成熟	159	尺蠖	026
呈文 / 上书	101	尺子	086
城墙	094	齿露者	049
城墙排水口	094	赤身	054
城市	093	翅膀	031
城头望塔	094	敕令	101
乘机	149	冲突	143
乘凉	168	虫子	025
澄清	173	宠爱	156
橙子	040	铳子	078
逞狂	169	抽出	160
逞能	178	抽打	173

抽筋 / 抽搐	167	初四	118
抽屉	075	初五	118
抽屉桌	074	初一	118
抽烟	164	除夕	118
仇	114	厨房	073
绸子	065	厨师	050
稠	135	锄草	174
稠李子	040	锄头	086
稠李子树	034	杵	087/160
愁闷	143	杵杆	081
丑的	136	处	095
丑陋的	136	处治	177
臭	134	畜牧业	097
臭虫	027	穿	146
臭味	070	穿钉	079
出	153	穿线	174
出发	151	传	100
出豁口	162	传播 / 宣传	140
出嫁	166	传达	177
出来	153	传染	168
出溜	147	传说	103
出去	150	船	076
出生几个月的马驹	024	船舱	076
出声 / 吭声	140	船底	076
出天花	168	船舵	076
出租车	075	船滑轮	076
初二	118	船桨	076
初三	118	船棚子	076
初十	118	船艄	076
初十五	118	船头	076

船舷	076	瓷碗	080
橡子	072	慈	107
串（一串）	125	次子	045
串门 / 旅游	149	刺	033
疮	113	刺入	160
疮疤	114	刺猬	019
疮痂	113	葱	042
窗户	072	聪明	133
窗框 / 门框	073	聪明人	048
窗竖棍	073	从此	179
窗台	073	从而	179
床	073	从来	179
床铺	072	从前	119/179
床铺干草	038	丛树	035
创造	176	粗	130
吹	140	粗糙的	130
吹口哨	153	粗胖人	052
捶打	143	粗绳子	085
捶衣服	174	粗壮的	130
锤子	078	醋	068
春	118	脆弱的	135
春雪凝冻	010	村	095
椿树	035	村长	052
纯真	134	寸	126
唇疮	114	搓	159
唇下洼处	055	搓（绳）	145
词	103	撮罗子	070
词典	103	矬子	051
瓷盆	082	错误	096
瓷瓶	081	错误的	139

D

褡裢	092
答应/接受	142
打	143
打扮	143
打饱嗝	143
打赌	143
打盹	143
打嗝	143
打哈欠	143
打寒战	143
打呼噜	143
打火石	011
打架	169
打狼跄	143
打雷	143
打猎	153
打猎神	109
打闹	143
打喷嚏	143
打偏	170
打扫	143
打闪	143
打听	140
打野兽	178
打中	170
大	130
大步走马	149
大臣	053
大刀	089

大地神	109
大房	073
大概	181
大哥	045
大公猪	020
大锅	082
大汗	060
大后年	117
大后天	118
大黄蚊子	026
大家	120
大箭	088
大酒杯	081
大筐子	087
大浪	013
大掠钩	090
大萝卜	042
大马哈鱼	029
大麦	039
大米	039
大面包	069
大木桶	082
大年/春节	105
大前年	117
大前天	118
大人	048
大扫帚	066
大山	011
大声吵闹	169
大声喊叫	141

大水缸	083	单薄	135
大铁锅	083	单布长袍	061
大厅	073	单的	138
大头的	132	单身汉	048
大头鱼	029	单月	117
大腿	057	耽误	160
大腿骨	059	胆	059
大腿内侧	058	胆小马	025
大碗	080	但是	180
大学	099	诞辰	105
大洋	013	淡（味）	135
大野猪	019	淡白色	127
大姨父	044	淡黑	127
大姨母	044	淡黄毛马	025
大雨	009	弹奏	175
代（一代）	125	蛋	032
代表	054	蛋白	069/127
带（一带）	125	蛋黄	032/069/127
带把槽盆	082	蛋壳嫩皮	032
带把的箱子/抬箱	074	蛋壳硬皮	032
带把木碗	080	蛋清	032
带耳毡帽	063	当即	180
带钩扎枪	089	当今	119
带路	150	当铺	098
带哨箭	088	当中	115
带子	085	档案	100
戴	146	党	093
戴胜鸟	022	荡女	050
戴孝	111/157	刀	080
丹顶鹤/仙鹤	021	刀把	080

刀背	080	等待	151
刀尖	080	等候	166
刀鞘	080	等级	093
刀刃	080	凳子	074
刀刃卷	148	瞪眼	166
导火线	090	低	129
导言/引言	101	低头	171
捣/舂	160	滴	160
捣乱	178	滴（一滴）	125
倒掉	146	敌人	054
倒塌	143	笛子	104
倒须钩	090	抵押	176
祷告	171	抵押品	098
到	151	底	115
到处	122	地	010
到达	151	地道	111
道德	096	地洞	010
道理	107	地基	072
道士	110	地窖	073
稻草	038	地炕	072
稻谷	038	地壳	010
得病	164	地理	010
得到	151/171	地脉	010
德国	119	地面	010
的确	180	地铺	066
灯	084	地球	010
灯架	084	地势	010
灯笼	084	地图	103
灯泡	084	地狱	111
灯芯	084	地震	010

四 杜拉尔鄂温克语汉译词汇索引 | 281

弟弟	045	跌价	147
弟妻	045	碟子	080
帝王	110	丁香花	036
第二	123	叮	169
第三	123	顶	115
第四	123	顶/撑住	162
第五	124	顶棚	072
第一	123	顶替	162
癫痫	113	顶针	086
点火	154	顶嘴	162
点名	140	钉	162
点头	171	钉铁掌	162
电报	098	钉子	078
电话	098	丢	151
电脑	098	东	114
电影	103	东方	114
垫肩	062	冬	119
垫平	163	冬瓜	042
垫圈	083	冬猎	090/178
垫子	066	冬青树	035
殿	094	懂	173
貂	016	动	163
貂皮	031	动手	163
雕刻	103/152	动物	016
吊锅	083	动用	163
钓	163	动员	176
钓鱼竿	091	动作笨拙	170
掉	147	动作缓慢	170
爹	044	冻	164
跌倒	147	冻薄冰	164

冻僵	164	赌博	168
冻伤	114	赌气	157
冻硬雪面	164	杜鹃花	036
洞房	106	肚带铲子	092
都	121/181	肚脐	057
兜网	090	肚子	057
陡	131	度量	096
陡壁	011	渡船	076
斗	126	渡口	014
斗拱	071	端午节	105
斗篷	062	短	129
斗争	177	短粗的	132
豆腐	043	短裤	063
豆角	042	短毛	031
豆鼠	019	短毛掸子	066
豆芽	043	短缺的	129
豆油	068	短扎枪	089
豆子	043	段落	100
逗号/点	102	断掉	162
嘟囔	140	断绝	158
嘟哝	140	缎子	065
毒	112	椴木	034
毒疮	114	椴树	035
毒药	112	堆	174
独木船	076	堆（一堆）	124
独身者	052	堆积	174
独眼	049	堆起	174
独子	046	对	179
读	141	对面	115
堵	160	对着	169

碓房	087	耳背者	049
碓子	087	耳垂	055
蹲	147	耳朵	055
炖	155	耳环	066
钝	132	耳孔	055
钝迟的	129	耳塞	061
多	130	耳挖子	067
多少	122	耳语	140
朵（一朵）	125	耳坠子	066
躲藏	171	二	122
躲闪	172	二百	123
		二次	124
		二十	123

E

俄罗斯	119	二十八	123
鹅	023	二十三	123
蛾	026	二十五	123
额角	055	二十一	123
额头	054	二岁鹿	018
轭	075	二岁马	024
恶	128	二岁牛	024
恶鬼	111	二岁狍	018
恶魔	111	二岁熊	017
恶心	141	二岁野猪	019
饿	140	二月	117
恩	107		
恩惠	107	### F	
嗯	184	发潮	174
儿媳妇	045	发愁	164
儿子	045	发臭	168
而且	184	发呆	165

发抖	165	法术	108
发放	167	法西斯	051
发奋	165	法则	093
发疯	169	帆	076
发光	165	帆船	076
发髻	058	翻	147
发酵	156	翻地	159
发掘	165	翻跟头	148
发懒	165	翻身	177
发冷卷缩	168	翻转	148
发亮光	165	凡是	181
发绿	159	烦恼	157
发霉	168	繁殖	167
发面	152	反／颠倒	131
发木	165	反对	177
发配／流放	165	反目	164
发情（马）	165	返回	148
发烧	154	饭	067
发誓	165	饭变味	156
发送	165	饭馆	098
发芽	159	泛滥	161
发扬	165	方	131
发痒	167	方（一方）	124
发展	176	方口鳑头鱼	029
伐木工	050	方向	114
罚	177	方桌	074
罚金	099	房顶	072
法度	093	房顶草房	072
法国	119	房盖	072
法律	093	房脊	072

房间	071	吩咐	140
房檩储存处	074	粉	067
房檐	072	粉色	127
房子	070	份（一份）	124
纺线	159	奋斗	176
纺线车	065	风	009
放牧	146	风车	077/087
放下	145	风车	077/087
放盐	145	风俗	105
放走	145	风筒	077
飞	151	风箱	077
飞尘	010	风筝	105
飞机	076	枫树	034
飞龙鸟/沙鸡	022	封（一封）	124
飞禽	020	疯病	113
非常	180	疯子	050
菲律宾	120	锋利的	132
肥皂	067	蜂蜜	069
翡翠	016	缝	174
肺	059	佛	110
沸	161	佛手	040
痱子	113	否定	171
分	126	夫妻	048
分（分解）	152	孵	167
分解	160	芙蓉	035
分开	152	服（一服）	126
分类	102	服务员	053
分泌物	061	服装	061
分娩	167	俘虏	054
分配	152	浮出来	161

辐条	075	感情	096
福气	107	感谢	157
福神	109	橄榄	040
抚摸	144	擀面棍	077
斧子	078	干	131
俯身	147	干部	053
俯卧	147	干爹	047
腐烂	164	干儿子	047
父亲	044	干旱	084
付/交	176	干涸	164
附近	115	干枯	164
富	129	干粮	038
富人	051	干妈	047
腹胀病	113	干女儿	047
		干什么	178
		干鲦鱼	029
		干预	176

G

改	175	刚才	179
盖	146	肛门	058
盖子	083	钢	015
甘肃	095	钢笔	102
甘雨	009	高	129
肝脏	059	高鼻梁者	049
泔水	084	高跟鞋	064
杆（一杆）	124	高酒杯	081
杆子	090	高粱	038/039
赶（车）	172	高粱垛	038
赶快	180	高兴	096/157
赶走	172	高兴的	138
敢	171	高腰鞋绑带	064
感冒	113		

高腰靴	064	根源/根	043
高祖	044	跟	150
睾丸	058	跟前	115
膏药	112	羹匙	081
篙子	076	更	180
镐头	079	更夫	053
稿/茎梗	038	更加	180
稿件	100	更新	148
告诉	142	工厂	097
告状	175	工人	051
戈壁	011	工业	097
哥哥	045	工资	099
胳膊	056	工作	098
胳肢窝	057	弓	088
鸽子	023	弓别	088
割（刀）	152	弓垫子	088
割（镰刀）	152	弓脑	088
割断	162	弓挈子	088
歌	103	弓梢	088
歌手	050	弓套	088
革命	097	弓玄	088
阁	094	弓罩	088
格外	180	公的	137
隔开	163	公貂	016
胳肢窝	056	公公	044
各种	181	公共汽车	075
各自	121	公狗	023
给	166/186	公黑熊	017
给彩礼	166	公虎	016
根（一根）	125	公黄羊	018

公鸡	022	狗虱	027
公斤	126	狗尾草	037
公开的	135	狗雪橇	077
公鹿	017	狗鱼	028
公路	078	狗崽	023
公狍	018	枸杞子	040
公水獭	020	枸树	034
公司	097	购销	163
公驼鹿	018	够／足	178
公务员	049	估计	156
公羊	024	估量	101
公野猪	019	咕咚	186
公鱼	027	孤独	129
公园	094	孤儿	048
公獐	018	孤身	054
公正	138	姑表	046
公猪	020	姑表亲	046
公棕熊	017	姑父	044
肱骨	059	姑姑	044
宫	094	姑舅	047
共同	181	姑舅亲	047
勾结	163	姑娘	048
勾引	163	古代	119
沟	014	古怪的	137
钩	163	古铜色	128
钩上／别上	163	股票	099
钩住	163	骨槽	059
狗	023	骨牌	104
狗叫	141	骨髓	059
狗年／戌	116	骨头	058

鼓	104	管理	176
固执的	132	冠军	124
故事	103	灌溉	174
故意	181	灌木	035
雇佣	158	鹳	022
瓜	039	罐子	081
瓜藤	041	光	181
瓜子	040	光华色	128
刮风	143	光滑	133
刮毛	165	光炕	072
刮皮子	165	光亮	008
刮鱼鳞	165	光明的	133
寡妇	048	光阴	008
挂	163	广阔	137
挂钩	090	龟	030
挂住	162	鬼	111
拐杖	085	鬼祟	112
怪	111	鬼魂	112
怪异的	138	鬼火	112
关闭	153	柜子	074
关节	059	贵（贵重）	129
关口	094	贵（价格）	129
关系	093	桂花	036
观察	142	跪	147
观察仪	098	滚	148
官	052	棍子	090
官职	053	锅	082
棺材	078	锅铲子	082
馆/所	095	锅撑子	083
管	104	锅耳子	083

锅盖	083	还	183
锅刷子	082	还是	183
锅台	077	海	013
锅烟子	083	海豹	016
蝈蝈	025	海边	013
国家	093	海参	030
果壳	041	海带	042
果脐	041	海岛	013
果仁	040	海骝毛马	025
果松	033	海螺	030
果汁	041	海马	029
果子	033	海鸥	021
果籽硬壳	041	海青	021
裹脚布	065	海獭	020
裹小腿布	063	海滩	013
过	151	海棠	035
过程	097	海湾	013
过错	096/149	海啸	013
过分	149/182	害臊	154
过河	149	害羞	154
过火	149	嗐	185
过年	158	含	139/154
过期	151	涵洞	012
过失	151	韩国	120
过瘾	151	寒	133
		寒露	009
		寒燕	021

H

哈	184	喊	140/141
哈巴狗	023	汉人	054
哈哈	184	汗	060

汗毛	058	河岸	013
汗衫	061	河坝/堤	014
旱獭	020	河汊	013
行（一行）	126	河床	013
行/可以	179	河对岸	014
行礼	142	河沟	013
行李	085	河口	013
行为	096	河流石	011
行孝	157	河柳	034
绗	174	河坡	013
蒿草	037	河滩	013
好	128	河豚	029
好多	182	河湾子	013
好像	181	河蟹	030
好兆	107	河崖	013
号	098/104	河鱼	029
号召	177	河源	013
呵	185	荷包穗子	066
喝	139	荷包系绳	066
嗬	185	荷花	036
合适	176	核（果核）	040
合叶	072	核桃	040
合作	176	盒（一盒）	125
和	181	盒子	074
和面	152/156	黑	127
和睦的	134	黑暗的	136
和泥	160	黑白棋	104
和平	097	黑板	102
和尚	110	黑豹	016
河	013	黑貂皮	031

黑豆	043	哄孩睡	153
黑桦树	034	喉结	056
黑龙江	094	喉咙	056
黑青马	025	猴	017
黑熊	017	猴年/申	116
黑鱼/鳗鱼	029	猴子	114
黑蜘蛛	026	吼	141
黑鬃黄马	025	后	115
嗨	185	后背	057
嘿	184	后代	046
很	180	后房/照房	073
恨	157	后颈	056
哼	184	后面	115
哼哼	185	后脑勺	055
横	131	后年	116
横跨	149	后鳍	028
横着	184	后人	047
红	127	后世	047
红灯	099	后天	118
红花	036	厚	130
红酒	069	厚毛	031
红柳	034	呼呼	185
红马	025	呼噜呼噜	185
红沙马	025	呼气	139
红松	033	呼吸	060/139
红铜	015	呼吸	060/139
红尾鱼（赤梢）	028	忽然	181
虹	009	狐臭	113
洪水	014	狐狸	017
哄（孩子）	141	狐狸精	112

狐狸皮	031	花瓣	037
胡扯	140	花脖鸦	021
胡笳	104	花的	128
胡椒	069	花咕嘟	037
胡搅	169	花季鱼	029
胡萝卜	041	花架	074
胡麻	043	花椒	069
胡琴	103	花椒树	035
胡子	058	花怒放	153
壶	081	花生	039
葫芦	042	花心	037
葫芦仔鱼	029	划船	076/164
湖	013	划开	152
蝴蝶	026	划子	076
糊涂	133	滑	133
虎	016	滑稽的	138
虎口	057	滑雪板	077
虎年/寅	116	滑雪杖	077
虎神	109	化脓	168
琥珀	016	画	102
互相	183	画画	175
户	071	画眉	022
护背镜	108	画线	103
护耳	063	话	104
护耳帽	063	桦皮船	076
护士	112	桦皮篓	074
护心镜	108	桦皮桶	082
花	035	桦树皮	034
花斑的	128	桦树皮碗	080
花斑马	025	怀恨	157

怀念	156	黄鸭	023
怀疑	156	黄羊	018
怀孕	167	黄羊羔	018
槐树	034	黄鱼	029
踝骨	059	蝗虫	027
坏	128	蝗蝻	027
坏人	051	鲩鱼钩	090
獾崽	018	灰	015
獾子	018	灰暗的	136
环锥	086	灰鹤	022
换	175	灰色	127
荒草	037	灰鼠	019
荒火/野火	084	回（一回）	124
荒山	012	回答	142
皇帝	053	回来	152
黄	127	回去	151
黄灯	099	回声钟声	104
黄豆	043	回头	147
黄蜂	026	回忆	096/156
黄瓜	042	茴香	042
黄花菜	042	蛔虫	027
黄黄的	127	会	171
黄昏	118	烩菜	067
黄酒	069	蕙草	038
黄鹂	022	昏厥	165
黄米	039	昏迷	166
黄鼠狼	019	婚礼	105
黄水	114	婚礼品	106
黄水疮	113	婚神	109
黄铜	015	婚宴	105

婚姻	105
馄饨	069
混乱	177
混浊色	128
豁达者	048
豁口	094
豁牙	049
豁嘴	049
活	167
活的	136
火	015
火把	084
火柴 / 取灯	084
火车	076
火罐	114
火光	015
火锅	083
火壶	081
火夹子	015
火箭	088
火镰子	084
火盆	015/081
火钳	084
火石	084
火炭	084
火旺	155
火星	015
火焰	084
火药	089
火药罐	089

火灾	084
伙伴	052
伙计	052
或	183
或者	183
货币 / 钱	099
祸兆	112

J

机关	093
机会	119
机灵人	048
机器	098
肌肉	057
鸡	022
鸡蛋	069
鸡冠花	036
鸡叫	141
鸡年 / 酉	116
鸡石	016
鸡窝	073
鸡胸	050
鸡眼	114
激流	014
激流不冻处	014
吉林	094
吉日	105
吉祥的	138
极好的	128
极其	180

急喘气	165	祭品	111
急躁/发急	144	祭祀	110/171
疾病	112	祭文	111
疾病神	109	鲫鱼	028
集市	094	鳖鱼	029
籍贯	043	加快	150
几个	122/126	加拿大	119
虮子	027	挟	145
挤干	156	枷锁	096
挤奶	156	家	071
挤虱子	178	家庭	043
脊髓	059	家乡	043
脊椎骨	059	家族	043
计划	096	夹	145
计谋	096	夹板子	077
记仇	171	夹衣	061
记录	101	夹子	091
记忆力	101	夹子弓	091
记住	156	夹子舌	091
技术	098	夹子支棍	091
忌	112	夹子嘴	091
忌恨	171	甲	088
忌讳	171	甲壳	030
妓女	050	假	128
季节	105	价格	098
季军	124	驾车	162
继父	047	架子	074
继母	047	尖	132
祭奠	111	尖腮	133
祭酒	171	尖头	054

奸细	054	箭匣	089
歼灭	177	箭羽	089
坚定的	132	箭罩	089
坚固的	132	江	013
坚决的	132	江獭	020
间（一间）	125	姜	042
间壁	071	豇豆	043
肩膀	056	糨糊	102
煎	155	缰绳	077/085
柬埔寨	120	缰绳皮条	093
捡	146	讲故事	175
检查	177	讲话	097
剪刀	080	奖励	099
剪掉	165	奖赏	177
剪短的	129	桨桩	076
简单	133	腮子	114
碱	069	降落	151
见/接见	142	酱油	068
建设	176	郊区/城外	094
贱（下贱）	129	浇	159
剑	089	浇花水壶	081
毽子	104	骄傲	157
溅出	160	蛟	027
箭	088	焦黄	127
箭靶心	089	嚼	139
箭靶子	089	嚼无牙者	139
箭档子	089	角	030/116
箭筒	089	角根	031
箭头铁脊	089	角头箭	089
箭头铁刃	089	狡猾	134

狡诈	134	结巴	049/140
饺子	068	结冰	164
绞杆	075	结发夫妻	045
脚	058	结果	159
脚底	058	结合	152
脚后跟	058	结婚	166
脚后筋	058	结交	170
脚面	058	结盟	170
脚印	106	结亲	166
脚趾	058	结实	132
搅动	163	结束	170
叫	141	睫毛	058
叫作/道	178	姐夫	045
觉悟	097	姐姐	045
轿	075/078	姐妹	046
轿车	075	解放	177
教	175	解开	149
教导	100	解绳索	174
教授	053	解释	140
教育	096/175	介绍	143
阶级	093	戒	108
疖子	113	戒备	101
接近	169	戒指	067
接替	169	芥菜	041/042
接续	170	疥疮	113
揭露	153	借	144
街道	095	借口	101
节	100	斤	126
节日	105	今年	116
节约	176	今天	117

金钱豹	016	荆囤	087
金钱花	036	旌	093
金鱼	028	惊呆	158
金盏花	036	惊动	158
金子	015	惊乱	158
筋	060	惊怕	158
筋斗鱼	029	惊奇/吃惊	158
筋头	060	惊吓	171
紧	131	惊蛰	158
紧身衣	061	精力	106
谨慎	175	精巧	133
进/入	150	精液	058
近	130	精致的	133
近来	179	井	014
近邻	052	警告	101
近亲	052	镜子	067
近视眼	049	揪	145
劲头	106	九	122
浸泡	174	九十	123
浸种子	159	九月	117
禁止	145	韭菜	041
茎	032	韭菜花	041
京都	093	酒	069
经常	181	酒杯	081
经过（某地）	151	酒鬼	051
经过（人生）	150	酒家	098
经济	093	旧	129
经书	100/111	旧式钥匙穿钉	086
经验	097	臼	088
荆条篓子	087	救	171

就	181
就此	181
舅父	045
舅母	045
局	095
桔子	039
菊花	035
菊花青马	025
橘黄	127
橘子	040
句号	102
句子	102
俱乐部	103
锯	078
锯末	078
聚集	176
卷	148
卷（一卷）	125
卷毛	031
卷曲	148
卷缩	166
卷衣袖	148
撅断（棍）	162
撅屁股	147
噘嘴	141
决定	101/158
掘	148
蕨菜	041
倔强的	132
军号	088
军人	051
皲裂	169
骏马	024

K

咖啡	070
卡住	139
开	153
开花	159
开荒	158
开会	176
开垦	158
开始	119/153
开玩笑	141
开线	153
刊物	100
坎肩	061
砍	152
看	142
看病	142
看见	142
看守	142
糠	038/070
糠灯	084
扛	146
炕	072
炕洞	072
炕柜	074
炕后头	072
炕沿	072

考察	101	客人	052
考试	101	课程	100
烤	155	肯定 / 赞许	171
烤火	155	啃	139
烤焦	154	空	128
靠	146	空旷的	128
靠近	146	空气	008
科	095	空闲	135
科学	097	空有的	128
棵（一棵）	124	孔雀	022
磕头	171	抠	145
瞌睡	153	抠门儿	137
蝌蚪	027	口疮	114
咳	184	口大矮碗	080
咳嗽	168	口袋	091
可爱的	138	口沫	060
可耻的	138	口琴	103
可恶	134	口哨	091
可恶的	138	口水	060
可恨的	138	扣放	162
可怜	158	扣扣子	174
可怜的	138	扣襻	062
可怕的	138	扣弦上弓	152
可是	184	扣眼	062
可惜的	138	扣子	062
可笑的	138	枯萎	164
渴	140	哭	141
刻	152	哭泣	141
刻刀	079	窟窿	012
客气	167	苦（味）	134

四　杜拉尔鄂温克语汉译词汇索引 | 303

苦瓜	042
库	095
裤裆	063
裤腿	063
裤腰	063
裤子	062
夸耀	169
垮台	148
胯骨	058
跨越	151
块（一块）	124
快	129
快箭	088
快捷	129
快乐	173
快速	180
快艇/快船	076
筷子	080
宽	129
宽大	157
宽大的	132
宽恕	107
宽檐帽	063
款待	157
筐子	087
狂欢节	105
狂妄	137
矿业	097
盔	088
窥视	142

捆	164
捆绑	172
困倦	096

L

垃圾	084
拉	144
拉扯/抚养	162
拉屎	167
邋遢的	133
喇叭	104
喇嘛	110
腊八	105
蜡	083
蜡台	084
蜡心	083
辣	134
辣椒	042
蝲蝲蛄	027
来	150
来年	116
来月	117
兰花	036
兰菊草	037
拦截	161
拦阻	161
栏杆	094
蓝	127
褴褛	130
篮球	104

缆绳	085	烙	155
懒	134	烙铁	086
狼	016	乐手	050
狼嚎	141	雷	010
狼神	109	雷公	110
廊	072	雷声	010
廊檐	072	垒/砌	161
浪	013	肋	057
浪费	178	肋骨	057
浪水	013	类同的	136
捞出	160	累	144
劳动	098/164	冷	133
劳心	144	狸	017
痨病	113	离婚	149
老	137	离开	149
老雕	021	梨	039
老獾	018	梨树	034
老母猪	020	犁	086
老人	047	犁把手	086
老师	053	犁地	158
老师/师傅	050	犁铧子	086
老实	134	犁身	086
老鼠	019	犁挽钩	086
老太太	048	黎明	008
老翁	048	篱笆	070
老挝	120	礼服	061/106
老野猪	019	礼节	106
老鹰	021	礼物	106
唠叨	140	礼仪	106
唠唠叨叨	140	李子	040

里（一里）	126	脸蛋/脸颊	056
里面	115	脸罩	063
理睬	154	炼（钢）	173
理解	154	链子	086
理性的	139	凉	133
鲤鱼	028	凉菜	069
鲤鱼钩	090	凉帽	063
力量	106	凉棚	070
力气	106	凉席	066
厉害	137/180	粮库	070
立春	158	粮食	038
立刻	180	两	126
立起来	162	亮色	128
立夏	158	晾	160
利息	099	辽宁	094
利益	099	聊天	140
例子	104	聊条笆	072
荔枝	040	獠牙	030
栗色马	025	獠牙野猪	019
栗子	040	蓼菜	041
粒（一粒）	126	尥蹶子	173
痢疾	113	劣性马	025
连（一连）	125	猎枪	089
连根拔	145	猎人	051
连接	174	猎神	109
连襟	045	裂缝	143
帘子	075	裂开	143/153
莲花	036	裂开（布）	153
镰刀	079	裂口	094/143
脸	056	裂纹	162

拎钩	090	柳絮	033
邻居	052/095	六	122
林鸮	021	六十	123
淋巴结	113	六月	117
檩子	072	六指者	050
吝啬	137	鹨	022
灵丹	112	龙	027
灵魂	111	龙卷风	009
伶俐	133	龙年/辰	116
灵芝	038	龙王	110
零钱	099	龙眼	040
领导	053	聋子	049
领导/指引	176	笼头	076
领土	010	笼子	073
领先	183	楼/楼阁	094
溜冰鞋	077	搂怀里	146
留下	178	篓子	079
流	161	漏	160
流动水	014	漏洞的	132
流放	178	漏斗	081
流行病	113	漏勺/笊篱	081
流行歌	103	芦花	037
流浪	178	芦苇	034
流星	009	炉子	077
柳编笸箩	079	鲈鱼	029
柳编箱	079	鹿	017
柳根池	029	鹿羔	017
柳蒿芽	042	鹿窖	077
柳树	034	鹿狍皮衣	061
柳条	034	鹿皮衣	063

鹿茸	031
鹿神	109
路	078
路灯	099
路过	150
路中/途中	078
鹭鸶	022
露出	153
露水	009
鸾	020
乱	135
乱扑乱打	170
掠夺	172
抡	146
轮子	086
论文	100
啰唆	140
罗锅	132
罗圈腿	050
萝卜	041
锣	104
骡	025
螺	030
骆驼	024
落叶松	033
落籽苗	037
驴	025
绿	127
绿灯	099
绿豆	043
绿豆蝇	026

M

麻	038
麻布	065
麻袋	085
麻豆蝇	026
麻烦的	137
麻花	069
麻利者	048
麻木	167
麻雀	020
麻绳	085
麻疹	113
麻子	049
麻醉药	112
马	024
马绊子	077
马鼻梁	030
马鞭子	092
马脖鬃	030
马槽	082
马车	077
马颠走	151
马蜂	026
马夫	053
马褂	061
马嚼子	076
马脚后跟	030
马惊吓	151

马驹	024	埋伏	178
马拉套	151	埋怨	157
马兰草	037	埋葬	171
马爬蹶	151	买	175
马鹿	018	买卖	098
马挠子	076	迈步	149
马年/午	116	麦子	038
马圈	073	卖	175
马上	180	脉	060
马勺	081	蛮干的	135
马神	109	满	135
马嘶	141	满族人	054
马蹄	030	蔓青	042
马头鬃	030	慢	129
马尾掸子	066	慢慢	181
马尾套子	091	牤牛	023
马膝骨	030	忙	135
马小跑	151	忙碌	144
马小腿	030	盲鼠	019
马胸	030	蟒蛇	027
马印子	030	蟒神	109
马鬃	030	猫	023
玛瑙	016	猫头鹰	021
码头	099	毛	031
蚂蟥	027	毛笔	102
蚂蚁	027	毛发卷	148
蚂蚱	026	毛巾	065
骂	169	毛毛虫	026
吗	185	毛毛雨	009
埋	178	毛皮长袍	061

毛梢	031	门上轴	071
矛盾	101	门神	109
茅草	037	门栓	071
牦牛	024	门卫	049
冒烟	155	门下轴	071
冒烟气	155	门牙	055
帽带子	063	门转轴	071
帽顶	063	闷的	136
帽架子	075	虻	026
帽缨	063	蒙盖	162
帽子	063	蒙古国	119
没有	178	猛然	181
玫瑰花	036	蠓	026
眉毛	058	梦	106
梅毒	114	迷路	177
梅花	036	迷信	111
梅花鹿	018	谜语	102
梅针箭	088	糜子	039
媒人	105	米	038/067/126
煤	016	米饭	067
煤油灯	084	米黄毛马	025
每	182	米酒	069
每天	117	米粒	038
每晚	118	米皮	038
美的	136	米色	128
美国	119	米汤	067
妹夫	045	米渣子	039
妹妹	045	密林	035
门	071	密友	052
门槛	071	蜜蜂	026

棉布	065	明白人	048
棉短衣	061	明的	136
棉花	035	明亮的	135
棉裤	063	明年	116
棉线	065	明天	118
棉线宽带子	085	明显的	135
棉线细带子	085	摸	144
棉絮	066	摸黑找	144
棉衣	061	摸黑走	149
棉长袍	061	摸索	144
勉励	177	模仿	170
勉强	183	模糊	133
缅甸	120	模样	106
面	067	模子	078
面（一面）	124	摩擦	175
面包	069	摩托车	075
面粉	039	磨蹭	175
面酱	068	磨刀	175
面片汤	067	磨刀石	087
面条	068	磨滑	155
苗	032	磨亮	175
瞄准器眼	089	磨米石	087
庙	078/111	磨面	155
灭亡	155	磨损	155
蔑视	168	蘑菇	043
民主	097	魔鬼	111
民族	054	抹布	083
泯灭	155	抹泥	161
名人	049	抹药	165
名字	107	末尾	119

茉莉花	036	拇指	057
陌生人	052	木/树	032
貉子	017	木叉子	086
墨	102	木叉子棍	086
墨水	102	木锉	079
墨线	065/103	木墩子	033
墨线	065/103	木耳	043
某个	121	木筏	076
母的	137	木房	073
母貂	016	木隔板	083
母狗	023	木瓜	040
母黑熊	017	木磙子	086
母虎	016	木匠	050
母黄羊	018	木酒杯	081
母鸡	023	木兰花	036
母鸡叫	142	木榔头	078
母鹿	017	木料	071
母马	024	木盘	080
母狍	018	木盆	081
母亲	044	木瓢	080
母水獭	020	木塞子	079
母驼鹿	018	木炭	016
母羊	024	木桶	082
母野猪	019	木碗	080
母鱼	027	木锨	079
母獐	018	木楔子	083
母猪	020	木制小勺	081
母棕熊	017	木桩子	071/088
牡丹	035	目标	101
亩	126	苜蓿	037

牧场⋯⋯⋯⋯⋯⋯⋯⋯⋯⋯ 097
牧马人⋯⋯⋯⋯⋯⋯⋯⋯⋯ 053
牧民⋯⋯⋯⋯⋯⋯⋯⋯⋯⋯ 051
墓⋯⋯⋯⋯⋯⋯⋯⋯⋯⋯⋯ 111

N

拿⋯⋯⋯⋯⋯⋯⋯⋯⋯⋯⋯ 145
拿走/拿去⋯⋯⋯⋯⋯⋯⋯ 145
哪儿⋯⋯⋯⋯⋯⋯⋯⋯⋯⋯ 122
哪个⋯⋯⋯⋯⋯⋯⋯⋯⋯⋯ 122
哪里⋯⋯⋯⋯⋯⋯⋯⋯⋯⋯ 122
那⋯⋯⋯⋯⋯⋯⋯⋯⋯⋯⋯ 121
那（远指）⋯⋯⋯⋯⋯⋯⋯ 121
那边⋯⋯⋯⋯⋯⋯⋯⋯⋯⋯ 121
那里⋯⋯⋯⋯⋯⋯⋯⋯⋯⋯ 121
那么⋯⋯⋯⋯⋯⋯⋯⋯⋯⋯ 121
那时⋯⋯⋯⋯⋯⋯⋯⋯⋯⋯ 121
那些⋯⋯⋯⋯⋯⋯⋯⋯⋯⋯ 121
那样⋯⋯⋯⋯⋯⋯⋯⋯⋯⋯ 121
那样的⋯⋯⋯⋯⋯⋯⋯⋯⋯ 121
纳鞋底⋯⋯⋯⋯⋯⋯⋯⋯⋯ 174
奶饼子⋯⋯⋯⋯⋯⋯⋯⋯⋯ 068
奶茶⋯⋯⋯⋯⋯⋯⋯⋯⋯⋯ 068
奶豆腐⋯⋯⋯⋯⋯⋯⋯⋯⋯ 068
奶酒⋯⋯⋯⋯⋯⋯⋯⋯⋯⋯ 068
奶酪⋯⋯⋯⋯⋯⋯⋯⋯⋯⋯ 068
奶妈⋯⋯⋯⋯⋯⋯⋯⋯⋯⋯ 048
奶奶⋯⋯⋯⋯⋯⋯⋯⋯⋯⋯ 044
奶皮⋯⋯⋯⋯⋯⋯⋯⋯⋯⋯ 068
奶油⋯⋯⋯⋯⋯⋯⋯⋯⋯⋯ 068

奶油糕⋯⋯⋯⋯⋯⋯⋯⋯⋯ 068
奶渣子⋯⋯⋯⋯⋯⋯⋯⋯⋯ 068
奶汁⋯⋯⋯⋯⋯⋯⋯⋯⋯⋯ 057
奶子⋯⋯⋯⋯⋯⋯⋯⋯⋯⋯ 068
奶嘴⋯⋯⋯⋯⋯⋯⋯⋯⋯⋯ 068
男的⋯⋯⋯⋯⋯⋯⋯⋯⋯⋯ 137
男孩⋯⋯⋯⋯⋯⋯⋯⋯⋯⋯ 048
男人⋯⋯⋯⋯⋯⋯⋯⋯⋯⋯ 048
男神⋯⋯⋯⋯⋯⋯⋯⋯⋯⋯ 109
男生殖器⋯⋯⋯⋯⋯⋯⋯⋯ 058
男用大耳坠⋯⋯⋯⋯⋯⋯⋯ 066
南⋯⋯⋯⋯⋯⋯⋯⋯⋯⋯⋯ 114
南方⋯⋯⋯⋯⋯⋯⋯⋯⋯⋯ 114
难⋯⋯⋯⋯⋯⋯⋯⋯⋯⋯⋯ 133
楠木⋯⋯⋯⋯⋯⋯⋯⋯⋯⋯ 034
挠⋯⋯⋯⋯⋯⋯⋯⋯⋯⋯⋯ 145
挠痒具⋯⋯⋯⋯⋯⋯⋯⋯⋯ 087
脑盖骨⋯⋯⋯⋯⋯⋯⋯⋯⋯ 059
脑骨⋯⋯⋯⋯⋯⋯⋯⋯⋯⋯ 059
脑子⋯⋯⋯⋯⋯⋯⋯⋯⋯⋯ 055
内蒙古⋯⋯⋯⋯⋯⋯⋯⋯⋯ 094
内容⋯⋯⋯⋯⋯⋯⋯⋯⋯⋯ 095
内衣⋯⋯⋯⋯⋯⋯⋯⋯⋯⋯ 061
内脏⋯⋯⋯⋯⋯⋯⋯⋯⋯⋯ 059
嫩⋯⋯⋯⋯⋯⋯⋯⋯⋯⋯⋯ 137
嫩叶⋯⋯⋯⋯⋯⋯⋯⋯⋯⋯ 032
能⋯⋯⋯⋯⋯⋯⋯⋯⋯⋯⋯ 178
能干者⋯⋯⋯⋯⋯⋯⋯⋯⋯ 048
能力⋯⋯⋯⋯⋯⋯⋯⋯⋯⋯ 106
尼姑⋯⋯⋯⋯⋯⋯⋯⋯⋯⋯ 110

四 杜拉尔鄂温克语汉译词汇索引

泥	010
泥抹子	088
泥泞	010
泥鳅鱼	028
你	120
你们	120
逆着	184
腻	135
腻烦	157
溺爱	156
年	116
年纪	107
年轻	137
年轻人	048
鲶鱼	028
捻	175
碾杆木	087
碾干	087
碾伤	168
碾碎	172
碾子	087
娘	044
娘家	047
酿酒	167
鸟	020
鸟鸡胸脯	032
鸟叫	142
鸟嘴	032
尿	060
捏	145

镊子	067
您	120
拧（螺丝）	145
拧（衣）	145
牛	023
牛车	077
牛顶	151
牛犊	024
牛倌	053
牛黄	112
牛角砚	102
牛叫	141
牛郎星	009
牛录 / 乡	095
牛年 / 丑	116
牛皮	031
牛尾鱼	029
扭	147
扭曲	152
农村	095
农民	051
农业	097
浓密的	128
浓烟	015
脓	114
脓水	114
弄成圆	162
弄错	149
弄断（线绳）	162
弄满	160

弄脏乱	170	**P**	
奴隶	050	爬（虫）	147
驽马	025	爬（人）	147
努力	164	爬犁（大雪橇）	077
弩箭	089	爬山	147
暖	133	爬山虎	037
疟疾	113	爬子	087
挪动	163	耙地	158
糯米	039	耙子	086
女伴儿	052	怕	171
女的	137	怕事的	131
女儿	046	拍打	143
女孩	048	排队	150
女坎肩	061	牌	104
女内裤	063	牌匾	095
女人	048	牌子	103
女神	110	派（去）	158
女生殖器	058	派遣	158
女士腰带	064	攀登	147
女婿	046	盘膝	147
女妖怪	112	盘子	080
女友	052	磐石	011
女真	054	判断	101
		叛变	177
O		旁边	115
噢	185	膀胱	060
哦哟	185	螃蟹	030
鸥	022	鳑鱼	028
呕吐	141	胖	135
偶神	109	刨花	079

刨子	079	皮	031
狍皮	031	皮袄	062
狍皮帽子	063	皮袄布面	062
狍皮衣	061	皮包	066
狍子	018	皮肤	059
袍褂	062	皮口袋	092
袍衣大襟	062	皮毛	031
袍衣开衩	062	皮破肉出	166
袍衣内襟	062	皮球	104
袍衣前襟	062	皮实的	132
袍子	061	皮手闷子	064
跑	151	皮条	031/066
泡	174	皮袜子	065
炮	089	皮箱	074
呸	184	皮鞋	064
呸呸	184	皮衣料	062
胚内血块	032	啤酒	069
赔偿	176	琵琶	104
佩带	150	琵琶骨	059
喷出	160	脾	060
盆子	081	蜱	027
朋友	052	屁	060
棚圈铺草	038	屁股	058
蓬蒿	037	偏	131
篷车	077	偏方治疗	165
膨胀	165	偏缰	093
捧	145	片（一片）	125
碰	144	片刻	180
批评	158/177	漂浮	161
劈	152	飘荡 / 飘扬	143

瓢子 ………………… 080	扑克 ………………… 104
票 …………………… 099	扑空 ………………… 173
撇浮油 ……………… 146	铺 / 垫 ……………… 163
姘头 ………………… 050	铺子 ………………… 098
贫穷的 ……………… 135	仆人 ………………… 053
平 …………………… 131	菩萨 ………………… 110
平安 ………………… 107	葡萄 ………………… 039
平常 ………………… 181	葡萄树 ……………… 035
平等 …………… 097/107	蒲草 ………………… 038
平房 ………………… 070	瀑布 ………………… 012
平均 ………………… 178	
平面的 ……………… 133	**Q**
平平的 ……………… 131	七 …………………… 122
平息 ………………… 177	七里香 ……………… 038
平原 ………………… 011	七十 ………………… 123
平整的 ……………… 135	七月 ………………… 117
苹果 ………………… 039	妻弟 ………………… 045
凭霄小鸟 …………… 020	妻弟妇 ……………… 045
瓶盖 ………………… 083	妻嫂 ………………… 045
瓶子 ………………… 081	妻兄 ………………… 045
泼水 ………………… 161	妻子 ………………… 045
婆婆 ………………… 044	栖息 ………………… 151
筐箩 ………………… 087	欺负 ………………… 172
破 …………………… 172	漆 …………………… 075
破产 ………………… 172	其他 / 另外 ………… 121
破碎（布）………… 172	奇怪 ………………… 158
破碎（碗）………… 172	奇怪的 ……………… 137
破损 …………… 164/172	祈祷 ………………… 171
扑 …………………… 173	祈祷者 ……………… 110
扑灯蛾 ……………… 026	荠菜 ………………… 041

脐带	058	前面	115
骑	172	前年	116
骑马	151	前鳍	028
棋/围棋	104	前天	118
旗	093	钱	126
旗长	052	钳子	078
麒麟	026	干草黄马	025
乞丐	051	浅	129
企业	097	浅色	128
启明星	009	欠债	175
起初	183	枪	089
起来/起床	147	枪冲条	089
起名	167	枪的火门	090
起云	150	枪机子	089
气	009	枪套	089
气管	056	蜣螂	027
气候	010	强	131
气消	157	强盗	051
汽车	075	强化	176
掐	145	强性马	025
恰好	181	强者	053
千	123	墙	071
扦子	067	墙壁	071
牵/开车	173	墙角	073
牵扯	162	蔷薇	037
牵连	173	抢	172
牵引	173	抢劫	172
铅	015	锹	079
铅笔	102	敲	144
前	115	敲鼓棒	104

荞麦	038	青椒	042
桥	078	青稞	038
桥洞	012	青麻	085
巧	137	青石	011
巧手者	048	青蛙	027
翘尾巴	166	青鸦	022
撬棍	091	青鼬	018
切	152	轻	131
切菜墩	083	轻薄的	132
茄子	042	轻浮的	132
姜	045	轻快	134
窃听	140	轻佻	167
侵犯	170	倾倒水	159
亲家	047	清	135
亲家父	047	清楚	136
亲家母	047	清洁 / 干净	135
亲近	130/169	清明节	105
亲戚	047	清醒（酒后）	153
芹菜	041	清醒过来	173
琴	103	蜻蜓	026
琴弦	103	鲭鱼	028
勤奋	147	晴雨	009
勤俭者	048	顷	126
勤劳的	134	穷	129
勤务员	053	穷人	051
擒拿	172	丘陵	011
青	127	丘鹬	022
青菜	041	秋	118
青草	037	秋千	105
青海	094	蚯蚓	027

鞒⋯⋯⋯⋯⋯⋯⋯⋯⋯⋯⋯⋯ 093
鞒稍⋯⋯⋯⋯⋯⋯⋯⋯⋯⋯⋯ 093
求/请求⋯⋯⋯⋯⋯⋯⋯⋯⋯ 158
球⋯⋯⋯⋯⋯⋯⋯⋯⋯⋯⋯⋯ 104
区别⋯⋯⋯⋯⋯⋯⋯⋯⋯⋯⋯ 170
区分⋯⋯⋯⋯⋯⋯⋯⋯⋯⋯⋯ 152
蛆虫⋯⋯⋯⋯⋯⋯⋯⋯⋯⋯⋯ 026
蛐蛐叫⋯⋯⋯⋯⋯⋯⋯⋯⋯ 142
渠⋯⋯⋯⋯⋯⋯⋯⋯⋯⋯⋯⋯ 014
曲调⋯⋯⋯⋯⋯⋯⋯⋯⋯⋯⋯ 103
娶妻⋯⋯⋯⋯⋯⋯⋯⋯⋯⋯⋯ 166
去⋯⋯⋯⋯⋯⋯⋯⋯⋯⋯⋯⋯ 150
去毛鹿皮⋯⋯⋯⋯⋯⋯⋯⋯ 031
去毛皮⋯⋯⋯⋯⋯⋯⋯⋯⋯ 031
去毛皮衣⋯⋯⋯⋯⋯⋯⋯⋯ 062
去年⋯⋯⋯⋯⋯⋯⋯⋯⋯⋯⋯ 116
圈起来⋯⋯⋯⋯⋯⋯⋯⋯⋯ 153
全⋯⋯⋯⋯⋯⋯⋯⋯⋯⋯⋯⋯ 121
全都⋯⋯⋯⋯⋯⋯⋯⋯⋯⋯⋯ 181
泉⋯⋯⋯⋯⋯⋯⋯⋯⋯⋯⋯⋯ 014
拳打⋯⋯⋯⋯⋯⋯⋯⋯⋯⋯⋯ 143
拳头⋯⋯⋯⋯⋯⋯⋯⋯⋯⋯⋯ 056
劝告⋯⋯⋯⋯⋯⋯⋯⋯⋯⋯⋯ 101
劝说⋯⋯⋯⋯⋯⋯⋯⋯⋯⋯⋯ 142
缺⋯⋯⋯⋯⋯⋯⋯⋯⋯⋯⋯⋯ 160
缺点⋯⋯⋯⋯⋯⋯⋯⋯⋯⋯⋯ 096
瘸⋯⋯⋯⋯⋯⋯⋯⋯⋯⋯⋯⋯ 166
瘸子⋯⋯⋯⋯⋯⋯⋯⋯⋯⋯⋯ 049
雀⋯⋯⋯⋯⋯⋯⋯⋯⋯⋯⋯⋯ 020
雀斑⋯⋯⋯⋯⋯⋯⋯⋯⋯⋯⋯ 114

确实⋯⋯⋯⋯⋯⋯⋯⋯⋯⋯⋯ 180
裙子⋯⋯⋯⋯⋯⋯⋯⋯⋯⋯⋯ 063
群众⋯⋯⋯⋯⋯⋯⋯⋯⋯⋯⋯ 054

R

然而⋯⋯⋯⋯⋯⋯⋯⋯⋯⋯⋯ 184
然后⋯⋯⋯⋯⋯⋯⋯⋯⋯⋯⋯ 184
燃烧⋯⋯⋯⋯⋯⋯⋯⋯⋯⋯⋯ 155
染料⋯⋯⋯⋯⋯⋯⋯⋯⋯⋯⋯ 085
染色⋯⋯⋯⋯⋯⋯⋯⋯⋯⋯⋯ 160
嚷⋯⋯⋯⋯⋯⋯⋯⋯⋯⋯⋯⋯ 142
让⋯⋯⋯⋯⋯⋯⋯⋯⋯⋯⋯⋯ 150
绕弯子⋯⋯⋯⋯⋯⋯⋯⋯⋯ 148
热⋯⋯⋯⋯⋯⋯⋯⋯⋯⋯ 133/155
热⋯⋯⋯⋯⋯⋯⋯⋯⋯⋯ 133/155
人⋯⋯⋯⋯⋯⋯⋯⋯⋯⋯⋯⋯ 043
人参⋯⋯⋯⋯⋯⋯⋯⋯⋯⋯⋯ 038
人行道⋯⋯⋯⋯⋯⋯⋯⋯⋯ 099
人口⋯⋯⋯⋯⋯⋯⋯⋯⋯⋯⋯ 054
人们⋯⋯⋯⋯⋯⋯⋯⋯⋯⋯⋯ 120
人民⋯⋯⋯⋯⋯⋯⋯⋯⋯⋯⋯ 093
人群⋯⋯⋯⋯⋯⋯⋯⋯⋯⋯⋯ 054
人体⋯⋯⋯⋯⋯⋯⋯⋯⋯⋯⋯ 054
人中⋯⋯⋯⋯⋯⋯⋯⋯⋯⋯⋯ 055
仁⋯⋯⋯⋯⋯⋯⋯⋯⋯⋯⋯⋯ 107
仁/籽⋯⋯⋯⋯⋯⋯⋯⋯⋯⋯ 033
仁慈的⋯⋯⋯⋯⋯⋯⋯⋯⋯ 138
忍耐⋯⋯⋯⋯⋯⋯⋯⋯⋯⋯⋯ 144
认识⋯⋯⋯⋯⋯⋯⋯⋯⋯⋯⋯ 143
任务⋯⋯⋯⋯⋯⋯⋯⋯⋯⋯⋯ 096

扔 ································· 146	软骨 ······························ 059
扔石头 ·························· 146	软皮套鞋 ······················· 064
日 ··································· 117	锐利的 ··························· 129
日本 ································ 120	闻 ··································· 119
绒毛 ································ 031	若是 ································ 183
绒衣 ································ 061	弱 ··································· 131
容貌 ································ 066	
容貌体格 ······················· 106	**S**
容易 ································ 133	洒（水）························ 161
溶化 ································ 164	撒谎/骗 ·························· 168
氀毛 ································ 032	撒娇 ································ 169
柔和的 ··························· 134	撒酒疯 ··························· 168
柔软 ································ 131	撒尿 ································ 167
揉 ··································· 156	撒网 ································ 163
肉 ··································· 060	撒野 ································ 169
肉叉子 ··························· 079	撒种篓斗 ······················· 086
肉丁 ································ 068	撒种子 ··························· 159
肉汤 ································ 068	萨满 ································ 051
肉汁 ································ 068	萨满刀梯 ······················· 109
肉中血水 ······················· 060	萨满男鼓 ······················· 108
肉粥 ································ 068	萨满女鼓 ······················· 108
如此 ································ 121	萨满神 ··························· 108
如果 ································ 183	萨满神灵 ······················· 108
如何 ································ 122	萨满神屋 ······················· 108
乳房 ································ 057	萨满神医 ······················· 108
乳牛 ································ 024	萨满神院 ······················· 108
乳头 ································ 057	萨满腰铃 ······················· 108
辱 ··································· 128	腮 ··································· 056
褥子 ································ 066	腮根 ································ 056
软 ··································· 130	塞 ··································· 160

塞入	160	沙粒	011
赛马	024	沙漠	011
三	122	沙丘	011
三齿甩钩	090	沙滩	014
三次	124	沙子	011
三木支锅棍	083	纱	065
三千	123	砂锅	083
三十	123	鲨鱼	030
三岁鹿	018	傻	134
三岁马	024	傻子	050
三岁牛	024	筛	156
三岁狍	018	筛子	079
三岁驼鹿	018	晒干	164
三月	117	晒谷物	164
三指手套	064	晒蔫	164
散步	149	晒太阳	164
散乱	170	山	011
桑树	034	山茶花	036
扫地	164	山丹	035
扫帚	066	山道	012
嫂子	045	山丁子	040
瘙痒	167	山丁子树	034
臊	134	山顶	011
涩	134	山洞	012
瑟	104	山陡坡	011/012
杀	169	山缝	012
沙葱	041	山岗	012
沙果	040	山根	012
沙果树	035	山沟	012
沙狐	017	山谷	012

山核桃	040	山楂	040
山核桃树	034	山楂树	035
山槐	034	山寨	095
山尖峰	011	杉树	035
山脚	012	膻	134
山肋	012	闪电	010
山梁	012	闪光	165
山梁尽头	012	闪亮的	136
山岭	011	扇	155
山路神	109	扇（一扇）	125
山麻	035	扇风耳	049
山缓坡	011	扇子	066
山猫	023	善	128
山坡	011/012	骟马	024
山墙	071	骟羊	024
山芹	041	鳝鱼	029
山区	012	伤	114
山神/山路神	109	伤寒	113
山藤	035	伤痕	114
山桐子	034	伤口	114
山柁	071	商店	098
山弯	012	商量	101
山斜坡	012	商人	051
山羊	024	晌	126
山羊皮	031	上	115/150
山阳坡	012	上吊	170
山药	043	上腭	056
山阴坡	012	上供	111
山榆	035	上海	095
山岳	011	上面	115

上去 / 登上	150	蛇缠	161
上升	150	蛇年 / 巳	116
上下摆动	163	社会	093
上衣（短）	061	射	170
上衣（长）	061	涉水	149
上游	014	涉水皮裤	063
尚未	180	伸手	144
烧	154	身高细长猎狗	023
烧饼	069	身上污垢	061
烧红	154	身体	054
烧火	154	深	129
烧酒溜槽	081	深蓝	128
烧开水	155	深绿	127
烧烤	154	深色 / 深蓝	127
稍微	181	深紫 / 酱色	127
勺子	081	鲹鱼	029
芍药花	036	什么	121
少	130	什么时候	122
哨箭	088	神	108
哨楼	094	神槌	108
哨子	104	神刀	108
哨子 / 鹿哨	091	神幡	108
猞猁	017	神符	108
猞猁狲皮	031	神杆	108/110
猞猁套子	091	神鼓	108
舌根	056	神果	110
舌尖	056	神镜	108
舌面	056	神龛	108
舌头	056	神乐	108
蛇	027	神铃	108

神祇……………………108	声誉……………………107
神权……………………108	牲畜……………………023
神兽……………………108	牲畜疥疮………………113
神树……………………109	牲畜胎…………………023
神仙……………………110	牲口……………………023
神像……………………110	笙………………………104
神学……………………108	绳（一绳 -18 丈）……125
神杖……………………108	绳结……………………085
神者……………………048	绳子……………………085
婶母……………………044	省………………………094
肾………………………059	省钱……………………176
渗透……………………174	圣母……………………110
升………………………126	圣人……………………110
生………………………137	圣神……………………110
生 / 生子………………167	圣书……………………110
生菜……………………041	圣像……………………110
生疮……………………167	圣训……………………110
生活……………………166	圣谕……………………110
生马……………………024	圣主……………………110
生命……………………043	胜利……………………177
生命神…………………109	盛………………………156
生牛……………………024	剩………………………178
生气……………………157	尸体……………………111
生日……………………106	失败……………………177
生相……………………054	诗………………………103
生锈……………………164	虱子……………………027
声势……………………106	狮子……………………016
声调……………………106	湿………………………131
声望……………………106	湿透……………………174
声音……………………104/106	十………………………122

十八	123
十二	122
十二月	117
十分	180
十九	123
十六	123
十七	123
十三	122
十四	122
十五	123
十一	122
十一月	117
十月	117
石板	077
石碓头	087
石匠	050
石戒指	067
石榴	040
石神	109
石头	011
时分	119
时间	116
时秒	119
实	128
拾	146
食道/喉咙	056
食物	067
食指	057
史册	100
史书	100

使者	049
屎	060
世纪/时代	119
市区	093
市长	052
事情	098
事物	107
柿子	039
是	185
是/正确	185
室内地	072
室内地面	073
收割	159
收回	151
收银台	098
手	056
手背	056
手表	067
手闷子	064
手帕	065
手套	064
手腕子	056
手掌	056
手指头	057
手镯	067
手足迟缓者	050
手足汗	060
首领	044
首饰	066
寿	117

寿命	107	梳子	067
受苦	160	舒畅	173
受伤	171	输	168
狩猎	090/178	蔬菜	041
兽筋细线	065	苡米	039
兽类欣皮	031	熟	137
兽类乳房	031	熟皮槌子	087
兽类下颏	031	熟皮刮刀	087
兽类指甲	031	熟皮木锯	087
兽肉	069	熟皮木铡刀	087
兽胎	032	鼠洞	012
兽蹄	031	鼠年／子	116
兽尾白毛	032	鼠兔	019
瘦	130	束（一束）	124
瘦（一般用）	135	述说	140
瘦高人	051	树包	033
瘦削的	135	树杈	033
书	100	树干	033
书包	102	树根	033
书店	102	树疖	033
书籍	102	树节子	033
书架	102	树孔	033
书库	102	树林	035
书面语	102	树嫩皮	033
书签	101	树盘根	033
书信	102	树皮	032
书页	101	树梢	032
书桌	073	树小节	033
叔叔	044	树汁	033
梳头	154	树枝	032

竖⋯⋯⋯⋯⋯⋯⋯⋯ 131	水沟⋯⋯⋯⋯⋯⋯⋯ 010
竖着／纵⋯⋯⋯⋯⋯⋯ 184	水果⋯⋯⋯⋯⋯⋯⋯ 039
数⋯⋯⋯⋯⋯⋯⋯⋯ 178	水果叉子⋯⋯⋯⋯⋯ 081
数学⋯⋯⋯⋯⋯⋯⋯ 098	水红⋯⋯⋯⋯⋯⋯⋯ 127
数字⋯⋯⋯⋯⋯⋯⋯ 098	水箭⋯⋯⋯⋯⋯⋯⋯ 088
漱口⋯⋯⋯⋯⋯⋯⋯ 154	水开⋯⋯⋯⋯⋯⋯⋯ 155
刷子⋯⋯⋯⋯⋯⋯⋯ 067	水流／河流⋯⋯⋯⋯ 014
耍赖⋯⋯⋯⋯⋯⋯⋯ 169	水柳⋯⋯⋯⋯⋯⋯⋯ 035
耍心眼⋯⋯⋯⋯⋯⋯ 169	水龙头⋯⋯⋯⋯⋯⋯ 079
摔出⋯⋯⋯⋯⋯⋯⋯ 146	水萝卜⋯⋯⋯⋯⋯⋯ 041
摔跤⋯⋯⋯⋯⋯⋯⋯ 170	水磨⋯⋯⋯⋯⋯⋯⋯ 087
摔跤手⋯⋯⋯⋯⋯⋯ 051	水牛⋯⋯⋯⋯⋯⋯⋯ 024
甩⋯⋯⋯⋯⋯⋯⋯⋯ 162	水泡⋯⋯⋯⋯⋯⋯⋯ 014
闩上门⋯⋯⋯⋯⋯⋯ 153	水手⋯⋯⋯⋯⋯⋯⋯ 050
拴⋯⋯⋯⋯⋯⋯⋯⋯ 162	水松⋯⋯⋯⋯⋯⋯⋯ 033
双（一双）⋯⋯⋯⋯ 125	水獭⋯⋯⋯⋯⋯⋯⋯ 020
双胞胎⋯⋯⋯⋯⋯⋯ 046	水獭崽⋯⋯⋯⋯⋯⋯ 020
双的⋯⋯⋯⋯⋯⋯⋯ 138	水纹⋯⋯⋯⋯⋯⋯⋯ 013
双月⋯⋯⋯⋯⋯⋯⋯ 117	水仙花⋯⋯⋯⋯⋯⋯ 036
霜⋯⋯⋯⋯⋯⋯⋯⋯ 009	水银⋯⋯⋯⋯⋯⋯⋯ 016
霜冻⋯⋯⋯⋯⋯⋯⋯ 010	税⋯⋯⋯⋯⋯⋯⋯⋯ 098
霜降⋯⋯⋯⋯⋯⋯⋯ 159	睡⋯⋯⋯⋯⋯⋯⋯⋯ 153
谁⋯⋯⋯⋯⋯⋯⋯⋯ 121	吮吸⋯⋯⋯⋯⋯⋯⋯ 139
水⋯⋯⋯⋯⋯⋯⋯⋯ 012	顺⋯⋯⋯⋯⋯⋯⋯⋯ 131
水槽⋯⋯⋯⋯⋯⋯⋯ 082	顺利的⋯⋯⋯⋯⋯⋯ 133
水葱花⋯⋯⋯⋯⋯⋯ 036	顺着⋯⋯⋯⋯⋯⋯⋯ 184
水稻⋯⋯⋯⋯⋯⋯⋯ 039	说／讲⋯⋯⋯⋯⋯⋯ 140
水点⋯⋯⋯⋯⋯⋯⋯ 015	说理⋯⋯⋯⋯⋯⋯⋯ 140
水痘⋯⋯⋯⋯⋯⋯⋯ 113	说梦话⋯⋯⋯⋯⋯⋯ 140
水缸⋯⋯⋯⋯⋯⋯⋯ 083	说书人⋯⋯⋯⋯⋯⋯ 050

司机	053	松开	145
丝（一丝）	126	松绿	127
丝瓜	042	松软	132
私塾	100	松鼠	019
思考	101	松树	033
思路/谋略	101	松树针	034
思念	156	松树籽	033
思维	096	松鸦	021
思想	096	松脂	034
撕开	172	送	152
撕破	172	送到家	152
撕碎	172	送行	152
嘶	185	送信人	053
死	171	搜山	178
死水	014	酸	134
四	122	酸菜	043
四不像	017	酸麻	167
四季花	036	酸梅	040
四十	123	酸奶	068
四岁马	024	酸甜	134
四岁牛	024	酸枣	039
四眼狗	023	蒜	042
四月	117	算	178
四肢伸展	147	算命人	051
寺	111	算盘	099
伺候	157/176	虽然	184
饲料	073	虽则	184
饲养	169	随便	183
松	131	随从	053
松花鱼	029	随后	183

随意	183	她	120
岁数	117	塌鼻者	049
穗	038	塌方	161
穗子	033	塔	111
孙女	046	獭神	109
孙子	046	踏	149
损失	172	胎盘	031
笋	043	台阶	073
榫凹处	072	抬	146
榫凸处	072	太阳	008
缩短	148	态度	096
缩回	148	泰国	120
缩减	163	瘫痪	050/113
缩紧	148	坛子	081
缩口	148	痰	060
缩小	148	痰喘病	113
所以	184	痰盂	087
所有	121	潭	014
唢呐	104	檀	034
锁	153	毯子	066
锁骨	059	探子	053
锁簧	086	汤	068
锁头	086	汤罐	083
		汤面	068
T		堂	095
他	120	堂弟	046
他/她（褒义）	120	堂姐	046
他/她（贬义）	120	堂妹	046
他们	120	堂兄	046
它	120	糖	069

糖饼	069	提琴	103
螳螂	026	提水桶	082
躺下	147	鹈鹕	020
烫手	166	题目	100
趟（一趟）	124	蹄铁	077
逃犯	054	蹄心	030
逃跑	172	蹄掌	030
逃脱	149	体谅	157
桃红	127	剃头	154
桃花	036	天鹅	023
桃子	039	天花	113
淘气	167	天津	095
讨饭	169	天空	008
讨论	176	天呐	185
讨厌	157	天气	008
套（一套）	125	天晴	150
套车	162	天神	109
套裤	063	天王	053
套马	162	天阴	150
套马杆	076	天灾	084
套袖	062	田	038
特别	180	田鼠	019
特长	096	甜	134
藤	032	舔	141
剔肉剥皮	152	挑拨	149
梯子	071/091	挑担	164
踢	148	挑选	175
提	146	笤帚	087
提高	176	跳	148
提筐	087	跳神	171

跳鼠	019	铜锅	083
跳舞	149	铜镜	067
跳蚤	027	铜盆	082
贴上	168	铜碗	080
铁	015	童养媳	046
铁锉	079	瞳孔	055
铁锭	015	瞳仁	055
铁匠	050	统一	177
铁榔头	078	桶	082
铁链子	086	桶把手	082
铁炉子	077	桶底	082
铁路	078	桶箍	082
铁盆	081	桶提梁	082
铁皮	015	痛	166
铁青马	025	痛快的	138
铁水桶	082	偷	168
铁丝	015	头	054
铁桶（带把儿）	082	头顶	054
听	142	头发	058
亭子	070	头发分叉	058
葶苈	037	头巾	064
挺胸	147	头皮	054
通讯员	053	头皮屑	061
通知/布告	100	头胎	045
同等	183	头簪子	067
同名	107	投	146
同学	053	投合	176
同意	158	凸出的	129
茼蒿	041	凸的	129
铜	015/082	凸额	054

秃鹫	022	退缩	160
秃头	132	褪（色）	160
秃尾	132	吞	139
秃子	049	屯子	095
突然	181	托碟	080
图谱	103	托付	158
图书	103	托檩	071
图章/印	103	拖拉机	098
徒弟	050	拖延	160
涂油	160	脱	146
屠杀	169	脱开	149
土	010	脱落	175
土坝	014	驮带	173
土地神	109	驼鞍	092
土豆	042	驼背	050
土耳其	119	驼峰	032
土匪	051	驼鹿	018
土坯	077	驼鹿羔	018
土围子	071	驼色	128
吐痰	141	柁	071
兔年/卯	116	庹	126
兔网	091		
兔子	019	**W**	
湍流	014	挖	159
推	144	蛙	027
推辞	144	瓦	072
推翻	148	瓦匠	050
腿	057	袜子	065
退出	150	歪	131
退回	148	歪脖子	049

歪斜	147	万	123
歪指者	049	腕骨	059
外国	119	网	090
外面	115	网边	090
外甥	047	网兜	092
外甥女	047	网绳	090
外甥子	047	往东	116
外祖父	044	往后	116/180
外祖母	044	往里	116
弯	130	往前	116
弯刀	079	往上	116
弯曲	152	往西	116
弯曲的	130	往下	116
弯弯曲曲	130	忘记	156
弯腰	147	望远镜	080
弯腰走	149	危险	137
剜/挖	159	微黄	127
剜刀	079	煨（用火）	155
豌豆	043	煨（用水）	155
丸药	112	为何	121
完整	180	为了	183
玩耍	169	为难	157
玩笑	096	违背	177
挽裤腿	167	围脖	064
晚稻	039	围堵/赶围	172
晚上	118	围猎	90/153/178
晚霞	009	围墙	094
碗	080	围裙	063
碗架	074/077	桅杆	033/076
碗架	074/077	苇鸟	021

苇子 …… 033
尾巴 …… 030
尾部臀部 …… 060
尾骨 …… 059
尾羽 …… 032
尾鬃硬毛 …… 030
卫生 …… 097
未婚男青年 …… 045
未婚女青年 …… 045
味 …… 070
畏惧 …… 171
胃 …… 059
喂 …… 139/185
喂饲料 …… 139
温和的 …… 134
温暖的 …… 136
温顺的 …… 134
温性马 …… 025
瘟疫 …… 113
文化 …… 097
文明 …… 097
文人 …… 049
文章 …… 100
闻 …… 139
蚊蝇帽 …… 063
蚊帐 …… 066
蚊子 …… 026
吻/接吻 …… 156
稳妥的 …… 132
稳重 …… 158

稳重的 …… 132
问 …… 141
问题 …… 101
问询处 …… 098
嗡嗡 …… 185
瓮 …… 083
瓮城/小城 …… 094
倭瓜/南瓜 …… 042
喔喔 …… 185
窝 …… 073
窝棚 …… 070
我 …… 120
我们 …… 120
卧柜 …… 074
握 …… 144
硪 …… 088
乌黑 …… 127
乌鸡 …… 022
乌鸦 …… 021
乌鸦叫 …… 142
污 …… 135
呜呜 …… 186
诬害诽谤 …… 161
诬陷 …… 161
无花果 …… 040
无角牛 …… 024
无赖 …… 051
无毛皮裤 …… 063
无名指 …… 057
无皮古树 …… 035

无焰火	015	稀疏的	135
梧桐	034	犀牛	017
蜈蚣	026	锡	015
鼯鼠	019	锡伯人	054
五	122	溪	014
五十	123	膝盖	057
五月	117	膝盖骨	059
五脏	059	蟋蟀	026
午后	118	习惯	105
午前	118	席草	037
武官	052	席囤	087
武装	170	席位	103
捂	145	席子	066
捂（头）	162	洗	154
舞	103	洗锅	154
靰鞡草	038	洗牌	154
痦子	114	洗澡	154
雾	009	喜欢	156
		喜酒	105
X		喜鹊	021
西	114	喜鹊叫	142
西方	115	喜鹊青马	025
西瓜	039	戏	103
西红柿	042	戏子	050
吸	139	系鞋带	174
吸气	139	系腰带	174
稀	135	细	130
稀毛皮衣	061	细缝/缉	174
稀奇	096	细鳞梭鱼	029
稀奇的	137	细鳞鱼	028

细绳子	085
细小的	130
细心的	134
细野葱	042
细长的	130
细长口袋	091
细致的	130
虾	030
瞎扯	141
瞎的	132
瞎说	141
瞎子	049
匣子	074
霞	009
下	115/150
下沉	161
下腭	056
下面	115
下套	153
下雪	150
下游	014
下雨	150
吓唬	168
吓一跳	168
夏	118
仙女	110
先	183
先前	183
先生	051
鲜活的	136

鲜艳	136
闲	135
闲逛	149
闲人	051
贤人	048
咸	134
咸菜	043
险恶	137
苋菜	041
县	095
现成的	133
现在	119
线（搓线）	086
线桄子	065
线麻	065/085
线纫头	065
线头	065
线轴	065
宪法	093
陷害	161
陷落	162
陷入	173
陷入泥泞	161
馅子	067
献给	167
乡	095
乡亲	052
乡长	052
相当	180
相等的	138

相干的	136	小裆裤	092
相貌	054	小袋囊	092
相片	106	小刀柄	080
香	111/134	小道	078
香菜	041	小凳子	074
香墩	111	小碟子	080
香榧	040	小豆	043
香瓜	042	小肚	057
香筒	111	小儿病	113
香皂	067	小儿子	045
香桌	111	小斧子	078
箱子	074	小根菜	042
享受	153	小公猪	020
响/回响	141	小狗	023
想	156	小姑子	046
向	184	小柜子	074
向导	053	小锅	082
向日葵	038	小孩	048
向外	115	小河	013
巷	094	小黑蝇/小咬	026
象	016	小蝴蝶	026
象棋	105	小黄米	039
消化	140	小黄鹰	021
消灭	155	小鸡	022
消息	106	小箭	088
箫	104	小姐	051
小	130	小口袋	091
小镩	079	小鲤鱼	028
小秤子	085	小路	078
小锤子	078	小马	024

小麦	039	笑	141
小卖部	099	歇	144
小米	039	蝎子	026
小木鞍	092	蝎子草	037
小跑	151	斜	131
小皮口袋	092	斜视	168
小笸箩	087	斜眼	049
小气	134	鞋	064
小山梁	012	鞋帮子	064
小猞猁	017	鞋带	065
小舌	056	鞋底	064
小石子	011	鞋底高木板	064
小时/钟头	119	鞋底铁掌	064
小叔子	046	鞋底沿条	065
小树	032	鞋跟	065
小水桶	082	写	142
小体鹦鹉	022	写诗	142
小偷	051	谢绝	157
小腿	057	心情	097
小腿骨	059	心跳	143/148
小尾鸭	023	心脏	059
小学	100	辛苦	144
小姨子	047	新	128
小鹰	021	新加坡	120
小鱼	028	新疆	094
小鱼钩	090	新鲜	136
小指	057	信	099/156
孝带	111	信封	099
孝服	111	信心	107
哮喘	113	信仰	107

星期二	124
星期六	124
星期日	124
星期三	124
星期四	124
星期五	124
星期一	124
星星	009
猩猩	017
腥	135
腥味	070
刑	096
形像	054
形状	054
醒来	153
擤鼻子	145
兴奋	096/157
兴起	150
兴趣	096
兴旺	107
兴味	097
杏花	036
杏树	034
杏子	040
幸福	173
幸福的	134
幸运	107
性格	105
姓	107
兄弟	046

胸	057
胸岔软骨	059
胸尖骨	059
胸脯	057
熊	017
熊神	109
休息	153
修理	163
羞辱	172
朽木	035
宿驿	098
秀美的	136
秀气的	136
袖口	062
袖子	062
绣花	174
锈	084
吁	185
虚	128
虚弱	135
许多	130
序	100
叙述	140
续篇	100
蓄水池	014
玄孙	046
悬崖	011
漩涡	014
选	175
癣	114

眩晕	166	牙膏	067
楦子	065	牙关	056
靴里衬皮	064	芽	032
靴腰	064	蚜虫	027
靴子	064	衙门	095
穴	012	哑巴	049
学	142	亚军	124
学生	053	呀	184/185
学校	099	咽	139
雪	010	胭脂	067
雪白	127	烟（冒）	015
雪面微冻	010	烟（吸）	070
雪片	010	烟袋	070
雪橇	077	烟斗	070
血	060	烟荷包	066
血管	060	烟气	009
血块	060	烟筒	072
血凝结	168	烟筒隔板	072
薰蚊虫烟火	084	烟熏	154
巡逻	178	烟叶	070
鲟鱼	029	烟嘴	070
驯鹿	018	阉割	173
		淹凌水	015
Y		腌菜	043
丫鬟	050	腌咸菜	156
压	144	言论	101
压种子的辘轳	086	岩山	011/012
鸭子	023	岩石	011
牙齿	055	盐	069
牙床	055	阎王	110

颜色	126	杨树	034
眼白	055	洋葱	042
眼红	168	仰卧	147
眼角	055	养父	047
眼睛	055	养母	047
眼眶	055	养子	046
眼泪	060	样款	106
眼亮	142	样子	106
眼皮	055	妖精	111
眼珠	055	妖术	112
演义	100	腰	057
鼹鼠	019	腰带	064
厌烦的	138	腰带扣环	064
砚	102	腰带饰板	064
雁	020	腰刀	089
燕麦	038	腰眼	057
燕隼	021	邀请	103/166
燕子	021	摇动	166
央求	158	摇晃	166
秧子	038	摇篮	085
扬（茶）	155	摇头（不断）	166
羊	024	摇头（一次）	166
羊羔	024	摇尾	166
羊拐游戏	105	咬	139
羊倌	053	舀	146
羊叫	141	药	112
羊年/未	116	药方	112
羊皮	031	要	144
阳光/光	008	要么	183
杨梅	040	钥匙	086

鹞	023	一	122
耀眼的	136	一半	180
椰子	040	一并	182
噎住	139	一次	124/182
爷爷	044	一次	124/182
也	183	一旦	182
野艾草	037	一点	182
野菜	041	一概	182
野葱／小葱	042	一个	122
野怪	112	一共	182
野鬼	112	一贯	182
野鸡	022	一会儿	182
野鸡网	091	一刻	119
野韭菜	042	一面（面）	182
野骡子	017	一起	182
野骆驼	017	一气	182
野麻	035	一切	182
野马	017	一时	183
野牛	023	一顺儿	182
野神	110	一瞬	182
野兽	016	一岁鹿	017
野兽夹子	091	一岁驼鹿	018
野蒜	042	一岁熊	017
野兔	019	一岁野猪	019
野外	011	一同	182
野猪	019	一下子	181
野猪崽	019	一向	182
叶	032	一些	126
页（一页）	125	一样	182
夜晚	118	一样的	136

一一	182	以内	119
一再	182	以前	179
一早	182	以上	179
一直	181	以下	179
衣边	062	倚仗	147
衣兜	062	椅子	074
衣服	061	亿	123
衣挂钩	075	义	107
衣柜	074	艺人	053
衣架子	075	艺术	097
衣襟角	062	议论	176
衣里	062	驿站	099
衣领	062	意大利	119
衣面	062	意见	096
医生	051/112	意识	096
医用针	112	溢	161
医院	112	镒（20斤）	085
依靠	146	因为	183
依然	182	阴毛	058
依照	182	阴囊	058
姨父	044	阴天的	136
姨母	044	音乐	103
移	149	吟	140
遗失	146	银行	099
已经	179	银子	015
已然	179	引柴	084
已往	179	引火木片	084
以后	179	饮料	068
以及	179	隐壁	094
以来	179	隐瞒/隐藏	169

印度 …… 119	用热水烫 …… 155
英国 …… 119	用刑 …… 173
英俊的 …… 136	优点 …… 096
英雄 …… 051	邮局 …… 099
英勇 …… 171	邮票 …… 099
莺 …… 022	油 …… 068
婴儿 …… 048	油饼 …… 069
婴孩尿布 …… 066	油灯 …… 084
罂粟花 …… 037	油松火把 …… 084
樱桃 …… 039	游牧包 …… 070
鹦鹉 …… 022	游牧迁徙 …… 159
鹰神 …… 109	游牧区 …… 097
鹰网 …… 091	游隼 …… 021
迎春花 …… 036	游戏 …… 105
迎接 …… 145/166	游泳 …… 154
萤火虫 …… 026	有 …… 151
赢 …… 168	有/在 …… 178
影子 …… 106	有力的 …… 138
硬 …… 130	有名的 …… 138
哟 …… 184	有刃的 …… 132
佣人 …… 050	有时 …… 180
拥挤 …… 178	有汤的 …… 135
臃肿 …… 130	又 …… 183
永远 …… 182	右 …… 115
用 …… 158	右边 …… 115
用刀 …… 175	幼儿园 …… 100
用脚钩 …… 163	柚子 …… 040
用劲 …… 170	鼬鼠 …… 019
用具 …… 078	鱼 …… 027/029
用力拉扯 …… 162	鱼白 …… 028

鱼鳔	028	愚蠢	133
鱼叉	090	羽毛	032
鱼刺	028	羽扇	066
鱼兜子	091	雨	009
鱼饵	090	雨点	009
鱼钩	090	雨伞	062
鱼钩尖	090	雨衣	062
鱼钩线	091	语言	101
鱼鳞	028	玉	016
鱼笼	091	玉兰花	036
鱼篓子	091	玉米	039
鱼卵鱼子	028	玉眼狗	023
鱼簖子	091	玉簪花	036
鱼皮	065	芋头	043
鱼皮靴	064	郁闷	164
鱼皮衣	062/065	预知者	048
鱼漂子	091	遇见	142
鱼鳍	028	愈	180
鱼群	028	鹬	022
鱼肉	069	鸳鸯	022
鱼鳃	028	元（一元）	126
鱼秧子	028	元旦	105
鱼鹰	021	元鸟	021
鱼油	028	原籍	095
鱼罩	091	原来	179
鱼子	027	原因	101
渔猎	090/178	圆	131
渔民	051	圆白菜	041
愉快	136	圆形镇纸	102
榆树	035	圆眼者	049

圆月	009	运气	107
圆桌	074	熨斗	086
猿	017		
远	130	**Z**	
远亲	052	杂货	098
怨恨	157	杂货店	099
院门	071	砸破	152
院子	070	灾祸/累赘	096
月	117	栽（苗）	159
月初	117	仔细查找	148
月底	117	宰	169
月光	008	再	183
月季花	036	再三	183
月经	060	咱们	120
月亮	008	攒钱	176
月台	094	暂且	184
月牙	008	脏	135
月中	117	凿子	078
岳父	047	早	131
岳母	047	早晨	118
越	184	早稻	039
越过	149	早点	179
越南	120	早就	179
越燕	021	早先	179
晕	165	早已	179
云	009	枣	039
云堆积	150	枣骝马	025
允许	150	枣树	035
孕妇	045/048	澡堂	073
运动	097	灶	077

灶君	110	战刀	089
灶坑	077	战斗/打仗	170
怎么	122	战旗	093
怎样	122	战士	088
增加	163	战役	088
憎恨	157	战争	088
扎	152	站（一站地）	125
扎（扎枪）	152	站立	147
扎枪	089	蘸	160
扎透	174	张（一张）	124
扎针	152	张（嘴）	139
闸	015	章	100
铡刀	079	獐羔	018
眨眼	168	獐子	018
柞树/橡子树	034	樟	033
炸	155	蟑螂	027
蚱蜢	026	长	129/167
摘（花）	145	长把木瓢	080
摘（帽子）	145	长辈	044
摘（野菜）	145	长出来	159
摘（野果）	145	长工	050
摘选	145	长箭	088
窄	129	长颈瓶	081
毡褂	062	长久	182
毡帽	063	长毛短皮衣	061
毡褥	066	长女	046
毡袜子	065	长袍腰带	064
毡子	065	长筒靴	064
粘住	168	长桌子	074
拃	126	长子	045

涨水	161	这么	121
丈	126	这时	121
丈夫	045	这些	121
杖	090	这样	121
帐	099	这样的	121
帐篷	070	着急	144
帐子	070	着凉/冷	168
账单档案	103	针	086
胀肚子	165	针线笸箩	087
瘴气	009	针眼	114
招待	106	珍惜	156
招魂	171	珍珠	016
招手	144	真	128/180
爪子	031	真实的	128
找	146	榛蘑	043
沼泽	014	榛子	040
沼泽地/湿地	014	榛子树	034
照	154	枕头	066
照镜子	154	阵（一阵）	125
照看	176	镇长	052
照射	154	镇纸	102
罩子	083	争辩	177
遮挡	172	争先	176
折叠	163	征战	170
折断	162	蒸	155
折腾	141	蒸箅子	083
褶子	065	蒸笼	083
这	121	整个的	131
这边	121	整理	163
这里	121	整木槽盆	082

整木圆形无把容器	082	脂肪	060
整人/害人	162	蜘蛛	026
整夜	118	直	130
正	107/131	直到	183
正房	073	直心眼的	137
正好/刚好	181	直直地	181
正面	116	侄儿	046
正面的	138	侄女	046
正月	117	侄媳	046
正在	180	职工	053
正中	115	职务	053
证婚人	105	职业	053
证件	100	纸	100
政策	093	纸顶棚	072
政府	093	纸牌	104
政治	093	指给	144
挣扎	162	指甲	057
支持	177	指甲根	057
支棍	083	指示	144
支流	014	指纹	057
只	181	治病	165
只（一只）	125	治理	176
只是	181	痔疮	113
汁液	033	智者	048
芝麻	043	痣	114
枝（一枝）	125	中	115
枝梢	032	中国	119
知道	173	中间	115
织	174	中檩	071
织女星	009	中秋节	105

中碗	080	皱眉	168
中午	118	皱纹	055
中学	100	朱顶红	021
中指	057	猪	019
忠	107	猪槽	073
钟表	067	猪獾	018
肿	167	猪年/亥	116
种	159	猪圈	073
种子	032	猪窝	073
种子马	024	猪崽	020
种子猪	020	竹筐	087
众多	130	竹子	033
重	131	主人	052
重叠	163	主席	052
重复	183	拄拐棍	166
重骑马	163	煮	155
重视	157	住	153
重新	183	贮银箱	074
重阳	105	注解	101
重要的	139	柱子	071
重嘴鱼	029	祝贺	157
舟	076	抓	144
周岁	117	拽	144
周围	115	专横	137
粥	068	砖	072
妯娌	046	转	175
轴（一轴）	125	转动	160
轴承	075	转告	142
肘	056	转过去	148
咒	107	转世	108

转世佛	110	紫檀	034
转弯	152	紫燕	021
转弯处	078	自傲	137
桩子	071	自从	119
装订	174	自行车	075
装肉的口袋	092	自己	121
装入	146	自夸	137
装套	174	自然界	010
装碗筷袋	092	自如心宽	129
撞	160	自由	097
追	150	自由市场	098
追寻	150	字	100
锥子	078	宗教	107
准备	166	棕色	128
拙	133	棕熊	017
桌撑子	074	总理	052
桌面	074	总统	052
桌椅踏板	074	纵	131
桌子	073	走	149
桌子斗拱	074	奏章	100
桌子腿	074	租	144
啄	173	族际	044
啄木鸟	021	族长	052
资料	100	诅咒	169
子弹	089	阻挡	161
子宫	060	阻塞	161
紫	127	祖父	044
紫菜	043	祖母	044
紫草	037	祖先	043
紫罗兰	036	钻洞	173

钻弓	078	尊重	157
钻入	173	鳟鱼	028
钻石	016	昨天	118
钻透	173	左	115
钻研	173	左边	115
钻子	078	左撇子	052
嘴	055	坐	147
嘴唇	055	坐褥坐垫	066
嘴角	055	坐月子	106/167
最	180	座（一座）	125
最近	179	座椅	073
罪	112	做	155
罪孽	112	做工	175
醉	167	做买卖	175
醉酒的	136	做梦	175
醉如烂泥	136	做生意	175
尊敬	156	做细/弄细	175

五　杜拉尔鄂温克语基本词汇英文索引

A

a block of wood ············ 033
a box of ············ 125
a bunch of ············ 124
a bundle wrapped in cloth　085
a burst of ············ 125
a couple by the first marriage ··· 045
a drop of············ 125
a full year of life ············ 117
a generation ············ 125
a good rain after a long
　　drought ············ 009
a handful of ············ 124
a heap of/a pile of ············ 124
a high-fronted、curtained
　　carriage ············ 071
a hole in the ground ············ 010
a layer············ 125
a light heart ············ 048
a line drawn ············ 065
a little············ 126/181/182
a married woman's parents'
　　home ············ 047
a moment ············ 182/183
a packet of············ 125
a page ············ 125
a pair of ············ 125
a part ············ 124
a party ············ 124
a piece of ············ 124
a piece of/a sheet of············ 124
a round/a scene ············ 125
a set of ············ 125
a sheet of ice············ 015
a side ············ 125
a slice of ············ 125
a string of ············ 125
a system of brackets············ 071
a while ············ 182
abacus············ 099
abdominal distension ············ 113
ability ············ 106

above	179	agree	158/176
absorb	139	agriculture	097
accelerate	150	ah	184/185
according to	182	ah yo	185
account	099	air	008
across	149	aircraft	076
act like a spoiled child	169	airduct	077
act shamelessly	169	alas	185
act wildly	169	all	121/181/182
actor	050	all kinds	181
Adam's apple	056	all night long	118
addition	163	all of a sudden	181
adobe	077	allocate	152
adopted son	046	allow	150
adoptive father	047	ally	170
adoptive mother	047	almost	181
adret	012	alms bowl	111
adult	048	along	131/184
advantage	096	along with all the others	182
advice	101	already	179
adze	079	also	183
aesthetic	136	altair	009
affection	096	although	184
after	115/179	altogether	182
afternoon	118	always	179/181/182
again	183	amaranth	041
against	169/184	amber	016
agate	016	ambush	178
age	107/117	among	115
aging	159	amount	170

analogous	136
ancestor	043
ancle	044
and	179/181/183/184
angle	116
angry	157
animal	016
animal belly skin	031
animal breast	031
animal embryo	032
animal hoof	031
animal husbandry	097
animal jaw	031
animal meat	069
animal nail	031
anklebone	059
annals	100
annihilate	177
annotation	101
anoint	160
answer	142
answer back	162
ant	027
antiquity/ancient times	119
antler	030
antler root	031
anus	058
Aobao Festival	105
ape	017
aphid	027
apparent	135
appearance	054/066/106
appearance and physique	106
apple	039
appliance	078
apprentice	050
approach	169
appropriate	176
apricot	040
apricot flower	036
apricot tree	034
April	117
apron	063
area	125
argue	140/177
arm	056
arm spread	126
armed forces	170
armor	088
armpit	056/057
armpit	056/057
armyman	051
around	115/125
arrive	151
arrow	088
arrow box	089
arrow cover	089
arrow target	089
arrow with flat head	089
arrow with pointed head	089

arrow with whistle	088
art	097
article	100
artist	053
as if	181
ash	015
ashamed	154
ashen horse	025
ask	141
ask for	144
askew	131
ass	058
asthma	113
asthma due to phlegm	113
astringent	134
asymmetric	138
at a stretch	182
at first	183
at once	180
at the end of ridge	012
at this point	181
at this time	121
attach importance to	157
attack	143
attitude	096
August	117
aunt	044/045
auspicious	138
autumn	118
average	178
avoid	112
awareness	096
awkward	133
awl	078
ax	078
axle	075
azalea	036

B

baby	046/048
baby badger	018
baby deer	017
baby diapers	066
baby Mongolian gazelle	018
baby moose	018
baby otter	020
baby river deer	018
bachelor	048
back	057/115
back of a knife blade	080
back-end of a kang	072
backpack frame	083
backward	116
bad	128
bad omen	112
badger	018
bag to contain bowls and chopsticks	092
bag to contain meat	092
bah	184

bait	090	basketball	104
bake in a pan	155	basswood	034
bald	132	bastinado	173
bald man	049	bat	020/022
baldhead	049	bathe	154
ball	104	bathhouse	073
baloney	140	battle	088
bamboo basket	087	bay	013
bamboo shoot	043	beach	013
ban	145	beak	032
band	085	beam	071
bandit	051	bean	043
bandy legs	050	bean mouse	019
banish and exile	165	bean oil	068
bank	099	bean sprout	043
banner	093	bear	017
barbecue	154	Bear God	109
bare kang	072	beard	058
barge bowl	080	bearing	075
barge pole	076	beast trap	091
barley	039	beat	143
barn	095	beautiful	136
barrel	082	because	183
barrel hoop	082	beckon	144
barren mountain	012	become blind	166
basil	037	become hunchbacked	166
basin	081	become mildewed	168
bask in the sun	164	become poor	159
basket	079/087	become rancid	156
basket willow bud	042	become rich	160

bed	072/073	big arrow	088
bedbug	027	big boar	020
bee	026	big bread	069
beer	069	big broom	066
before	115/179	big flittering hook	090
beg	158	big house/ legal wife	073
beg for food	169	big turnip	042
beggar	051	big water vat	083
Beginning of Spring	158	big wineglass	081
Beginning of Summer	158	bilge	076
behavior	096	billow	013
beige horse	025	bind	172
Beijing	095	binding	174
bellows	077	biography	100
belly	057	birch bark	034
below	115	birchbark barrel	082
belt	064	birchbark basket	074
belt buckle	064	birchbark boat	076
belt plaque	064	birchbark bowl	080
bend	147/152	bird	020
bend in the river	013	bird chicken breast	032
benevolence	107	bird in the sky	020
bent	130	bird tweeting	142
berth	014	birds	020
bet	143	birthday	105/106
better/more	180	bitch	023
bezoar	112	bite	139/169
bicker	169	bitter	134
bicycle	075	bitter gourd	042
bid	140	bitterling fish	028/029

black	127	blue	127
black bean	043	blue-green	127
black bear	017	bluestone	011
black birch	034	blunt	132
black flies (midge)	026	blunt (knife)	129
black grey horse	025	boa	064
black pepper	069	boar	020
black spider	026	board	071
blackboard	102	boards for pressing things	077
blackfish / eel	029	boast	137
blacksmith	050	boat	076
bladder	060	bobbed	129
blanket	066	bobcats	023
blanket net	090	body	054
blessing	107	body dirt	061
blimey	185	body odor	113
blind	132	bog down	161
blind mouse	019	boil	113/155/161
blind person	049	boil water	155
blizzard	010	boiling water	155
bloated	130	bolt	071
block	160/161	bolt of a bow	088
blood	060	bone	058
blood clot	060	bone groove	059
blood coagulation	168	bone in horse's knee	030
blood in flesh	060	book	100/102/103
blood vessel	060	bookmark	101
bloom	159	books	102
blow	140	bookshelf	102
blow one's nose	145	bookstore	102

boot waist	064	brand	103
boots	064	brandish	146
boots with leather strap	064	brass	015
bored	157	brazier	015/081
boring	136/138	breach	153
borrow	144	bread	069
bottle	081	break	162/172
bottom	115	bream	028
bottom of the barrel	082	breast	057/068
bow	076/088	breath	060/139
bow cover	088	breed	167
bow holder	088	brick	072
bow pad	088	bricklayer	050
bow sheath	088	bridal chamber	106
bowl	080	bride price	166
bowl with an open mouth	080	bridge	078
box	074	bridge of the horse nose	030
boy	048	bridge of the nose	055
bracelet	067	bridge opening	012
braces	085	bridle	093
brag	169	briefcase	066
braid	058/154	briefs for woman	063
brain	055	bright	133/135/136
braised dish	067	bright color	128
bran	038/070	bright colors	128
bran light	084	brim of a hat	063
branch	032	brim of a sole	065
branch knot	033	brisk	134
branch of a river	013	Britain	119
branch tip	032	broad	137

broadsword ·················· 089	stones ······················ 161
broken ················· 162/172	building, pavilion ············ 094
bronze mirrors ··············· 067	bulb ························· 084
bronze-colored ··············· 128	bulging belly ················ 165
brook ························ 013	bulky ························ 133
broom ···················· 066/087	bull ························· 023
broom corn millet ············ 039	bullet ······················· 089
broth ························ 068	bullhead ····················· 029
brother-in-law ··········· 045/046	bull's-eye ··················· 089
brothers ····················· 046	bully ························ 172
brown ···················· 127/128	bun ·························· 058
brown bear ··················· 017	bundle ······················· 164
bruised and lacerated ········ 166	bungalow ····················· 070
brume ························ 009	bureau ······················· 095
brush ························ 067	burin ························ 079
bubble ··················· 014/174	burl on a tree ··············· 033
buck ························· 017	burn ····················· 154/155
bucket ······················· 082	burn red ····················· 154
bucket handle ················ 082	burned ······················· 154
buckle loop ·················· 062	burp ························· 143
buckskin clothing ············ 063	bury ····················· 171/178
buckwheat ···················· 038	bus ·························· 075
bud ·························· 032	bushy ························ 128
buddha ······················· 110	business ····················· 098
buddha ······················· 110	businessman ·················· 051
buffalo ······················ 024	buskin ······················· 064
bugle ···················· 088/104	bustard ······················ 020
bugle ···················· 088/104	busy ····················· 135/144
build ························ 176	but ······················ 180/184
build by laying bricks and	but ······················ 180/184

butterfish ·················· 029
butterfly ··················· 026
buttocks ··················· 060
button ····················· 062
button a shirt ·············· 174
buttonhole ················· 062
buy ························ 175
buzz ······················ 185
by ························ 146

C

cabbage ··················· 041
cabin ······················ 076
cabinet ················ 074/094
cabinet on the Kang ······· 074
cable ······················ 085
cadre ······················ 053
cage ······················ 073
calf ······················· 024
calkin ····················· 064
call ···················· 140/141
call back the spirit of the dead ··· 171
call for ···················· 177
call the roll ················ 140
call, say ··················· 140
called ····················· 178
callus ····················· 114
calm down ················· 177
Cambodia ················· 120
camel ····················· 024

camel saddle ··············· 092
camellia ··················· 036
campaign ·················· 170
camphor ··················· 033
can ···················· 171/178
Canada ··················· 119
canal ····················· 014
candlestick················· 084
cane······················· 090
canoe ····················· 076
canteen ··················· 099
canthus ··················· 055
cap ······················· 083
capital····················· 093
car ······················· 075
card ······················ 104
cards ····················· 104
careful ···················· 134
careful and meticulous ···· 175
carnival ··················· 105
carp ······················ 028
carp hook ················· 090
carpenter ················· 050
carpesium abrotanoides ··· 042
carpus ···················· 059
carriage ··················· 077
carrot ····················· 041
carry a load ··············· 164
carry forward ············· 165
carry on the back ········· 146

cartilage	059	celery	041
carve	152	celibate	052
carving	103	cellar	073
case	095	centenarian	117
cashier desk	098	center	115
cask	082	center of a flower	037
casserole	083	center of the hoof	030
cast	146	centipede	026
cast net	163	century, era	119
castor oil plant	035	cerise	127
castrate	173	certain	121
castrated sow	020	chafing dish	083
casual	183	chain	086
cat	023	chair	074
catch	172	chairman	052
caterpillars	026	champion	124
catfish	028	chancellor	053
catkin	033	change	097/99/159/175
cattail	038	chant	140
cattle	023/024	chap	169
cattle herdsman	053	chapter	100
cattle mooing	141	character	105
cattle, bullock	023	charcoal	016
cauldron	082	chase	150
cautious	175	chat	140
cave	012	chatter	140
cedar	035	cheap	129
ceiling	072	cheek	056
celebrate the New Year	158	cheese	068
celebrity	049	chef	050

cherish	156	Chinese prickly ash tree	035
cherry	039	Chinese sauerkraut	043
cherry-apple	035	Chinese sorghum	038
chess/weiqi	104	Chinese toon tree	035
chest	057/074	chisel	078
chest apex bone	059	choke	139
chest fork cartilage	059	chongzui fish	029
chest with handles	074	chopping board	077
chestnut	040	chopping plancon	083
chestnut horse	025	chopsticks	080
chew	139	chrysanthemum	035
chi	126	cicada	025
chick	022	cicinnus	031
chicken	022	cigarette holder	070
chicken stone	016	city	093
chickenpox	113	city wall	094
child	048	civilization	097
child brides	046	clarify	173
chili	042	class	093
chimney	072	classical Chinese poetry	103
chimney clapboard	072	classify	102
China	119	classmate	053
China rose	036	clavicle	059
Chinese cabbage	041	clean	135
Chinese chess	105	clear	135/136
Chinese cypress	033	clear up	150
Chinese date	039	cleft	094
Chinese ink	102	clever	133
Chinese parasol	034	clever person	048
Chinese peony	036	cliff	011

climate	010	coal	016
climb	147	coarse	130
climb	147	coax	141
clip arch	091	coax children to sleep	153
clip mouth	091	coccyx	059
clip tongue	091	cock crowing	141
cloak	062	cockroach	027
clock and watch	067	cockscomb	036
close	153	cocky	166
close (eyes)	153	coconut	040
close friend	052	coffee	070
close neighbors.	052	coffin	078
close relative	052	colander	081
clot in embryo	032	cold	113/133
cloth bag.	091	cold Dew	009
cloth cover of fur coat	062	cold dish	069
cloth gown	061	cold sores	114
cloth shoes	064	collapse	143/161
clothes	061	collar	062
clothes hanger	075	collar for woman	063
clothes hook	075	collection of illustrative plates	103
clothes lining	062	collusion	163
clothing	061	color	126
clothing surface	062	colt	024
cloud	009/150	coma	166
cloud accumulation	150	comb	067/154
cloudy	136	combine	152
clownish	138	come	150
club	090/103	come away empty-handed	173
clumsiness	170	come back	152

come out	153	consciousness	097
come unsewn	153	consistent	182
comfortable	173	constitution	093
comma, dot	102	content	095
comment	176	continuation	125
common	181	continue	170
common Crane	022	contradiction	101
company	097	conventional duty	093
compensate	176	convery	142
competent person	048	convex	129
compile	101	convex forehead	054
complain	157	convex tenon	072
complain/sentimental	157	convey	177
complete	180	cook over a slow fire	155
computer	098	cooking stove	077
concave	129	cool	133
concave forehead	054	cool down	157
conceal/hide	169	cooperation	176
concealed wall	094	copper	015
conch	030	copper basin	082
concubine	045	copper bowl	080
confidence	107	copper pot	083
confinement in childbirth	106/167	copper xuan	082
conflict	143/175	copy	101
conflict	143/175	coriander	041
Confucian classics	100/111	cork	079
confuse	177	corn	039/114
congee with meat	068	corner	073
congratulate	157	corners of the outh	055
connect	174	corpse	111

correspondent	053	cowpea	043
corridor	072	crab	030
corsac	017	crabapple	040
cotoneaster tree	034	crabapple tree	035
cottage cheese	068	crack	143/162
cotton	035	crack in a mountain	012
cotton batting	066	cradle	085
cotton broadband	085	cramp, convulsion	067
cotton cloth	065	crate	079
cotton string	085	crawl	147
cotton wadded jacket	061	crazy	169
cotton wadded robe	061	cream	068
cotton-padded clothing	061	cream cake	068
cotton-padded mattress	066	cream-colored	128
cotton-padded trousers	063	crease	065
cough	168/184	create	176
count	178	credentials	100
country	093	creek	014
countryside	095	creel	091
countryside	095	creep	147
county	095	creeper	037
courtesy	106	crescent	008
courtyard	070	cricket	026
cousin	046/047	cricket calling	142
cousins	046	crime	112
cover	083/146/162	criticise	158/177
cover (head)	162	crooked	130
covered truck	077	crop	032
cow	023	cross	149/151
cow leather	031	cross a river	149

cross one's legs…………… 147
crossbar on top of the shaft 075
crossbow ………………… 089
crossbrace at the bottom of the vehicle ………………… 075
cross-cousin ……………… 047
cross-eyed ………………… 049
crotch ……………………… 063
crow ……………………… 021
crow calling ……………… 142
crow with colored neck … 021
crowbar …………………… 091
crowd ………………… 054/178
crowhop …………………… 148
crucian …………………… 028
cruel ……………………… 137
crushe ……………………… 172
crust ……………………… 010
crust of eggshell ………… 032
crust of fruit seed ……… 041
crutch ……………………… 085
cry ………………………… 141
cuckoo …………………… 021
cuckoo calling …………… 142
cucumber ………………… 042
cuff ………………………… 062
culture …………………… 097
culvert …………………… 012
cun ………………………… 126
cunning …………………… 134
cunning …………………… 134
cuoluozi/conical shack … 070
cup ………………………… 080
cupping jar………………… 114
curette …………………… 067
curious …………………… 137
curl ………………………… 148
curled hair ……………… 148
curriculum ……………… 100
curse ………………… 107/169
curtain …………………… 075
cushion …………………… 066
custom …………………… 105
cut …………………… 152/165
cut off……………………… 162
cymbals …………………… 104
cypress …………………… 033

D

dab hand…………………… 048
daffodils…………………… 036
dairy cattle………………… 024
daisy ……………………… 036
dalian ……………………… 092
dam ………………………… 014
damage …………………… 172
damaged ………………… 164
damp ………………… 131/174
dance ………………… 103/149
dandruff ………………… 061

dandy brush/ currycomb	076	decompose	152/160
dangerous	137	dedicate	167
dangerous mountain slope	012	deep	129
daphne odera	038	deep color, dark blue	127
Daphne odora	036	deep-fried dough cake	069
dare	171	deer	017
dark	136	Deer God	109
dark blue	128	deer-hunting pit	077
dark color	127	deft man	048
dark green	127	dehiscence	143
data	100	delay	160
daughter	046	deliberately	181
daughter-in-law	045	delicate	133
dawdle	175	deliver	167
dawn	008	demand / request	158
day	117	dementia	133
day lily	042	democracy	097
daytime	118	demon	111
dazzling	136	depart	151
deadwood	035	department	095
deaf person	049	depilatory leather clothing	062
deal	175	depilatory leather pants	063
deal with	177	depressed	164
debt	175	desert	011
December	117	desk	073
decide	158	desk with drawers	074
decide in consultation	101	desktop	074
declared	136	develop	176
decline	144/157	devil	111
decline in value	147	dew	009

diamond	016	dispatch	158
diarrhea	165	dissolute girl	050
diced meat	068	distant relatives	052
dictionary	103	distinguish	152
diddle-net	090	distort	152
die	171	disturb	158/161
die out	155	ditch	10/14
difference	170	divine banner	108
difficult	133	divine bell	108
dig	148/159	divine blade	108
dig out	145	divine drum	108
digest	140	divine mirror	108
digital	098	divine music	108
diligent	147	divine pillar	108
dining table	073	divorce	149
dip	160	dizziness	166
direction	114	dizzy	165
dirt	135	do	155
dirty	135	do business	175
disability	113	docile horse	025
disabled person	049	doctor	051/112
disaster and cumbersome	096	doctor	051/112
discuss	101/176	dodge	172
disease	112	doe	017
Disease God	109	dog	023
disengage	149	dog barking	141
disgrace	128	dog eagle	022
disgusting	138	dog louse	027
dish	067	dog sled	077
dish rack	074/077	dominate	169

domino	104	drill bow	078
don't	178/185	drill into	173
donkey	025	drill through	173
door	071	drink	068/139
Door God	109	drive	162
door-hinge	071	drive away	172
dote on	156	driver	053
Double Ninth Festival	105	drizzle	009
double-edged fine-toothed comb	067	drop	147/160
		drop around/ tourism	149
down	115/116/150	drought	084
downfall	148	drug	112
downstream	014	drum	104
downtown area	093	drum stick	104
doze	153	drunk	167
draft	142	drunkard	051
drag	144	drunken	136
dragon	027	dry	131
dragon bird, sand grouse	022	dry dace	029
Dragon Boat Festival	105	dry grain	164
dragonfly	026	dry in air or sun	160
draw back	148	dry in the sun	164
drawer	075	dry up	164
dream	106/175	dryland willow	034
dress up	143	dual	138
driftbolt	079	duck	023
driftbolt of old-fashioned key	086	dumb	049
		dumpling	068
drill	078	dune	011
drill a hole	173	dung beetle	027

dusk ……………………… 118	earwax ……………………… 061
dust ……………………… 010	east ……………………… 114
dustpan ……………… 066/079	eastbound ……………………… 116
dwarf ………………… 050/051	easy ……………………… 133
dye …………………… 085/160	eat ……………………… 139
dysentery ………………… 113	eaves ……………………… 072
	echo ……………………… 141
E	echo of bell ……………………… 104
each ………………… 121/182	economize ……………………… 176
each other ……………… 183	economy ……………………… 093
eagle ……………………… 021	edge of a kang ……………………… 072
Eagle God ……………… 109	edge of a knife ……………………… 080
eagle net ………………… 091	edible wild herbs ………… 041
eaglet …………………… 021	education ……………… 096/175
ear ……………………… 055	education ……………… 096/175
eardrop ………………… 066	eel ……………………… 029
earflap …………………… 063	egg ……………………… 032/069
earhole ………………… 055	egg white ……………… 032/069
earless owl ……………… 021	eggplant ……………………… 042
earlobe ………………… 055	egg-white ……………………… 127
early ………………… 131/179	eh ……………………… 184
early in the morning ……… 182	eight ……………………… 122
early season rice ………… 039	eighteen ……………………… 123
earring ………………… 066	eighty ……………………… 123
earth ……………………… 010	either ……………………… 183
earth dam ……………… 014	either side of the small of the
Earth God ……………… 109	back ……………………… 057
earthen jar ……………… 081	elbow ……………………… 056
earthquake ……………… 010	elder ……………………… 044
earthworm ……………… 027	elder brother ……………………… 045

elder sister	045	envelope	099
elderly	047	epidemic disease	113
elderly man	048	epilepsy	113
eldest daught	046	equality	097/107
eldest son	045	equivalent	138/183
elegant	136	equivocate	148
elephant	016	error	096
eleven	122	escape	149
eliminate	155	escapee	054
elm	035	esophagus	056
embarrassed	157	estimate	101/156
embroider	174	estrus	165
emerge	161	estuary	013
emperor	053/110	etiquette	106
empty	128	Even God	109
encourage	177	even month	117
end	119/170	evening	118
endure	144	every day	117
endways	184	every night	118
enemy	054	everyone	120
energy	106	everywhere	122
engrave	152	evil	128
enjoy	153	ewe	024
enjoy oneself	151	exactly	181
enjoy the cool	168	examination	101
enough/sufficient	178	example	104
enter, go into	150	excavate	165
enterprise	097	excellent	128
entertain	106	excerpt	145
entrust	158	excessively	182

excited ················· 157	face mask for woman ······ 063
excitement ··············· 096	factory ················· 097
exercise one's wits for personal gain ················· 169	fade ················· 160
	fail ················· 177
exert oneself ············ 170	faint ················· 165
exhale ················· 139	fair ················· 138
exile ················· 178	fairy ················· 110
expectorate ············· 141	faith ················· 107
expensive (price) ········ 129	fall ················· 146/147
experience ············· 097	fall ill ················· 164
expire ················· 151	fall into ················· 173
explain ················· 140	fall off ················· 175
exploit ················· 172	FALSE ················· 128
expose ················· 153	family ················· 043
express ················· 140	family occasion ········· 044
exquisite ················· 133	famous ················· 138
extract ················· 160	fan ················· 066/155
extremely ················· 180	fang ················· 030
extremely conceited ······ 169	fan-like ears ············ 049
eye ················· 055	far ················· 130
eye gum ················· 060	farmer ················· 051
eye socket ············· 055	fart ················· 060
eyeball ················· 055	Fascist ················· 051
eyebrow ················· 058	fast ················· 129/180
eyelash ················· 058	fast arrow ············· 088
eyelid ················· 055	fat ················· 060/135
eyes lighting up ········· 142	father ················· 044
	father of one's daughter-in-law or ················· 047
F	
face ················· 056	son-in-law ············ 046

father-in-law	044/047	femur	059
faucet	079	fen	126
fault	096/149/151	fence	070
fear	171	fenced	153
fearsome	138	fennel	042
feather	032	ferment	156
feather fan	066	ferry	076
February	117	ferry-place	014
feces	060	fester	168
feed	073/139/169	festival	105
feed forage	139	fever	154
feel lazy	165	few months old colt	024
feel wronged and act rashly	157	few months old wild boar	019
felt	065	few/little	130
felt gown	062	fiddle	163
felt hat with earlaps	063	fiddlehead	041
felt mattress	066	field	038
felt socks	065	fiery horse	025
female	137	fifteen	123
female black bear	017	fifth	124
female brown bear	017	fifty	123
female fish	027	fig	040
female genital	058	fight	143/169/170
female mink	016	fight, fight	170
female Mongolian gazelle	018	file a suit	175
female moose	018	file of statement of account	103
female otter	020	files	100
female river deer	018	fill with	160
female roe deer	018	filling	067
female wild boar	019	fin	028

finch ················· 020	fishing rod ············· 091
fine ··············· 099/130	fishing tool made of bamboo ················ 091
fine hair on the human body ················· 058	fishskin ················· 065
fine soft hair ············ 032	fishskin boots ············ 064
finger ················· 057	fishy ··················· 135
fingered citron ··········· 040	fishy smell ·············· 070
fingernail ··············· 057	fist ···················· 056
fingerprint ·············· 057	five ···················· 122
fire ················· 015/084	flag ···················· 093
fire clip ················ 015	flame ··················· 084
fire pot ················· 081	flameless fire ············ 015
firecracker ·············· 105	flapping moth ············ 026
firefly ·················· 026	flash ··················· 165
firewood ················ 084	flat ···················· 131
firm ··················· 132	flat back pot ············· 081
first ················ 123/183	flax ················· 043/065
first child ··············· 045	flea ···················· 027
fish ·············· 027/069/163	fleck ··················· 032
fish bag ················· 091	flee ···················· 172
fish basket ··············· 091	flesh ··················· 060
fish leather clothing ······· 065	fletching ················ 089
fish oil ················· 028	flinch ·················· 160
fish out ················· 160	fling ··················· 162
fish scale ················ 028	flint ················ 011/084
fishbone ················ 028	flippant ················· 132
fishermen ··············· 051	float ··················· 161
fishhook ················ 090	float on a fishing line ····· 091
fishhook line ············· 091	flood ··············· 014/161/165
fishhook tip ·············· 090	flood dragon ············· 027

flooded with icy water …… 015	forest …………………… 035
floral ……………………… 128	forever ………………… 182
flour ………………… 039/067	forget …………………… 156
flow……………………… 161	forgive ………………… 157
flower …………………… 035	forgiveness …………… 107
flowerpot stand ………… 074	fork …………………… 079
fluffy …………………… 132	fork in the road ……… 078
flute …………………… 104	form a circle ………… 162
flutter and fly ………… 143	form a gap …………… 162
fly …………………… 026/151	formal dress ……… 061/106
flying dust …………… 010	formerly ………… 119/179
flying squirrel ………… 019	fortified village……… 071
fog ……………………… 009	fortune teller ………… 051
fold …………………… 163	forty …………………… 123
folks …………………… 052	forward ………………… 116
followed by …………… 183	foul smell …………… 134
fontanel ………………… 055	foundation …………… 072
food …………………… 067	four …………………… 122
food steamer ………… 083	four days from now …… 118
foodstuff ……………… 038	four eye dog ………… 023
fool …………………… 050	fourteen ……………… 122
foolhardy ……………… 135	fourth ………………… 123
foot …………………… 058	four-year-old cattle …… 024
foot bindings ………… 065	four-year-old horse …… 024
foot of a mountain …… 012	fox …………………… 017
footprint ……………… 106	foxtrel………………… 112
for the time being …… 184	fracture ……………… 162
force ………………… 106/172	fragile ………………… 135
forehead ……………… 054	fragrans ……………… 036
forenoon ……………… 118	frame up ……………… 161

France	119	fruit	033/039
frank	137	fruit fork	081
freckle	114	fruit navel	041
free and smooth attitude	129	fry	028/155
free market	098	full	135/139
freedom	097	full moon	009
freeze	164	funeral oration	111
freezing	015	fungus	043
freezing spring snow	010	funnel	081
fresh	136	fur	031
Friday	124	fur coat	062
fried dough twist	069	fur of a fox	031
fried noodles	069	fur of a lynx	031
friend	052	fur of a roe	031
frighten	168	fur robe	061
frightened	138	fuse	090
frivolous	167	fuzzy	133
frog	027		
from	119	G	
front	115/116/138	gab	141
front Fin	028	gable	071
front tooth	055	gable girder	071
frontal angle	055	gallop	151
frontier	093	gamble	168
frost	9/10/159	game	105/170
frostbite	114	Gansu	095
froth	060	gap	143
frown	168	gapaya	040
frozen	164	garbage	084
frozen snow	164	gargle	154

garland chrysanthemum	041	girl	048
garlic	042	girlfriend	052
gash	152	girth	092
gasket	083	girth behind saddle	092
gate of a courtyard	071	girth scoop	092
gather	176	give	166
gecko	027	give a backward kick	173
gelded horse	024	give birth to	167
gelded sheep	024	give name to	167
generally	181	give or take an injection	152
geography	010	give up	108
geometrid	026	glass	071
Germany	119	gloomy	136
germinate	159	glory	128
get	151/171	glossy ganoderma	038
get close to	130/169	gloves	064
get dirty and messy	170	glutinous millet	039
get in and out of the crowd	173	go	149/150
get lost	177	go back	151
get married	166	go bankrupt	172
get out	150	go out	153
get rid of	149	go through	151
get rusty	164	go too far	149
get up	147	go up / board	150
ghost	111/112	goat	024
gider	071	goatskin	031
gift	106	gobi	011
gill	028/056	goblet	081
ginger	042	god	048/108
ginseng	038	God	109

god mallet ·············· 108	grade ·················· 093
god statue ············· 110	grain depot············ 070
god taking charge of ghosts ··· 109	granddaughter ········ 046
goddaughter ·········· 047	grandfather ··········· 044
goddess ················ 110	grandmother ·········· 044
goddess taking charge of ghosts ················ 109	grandson··············· 046
	grant ··················· 167
godess ·················· 110	grape ··················· 039
godfather ·············· 047	grapefruit ·············· 040
godmother ············· 047	grass ···················· 037
gods ···················· 108	grasshopper ··········· 026
godson ················· 047	grassroots fish ········ 028
gold······················ 015	grave ··················· 111
golden onions ········· 041	gravy ··················· 068
goldfish ················ 028	gray······················ 127
gone bad ··············· 164	grazing ················· 146
gong ···················· 104	greasy··················· 135
good ···················· 128	great-grandfather ····· 044
goose ··················· 023	great-grandmother ···· 044
goshawk ················ 021	great-grandson ········ 046
gourd ··················· 042	great-great-grandson ····· 046
gourd ladle············· 080	green ··················· 127
govern··················· 176	green bean ········ 042/043
government ············ 093	green bristlegrass ····· 037
gown ···················· 062	green Crow ············ 022
grab···················· 144/172	green light ············· 099
grace ··················· 107	green peppers ········· 042
gradations marked on the beam of a steelyard············ 085	grets ···················· 022
	grief ···················· 157
	grind dry ··············· 087
················· 085	

grinding rod	087	hail	010
grindstone	087	hailiu horse	025
grip	144	haiqing/gyrfalcon	021
groceries	098	hair	031/058
grocery store	099	hair on the temples	058
groom	053	hair parting	058
grope	144	hair tip	031
ground	010	hairclasp	067
grow out	159	half	123/180
grudge	157	half an hour	119
gruel	068	hall	073/095
guarantees	098	halter	076
guard	049/142	hammer	078
guess	156	hammer clothes	174
guest	052	hamstring	058
guesthouse	098	han yan/swallow	021
guide	053	hand	056
gull	022	hand and foot retardation	050
gulped down a sob	141	hand, foot sweat	060
gum	055	handkerchief	065
gun	089	handle	085
gun charging	089	handle affairs	155
gunlock	089	handleless round wooden container	082
gunpowder	089	handsome	136
		hang	163/170
H		hanging pot	083
ha	184	happiness	096/173
ha ha	184	happy	134/157/173
habit	105	harbor bitter resentment	171
hack	152		

hard ································· 130/144
hare ································· 019
hare-lip ···························· 049
harmonica ························· 103
harmonious ······················· 134
harness an animal to a cart ··· 162
harpoon ···························· 090
harrier······························ 023
harrow ····························· 158
hat ·································· 063
hat stand ·························· 075
hat strap ·························· 063
hat tassel ························· 063
hat with earlaps················· 063
hatch ······························ 167
hate ································ 157/171
hateful ···························· 134/138
hatred ···························· 114/157
have ······························· 151/178
have a cold, cold ··············· 168
have a haircut ·················· 154
have a meal ····················· 139
have sore ························· 167
have to do with ················ 136
having holes ···················· 132
hawthorn ························· 035/040
hay cutter ························ 079
hay for bed······················· 038
hay for covered pen ··········· 038
hay hoard ························ 079

hay-yellow horse ············· 025
hazelnut ························· 040
hazelnut tree ··················· 034
he ································· 120
head ······························ 054
head of a bow ·················· 088
head of a township ··········· 052
head of aqi······················ 052
heap ······························ 174
heart ····························· 059
heartbeat ························ 143/148
heavy ···························· 131
heavy rain ······················· 009
heavy smoke ··················· 015
hedgehog ························ 019
heel ······························· 058
Heilongjiang ···················· 094
hell ································ 111
helmet···························· 088
help ······························· 158
helper ···························· 052
hem ······························· 062
hem of the front of a Chinese
 garment ······················ 062
hemorrhoid ····················· 113
hemp ····························· 038/085
hemp rope ······················· 085
hen ································ 023
hen cackling ···················· 142
henhouse ························ 073

herb	112	hit	160/170
herdsman	051	hitch	162
here	121	ho	185
hero	051	hobby	021
heroic	171	hoe	086/173
hey	184/185	hog-nosed badger	018
hibiscus	035	hold a meeting	176
hiccups	143	hold a memorial ceremony for	111
hide	171/172	hold in arms	146
high	129	hold in hands	145
high school	100	hold under the arm	145
high temperature fire	155	hold, hug	146
high waist shoe strap	064	hole	012
high-heeled shoes	064	holly	035
highland barley	038	holster	089
highway	078	holy book	110
hill	011/012	holy fruit	110
hill slope	011	holy god	110
hillside	011/012	holy pole	110
hilt	080	home	071
hind fin	028	hometown	043
hindneck	056	honest	134
hinge	072	honey	069
hip	058	hook	090/163
hipbone	058	hook of a carrying pole	079
hippeastrum	021	hoop handle of a bucket	082
hire	158	hoopoe	022
hiss	185	hoppers	027
historical novel	100	horn inkstone	102
historical records	100		

hornless cow ⋯⋯⋯⋯⋯ 024	house ⋯⋯⋯⋯⋯⋯ 070/095
horse ⋯⋯⋯⋯⋯⋯⋯⋯⋯ 024	household ⋯⋯⋯⋯⋯⋯ 071
horse chest ⋯⋯⋯⋯⋯⋯ 030	housing cover ⋯⋯⋯⋯⋯ 072
horse getting frightened ⋯ 151	how ⋯⋯⋯⋯⋯⋯⋯⋯⋯ 122
Horse God ⋯⋯⋯⋯⋯⋯ 109	how much/how many ⋯⋯ 122
horse head mane ⋯⋯⋯⋯ 030	however ⋯⋯⋯⋯⋯⋯⋯ 184
horse heel ⋯⋯⋯⋯⋯⋯ 030	huaji fish ⋯⋯⋯⋯⋯⋯ 029
horse kicking back ⋯⋯⋯ 151	hub ⋯⋯⋯⋯⋯⋯⋯⋯⋯ 075
horse milk ⋯⋯⋯⋯⋯⋯ 030	huddle ⋯⋯⋯⋯⋯⋯⋯ 166
horse neighing ⋯⋯⋯⋯ 141	huddle up because of cold 168
horse pole ⋯⋯⋯⋯⋯⋯ 076	hui grass ⋯⋯⋯⋯⋯⋯ 038
horse pulling a load ⋯⋯ 151	hujia ⋯⋯⋯⋯⋯⋯⋯⋯ 104
horse race ⋯⋯⋯⋯⋯⋯ 024	hum ⋯⋯⋯⋯⋯⋯⋯ 184/185
horse riding ⋯⋯⋯⋯⋯ 163	human body ⋯⋯⋯⋯⋯ 054
horse shank ⋯⋯⋯⋯⋯ 030	humane ⋯⋯⋯⋯⋯⋯⋯ 138
horse tail hair ⋯⋯⋯⋯ 030	humble ⋯⋯⋯⋯⋯⋯⋯ 129
horsefly ⋯⋯⋯⋯⋯⋯⋯ 026	humerus ⋯⋯⋯⋯⋯⋯⋯ 059
horselock ⋯⋯⋯⋯⋯⋯ 077	humiliate ⋯⋯⋯⋯⋯⋯ 172
horse's mane ⋯⋯⋯⋯⋯ 030	hump ⋯⋯⋯⋯⋯⋯⋯⋯ 032
horseshoe ⋯⋯⋯⋯ 030/077	humpback ⋯⋯⋯⋯⋯⋯ 050
horseshoe ⋯⋯⋯⋯ 030/077	hunchback ⋯⋯⋯⋯⋯⋯ 132
horseshoe print ⋯⋯⋯⋯ 030	hundred ⋯⋯⋯⋯⋯⋯⋯ 123
horsetail duster ⋯⋯⋯⋯ 066	hungry ⋯⋯⋯⋯⋯⋯⋯ 140
horsetail sheath ⋯⋯⋯⋯ 091	hunt ⋯⋯⋯⋯⋯⋯⋯ 153/178
hosono onion ⋯⋯⋯⋯⋯ 042	hunt beast ⋯⋯⋯⋯⋯⋯ 178
hospital ⋯⋯⋯⋯⋯⋯⋯ 112	hunter ⋯⋯⋯⋯⋯⋯⋯ 051
host ⋯⋯⋯⋯⋯⋯⋯⋯⋯ 052	hunting ⋯⋯⋯⋯ 090/153/178
Hosta flower ⋯⋯⋯⋯⋯ 036	hunting and fishing ⋯ 090/178
hot ⋯⋯⋯⋯⋯⋯⋯ 133/155	Hunting God ⋯⋯⋯⋯⋯ 109
hot potato ⋯⋯⋯⋯⋯⋯ 166	huqin ⋯⋯⋯⋯⋯⋯⋯⋯ 103

husband	045
husband and wife	048
husbands of sisters	045
husked sorghum	039
hygiene	097

I

ice	015
ice auger	090
ice hole	015
ice pack	091
ice-cold	133
ice-free part caused by torrent	014
icon	110
idesia	034
idle	135
idlers	051
if	183
ignite	154
illness	112
imitate	170
immediately	180
immortal	110
impatient	144
imperial court	094
imperious	137
impetigo	113
important	139
improve	176

in	116
in a daze	165
in front of	115
in full bloom	153
in hot water	155
in name only	128
in order to	183
in the same direction or seueence	182
in twists and turns	130
in vain	183
incense	111
incense barrel	111
incense holder	111
incense table	111
incite	149
incline to one side	131
incomplete	133
indeed	180
index finger	057
India	119
indoor floor	072/073
industrious	134
industry	097
infection	168
inferior horse	025
information desk	098
ingest	139
inhale	139
injured	171

ink	102	iron chain	086
inkstone	102	iron file	079
inn	099	iron hammer	078
Inner Mongolia	094	iron ingot	015
inner thigh	058	iron ridge of arrowhead	089
insect	025	iron sheet	015
insert	159/160	iron shoe	162
inside	115	iron stove	077
inspect	177	iron tweezers of a saddle	092
instep	058	iron wire	015
instruction	144	irradiate	154
intercalary	119	irrigate	174
intercept	161	irritable	137
interest	096/097/099	is/are doing	180
intervene	176	island	013
intestine	060	it	120
intestine fat	060	Italy	119
introduce	143	itch	167
introduction/foreword	101	itch scratcher	087
invasion	170	itching	167
inverting hook	090		
investigate	101	**J**	
invite	103/166	jackal	016
involve	162	jacket	061
involved in	173	jade	016/025
iridescent clouds	009	jade eye dog	023
iron	015/086	jadite	016
iron basin	081	Japan	120
iron blade of arrowhead	089	jar	081
iron bucket	082	jasmine	036

jaws of death	057	kick	148
jay	021	kidney	059
jealous	168	kill	169
jerboa	019	kilogram	126
jewelry	066	kind	107
Jilin	094	kindergarten	100
jin	126	kindling	084
jindou fish	029	king	053
joist	071	kitchen	073
judge	101	kitchen god	110
juice	033/041	kitchen knife	079
jujube tree	035	kite	105
July	117	knead	156
jump	148	knead dough	152/156
June	117	knee	057
jungle	035	kneecap	059
just	181	kneel	147
just now	179	knife	080
justice	107	knife for scrooping out	079
		knife sheath	080
		knock	144

K

kang	072	knot	085
kang/a heatable brick bed		knotweed	041
katydisd	025	know	143/173
keep in the mouth	139	Korea	120
kelp	042	Korean pine	033
kernel, seed	033	kowtow	171
kerosene lamps	084	kumiss	068
kettle	081	kylin	026
key	086		

L

Laba	105
labor	098/164
lack	160
ladder	071/091
ladle	081
lake	013
lama	110
lamb	024
lame	049/166
lamp	084
land	151
Land of God	109
lane	078/094
language	101
lanju grass	037
lantern	084
lantern support	084
Laos	120
larch	033
large	130/132
large barrel	082
large basket	087
large eardrop for man	066
large wave	013
large wild boar	019
large wok	083
lark	020
lasso a horse	162
last year	116
latch the door	153
late	131/150
late rice	039
lately	179
later	180
laugh	141
laughable	138
law	093
lawn	037
lazy	134
lead	015
lead the way	150
leader/head	044
leadership	053
leadership and guidance	176
leaf	032
leaf mustard	041/042
leak	160
lean	135
leap over	151
learn	142
leather	031
leather bag	092
leather clothing material	062
leather cord of a saddle	092
leather mallet	087
leather mittens	064
leather scraper	087
leather shoes	064
leather stocking	065

leather strap	093
leather suitcase	074
leather wood saw	087
leather wooden guillotine	087
leave	149
leaven dough	152
leeche	027
leechee	040
leek	041
left	115
left	115
left-handed person	052
leg	057
legend	103
leggings	063
leniency	157
lenok	028
leopard	016
leopard	016
leopard pinto	025
let	150
let go	145
let's	185
letter	099/102/156
lettuce	041
level up	163
ley	010
li	126
liang	126
Liaoning	094
liaotiao fence	072
libate	171
liberation	177
library	095
lid	083
lie down	147
lie prostrate	147
lie supine	147
lie/cheat	168
life	043/107/166
Life God	109
lift	146
lifting hook	090
light	008/131/181
light (taste)	135
light a fire	154
light black	127
light color	128
light tan	128
light white	127
light white color which is not bright	127
lightning	010/143
like	156
lilac	036
lily	036/041
limp and lumb	167
linden	035
lined dress	061
linen	065

lingual surface	056	long table	074
lining leather of a shoe	064	long wooden ladle	080
lion	016	long wool fur clothing	061
lip	055	longan	040
liquor chute	081	long-term farmhand	050
liter	126	loofah	042
literati	049	look	142
lithospermum	037	look for	146
little Carp	028	look for in darkness	144
live	136/153/167	look green	159
live charcoal	084	look in the mirror	154
liver	059	look up carefully	148
livestock	023	looks	054
livestock scabies	113	loose	131
livestock, embryo	023	loose ropes	174
loach	028	lord	110
load	146	lose	151/168
loaded with	173	loss	172
lock	15/86/153	lost	146
locking spring	086	lotus	036
locust	026/027	loud noise	169
locust tree	034	louse	027
log cabin	073	love	156
lonely	129	lovely	138
long	129/167/182	low	129
long ago	179	low mesa	011
long arrow	088	lower abdomen	057
long delay	150	lower door-hinge	071
long life	117	loyal	107
long since	179	luan-a mythical bird like the	

phoenix ⋯⋯⋯⋯⋯⋯⋯⋯ 020	make salted vegetables ⋯ 156
luck ⋯⋯⋯⋯⋯⋯⋯⋯⋯⋯ 107	make trouble ⋯⋯⋯⋯⋯⋯ 178
lucky ⋯⋯⋯⋯⋯⋯⋯⋯⋯ 107	make wine/brew beer ⋯⋯ 167
lucky day ⋯⋯⋯⋯⋯⋯⋯ 105	malan grass ⋯⋯⋯⋯⋯⋯ 037
luggage ⋯⋯⋯⋯⋯⋯⋯⋯ 085	malaria ⋯⋯⋯⋯⋯⋯⋯⋯ 113
lumberjack ⋯⋯⋯⋯⋯⋯⋯ 050	male ⋯⋯⋯⋯⋯⋯⋯⋯⋯ 137
lung ⋯⋯⋯⋯⋯⋯⋯⋯⋯ 059	male black bear ⋯⋯⋯⋯ 017
lying cabinet ⋯⋯⋯⋯⋯ 074	male brown bear ⋯⋯⋯⋯ 017
lymph node ⋯⋯⋯⋯⋯⋯ 113	male dogs ⋯⋯⋯⋯⋯⋯⋯ 023
lynx ⋯⋯⋯⋯⋯⋯⋯⋯⋯ 017	male fish ⋯⋯⋯⋯⋯⋯⋯ 027
lynx sheath ⋯⋯⋯⋯⋯⋯ 091	male genitalia ⋯⋯⋯⋯⋯ 058
	male god ⋯⋯⋯⋯⋯⋯⋯ 109
M	male mink ⋯⋯⋯⋯⋯⋯⋯ 016
ma ⋯⋯⋯⋯⋯⋯⋯⋯⋯⋯ 044	male Mongolian gazelle ⋯ 018
maackia ⋯⋯⋯⋯⋯⋯⋯⋯ 034	male moose ⋯⋯⋯⋯⋯⋯ 018
machine ⋯⋯⋯⋯⋯⋯⋯⋯ 098	male otter ⋯⋯⋯⋯⋯⋯⋯ 020
mackerel ⋯⋯⋯⋯⋯⋯⋯⋯ 028	male river deer ⋯⋯⋯⋯ 018
macrocephalic ⋯⋯⋯⋯⋯ 132	male roe deer ⋯⋯⋯⋯⋯ 018
madman ⋯⋯⋯⋯⋯⋯⋯⋯ 050	male tiger ⋯⋯⋯⋯⋯⋯⋯ 016
madou fly ⋯⋯⋯⋯⋯⋯⋯ 026	male wild boar ⋯⋯⋯⋯⋯ 019
maggot ⋯⋯⋯⋯⋯⋯⋯⋯ 026	malus baccata ⋯⋯⋯⋯⋯ 040
magic arts ⋯⋯⋯⋯⋯⋯⋯ 108	malus baccata tree ⋯⋯⋯ 034
magnolia ⋯⋯⋯⋯⋯⋯⋯ 036	man ⋯⋯⋯⋯⋯⋯⋯ 048/137
magpie ⋯⋯⋯⋯⋯⋯⋯⋯ 021	manage ⋯⋯⋯⋯⋯⋯⋯⋯ 176
magpie calling ⋯⋯⋯⋯⋯ 142	Manchu people ⋯⋯⋯⋯⋯ 054
magpie-grey horse ⋯⋯⋯ 025	mandarin duck ⋯⋯⋯⋯⋯ 022
maid ⋯⋯⋯⋯⋯⋯⋯⋯⋯ 050	mandarin jacket worn over a gown ⋯⋯⋯⋯⋯⋯⋯⋯ 061
make a mistake ⋯⋯⋯⋯ 149	mane ⋯⋯⋯⋯⋯⋯⋯⋯⋯ 030
make chalk line ⋯⋯⋯⋯ 103	manger ⋯⋯⋯⋯⋯⋯⋯⋯ 082
make friends ⋯⋯⋯⋯⋯ 170	

mangle and swat	170	maternal grandmother	044
mantis	026	mathematics	098
manuscript	100	mattress used in dyke construction	014
many	130/182	mature	159
many/ much	130	maw	028
map	103	maxillary joint	056
maple tree	034	May	117
March	117	may/can	179
mare	024	mayor	052
mark	102	measles	113
mark stick	075	measure	096
mark/sign	102	measure by handspan	126
market	094	meat fork	079
marmot	020	medical needle	112
marriage	105	medium bag	091
Marriage God	109	medium bowl	080
marrow	059	medlar	040
marry	166	meek	134
Mars	015	meet	142/166
Mascot	109	meizhen arrow	088
massacre	169	melancholy	138
massage	114/144	mellea armillaria sporophore	043
mast	033/076	melody	103
mat	066	melon	039
mat grass	037	melon seeds	040
mat roofing of a boat	076	melt	164
match, material for starting fire	084	membrane of eggshell	032
matchmaker	105	memory	101
maternal grandfather	044	mend clothes	174

menstruation ⋯⋯⋯⋯⋯ 060	ministry ⋯⋯⋯⋯⋯⋯ 095
mental disorder ⋯⋯⋯⋯ 113	mink ⋯⋯⋯⋯⋯ 016/031
mention ⋯⋯⋯⋯⋯⋯⋯ 146	mint ⋯⋯⋯⋯⋯⋯⋯⋯ 041
mercury ⋯⋯⋯⋯⋯⋯⋯ 016	minute ⋯⋯⋯⋯⋯⋯⋯ 119
messenger ⋯⋯⋯⋯ 049/053	mire ⋯⋯⋯⋯⋯⋯⋯⋯ 010
messy ⋯⋯⋯⋯⋯⋯⋯⋯ 135	mirror ⋯⋯⋯⋯⋯⋯⋯ 067
metal pail (with handle) ⋯ 082	mirror to shield back ⋯⋯ 108
metaphor ⋯⋯⋯⋯⋯⋯ 170	mirror to shield heart ⋯⋯ 108
meteor ⋯⋯⋯⋯⋯⋯⋯ 009	mischievous ⋯⋯⋯⋯⋯ 169
meter ⋯⋯⋯⋯⋯⋯⋯⋯ 126	miserly ⋯⋯⋯⋯⋯⋯⋯ 137
meticulous ⋯⋯⋯⋯⋯⋯ 130	miso ⋯⋯⋯⋯⋯⋯⋯⋯ 068
miasma ⋯⋯⋯⋯⋯⋯⋯ 009	miss ⋯⋯⋯⋯ 051/156/170
Mid-Autumn festival ⋯⋯ 105	missing teeth ⋯⋯⋯⋯⋯ 049
middle ⋯⋯⋯⋯⋯⋯⋯⋯ 115	mist ⋯⋯⋯⋯⋯⋯⋯⋯ 009
middle finger ⋯⋯⋯⋯⋯ 057	mistress ⋯⋯⋯⋯⋯⋯⋯ 050
middle/center ⋯⋯⋯⋯⋯ 115	mittens ⋯⋯⋯⋯⋯⋯⋯ 064
midge ⋯⋯⋯⋯⋯⋯⋯⋯ 026	mix ⋯⋯⋯⋯⋯⋯⋯⋯ 161
midnight ⋯⋯⋯⋯⋯⋯⋯ 118	mix sand and soil ⋯⋯⋯⋯ 160
mild ⋯⋯⋯⋯⋯⋯⋯⋯ 134	mobilize ⋯⋯⋯⋯⋯⋯⋯ 176
military attache ⋯⋯⋯⋯ 052	moderate ⋯⋯⋯⋯⋯⋯⋯ 134
milk ⋯⋯⋯⋯⋯⋯⋯⋯ 057	mold ⋯⋯⋯⋯⋯⋯⋯⋯ 078
milk biscuit ⋯⋯⋯⋯⋯⋯ 068	mole ⋯⋯⋯⋯⋯⋯ 019/114
milk tofu ⋯⋯⋯⋯⋯⋯⋯ 068	mole cricket ⋯⋯⋯⋯⋯ 027
milking ⋯⋯⋯⋯⋯⋯⋯ 156	moment ⋯⋯⋯⋯⋯ 119/180
mill flour ⋯⋯⋯⋯⋯⋯⋯ 155	momentum ⋯⋯⋯⋯⋯⋯ 106
millet ⋯⋯⋯⋯⋯⋯⋯⋯ 039	Monday ⋯⋯⋯⋯⋯⋯⋯ 124
millstone ⋯⋯⋯⋯⋯⋯⋯ 087	money locker ⋯⋯⋯⋯⋯ 074
milt ⋯⋯⋯⋯⋯⋯⋯⋯ 028	Mongolia ⋯⋯⋯⋯⋯⋯⋯ 119
milu deer ⋯⋯⋯⋯⋯⋯⋯ 017	Mongolian gazelle ⋯⋯⋯⋯ 018
mining ⋯⋯⋯⋯⋯⋯⋯ 097	monkey ⋯⋯⋯⋯⋯⋯⋯ 017

monster …………… 111/112	mountain pass ……… 012/094
month …………………… 117	mountain peak …………… 011
month canker …………… 114	mountain ridge ………… 012
mood …………………… 097	mountain slope ………… 012
moon …………………… 008	Mountain-road God ……… 109
moonlight ……………… 008	mountainside …………… 012
moose ………………… 018	mourn ………………… 157
morality ……………… 096	mourning ……………… 111
more …………………… 180	mourning band ………… 111
morning ………………… 118	mourning clothes ……… 111
morningstar lily ………… 035	mouse ………………… 019
mortar ………………… 088	mouth ………………… 055
mortgage ……………… 176	move ……………… 159/163
mortise recess ………… 072	move, transport ………… 159
mosquito ……………… 026	movement ……………… 097
mosquito net …………… 066	movie ………………… 103
moss floating on the water 015	mow …………………… 152
most …………………… 180	Mr. …………………… 051
moth …………………… 026	mu …………………… 010
mother ………………… 044	mud …………………… 010
mother of one's daughter-in-law	mud trowel …………… 088
or son-in-law ………… 047	muddled ……………… 133
mother-in-law ……… 044/047	muddy ………………… 135
motorcycle ……………… 075	muffle ………………… 145
mottled grey horse ……… 025	mulberry ……………… 034
mountain ……………… 011	mule …………………… 025
mountain area ………… 012	mumble ………………… 140
mountain celery ………… 041	mung bean fly ………… 026
mountain elm …………… 035	muscle ……………… 057/060
mountain fastness ……… 095	mushroom ……………… 043

music	103	navel	057
musical instrument	103	near	130/146
musician	050	nearby	115
muskmelon	042	nearsightedness	049
mussel	030	neat	131
must	182	neck	056/148
mutter	140	neck bone	059
Myanmar	120	needle	086
myron	033	needlework basket	087
mythical animal	108	neighbor	052/095
		nephew	046/047
		nephew's wife	046

N

nag	140	nest	073
nail	078/162	net	090
nail root	057	net edge	090
naked	054	net rope	090
name	107	new	128
nanmu	034	New year, the Spring Festival	105
nanny	048	New Year's Day	105
nap	143	New Year's Eve	118
narcotic	112	news	106
narrate	140	newspaper	099
narrow	129	next year	116
nasal mucus	060	niece	046/047
nation	054	night	118
native place	043/095	night watchman	053
natural disaster	084	nine	122
nature	010/105	nineteen	123
naughty	167	ninety	123
nausea	141	nipple	057/068/090

nit	027	**O**	
Niulu village	095	oak tree, acorn tree	034
no	171/178/179/185	oar	076
no/not	179	oat	038
nod	171	oblation	111
nomadic area	097	oblique	131
nonsense	141	observe	142
noodle	068	obstreperous after drinking	168
noodle soup	067	ocean	013
noodles with soup	068	October	117
noon	118/126	odd	137
nori	043	odd month	117
north	115	odd-jobman	053
nose	055	odour	070
nose hook	077	of that kind	121
nose rein	077	offer sacrifices	171
nosewing	055	offer up a sacrifice	111
nostril	055	office	093/095
not yet	180	official	052
notice/bulletin	100	official position	053
November	117	often	181
now	119	oh	184/185
nowadays	119	oh my	185
numbness	167	oh my dear	185
numerous	130	oil	068
nun	110	oil lamp	084
nurse	112	old	129/137
nutlet	040	old Badger	018
Nuzhen	054	old lady	048
		old sow	020

old wild boar	019	open up wasteland	158
old-style private school	100	open water vat	083
olive	040	opening	094
on	181	opinion	096
on the alert	101	opportunity	119
on the right	115	oppose	177
on the way	078	opposite	115
on top of	115	or	183
on walking stick	166	oracle	110
once	124/182	orange	039/040/127
once/in one day	124	orangutan	017
one	122/124/125	orchid	036
one and all	182	original	179
one by one	182	orphan	048
one hundred million	123	osprey	021
one line	126	other people	121
one side	124/125	other/ in addition	121
one side (surface)	182	otter	020
one stop	125	Otter God	109
one-eyed	049	ouch	185
one-year-old bear	017	outfall in the wall	094
one-year-old deer	017	outside	115
one-year-old moose	018	outward	115
one-year-old wild boar	019	overcast	150
onion	042	overflow	161
only	179/181	overlapping	163
only child	046	overthrow	148
open	128/132/153	owl	021
open (mouth)	139	ox pushing with horn	151
open birchbark barrel	082	oxcart	077

oxtail fish ············· 029

P

pa ···················· 044
package ············ 085/164
packing of a tree ········ 033
paddle pile ············· 076
paddy ················· 038
page ·················· 101
pain ·················· 166
paint ·············· 075/175
painting ··············· 102
palace ················ 094
palate ················ 056
palm ·················· 056
panacea ··············· 112
pancake ··············· 069
pan-fried ·············· 155
panic disorder ·········· 158
pant ·················· 165
Panther God ··········· 109
panthers ··············· 016
pants ················· 062
paper ················· 100
paper ceiling ··········· 072
paperweight ············ 102
paragraph ············· 100
paralysis ··········· 050/165
park ·················· 094
parrot ················ 022

partially freezing snow ··· 010
particularly ············ 180
partition ··············· 071
partner ··············· 052
party ················· 093
pass ·············· 094/150
past ·················· 179
paste ·············· 102/168
pastry ················ 068
patch ················· 086
patient ················ 112
patriarch ·············· 052
patrol ················· 178
pavilion ················ 070
paw ·················· 031
pawnshop ·············· 098
pay ··················· 176
pay attention ··········· 154
pea ··················· 043
peace ············· 097/176
peace and stability ······· 153
peaceful ··············· 136
peach ················· 039
peach blossom ·········· 036
peacock ··············· 022
peanut ················ 039
pear ·················· 039
pear tree ·············· 034
pearl ·················· 016
pebble ················ 011

pecan	040	person with lip eclabium	049
pecan tree	034	person with six fingeres	050
peck	173	person with strong nasal tone	052
pedal of table and chair	074	persuade	142
pediatric disease	113	pestle	087/160
pee	167	pestle rod	081
peel	152	pestle room	087
peep	142	pet	144
pelican	020	petal	037
pen	070/102	pheasant	022
pencil	102	pheasant net	091
penetrate	174	Philippines	120
peony	035	philtrum	055
people	43/93/120	phoenix	020
pepper	069	phone	098
perch	029/151	photo	106/154
peregrine falcon	021	pick	145
perforated strainer of food steamer	083	pick edible wild herbs	145
		pick flowers	145
pergola	070	pick up	146
period	102	pick wild fruits	145
perish	155	pickaxe	079
persecute others	162	pickle	043
persimmon	039	pickled leek	041
person hard of hearing	049	piebald	128
person with a collapsed nose	049	piebald horse	025
person with a flat mouth	049	piemarker	085
person with a Roman nose	049	pier	099
person with crooked fingers	049	pierce	160
person with exposed teeth	049	pig	019

pig trough	073	plain	011
pigeon	023	plain water	070
pigeon breast	050	plan	096
pigeonhole for arrows	089	plane	079/133
piglet	020	plant	159
pigpen	073	plaque	095
pigsty	073	plaster	112/161
pika	019	plate	080
pike	028	platform	094
pile	174	play	103/169/175
pill	112	play bowed stringed instrument	152
pillar	071	pleasant	136
pillow	066	pleased	138
pilose antler	031	pliers	078
pinch	145	plot	096
pine	033	plow	086/158
pine needle	034	plow body	086
pine seed	033	plow handle	086
pine torch	084	plow hook	086
pine-green	127	plowing	159
pink	127	plowshare	086
pinkie	057	plum	040
pipa	104	plum blossom	036
pipe	070	plum tree	034
pipit	022	plump	186
pitch-black	127	plunder	172
pitiful	158	pock	049
place something upside down	162	pocket	062
placenta	031	poetry	103
plague	113		

pointed	132	pot	082
pointed cheek	133	pot brush	082
pointed head	054	pot ears	083
poison	112	pot marigold	036
poker	084/104	pot soot	083
pole	090	pot support	083
polecat	019	potato	042
policy	093	pouch tassel	066
polish	175	pouch tether	066
polished glutinous rice	039	pounce on	173
polite	167	pound (table)	143
politics	093	pour water	159
pomegranate	040	pout	141
pond	014	powder	067
pony	024	powder keg	089
pooh-pooh	184	powerful	131/137/180
poor	129/135/138	practice	170
pop music	103	prairie	037
poplar	034	prairie fire/wildfire	084
poppy	037	praise	158/177
population	054	pray	171
porcelain basin	082	prayer	110
porcelain bottle	081	precious	129
porcelain bowl	080	preeminent	148
positive	107	preface	100
post	053	pregnancy	167
post house	098	pregnant woman	045/048
post office	099	premier	052
posterior chamber	073	prepare	166
posterity	046/047	prescription	112

president	052	puffer	029
press	144	pug	023
press from both sides	145	pull	144/145/173
prestige	106	pull/drive car	173
pretense	101	pulley of a boat	076
previously	179/183	pulling force	162
price	098	pulse	060
prick	152	pumpkin	042
prickly heat	113	punch	078/143
pride	137	punish	177
primary school	100	punishment	096
principal room	073	pupil	055
probably	181	puppy	023
problem	101	pur	186
process	097	purchase and sale	163
profession	053	pure	134
professor	053	purlin	072
profuse sweating	060	purple	127
promise	142	purple martin	021
property	098	pus	114
prophet	048	push	144
prostitute	050	push up, stake	162
protect	177	put down	145
protruding	129	put to use	163
proud	157	pyrophoric wood chips	084
province	094	python	027
pubes	058	Python God	109
public	135		
public servant	049	**Q**	
publication	100	qian	126

qing ……………………… 126
Qing Ming Festival ……… 105
Qinghai ………………… 094
quail …………………… 022
quarrel ………………… 169
quarrel and fight noisily … 143
queue …………………… 150
quickly ………………… 180
quilt ……………… 065/174
quit …………………… 150
quite …………………… 180
quiver ………………… 089
quzi …………………… 038

R

rabbit …………………… 019
rabbit net ……………… 091
raccoon ………………… 017
racket …………………… 169
raft ……………………… 076
raft for fishing ………… 091
rafter …………………… 072
rag ……………………… 083
ragged ………………… 130
railing ………………… 094
railway ………………… 078
rain ………………… 009/150
rain ………………… 009/150
rain or shine …………… 405
rainbow ………………… 009

raincoat ………………… 062
raindrop ………………… 009
rainstorm ……………… 009
raise …………………… 162
rake ……………… 086/087
ram ……………………… 024
ranch …………………… 097
random ………………… 183
rarity …………………… 096
rash …………………… 130
rasp …………………… 079
rathole ………………… 012
ratio …………………… 170
rational ………………… 139
ravine ………………… 012
raw ……………………… 137
reach …………………… 151
reach with foot ………… 163
read …………………… 141
ready-made …………… 133
real …………………… 128
reap …………………… 159
reason …………… 101/107
recall …………… 096/156
receive and take ……… 145
recently ……………… 179
recite ………………… 141
reclaim wasteland …… 158
record ………………… 101
red …………………… 127

red deer	018	repay	177
red horse	025	repeat	183
red light	099	repeatedly	182/183
red neck bird with spray crest	021	replace	162
red sandalwood	034	representative	054
red wine	069	reputation	107
red-crowned crane, crane	021	resentment	157
reddish brown horse	025	respect	156/157
red-tail fish (slightly red)	028	rest	144/153
reduce	148/163	restaurant	098
reed	033/034	result	159
reed bird	021	retain	177
reed catkin	037	retinue	053
rein	077/085/093	retread	148
reincarnated buddha	110	retreat	172
reincarnation	108	return	148
reindeer	018	reversal	148
relationship	093	reversed, upside down	131
relative	047	reversi	104
relatives by marriage	047	revolution	097
release	145	reward	099/177
religion	107	rhinocero	017
reluctant	132/183	rib	057
remark	101	rice	038/039/067
remember	156	rice dreg	039
remote	093	rice going sour	156
remove	149	rice grain	038
remove the floating oil	146	rice parching stick	082
rent	144	rice soup	067
repair	163	rice wine	069

rich	129	roast	155
riddle	102	rob	172
ride	172	robber	051
ride a horse	151	robe	061
ridge	012	robe belt	064
right	115/185	rock	011
rim of a wheel	075	rocket	088
ring	067	rocky hill	012
ring cone	086	roe	027/028
ring finger	057	roe deer	018
ringworm	114	roe deer leather clothing	061
ripe	137	roedeer skin hat	063
ripple	013	rogue	051
ripples caused by fish	013	roll	148
rise	150	roll up	148
river	013/014	roll up sleeves	148
river bank	013	roll up trousers	167
river bed	013	roller	087
river bluff	013	roller skates	077
river deer	018	rolling pin	077
river fish	029	roof	072
river otter	020	roof of thatched cottage	072
river shoal	013/014	room	071
river slope	013	rooster	022
river source	013	root	033/043
river stone	011	root of tongue	056
riverbed	013	root vegetable	042
road	078	rope	085
roam about	178	rorippa indica	037
roar	141	rose	036/037

rose willow	034	sacred tree	109
rosy clouds	009	sacrifice	110
rot	164	sad lament	096
rouge	067	saddle	092
round	131	saddle and halter	092
round eyes	049	saddle belt	092
round paperweight	102	saddle bow	092
round table	074	saddle cloth	092
roundworm	027	saddle mantle	092
row a boat	164	saddle pad	092
royal decree	101	saddle pedal	092
rub	165/168	saddle sling	092
rubber ball	104	saddle wing	092
rudder	076	safe and sound	107
ruler	086	safflower	036
run	151	sage	110
Rune	108	sail	076
runner-up/second place	124	sail boat	076
running water	014	sailor	050
run-over injury	168	salary	099
rup	155	saliva	060
rush	172	salmon	029
Russia	119	salt	069/145
rust	084	salty	134
		salute	142
S		same as	183
sabre	089	sand	011
sachet	092	sandalwood	034
sack	085/091	saralysis	113
sack	085/091	sason	050

satin	065
Saturday	124
saucer	080
saunter	149
save	171
save money	176
savoury	134
saw	078
sawdust	078
say, call	140
say, speak	140
scab	113
scabies	113
scad	029
scale	085
scale pan	085
scales	170
scalp	054
scar	114
scared.	158
scarf	064
scattered	170
scepter	108
school	099
schoolbag	102
science	097
scimitar	079
scirpus	036
scissors	080
scoop	146
scoop out/dig	159
scorn	168
scorpion	026
scorpion grass	037
scrape	168
scrape meat off bone and skin	152
scrape the leather	165
scraping scales	165
scratch	145
scrotum	058
scrubby	130
se	104
sea	013
sea bream	029
sea cucumber	030
sea horse	029
sea otters	020
seagull	021
seal	016
search the hill	178
seaside	013
season	105
seat	073/103
second	119/123
second runner-up/ third place	124
second son	045
secretion	061
section	095/100

section	095/100	net	153
secure	132	setting-out	103
sedan chair	075/078	seven	122
see a doctor	142	seventeen	123
see off	152	seventy	123
see/interview	142	sever	158
seed	032	several	122/126
seedling	32/37/38	sew	174
seek	150	sewing thread head	065
seize the opportunity	149	shack	070
select	175	shackle	096
self	121	shadow	106
sell	175	shafts of a carriage	075
semen	058	shake	166
send	152/165	shakedown	066
send to	158	shaking his head	166
seniority in the family	044	shallow	129
sensible person	048	shallow basket	087
sent home	152	Shaman	051
sentence	102	Shaman divine court	108
sentry turret	094	Shaman divine home	108
separate	152/163	Shaman female drum	108
September	117	Shaman geniuses	108
sequel	100	Shaman god	108
seriously ill	168	Shaman gods	108
sermon	110	Shaman male drum	108
servant	050/053	Shaman waist bell	108
sesame	043	shameful	138
sesame seed cake	069	shameless	138
set the headrope of a fishing		Shanghai	095

shank	057	shoes	064
shanma	035	shoot	170
shanteng	035	shop	098
shape	054	short	129
shark	030	short and fat man	052
sharp	132	short axe	079
sharp (knife)	129	short hair	031
sharpen	175	short thrust spear	089
shave	165	shortcoming	096
she	120	shorten	148
shed stick	075	short-haired duster	066
sheep	024	shorts	063
sheepskin	031	shotgun	089
shelf	074	shoulder	056/146
shell	030/041	shoulder pad	062
shellfish	030	shoulder pole	079
shelter	172	shout	140/141/142
sheng	104	shovel	079/086
shepherd	053	show	144/153
shin	059	show filial piety to parents	157
shine	165	shred	172
shiny	136/165	shrimp	030
ship	076	shrine	108
shirt	061	shrink	148
shit	167	shriveled	164
shiver with cold	143	shrub	035
shoal of fish	028	shuffle	154
shoe heel	065	shuttlecock	104
shoe last	065	shy	154
shoelace	065	sick	113

sickle	079	sit	147
side	115	six	122
side of the boat/ship	076	six months old Pig	020
side room/aisle	073	sixteen	123
sidewalk	099	sixty	123
sidewards	184	size	086
sieve	079/156	skew	147
sight	089	skewer	067
sika deer	018	Ski pole	077
silk	025/065	skill	106
silkie	022	skillful	137
silkworm	025	skin	059
silly	133	skin on boiled milk	068
silver	015	skinless old tree	035
silver birch	034	skinny	166
simmer	155	skirt	063
simple	133	skis	077
sin	112	skull	059
since	179	sky	008
since then	179	slander	154/161
sing	175	slaping at yellow mosquitoes	026
sing a song	149	slate	077
Singapore	120	slaughter	169
singer	050	slave	050
single	138	sledge (big sled)	077
sinister	137	sleep	153
sink	082/161	sleepy	096
sister	045	sleeve	062
sister-in-law	45/46/47	sleevelet	062
sisters	046	sleigh	077

slender	130	small wooden saddle	092
slender bag	091	smallpox	113/168
slide	147	small-tail duck	023
slippry	133	smart person	048
slit of a gown	062	smash	152
sloppy	133	smell	139
slow	129/134/163	smell bad	168
slow movement	170	smok to drive away mosquitoes	084
slowly	181	smoke	009/015/070/155
small	130	smoked	154
small arrow	088	smoked plum	040
small ax	078	smoking	164
small bag	091	smooth	133/135
small balance	085	snaffle	076
small basket	087	snake	027
small boar	020	snake winding round	161
small bucket	082	sneeze	143
small butterfly	026	snipe	022
small cupboard	074	snore	143/185
small dalian	092	snow	010
small dish	080	snowed	150
small fish	028	snowflake	010
small hammer	078	snow-white	127
small hook	090	so	121/184
small knife handle	080	soak	174
small leather bag	092	soak seeds	159
small parrot	022	soaked	174
small plate	080	soap	067
small stool	074	sober	153/173
small tree	032		

society ……………………… 093	sow ………………………… 020
socks …………………………… 065	sowing ……………………… 159
soft ……………… 130/131/137	sowing basket …………… 086
soft leather shoes ………… 064	soy …………………………… 043
soldier ………………… 051/088	soy sauce …………………… 068
sole …………………………… 064	sparrow …………………… 020
sole of the foot …………… 058	sparse ……………………… 135
solid ………………………… 132	spatter ……………………… 160
solid food ………………… 038	spatula ……………………… 082
some ………………………… 126	speak ……………………… 097
somersault ………………… 148	spealbone ………………… 059
sometimes ………………… 180	special ……………………… 180
son …………………………… 045	specialty …………………… 096
song ………………………… 103	speedboat, clipper ……… 076
songhua fish ……………… 029	spicy ………………………… 134
son-in-law ………………… 046	spider ……………………… 026
sorcerer's dance in a trance … 171	Spike ………………………… 174
sore ………………………… 113	spinach …………………… 041
sore botch ………………… 114	spinal cord ………………… 059
sorghum …………………… 039	spine ………………………… 059
sorghum pile ……………… 038	spinning …………………… 159
sorrowful …………………… 138	spinning wheel …………… 065
soul ………………………… 111	spittoon …………………… 087
sound ………………… 104/106	spleen ……………………… 060
soup ………………………… 068	split ………………………… 153
soup jar …………………… 083	spoil ………………………… 156
soup spoon ………………… 081	spoke ……………………… 075
soupy ……………………… 135	spoon ……………………… 081
sour ………………………… 134	spot bird …………………… 020
south ……………………… 114	spray …………………… 160/161

spread	140	station	099
spring	014/118	stay	178
sprinkle water	161	steady	132/158
sputum	060	steal	168
spy	053/054	stealth	112
square	131	steam	155
square mouth bitterling head fish	029	steamed stuffed bun	068
square table	074	steed	024
squat	147	steel	015
squeeze	156	steel for flint	084
squeeze lice	178	steelmaking	173
squint	168	steep	131
squirrel	019	steep slope	011
stable	073	stem	032/038
stack room	102	stepfather	047
staff	053	stepmother	047
stagger	143	steps	073
stagnant water	014	stern	076
stake	071	stew	155
stammer	049/140	stick	090/168
stamp	099	still	182
stamp/ seal	103	stingy	134/137
stand	147	stink	134
stand up	162/177	stir	163
star	009	stitch	174
stare	166	stitch the sole	174
start	119/153	stock	099
start work	163	stomach	059
startle	168/171	stone	011
		Stone God	109

stone pestle	087	stretch	174
stone rammer	088	stretch out hand	144
stone ring	067	stretching limbs	147
stool	074	stride a horse	149
stoop	147	strigiform	021
stoop to go	149	string	085/103
stop	161	string of a bow	088
stopper	160	strong	138
stopper	160	struggle	162/164/176/177
storage at the roof beam	074	stubborn	132
store	098	stubby	132
stork	022	stuck	139
story	103	stuck in the mud	161
storyteller	050	student	053
storytelling	175	studhorse	024
stout	130	study	173
stove	077	stuff	160
stove pit	077	stumble	161
straight	130/131/181	stunned	158
straightforward	138	stupid	133/134
strange	137/158	stupid horse	025
stranger	052	sturdy	132
straw	038	sturgeon	029
straw hat	063	sturgeon fish	028
straw shed	070	sturgeon fish hook	090
street	095	sty	114
street lights	099	style	106
strength	106	subside	162
strengthen	176	suburb/outside the city	094
strenuous	165	succeed	169/177

suck	139	sweep	143
suck the breast	167	sweep the floor	164
suddenly	181	sweet	134
suffer	160	sweet and sour	134
sugar	069	sweet pancake	069
suit	174	swell	161/165
summer	118	swill	084
summer hat	063	swim	154
summer radish	041	swing	105/163
summer sleeping mat	066	swing up and down	163
sun	008	swivel hips	147
Sunday	124	swollen	167
sunflower	038	sword	089
sunset glow	009	syphilis	114
sunshine	008		
suona horn	104	T	
superstition	111	table	073
support	177	table leg	074
support stick	083	table support	074
supporting stick of a clip	091	taboo	171
surname	107	tadpole	027
surplus	178	tail	030
surprise	158	tail feather	032
suspect	156	take	145
swallow	021/139	take a step	149
swamp	014	take a walk	149
swan	023	take away	145
swear	165	take back	151
sweat	060	take care of	176
sweatshirt	061	take off	146

take off hat	145	telescope	080
take rough measurement	170	tell	142
take the lead	183	temple	055/078/094/111
talent	106	ten	122
talk in one's dream	140	ten thousand	123
tall and slender hound	023	tender leaf	032
tall and thin man	051	tender tree bark	033
tangerine	040	tendons tip	060
tangle	161	tent	070
tank	014	terrain	010
taoist priest	110	territory	010
target	101	testis	058
taro	043	Thailand	120
tartar	056	thanks	157
task	096	that	121
tassel	033	that kind	121
taste	070/154	thatched	037
tattered	172	thatched cottage	070
tax	098	the back of the hand	056
taxi	075	the beginning of a month	117
tea	069	the Big Dipper	009
tea barrel	082	the coming month	117
tea with milk	068	the day after tomorrow	118
teach	100/175	the day before yesterday	118
teacher	050/053	the Dragon King	110
teacher/master	050	the ear of grain	038
teapot	081	the earth	010
tear	060/172	the eaves of a veranda	072
technology	098	the end of a hread	065
telegraph	098	the end of the month	117

the fifteenth day of the lunar year/the Lantern Festival …… 118	the smell of mutton ……… 134
the fifth day of the lunar year … 118	the strong ……………… 053
the first day of lunar year 118	the tenth day of the lunar year … 118
the first month of lunar year … 117	the third day of the lunar year ……………………… 118
the five internal organs … 059	the top of a kitchen range … 077
the flue of a kang ………… 072	the top of the head ……… 054
the following ……………… 179	the Waking of Insects …… 158
the four seasons ………… 036	the white of the eye ……… 055
the fourth day of the lunar year … 118	the willow root pool……… 029
the front of a Chinese garment … 062	the year after …………… 116
the front of a Chinese garment which ……………………… 062	the year before last ……… 116
buttons on the right ……… 062	then ………………… 121/184
the lining of a Chinese garment ………………… 062	theocracy ……………… 108
	theology ………………… 108
the long-tailed anchovy … 029	there …………………… 121
the lower jaw……………… 056	these …………………… 121
the masses ……………… 054	thesis …………………… 100
the middle of a month …… 117	they……………………… 120
the more ………………… 184	thick ………………… 130/135
the other side of the river … 014	thick hair ………………… 031
the poor ………………… 051	thick rope ……………… 085
the pups ………………… 023	thief …………………… 051
the rich ………………… 051	thigh …………………… 057
the ridge of a roof ……… 072	thimble ………………… 086
the same ……………… 136/182	thin ………………… 130/135
the same name ………… 107	thin ice is formed ……… 164
the second day of the lunar year……………………… 118	thin wool fur clothing …… 061
	thing ………………… 098/107
	think …………………… 101

thinking	096/101	three-year-old moose	018
thinking/strategy	101	three-year-old Roe Deer	018
third	123	threshold	071
thirsty	140	thrifty person	048
thirteen	122	thrive	107
thirty	123	throat	056
this	121	throw	146
this month	117	throw away	146
this year	116	throw stones	146
thong	031/066	thrust	152
thorn	033	thrust spear	089
those	121	thrust spear with hook	089
though	184	thumb	057
thousand	123	thunder	010/110/143
thread	065/174	Thursday	124
thread (cotton thread)	065	thus	179
thread (twist thread)	086	Tianjin	095
thread reel	065	Tibetan mastiff	023
thread spool	065	tick	027
three	122	ticket	099
three days ago	118	tide	013
three thousand	123	tie	162
three times	124	tie the horse	161
three years ago	117	tiger	016
three years from now	117	Tiger God	109
three-fingered gloves	064	tight	131
three-stick pot support	083	tights	061
three-year-old cattle	024	tigress	016
three-year-old deer	018	tile	072
three-year-old horse	024	till	159

timber	071
time	008/116
timid	131
timid horse	025
tin	015
tip of a bow	088
tip of a tree	032
tip of the leather strap	093
tip of tongue	056
tired	144
title	107
to	184/186
tobacco leaf	070
tobacco pouch	066
today	117
toe	058
tofu	043
together	182
toilet soap	067
tomato	042
tomorrow	118
tone	106
tongs	084
tongue	056
tool nose	080
tooth	055
toothless person chewing	139
toothpaste	067
topic	100
torch	084
tornado	009
torrent	014
torreya	040
tortoise	030
torture	173
toss about	141
touch	144
tow	173
towel	065
tower	111
trachea	056
tractor	098
trail	078
train	076
transcend	148
transcribe	142
transverse	131
trap	091
tread	148/149
treasure	016/156
treat an illness	165
treat cordially	157
treat with folk prescription	165
tree bark	032
tree fork	033
tree furuncle	033
tree hole	033
tree knob	033
trees	035
tremble	165/171

tribe ················ 054/095	turnip ·················· 041
tributary ················· 014	turpentine ··············· 034
tridentate casting hook ··· 090	turtle dove tweeting ········ 142
trilby ···················· 063	turtle, soft-shelled turtle ··· 030
trogue basin ·············· 082	turtledove ················ 022
trot ······················ 151	tweezers ·················· 067
trouble ··················· 157	twelve ···················· 122
troublesome ··············· 137	twenty ···················· 123
trough basin with handle ··· 082	twenty-eight ·············· 123
trouser legs ··············· 063	twenty-one ················ 123
trout ····················· 028	twenty-three ·············· 123
TRUE ················ 128/180	twice ····················· 124
trumpet ··················· 104	twig basket ················ 087
trunk ····················· 033	twine ····················· 161
try ··················· 154/171	twins ····················· 046
try to be the first to do ··· 176	twist ················ 147/159/175
T-shirt ···················· 061	twist a rope ··············· 145
tsunami ··················· 013	two ······················· 122
tuberculosis ··············· 113	two hundred ··············· 123
Tuesday ··················· 124	two-year-old bear ·········· 017
tunnel ···················· 111	two-year-old cattle ········· 024
turbid color ··············· 128	two-year-old deer ·········· 018
turbulence ················ 014	two-year-old horse ········· 024
Turkey ···················· 119	two-year-old roe deer ······ 018
turn ··············· 147/152/160/175	two-year-old wild boar ··· 019
turn against ··············· 164	typhoid ··················· 113
turn around ················ 148	
turn round ················· 147	U
turn the screw ············· 145	ubac ······················ 012
turning place ··············· 078	ugly ······················ 136

ugly ………………………… 136	urn/a small town ………… 094
umbilical cord ……………… 058	use ………………………… 158
umbrella …………………… 062	use a knife ………………… 175
unaccompanied …………… 054	usually …………………… 181
uncle ……………………44/45/47	uterus ……………………… 060
undependable……………… 132	utter a sound/ word ……… 140
understand ………………… 173	uulan magnolia …………… 036
understanding ………… 154/157	uvula ……………………… 056
underwear ………………… 061	
undue ……………………… 149	**V**
unfortunately, …………… 138	valley ……………………… 012
unhaired deerskin ………… 031	vaptive …………………… 054
unhaired hide ……………… 031	vase for flower arrangement… 081
unify ……………………… 177	vega ………………………… 009
university ………………… 099	vegetable ………………… 041
unlined cotten robe ……… 061	vegetable garden ………… 070
unlined jacket …………… 061	venus ……………………… 009
unmarried young man …… 045	verbose …………………… 140
unmarried young woman … 045	vertical …………………… 131
unsteady ………………… 132	vertical lattice of window 073
untie ……………………… 149	very………………………… 180
until ……………………… 183	vibrissa …………………… 058
up ………………… 115/116/150	victory …………………… 177
upper door-hinge ………… 071	Vietnam …………………… 120
upper of a shoe …………… 064	villa………………………… 070
uproot ……………………… 145	village …………………… 095
upstream………………… 014	village head ……………… 052
urge with a horse whip … 151	villain …………………… 051
urine …………………… 060/167	villus ……………………… 031
urn ………………………… 083	vine ……………………32/35/41

vinegar	068	war	088
violation	177	warbler	022
violet	036	wardrobe	074
violin	103	warehouse	070
viscus	059	warm	133/136
visualizer	098	warm oneself by fire	155
void	128	warning	101
vole	019	wart	114
vomit	141	wash	154
vulture	022	wash the pot	154
		wasp	026
		waste	178

W

wade	149	watchtower on top of the city wall	094
wading lederhosen	063	water	012/159
wag its tail	166	water arrow	088
waist	057	water spot	015
waist of trousers	063	water vat	083
waistcoat	061	water willow	035
waistcoat for women	061	waterfall	012
wait	151/166	watering jug	081
wait upon	157/176	watermelon	039
waiter	053	watermill	087
wake	153	wave	013
walk	149	wax	083
walk in darkness	149	wax gourd	042
walking	132	waxberry	040
wall	071/094	way	101
walnut	040	we	120
wangdou	092	weak	131/135
want	156		

weaken	159	whisper	140
wear	146/150	whistle	91/104/153
wear a belt	174	whistle arrow	088
wear and tear	155	whistle/deer whistle	091
weasel	018/019	white	127
weather	008	white dew	009
weave	174	white eagle	021
wedding	105	white fox	017
wedding feast	105	white grass carp	029
Wednesday	124	white grasshopper	027
weed	037	white hair in animal tail	032
weeding	174	white hairtail	029
weighbeam	085	white hoof pig	019
weights	085	white horse	025
weird	138	white leopard	016
well	014/182	white minnow fish	029
well-done	136	white mud carp	029
west	114/115	white neck crow	022
westerly	116	white neck dog	023
wet	131	white rabbit	019
what	121/178/185	white spirit	069
wheat	038/039	whitefish	028
wheel	075/086	who	121
wheel to press seeds	086	whole	120
when	122	why	121
where	122	wick	083/084
which	122	wicker	034
whip	092/173	wicker shallow basket	079
whirlpool	014	wide	129
whirr	185	wide-brimmed hat	063

widow	048	window	072
wife	045	window frame, door frame	073
wife's sister in law	045	windowsill	073
wife's sister-in-law	045	windy	143
wife's younger brother	045	wine	069
wifes of brothers	046	wineglass	081
wild beast	016	wing	031
wild boar	019	wink	168
wild boar cub	019	winnow (tea)	155
wild boar with fangs	019	winnow with a dustpan	159
wild camel	017	winter	119
wild flax	035	winter hunting	090/178
wild garlic	042	winter jasmine	036
wild god	110	wipe medicine	165
wild goose	020	wiretap	140
wild horse	017	wise man	048
wild jujube	039	witchcraft	112
wild leek	042	with	150
wild mule	017	with chest out	147
wild onion, shallot	042	with edge	132
wild ox	023	with eyes closed	153
wild wormwood	037	with hands clasped behind one's back	147
wilderness	011	with short tail	132
wildly arrogant	137	wither	164
will-o'-the-wisp	112	withered by the sunshine	164
willow	034	within	119
win	168	witnesses at a wedding	105
wind	009/104	wohoh	185
winding mountain	012	wolf	016
windmill	077/087		

Wolf gods	109	wordy	137
wolf howling	141	work	098/175
woman	048/137	worker	051
woman monster	112	wormwood	037
woman's belt	064	worry	144/164
wonton	069	worry about	144
wood board	083	worthy	048
wood pile	071	wound	114
wood roller	086	wrangler	053
wood shavings	079	wrestler	051
wood sole	064	wrestling	170
wood/tree	032	wring clothes	145
woodcock	022	wrinkle	055
wooden basin	081	wrist	056
wooden bench	074	wristwatch	067
wooden bowl	080	write	142
wooden bowl with handle	080	write poetry	142
wooden cup	081	writing brush	102
wooden fork	086	written language	102
wooden fork stick	086	wrong	139
wooden hammer	078	wryneck	049
wooden ladle	080	wula grass	038
wooden pole	088		
wooden shovel	079	**X**	
wooden teaspoon	081	xanthium	037
wooden tool for digging root	079	xibe people	054
wooden tray	080	Xinjiang	094
wooden wedge	083	xuan	082
woodpecker	021		
word	100/104		

Y

yak ·················· 024
yam ·················· 043
Yama ················· 110
Yamagami ············· 109
yamen ················ 095
yarn ················· 065
yawn ················· 143
yeah ·········· 171/184/185
yeah / right ········· 171
year ················· 116
Year of the Dog ······ 116
Year of the Dragon ··· 116
Year of the Horse ···· 116
Year of the Monkey ··· 116
Year of the Ox ······· 116
Year of the Pig ······ 116
Year of the Rabbit ··· 116
Year of the Rat ······ 116
Year of the Rooster ·· 116
Year of the Sheep ···· 116
Year of the Snake ···· 116
Year of the Tiger ···· 116
yearn ················ 156
yellow ··············· 127
yellow duck ·········· 023
yellow fluid ········· 114
yellow horse with black mane ··· 025
yellow light ········· 099
yellow weasel ········ 019
yellow wormwood ······ 037
yellow-fin tuna ······ 029
yellowish ············ 127
yellowish horse ······ 025
yes ············· 179/185
yesterday ············ 118
yi (20 jin) ·········· 085
yield ················ 171
yogurt ··············· 068
yoke ················· 075
yolk ············· 032/069
you ·················· 120
young ················ 137
young hawk ··········· 021
young lynx ··········· 017
young man ············ 048
young tiger ·········· 016
younger brother ······ 045
younger brother's wife ··· 045
younger sister's husband ··· 045
youngest son ········· 045
yuan ················· 126
yuan bird ············ 021
yue yan/swallow ······ 021
yurt ················· 070

参考文献

贺兴格、其达拉图:《鄂温克语词汇》(蒙古文),民族出版社,1983。
杜·道尔吉:《鄂汉词典》,内蒙古文化出版社,1998。
　　　　　《鄂蒙词典》(蒙古文),民族出版社,2014。
胡增益、朝克:《鄂温克语简志》,民族出版社,1986。
朝克:《鄂温克语基础语汇集》(日文),日本东京外国语大学,1991。
　　《鄂温克语三大方言基本词汇对照集》(日文),日本小樽商科大学,1995。
　　《鄂温克语研究》,民族出版社,1995。
　　《通古斯诸民族及其语言》(日文),日本东北大学,2001。
　　《鄂温克语形态语音论及名词形态论》(日文),东京外国语大学亚非所出版,2003。
　　《鄂温克语参考语法》,中国社会科学出版社,2009。
　　《满通古斯语族语言词汇比较》,中国社会科学出版社,2014。
　　《满通古斯语族语言词源研究》,中国社会科学出版社,2014。
　　《鄂温克语366句会话句》,社会科学文献出版社,2014。
　　《鄂温克语教程》,社会科学文献出版社,2016。
　　《索伦鄂温克语基本词汇》,社会科学文献出版社,2016。
　　《鄂温克语三大方言词汇比较》,社会科学文献出版社,2017。
　　《鄂温克语动词形态论》,中国社会科学出版社,2017。
　　《鄂温克语名词形态论》,中国社会科学出版社,2017。
朝克、李云兵等:《中国民族语言文字研究史论》(第一卷、北方卷),中国社会科学出版社,2014。

朝克、中岛干起:《鄂温克语会话练习册》(日文),大学书林出版社,2004。

朝克、耐登、敖嫩:《鄂温克语民间故事》(蒙古文),内蒙古文化出版社,1988。

朝克、津曲敏郎、风间伸次郎:《索伦语基础列文集》(日文),北海道大学,1991。

朝克、卡佳:《讷河鄂温克语基本词汇》,社会科学文献出版社,2017。

《通古斯鄂温克语会话》,社会科学文献出版社,2016。

《索伦鄂温克语会话》,社会科学文献出版社,2016。

朝克、卡丽娜:《阿荣鄂温克语》,社会科学文献出版社,2017。

朝克、斯仁巴图:《敖鲁古雅鄂温克语会话》,社会科学文献出版社,2016。

娜佳:《杜拉尔鄂温克民语研究》,社会科学文献出版社,2017。

翁建敏、朝克:《敖鲁古雅鄂温克语研究》,社会科学文献出版社,2016。

多丽梅、朝克:《鄂温克语使用情况调查资料》,社会科学文献出版社,2016。

波普(H.H.Poppe):《索伦语调查资料》(俄文),列宁格勒,1931。

伊瓦诺夫斯基(A.O.IVANOVSKIY):《索伦语与达斡尔语》(俄文),圣彼得堡,1894。

福田昆之:『日本語とツングース語』(改版),丸井図書出版株式会社,1991。

后 语

  本书系国家社科基金重大委托项目"鄂温克族濒危语言文化抢救性研究"的子课题。根据我们的调研，杜拉尔鄂温克语是鄂温克语三大方言之一索伦鄂温克语的组成部分，也就是鄂温克语辉河方言的一种地方性土语。使用该语言的鄂温克人生活在内蒙古自治区呼伦贝尔市莫力达瓦达斡尔族自治旗的杜拉尔鄂温克民族乡，也是较早从事农业生产的鄂温克族之一，所以在他们的口语里与农业生产生活密切相关的词较多。不过，随着母语使用人口的不断减少，杜拉尔地区的鄂温克语已进入濒危状态，使用母语者所剩无几，取而代之的是汉语和达斡尔语。

  1983年以来，课题组成员朝克多次到杜拉尔鄂温克民族乡开展实地调研，该成果中搜集整理的杜拉尔鄂温克语词语绝大多数是1983年搜集整理的词语。不过，该项课题实施之后，课题组成员先后三次到杜拉尔鄂温克民族乡开展了补充调研，但这时该语言已濒危，因此在具体调研时遇到许多麻烦，基本词汇的补充调研工作很难按照计划顺利推进。我们在调研中，常常遇到词汇被遗忘而发音合作人难能开口的局面，经过反复提示或经过一段时间的交流，发音合作人才会恢复记忆，说出大脑深层中被保存的那些基本词汇。不论怎么说，经过课题组成员的不懈努力，还是较好地完成了杜拉尔鄂温克语基本词汇的搜集整理工作。

  成果即将面世之际，我们向给予经费资助的国家社科基金委员会，以及委员会的专家们表示最诚挚的谢意！对于课题实施过程中给予各方面科学管理、全面指导和关心的中国社会科学院科研局项目处的领导和工作人员表示深深谢意！在地方调研时，莫力达瓦达斡尔族自治旗领导及相关部门负责人从各方面为我们提供了条件，向杜拉尔鄂温克民族乡的领导及发

音合作人等表示真诚的感谢！说实话，没有你们的支持、帮助、合作，课题组很难完成该项课题任务。

  课题成员从承担该项课题任务到结束，一直秉承认真的科研工作态度及敬业精神，尽最大努力搜集整理了现存杜拉尔鄂温克语的基本词汇。然而，就如上文所说，由于该地区鄂温克语已进入濒危状态，因此一些词还是未能收集到，甚至是用汉语借词取而代之，对此我们深表遗憾和愧疚。另外，在搜集整理该地区鄂温克语词汇的过程中，对于个别词的语音现象我们认为把握得不是十分准确，用国际音标转写时也许会出现不是十分准确等问题。对于这些问题，希望大家提出宝贵批评意见。

朝克
2019 年 6 月

图书在版编目(CIP)数据

杜拉尔鄂温克语词汇/朝克,娜佳,塔米尔著. --北京:社会科学文献出版社,2019.9
(鄂温克族濒危语言文化抢救性研究)
ISBN 978 - 7 - 5201 - 5226 - 6

Ⅰ.①杜… Ⅱ.①朝…②娜…③塔… Ⅲ.①鄂温克语(中国少数民族语) - 词汇 - 研究 Ⅳ.①H223.3

中国版本图书馆 CIP 数据核字(2019)第 164543 号

鄂温克族濒危语言文化抢救性研究(全二卷)
杜拉尔鄂温克语词汇

著　　者 / 朝　克　娜　佳　塔米尔

出 版 人 / 谢寿光
组稿编辑 / 宋月华　袁卫华
责任编辑 / 孙美子

出　　版 / 社会科学文献出版社·人文分社 (010) 59367215
　　　　　　地址:北京市北三环中路甲 29 号院华龙大厦　邮编:100029
　　　　　　网址:www.ssap.com.cn
发　　行 / 市场营销中心 (010) 59367081　59367083
印　　装 / 三河市东方印刷有限公司

规　　格 / 开　本:787mm×1092mm　1/16
　　　　　　本卷印张:27.75　本卷字数:442 千字
版　　次 / 2019 年 9 月第 1 版　2019 年 9 月第 1 次印刷
书　　号 / ISBN 978 - 7 - 5201 - 5226 - 6
定　　价 / 398.00 元(全二卷)

本书如有印装质量问题,请与读者服务中心 (010 - 59367028) 联系

版权所有 翻印必究

鄂温克族濒危语言文化抢救性研究（全二卷）

朝克 主编

鄂温克族教育文化

朝克 汪立珍 凯琳 编著

目 录

前 言 …………………………………………………………………… 001

第一章　早期教育 …………………………………………………… 001
　　第一节　清朝时期的教育 ………………………………………… 002
　　第二节　清末民初的新式教育 …………………………………… 042
　　第三节　民国时期的综合教育 …………………………………… 058
　　第四节　民国中后期的日式教育和俄式教育 …………………… 064

第二章　新中国成立初期到改革开放前的教育 …………………… 072
　　第一节　幼儿教育 ………………………………………………… 073
　　第二节　小学教育 ………………………………………………… 078
　　第三节　中学教育 ………………………………………………… 095
　　第四节　扫盲教育 ………………………………………………… 102

第三章　改革开放后的教育 ………………………………………… 118
　　第一节　鄂温克族传统教育与现代教育科学融合与融通 ……… 119
　　第二节　母语教育 ………………………………………………… 131
　　第三节　幼儿教育及学前教育 …………………………………… 137

第四节　小学教育 …………………………………… 151

第五节　民族小学教育 ………………………………… 160

第六节　健康发展的中学教育 ………………………… 165

第七节　职业教育 ……………………………………… 183

附录 1　清代八旗索伦的旗学教育 ……………………… 195

附录 2　鄂温克旗双语教育事业 ………………………… 203

附录 3　鄂温克旗教师队伍建设 ………………………… 210

附录 4　兴旺鄂温克民族乡的教育教学建设 …………… 225

附录 5　鄂温克族自治旗民族教育条例 ………………… 232

参考文献 ………………………………………………… 236

后　　记 ………………………………………………… 238

前　言

依据考古学、人类学、民族学等学科研究的相关成果，鄂温克族先民作为古代游牧民族通古斯人的主要组成部分，历史上大体游牧于东到日本海、鄂霍次克海、白令海，南到渤海，西到贝加尔湖、额尔古纳河、松花江、黑龙江呼伦湖，北到东西伯利亚海的辽阔富饶的山林草原。其中，核心活动区域几乎在贝加尔湖周边至黑龙江中游以北地区。早在铜器、石器并用时代，他们便踏遍了勒拿河两岸、外贝加尔湖和贝加尔湖沿岸地区。而且，鄂温克族先民迁徙和活动过的地方，涉及东西伯利亚海和白令海峡及沿海森林草原，同时也涉及日本海、长白山、大小兴安岭、黑龙江流域、呼伦贝尔草原、新疆伊犁等海域和地区。他们使用的鄂温克语，属于阿尔泰语系满—通古斯语族通古斯语支语言。

鄂温克族是跨境民族，除了我国境内的鄂温克族之外，在俄罗斯、蒙古国、日本也有鄂温克族或鄂温克族的分支。我国境内的鄂温克族有三万多人口，主要生活在内蒙古自治区、黑龙江省和新疆伊犁等地。生活在这些地区的鄂温克族没有本民族的文字，但俄罗斯的鄂温克族在20世纪30年代创制了斯拉夫字母的鄂温克文，而且被俄罗斯境内的鄂温克人使用至今。我国的鄂温克族虽然没有文字，但从辽、金两代起就通过契丹文、女真文、蒙古文、满文、汉文学习文化知识。尤其自清代开始，鄂温克族把满文作为通用文字来学习文化知识。在当时，对于鄂温克族来讲，学习满文是一种时尚。

鄂温克族教育文化，或者说文化教育，是一个很复杂的学术命题，特别是将教育文化的历史作为研究对象来讨论。在此方面留下的历史文献资

料不是很多，不系统也不全面，所有的历史资料、历史记录、历史记忆，几乎都处在碎片化状态。在这种现实面前，我们只能从不同年代、不同时期、不同地区的涉及鄂温克族等北方民族的不同历史资料，包括国外的相关历史资料中，通过一点一滴地拉网式寻找才能够搜集到鄂温克族教育文化方面的一些内容。在此基础上，对于搜集到的资料进行客观实在的细心归纳、整合、分类、分析研究，进而才能够写出较为清晰的鄂温克族教育文化史。好在历史文献资料里还是留下了值得我们庆幸的一些记载并能够保存到今天。

我们认为，既然要撰写鄂温克族现代教育文化，那么毫无疑问要涉及他们教育文化的历史，哪怕是点点滴滴也要说清楚。尤其是像鄂温克族这样人口较少民族的教育文化，还没有人动笔写过，所以更应该高度重视和认真对待。这本书关系着鄂温克族的文明史，关系着鄂温克族文明发展史，它不只是属于今天，同样属于历史和未来，它不仅是写给今天，更是写给历史和未来。给鄂温克族子孙后代留下一本较为完整的教育史，这是我们的责任和义务，也是我们不可推卸的历史使命。现在的人，包括本民族同胞在内，对于鄂温克族教育文化还处于一种模糊的认识状态。这个时候，我们更应该自觉地承担起这一任务，更加认真、严谨、客观、实事求是地去研究，并圆满完成该项研究。

就像每一个民族都有自己的教育文化史一样，鄂温克族也有自己悠久的教育文化历史。他们的教育文化从远古一直延续到今天，成为他们历史中不可遗忘且不可缺失的主要内容，也是他们从历史走来，又走向未来的主要因素和条件之一。在漫长的历史发展与演变、人类文明的进化与进步中，鄂温克族的教育在很大程度上是靠代代口耳相传的形式被传承了下来。比如说，他们先民的教育文化中经常会出现：

（1）beywi   baldisa   ening   aming   gunerxi
　　　 生命　　 生的　　 母亲　　 父亲　　 是
　　　 beywi   tatigam   bey   ooxiso   sewe   xingje
　　　 生命　　 教育　　 人　　 做　　 老师　　 是
　　　　创造我生命的父母，

教育我做人的老师。

（2）ening　aming　beysel　le
　　母亲　父亲　人们　呀
　　urul　utduwi　bey　oorbo　tatigarang
　　孩子　儿子　人　做　　　教育
　　eddug　saddie　beysel　le
　　大　　　老　　　人们　　呀
　　urulsuldu　teggu　ulir　gieenba　xilbarang
　　人　　　　路　　　走　　路　　　指给
　　　　父母们呀，
　　　　教育孩子们做人的道理，
　　　　老人们呀，
　　　　指给孩子们要走的道路。

（3）Samanni　saar　jeemening　baraang
　　萨满　　知道的　东西　　　多
　　Samanni　saar　gieening　tejidihi　teji
　　萨满　　明白的　道理　　正确比　正确
　　Samanni　jinjisawani　dattang　dooldikki
　　萨满　　说的　　　　经常　　听
　　Saar　jeeme　baraangdihi　baraang　oorong.
　　懂的　东西　多比　　　　多　　　成
　　　　萨满有用不完的知识，
　　　　萨满有讲不完的道理，
　　　　萨满的教育接受得多，
　　　　人就会掌握无穷的知识。

　　上述三个教育用语都讲到了与他们传统教育，或者说与鄂温克族教育文化相关的内容。比如说，在（1）里表达的概念应该是"父母是创造我生

命的人，也就是生我养我的人，又是我的启蒙老师，也就是教我知识的老师，开发我智慧的老师";（2）中讲得更清楚，说道"父母是教给孩子们如何做人的老师，老人们是指明孩子们人生道路的老师"。从鄂温克人教育学或教育心理学的角度来看，孩子们小时候离不开自己的父母，也不应该离开自己的父母，应该从父母身上接受启蒙教育。特别是三岁以前的教育，或者说摇篮时期的教育，跟孩子们以后做什么样的人、走什么样的人生道路有着直接而必然的联系。所以，他们特别注重这一时期父母的教育。在他们看来，教育是孩子们影响做人做事最为重要的事情。孩子们长大成人将要走入社会，或者说刚刚走入社会的时候，他们要从年纪更大、阅历和实践经验更加丰富、思考事情更深、考虑问题更加全面和系统、积累的知识更多的老人们那里学东西，继续更深、更多、更全面地开发大脑。尤其是这些老年人传授晚辈如何做事的根本道理及其基本原理；第（3）例子里，所表述的概念是"萨满掌握很多知识，明白很多道理，经常听萨满讲的话（说唱），就会学到很多知识、很多道理"。从这三个例子中，我们可以了解到，还未进入书本文化知识教育时代的鄂温克族先民，从孩子们出生到进入社会及从事某一生产活动之前，在幼儿、儿童、少年、青年等不同时期，父母作为他们的启蒙老师承担着对孩子们的教育义务、教育责任及其教育工作。换而言之，孩子们出生的家、生活的家庭是教育的第一场所，也是他们接受教育的第一课堂，父母是孩子们的第一任老师，是他们的良师益友。鄂温克族的教育文化里，孩子不孝顺或不懂礼貌、不懂事，就会被认为作为父母没有很好地教育孩子，没有很好地行使孩子们的启蒙老师的责任和义务。这跟汉语里讲的"子不孝，父之过"一脉相承。不过，孩子们从青年时代的后期走入社会之后，接受的教育更多的是来自以下两个方面。

一是来自年纪大的、有丰富经验和深度掌握某一劳动技能的老人；二是以萨满为核心的诸多社会活动和信仰活动，以及充满智慧的萨满话语中包含的宇宙万物的生存道理及人生哲理。

人们习惯于说鄂温克族有本民族语言，但没有自己的民族文字。这种说法是否科学、是否有道理，还得需要好好推敲和认真琢磨。如果说当下在我国境内生活的鄂温克人没有文字，似乎还能说得过去。俄罗斯境内的

鄂温克人约有 7 万，他们有 20 世纪 30 年代用斯拉夫字母创制的鄂温克文字，并在教学和记写本民族语历史文献、文化文学创作中广泛使用。在这里还值得提到的是，在美国出版的《古代字》一书里就明确提出，鄂温克人的先民在远古时期，使用过在桦树皮上刻写的一种特殊文字符号，后来这种文字就消失得无影无踪。为了寻找这些在桦树皮上刻写的鄂温克族古代文字，以及那些用桦树皮制成的书本文献资料，美国亚利桑那州立大学的著名人类学家杰姆森教授等，向美国政府申请科研经费与中国社会科学院有关专家合作工作过三年。在这三年时间里，课题组几乎走遍了我国境内鄂温克族生活的所有地区，包括偏远森林草原的那些村落。虽然，最后没有找到鄂温克族先民使用过的古代字，以及桦树皮上书写的那些书本资料，可是给我们留下了极其宝贵的科学命题和深深思考。由此，我们可以想象，在人类社会的进程中，人类的祖先或者说先民，曾经不知创造并使用过多少个符号系统或早期文字，后来因自然灾害、战争、历史的演替被抛弃、淹没、毁灭或更新，从而在后人的记忆中没有留下任何印记，甚至完全被遗忘。

尽管如此，人类的祖先，他们共同用智慧创制的那些古代文字中的一部分，还是被后人留存和继承了下来。并且通过不断修订、补充和完善，同样作为不可或缺的交流工具被当下的人所使用。然而，被历史所遗忘或埋没的那些远古时期的古代字，或许哪一天会从某一神秘的山洞或人类祖先生活及活动过的旧址乃至从沉睡万年的石缝间被发掘出来。我们是坚定的历史唯物主义者，又是辩证唯物主义者，必须以历史唯物史观及辩证唯物史观看待面对的诸多历史问题，否则就会犯教条主义、经验主义和唯心主义的思想错误。特别是对于历史悠久的学术问题、有争议还没有得出明确结论的历史问题，一定要用对历史负责和对客观存在的事实负责的科学态度认真对待。

这里还想提到的是，有些人常常把人类文明历史的起步，简单地从有文字时代开始论说，一味强调有了文字就有了人类文明，没有文字就没有人类的文明和进步。其实，其中存在的道理，人们几乎都明白或认同。问题是，人类的许多先民在使用文字之前已进入了农耕文明和手工业化的文明社会，就是那些没有文字的诸多民族，也同样很早就开始了农耕文明和

手工业生产社会生活。我们不能单纯地认为，一个民族如果没有文字、没有用文字记录的本民族文献资料或历史，就没有该民族的文明史，进而否定或歪曲他们的历史。比如说，过去一些民族学者或历史学者，就把牧养驯鹿的鄂温克人说成是直到 20 世纪 50 年代还生活在原始社会末期的族群。然而，在全国人大、国家民委于 1958 年内部印刷的《使鹿鄂温克人的社会调查》中就明确提到"使鹿鄂温克部落的最后一个酋长于 1761 年死后，俄罗斯地方政府取消了他们的部落酋长制度，派俄罗斯地方官员管理他们"，从此俄罗斯人完全统治了牧养驯鹿的鄂温克人。该报告中还明确写道："使鹿鄂温克人的适龄儿童于 1827 年前就开始在俄罗斯远东的阿鲁功斯公立学校读书，大人们经常自己炼铁制造铁器，还给俄罗斯人种地当雇佣工，他们还用猎获物或手工制作品同俄罗斯人进行商品交易、换取卢布来购买生活必需品和狩猎用的枪支弹药等。他们在过去的三百多年岁月里，一直受到俄罗斯的残酷统治。所以，在经济、文化、宗教及生活习俗等方面受俄罗斯影响很大。后来，由于受不了俄罗斯统治者的长年压迫和纳税重负，1917 年前后迁徙到我国境内。"该调查报告中，提到的这些情况是真实而可靠的。笔者从 20 世纪 80 年代初以后，在该地区所做的田野调查也证明了这些事实。那时，他们当中的多数老人懂俄语和俄文，并有一定的农业和手工制作铁器的基础知识。这跟个别民族学者所说的"牧养驯鹿的鄂温克人是 20 世纪 50 年代刚刚从原始社会形态直接进入社会主义社会"的说法完全不符。当然，应该肯定的是，由于连年的战火、自然灾害、病魔折磨等因素，以及为了逃避俄罗斯人的残酷统治和剥削，这部分鄂温克人赶着牧养的驯鹿躲到深山老林，过着几乎与世隔绝的隐居生活。结果，由于得不到日常生产生活所需的各种物质，他们的山林自然牧养驯鹿产业每况愈下，生活质量也不断下降。加上连年遇到的严冬和自然灾害，使他们作为唯一生活依靠的驯鹿头数大量减少。20 世纪 30 年代以后，他们的生活变得更加糟糕，甚至可以说他们的生活下滑到极度贫困的地步。那时，他们根本就没有能力和条件送孩子下山上学读书，只能靠家庭式或家族式传统教育方式传授知识。当时，牧养驯鹿的鄂温克人不少还死于疾病，真正有劳动能力的人没有剩下多少，许多家庭因此变得支离破碎。正因为如此，他们中生存下来的人，在极度艰难的生存环境中，只能靠以血缘关系为主

组成的家族式生活，靠他们共同的劳动、相互的关照、互相的扶持来维系生命。在极端残酷的社会现实面前，只有身体强壮的男性才能在山林的牧场里牧养驯鹿，妇女们则在家里照顾孩子并承担教育孩子的使命。尽管如此，他们的先民至少从17世纪末期，就通过俄文接受俄式教育，通过俄文学习文化知识。

从教育学史的角度来看，鄂温克族先民在早期也学过契丹文和女真文等北方民族创制的古老文字。有时笔者想，在美国出版的《古代字》一书所提到的鄂温克族远古时期使用的桦树皮上的文字符号，是否指的就是他们早期使用过的契丹文或女真文。如果这一推理成立的话，鄂温克族先民在契丹国时期就使用过契丹文，后来又学习掌握了女真文。当然，我们也不能完全肯定这一假设，也许他们那时使用的是另一种远古的文字符号系统，而不是契丹文和女真文。到了清朝时期，也就是从清朝初期开始，生活在东北广大农区和牧区的鄂温克族，开始学习满文并通过满文学习文化知识。然而，根据有关历史资料，鄂温克族正规受教育的时间，似乎要从17世纪末算起。也就是说，在清朝前期，地方政府在鄂温克族生活的区域开始设立教满文的学校，让鄂温克族八旗子弟上学读书，通过满文学习文化知识。由于满语和鄂温克语基本词汇没有太多区别，尤其是早期满语和鄂温克语词汇中的共有词在80%以上，这对当时学习掌握满语和满文的鄂温克族学生带来了极大便利，并为其先天性地提供了优厚的学习条件。到了清朝鼎盛时期，也就是人们所说的清朝中期，鄂温克人的受教育程度得到进一步提高，受教育面也得到进一步推广。与此同时，鄂温克族集中生活的农区和牧区，开始出现学习汉语汉文及学习蒙古语蒙古文的人。特别是到了清朝中后期，鄂温克族传统意义上的家庭结构产生了较大变化，从而在他们的家庭成员中除了达斡尔族和满族等民族成员之外，开始有了汉族和蒙古族成员。而且，鄂温克族与汉族和蒙古族建立婚姻关系的家庭数量逐年增多。其结果是，农区鄂温克族使用汉语、学习汉文的人数不断增多；同样，在牧区鄂温克族里，使用蒙古语和学习蒙古语者的数量也迅速增加。在当时，为了使鄂温克族学生集中精力更多、更好、更扎实有效地学习满语和满文，清朝地方政府在一定程度上限制他们学习汉文和蒙古文，但未能完全达到这一目的。到了清朝末期，鄂温克族生活的农村出现

了精通达斡尔语、满语、汉语及满文与汉文的鄂温克族；鄂温克族生活的牧区，也有了不少精通达斡尔语、满语、蒙古语以及满文与蒙古文的鄂温克族。虽然在那一特定年代，鄂温克族生活的许多地区还未设立真正意义上的公办汉文学校和蒙古文学校，但在民间私塾或在私人办的临时性、不稳定、不规范而松散的教学形式中，鄂温克族适龄孩童不同程度地接触或接受过汉文及蒙古文教育。伴随清朝政府的不断没落以及逐渐退出历史舞台，鄂温克族生活区域先后设立的汉文学校和蒙古文学校取代了满文学校，鄂温克族学生到汉文学校或蒙古文学校读书的数量开始逐年递增，通过汉文和蒙古文学习掌握文化知识已成为当时的一种时尚，甚至成为他们接受教育和学习文化知识的主要途径。乾隆二十八年（1763），被派遣到新疆保卫西域疆土安全的索伦营的鄂温克族，到了新疆伊犁地区后还是没有放弃满语满文的教学与学习，采用不同形式不断学习满语满文知识。比如说，懂满文的鄂温克族老人，给孩子们定时定点地讲解满文及满语语法，给孩子们通读满文历史书或故事书等。后来，到新疆伊犁地区的鄂温克族，除了熟练掌握满语满文之外，不少人还学习掌握了哈萨克语及哈萨克文，以及维吾尔语和维吾尔文等。由于锡伯语和满语没有十分突出的区别性特征，所以对于会母语及熟练掌握满语满文的鄂温克人来讲，锡伯语就如同母语和满语一样，经过一段时间的接触和交流，很快就自然而然地学习掌握了。然而，清朝政府退出历史舞台之后，西迁的这部分鄂温克族为了能够从清朝王牌军索伦营的鄂温克族之称谓中解脱自己，避免未来生活可能的一些麻烦，纷纷将民族成分改成了达斡尔族或锡伯族等。

在这里还应该提到的是，民国时期东北沦陷后，日本为了进一步推行殖民统治，在日占区内有计划地建立教授日语日文的日本语学校。包括鄂温克族在内，东北地区的适龄孩童被迫到日本语学校接受殖民化的日式教育。而且，这种完全使用日语日文的日式教育在鄂温克族生活区域先后于20世纪20年代末或30年代初开始实施，一直延续到日本的无条件投降，持续了10~18年。所以，80岁以上的不少鄂温克族老人，在日本统治时期不同程度地接受过日式教育。至今，他们还会说一口比较流利的日语，会写日文，能读懂日文书籍。

总之，直到中华人民共和国成立，我国境内的鄂温克族伴随历史的发

展和变迁，在特定历史条件和社会环境下，在不同时期、不同地区的鄂温克族接受过不同的语言文字、不同的形式和内容、不同的程度和范围、不同层级的文化知识教育。不只是如此，在人类社会创造文字之前，鄂温克族先民们采用口耳相传的远古教育教学方式传授传统文化与知识，并延续了很长的历史岁月。所有这些，对于鄂温克族智慧的开发以及自身的发展发挥过极其重要的积极推动作用。不过，就如前面所述，除了在我国内蒙古自治区呼伦贝尔草原和黑龙江省农区及兴安岭山林地带生活的鄂温克族，在俄罗斯西伯利亚和远东地区、蒙古国山林地带和日本北海道的网走地区也有鄂温克族。其中，（1）俄罗斯的鄂温克族约有7万人，他们接受的是完全意义上的俄式教育，因此都精通俄语和俄文，而且受教育面比较广，受教育程度也比较高。更加可贵的是，20世纪30年代，他们还利用所熟悉的斯拉夫字母创制了鄂温克文，主要用于鄂温克族小学教育，撰写读本、教材、故事书和记录鄂温克族口语资料和口承历史文化文献等。由于俄罗斯的鄂温克族受俄式教育影响较深，所以基本上被俄语化和俄文化，学习掌握本民族语言文字者变得越来越少。（2）在蒙古国的鄂温克族，基本上都通过蒙古语蒙古文学习文化知识，因此他们的母语蒙古语化现象十分严重，这使蒙古国鄂温克人的语言已进入严重濒危状态，几乎成为蒙古语式鄂温克语。（3）在日本生活的为数不多的鄂温克人，被日本人称为乌依勒塔人。20世纪30年代他们的母语就完全被日语和日文取而代之，甚至他们的姓名也都被迫改成日语。从这个意义上讲，他们已经成为名存实亡的鄂温克族了。尽管如此，这部分鄂温克人的受教育程度比较高，而且还留下了相当数量的口语资料、文献资料、历史资料和早期研究成果。

中华人民共和国成立以后，我国境内的鄂温克族教育事业得到空前繁荣发展，鄂温克族适龄儿童无一例外地开始接受真正意义上的正规教育。与此同时，鄂温克族中还广泛开展了深入扎实的扫盲教学教育运动，那些由于家境贫困而没有上过学的人，以及由于生活在落后偏僻山村及边远地区而从未接受过文化知识教育的人，基本上都得到了教育从而脱盲，并一定程度地掌握了蒙古文和汉文。特别是从他们的幼儿教育到高中教育期间实施的免费系统教育，使鄂温克族受教育的范围不断扩大，受教育的程度不断得到提高，受教育的强度和力度也不断得到加强。据不完全统计，鄂

温克族孩子的入学率和升学率均达到100%，其中高中、技校、中专毕业生占人口总数的60%以上，大学以上受教育程度者占总人口的20%左右，包括硕士研究生、博士研究生等。如前所述，鄂温克族是一个热爱学习、重视教育、善于思考、勇于探索、与时俱进的民族。他们伴随人类文明的进步，用智慧的头脑从历史走来，用创新理念和开拓进取的精神繁荣、发展、建设着美好家园，并不断走向更加美好的未来。

最后还应该强调说明的是，本书的最后部分将"清代八旗索伦的旗学教育""鄂温克旗双语教育事业""鄂温克旗教育队伍建设""兴旺鄂温克民族乡的教育教学建设""鄂温克族自治旗民族教育条例"等资料编入附录。这些资料都经过作者和提供资料部门的认可，甚至是在他们的要求下才用到此处的。

第一章　早期教育

这一章里，根据不同历史年代、不同社会制度、不同形式和内容，将鄂温克族早期教育分为清朝时期的教育、清末民初的新式教育、民国时期的综合教育、民国中后期的日式教育和俄式教育四个部分，全面分析和论述从清朝初期到新中国成立三个多世纪的岁月里鄂温克族早期受教育的基本情况。在这里有必要交代的是，本章里所提及的"索伦"都是指"鄂温克族"。另外，在下边的分析讨论中经常会遇到的"佐"这一字，该字在当时是指"依据作战需要以家族社会及其村寨为单位组成的最为基础的军事行动组织"，其兵力或者说组成兵员基本上是10人，在10名兵员中设1名指挥官，也就是以9名兵员组成的基层军事行动组织的首领，被称为牛录额真。[①]

---

① "牛录额真"是属于满—通古斯语族言，其中"牛录"表示"箭"，"额真"指"首领"。起初清代指以九兵一官组成的最基层的军事行动单位。到了明万历二十九年（1601），努尔哈赤把九兵一官组成的牛录改为由300兵员和1个官员组成的基层军事行动组织，天聪八年（1634）把牛录额真改为牛录章京，入关后又将牛录章京改称佐领，是属于清代九品十八级官员等级中的七级——正四品。也就是说，清代八旗是在牛录的基础上建立起来的军事化社会组织。明万历二十九年，还用每5个牛录新组建1个甲喇设1名甲喇额真，用5个甲喇再组建1个固山。众所周知，这里所说的"固山"就是指清代的"旗"这一军事化社会组织。清代共创建过正黄、正白、正红、正蓝及镶黄、镶白、镶红、镶蓝八旗及其八旗社会制度。而且，各旗都有1名都统和2名副都统。在当时，八旗编内官兵及其家属几乎都被称为旗人，清朝政府对旗人的知识教育十分重视，旗人几乎都有接受或享受教育的权利，尤其是上层社会子弟有受教育的特权。所以在清代，兴办过不少像宗室学、觉罗学、八旗官学、景山官学、咸安宫官学及八旗义学等各类八旗学校。这些学校主要招收八旗子弟，教授满蒙汉文及相关基础知识和骑射技术等。八旗教育不仅使八旗人的知识水平与文化素质不断得到提高，同时让旗人从孩童时期就接受八旗制度、八旗思想、八旗文化教育和影响。在对八旗官兵烈属子弟的教育上，清朝政府还给予特殊照顾和相关优惠政策。所有这些，对于维护八旗制度、强化八旗管理、增强八旗凝聚力和战斗力、提升旗人对八旗的心理认同及亲和力均产生过极其重要的作用。

第一节　清朝时期的教育

　　这一节内容主要包括清朝时期的官方教育、清朝时期的私塾教育、清朝时期的家族教育和家庭教育三个部分。在官方教育方面，以清政府推行的八旗官学教育为主。鄂温克语属于阿尔泰语系满—通古斯语族通古斯语支语言，而满语属于满—通古斯语族满语支语言，所以鄂温克语和满语在语音、词汇、语法方面的关系十分密切。清太宗皇太极在明末清初征服"索伦部"时曾说："且此地（当时指黑龙江）人民语言与我同，携之而来可以为我用。"正因为鄂温克语和满语间存在惊人的共同点和相同之处，加上鄂温克人擅长骑射、熟知兵术、勇猛善战，清朝政府军事高管早已看在眼里、记在心里，他们为了不断巩固、加强清朝政府的统治地位，下大力气培养鄂温克族军事化的优秀人才。为了实现这一目的，首先强化鄂温克族的教育，也就是从鄂温克族儿童开始到划入八旗军营的鄂温克族官兵，对他们进行不同地域、不同兵营中有计划、针对性的八旗官学教育。比如说，清康熙三十四年（1695），清政府命令黑龙江将军萨布泰在墨尔根（今嫩江）鄂温克人等民族居住区兴办满语满文学校，还专门安排满语满文方面的优秀教官。该满文学校起初要求鄂温克族等少量儿童到此学习掌握满文及相关基础知识。

　　我们可以说，这是鄂温克人由传统意义上的家庭式教育、家族式教育、临时性和松散型教育步入官办学校，接受正规系统的文化教育的开始。在这之后，乾隆九年（1744），清朝政府在齐齐哈尔、黑龙江（瑷珲）各设一所官办学校，"凡八旗子弟愿入学者，由各旗协领保送，习清文和骑射"。光绪三十一年（1905），在布特哈又设初级师范预备科一处，西布特哈（今尼尔基）设小学一所，八旗各佐领选送一名子弟读国书。课程分文、武两科，文科授以圣谕广训及大清律、四书五经等，武科则习武艺、骑射技术。据统计，清代鄂温克族共编设佐领80多个，其中齐齐哈尔4佐、墨尔根10佐、黑龙江城1佐、呼伦贝尔24佐、呼兰2佐、布特哈47佐。在上述所设官学中，从每佐领选取1名幼童入学的规定来看，每年至少应有80名鄂温克族八旗子弟入学就读，这是鄂温克族编入八旗以来学校教育的最主

要形式，它主要培养八旗子弟，提倡并强调学习满语和骑射课程，并以此为阶获取功名利禄。

为表示对鄂温克族官员的重视，清政府还规定每年鄂温克族佐领以上的官员，都必须到皇宫觐见皇帝。乾隆二十九年（1764）三月，清廷"定黑龙江佐领等官进京引荐例"，乾隆为此谕令："闻索伦、达呼尔等遇有引见，该将军大臣等，即遣来京。"从乾隆开始，清朝皇帝每年行猎之时，都要选鄂温克族奇骏军营的优秀射手来京陪同围猎。例如，有一次布特哈鄂温克族旗军里被誉为"生有胆力，善拉强弓大箭"的优秀兵丁伦布春，护卫乾隆去木兰围场打猎时，发箭射死一头大老虎，乾隆目睹了这一切后十分高兴，并说道："吕布善射，未必能尔！"于是很快把他提拔为齐齐哈尔副都统。鄂温克族因为智勇双全、胆识非凡、骁勇善战，在清朝军营中被视为清王朝效力的劲旅。清朝政府为了充分显示对鄂温克族军团的特别重视，以及为了区别于其他旗军的军团，在八旗军中把鄂温克族兵丁单独编队，不与蒙古族、汉族军队混编，派去满族优秀教官进行特殊训练，让他们在军营里使用满语满文，学习掌握满族的思想意识及传统礼俗和宫廷文化，包括满族人的道德、政治、经济、军事、思想、哲学、法律、艺术、宗教等，给鄂温克族所向无敌的战场勇士赐封满族"巴图鲁"等荣誉称号或奖励各种高级待遇，甚至提升各种军营官职来重用。在反击沙俄侵略的"雅克萨"战争、平定准噶尔的叛乱中，鄂温克族旗军官兵发挥了不可忽视的重要作用。例如，鄂温克族英雄、副总管乌木布尔岱就亲自率领鄂温克族旗军官兵深入敌后，并在残酷无情且极其激烈的战斗中，生擒了入侵我国疆土的葛瓦剌等7名沙俄匪徒首领，乌姆布尔岱的英勇事迹得到清政府的很高评价，同时也被民众广泛传颂。另外，在康熙二十年（1681）九月的一次对俄反击战中，鄂温克族旗军总管博克等在阵前招降沙俄匪徒30多人，迫使大批敌人投诚，对瓦解敌军阵营起到十分重要的作用。所有这些使清政府更加重视鄂温克族旗军的军事力量、军事智慧。

还有，被人们所熟知的鄂温克族旗军英雄海兰察，他在清朝军营中服役近40年，经历大小战役，多次身负重伤，无数次与死神擦肩而过，他曾俘获敌方大将，屡立战功。因为精通战术、智勇双全，他成为八旗军营的著名军事指挥官，后来还升为蒙古旗军的都统。在海兰察病逝后，清乾

隆皇帝提笔写道"念伊军营效力多年，身曾受伤"，对海兰察格外加恩，使其入昭忠祠，以都统衔的待遇为海兰察举行葬礼。在清代，朝廷对战斗中有功绩的鄂温克族八旗官兵，分别授予了许多"副都统""总管""副总管""佐领""骁骑校""领催"等不同级别的官职。《索伦诸部内属述略》里有这样一段描述："索伦散处山谷，精于骑射，雄于诸部，自康熙以来编旗给粮，训以纪律，平时自应其役，军兴皆听调拨，往往以勇猛敢战，取翠翎珊顶及巴图鲁名号，如寄此海内，所以称劲旅也。有敖喇、都喇尔、布喇穆等姓，多居布特哈、呼伦贝尔境，而齐齐哈尔等三城较少，亦有流寓俄罗斯者，其国谓之穆尼汉，又谓之通古斯。"[①] 这里所说的"索伦诸部"的"索伦"是指以鄂温克族为主的东北相关民族或族群，而"通古斯"是指鄂温克族历史上的一种叫法及现在指鄂温克族的一个分支。从上述说法中，可以看出清朝政府对鄂温克族旗军的重视程度，以及其在军事方面发挥的中流砥柱的作用。应该肯定的是，那些屡立战功的鄂温克族官兵绝大多数是接受过八旗官学系统教育及旗军兵营严格训练的人。从另一个方面看，这在很大程度上增强了他们在政治、经济、法律和社会制度之上的特殊权力，进而被当时社会视为特权阶层或特权阶级。与此同时，清朝政府推行的特定意义上的旗学教育，让旗军管辖内的鄂温克族官兵及其适龄儿童在享受优惠教育的同时，他们的满文和满语及其军事知识教育水平也得到快速提升。但到了清朝后期，伴随清朝政府的日益衰落，不同层级和不同种类的学校中，教授满语满文和满族文化历史的课程，包括弓箭与骑射等军事课程由于不适应当时社会的发展变化而逐渐被淡化。尤其是近代以来清朝政府的腐败无能、腐化堕落使他们的政治、经济、文化教育影响力很快被削弱，取而代之的是以汉语汉文、汉族文化历史为主的文化教育。毫无疑问，鄂温克族上层社会及其八旗军事化社会组织内部的文化教育，在教学内容和教学形式上都产生了历史性变化，以汉语汉文、汉族文化历史为主的教育不断得到普及。在当时，在八旗军营及其社会组织内部，说汉语、使用汉文、懂汉族文化历史知识变为一种时尚。

---

① 何秋涛编著《朔方备乘》卷二《索伦诸部内属述略》，台北文海出版社，1964，第48页。

以下分为清朝时期的官方教育、清朝时期的私塾教育、清朝时期的家族教育和家庭教育几个部分，论述清朝时期的教育情况。

一　清朝时期的官方教育

鄂温克人的学校教育始于清朝，清以前的各朝代似乎未见史载。清朝政府在全国范围内建立了一整套较为完备的教学制度，进而在很大程度上推动了我国教育事业的发展。虽然其教育形式基本上沿袭了明代的教学方法与体系，但在教学内容上做了一系列改进。清朝政府办的学校主要分为两大部分，其一是清朝中央政府设立并直接管理的学校，其二是由地方政府设立并由各地方政府自己管理的地方性学校。中央政府直接管理的学校叫中央官学，主要指京师的国子监，包括国子监附属的算学、八旗官学以及皇室的宗学、觉罗学、咸安宫官学、景山官学等；地方政府自己管理的学校叫地方官学，一般是指各省的府、州、县立学校和将军辖区内的八旗官学等。除此之外，社会上还有书院、社学、私塾等教育教学机构或部门。社会上的这些学校或教学部门，虽然有别于中央官学和地方官学，也不在清朝政府或地方政府的管辖范围内，但为人才的培养乃至进一步普及教育教学事业发挥了积极推动作用。

在这里还应该提到的是，从清代顺治元年（1644）开始，中央官学在不断完善和强化祭酒、司业及监丞、博士、助教、学正、学录、典籍、典簿等方面的管理人员、教学人员、教辅人员的同时，还设置了率性、修道、诚心、正义、崇志、广业等自学修心课堂。没过几年，为了进一步强化官学的教学质量及教学管理，又增加了教授、教谕、训导等教学人员及行政管理工作人员。另外，清朝政府还要求各省根据本地区教学工作的需要和教学计划，因地制宜地调整和增设相关教学内容及课程安排。到了雍正年间，又将长期从事教学工作的一些教官提升为正七品官，学校的教谕也被提升为正八品官，由明代传承下来学生教材也得到一定程度的修改和补充。由此，清朝时期所有这些教育教学事业的不断改进和发展，使作为八旗军事化社会组织的重要组成部分的鄂温克族官兵受到不同程度的教育，进而不断丰富和提升他们的文化知识水平及其在八旗军事化组织中的社会地位。这也是当时的清朝政府为了达到充分利用索伦八旗鄂温克族优秀将士的智

慧才能、更好地管理和统治其他八旗这一目的的手段。为此清朝政府十分重视和不断强化对于以鄂温克族为核心的索伦八旗高层阶级及优秀人才的教育培养，同时也逐步强化他们的汉语知识理论和蒙古语知识理论的教育。出于这一考虑，在索伦八旗教学中，纳入精读《百家姓》《三字经》《千字文》，以及读四书五经、练习"描红"等课程内容。在此基础上，不断提升鄂温克族等八旗官兵学习《大学》《中庸》《论语》《孟子》"四书"的知识水平，以及对于《易经》《书经》《诗经》《礼记》《春秋》"五经"学习掌握的深度和广度。再者，接受教育的八旗官兵及其子弟，还要学习毛笔字帖及修心修身知识，以及继续学习《御集经辞》、"十三经"、"二十四史"和"三通"等古代典籍和历史书籍。

由于索伦八旗教育抓得紧、抓得实、抓得有成效，当时出现了不少接受系统教育、文武双全，精通母语又精通汉语、蒙古语、满语、锡伯语、达斡尔语等多种民族语的都统、副都统和总管等。比如说，雍正三年（1725）以后，索伦八旗鄂温克族副都统升职为正蓝旗汉军都统、索伦八旗呼伦贝尔关防总管博尔本察被任命为蒙古正黄旗都统、索伦八旗鄂温克族名将海兰察先后调任镶黄旗蒙军和镶白旗蒙军副都统及正红旗蒙军都统、索伦八旗鄂温克族总管升为黑龙江副都统、索伦八旗鄂温克族总管塔尔岱被提升为白都纳副都统、索伦八旗乌里雅苏台驻防总管鄂温克族萨垒被任命为副都统、索伦八旗呼兰城著名守尉鄂温克族勒尔克善也被提拔到重要官职被重用等。

总体上讲，清朝时期鄂温克族接受教育的历史可分为两个时期来分析。其中，第一个时期，应该从顺治元年（1644）建官办学校到咸丰三十一年（1861）为止，前前后后共接受了217年官办教育，这一阶段的官办教育应该属于清朝早期教育时期，其教育中有许多由明代传承下来的教学内容及教学体制；从同治元年（1862）开始至宣统二年（1910）共48年时间是鄂温克族在清朝接受教育的第二个时期，而且被认为是新式教育时期。所谓新式教育时期，还要分两个阶段来阐述，从同治初年到光绪辛丑（1901）以前为无系统教育时期，辛丑以后到宣统末年是属于有系统教育时期。其间，清德宗载湉于光绪三十一年（1905）八月四日下诏谕"立停科举以广学校"。从此，在我国延续一千多年的科举制度被取消，取而代之

的是近代新式更加开放的教育制度。毫无疑问，这给索伦八旗官兵及其子女学习文化知识创造了一定的便利条件，也带来较多的学习机会，使索伦八旗鄂温克族学习文化知识的人数逐年增多。清朝政府为更好地推动民族地区包括鄂温克族在内的八旗军事化社会组织的自身发展，于光绪二十八年（1902）制定了"壬寅学制"。该学制将不同学堂分为七个等级，即蒙学堂、一般小学堂、高等小学堂、中学堂、高等学堂或大学预科、大学堂、大学院等。其中，蒙学堂为四年，一般小学堂是三年，高等小学堂有三年，中学堂读四年，高等学堂或大学预科为三年，大学堂也是三年，读大学院没有十分清楚的年限。这就是说，要是从蒙学堂读到大学堂毕业基本上需要20年的时间。索伦八旗的鄂温克族及其子弟，也不同程度地接受过当时推行的"壬寅学制"教育。

但因为"壬寅学制"不是十分完善，特别是对像索伦八旗等对外接触较多，受外来影响较大的群体的官学教育遇到一系列教学方面的问题，教学内容赶不上当时社会的变化与发展，索伦八旗子弟对此纷纷提出意见和要求，希望进一步改进教学方法与提高质量。因此，到了光绪二十九年（1903），清朝政府又颁布了"癸卯学制"，该教学制度也叫作"三段七级式教育"，主要是将教学方案及其计划分成三个不同阶段和七个等级的教育。第一阶段的教学叫初等教育，要求适龄儿童7岁入学接受教育，其读书过程分蒙养院4年、初等小学5年、高等小学4年，受教育年限分三级共13年；第二阶段的教学属于中等教育，内设中学堂一级共5年；第三阶段的教学属于高等教育，内部分高等学堂或大学预备科3年、分科大学堂3~4年、通儒院5年，共3级11~12年。与此同时，还对各级学校的课程内容做了明确规定，其中学课程涉及修身、读经讲经、中国文学、外国语、历史、地理、算学、博物物理及化学、法制及理财、图画、体操等课程，学制为五年。高等小学课程包括修身、读经讲经、中国文学、算术、中国历史地理、格致、图画、体操等内容，并要求地方官学根据教学具体需求可增设手工农商业等课程，学制为四年。初等小学课程主要有修身、读经讲经、中国文学、算术、历史、地理、格致、体操等，也允许地方加授图画、手工之一、手工之二等内容，学制是五年。"癸卯学制"推广以后，于光绪三十一年（1905）成立了学部，其作为清朝政府的官学教育行政机构

把原来的国子监并入其中。学部最高长官为尚书，以下有左右侍郎，设有五司十二科分管各项工作。

地方府、州、县设的劝学所，作为地方官学教育行政管理机构主抓教学工作。清朝政府要求，全国各地都按照新制定的统一教学方案和规定部署学校教育工作，将军辖区要严格按照八旗军事化社会制度及其新制定的教学方案设定八旗官学和八旗义学的各项新课程。不过，根据清代教育史料，当时八旗官学与八旗义学在教学方面没有太明显的差别，不论是在教学形式和内容还是在学校管理等方面表现出的共同之处很多，能够明确地进行区分的特点并不突出。对此，《八旗通志》中写道："八旗设立官学，原欲比户皆沾教泽，不必拘定门第。八旗满洲蒙古，汉军，每佐领下必选一人入学。"这里就官学名称、官学生员数量、官学生员来源三个问题说得比较清楚。与此相关，该书又写道："京师八旗各佐领下幼童，由各佐领内择其优长之人，令其教可读书及马步箭。其余幼童，十岁以上者，各佐领于本佐领内选优长者各一人。满洲旗分幼童，教习满书、满语。蒙古旗分幼童，教习满洲蒙古书、满洲蒙古语。汉军旗分幼童，教习满书、满语，并教习马步箭。仍令各佐领、骁骑校稽查。将此学名为义学。"上述记载对义学名称、学生数量、学生来源等问题说得也比较明确。我们通过比较分析可以得出这样一个结论性看法，官学与义学除了叫法上不同之外，从八旗各佐领中优长之人的选定到每佐领选一人入学等基本一致，只是在招生时必须八旗官学先选定学生，然后八旗义学在剩余的考生中选定学生。后来，伴随清代八旗官学教育的发展，招生数量不断增多，每佐由招收一名增至两名。再后来，八旗官学逐渐变成入学读书学生不受名额限定，年龄在10岁以上20岁以下的青少年，只要家人和个人愿意，经过考试或面试就可以到这里上学读书，是相当宽松和优越的教学条件与环境。很有意思的是，八旗义学的招生条件与要求与八旗官学一样也是由每佐领内选招一名学生，后来就变成只要愿意上学的青少年，经过考试和面试均可以入学读书学习文化知识。

总之，从各个方面情况来看，在当时八旗官学与八旗义学在招生和教学上很难进行十分明确的区分，加上清代教育史料中记载得也很不清楚、很不全面，从而给对它们做严格意义上的区分带来许多麻烦和问题。《八旗

通志》在卷四十六中记述"盛京,黑龙江两翼义学",而在卷四十九中又称"盛京两翼官学、黑龙江两翼官学"。同一个学校,前后称谓也不一致,这就给后人分辨八旗官学与八旗义学遗留下许多难点。不过,使人感到欣慰的是,《黑龙江教育史》里指出:"八旗义学,即八旗汉官学,主要是学习儒家经典和骑射的八旗学校。……八旗义学一般由官府兴办或参与,并视学校规模发拨一定数量的土地作为学田。因此,八旗义学应视为官学,这与那些由团体或个人集资设立的义学不同。"很显然,这一说法似乎更接近当时的实际情况。也就是说,官学与义学在严格意义上的区别不是十分明显。

无论怎么说,在索伦八旗的官学和义学里,有相当数量的鄂温克族青少年接受过较好的教育,较为系统地掌握了文化知识。另外,在清代兴建的这些八旗官学,包括八旗义学等学校在内,基本上都有十分清楚的建校时间,但似乎很少有撤销学校的具体时间和记载。可以肯定的是,在不同历史时期,鄂温克族集中生活的地区都建过不同类型的学校。尽管如此,在课题组看来,不同历史时期的这些学校,在教学形式和内容、教书育人、课程设计等方面都有一定的传承性和延续性。或者说,它们几乎是在原有基础上新建起来的学校,即使是那些原来没有学校的地方新建的学校,其同样有历史延续的教学教育的内涵。根据课题组掌握的资料,历史上鄂温克族青少年读书的学校基本上都建在鄂温克人较为集中生活的农村牧区。其中,最具代表性的有墨尔根城[①]、黑龙江城[②]、齐齐哈尔、呼兰城、布特哈

[①] 嫩江县隶属于黑龙江省黑河市,位于黑龙江省西北边陲,北与呼玛县交界,东接爱辉、孙吴、五大连池,西与内蒙古自治区莫力达瓦达斡尔族自治旗和鄂伦春自治旗隔江相望,南连松嫩平原及讷河市。总面积15109.2平方公里。嫩江县在清代称墨尔根城,是齐齐哈尔以北重要的经济、交通、物流集散和军事战略要地。嫩江县共辖8个镇,6个乡,171个行政村。

[②] 瑷珲隶属于黑龙江省黑河市,东有炮台山,南有巴拉哈达山,西南是北大岭,北有卡伦山。瑷珲古城位于今黑龙江省黑河市镇。康熙二十二年(1683)在瑷珲修筑城堡,叫瑷珲旧城;康熙二十四年(1685)将瑷珲从黑龙江东岸移至西岸,建了瑷珲新城堡;民国2年(1913)将瑷珲新城堡改为瑷珲县,属黑河道所辖;1933年县公署由瑷珲移驻黑河地区;1980年11月15日,以瑷珲县黑河镇、幸福公社和西岗子公社煤矿、宋集屯煤矿、东方红煤矿为行政区划设立了黑河市;1983年4月28日,将瑷珲县并入黑河市行政辖区。

地区[①]、呼伦贝尔城[②]及索伦八旗（今海拉尔区及鄂温克族自治旗）、惠远城等地的学校。下面对清代以鄂温克族为主的学校做一简要介绍和阐述。

1. 墨尔根城

（1）墨尔根两翼官学。清康熙三十四年（1695）建于墨尔根城，也就是现在的嫩江县。这是与鄂温克人受教育直接相关的最早的一所学校，也是鄂温克族青少年最早接受正规教育的地方之一。建校初期，黑龙江将军萨布素为加强鄂温克族等八旗子弟及其青少年的教育，以及提高他们的文化知识和素养，向清朝政府写请愿书，请求政府出面在墨尔根两翼各建一所八旗官学，安排专门教学人员，着力培养鄂温克族和达斡尔族的八旗子弟。他的这一请愿很快得到清朝政府礼部的批复。政府下令在墨尔根两翼各建一处八旗官校，并安排相关教职员工，每届接收索伦八旗等八旗子弟到此读书，主要教授满文及有关基础知识。在选定教员时，萨布素将军亲自选定教书育人方面有经验、有综合性知识结构和雄厚知识基础的教员来教课。其教员的衣食住行，包括薪酬等都由萨布素将军来支付。墨尔根两翼的这两所官学建成后，按照清朝政府礼部提出的要求，各佐派一名教员教学。其中，左翼官学派镶黄旗雅都佐领下的领催达礼布，右翼官学派的是正黄旗乌市堪佐领下的披甲关海。而且，这两所官学的校舍，都安排在

[①] 布特哈属黑龙江省，位于黑龙江省西部，大兴安岭南麓，龙江县与齐齐哈尔市碾子山区东侧，现归内蒙古自治区呼伦贝尔属扎兰屯市辖区。当时，清朝政府将分布于嫩江两岸的鄂温克、达斡尔、鄂伦春等族编成佐领，设布特哈总管，光绪二十年（1894）把布特哈总管提升为副都统；光绪三十二年（1906）以嫩江为界划定了东西两路布特哈，各设总管；宣统二年（1910）东布特哈置讷河直隶厅；1915年西布特哈置布西设治局；1949年4月，布特哈隶属于呼伦贝尔纳文慕仁盟；1953年4月，划入内蒙古自治区东部行政公署辖区；1954年5月，纳入呼伦贝尔盟管辖范围；1983年10月，撤销布特哈旗，设立扎兰屯县级市，第二年正式撤旗设市。

[②] 呼伦贝尔城是呼伦贝尔副都统衙门，始建于雍正十年（1732），呼伦贝尔是该地区集军、政、商于一体的边疆要塞。也就是说，中俄《尼布楚条约》签订后，中俄边境更加凸显其特定战略意义。为加强草原边防，清朝政府在呼伦贝尔设副都统衙门，统辖"索伦八旗"及"新巴尔虎八旗"军事化社会组织。呼伦贝尔城的建设初期，由京城派官员管理，乾隆八年（1743）提升为副都统衙总管。民国9年（1920），这一带归黑龙江军统辖区。呼伦贝尔城西院有蒙旗学校，东院设蒙旗钱局。这里也是当时的政治经济和文化教育中心，该衙门背靠西山樟子松林，旁有伊敏河，占地10万平方米。城有北城门、中门、八大商号、副都统衙门等建筑，充分展现出清代时期的建筑风格与历史面貌。

八旗衙署院内。从这一点也可以看出，以鄂温克族为主的军事化八旗社会组织对于办学及其教育的重视程度。康熙三十八年（1699）黑龙江将军移居齐齐哈尔城后，墨尔根两翼官学的基础情况与教学力度也在很大程度上被削弱，学校的办学经费也变得比较紧张。到了康熙五十八年（1719），在鄂温克族求学办学的强烈呼吁下，政府在齐齐哈尔城东门内重建官学，还专派教学人员和相关管理人员来进行教学工作与管理学校，并严格按照招生规定，每年定额招收 16 名鄂温克族等学生，学生由各佐选送 1 名优秀八旗子弟。事实上，这是在原来的墨尔根两翼官学基础上建立起来的学校，在很大程度上延续了墨尔根两翼官学的教学制度及其教学内容和形式。在康熙及雍正年间，墨尔根城驻防索伦兵有 10 个佐 3000 余人，每年都有名额内的 16 名鄂温克族等八旗子弟到这里接受教育，甚至也有名额外的鄂温克族八旗子弟或青少年来此上学读书。

（2）墨尔根八旗官学。乾隆九年（1744），同齐齐哈尔和黑龙江八旗官学一起，墨尔根城又建立一所八旗官学。这也是在墨尔根城除了两翼官学外建立的一所官学。该校的学员同样是各佐选送的八旗子弟，其中自然也有索伦八旗的鄂温克族学员。来这里的学员要系统学习满文、字帖、书法及其他相关基础知识和骑射技术等。乾隆年间，依据驻防墨尔根城的 10 个佐的索伦兵来计算，该校每届接招收的学员中至少有 10 名鄂温克学员入学就读。墨尔根八旗官学的规模虽然都不大，但对于鄂温克族八旗子弟以及青少年的培养教育，同样发挥过一定积极作用。

（3）墨尔根初等小学。光绪三十年（1904），在墨尔根城还建过一所初等小学。光绪三十三年（1907）二月，该校改名为嫩江小学堂，校址设在墨尔根城西北的官房旧地，并安排 5 名教职员工，内设大班和小班各一个。也就是说该校有两个班，共有 60 名八旗子弟学员。在墨尔根初等小学读书的学员，绝大多数是驻守嫩江县的鄂温克官兵子弟，学习内容和形式与墨尔根两翼官学基本一致。其学生中除了鄂温克族学员之外，还有满族、达斡尔族、汉族、蒙古族及鄂伦春族学员。

2. 齐齐哈尔城

（1）齐齐哈尔八旗官学。乾隆年间，我国迎来文化盛世，这和乾隆皇帝尊重知识文化有关。他是一位精通汉语、蒙古语、藏语、维吾尔语等多

种语言文字的非凡语言学家、文学家、书法家、诗人的一位文化型皇帝，他还主持纂修了《四库全书》、主持编修了《大藏经》与《无圈点老档》、敕编过《八旗通志》《满洲源流考》《御制五体清文鉴》等，同时他十分重视文化教育。所有这些，也给当时的鄂温克族军事化社会组织开办教育、普及文化知识带来了很好的机会。就如上面所说，乾隆九年（1744）在墨尔根城除了两翼官学外，齐齐哈尔还建过一所官学，同样要求索伦八旗各佐领送学生在此读书。学校建在内城衙署东偏北处，建有五间学生宿舍及厨房并能容纳40名学员。该校还规定每年向将军报告学生学习情况。那时，驻守齐齐哈尔城的有四个佐的索伦官兵，索伦人有1000多人，所以每批学员中10%~13%是鄂温克族。

（2）齐齐哈尔八旗义学。嘉庆元年（1796），黑龙江将军永琨设立齐齐哈尔八旗义学，每批选齐齐哈尔八旗子弟20人就学。水师营营官果德兴任校长，由江苏人龚光瓒主教汉语汉文和相关基础知识。第二年永琨调离此地后，额勒伯克接任他的官位。额勒伯克就位后免去了果德兴的校长职位，龚光瓒对此表示强烈不满，结果也被额勒伯克免去教学资格，流放到呼伦贝尔王霖处继续教学。嘉庆三年（1798）那奇泰接任额勒伯克的官位，那年又赶上王霖病故，所以龚光瓒重新被召回齐齐哈尔八旗义学教学。嘉庆十一年（1806）秋，西清来黑龙江任银库主事。这时龚光瓒被敕归，由将军观明委托西清兼任义学教员。齐齐哈尔义学学舍"初用御史府空舍，后来将军那奇泰以为御史奉裁，旧府当毁之。生徒乃就教者私寓受业"。西清兼任教员后，购买了故侍郎保泰旧府邸20余楹，充作教室和学生宿舍。校舍位于城东南角，院落面积较大，环境也显得十分幽静，每年春夏花草丛生，到了秋天满枝红豆，由此该院落誉名为"红豆山房"。而且，该义学有了非常好且稳定的教学环境，进而为索伦等八旗子弟读书学习提供了优厚又理想的学习条件。

（3）黑龙江省满蒙师范学堂。光绪三十四年（1908）秋，黑龙江省建立一所满蒙师范学堂。该校址位于齐齐哈尔城外东北角，是充分利用当时被废弃的俄文学校的旧校址创办的满蒙师范学堂，专授满文和蒙古文知识以及其他相关知识。其学员基本上是来自满八旗和蒙古八旗的子弟，但也有来自索伦八旗的鄂温克族学员等。学校内部分预科班和本科班，学制为

三年，预科学期一般为半年到一年，本科学习两年到两年半。每届招收百名左右的学员，绝大多数是满族和蒙古族学员，但也有鄂温克族、达斡尔族、汉族的一些学员。该满蒙师范学堂，后来又改为完全科制，在校学习年限也调整为四年。直到宣统元年（1909），教职员工还保持在5人之内，有两个班级和80余名学生。不过在宣统三年（1911）时，教职员工数增到10人，同样有两个班，学员数在90名以上。而且，索伦八旗送来的鄂温克族等民族学员也逐年增多。尤其是对于鄂温克族学员来讲，由于他们的母语与满语属于同语族语言，加上索伦八旗的子弟都或多或少地掌握蒙古语，所以对于他们来讲学习满语满文及蒙古语蒙古文并不是太难的事情，加上他们学习刻苦，在学业上都取得了相当优异的成绩。

3. 黑龙江城

（1）黑龙江城八旗官学。黑龙江城八旗官学又称满官学，建于乾隆九年（1744）。位于黑龙江城即现在的黑龙江省黑河市瑷珲区，安排1名教员及相关辅助工作人员，每届招收26名生员。而且，基本上是驻防八旗每佐送一名优秀子弟到此读书，其中同样包括索伦八旗选送的鄂温克族优秀子弟。另外，像正黄旗第三佐选送的学员中也有鄂温克族学员。

（2）瑷珲初等小学。瑷珲初等小学于光绪三十年（1904）建成，应该与墨尔根初等小学所建年限相同，位于瑷珲城内经文街西。学校有4名教职员工，分有大班和小班各一个班，每届学员保持在46名左右。光绪三十四年（1908）正月，政府将瑷珲初等小学改为瑷珲两等小学堂，在教学质量上进一步提高。到该校读书学习的学员，多数是属于驻守瑷珲城的鄂温克族八旗子弟，除此之外也有一些达斡尔族、蒙古族、鄂伦春族、汉族等八旗子弟。从某种角度讲，光绪三十年建立瑷珲初等小学时，基本上废除了八旗各佐选送一名优秀学员读书的规定，只要愿意读书的八旗子弟，经过有关人员的推荐和相关面试，就可以到该校读书，学习掌握文化知识。

4. 呼兰城

（1）呼兰八旗官学。雍正十二年（1734）设呼兰城守尉，有满、索伦、达斡尔、汉等共八佐兵团驻守该城。其中，驻守这里的索伦官兵是由齐齐哈尔兵部派遣而来的。同治八年（1869）由墨尔根城移来一佐索伦官兵。过了三年，又从墨尔根派来一佐索伦官兵。这使驻守呼兰城的索伦官

兵已成为二佐兵团。根据驻守呼兰八旗官兵的请求，乾隆九年（1744），政府在这里兴建呼兰八旗官学。由于在这里驻守的兵团后来新增了两个佐的索伦官兵，所以该校也自然而然地成为以鄂温克族八旗子弟为主读书学习的官学。呼兰八旗官学基本上同齐齐哈尔与墨尔根八旗官学同一时期兴建，专收八旗子弟及其所属辖区内的优秀青少年，其教学形式和内容也和其他相关官学基本保持一致，除学习满文方面的基础知识之外，也教些汉文及与汉文有关的基础知识。另外，伴随一些招生制度和规定的改变，到该校入学读书的鄂温克族八旗子弟学员也逐年增多。

5. 西布特哈地区

（1）西布特哈初等小学堂。这一初等小学堂初建于光绪三十一年（1905），到光绪三十三年（1907）正月，初等小学堂改为西布特哈两等小学堂，再后来就成为西布特哈高等小学校。该校建在依倭奇总管署东院，有校长1名和2位教员，同样分有大班和小班两个年级，每届招收68名学员。因为以鄂温克族为主的28个佐的八旗官兵及其家属居住在依倭奇地区，所以西布特哈高等小学校是这一带鄂温克族八旗子弟完成初等小学教育后，上更高一级学校继续读书的首选目标。西布特哈高等小学校的课程设计中，除了满文和汉文课程之外，还有算术、历史、地理、物理学、心理学、体操、音乐、图画等课程。

（2）和礼初等小学堂。和礼初等小学堂建于宣统二年（1910）四月。位于霍日里河①入口处左岸的霍日里屯。这里属于都伯浅扎兰即镶黄旗所辖区域，有两个佐的索伦官兵在这一带驻防。所以，到该校读书的学员主要是来自萨玛街、巴彦街两地的鄂温克族八旗子弟，以及达斡尔族八旗子弟等。学校有一名教员和相关工作人员，每届招收1个班22名学员。和礼初等小学堂教授的课程涉及满文、汉文、算术、体操、唱歌、图画及修身等。

（3）卓尔初等小学堂。宣统二年（1910）四月，政府在济沁河入雅鲁河口处右岸的绰哈屯建了一所名为卓尔初等小学堂的小学。那时，这一带

---

① 霍日里河属于松花江水系，"霍日里"（huril）为通古斯诸语，后演化为 uril>oril "敖日里"。原意是表示"弯弯曲曲的细肠子"，后来指弯弯曲曲的河流。由于该河就是一条弯弯曲曲的河流，所以通古斯诸民族就称其为"霍日里河"。

是正蓝旗所辖区域。其中，只有1个佐的索伦官兵驻守这里，他们的子女通过推荐和面试，就可以到此读书，学习文化知识。该校的教职员工规模及教学内容与和礼初等小学堂完全相同，同样每届招收1个班22名学员。而且，每届来这里读书的学员中，有3~4名鄂温克族八旗子弟学员。

（4）阿伦初等小学堂。宣统二年（1910）四月，政府在阿伦河中游右岸的吉木伦屯建立阿伦初等小学堂。阿伦河中游是涂克敦阿巴镶白旗的辖区，也是鄂温克人的聚居区域，共有4个佐的索伦八旗官兵驻守此地。这一特定生活区域及其军事化社会组织的人员结构，自然注定了阿伦初等小学堂学员基本上是索伦八旗的鄂温克族学员。该校的教职员工及教学内容，同样与和礼初等小学堂保持一致，每届招收1个班22名学员。不过，到这里读书的学员除了鄂温克族之外，还有一些达斡尔族、汉族学员等。

除上述4所学校外，西布特哈地区还在谟丁屯建过谟鼎小学堂，在登特科屯建过特科小学堂，在博伦屯建过博能小学堂，在乌尔科屯建过乌珠小学堂，在哈力沁屯（今哈力浅）建过履新小学堂。上述5所学校均在诺敏河下游两岸，这一带当时属于莫尔丁扎兰正黄旗辖区，也是索伦八旗达斡尔族集中生活的区域。不过，这些地区也有一些鄂温克族居住，所以这些学校里也有一些鄂温克族学员。另外，东布特哈地区于光绪三十二年（1906）在博尔多（今黑龙江省讷河市）关帝庙东廊房也建有一所布特哈东路初等小学堂。学校里同样安排有教职员工，共设大、中、小3个班，有37名学员。众所周知，当时的讷谟尔河流域以及嘎布卡一带，均属于驻守博尔多城的索伦八旗管辖范围，因此到布特哈东路初等小学堂读书的学员基本上是鄂温克族学员，除此之外还有达斡尔族学员。

（5）初级师范预备科。伴随布特哈地区各类各级教学需求的不断增多，光绪末年，政府在鄂温克人居住的东布特哈创设一所初级师范预备科类学校。该校除有专门教学人员之外，也有管理人员和辅助性工作人员。在教学水平、教学质量、教学要求上要比其他初等小学堂高一些，每届招收1个班20余名学员，其学员中也有一定比例的鄂温克族八旗子弟。此外，光绪三十三年（1907），东布特哈八旗佐领在讷河瞻仁地区建有一所名为占育初等小学堂的学校。这里所谓的"占育"是属"瞻仁"的异写。讷河瞻仁地区的居民是索伦八旗的鄂温克族和达斡尔族官兵及其家属，但是绝大

多数是鄂温克族,这里也是讷谟尔扎兰正白旗的三个佐的鄂温克族官兵驻守的辖区。从这个意义上讲,占育初等小学堂招收的八旗子弟绝大多数是鄂温克族学员。

6. 呼伦贝尔地区

(1)呼伦贝尔八旗官学。光绪八年(1882),政府在呼伦贝尔海拉尔地区建了一所呼伦贝尔八旗官学。校址在海拉尔文庙院内,有特定教职员工,学制三年,主要教满文及相关基础知识,还要教弓箭、骑术和军事方面的基础知识。当时,也是按照每佐选送1名优秀少年的规定招收学员。由于呼伦贝尔地区有24个佐的索伦八旗官兵驻守,所以每届招生中至少有24名鄂温克族八旗子弟到这里读书。

(2)南屯私塾。光绪三年(1877),在原索伦左翼镶白、正蓝旗辖区内的南屯建过一所私塾。该校虽然叫私塾,但还是官办性质的,其教学制度和教材也与其他官办学校相同。而且,教员由齐齐哈尔聘请而来,主要教满文、汉文及其相关基础知识。每届招收的十余名学员中,除鄂温克族和达斡尔族之外,还有蒙古族和汉族。

(3)呼伦贝尔两等小学堂。政府于光绪三十四年(1908)在呼伦贝尔城建了一所呼伦贝尔两等小学堂。该校有专门教学人员和管理人员,主要教满文、汉文和算数及相关基础知识。学员基本上为索伦左右两翼八旗二十四佐的八旗子弟,有鄂温克族、达斡尔族、蒙古族和汉族,其中优秀毕业生还可以被选派到齐齐哈尔满蒙师范学堂继续读书。根据教学的发展需要,宣统三年(1911)呼伦直隶厅在该校内还增设初级师范班,以此不断强化继续教育工作。

(4)石屋学堂。宣统二年(1910),在现在的鄂温克族自治旗(以下简称"鄂温克旗")莫和尔图地区,由牧民们自愿捐资、自筹经费建过一所名为石屋学堂的小学。在当时,该地区隶属于索伦左翼镶黄、正白旗管辖范围,也是索伦左翼镶黄、正白旗的理想牧场。由于该校舍由石头筑成,所以就叫石屋学堂。该学堂专门聘请精通满语满文的名师来教授满文,以及精通汉语汉文的教员教汉语及其他相关基础教育课程。每届招收1个班20名左右的学员,其中绝大多数是索伦左翼镶黄、正白旗的八旗子弟,也就是说到这里读书的学员基本上是鄂温克族,只有个别是达斡尔族。这所

学校确实培养了不少后来对本民族各方面发展产生一定影响的鄂温克族知识分子。

7. 惠远城

（1）惠远城清书学房。乾隆三十一年（1766），由新疆伊犁将军创建了惠远城清书学房。当时，在惠远城有八旗索伦营、锡伯营、满营以及察哈尔营和厄鲁特营官兵驻防。所以，到该校读书的学员里有鄂温克族、锡伯族、达斡尔族以及满族和蒙古族的官兵子弟。特别是该地区的索伦营被分编为左右两翼八旗，索伦为右翼，即正黄、正红、镶红、镶蓝四旗；达斡尔为左翼，即镶黄、正白、镶白、正蓝四旗。按照那时的规定，每旗建一所清书学房，由此右翼索伦的正黄、正红、镶红、镶蓝四旗应建4所八旗子弟学堂。而且，每一个清书学房都安排了教员2名和管理人员等，主要教满语满文、数学、音乐、图画，以及弓箭、骑马技巧等课程，学员一般在20名左右。那时，索伦兵营家眷都居住在惠远城及周边地区，主要驻防奎屯、萨玛尔一带的军事要地。毫无疑问，在惠远城清书学房，尤其是在索伦四旗的清书学房里读书的学生中有一定名额的鄂温克族八旗子弟。

（2）惠远城俄罗斯学堂。乾隆五十七年（1792），新疆伊犁将军还创建了一所惠远城俄罗斯学堂，其教员由京城俄罗斯馆选派，学员几乎是八旗子弟。该校的读书年限为五年，五年期满考试优秀者，经过一段时间的培训，可以直接用于八旗军事化社会的某一工作部门或在军营中任职。可以想到，由于在惠远城及其周边地区，有四旗索伦营官兵及家属居住，所以到惠远城俄罗斯学堂读书的鄂温克族八旗子弟也有不少。

（3）惠远城敬业学堂。道光七年（1827），为了满足更多八旗子弟上学读书的强烈需求，也为了更多八旗子弟学到知识，伊犁将军在惠远城还建了一所敬业学堂，就叫惠远城敬业学堂。学堂主要教满文和汉文知识，以及圣谕广训等。而且，教职员工的薪水包括学生学习用纸笔费用均由官方供给。到此学习的学员里，也有一些索伦营官兵子弟，也就是鄂温克族学员。

（4）惠远城索伦营官学堂。光绪八年（1882），以索伦营为首的清军兵团赶走侵占伊犁的俄罗斯列强，完全收复伊犁地区后，索伦营大臣在此地创建了一所名为惠远城索伦营官学的学堂，并选定教员和管理人员，主

要招收索伦、达斡尔、锡伯族等旗人子弟,学员们在学堂学习满文、汉文、满汉翻译、算数、骑射、步射等课程。学员主要是索伦营鄂温克族官兵子弟,除此之外也有不少达斡尔族和锡伯族学员。

总而言之,清朝时期约占 90% 以上的鄂温克族被编入索伦八旗军事化社会组织,成为八旗官兵及其八旗属民,进而索伦八旗的鄂温克人均被称为索伦人。就如上面所述,索伦八旗的鄂温克族子弟,在官办学校里接受过相当严格、相当全面、相当有成效的系统教育。尤其是在墨尔根城的两翼官学、八旗官学、初等小学,齐齐哈尔城的八旗官学、八旗义学、黑龙江满蒙师范学堂,黑龙江城的八旗官学和瑷珲初等小学,呼兰城的八旗官学,西布特哈地区的初等小学堂、和礼初等小学堂、卓尔初等小学堂、阿伦初等小学堂、初级师范预备科,呼伦贝尔地区的八旗官学、南屯私塾、两等小学堂、石屋学堂,以及新疆伊犁惠远城的清书学房、俄罗斯学堂、敬业学堂、索伦营官学堂等官办学校里,索伦八旗官兵子弟受到不同程度、不同角度的教育。其教育内容包括满语、蒙古语、汉语、政治、军事、社会、伦理、修身、算数、历史、地理、音乐、体育等诸多课程。所有这些,在提高鄂温克族知识水平、开发鄂温克族知识世界、发挥鄂温克族聪明智慧等方面起到十分重要的作用。据不完全统计,在清代 200 余年的岁月里,迈入八旗官办学校、接受文化知识教育的鄂温克族占总人口的 30% 左右。在这里还应该提出的是,鄂温克旗最早的学校创办于原来的索伦旗辖区内,也就是光绪三年(1877),在今天的鄂温克旗所在地南屯设立的私塾,招收鄂温克等民族的青少年就读。此外,还有不少人家把孩子直接送到海拉尔的官办学校,通过满语文或蒙古语文学习文化知识;也有的人家,把教员请到家族式或家庭式教室,请他讲满语文或蒙古语文。所有这些形式对于孩子们的读书学习同样发挥了应有的作用。

在这里还应特别指出的是,生活在兴安岭深处、牧养驯鹿的鄂温克族在 20 世纪初从俄罗斯西伯利亚迁徙到这里以后,几乎没有得到满语文、蒙古语文或汉语文方面的教育。但是,他们的老人们,包括中青年人不同程度地接受过俄式教育。其实,早在 1909 年初,清朝地方政府打算在他们的生活区域设立一所小学,让鄂温克族适龄儿童学习满语文,但没有实现这一设想。然而,在此之前,也就是 1907 年,牧养驯鹿的鄂温克族有识之士同俄

罗斯教员合作，在他们相对集中生活的林间小区搭建了一间相当不错的木屋，变成林建小学学堂，用俄文小学课本给适龄儿童教授文化知识。此外，生活在额尔古纳河两岸森林牧场的牧养驯鹿的鄂温克人当中，也有不少人家把适龄儿童送到俄罗斯边疆地区开办的小学，让孩子们通过俄文学习掌握文化知识。换言之，生活在兴安岭深处，牧养驯鹿的鄂温克人，在清朝时期几乎没有受到包括满语文在内的教育，他们接受的基本上都是俄文俄式教育。

二　清朝时期的私塾教育

课题组掌握的资料及研究还充分表明，在清朝时期，鄂温克族八旗子弟除了在官学学习文化知识之外，也有的鄂温克族适龄儿童由于上不了八旗官办子弟学校而到私塾读书。由于鄂温克族有史以来的重视教育、追求知识、崇尚学问的传统思想意识，以及清政府重视教育带来的各种方便条件和较为理想的社会环境，鄂温克族学习文化知识的愿望变得更加强烈、更加迫切、更加实际。正因为如此，在当时鄂温克族集中生活的地方出现了不少个人集资办的或族内名人智者办的私塾，进而这也成为清朝时期鄂温克族青少年接受教育的不可忽视的一个方面。

道光初年以后，在八旗鄂温克族集中生活的墨尔根、齐齐哈尔、呼兰、瑷珲、布特哈、海拉尔以及新疆伊犁惠远等地区先后有了私塾，主要教满语和汉语及其相关基础知识，其教学课程中也包括社会、伦理、修身、算数、历史、地理、音乐等方面内容。比较而言，在鄂温克族八旗官兵辖区或周边地区办私塾学校较早的是在墨尔根、齐齐哈尔、布特哈等地。那时的私塾虽然基本上都教满文，或者说以教满文为主，不过也有不少教满文和汉文，以及教满文和蒙古文的私塾，甚至有专授汉语文的私塾。这些私塾的教员，绝大多数是满族或精通满语满文的蒙古族、鄂温克族、达斡尔族，还有精通满语等少数民族语言文字的汉族。他们在私塾里讲课时，主要使用满语，但也根据学生掌握母语和满语或其他语言的实际情况及熟练程度，用学生熟悉的语言进行灵活讲课。例如，鄂温克族开办的私塾里，就直接用母语给鄂温克族学员讲满文、汉文及其相关基础教育课程；对于熟练掌握汉语、蒙古语或达斡尔语的鄂温克族学员，也根据学员比例用汉语、蒙古语或达斡尔语讲课。也就是说，在私塾里上课的学员中如果汉族

学员多，鄂温克族学员少，鄂温克族学员又一定程度地掌握汉语，私塾教员就用汉语讲课。这种灵活机动、因需所用的教学语言在私塾教育中发挥了相当积极的推动作用。课题组掌握的资料和分析表明，索伦八旗官兵驻防的城市或农区及其辖区内办的私塾，除了注重满语满文方面的教学之外，还比较重视汉语文的教学。与此相反，在呼伦贝尔地区，包括在海拉尔、南屯及其他牧区开办的私塾里，在强调教授满语满文课程的同时，还要不断强化蒙古语蒙古文的课程内容，甚至有的私塾完全用蒙古语讲授满文及相关基础教育课程，有的私塾专授蒙古文课程。另外，鄂温克族八旗子弟或适龄儿童就读的私塾一般招收10名左右的学员，多的时候也超不过15名学员，少的时候也不会低于5名学员。

依据课题组已掌握的资料，在呼伦贝尔索伦八旗驻防的南屯地区[①]开办的私塾相对要晚一些。换句话说，在光绪三年（1877），南屯才开始出现私塾。该私塾的教员是从齐齐哈尔聘请而来的，主要教授满文和汉文，同时也开设算数、历史、地理、修身、音乐等方面的基础教育课程，同时也教骑射等传统军事技艺的课程内容。从光绪年间到民国时期，在这一鄂温克族八旗官兵集中的生活区域，包括下面的牧区鄂温克族居民点，先后开办了不少私塾，主要是教满文和蒙古文的，但也有教满文和汉文的私塾。那时，该地区的私塾学费不是很高，甚至没有钱可用牛、马、羊等牲畜代替学费。正因为如此，到私塾来读书的鄂温克族八旗子弟或青少年有不少。有的鄂温克族还把私塾教员请到家里，给孩子们教满文、蒙古文、汉文三种语言文字及其相关基础知识。当然，把私塾教员请到家里，给孩子们讲课的一般都是比较有钱的鄂温克族人家。生活条件一般，又不能到官办学堂读书的鄂温克族适龄儿童，只能到私塾去读书，学习掌握文化知识。应该提到的是，那时的鄂温克族上层阶级，或者说有一定社会地位或有钱人家的老人或中老年人，基本上精通满语满文，同时也一定程度地掌握达斡

---

① 南屯位于呼伦贝尔海拉尔南9公里处，属于清朝时期呼伦贝尔副都统管辖的索伦左右两翼八旗的核心地带之一，民国23年（1934）在索伦八旗鄂温克族集中生活区域内建了索伦旗，同时将旗政府所在地设在南屯，1948年南屯改名为巴音托海，1958年又把索伦旗改为鄂温克旗。也就是说，"南屯"是鄂温克旗所在地巴音托海镇的旧称。

尔语和汉语，很多人家里还保存了不少满文书籍及手抄本满文长篇故事书等。这些人家请私塾教员给孩子们讲课时，有知识或有一定知识功底的那些老人或家长们，会协助讲课的私塾教员对孩子们进行教育。也就是说，一些有知识的家长或老人，自然而然地成为私塾家教的得力助手，进而为孩子们学习文化知识发挥了积极推动作用。

课题组的调研资料及相关文献资料还表明，那时在鄂温克族生活区域，或者说索伦八旗辖区的鄂温克族居民点等地办的私塾，一般都是在私塾教员自己的驻地或家里，专门投资兴建私塾并有教室和学生宿舍的很少。再者，许多私塾的招生名额、教学设计和内容、教学期限或年限，均存在一定的可变性和不稳定性。特别是在生产生活忙碌的季节，私塾就会停学不讲课，有时还请外边的教员或有一定知识底蕴的人代替教员讲课。其结果就是，讲课内容很难相互密切衔接，有时还出现相互不配套的现象，从而直接影响孩子们的读书兴趣和热情。在这里还应该提出的是，鄂温克族地区的一些私塾的讲课或讲学，有一定季节性和短期性行为，只有冬天生产生活比较空闲的季节开班讲课，等到生产活动忙起来时就会停学不讲课。还有，一些私塾有其一定的单一性教学性质，也就是只教满文，不教其他任何课程。学员们的满文水平达到一定程度以后，教员就会让学员们轮流大声朗读满文课本内容或满文长篇故事，有学员不懂的词或句子，教员就会进行解释或讲解。实际上，从单一性教学内容的私塾毕业的学员，都有很高的满语满文知识文化水平，他们不仅能够直接用满语没有任何障碍地进行交流，而且能够完全胜任使用满文的任何一项工作。清末民初，还出现了专授蒙古文或汉文的私塾，也有不少鄂温克族八旗子弟或鄂温克族青少年，到此类私塾专门学习蒙古语蒙古文及汉语汉文。比较而言，在那时到私塾学习的鄂温克族学员里，特别是牧区私塾的鄂温克族八旗子弟，绝大多数喜欢读满语满文，对于学习蒙古语蒙古文和汉语文的学习热情都不是很高。其中一个重要原因是，满语和鄂温克语的传统词汇里，约占80%或更多的是属于同根同源的词，所以对于鄂温克族学员们来讲，学起满语满文显得十分轻松和有劲头。比如说，在牧区深处伊敏办的私塾就是专教满文的，培养了不少精通满语满文的鄂温克族知识分子，并办到1936年伊敏小学成立为止。

清朝末期，伴随清朝政府一步步退出历史舞台，八旗官学和八旗义学等清朝时期的官办学堂也被陆续停学停课，绝大多数被取缔或改办为其他性质、其他教育制度和教学内容的新型学校。索伦八旗官兵生活区域的许多官办学校也先后被取缔，加上连年的战乱，鄂温克族适龄儿童上学读书成为一大难题。在这种现实面前，或者说在这一极其艰苦复杂的社会环境下，索伦八旗原有官兵子弟只能到私塾里读书。实际上，鄂温克族从未放弃追求知识的强烈愿望，强有力地支撑了在极其艰苦的环境下开办的私塾。在清朝末期甚至在民国初期，鄂温克族集中生活的地区还存在不少私塾，其中包括在鄂温克族生活的农区、牧区、林区开办的私塾。不过，这些私塾虽然也开设满文、蒙古文、汉文、俄文等课程，但后来全部取消了满语满文教学内容，变成只教蒙古文或汉文的私塾教育，再后来也出现了单教俄文或日文的私塾。比如，1924年在呼伦贝尔草原通古斯鄂温克族集中生活的锡尼河地区就创办过一所私塾，招收10余名学生专授蒙古文和俄文，其学生中就有通古斯鄂温克族子弟；1928年同样在通古斯鄂温克族居住的特尼河地区开办过一所私塾，给学生们讲授蒙古文和满文，后来该私塾成为专授蒙古文的私塾，学员不到10名，有通古斯鄂温克族学员，不过绝大多数是布里亚特蒙古族学员。

总之，在清朝时期，在索伦八旗鄂温克族官兵及其家眷生活的内陆平原以及他们生活的边疆草原森林地带开办的私塾，在鄂温克族适龄儿童上学读书、接受文化知识教育——包括接受各种启蒙教育和基础知识教育等方面发挥了相当重要的作用。尤其是在清朝末期，在战乱及社会急剧变革的特殊岁月中，鄂温克族生活区域的官办教学教育几乎停滞不前，许多学校被取缔或对学校教育进行了改革。就在这一教学教育极其困难的历史时刻，以小班教学、灵活多样、简短通俗、因需取材为特点的鄂温克族地区私塾教育，却起到意想不到的积极作用，在一定意义上用微弱的力量支撑了鄂温克族一些地区即将消失的教学教育。可以说私塾教育，在满足鄂温克族农村牧区适龄儿童的求学愿望、使农村牧区鄂温克族适龄儿童的教学教育保持延续、持续开发他们的知识智慧世界、更好地发挥他们的聪明才智等方面，起到连接历史与未来的特殊作用。

三 清朝时期的家族教育和家庭教育

课题组的调研资料及分析结果还说明，在清朝时期远离索伦八旗兵营驻地或城堡、城镇的官兵子弟，以及未编入八旗军事化社会组织的极少数鄂温克族适龄儿童，由于生活在远离官办学堂或私塾的偏远地带，不得不通过家族式教育或家庭式教育获取生产生活方面的文化知识。还有生活在索伦八旗社会组织内部，即使靠近某个官办学堂或私塾居住，因为不具备上学读书的条件或没有钱读书的适龄儿童，也会充分利用家族式教育或家庭式教育学习掌握满文及其相关基础文化知识。事实上，这种教育模式是在鄂温克族千百年的历史进程中自然形成的，属于最早期的传统教育模式。也就是说，这种教育的内容和形式，要远远早于清朝时期的官学教育和私塾教育。这也是绝大多数索伦八旗子弟或牧区、农区、林区鄂温克族百姓适龄儿童最直接、最经济的接受教育的传统方式。因为在家族式教育或家庭式教育中，充当教员的一般是在家族或家庭成员中德高望重的、受过一定教育并掌握满语满文及其他相关基础知识的老人，开展教育的地方往往是在充当教员的老人的家里，接受教育的学员在 5 名左右，这主要取决于不同家族内的适龄儿童的数量。

在早期，包括清朝时期鄂温克族每一个家庭只有 1~4 个孩子，有 5 个或 5 个以上孩子的家庭比较少见，更多的家庭有 2~3 个孩子。鄂温克族没有重男轻女的思想，在生育观念上认为生男生女都一样，都是自己身上的骨肉和自己家里的孩子，没有任何的区别对待和性别歧视。而且有的鄂温克族人家认为，女孩子温柔、懂事、关心弟妹、体贴父母，由此更加喜欢女孩子。在接受教育方面，鄂温克族家庭把女孩子与男孩子相等对待，他们同时接受各种教育。另外，鄂温克族也没有多子多孙多享受多有福气等封建思想意识，他们认为一个家庭有 2 个孩子就够了，最多也就要 4 个孩子，孩子多了对于家庭衣、食、住、行等方面的需求和分配会带来许多麻烦和困难，而这种麻烦和困难会同时直接影响孩子们的受教育情况，还会不断增加与人们的衣、食、住、行密切相关的自然物质、自然资源的需求，进而给自然环境带来负面影响。在这一生育思想意识的影响下，鄂温克族绝大多数家庭基本上都要 2~4 个孩子，况且要让在马背上生产生活的鄂温

克族妇女怀孕也是一件不容易的事情，她们多数一生只能生育 2~3 个孩子，生育 4 个孩子的妇女都不是太多。换而言之，鄂温克族生育孩子时，不仅考虑到养活孩子们的衣、食、住、行等方面的问题，同时也充分考虑到孩子们受教育等方面的问题。

受其传统生育思想意识的直接影响，鄂温克族整个家族内适龄儿童人数不会太多，按一个牧场上相邻而居的家族成员有四五户人家来算，到上学年龄的儿童也就只有 5 人左右。在家庭式教育中，对适龄儿童进行开发性教育的一般都是家里的老人或长者，或许就是孩子的母亲或父亲，接受教育的适龄儿童只有 1~2 个。无论是家族式教育还是家庭式教育，除了教母语和数学基础知识之外，还要教鄂温克族历史地理、社会生活、传统文化、农牧业生产、伦理道德、环境保护、生态文明、万物有灵论萨满信仰及与自然界自然现象有关的基础知识，有的人家还教适龄儿童弓箭制作和使用技术、马上战术等军事基础知识。很有意思的是，他们紧密结合孩子们的学习兴趣，以孩子们喜闻乐见的事情为例，用讲故事的方式传授各种文化知识，进而达到开发孩子们智慧世界的最终目的。从某种角度来讲，这种家族式或家庭式教育所涉及的内容比较广泛，几乎涉及与鄂温克族生产生活密切相关的方方面面，教育内容十分贴近他们的实际生产生活。他们传授的文化知识是前人在漫长的生产生活实践中用共同的劳动和智慧积累并提炼出来的极其有价值的文化知识，以及科学、有效的劳动技能技巧，在孩子们的知识积累、智慧开发方面产生了相当重要而深远的影响。比如说，将基础数字同人体核心结构、家族核心成员紧密相结合的基础教育内容有：

beydu　emun　dielaxi.
人　　一个　　脑袋有

beydu　juur　xienxi.
人　　两个　　耳朵有

beyni　dereldu　iisal　nieeqqi　amma　ilan　jeeme　bixin.
人的　　脸　　眼　　鼻　　嘴　　三个　器官　有

beydu　digin　muxixi.
人　　四　　肢有

beyni　naalladu　tong　unuhung　bixin.

人　　手　　　五个　指头　　有

beydu　miegan　eette　aahin　bosotto　delehu　xiilde　nigun

人　　心　　　肺　　肝　　肾　　　脾　　　胆　　六

boobie　bixin.

神　　　有

beydu　miegan　eette　orihing　aahin　bosotto　delehu　xilatta

人　　心　　　肺　　胃　　　肝　　肾　　　脾　　　肠

nadan　erden　bixin.

七个　　内脏　　有

beydu　ehe　agdi　aba　emme　ahin　nehun　ehin　unaaj　nehun

家　　爷爷　奶奶　父　　母　　兄　　弟　　姐　　弟　　妹

jahun　balqaxi.

八个　　人有

beydu　meeni　amin　ehe　hehe　eddugda　ut　omolie　domolie

人　　自己　　父　爷爷　曾祖　　高祖　　子　孙　　曾孙

homolie　jeging　odomxi.

玄孙　　　九　　　族有

bejdu　jaan　unuhungxi.

人　　十个　　指头有

把上面的家族式及家庭式教育内容用汉语意译出来就是"人有一个脑袋，人有两个耳朵，人的脸有眼、鼻、嘴三个重要器官，人有四肢，手有五个指头，人有心、肺、肝、肾、脾、胆六神，人有心、肺、胃、肝、肾、脾、肠七个内脏，家有爷爷、奶奶、父、母、兄、弟、姐、妹八个人，人有自己、父、爷爷、曾祖、高祖、子、孙、曾孙、玄孙九族，人有十个指头"。这些使适龄儿童对人体生命的核心结构及特征、家庭核心成员及关系的说法等基础知识的学习把握，包括对于1~10的基础数字知识的学习使用将会产生积极影响。与此相关，在他们的家族式或家庭式教育里，也会涉及以男孩/男人10~100岁的牧马生产生活为素材，给适龄男童讲授如何当

一名优秀"牧马人"方面的教育内容。例如：

jaang nasungduwi emnig moring tatigarang.
10 岁 生个子 马 训

oring nasungduwi adung adularang.
20 岁 马群 放牧

goting nasungduwi ongkor iliwurang.
30 岁 牧场 建

dehi nasungduwi ongkor jalung adungxi oorong.
40 岁 牧场 到处 马群 成

tonnie nasungduwi ongkorni ejing oorong.
50 岁 牧场 主 成

nigunnie nasungduwi morixieng tatigarang.
60 岁 牧马人 培养

nadannie nasungduwi moringni eddem xilbarang.
70 岁 马 知识 传授

jahonnie nasungduwi moringni emegeldihiwi ewereng.
80 岁 马 鞍子 下来

jereng nasungduwi morixieng ulisewi joonom tegereng.
90 岁 牧马 走过 回忆 坐

namaaji nasungduwi morixieng ethengni nandahang nasungbi
100 岁 牧马人 老人 幸福 年岁

nuqqigereng.
度过

把上例教育内容用汉语意译过来就是"10岁训野马，20岁去放马，30岁建牧场，40岁牧场都是马，50岁当牧场主，60岁培养牧马人，70岁传授牧马知识，80岁退出牧马生涯，90岁回忆牧马生活，100岁享受牧马晚年"。很显然，这一教育内容中，有10~100的基础数字知识，还有牧马生产生活常用词语。同时，紧密结合男孩/男人的牧区牧马生产生

活,逻辑清楚、语言简练、内涵丰富、深刻系统地讲述了一名优秀"牧马人"的成长道路、基本要求、基本规则与原理。再者,对适龄男孩的教育中,也有让他们从小学习军事本领、鼓励他们从军立战功方面的内容。例如:

jaang   nasungduwi   nor   sor   tatirang.
10   岁   弓   箭   学
oring   nasungduwi   qugadu   iim   tuhing   bogdu   daylam   ulireng.
20   岁   军   入   无数   地方   征战   走
goting   nasungduwi   dayni   eddug   gawya   iliwuhanang.
30   岁   战   大   功   立
dehi   nasungduwi   jangjung   oorong.
40   岁   将军   当
tonnie   nasungduwi   qugani   amba   noyong   oorong.
50   岁   军   帅   官   当
nigunnie   nasungduwi   qugadihi   ewem   tegeengduwi   musurong.
60   岁   军   退役   老家   回
nadannie   nasungduwi   qugani   gianba   urulsulduwi   jingjim   buureng.
70   岁   军事   道理   孩子们   述说   给

jahonnie   nasungduwi   qugadu   ulisewi   bodom   tegereng.
80   岁   军   生涯   回忆   坐
jereng   nasungduwi   qugadu   ulisewi   urulsulduwi   heerem   buureng.
90   岁   军   生涯岁月   孩子们   讲   给
namaaji   nasungduwi   taiping   inigwu   jiggam   nuqqigereng.
100   岁   和平   年代   享福   度过

鄂温克族自身发展的艰难曲折的历史,以及走过的漫长而艰辛的历史道路清楚地告诉人们,自从草原上有了战争,鄂温克族先民就未能摆脱残酷无情的战争,但即使在这战火岁月里,鄂温克族也没有放弃对孩子们进

行与战斗相关的军事基础知识教育。所以,他们的男孩几乎从 10 岁就开始学弓箭、战刀技术及马背上的战术,甚至可能 6 岁起就学骑战马、学马背上射箭抡刀。在前面讨论清代鄂温克族八旗教育时,也提到八旗军事化社会组织内的所有学校的讲课内容无一例外地涉及学马术、学弓箭及与早期军事教育相关的基础知识。同样,鄂温克族家族式或家庭式教育,如同上面所举的例子,从小教育男孩学习弓箭和马上战术等军事知识和作战本领。把上面用鄂温克语讲的教育内容用汉语意译出来的话,应该是"10 岁学弓箭,20 岁参军四处征战,30 岁立战功,40 岁当将军,50 岁做军帅,60 岁退役回老家,70 岁给孩子们教军事知识,80 岁回忆军事生涯,90 岁给子孙讲军营故事,100 岁和平年代安度晚年"。与此相关的教育内容还有很多,通过这些我们可以充分认识到,他们不仅教育适龄男童的军事生涯该怎样度过,同时也鼓励孩子们:为了赶走列强和获得和平幸福的生活,要扎实学好在飞驰的战马上射箭、挥舞战刀等早期军事基础技能,还要踊跃参军,打好仗立战功,争做一名出色的将军和元帅。这一从小受到的教育,对于他们在战争岁月里的成长产生极其重要的正面影响。这也是鄂温克族索伦兵营中,能够涌现诸多优秀战士和将军、军事指挥家的根本原因。

鄂温克族家族式或家庭式教育中,不只是教育适龄男孩要学会牧马等畜牧业生产知识和本领、学好射箭抡刀及马背战术等早期军事基础知识,也教育适龄女孩要从小学会挤奶、学做家务、学好教育孩子等方面的基础知识。例如:

jaang　　nasungduwi　　unugung　　sagarang.
10　　　　　岁　　　　　牛奶　　　　挤

oring　　nasungduwi　　beydu　　uyuwureng.
20　　　　　岁　　　　　人　　　　嫁

goting　　nasungduwi　　urulwi　　tatigarang.
30　　　　　岁　　　　　孩子　　　教育

dehi　　nasungduwi　　omolie　　humulireng.
40　　　　岁　　　　　孙子　　　抱

tonnie　　nasungduwi　　juuwi　　elbutereng.
50　　　　　岁　　　　　家业　　　扶持

nigunnie	nasungduwi	urul	omolie	juu	jalung	oorong.
60	岁	孩子	孙子	屋	满	成
nadannie	nasungduwi	moholi	biega	nandahang	iggawa	taalam
70	岁		圆的	月亮	美丽	花	欣赏

ulireng.
走

jahonnie	nasungduwi	iisal	xienning	gem	aaxing	ulireng.
80	岁	眼	耳	毛病	无	走
jereng	nasungduwi	nuqqigese	nasungbi	bodom	tegereng.
90	岁	往事	岁月	回忆	坐
namaaji	nasungduwi	jiggam	nandahangji	tegereng.
100	岁	享福	好好	坐

以上对适龄女童的教育，用汉语翻译过来就是"10岁挤牛奶，20岁为人妇，30岁育儿女，40岁抱孙子，50岁扶持家业，60岁儿孙满堂，70岁赏月又赏花，80岁耳不聋眼不花，90岁回忆往事修内心，100岁安度晚年福中福"。这些最为基础性的教育、最为基本的人生道理，对于适龄女童的成长、对人生的感悟、对女性生活的认识、对一生的安排和未来追求都会产生一定的积极影响。无论是适龄男童还是女童，他们刚刚步入智慧开发期，处于刚刚懂得学知识并对一切事物感兴趣的年龄段，家族式或家庭式教育就会不断启蒙他们如何做人做事，应该怎样度过人的一生、怎样才能够获得幸福生活、如何才能够安度晚年等。对于鄂温克族来讲，教育适龄儿童如何做一名对家庭和社会有用的人、善良的人、正直的人、正派的人，做一个有思想、有理想、有作为、有成绩、有贡献的人显得尤为重要，被摆在极其重要的教育议事日程之中。这种教育思想或者说教育理念始终贯穿于他们的教育内容、教育计划、教育实践和教育工作，从而不断鼓励孩子们努力拼搏，用辛勤的汗水和充满智慧的劳动，用无私的奉献去创造自己美好的未来。另外，在他们的家族式或家庭式教育中，在强化数字教育的同时，还要讲月份及与不同月份密切相关的节庆活动基础知识，以及传统文化知识内容。例如：

emung　biedu　ikking　anie　bixin.
一　　　月　　新　　年　　有

juur　biedu　anie　bie　bixin.
二　　月　　年　月（春节）　有

ilang　biedu　togni　luggiel　bixin.
三　　月　　火　旺（篝火节）　有

diging　biedu　imneng　inig　bixin.
四　　月　　记印　日（丰收节）　有

tong　biedu　jogsaalni　naggiel　bixin.
五　月　夏日挤奶　节（挤奶节）　有

nigung　biedu　sebjing　inig　bixin.
六　　月　　狂欢　日（狂欢节）　有

nadan　biedu　owoni　tahil　bixin.
七　　月　　敖包　祭（敖包节）　有

jahung　biedu　hudeni　naggiel　bixin.
八　　月　　牧场　节（快乐节）　有

jeging　biedu　biegani　soligan　bixin.
九　　月　　月亮　邀请（中秋节）　有

jaang　biedu　tugni　aqqagang　bixin.
十　　月　　冬　迎（迎冬节）　有

jaang　emung　biedu　imandani　naggiel　bixin.
十　一　　月　　白　节（白雪节）　有

jaang　juur　biedu　banihalar　inig　bixin.
十　二　月　感恩（冬至节）　日　有

以上家族式或家庭式教育中，传授的与一年的十二个月及二十四节相关的鄂温克族节庆内容讲的是"一月有新年，二月有春节，三月有篝火节，四月有丰收节，五月有初夏的挤奶节，六月有狂欢节，七月有敖包节，八月有快乐节，九月有中秋节、十月有迎冬节，十一月有白雪节，十二月有冬至节"。也就是说，鄂温克族很重视本民族的传统节庆活动，所以在家

族式或家庭式教育中给适龄儿童传授传统民俗文化、喜庆佳节方面的基础知识，让孩子们从小学习掌握这些与季节更替及与传统生产活动、历史文化、风俗习惯、宗教信仰紧密相关的值得纪念的重要日子。这也是鄂温克族先民为适应物质生活及精神生活的实际需求而共同创造的极具代表性的民俗文化，是人类物质文明和精神文明的重要组成部分。它们无一例外地源于鄂温克族历史文化，源于他们特定的自然环境、社会现实、生活环境、民族心理、风俗习惯、宗教信仰及对美好生活的向往和追求。所以，他们在家族式或家庭式教育中，从历史来源、文化内涵、发展变化、活动形式与内容及精神享受等不同角度讲本民族传统节日。比如，一月一日是迎新年，感恩天神恩赐新的一年，祈福天神保佑新的一年天下太平，人们的生活美好幸福；二月的春节，意味着立春后万物复苏，迎来无数新生命，所以祝福一切生命幸福安康、吉祥如意；三月的篝火节，意味着三月开始寒温带地区温度不断上升，冰雪开始融化，人们开始摆脱严寒的冬季，即将迎来春暖花开的美丽季节，由此人们点燃篝火在萨满的主持下一起唱歌跳舞，祈福春天里的日子红红火火；四月有给新生的牛犊、马驹、小羊羔等打印、做标记、数头数的丰收节；五月人们从冬营地搬迁到夏营地，搬迁到夏营地的主要生产活动就是挤牛奶，并用牛奶制作一年中食用的各种奶制品，所以他们把夏营地也叫挤奶地，家家户户春末夏初搬迁到夏营地后就要举行"挤奶节"，祈愿今年奶源不断，给他们带来乳香飘满园的美好生活；六月的狂欢节，源于早期生活在俄罗斯远东北极圈的鄂温克族先民，在六月夏至昼夜几乎都是白日的情况下，人们难以入眠因而大家走出家门，为避免灼热的阳光直射脸上还要涂抹各种颜色的涂料，一起唱歌跳舞度过不眠的白夜；七月有萨满祭祀神灵敖包的节日；八月的快乐节是指牧场从八月开始进入一年一度最忙碌的打牧草季节，这时人们聚到一起祈福收割更多更好的牧草，使他们牧养的牛马羊平安度过严寒的冬季；九月有中秋节，那时是草原月亮一年中最大、最圆、最明亮的时刻，大家为月亮的美丽、洁白、明亮、温柔而祈福；十月的迎冬节是说，从十月开始人们启动过冬的各项准备工作，其中就包括准备过冬食用的牛羊肉、缝制棉衣裤或皮毛衣裤、搭建过冬房屋等，在这些工作开始之前就会举办迎冬节，祈福大家温暖、平安、祥和地度过严寒的冬季；十一月的白雪节，跟

他们生活地区在十一月份就会变成白雪皑皑的世界有关，从此往后长达四个月的时间，人们就会在白雪皑皑中度过，所以鄂温克族为迎接白雪世界的到来，也是为了感恩上天送来的白雪及其人畜平安度过漫长寒冷的白雪季节而燃起篝火欢乐地度过白雪节；十二月的冬至节，是与六月夏至的狂欢节相互配套的节日活动，因为 12 月 22 日前后的冬至白天变得最短，夜晚变得最长，甚至是一天 24 小时见不到阳光。在这极端严寒又漫长的黑夜，早期生活在俄罗斯远东北极圈的鄂温克人中，没有充分储备燃料或食物的老弱病残会被冻死或饿死。这时，有经验的鄂温克老人会赶着驯鹿雪橇，在严寒的黑夜里给那些将要冻死或饿死的老弱病残送去燃料和食物。后来，人们为了感恩这些白发苍苍、满头挂白霜的老人，在冬至这天夜里燃起篝火唱歌跳舞，祝福白发老人长寿万年。在家族式或家庭式教育中，把这些节庆基础知识传授给孩子们，不仅让孩子们掌握这些知识，同时也教育孩子们从中领悟同物质生活和精神生活密切相关的思想内涵与人生深刻道理。特别是对于适龄儿童学习掌握传统文化、民俗文化、历史文化基础知识发挥了极其重要的作用。课题组掌握的资料还表明，在早期家族式或家庭式教育中，同样包括与自然现象、季节变化、二十四节气等有关的基础知识。例如：

emung　biedu　miing　inigiddi.
一　　　月　　最　　　冷

juur　biedu　neleki　emereng.
二　　月　　立春　　来

ilang　biedu　ixiqqi　gugguldeng.
三　　　月　　蚕　　　动

diging　biedu　hanxi　iireng.
四　　　月　　清明　到

tong　biedu　jog　iireng.
五　　　月　　夏　　来

nigung　biedu　udung　udunung.
六　　　月　　雨　　　下雨

nadan　biedu　xigung　hagrirang.
七　　　月　　太阳　　烤焦
jahong　biedu　bol　emereng.
八　　　月　　秋　　来
jeging　biedu　eding　edimureng.
九　　　月　　刮　　　刮
jaang　biedu　saawung　ewem　bog　gettireng.
十　　　月　　霜　　　降　　地　　冬
jaang　emung　biedu　tug　iim　imanda　imanang.
十　　一　　　月　　冬　　进　　雪　　　下雪
jaang　juur　biedu　eddug　imanda　imanang.
十　　二　　月　　大　　雪　　　下雪

　　显而易见，这里讲的是"一月大寒，二月立春，三月惊蛰，四月清明，五月立夏，六月雨水，七月大暑，八月立秋，九月刮大风，十月寒露降霜，十一月立冬下小雪，十二月下大雪"这些与鄂温克族生活的寒温带地区密切相关的气候变化、二十四节气方面的基础性知识。当然，其中个别说法同我们传统的二十四节气并不十分吻合，但符合他们生存的自然环境及气候变化的实际情况。事实上，鄂温克族早期家族式或家庭式教育中，源于他们生产生活的环境和条件，以及来自社会实践、生存理念、生活态度、思想意识的知识确实有不少。除了上面谈到的之外，还有很多与天文地理、自然环境乃至与寒带地区狩猎生产、畜牧业生产、农业生产等相关的教育内容。而且，都讲得很贴近生活、很具体、很生动、很系统，便于孩子们学习掌握，进而达到早期开发教育的目的。另外，他们还紧密结合适龄儿童的学习兴趣，充分利用通俗易懂、滑稽幽默、短小精悍的传说故事，给孩子们传授母语基础词汇及名词术语、文化符号、语用关系、语法概念方面的基础知识。比如说，在xingaring imiqqi laotie（黄油拉拉饭）这一滑稽幽默的短小故事里讲道：

aha　aha　eri　adi　inigi　ile　ninisexie?
哥　　哥　　这　几　天　　哪　　去了

bi　hadamduwi　ninisu.
我　岳母家　去了
hadamduwi　oni　aya　jeette　jiqqexie?
岳母家　什么　好　饭　吃了
xingaring　imiqqi　lawtie　jiqqu.
黄　　　油　拉拉饭　吃了
xingaring　imiqqi　lawtie　emusexi　ye?
黄　　　油　拉拉饭　拿来了　吗
bi　emusu.
我　带来了
xingaring　imiqqi　lawtie　ile　bixin?
黄　　　油　拉拉饭　哪　在
joohoni　oldondu　bixin.
炉子　　旁边　　在
joohoni　oldondu　aaxin　ke?!
炉子　　旁边　　没有　呀
tookki　durbe　ninihin　jiqqe　xinje!
那么　四眼　狗　吃了　是
durbe　ninihin　ile　bixin?
四眼　狗　哪　在
abaji　urdu　togdu　ilar　moo　gajunasa.
父亲　山上　火　烧　柴火　去取了
talar　emeggise　gi?
他们　回来了　吗
aba　emeggise.
父亲　回来了
durbe　ninihin　ese　emeggise　gi?
四眼　狗　没　回来了　吗
tari　xingaring　imiqqi　lawtie　huluhum　jiqqi　ilintiqqi　uttulise.
它　黄　　　油　拉拉饭　偷　吃　不好意思　跑掉了

tookki　aba　emuse　moonin　ile　bixin?
那么　父亲　拿来的　柴火　哪　有
togdu　ilasa　xinje.
火里　烧了　是
tog　ile　bixin?
火　哪　在
muudu　xiiguwuse　xinje.
水　　灭被了　　是
tookki　muu　ile　bixin?
那么　水　哪　有
muuwu　honnorin　unugun　imosa　xinje.
水　　黑　　乳牛　喝了　是
tookki　honnorin　unugun　ile　bixin?
那么　黑　　乳牛　哪　有
honnorin　unugun　hadaduki　tihiqqi　buse　xinje.
黑　　　乳牛　　岩山　　摔下来　死了　是

上面这则鄂温克族早期教育中的民间故事讲的是：

哥哥，哥哥！
你去哪里了？
我去了岳母家。
到了岳母家吃什么好吃的了呀？
我吃了黄油拉拉饭。
你拿来黄油拉拉饭了吗？
我拿来了。
你拿来的黄油拉拉饭在哪里呢？
在炉子旁边呢。
炉子旁边没有啊？
那就让四眼狗给吃了。

四眼狗在哪里？

四眼狗跟父亲到山上砍柴火去了。

他们回来了吗？

父亲回来了。

四眼狗呢？

它偷吃黄油拉拉饭后感到不好意思跑掉了。

那么父亲带来的柴火在哪里呀？

柴火被火烧了。

那么火在哪里？

火被水给熄灭了！

那么水在哪里呀？

水被黑乳牛给喝了。

那么黑乳牛在哪里呀？

黑乳牛从岩山上摔下来死了。

不难看出，这则短小精悍的儿童故事中，包含有像"黄油""拉拉饭""乳牛""四眼狗""炉子""山""岩山""水""火"以及"砍柴""烧火""吃""喝""来""去""跑掉""有""没有"等与鄂温克族早期生活密切相关的最为基础且使用率高的基本词语。鄂温克族家族式或家庭式教育十分重视对于幼儿及适龄儿童的母语词汇教育，而且往往用儿童故事、儿童游戏、儿歌把母语基本词语，甚至是一些简单的语法知识很自然、巧妙地教给孩子，使适龄儿童在精力高度集中、兴趣点高度触发、沉迷于滑稽可笑的故事情节及美妙的歌声时，自然而然地学习掌握生活中的基本词语，甚至学会语言表达形式及与此相关的语法知识。从这个意义上讲，这种自然、温馨、安静又熟悉的学习环境和条件，对于适龄儿童的启蒙教育，观察力及想象力的开发与强化，乃至对智慧开发均有很强的现实意义。众所周知，处于智力开发初期的适龄儿童，最感兴趣的是一问一答式的教育形式及学习交流，这种教育形式最适合儿童的求学心理和学习兴趣。因为一问一答式的教育教学内容对适龄儿童而言，能够引起他们的兴趣，使其聚精会神地听讲，学习与日常生活密切相关的更加实用的身边知识，不断

启发适龄儿童结合教育内容进行自我开发。毫无疑问，鄂温克族早期教育根据幼儿和适龄儿童的兴趣，灵活机动地开展多种方式、多种角度的与他们现实生产生活密切相关的启蒙教育。所有这些，对于孩子们的智力开发发挥了不可忽视的重要作用。

鄂温克族以母语为核心的家族式或家庭式教育，由于没有本民族文字，主要以口耳相传的最古老的教育方式实施。其中效果最好的办法就是让幼儿或适龄儿童死记硬背那些他们感兴趣的儿童故事、游戏及歌曲。再者，在他们的早期家族式或家庭式教育里，还有教满文甚至是教蒙古文或汉文的内容，更早的时候，可能还教过契丹文等北方民族的早期文字。不过，根据鄂温克族的不同生活环境、不同生存条件、不同生产方式，不同地区的鄂温克族在家族式或家庭式教育中传授的知识内容也有所不同，甚至在不同时代、不同社会讲的教育内容也受当时社会各方面直接或间接影响，传授知识的方式方法也会产生历史性、时代性、实用性、适应性变化。比如说，早期家族式或家庭式教育，主要通过讲与本民族历史相关的短篇、中篇甚至是长篇故事，以及传授与他们不同时期、不同思想观念密切相关的以生产生活、民俗习惯、思想意识、伦理道德、环境保护、生态文明、萨满信仰等为主题的民族故事、生活故事及神话传说等，对孩子们进行启蒙教育。不过，因与家族或家庭教育相关的社会关系、生活条件、经济基础的不同，其教育内容、教育方式、教育水平也会有所不同。有的家族或家庭教育比较正规，教育内容也比较系统；有的很随意，不具有系统性、完整性、全面性，想到哪里就讲到哪里，很少考虑教育的知识性、启蒙性、有效性，也不考虑适龄儿童的学习兴趣和爱好；有的讲课没有中心，也没有深度，更没有逻辑性和系统性。所以，诸如此类的家族式或家庭式教育，不仅影响孩子们的学习兴趣和热情，还会在某些方面影响孩子们系统学习某一方面的文化知识，进而也会影响孩子们智慧的正常、有效、科学开发。不过，有的鄂温克族家族式或家庭式教育，遇到教学方面的问题或讲不通道理时，就会请来官办学堂或私塾的教员帮助讲解，有的还会专门请来教授满文、蒙古文的教员给孩子们教满文和蒙古文课程。还有的家族或家庭，定期请萨满给孩子们讲"万物有灵论""自然崇拜与信仰""精神世界的思想内涵"等方面的深刻道理。通过这些辅助性、指导性、强化性教育，不

断丰富适龄儿童的文化知识。

家族式或家庭式教育除了教授上面提到的内容，还会及时给适龄儿童传递现实社会中的各种信息知识，如果这些信息知识被孩子们接受，就会自然成为他们了解和认识社会的一种途径。鄂温克族早期教育，将他们在生产生活实践中感悟、积累、提炼的经验都看作具有社会意义的教育内容，从而传授给后人，使其成为关爱、教育、培养下一代的重要内容。他们在经营日常生产生活的同时，对幼儿、适龄儿童、青少年采用口耳相传、言传身教的教育方法传承各种生产生活基础知识和基本技能，以及不同自然环境和不同生产生活条件的适应方面的技能训练。对于鄂温克族家族式或家庭式教育来讲，教育和培养高素质、高能力、高智慧的优秀青少年是他们肩负的历史使命和必须努力完成的教育任务。而且，许多家庭的男孩在 12 岁时，父亲会送给他一匹好马和一个精制的套马杆或一套精制的弓箭，教育儿子将来成为一名出色的牧马人或一名英雄，早年间甚至会给孩子一杆枪，教孩子马背上射击的技巧。父母不仅要把孩子抚养长大，而且要把狩猎技能、传统、习惯、礼仪传授给他们。同时，为了让孩子成为一名优秀的猎手，还要严肃认真地教育和培养他们对狩猎环境、狩猎对象的生活习性，包括对于它们心理动态的明锐洞察力。而且，在狩猎技巧和狩猎基础知识方面的家族式或家庭式教育中，鄂温克族十分注重从狩猎对象的角度用它们的语言、它们的心理活动十分幽默风趣又有思想内涵的儿童狩猎故事，或用狩猎儿童歌谣传授狩猎知识，开发孩子们的狩猎方面的智慧世界。比如说，在鄂温克族生活区域广泛流传的 oroonni jaandawun（《母鹿之歌》）这一首狩猎儿歌中，母鹿临终前给小鹿们唱道：

nonosolwi　nonosolwi　saam　gahadunie!
孩子们　　孩子们　　明白　要
ugideduwi　honnorin　dielaxi　eggideduwi　juur　beldiirxi　bey
上面　　　黑　　　　脑袋　　下面　　　　两　　腿　　　人
mandi　dielaxi　mandi　aggaxi　hung!
非常　　智慧　　非常　　计谋　　呀

su   ittosohot urni   ugideli   biheldunie!
你们   一定   山顶   在
eqqun yoho   ooqqi   megerdu   bixie!
不要   山沟   和   山坡   在
teggu   ulirduwel julidewel ixim exing oodo!
路   走时   前面   看   不   行
honnorin   dielaxi bey amigijisuni emeren kung!
黑   脑袋的 人   后面   跟来   呀
aaxinar   erinduwi   ulise ujiwel   arukkuhaldunie!
睡觉   时   走   脚印   清理干净
inigduwel eji orootto moo aaxing bogli ulire!
白天   别   草   树   没   地方   走
hos   xigie   doolo   teling   elhe   hung!
树林   密林   中   才   安全   呀

以上这一在家族式或家庭式教育中使用的儿歌教材中讲的内容，用汉语意译过来的话应该是：

孩子们呀！孩子们呀！你们要明白！
上有黑脑袋，下有两条腿的人，
他们非常有智慧，非常有谋略！
你们一定要生活在山顶上，
不要待在山沟和山坡里！
走路时不要只看前面，
黑脑袋的人可能跟在后面，
睡觉前把走来的足印清理干净！
白天别在没草没树的地方走，
只有在树林或密林里才安全。

显而易见，这首儿歌用母鹿的口吻歌颂猎人的聪明智慧及谋略，同

时也表现出狩猎对象应付猎人的种种办法和采取的必要措施，以此也教育孩子们狩猎场所应该选在什么地方，狩猎中应该观察的细节或注意的方面等。另外，鄂温克族与狩猎生产或畜牧业生产相关的幼儿教育、儿童神话故事及儿童歌谣里，也含有极其丰富的崇拜大自然、保护自然环境、讲求生态文明和生态平衡、珍爱野生动物等方面的基础知识及教学内容。在此基础上，给孩子们传授与自然界万物和谐相处、和谐共存的思想理念，以及万物有灵论的萨满信仰。比如，在他们的启蒙教育、家族式或家庭式教育中，经常会涉及"有人由于在干净的江河里撒尿被江河神拉进深水里弄死了""有人在森林草原里扔垃圾被山神、森林神、草原神割掉了手脚或鼻子等""有人在森林里抽烟被火神烧死了""有人杀死怀胎的雌性动物被动物神吃掉了""有人摘食留给鸟类过冬食用的野果被鸟神啄瞎了眼睛"等传言传说，从小就教育孩子们不能在森林草原、江河湖海里乱扔垃圾，不能无节制地采摘野果野菜及采伐森林，不能破坏大自然万物间自然而然形成的生命规律及生存法则等。或许也正是靠他们一代又一代传授的与大自然合为一体的知识教育、思想理念、生命哲学，才留住了美丽富饶的呼伦贝尔大草原及各种植被茂盛的大小兴安岭。再者，在家族式或家庭式教育中，也经常给孩子们讲"打雷出闷声，暴雨要倾注""东北起黑云，招来急风雨""羊肉虽好，不吃不知；人虽聪明，不学不知""与懒人交友，一生会受苦；与勤者交友，一生会享福""喜欢拿人东西，手会被烂掉；喜欢吃人东西，嘴会被烂掉""人前夸耀自己是傻瓜，人后埋汰别人是蠢货""不知感恩的人，妖怪就来找他；内心不善的人，恶魔就来找他""路遥知马好，日久知人好""萨满不在，妖魔泛滥"等具有深刻思想和知识内涵的谚语来进行教育。

　　鄂温克族家族式或家庭式教育，还要传授尊老爱幼、尊重传统习俗、遵纪守法等方面的知识。在他们的教育中，始终贯穿着尊重老人的思想理念，老人被认为是有经验、有知识、充满爱心的人，所以遇到生产生活方面的任何问题，首先找老者商议，听取他们的意见和建议，甚至年老的长者会主持召开家族或家庭核心成员参加的会议来解决面临的问题。老年人还是家族或家庭秩序、风气、习俗的掌控者，同时也负责管理和分配所有的物质资产。或许正因为如此，家族式或家庭式教育中年老的长者发挥了

极其重要的作用。

应该提到的是，鄂温克族老人，或者说有社会地位、有钱的人家基本精通满语满文，还保存有满文书籍甚至是手抄满文长篇故事书等，其中有的人还受过清朝旗人教育。由于鄂温克语和满语同属于一个语族，其中有80%以上的基本词语属于同根同源，虽然一些词在语音结构方面存在一定差别，但鄂温克族通过一段时间的学习很快就会掌握，进入无障碍快速习得的阶段。所以，懂蒙古文甚至是懂汉文的老人或长者，同样在家族式或家庭式教育中给孩子们传授蒙古文或汉文基础知识。

清朝时期，由于索伦八旗官兵四处征战，去过好多边塞要地，在他们南征北战的漫长岁月里，他们的一些官兵及其家属为了完成长期护卫边塞要地或边疆地区的任务永远地留在了那里。那么，留在不同地区、不同生存环境、不同生活条件下的鄂温克族官兵及其家属自然而然地融入不同社会生活及不同民族之中。他们的孩子们也在不同地区，到不同初等小学堂和高等小学堂或不同中学堂、不同书院、不同蒙养学堂，甚至到不同大学预科、分科师范、实业教育院校等，用不同语言文字接受不同程度的教育。

总而言之，清朝时期鄂温克族传统意义上的家族式或家庭式教育对于生活在边远地区、偏僻山村或牧区、山林草原的适龄儿童的启蒙教育、开发智慧世界发挥过极其重要的作用，甚至到今天为止，同样发挥着其他任何一种教育方式也无法替代的重要作用和影响力。鄂温克族自古以来就十分重视幼儿教育，进而在漫长的历史进程中拥有了一套从幼儿到青少年的启蒙教育、智慧开发式教育的优良传统，其中包含极其丰富的启蒙教育思想，这一教育思想深深扎根于它们的历史文化中，同时扎根于他们生存的特定社会、特定自然环境、特定信仰世界。对于鄂温克族幼儿或未成年人来讲，传承这一弥足珍贵的教育文化、思想文化、精神文化遗产，有着十分重要的深刻教育意义。在其教育思想中尤其讲究尊老爱幼、修养内心、陶冶情操等方面的优秀品质的教育。所以，鄂温克族先民主张从婴幼儿智慧蒙开之时就进行启蒙式、引导式伦理道德教育，并伴随孩子的成长循序渐进地正面开发他们的智慧世界，给孩子们创造一个良好的家族式或家庭式教育氛围，使他们在健康、进步、智慧的启蒙教育世界里自然成长。在鄂温克族看来，家族式或家庭式教育是"立教本原"，由此不断强化家教家

训，其着眼点仍然放在做人做事上，通过鲜活、生动、贴近幼儿或青少年心理的做人做事范例不断熏陶其说实话、做实事、当老实人，诚实守信，心地善良的优秀而高尚的品德；还要教育他们善待万事万物，以高尚的情操与道德调节好人与人、人与自然的复杂多变的关系，不断规范行为准则，要学会用社会伦理约束自己的行为，这样才能够德行天下。鄂温克族早期家族式或家庭式教育强调，社会伦理是外在的、客观存在的社会规则，道德是内在的、主观存在的品德的产物。所以，他们希望通过早期开发教育，使伦理道德方面的教育思想成为适龄儿童或青少年做人的天性。其实，与此有关的家教与教训，从孩子们幼儿期到青少年期的不同阶段，都有不同程度的教育内涵与规程。在鄂温克人看来，对于幼儿及适龄儿童的教育绝不能以他们处于年幼哺乳期或接受知识的大脑还未成熟等理由，延误启蒙式和开发式教育的黄金时期，应该紧紧抓住他们天真淳朴、求知欲强、可塑性强等特点，从生活常规、日常小事入手，教、学、做相结合，不失时机地进行启蒙式和开发式教育。如前面所述，鄂温克族家族式或家庭式教育十分注重环境保护与生态文明教育，以及家教家训与私塾教育、学堂教育、社会教育间科学有效的相互配合、相互作用，进而对孩子们培育优良道德品质、树立正确的道德观和人生观产生极其深远影响。或许正是因为这一严谨又充满正能量且博大无私的家族式或家庭式教育，在清代以鄂温克族为核心的索伦八旗中才会出现那么多智勇双全的优秀将士和留名千古的英雄人物，使索伦部成为所向无敌、威震四方的英雄军团，进而为捍卫祖国版图的完整、边疆安全立下丰功伟绩。

第二节　清末民初的新式教育

清末民初，中国旧式封建教育，包括鄂温克族在内的少数民族传统教育，无一例外地发生了巨大的历史性变化。封建社会残留的科举式、学堂式、私塾式、家族式和家庭式教育，受到全方位的挑战和冲击。取而代之的是革除旧的封建社会的教学制度、教学内容、教学形式，力求引进国外新型教学模式。毫无疑问，在当时，教育改革蔚然成风，鄂温克族生活的地区同样如此。在这场革命性教学变革的直接影响和带动下，鄂温克族新

式教育在一开始就体现了强大的生命力和影响力。特别是那些鄂温克族学生接受教育的旗学,也就是清朝政府专为鄂温克族等索伦八旗子弟开办的八旗官学和八旗义学,将过去作为重点来教学的"满学"和"骑射"等内容改为"汉学""蒙学"及其基础文化教育课程,把教学的侧重点尽量放在文化素质教育方面,进而在一定程度上推动了鄂温克族教育事业的进步与发展。新式教育事业的不断深度推进,在当时的鄂温克族社会产生了一定的积极效益,也为鄂温克族传统教育观念的转变,对于新式教育的认识、接纳、推广,用新式教育取代旧式旗学教育等产生了深远影响。下面紧密结合鄂温克族新式教育兴起、清末民初的鄂温克族新式教育、鄂温克族新式教育的发展特色等视角,讨论鄂温克族清末民初的新式教育及其发展进程、发展特点及其历史作用等方面的学术问题。

一 鄂温克族新式教育的兴起

清末民初,鄂温克族地区逐渐显现以汉语文教学为主,以普及近代科学文化知识为宗旨的新式教育。特别是伴随清朝退出历史舞台,原索伦八旗社会组织所辖的鄂温克族农区开始实施新的教学制度。这一新式教育的兴起是历史的必然,它与旗学教育的退化与衰落以及同当时的教育改革、大力推行的新式教育等有必然的内在关系。应该说,它是在旗学教育难以维持的困境中,受新式学校强烈影响的结果。如同晚清以来的教育改革及逐渐兴起的新式教育,它们均属于社会历史巨变中新生的维新运动的产物。从社会根源上来看,鄂温克族教育在当时面临的问题,依然是如何更快地适应新式教育,做出未来教育发展的正确选择。很显然,当时的办学意图和宗旨,就是要充分发挥鄂温克族在原八旗社会制度下形成的各有关阶层力量,充分利用原八旗社会制度后期培育的有识之士的近代科学文化知识,不失时机地充实和改良并提高本民族文化素质,强化鄂温克族适龄儿童或青少年近代科学文化知识教育。其实,清末民初的鄂温克族新式教育,也在一定程度上受到东北地区俄罗斯人或日本人的教育的影响。所有这些,自然而然地成为他们近代科学文化教育的组成部分。虽然,外来教育思想以及教育方法与制度的影响有一定时间性,但在客观上对改良清朝末期八旗社会落后的教育产生了一定的积极作用,特别是对小学启蒙教育产生较

大影响，使鄂温克族地区的传统意义上的旗学教育发生根本性变革。下面从两个方面具体分析清末民初鄂温克族新式教育的兴起。

首先，鄂温克族新式教育的兴起是特定历史条件下的必然要求，也是清代一直以来推行的旗学教育在清朝末期不断退化与衰落导致的结果。如前所述，旗学教育是清代鄂温克族编入八旗以来他们的适龄儿童和青少年接受学校教育的重要途径和最主要形式。而且，旗学教育主要教授满语和与满文相关的课程及马背上的军事课程。由于鄂温克语和满语同属于一个语系同一个语族，其语言在语音、基本词、语法形态变化等方面存在诸多共性，这使鄂温克族学生在八旗军事化社会的旗学教育中如鱼得水，他们充分发挥了母语优势和历史文化的同源情感，学习热情和学习成绩不断上升，知识水平和文化素养不断得到提高。与此同时，清朝政府不断加大对鄂温克族八旗子弟的教育力度，还制定了一系列优惠教育政策和规定。然而，所有这些由于清朝末期旗学教育的衰落，给鄂温克族八旗军事化社会组织内的八旗子弟教育带来沉重打击。特别是那些接受纯粹意义的满文教育的鄂温克族的八旗子弟，在面对新式教育带来的教育形式和内容的改变及教育体制的变革时，确实感到手足无措或难以适应，甚至一些偏僻地区，到了清朝末期乃至民国初期还是坚持用满文授课，用满文教其他文化课程。在他们看来，用满语满文学习文化知识比用其他民族语言文字学习文化知识更加方便和便捷，何况他们长期接受以满语满文为主的旗学教育，对其教育形式和内容留有特殊情感与兴趣。所以，清末民初在鄂温克族生活区域内实施的新式教育，虽然在很大程度上推行得还算可以，不过偏远地区的教学，还是比较注重和强调满语满文教学和骑射教育，从思想意识上来讲并不提倡学习以汉语文教学为主的新式教育。在他们看来，汉字难学、难写、难读、难懂、难掌握，以至于鄂温克族牧区偏远地带的许多读书人到了民国时期的很长一段时间内仍不懂汉语汉文。即使在20世纪初，在一定程度上受新式教育影响的西布特哈地区，上学读书的鄂温克族青少年中懂汉语的人也未达到30%，不少青少年处在略懂汉语汉字或似懂非懂的状态。其中一些人，总是十分被动地看待以汉语汉文为主的新式教育，这种态度直接影响了孩子们的学习情绪。也就是说，当时鄂温克族一些上层人士或有知识的人，没有充分地认识旗学教育的落后性和衰落的根本问题，

也没有看清以汉语汉文为主的新式教育的好处和未来发展的前景，其结果是偏远牧区或个别鄂温克族地区的文化教育水平远远落后于内陆地区，或者说落后于以汉语汉文为主的新式教育地区，从而在某种意义上滞缓了鄂温克族某些地区的社会进步与发展。但是，对于绝大多数鄂温克族来讲，他们对清末民初新式教育兴起的废弃科举和读经、缩短学制年限、兴办新式学堂、革除旧式教学、提倡男女平等受教育、实业教育、科学教育、引进和吸收西方新学等符合社会发展的新学制表示经济适用和主动接受。尤其是鄂温克族社会各界的有识之士，那些深受新学思想影响的知识分子深感旧式旗学教育已不能适应时代发展与社会进步的迫切需求，于是积极提倡办新学、教新知识、育社会发展所需的新人。在这一进步思想的驱动下，在鄂温克族生活的地区先后创建了数十所新式学堂或学校。其中就包括于1906年4月在东布特哈兴建的"蒙养学堂"。没有多久，在呼伦贝尔原索伦左翼镶黄旗，就创建了一所以"石屋学堂"命名的新学堂。受其影响，鄂温克族地区兴起一场改造和取缔旗学教育、积极创办以新式教育为主的新学堂、新学校的运动。

其次，鄂温克族地区新式教育的兴起，在很大程度上得益于当时提倡的"教育救国"与"科学救国"等新学潮、新思想，以及鄂温克族上层阶级及代表人物中的绝大多数对新式教育的支持，有力宣传和推动新式教育思想等具体有效的举措。清朝末期和民国初期推行的维新变法，很快波及鄂温克族原八旗军事化社会，使当初几乎完全崩溃的八旗教育制度下的鄂温克族教育找到了新的教育发展途径，进而许多有识之士把民族教育、民族发展、民族复兴寄托于新的教育改革，积极投身于创办新式教育学校，力求通过实施新式教育来实现挽救进入低谷的本民族教育。在他们看来，推行新式教育，便于更好地开发利用鄂温克族人民的聪明才智，使他们更好地建设家园。甚至一些有识之士四处筹集经费，采取各种有力措施，创办新式教育学校，努力改变只学满语满文和骑射的旧式教育，给鄂温克族适龄儿童和青少年用各种形式和手段教新的知识，其中就包括农区学校开办的汉语汉字教学，以及牧区学校开办的蒙古语蒙古文教学等。还有的新式教育学校，把创办新学的精神内涵及要旨谱上鄂温克族民歌曲调或编成本民族民歌歌曲，同时将歌词大意译成简明易懂又易学、易记、易用的汉

文来传唱，以此潜移默化地不断加大汉语汉文教学教育力度。另外，特别聘请有一定汉语汉文说、写、用能力的本民族有识之士到新式教育学校，给鄂温克族学生循序渐进地强化汉语汉文教育，同时加强了学习汉语汉文的宣传工作。或许受此影响，鄂温克族生活的农区创办的以新式教育为主的初等小学，成为当地鄂温克族适龄儿童和青少年的首选目标。应该提到的是，这些新式教育学堂或学校，以其当时所处的优越教学地位和教育影响力，积极倡导和引导学生们学习掌握汉语汉文，以及适应用汉语汉文教授的新式教育课程，进而在鄂温克族集中生活的农区不断普及新式教育。更加可贵的是，曾经在索伦八旗军事化社会组织里受过一定旗学文化教育的鄂温克族老人，纷纷回到老家致力于以汉语汉文为主的新式教育事业。毫无疑问，这部分人自然而然地成为新式教育的积极倡导者、参与者和推动者。同样受新式教育的直接影响，呼伦贝尔地区以鄂温克族学生为主的初等教育学校，逐渐废弃以满语满文为主的教学模式，大力推行蒙古语蒙古文课程及用蒙古文传授其他课程内容。起初人们认为，一直以来接受旧式旗学教育的鄂温克族生活的草原牧区，只强调教满语满文而不教蒙古语蒙古文，所以在适龄儿童和青少年教育中，推行以蒙古语蒙古文为主的新式教育时自然遇到学习方面的一些问题。然而意想不到的是，由于鄂温克语和蒙古语同属于阿尔泰语系，这两种语言的基本词汇里有不少同源词，加上鄂温克语和蒙古语的元音音素和辅音音素基本一致，这给鄂温克族学生学习蒙古语蒙古文带来许多先天性优势。再者，满文是由蒙古文演化而来的由左向右竖写的文字，其文字读音和书写字母基本相同，只有个别字母在读音和写法上有所差别，这也给鄂温克族学生学习掌握蒙古文提供了便利条件。毋庸置疑，所有这些出乎意料地给牧区鄂温克族学生学习蒙古语蒙古文带来便利性，使他们学起蒙古语蒙古文不像学汉语汉文那么费劲。尽管如此，牧区开办的新式教育学堂或学校虽然以蒙古语蒙古文为主授课，但也加授汉文课程或用汉语文讲授一些新课程内容。此外，就是在教汉语文课时，也要辅助性地使用鄂温克语。也就是说，在当时草原牧区的以鄂温克族学生为主的学堂或学校，教汉语文的老师基本上是鄂温克族或精通鄂温克语的达斡尔族、蒙古族、汉族教员。总的来说，深受新式教育影响的鄂温克族有识之士，不畏艰辛，克服一切困难，积极投身并致力于普及

新式教育工作，目的就是在鄂温克族地区更好地推行新式教育，与时俱进地开发利用鄂温克族青少年的智慧世界，不断提高鄂温克族的文化素质，进一步振兴鄂温克族教育事业，进而积极推动鄂温克地区经济社会的发展。

二 清末民初的鄂温克族新式教育

受清朝末期推行的新式教育和新学运动的影响，经过社会上层人士和有识之士的辛勤努力，鄂温克族地区的新式教育取得一定的阶段性成果。课题组掌握的资料充分表明，从清朝末期到民国初年，鄂温克族地区先后创建了数十所新式学堂或学校，从而初步形成新式教育的教学格局。比如，20世纪初的黑龙江省相关统计数字表明，该省鄂温克族40%以上的适龄儿童和中青少年进入新式学堂或学校读书。

1. 清朝末期鄂温克族新式教育

鄂温克族在八旗制度下建立的旧式教育，到了清朝末期已走入死胡同，几乎到了办不下去的地步。这时，恰逢我国教育事业从封建社会旧式教育模式和体制中摆脱，向着新式教育艰难迈步的特殊时期。这也是新式教育的影响范围不断扩大，新式教育逐渐被人们所接受和推广的特殊年代。尽管如此，许多地区特别是边远民族地区，新式教育无论是在办学形式还是在课程内容上，都没有完全摆脱清朝时期的旗学教育，一些地区仍然延续着满语满文教学和旧式教育。有些地方即使受新式教育的一定影响，但由于旧式教育的惯性作用，采取同时使用满语言文字和汉语言文字教学，以及旗学与新学教学内容兼顾的办学模式。毫无疑问，清朝末期，原八旗管辖范围内的鄂温克族农区在推行新式教育时，许多新办的新式学堂或学校充分利用鄂温克族熟练掌握满语文的优势，将满语文作为辅助性教学手段，循序渐进地加强汉语文及新式教育的课程内容，这对鄂温克族农区的旧式教育与新式教育的更替起到了积极推动作用。过渡性质教育的形成跟当时的绝大多数鄂温克族学生不熟悉或不懂汉语汉文，以及他们被编入八旗军事化社会以来的200多年历史岁月里一直通过满语文接受文化知识教育有关。也就是说，在清代满语文是他们社会生活的唯一通行文字，满族宫廷文化也盛行于鄂温克族上层社会及贵族阶级，所以上过学、读过书的人除了懂母语和达斡尔语之外，也都精通满语满文，很少有人懂汉语汉文。所有这些，不同程度地影响了鄂温克族地

区推行的新式教育。可以想象，在这种现实面前，硬要推行完全用汉语汉文取代满语满文的新式教育有很大难度。即使鄂温克族有识之士做了大量深入细致的工作，不少鄂温克族也看清了新式教育带来的好处和发展前景，但封建社会遗留的旧式教育的影响和根基还是在一定程度上左右着人们的思维观念和思想意识。再加上，汉语汉文的学习对于许多鄂温克族学生来讲是一个全新的知识世界，由此可知他们当时在学习方面遇到的难度和挑战。针对这些实际情况，积极提倡并推行新式教育的鄂温克族有识之士明确提出，根据不同条件、不同要求、不同地区的具体情况开展不同形式和内容、不同方式方法、不同程度的新式教育这一因地制宜、因材施教、因势利导的办学方针。其中就包括鄂温克族农区要用满、汉两种语言文字双语授课，以及鄂温克族牧区要用满、蒙两种语言文字双语授课等教学方针和教学模式。也有的鄂温克族集中生活的农村牧区的学堂或学校，实施了用鄂温克语、汉语或鄂温克语蒙古语双语授课，甚至是用鄂温克语、满语、汉语三种语言或鄂温克语、满语、蒙古语三种语言授课等教学方法与手段。这就是说，无论是教汉语文还是教蒙古语文的教员，客观上都要求他们具备满语、汉语或满语、蒙古语双语知识及鄂温克语基础知识。毋庸置疑，在鄂温克族农村牧区因地制宜开展的双语或三语教学模式，在实施和推广新式教育中发挥了十分重要的作用，进而自然成为在鄂温克族旧式教育和新式教育更替时期，鄂温克族旧式教育、旗学教育平稳过渡到新式教育的重要途径，使鄂温克族学生能够在没有太大学习压力的情况下，顺其自然地不断加大汉语汉字学习力度，以及不断增加汉文或蒙古文教学的课程内容。像鄂温克族地区新创建的蒙养学堂和石屋学堂等，在此教学方式的推广上发挥了非常重要的带头作用，也成为当时双语教学或三语教学的典型案例，在很大程度上直接影响了一大批新式教育学堂或学校的办学理念和方针。

20世纪初开办的一些新式学堂，起初虽然沿袭了清朝时期的旗学教育形式和内容，在一定意义上遵循了以满语文为主的教学方针，但很快演化为满、汉双语教学的授课模式。与此同时，在教学内容、教学手段、教学理念等方面产生了不同程度的变化，逐渐摆脱清代旗学教育的教学理念和制度框架，逐渐步入新式教育的教学轨道。不过在当时，对于一些对新式教育和汉语文教学不感兴趣、汉语文学习速度又跟不上教学内容的鄂温克

族学生，学校方面要求教员用学生最为熟悉的母语进行辅助性和开导性授课，尽量把学生们的学习兴趣转移到汉语汉文的学习上来。另外，伴随学生汉语水平的提高，有计划地逐步增设用双语教学的历史、地理、算学、自然知识等有关的新式教育课程。本书在前面提到，石屋学堂在创办初期也是如此，刚开始给鄂温克族等民族的20多名学生教的是满文或用满语教其他一些课程，教员是精通母语和满语满文并具有一定汉语文知识的鄂温克族，他们主要用满语文或汉语文授课，同时这些教员也都懂些鄂温克语。为了进一步强化鄂温克族农村牧区的汉语教育和新式教育，学校经常从布特哈地区请来各方面条件较好，特别是懂多种民族语言和新式教育规章制度及教学内容的教员，让他们主讲汉语文课程。由于讲汉语文的教员也懂满语满文，所以讲课时常常把满语作为重要的辅助性教学语言来使用。再后来，鄂温克族居住区创办的石屋学堂等，根据学生学习兴趣和汉语文水平的逐步提高，开设了历史、地理、算学等新式教育课程，学堂也逐步按照新式教学模式和规定要求，不断强化汉语文授课和增加新式教学内容。在那时，类似石屋学堂开展新式教育的学校还有一些，不过在农区或城镇周边或多民族杂居区生活的鄂温克族学生，主要以满语文作为辅助性教学语言强化新式教育，在草原牧区生活的鄂温克族适龄儿童及青少年则通过蒙古语文强化新式教育。值得一提的是，一些偏远地区的鄂温克族学堂或学校，虽然也说要积极实施新式教育，但到了清朝末年还固守旗学教育形式和内容，甚至个别教员想尽量保存或传承以满语文为主的旗学教育。即便是属于普通教育性质的新式学校，也无法彻底废除满文课程，在体育课上还聘请八旗老兵或退役军人教兵操等，这一特点在草原牧区的新学兴起初期表现得尤为突出。对于一些教员来讲，延续200多年的旗学教育，不能说改就全部改掉，就是改也得需要一段较长的时间。尽管如此，伴随新式教育的不断推进和推广，那些保守的以旗学教育为重心的学堂或学校，还是不同程度地逐渐接纳了新式教育，有的由于完全不适应新式教育而被淘汰。

　　清朝末期，随着鄂温克族地区新式教育的不断推广，人们逐渐对新式教育有了更加客观实在的认识。在鄂温克族较为集中的布特哈地区，受新式教育的影响，当地相继开办了一些具有新教学形式和内容的小学堂，专

门招收鄂温克族等民族的适龄儿童，用满语、汉语双语进行入门式、引导式、开发式新式教学。当他们的新式教育难于推动时，甚至使用相对硬性的教学措施，实施和强化新式教育。毋庸置疑，从某种角度来说，个别小学堂实施的相对硬性教育，对于那些不愿意学习汉语汉文，或对汉语文教学有抵触心理的学生确实也起到了某种推动效果。

清朝末期，鄂温克族地区虽然新建了一些八旗学堂或学校，但其教学形式与内容在很大程度上受到新式教育的影响，一些地区的小学堂基本上从旗学教育过渡到了新式教育，不仅开设了汉语文课程，也开设了具有新式教学理念的算术、历史、地理、理科、图画、音乐、修身、体操等课程。应该提到的是，清朝末期先后在吉木伦、墨尔丁、绰哈尔、乌尔科、霍日里、登特科、博伦、哈力沁等鄂温克族生活区域创办的初等小学堂以及初级师范预备科学校等，也根据当时教学模式的调整、教育制度的变革，以及教育事业本身的发展需要，逐步实行兼顾满语、汉语双语教育的新式教育，有的小学堂逐步凸显汉语文教育的重要地位，也有的小学堂不适应新式教育的发展而被淘汰。与此新式教育密切相关，鄂温克族生活的草原牧区的小学堂如前所说，遵循教育形势的发展变化，不断调整自身的教学思路和理念，进而有计划、有成效地缩短和减少满语文讲课时间和用满语文授课的课程内容，同时不断强化和增加蒙古语文讲课时间和用蒙古语文授课的课程内容。另外，清政府从草原牧区学校中筛选出品学兼优的毕业生，推荐到齐齐哈尔师范学堂或布特哈初级师范学堂继续深造，让他们在更高层面上接受新式教育。

我们完全可以说，鄂温克族旧式教育与新式教育的更替，以及新式教育的不断兴起，都毫无疑问地体现在汉语文教育与由汉语文开设的新式教学内容上；当然，在草原牧区自然会表现为蒙古语文教育与由蒙古语文开设的新式教学内容。这也是在当时衡量鄂温克族地区小学改良旧式旗学教育的重要标准，也是新式教育实施的重要指标和特点。也就是说，要落实新式教育，就必须将以满语文为主的教学格局，以及旗学旧式教育课程内容包括骑射教育等，用汉语文或蒙古语文授课的新式教育课程取而代之，要将八旗官学或义学，按新式教学模式和教学内容办成初等、高等小学堂或师范学堂。当然，鄂温克族地区新式教育的实施，也不像人们想象的那

样是一蹴而就的事情，特别是在将要摆脱几千年封建社会制度的特殊时期，要推行新式教育确实有不少困难，其受到人们固定形成的旧式思想意识，以及旧式教育体制内养成的思维模式等的惯性作用的干扰。然而可以肯定的是，鄂温克族有识之士、上层阶级、教育工作者中的绝大多数人，十分清楚地认识到当时社会历史的变革，以及教育事业的发展前景。所以极力宣传、推动新式教育，并取得一定阶段性成绩，使鄂温克族旧式教育向新式教育的更替没有形成太大的社会问题和矛盾，能够平稳过渡和安稳发展。

2. 民国初期的新式教育发展完善阶段

综上所述，鄂温克族新式教育起步于清朝末期。到了民国以后，伴随清政府退出历史舞台、八旗封建社会制度的土崩瓦解，以及封建社会制度下形成的旗学教育和义学教育的彻底废弃，新式教育开始进入快速发展阶段，其教育模式、教育制度、教育方式方法不断走向完善。而且，不论是在学校数量和办学规模，还是在课程设置、教学内容及教学质量上均有了很大进步和发展。其中，鄂温克族生活的农区汉语文教学日趋普及，草原牧区蒙古语文教育也得到进一步完善和提升。特别是在民国初期的前10年，鄂温克族农村牧区在集中精力改建、扩建旧式学校的同时，还开办了一系列新式小学。毫无疑问，所有这些小学无一例外地实施了新式教育及新的教学制度，着力推行以汉语文教学为主的讲授新式教学内容的课程。不过，在偏远牧区的部分小学，还保持了一段时间的兼授蒙古语、满语双语授课的教学模式。然而没有多长时间，这些边疆地区的小学也自然放弃或被迫废弃了满语文授课内容，实行用单一蒙古语文授课或以蒙古语文为主汉语文为辅的教学模式和制度，其结果是牧区鄂温克族学生的蒙古语蒙古文水平很快得到提高，还一定程度地掌握了汉语文基础知识。

在这里还应该提到的是，民国初年，也就是1912年以后的几年时间里，鄂温克族生活的布特哈地区，针对不懂汉语文的鄂温克族学生，不论是在课堂上还是在课余时间，尽量给他们创造学习和使用汉语的机会，尤其是紧密结合新式教育增加汉语文课程或延长用汉语授课时间，学校和教员们把强化鄂温克族学生的汉语文教育、提高他们的汉语文水平作为新式教育的一个核心内容，进而不断强化和完善汉语文教学工作。比如，在嘎布卡、博肯、胡鲁古梯、穆尔滚齐、白罗日、杜拉斯尔、索伦格尔等鄂温

克族集中生活地区的八旗学堂，在民国初年全部被改建为新式小学。其中，一些旧式学堂被扩建或合并。①与此同时，鄂温克族地区积极宣传新的办学方针、教学理念、教书育人的方式方法等。另外，下大力气提高学校教员的汉语文教学水平，尤其注重强化鄂温克族教员的汉语文教学功底。在此基础上，进一步发展和完善汉语文教育。很有意思的是，某些合并的旧式旗学小学，没过两年根据当时鄂温克族地区发展教育的具体需求，又分离为两所新式小学，恢复了原来的小学数量和教学格局。从这些变化可以看出，民国初期鄂温克族地区在发展完善新式教育时，所遇到的一系列问题和困难及经历的周折。

在鄂温克族生活的草原牧区，民国初期新建的新式小学的数量有所增加，到新式小学读书的鄂温克族学生数量也比清朝末期有所增加。其中就包括呼伦贝尔蒙古文小学、莫和尔图小学等，到这些小学读书的鄂温克族学生主要接受汉语文授课，涉及汉文、算术、音乐、体育、美术等课程内容，除此之外还要听用俄语和蒙古语讲的俄文与蒙古文课程。在鄂温克草原深处，新建的洪克苏热小学等新式学校，在保留了满语文课程内容之外，遵循新式教育教学方针和政策，开设了汉语文、蒙古语文课程，以及用蒙古语文讲授的算术、音乐、图画、体育等课程。然而，在通古斯鄂温克等民族的生活区域新建的锡尼河小学等，却没有安排满语文课程内容，只有汉语文和蒙古语文课程，以及用蒙古语讲的算术、音乐、图画、体育等课程和俄文课程。而且，在鄂温克族同达斡尔族、蒙古族、汉族等民族杂居区域改建的南屯私立小学，却实施了用蒙古语、汉语双语教学的教学模式。就如前面所说，无论是教汉语文的教员，还是教蒙古语文的教员，绝大多数精通满语文，也基本上有鄂温克语基础知识。其中，也有不少是属于刚刚接受蒙古语文和汉语文教育，以及新式教育的鄂温克族教员。民国初期，在呼伦贝尔草原牧区，那些在清朝末期被停办的小学得到了恢复和重建，政府还专门选送训练有素的新教员来任教。

---

① 当时合并或扩建的旧式学堂中还包括：将正红与镶白两旗的博能和卓尔两个小学堂合并后改建为卓尔小学，把镶红与正蓝两旗的履新和乌珠两个小学堂合并后改建成乌珠小学，还撤销了镶蓝旗的阿伦小学堂。

伴随草原牧区新式教育的不断普及、新式教育的逐步发展和完善，鄂温克族适龄儿童及青少年受教育的概率不断得到提高。令人高兴的是，这些新式教育培育的品学兼优的鄂温克族毕业生，经过严格筛选，被选送到呼伦贝尔蒙旗中学、齐齐哈尔满蒙师范学校、齐齐哈尔蒙旗师范学校、黑龙江省立蒙旗中学、沈阳东北蒙旗师范学校等民族中等学校继续深造。毋庸置疑，民国初期的这些中等学校，为鄂温克族培养了不少优秀人才，这些人才在后来的抗日战争、解放战争、土地改革时期均发挥了重要的作用。

三　鄂温克族新式教育的发展特色

清朝末期以来推行的新式教育，对于鄂温克族来说是一场教育革新和革命，也是完全不同于旗学教育的新事物。所以，就如前面分析和讨论的，在刚刚起步阶段，其在教育方针政策、教学形式和内容，包括教学方式方法等方面都遇到了许许多多的困难，其实际工作也存在诸多不尽完善之处。尽管如此，在鄂温克族有识之士及上层社会人士的积极推动下，新式教育仍以前所未有的规模迅速得到发展。特别是经过清末民初的不断发展和完善，到了20世纪30年代初，也就是民国中后期，鄂温克族生活区内除了极个别偏僻地区之外，基本废除了满语文授课内容，汉语文或蒙古语文教学的新式教育已成规模，新式教育已成为鄂温克族的主要教育形式，新式教育也最终取代了旧式旗学教育。比如，在当时索伦旗[①]就设立了9所国民级学校、6所国民学校，鄂温克族在读学生有1500名左右。这些新式学校除了在教育教学方面具有一定共性，还有各自根据不同环境和条件形成的地方性特色。从它们各自的发展情况来看，同样体现出不一致的教学水平及不太均衡的教育程度。清末民初，鄂温克族地区不仅新建了不少新式学校，而且在探索、推进、发展新式教育的历史进程中，确实表现出了不同特色。比如，在经济文化较发达的城镇杂居区或周边地区，诸如齐齐哈尔、墨尔根、布特哈等地的鄂温克族，由于长期与满族、汉族杂居共处、密切

[①] 索伦旗是指1934年在今天的内蒙古自治区呼伦贝尔鄂温克旗辖区成立的县一级行政管理部门。1958年8月1日，根据国务院第77次会议决定，撤销原"索伦旗"的行政称谓，成立了鄂温克旗。

交往，也就较早地接触了满族、汉族的先进文化，因而在对新式教育的理解、认同和接受方面表现出了相当强的自觉意识及适应能力。毫无疑问，这也是鄂温克族杂居区域内的新式教育在发展环境、发展条件、发展规模、发展程度等方面占有的优势。与此相反，偏僻农村农区和草原牧区的新式教育的发展情况、发展速度、发展水平，包括办学规模、学校数量、教学质量等都不同程度地落后于杂居区域的新式学校。个别偏远地区的所谓新式学校，教书的还是原来在八旗学校里任教的老教员，甚至授课用的也多为清代八旗学校时期的满语文旧教材，比如其中就有《三字经》《百家姓》《圣谕广训》《吏治辑要》等旧课本。在类似的学校，只是增加了个别新式教育课程。如果说这也是当时新式教育的一种特色的话，它本身远远落后于实际意义上的新式教育，从而凸显了与新式教育方针政策、教育理念、发展道路很不相称的教学形式和内容，由此也体现了新式教育发展程度的低下和落后。

鄂温克族新式教育的发展特色及不平衡，十分明显地表现在以齐齐哈尔、墨尔根、海拉尔为核心地带的八旗官学在改建为八所新式小学和新式满蒙师范学校之后，经过一段时间的摸索、改良，较快地适应了新式教育的发展需求，进而形成有一定发展势头、发展特色的新式教学模式。然而，由于地域性差异，加上交通不便、教学环境的恶劣、教学设施的不完备、教员教学水平的不一致等，一些边疆落后地区的鄂温克族新式学校呈现不一致的发展模式和特色。有的受环境和条件的极大约束与影响，出现举步维艰的教学局面。结果，在具体的教学实践中，一些改良后的旗学只是徒有"新学"虚名，实际上维持的是以旗学为主、新学为辅的授课模式；有的偏远地区的新式小学，经过一段时间的努力，开始讲授新式教育制定的一些新课程，但同时还兼授旗学时期的相关课程的教学方法等。所有这些充分说明，鄂温克族生活的农村牧区，新式教育以前所未有的规模取得迅速发展，但就整体发展状况而言，其发展程度并非一致，教学水平上呈现参差不齐、很不平衡的发展状况和趋势。这一现象的出现，除和上面提到的诸多因素有关之外，与偏远边境地区的鄂温克族远离汉语区和蒙古语区，他们的适龄儿童和青少年完全不懂汉语或蒙古语，主观上不太愿意接受和学习汉语或蒙古语等也有很大关系。也就是说，客观上和主观上存在的不

利因素，导致了鄂温克族边疆偏远地区个别新式学校教育滞后，从而引起新式教育发展不一致和不平衡的局面。

鄂温克族地区新式教育发展不平衡的状况，还体现在一些新办学校校舍、座椅板凳、教学设备的十分简陋，以及学校管理松散、学校经费不足等方面。偏远落后地区新式教育的这种局面，到了民国中后期也没有得到根本性改变。另外，由于牧区的牧场随四季变化，这对长年过游牧生活的鄂温克族牧民来讲，送孩子到各方面条件不太理想、教学又不太规范的所谓新式教育学校读书有很多顾虑和实际面对的问题。不过，在农区农村就不存在这些问题，因为农村鄂温克族都相对集中生活。民国时期新建的学校为了便于学生就近上课，往往把学校建在人们比较集中生活、道路交通又比较便利、教学条件相对齐备的地方。其中，就包括在嫩江和讷谟尔河两岸村落新建的学校，也有的农区学校是在农村居住区通过借用或租赁个人多余房屋，或者是由清朝时期旧校舍改建而成的；也有的农村小学是鄂温克族农民就地取材修建或大家筹资而建的。在办学经费的筹集上，除个人出资捐助之外，绝大多数是由地方政府的学校教育专项经费承担。为了节省经费，农区农村新式学校也聘用薪水较低的本地教员和管理人员，有的新建小学连管理人员岗位都不设，而是由村干部或地方官吏兼任。尽管如此，在农村牧区，包括偏远地区，聘请的小学教员除必须精通满语、汉语双语或满语、蒙古语双语之外，还必须要有鄂温克语基础知识或懂鄂温克语。所有这些，自然而然地展现了鄂温克族生活的城镇及城镇周边地区与边疆偏远地区，以及农区农村与草原牧区，在新式教育的推行、普及、发展上的不平衡情况。由于当时推行的新式教育是对包括鄂温克族在内的各民族来说从未遇到的新事物，究竟如何才能够更好地落实新的教育方针政策，如何更好地强化教学管理与提高教学质量，一直到民国中后期还处于探索改进阶段。虽然本书在前面提到，在民国初期新式教育已经普及，并不断得到发展和完善，但在边疆偏远地区或落后地区，新式教育的推动和发展确实很慢，由此也出现了具有地方性特色的新式教育，进而在入学资格、考试、学科、录用等方面实施了不同的规定，同时也实施了有一定约束力的奖励优秀学生，惩罚落后、懒惰、不思进取者的奖惩措施与规定。其目的就是，健康、高效、有力地推动鄂温克族地区的新式教育，尽量消

除不同地区在发展新式教育时面临的距离拉大、水平不均、教学质量不一致等一系列问题。

当时鄂温克族地区办新式教育的重点，放在普及和发展初级小学教育上。不过根据新式教育事业发展的需要，也建了一些高等小学堂、满蒙师范学校等。此外，不论是在经济文化相对发展较快的地区，还是在偏僻边远落后的聚居区，鄂温克族适龄儿童和青少年除了生活极度困难或远离学校生活的之外，按新学章程都有机会就近进入普通新式小学读书，也有从偏远地区到城镇或周边地区条件较好的学校学习的学生。在那时，对于许多鄂温克族家庭来讲，孩子们能够接受初级小学教育就可以了，他们所掌握的初级知识足够应对在生产生活中遇到的许多问题。当然，也有的家长为了让孩子获得更多的知识，初级小学毕业后送孩子到高级小学、中学或相关专业类学校继续深造。为适应家长和学生的这一需求，到了民国中后期，政府进一步强化了各类专业类学校建设，但由于战争和外来侵略造成的社会动荡，许多新建的中学或专业类学校没能够充分发挥作用。尽管如此，以初级小学教育为主、各种类型的学校并存的局面，从另一个角度反映了鄂温克族新式教育的发展特点。毫无疑问，上述这些取决于民国中期或中后期的社会特定环境和条件，取决于当时推行的因地制宜、多种形式的新式教育，以及让更多鄂温克族青少年学习掌握近代科学文化知识、提高本民族文化素质，以更好地适应不断变革发展的时代潮流。然而，就如前面所述，鄂温克族偏远落后地区的一些新式教育，还是不能够完全融入社会的发展，甚至难以超越社会历史条件的制约，加之当地鄂温克族心理上的诸多障碍或疑惑，包括读书无用论、读书多余论、"孩子们在家受教育就够了，不用到外面读书"等思想，也不同程度地影响了这些地区的新式教育的发展。

从另一个角度来讲，鄂温克族热心于新式教育的有识之士及上层社会人士，是鄂温克族地区新式教育发展的中坚力量，一些新式教育学校也是由他们自己出资捐助的，他们甚至亲自参与到建立新式教育学校的实际工作中。正因为如此，农村牧区的不少新式教育学校属于私立学校或私人办学性质。而且，其分布格局是零散性或分散性结构类型，相互几乎没有任何教育教学方面的交流关系，所以在推行新式教育时往往各

行其道，新式教育的发展也是各具特色。一些小学由于教员、教科书和学校经费得不到保障，教员的教书积极性很难得到提升，这使学校教学质量不断下滑，甚至出现被迫停课的现象。比如说，像莫和尔图小学等虽然由鄂温克族有识之士捐资创建，但由于新式教育所需教员和经费问题得不到及时解决，最后还是没有摆脱学校停课的厄运。鄂温克族上层社会人士和有识之士，为了尽快改变这一分散性私人办学状况带来的一系列教育教学问题，即为了较大范围地规范新式小学教育，采取了一系列措施，还筹建过新式教育社团组织，也共同成立过相应的教育委员会，出台过普及新式教育、管理好新式教育学校、改善新式教育教学环境和条件、规范和统一新式教育课程及考试考核标准的相关章程。同时，该章程中，也提到了强化各种类型专业化学校，以及强化公立师范学校建设等方面的内容。由此可以看出，在民国中后期，鄂温克族为改变、改善具有私人创办性质，且分散于农村牧区的新式教育学校面临的一系列问题，也为了更好地推动官办公立学校采取的努力，为了在鄂温克族地区更好地推进新式教育，各地相继成立了隶属于教育委员会的分会。可以说，与教育教学相关的社团组织及其委员会等的相继成立，表明鄂温克族新式教育摆脱松散型或分散性教育格局，以及私人办学的局面，开始向官办、公立办学方向发展。到了民国后期，日本列强统治我国东北三省，将鄂温克族地区的所有公立、私立学校一律改为官办公立学校，并将初等、高等小学分别改称为国民学校、国民优级学校等。

新式教育在不同地区取得的不同形式和内容的发展，不同程度地促进了鄂温克族社会的发展变化。特别是民国中后期以后，这种影响力更为明显地显示出来。新式教育的发展，不仅在一定程度上满足了鄂温克族提高自身文化水平的需求，同时也使鄂温克族摆脱旧式旗学教育，冲破几千年以来的封建教育思想的干扰与束缚，循序渐进地平稳步入新式教育发展轨道。虽然这一过程十分缓慢而艰难，其客观效果也未必尽如人意，但其较为顺利地完成了这一特定历史时期新式教育的教学工作任务，从而为鄂温克族未来教育事业的发展奠定了坚实基础。

第三节 民国时期的综合教育

民国时期掀起的新文化运动,对于我国教育事业摆脱封建社会的教育制度产生革命性影响,为新的教育制度的制定和推行发挥了积极作用,其中就包括相对开放式的综合性教学方针。民国元年(1912)颁布的《民国教育部官职令》,要求教育部门设立普通、专门、实业、社会、礼教、蒙藏等管理机构分头抓教育教学工作。与此同时,在当时新出台的《普通教育暂行办法》《普通教育暂行课程标准》等文件中规定,从民国元年开始,各地要实行初级小学四年、高级小学三年、中学四年、预科一年、大学专科三年、大学本科三至四年、大学院不计年限的教育教学制度。到了民国11年(1922),将不同阶段的受教育年限重新调整为:小学教育分初级与高级两个阶段共六年的教学期;中学教育分成初级三年与高级三年两个阶段共六年的教学期;高等教育分专门学校、大学校、大学院,接受教育年限为三至四年。民国17年(1928),又重新调整实施了初级小学四年、高级小学二年、初中三年、高中三年、专科二至三年、大学四至五年、研究院三年等的教学制度。这一不同阶段、不同时期、不同年限的教学制度,一直延续到1931年。新式教学年限及教育制度的反复调整,在某种意义上也迎合了综合性教育课程的具体设置与安排。毋庸置疑,这对鄂温克族地区新式教育的推动、新式教育的不断改进、综合性教学的实行,包括对于教育体制的改进和完善都起到不可忽视的重要作用。再者,民国时期实行的新式教育及新的学制,经过不断调整和完善,彻底废除了清代的封建教育制度,废弃以儒学经典、科举取士、国语骑射等旧式教学模式,取而代之的是结合学生身心发育特征,以道德教育和生活基本知识技能教育为主的小学教育,是目的在于强化小学生的体、德、智三方面的综合性教育。这也是在我国教育史上第一次对小学提出的综合性教育的政策规定,从而对鄂温克族学生进行综合性开发教育产生了积极影响。

民国以后,热心于教育事业的鄂温克族进步人士,在南屯、辉河、伊敏、巴彦嵯岗等地自筹资金先后开办了一些小学,培养了不少鄂温克族青少年。民国18年(1929)4月26日,民国政府还颁布了以扶植社会新生

力量和增强基础科技知识为主，强化道德教育、提升国民素质、改善国民生活、提高生活技能、保护生活环境、提倡男女平等受教育等条例的《中华民国教育宗旨及其实施方针》，并较为稳妥、有效、实用地开展综合性教育工作。在当时，鄂温克族地区的教育变革中，这些新的教育政策、教育制度及教育理念，同样具有特定意义和内涵，也为鄂温克族新式教育背景下的学校教育、私塾教育、家庭式或家族式教育注入了一定活力。一些学校将课堂教学及课外各种生产生活实践紧密结合，培养学用结合及知识道德与生活技能融会贯通的具有综合素质的青年学生。另外，小学综合性教学，有意识地加强了以忠孝、仁爱、信义、和平等为内容的道德修养教育。

民国时期，鄂温克族有识之士和教育人士，在积极推动新式教育的同时，也主张实行学用结合、紧密联系民族心理素质及传统文化的教学方法，以及不断完善同本民族传统道德修养、人生观、生活观、世界观相配套的综合性教育的发展方针。通过这些事实我们可以看出，民国时期的鄂温克族教育，除了在前面的讨论中谈到的诸多改进措施和发展思路之外，综合性开发教育也作为一种特色和新尝试，为本民族特色教育与民国时期总体教育方针和谐融合起到了有效作用。不过，到了民国中期，因国内战乱和国外列强的侵略战争带来的灾难，鄂温克族地区的教育事业受到很大影响。特别是草原牧区的某些地方学校的数量有所减少。尽管如此，那些在战火笼罩下的学校，仍然坚持实行新式教育和综合性教学的方针。下文将对民国时期的鄂温克族地区实行新式教育和综合性教育做简要介绍与分析。

1. 西布特哈县立第一高级小学

县立第一高级小学于民国元年6月1日正式招生，是在光绪三十三年（1907）创建的西布特哈高等小学基础上改建的新式教育学校，当时将其原来的校名也改为县立第一高级小学或县立第一高等小学。到了民国3年（1914），一些有影响力且具有代表性的学校，为了加大综合性教育力度，在小学教育中就有计划地安排修身、国文、美术、历史、地理、理科、图画、音乐、体操、手工等十余门课程内容。到民国8年（1919），该高级小学已建成一定规模，有了五间教室，还有两所八间学生宿舍和占有一定土地面积的操场等。学校的这些条件和优势，为该校开展综合性教育提供了不少方便。

2. 和礼初等小学校

和礼初等小学于民国元年 6 月 10 日开学，该校是由宣统二年（1910）四月建的和礼初等小学堂改建而来的。该校在实行新式教育时，也因地制宜地注重发展密切联系当地传统文化的课程教育，比如说，除了汉语文、算数等课程之外，像修身、美术、体操、音乐、图画等课程中就有结合本土本民族文化的相关内容，以此循序渐进地不断强化综合性教育。

3. 卓尔初等小学校

卓尔初等小学同样建于民国元年，该校是在宣统二年四月建的卓尔初等小学堂基础上改建的新式教育小学。该校在民国初年办得还不错，在综合性教育方面也取得了一定成绩，也结合鄂温克族当地传统文化，开设过一些手工课等。但后来由于教员不够，一些课程内容被取消。到了民国 8 年（1919），卓尔初等小学内分为甲、乙两个班授课，主要课程有汉语文、算数，以及修身、美术、体操、音乐、图画等。尽管该校的发展遇到一些教员、经费方面的问题，但还是没有脱离新式教育和综合性教育。

4. 私塾类小学

民国初年，根据地方性办学的相关政策，在西布特哈辖区的一些村屯内鄂温克族有识之士以个人名义开办过三所私塾类小学，主要招收鄂温克族等民族的适龄儿童入学读书。这三个私塾类小学在实行思想教育时，更加重视结合本民族传统文化与生活习俗的开发性、引导性的学用结合的综合性教育，而私塾类小学的这种教育，在某种程度上也迎合了学生家长的一些具体要求。也就是说，他们希望孩子们通过私塾教育，不只是学到新文化知识，也能够学到用于日常生产生活的基础知识。

5. 阿伦初等小学

该校是在民国 3 年由宣统二年建的阿伦初等小学堂发展而来的。阿伦初等小学堂虽然建于宣统二年，但在民国元年因不适应新式教育及经费等方面的原因被迫停办。也就是说，在当时由于筹措办学经费困难，没有办法停办了阿伦初等小学。不过，还有另一个原因是，该校在教学上还是未能摆脱旧式八旗教育，使人们不愿意捐资捐物来办此类学校，也不愿把孩子们送到这里来接受旧式教育。民国 3 年，阿伦初等小学校经过各方努力，达到新式教育办学条件后又重新开学招生。为了使新式

教育被更多的鄂温克族接受，让他们送孩子们到此读书、接受新式教育，更好地发展本地区生产生活，该初等小学更多地注重紧密结合本土文化的新式教育，注重学用结合的综合素质教育，进而取得了较好的教学效益。

6. 巴彦街初等小学

现在的内蒙古莫力达瓦达斡尔族自治旗巴彦鄂温克民族乡在民国15年（1926）建过一所巴彦街初等小学校。这是由地方官员出面，动员当地鄂温克族等捐资捐物建的三间草土房小学。到这里就读的绝大多数是鄂温克族适龄儿童，清代被编入镶黄旗的鄂温克族官兵的后代在此任教，也有外聘的懂鄂温克语的汉族老师讲汉语文课。在办学初期，由于受新式教育的影响，特别是其学用结合的应用型人才培养的综合性教学理念给当地鄂温克族留下了较好的影响。然而，同样受学校经费难以解决等问题困扰，建校三年后被迫停办。不过，该校于1932年复学，为了强化新式教育和综合素质教育，教员强迫学生死记硬背新学内容，所学课程有汉语文、习字、算术、体育、图画，以及礼仪表教育课、道德教育课、手工课、社会实践课等。有时为了体现学用结合及基本生活技能教育，一天在上三至四节语文、算数等主课之外，还会紧密结合本地本民族传统文化，安排轻松愉快的道德教育课、礼仪教育课、手工制作课、社会实践课等。特别是在道德教育课和礼仪教育课上给学生们传授向老人鞠躬问好、向老师敬礼、不许打架骂人、不准拿别人的东西、不准损坏学校公物、放学回家帮家人干活、自觉学习生产生活知识等礼仪道德，在很大程度上提升了综合性教育的实际作用和效益，也培养了不少新中国成立初期的优秀人才。

7. 讷河县初级小学校

民国15年（1926），在讷河县鄂温克族聚居的嘎布卡地区建了一所只有一年级至四年级的初级小学，从而给鄂温克族适龄儿童就近上学提供了很大方便。该初级小学根据新式教育课程安排，在教汉语文和算数常规性课程之外，还要结合本地区本民族传统文化等讲授修身、美术、音乐、体操、手工等课程。毫无疑问，这些学用结合的综合性教育模式，对于实用型、应用型、紧缺型人才的培养，都发挥过积极作用。

8. 莫和尔图学校

民国 11 年（1922），在现在的内蒙古呼伦贝尔鄂温克族自治旗巴彦嵯岗苏木所在地莫和尔图建有一所小学，即莫和尔图学校。实际上，该校是在民国 7 年（1918）建的莫和尔图小学基础上，再设计和再规划并按照新式教育学校建校理念再建的学校。到这里教课和读书的教员和学生几乎都是鄂温克族，学校也尽量努力地实行新式教育，以汉语文为主授课，还开设美术、音乐、体育及俄语等课程。但很有意思的是，该校同时还授八旗旧式教育体制下遗留下来的《百家姓》《三字经》等课程。不过，后来根据教育教学工作的不断发展，取消了同八旗旧式教育密切相关的课程内容，进而开设了与鄂温克族传统文化与生产生活密切相关的一些手工、社会实践课程，从而体现出学用结合、新式文化知识教育与本民族传统文化教育、基础科技知识教育与基本生活技能教育紧密结合的综合性教育教学模式。

9. 洪克尔苏热小学

民国 15 年（1926），在今天的内蒙古呼伦贝尔鄂温克族自治旗辉苏木辖区建有一所小学，即洪克尔苏热小学。在清代这里是属于索伦右翼正黄、正红旗的游牧场，而且居住的都是索伦八旗军事化社会组织时期留下的索伦鄂温克族。当时，在本地区索伦鄂温克族上层人物的强烈呼吁和倡议下，鄂温克族有识之士捐资捐物新建了这所呼伦贝尔草原深处的鄂温克族小学。学校自建立起就实行新式教育，同时也遵循开展综合性教育的相关规定，在按照本校的课程设计讲授满文、蒙古文、汉文、算术、音乐等常规课之外，还结合牧区传统文化开展手工、社会实践等课程。在此基础上，不断培养学用结合的两用人才。尤其是多语言文字的授课和学习，对于开发孩子们的智慧世界，培养具有综合素质和知识的人才发挥了积极作用。

10. 锡尼河小学

民国 16 年（1927），在原索伦左翼镶黄、正白旗的游牧场，也就是现在的内蒙古呼伦贝尔鄂温克族自治旗锡尼河东苏木所在地布日德屯建有锡尼河小学。当时也是在社会上层人物的提议，以及该地区鄂温克族等牧民的要求下创办的小学。很有意思的是，校舍和教室是由草原游牧包来代替的。正因为如此，学校的桌椅板凳也比较简陋，教室内学生的活动空间也比较有限，学生人数也不是太多，基本上在 20 名左右。由于教员和学生多

数是懂布里亚特蒙古语的通古斯鄂温克人和布里亚特蒙古人，所以主要讲授蒙古语文课及用蒙古语言文字讲汉语文、俄文、算数、音乐、体育等课程，同时结合畜牧业生产生活，开展课外社会实践课活动。这些综合性质的教育，对于适龄儿童及青少年进行新式教育制度下的新文化知识的学习，包括本地区本民族传统文化知识的学习，以及基本生活技能的学习掌握产生了积极影响。

11. 南屯私立小学

前面的有关分析讨论中，已经提到过南屯私立小学的建校情况，以及教学宗旨和教学模式。也就是说，民国18年（1929），在清代索伦左翼镶白、正蓝旗游牧生活的核心地带，后发展成鄂温克旗政府所在地的巴彦托海镇改建有一所南屯私立小学。如前所述，由于这里是鄂温克族同达斡尔族、蒙古族、汉族等民族的杂居区，所以学生中也有鄂温克族、达斡尔族、蒙古族、汉族等民族的适龄儿童或青少年。但是，无论是达斡尔族及蒙古族教员和学生，还是汉族的教员和学生都懂鄂温克语和达斡尔语，因此教员和学生们的日常交流语言自然就成了鄂温克语和达斡尔语。尽管如此，该校授课时还是使用蒙古语和汉语双语，鄂温克语和达斡尔语只是作为辅助性教学语言来使用。值得一提的，该校具有的多种语言交流与授课形式，以及紧密结合本地区传统文化讲授的新式教育课程内容，包括课外开展的社会实践课等综合性教学，对于学生们智慧世界的开发引导、对于他们新文化知识及基本生活技能的掌握发挥了重要作用。

这里谈到的11所新式教育学校的情况，在前文基本不同程度地涉及过。不过，前面的分析重点放在了清朝末期鄂温克族地区各类学校从八旗旧式教育向新式教育的改进、变革及其发展，以及以汉语文等形式教育课程的设计、安排、推广等方面，没有更多地关注或讨论作为新式教育的一种重要手段的综合性教育。所以，本节结合新式教育实施过程中出台的一系列与学校的学期、学年、学制调整和相关的政策规定，专门探讨民国时期鄂温克族地区实行的综合性教育及其产生的影响。

如前所述，民国以后，鄂温克族一些热心于教育事业的人士自筹资金办了不少学校，比如在鄂温克旗南屯、辉河、伊敏、巴彦嵯岗等地都建有各具特色的小学，主要教蒙古文、汉文、俄文或日文，而且接受教育的鄂温克

族学生逐年增多。另外，在特定的历史条件和特殊的情况下，鄂温克族小学毕业生战胜面临的一切苦难，考入南屯和海拉尔之间设立的"兴安北省国立高等学校"，通过日文、满文和蒙古文继续学习文化知识。与此相关，早在1932年，布特哈辖区和萨玛街辖区内，先后建立的私塾类学校和官办小学，也为鄂温克族学生的启蒙教育、开发教育、小学文化知识的学习发挥了积极作用，培养了不少鄂温克族优秀学生，这些人后来都成长为各个领域的骨干力量。

第四节 民国中后期的日式教育和俄式教育

1931年的"九·一八"事变以后，日本列强侵占了我国整个东北三省以及内蒙古东部地区和河北省承德市等地。东北从此进入日本帝国主义的殖民统治时期。1945年日本战败后，东北人民才摆脱日本列强的魔爪，结束了苦难深重的黑暗生活，重新获得了解放。在日本列强统治我国东北时期，鄂温克族同东北各民族一样，过着饥寒交迫的被奴役的苦日子。日本统治者为了彻底压迫和统治勇敢善战的鄂温克族，在原伪索伦旗境内的南屯、辉河、伊敏、锡泥河、莫和尔图等地兴建军事基地、军事哨所的同时，还改建或新建了以日语日文教学为主的小学。这些学校主要教日语，以及用日语教其他文化课程，进而灌输奴化教育。与此同时，兼授蒙古语文课、满语文课及汉语文课。学生中的绝大多数是这些地区的鄂温克族适龄儿童或青少年。

在南屯和海拉尔中间还建过一所名为"兴安北省国立高等学校"的学校，这几乎是那时日本统治者设立的最初的中学。到了1937年，日本统治者在海拉尔地区前后建过三所三至四年制的国民高等学校。其中，第一所国民高等学校重点招收该地区的少数民族小学毕业生，所以鄂温克族学生小学毕业后基本都到该国民高等学校接受日式教育，同时该校兼授畜牧业基础知识教育。另外的第二所和第三所国民高等学校，分别招收汉族和俄罗斯族学生，也都实行日式教育，并各自开设倾向于商业和语言文化方面的特色课程。这一时期，在音河两岸的村屯还办过一所国民优级高小，以及在扎兰屯建过两所男女国高与师道学校等。上文提到的学校，均由日本

军官或日本人来管理，教员几乎也都是日本人，学校教育以日语、日文、日本文化为主，有的兼授满语文或蒙古语文课，也兼授畜牧业、商业、语言文化等特色课程。当然，最主要的还是进行奴化教育和殖民化教育。学校方面，不仅要求鄂温克族学生在课堂里接受日语日文，包括提问题或与教员交流时都硬性要求使用日语。甚至在课外时间，学生和教员、学生与学生之间的交流也都强迫性要求使用日语，不允许说母语或日语之外的语言。更加荒唐的是，将汉语文课作为满语文课程内容来讲授。在课堂上，校方或教员们拼命灌输效忠天皇、效忠日本帝国主义，以及为日本殖民统治服务等奴化思想。在体育课上，让学生接受军事操练与军人格斗等方面的教育，要求学生全部用日语喊口令，借此强化鄂温克族青少年的日本军国主义军事化教育和训练。

在日本统治者开办的学校里，奴化教育和殖民化教育还明显地体现在：硬性推行每天 1~2 次的日语课、强迫鄂温克族学生死记硬背《国民训》，而且中学数理化课也全都用日语讲解，学生中学毕业时日语达不到三等翻译水平就不允许毕业，直至达到学校要求的日语水平才能够毕业。为了强化日语教育，在所有语言文化课或专业课中的人名、地名、专业用语等都用日文片假名拼写。这给鄂温克族学生的学习造成沉重负担。特别是在所谓"国民道德"课上，日本统治者大讲特讲如日式精忠天皇的所谓道德教育。后来，为了强化奴化教育和殖民化教育，又公布了五条《国民训》，强迫鄂温克族学生严格遵循其条款，还要求学生死记各种《诏书》内容。如果谁没有记全或出现记错、遗漏，立即将该学生拖到教室前面踢倒后让其跪在同学面前反复背诵，直到会全部背诵为止，对带有抵抗心理而不认真背诵的鄂温克族进行毒打示众、残酷折磨，甚至酷刑折磨至死。学校的食宿条件也极差，每天吃的是发霉的豆饼粥，住的还是潮湿黑暗、跳蚤爬满墙的宿舍。由此，学生严重营养不良、患上各种胃病或疾病的比比皆是，个个骨瘦如柴。更加令人愤慨的是，学校的日本教师，除了校长文化程度较高以外，绝大多数是一些不学无术的日本人。他们把学生当成欺辱和玩弄的对象，强迫学生为他们做各种繁重劳务，稍有不顺心就会动手毒打，要把学生培养成为俯首帖耳、唯命是从的奴才。教历史的日本教员采取篡改历史的手段，鼓吹日本对我国东北"有史以来"的所有权，为建立日本殖民

统治下的东北制造历史根据。后来，日本统治者将篡改历史的谎言谬论编入中学历史教科书，通过历史教科书来欺骗、奴化鄂温克族青年。他们还向鄂温克族青少年强行灌输"王道乐土""日满亲善""共存共荣""大东亚共荣观""回銮训民诏书"等美化殖民统治思想的课程内容。日本对鄂温克族青少年的奴化教育还体现在唱日本军歌、背诵赞美日军日本的诗歌、写歌颂日本军队军人的文章诗歌、节假日穿日本服饰、脚踏日本木屐、佩戴日本装饰品，进而从教育、服饰、语言、礼仪等多个方面对鄂温克学生进行同化、奴化、殖民化。由于日本军事化封锁和奴化教育政策，20世纪30年代后期的鄂温克族学生基本上只受到有关"日本""日本军国主义""天皇""伪满洲国"等方面的教育。

在这里还应该提出的是，在日本统治者办的学校里读书的鄂温克族学生中，多数是当时社会上层、官吏、富贵人家的孩子。绝大多数鄂温克族家庭经受残酷无情的战争灾难和战乱，过着苦难深重而贫困潦倒的生活，他们的孩子根本没有条件和权利到日本统治者办的学校读书。许多青少年在本地区维持民族班的小学读完书，就参加各种生产活动，艰难维系生活。在当时，日本侵略者向其他公立性、地方性、私立性学校派日系教员，或派去巡查员进行巡查，强迫这些学校实行日式教育、把日语作为主修课程来教学、小学一年级就设日语课程等。在此基础上，不断强行推广"亲日共荣"殖民化教育。日本教员还在各族学生之间有目的、有计划地制造各种矛盾，使之互相产生不信任心理甚至出现仇视心态，进而达到他们"分而治之"的殖民统治目的。

20世纪中期开始，日本统治者向伪索伦旗公署派驻日本次长与参事官，旗公署内派人专设民教股，分管民政和教育方面的工作。另外，对各苏木学校派遣日系教师的同时，在旗境内的莫和尔图、洪克尔苏热、锡尼河、南屯、洪克尔屯（西屯）、伊敏玛尔斯、特尼河等地先后改建或新建7所日式初级和高级小学。这些日式初级和高级小学的学生总数在250人左右，其中70%以上是鄂温克族学生，教员中除了日本人还有极个别的鄂温克族，教员授课主要用日语，但也兼用蒙古语。1937年，根据日伪统治者颁布的"新学制"，鄂温克族地区各类小学几乎都实行了"四二制"，也就是原来前4年的初级小学改称为"国民学校"，后2年原定的高级小学改为

"国民优级学校"，随即取消了原有的叫法及校名。他们还将私立学校改名为"国民学舍"，修业年限定为三年；把私塾改名为"国民义塾"，修业期限同样定为三年，并都正式纳入日式学校管辖的学制管理体制。与此同时，把鄂温克族农区各村小学几乎都改编为国民学校和国民优级学校，还规定日方教员的工资以及日式学校的办公用具均由当地政府负责，其他房舍和取暖等方面的费用由村公所负担。在那时，由于南屯等地国民优级学校学生人数多，师资力量比较充足，所以基本上实行了全日制教学政策；农村牧区各校学生人数不多，师资力量又很薄弱，由此实行了半日制教学或非规范化教学。在"新学制"中，虽然明确规定日本统治区的各日式教育国民学校主要开设日语、满语（汉语）、蒙古语、社会、自然、算术、修身、手工、国画、音乐、体操等课程；国民优级学校则要开设日语、满语（汉语）、讲经、历史、地理、自然、实业、修身、美术、体育、图画、家事、裁缝等课程。但无论是历史、地理、社会、自然等课程内容，还是修身、手工、图画、音乐、美术、体操等课程内容，无一例外地涉及日本军国主义思想及日本文化内涵，甚至是一些学校加授的女子裁缝、烹饪等课程中，也都是用日语传授日本传统文化特色的裁缝、烹饪基础知识，从而达到完全进行奴化、同化当地群众的野心。1944年，伪索伦旗参事官江川广在南屯西北角还办过一所旗女子国民高等学校，学生一般为来自南屯以及各苏木学校的女毕业生，校方同样强制性要求该校师生之间、鄂温克族学生之间必须用日语对话交流，严禁使用母语或其他语言。其教育教学也完全复制了日本女子传统学校办学模式。也就是说，直到1945年，在伪索伦旗辖区，学校总数达15所，包括国民学校8所、国民优级学校6所，女子国民高等学校1所。

　　日本殖民统治时期，鄂温克族生活的农区农村也建过一些日式学校，其中就有黑龙江省讷河县嘎布卡国民学校，它是于1938年由民国15年（1926）建的讷河县新式教育第三初级小学改名而来的。该校同样实行全面日语日文教学和殖民化教育，校内或课堂上严禁说母语或其他民族语，学生们无意中说一两句母语，就会受到严厉而残酷的惩罚。所以，农村学生纷纷退学，只剩下几名富家子弟，后来学校于1942年停办。此外，1932

年在 1926 年建的巴彦街①新式初等小学②基础上办过一所国民学校。该校虽然也强迫性实行日式教育，除满语文课之外，其他课程硬性要求用日语授课。从 1942 年起该校开设蒙古文课程，这对鄂温克族学生来说又多了一门语文课程。而且，除了蒙古语文课程之外，其他课几乎都用日语授课，若有学生听不明白或学不好，就会受到严厉惩罚，其中就包括长时间跪地、用木板打手掌、扇耳光、拳打脚踢、鞭抽棍打等。因此，很多鄂温克学生怕上学，半途逃学、退学的有很多。再加上因多年战乱进入困境的农村贫困家庭根本就没有能力送孩子读书，由此失学的鄂温克族青少年也有不少。还有按时毕不了业，继续留级留校读书的一些学生。实际上，日本统治者办的日式学校，能够正常毕业的学生不多，尤其是升入国民优级学校者寥寥无几。还应该提出的是，鄂温克族集中生活的萨玛街和提古拉两个村子的适龄儿童和青少年也到巴彦街国民学校上学。伴随战争局势的不断变化，从 1944 年起日本在东北的统治地位开始逐渐被削弱。其结果是，鄂温克族生活的农区农村强迫实行的奴化教育和殖民化教育开始松动，各日式民国学校和民国优级学校开始聘用鄂温克族、达斡尔族、蒙古族教员。受其影响，为了加强蒙古语文教育，日旗公署民教股于 1944 年给巴彦街国民学校派来了一位懂日语的蒙古族教员，主要教蒙古语文课。过了一年，也就是 1945 年初，又派来一位懂日语的达斡尔族教员，让他教满语文课。

总之，1931 年，日本侵略者侵占我国东北之后，包括鄂温克族在内的东北各民族都成为他们殖民统治的对象。日本帝国主义统治者为达到长期统治的野心，在广大农村牧区先后建了许多国民学校、国民优级学校、女子国民高等学校等，进而强制性推行东洋道德教育、日化教育、奴化教育和殖民化教育。同时还利用我国封建教育制度，打着儒家道德教育的幌子进一步灌输奴化教育思想，其目的就是不断削弱和泯灭勇敢善战的鄂温克族的战斗精神和反抗意志，培养依附于日本帝国主义、军国主义思想的精神奴隶和亡国奴。就在那一极其贫穷、苦难、黑暗的岁月，鄂温克族千方百计地送孩子上学读书。学生们也在家长们的严厉要求下，从心理上战胜

---

① 巴彦街是指今天的内蒙古呼伦贝尔莫力达瓦达斡尔族自治旗巴彦鄂温克民族乡。
② 该校于民国 18 年（1929）停办，1932 年是再次复学。

一切恶劣的教学环境和条件，以及残酷的奴化教育和殖民化教育，忍辱负重地努力学习掌握一些文化知识。而且，其中一些毕业生，升入民国优级学校继续学习。后来，这些毕业生先后参加了革命，自愿加入东北抗联、东北森林游击队、草原游击队英勇抗日；再后来，也有很多人自愿报名参加了解放军，参加了解放战争。也有的人积极投身于本地区本民族的教育教学事业，为鄂温克族教育事业的建设、发展发挥了应有的作用。

中俄签订《尼布楚条约》《布连斯奇条约》后，按照当时的居住地域，鄂温克人分属了清朝和俄罗斯两个国家，在中国的有三万多人口，在俄罗斯的有七万多人口。也就是说俄罗斯人口居多，但在俄罗斯的鄂温克族根据不同部族其内部进一步分为几个人口较少的民族。众所周知，尼布楚就是当时鄂温克人居住的村落。不过，从沙皇时期开始，俄罗斯沙皇统治者对俄罗斯的鄂温克人实行俄化教育，不断推动鄂温克人的俄化进程。与此同时，从俄罗斯农区、牧区派来数量可观的俄罗斯农牧民，安置在鄂温克族生活的西伯利亚和远东地区，同鄂温克人等这里的原住民杂居，并鼓励他们开发这里的农场和牧场，提倡他们与鄂温克人通婚。另外，在鄂温克族生活区域建过一些俄式教育学校，对鄂温克族适龄儿童和青少年强制性推行俄语、俄文、俄罗斯文化的全面俄式教育。还派来大批东正教传教士，向鄂温克人硬性传播东正教，让鄂温克人的孩子接受东正教洗礼，横加干涉和禁止鄂温克族萨满信仰。为了更好地灌输东正教，20世纪30年代俄罗斯地方政府还给鄂温克族用斯拉夫字母创制了俄文，并用它们的语言文字书写东正教方面的书籍和宣传资料发给鄂温克族，让鄂温克族学生学习东正教教规、教条、教义等。结果，俄罗斯的鄂温克人在较短的时间里基本上都学习掌握了俄语俄文，进而学俄语俄文成为一种时尚，成年人把本民族语名字改为俄罗斯名字及青少年取俄罗斯名字已成风尚，也有一些人成为信仰东正教的信徒或成为东正教与萨满信仰双重宗教信仰者。苏联十月革命前后，鄂温克族上层人物、富贵人家、传统文化的保护者为躲避十月革命，纷纷从西伯利亚地区迁移到我国境内呼伦贝尔深处的草原和大小兴安岭深处的山林地带，其中就有受俄罗斯沙皇时期语言文化教育影

响很深的雅库特鄂温克人①和通古斯鄂温克人②。这些鄂温克人中，通古斯鄂温克人基本迁移到我国呼伦贝尔草原深处的特尼河及莫日格勒河一带，雅库特鄂温克人几乎都迁移到我国大小兴安岭茂密山林处的额尔古纳河及敖鲁古雅河一带。

不论是通古斯鄂温克人还是雅库特鄂温克人，由于在俄罗斯都系统学习过俄语、俄文、俄罗斯文化知识，所以都会说俄语、会写俄文、有俄罗斯文化知识，他们的名字绝大多数是俄罗斯名字，甚至有些人还信仰东正教。这些鄂温克族迁徙到我国境内后，俄罗斯方面始终没有放弃对于他们的俄化教育，经常派来东正教人士或相关文化教育人士，给他们灌输俄语、俄文、俄罗斯文化，并传播和强化东正教宗教信仰思想。从这个意义上讲，生活在大小兴安岭茂密山林地带及呼伦贝尔草原深处的鄂温克族，直到20世纪40年代中后期，包括民国时期在内都未能够摆脱俄式教育。不过，应该提到的是，从俄罗斯迁移到呼伦贝尔草原深处的通古斯鄂温克族，在民国时期不同程度地接受过新式教育及后来的日式教育。他们的适龄儿童和青少年也到新式教育学校通过满语文、蒙古语文、汉语文接受过新式文化知识的教育。日本殖民统治时期，也有的青少年到日式国民学校及国民优级学校接受过日式教育。所以，在通古斯鄂温克族里，有不少兼通蒙古语言文字、汉语言文字，以及俄罗斯语言文字和日语日文的老人。相比之下，他们受俄罗斯语言文化及蒙古语言文化的教育和影响较大，受汉语言文化及日本语言文化教育的影响不是很大。新中国成立后，通古斯鄂温克人按照当时的生活区域，分别归属了内蒙古呼伦贝尔陈巴尔虎旗鄂温克苏木，以及鄂温克旗锡尼河苏木和孟根楚鲁苏木；雅库特鄂温克人，归为根河市敖鲁古雅鄂温克民族乡。

20世纪20年代中后期一直到20世纪30年代末期，今内蒙古呼伦贝

---

① 雅库特鄂温克人是指早期生活在俄罗斯西伯利亚及远东牧养驯鹿的鄂温克族。具体解释请参阅1995年由远方出版社出版的《述说鄂温克》一书，朝克在"鄂温克母语是我们宝贵财富"一文中对"雅库特""雅库特鄂温克"等说法的分析与论述。

② 雅库特鄂温克人是指早期生活在俄罗斯西伯利亚地区的畜牧业鄂温克族。对于"通古斯""通古斯鄂温克"的词义和语用概念，朝克同样在于1995年由远方出版社出版的《述说鄂温克》中"鄂温克母语是我们宝贵财富"一文里做过详细分析与阐述。

尔鄂温克族自治旗的鄂温克进步青年，为了追求真理和自由解放，历经千辛万苦来到俄罗斯首都莫斯科和蒙古国首都乌兰巴托，分别在莫斯科东方大学及蒙古国人民革命党党校学习，通过俄语俄文及蒙古语蒙古文学习马列主义、革命理论、语言文学、历史地理、文化教育、军事理论等方面的基础知识。通过留学系统学习，他们不仅掌握了文化知识，更为重要的是掌握了马列主义思想理论，懂得了很多革命道理，很多鄂温克族青年还加入了布尔什维克党和蒙古人民革命党，由此走上了革命道路。他们回国后，都积极参加抗日战争和解放战争，并为东北解放和全国的解放做出了贡献。

第二章　新中国成立初期到改革开放前的教育

新中国成立以后，鄂温克族地区的教育事业快速崛起。国家各有关部门和各级政府采取有效措施，大力发展人口较少民族的文化教育事业，多次深入鄂温克旗及鄂温克族生活的农村牧区进行调研，在获得极其丰富的第一手资料的基础上，共同谋划、制定鄂温克族教育事业发展规划，同时从各方面调用鄂温克族知识分子，让他们投入本民族教育事业，不断充实教育队伍，强化教育管理，加大教育经费投资力度。比如，1956年内蒙古民族事务委员会拨出专款4万元，用于修建鄂温克旗辉苏木小学。在新中国成立初期，这是一笔不小的投资。再者，国家使鄂温克族入学儿童享受到了助学金待遇，还发放了学生服装。特别是考虑到草原牧区鄂温克族牧民居住分散的实际情况，在偏远嘎查村还建了一些小学，就地解决了牧民适龄儿童上学困难的问题。在林区牧养驯鹿的鄂温克族，解放后自愿选择用汉语文学习文化知识，把汉语文作为学习文化知识的主要手段。农区鄂温克族教育在这一时期也得到快速发展，他们的适龄儿童也和林区鄂温克族一样到汉语文学校读书，通过汉语文学习文化知识。也就是说，除了呼伦贝尔草原牧区鄂温克族学生读蒙古语文学校之外，包括鄂温克旗在内的农区、矿区的鄂温克族适龄儿童，以及林区和其他农区的鄂温克族学生，几乎都上汉语文学校，用汉语文学习文化知识。所以，林区、农区、矿区的鄂温克族青少年都不同程度地掌握汉语文，有的汉语文水平很高；草原牧区的鄂温克族学生，也都不同程度地掌握蒙古语文，也有的人蒙古语文达到对答如流、运用自如的水平。换句话说，从解放初期到改革开放的30

多年时间里，鄂温克族青少年充分享受了国家对于少数民族教育实施的各种优惠政策，在先进而优秀的教育制度下，受到了很好的培养和教育，后来他们中的不少人成为推动本民族经济社会建设与发展的主力军。不过有必要提出的是，从 20 世纪 60 年代中后期到 70 年代末期的十余年时间里，受到当时社会动乱及错误思想的影响，包括鄂温克旗在内的教育教学工作也同全国其他地方一样遭遇了很大冲击和破坏，甚至出现老师没有资格上讲堂、学生没有机会到教室上课、学校长期处于停学状态的困难局面。所有这些影响了这一时期鄂温克族青少年的读书学习，进而还出现了一些没有读书的新文盲。改革开放以后，这一状况才彻底改变。

本章主要分析和讨论新中国成立初期到改革开放之前的鄂温克族幼儿教育及小学教育、中学教育、扫盲教育四个方面。关于幼儿教育的讨论中，主要涉及在幼儿教育方面具有一定代表性的鄂温克旗幼儿教育，以及阿荣旗幼儿教育工作；小学教育部分里，着重探讨鄂温克旗小学教育、陈巴尔虎旗鄂温克苏木中心小学教育、阿荣旗小学教育，还会分析新中国成立以后的鄂温克族小学教育的基本情况；中学教育的分析，以内蒙古鄂温克旗、黑龙江省鄂温克族聚居区、阿荣旗鄂温克族等地区的中学教育为主，阐述新中国成立以后到改革开放之前的鄂温克族中学教育；对扫盲教育的讨论，也是以鄂温克旗、陈巴尔虎旗鄂温克民族乡、阿荣旗等为例，论述鄂温克族地区的扫盲教育。

第一节　幼儿教育

新中国成立初期，在鄂温克族聚居区域几乎没有官办幼儿园，上小学之前的启蒙教育基本上是由父母、长辈言传身教来完成的。也就是说，鄂温克族家族式或家庭式教育，从孩子的幼儿时期就教他们母语、基本数字，以及最早期的礼仪，甚至教他们做家务、骑马、骑驯鹿、草场上放牧等。鄂温克族幼儿通过父母及老人的启蒙教育，以及在同大自然的接触中，从小自然而然地培育了与周边环境和谐相处、热爱草原森林、爱护一草一木的情感。鄂温克人常常会说"三天以后看人样，三年以后看人心，三十年以后看人气"，意思是说，人出生三天以后才能看出人未来的模样与长相，

三年以后才就能看出人心的善恶,三十年以后就能看出人未来走向的好坏与成败。正因为如此,他们十分重视三岁之前的幼儿教育。毫无疑问,鄂温克族孩子幼儿时期的教育,是由家族式或家庭式教育完成的。其教育方式除了言传身教之外,更为重要的是在具体的生产生活实践中,进行诱导性、启发性、开发性、实用性教育。而且,这种幼儿教育形式和手段,一直延续到他们上小学,甚至孩子们上了小学后家族式或家庭式教育还会延续下去。这也是鄂温克族幼儿接受教育的主要途径,也被认为是孩子们来到这个世界以后的触世教育。从另一个角度来讲,由于鄂温克旗是一个多民族聚居区,所以孩子们从幼儿时期就接触不同民族语言,这对于幼儿时期的孩子开发智慧产生了重要影响,尤其是幼儿在幼儿园得到多语种学前教育,可以使母语环境里成长的鄂温克族幼儿向教学语言过渡,为上小学以后的读书学习打好一定基础。下面以鄂温克旗幼儿以及阿荣旗幼儿等典型案例为依据,讨论鄂温克族在新中国成立初期到20世纪70年代的幼儿教育。

一 鄂温克旗幼儿教育

鄂温克族自治旗的第一所幼儿园是于1956年由旗妇联牵头,在旗政府所在地巴彦托海镇创办的,1958年由旗政府文教科接管,改称巴彦托海幼儿园。当时,该幼儿园设有大、中、小三个等级的4个班,保育员与教养员共有12名,还有1名兼任保健员的幼儿医生,共有鄂温克族、达斡尔族、蒙古族、汉族等民族的42名幼儿。主要教汉语拼音字母、蒙古文字母、基本数字、音乐、画画、幼儿体操等课程。该幼儿园的保育员与教养员也都是鄂温克族、达斡尔族、蒙古族和汉族,除了鄂温克族之外的其他民族的保育员与教养员也都不同程度地会说鄂温克语等民族语,所以他们跟幼儿园的幼儿们用他们的母语交流,也就是给幼儿们进行开发性启蒙教育的时候,课堂上基本用孩子们听得懂的母语讲课。正因为如此,幼儿们在幼儿时期的教育中没有遇到来自语言方面的障碍,不同学期的各课及教育内容都顺利推进,进而对于幼儿们的最初阶段的启蒙及其初期智慧开发产生了积极影响。再者,不同民族的幼儿之间用鄂温克语和达斡尔语交流之外,也用蒙古语交流,但很少用汉语

交流。因为这些汉族幼儿的父母一方几乎都是少数民族，孩子们从出生时候起就接触民族语，到3岁上幼儿园时都或多或少地掌握了民族语，到幼儿园与不同民族的幼儿接触一段时间后，很快就学会用不同语言进行交流。毫无疑问，从幼儿时期开始，用不同语言交流对于孩子们的智慧开发产生了深远影响。到了1960年，幼儿园入园儿童增加到64人，课程内容没有什么变化。而且，一直到1965年，其幼儿园的幼儿和教员数字都没有太大变化，只是有时增加一两名或减少一两名幼儿。从1966年起，幼儿数量开始明显减少，保育员和教养员也只剩几名，同年巴彦托海幼儿园被停办，一些保育员或教养员被送进政治学习干校接受培训和政治思想教育。1971年，巴彦托海幼儿园建制得到恢复，然而由于各种政治运动冲击，幼儿园房屋和基础设备受到严重破坏，包括幼儿学习用的座椅等还没有修好备齐，幼儿活动场所、教室和小餐厅也没有了。这种情况下，幼儿园只是名义上得到恢复，实际上根本没有接受幼儿的条件和能力，也没有人把幼儿送到这里来接受启蒙教育。这种情况一直延续到1976年的年中。那时，政府首先将300平方米的幼儿园破损土房全部修缮，12名保育员与教养员都到岗上班，同样招收了大、中、小三个等级的4个班幼儿，但幼儿人数增加到93名。再者，幼儿园的教学内容、教学用的课本、教学实践等方面基本上延续了过去的幼儿教育方式方法，没有什么太大的变化。根据课题组掌握的资料，巴彦托海幼儿园1958~1976年的幼儿教育发展情况如表2-1所示。

表2-1　1958~1976年的幼儿教育发展情况

年份	办园数（所）	班数（个）	入园幼儿数（人）	幼儿教职工数（人）
1958	1	3	42	13
1959	1	3	44	13
1960	1	3	64	13
1961	1	3	62	13
1962	1	4	60	13
1963	1	4	57	13
1964	1	4	60	12

续表

年份	办园数（所）	班数（个）	入园幼儿数（人）	幼儿教职工数（人）
1965	1	3	53	11
1966	1	-	-	7
1976	1	4	93	12

资料来源：《鄂温克卷》编辑委员会编《鄂温克卷》，中国大百科全书出版社，1993，第26~27页；课题组第一手调研资料。

从表2-1可以看出，自1958年鄂温克旗巴彦托海幼儿园建成招生以来，一直到1965年其发展情况比较理想，幼儿园规模、教员职工数及幼儿人数没有太大变化。虽然在幼儿园基本设施建设、教育内容、教学设备、教员培训等方面都有所提高和发展，但其发展变化不是十分显著。幼儿中，除了鄂温克族，每学年、每一个班级同样有达斡尔族、蒙古族和汉族，只是从1964年之后，汉语拼音教学内容有所强化。就如表2-1所示，从1966年开始直到1976年的十年间，受当时社会动乱和一系列政治运动影响，该幼儿园处于停办状态，教职工人数也减到7名。更让人感到遗憾的是，幼儿园的房屋、校舍、教育教学工具等受到严重损坏。与此相关，受社会影响，当地的家族式或家庭式幼儿教育也处于停滞状态。

根据课题组收集的关于鄂温克族从新中国成立初期到改革开放时期的幼儿教育的调研资料，可以了解到除了鄂温克旗政府所在地巴彦托海镇有政府办的幼儿园之外，一直到20世纪70年代末其他鄂温克族集中生活区域几乎没有出现政府投资创办的鄂温克族幼儿园。那么，一些地区的鄂温克族幼儿只能到本地区办的其他幼儿园接受幼儿时期的开发性启蒙教育。更多的鄂温克族幼儿，还是通过传统意义上的家族式或家庭式教育，接受应该得到的幼儿时期开发性启蒙教育。从这个角度来讲，从新中国成立初期直到我国改革开放，鄂温克族乡村的幼儿绝大多数是靠家族式或家庭式教育获取开发性教育的。反过来讲，在这一特定历史时期，对于乡村的诸多鄂温克族幼儿来说，在他们的触世开发性启蒙教育中，家族式或家庭式幼儿教育发挥了极其重要的作用。

二 阿荣旗等地办的幼儿园及鄂温克族幼儿教育

课题组掌握的资料还说明，除了鄂温克旗之外，鄂温克族较为集中生活的内蒙古呼伦贝尔地区陈巴尔虎旗鄂温克苏木、阿荣旗查巴奇鄂温克族乡和得力其尔鄂温克乡及音河达斡尔鄂温克乡、莫力达瓦旗的巴彦鄂温克乡与杜拉尔鄂温克乡、扎兰屯的萨马街鄂温克乡的鄂温克族也有一些幼儿在 20 世纪 50 年代末、60 年代初在陈巴尔虎旗、阿荣旗、莫力达瓦旗、扎兰屯，以及黑龙江省讷河市兴旺鄂温克乡政府建的幼儿园接受过开发性启蒙教育。另外，也有在旗、县、市政府所在地生活工作的鄂温克族家庭幼儿，以及在周边其他乡村生活工作的鄂温克族家庭的幼儿等到这些旗、县、市政府办的幼儿园接受幼儿教育的情况。不过，应该提出的是，他们的孩子到幼儿园之后，基本上通过蒙古语或汉语、蒙古文或汉文接受开发性启蒙教育，在幼儿园里和其他幼儿之间，均用蒙古语或汉语进行交流。从这个意义上讲，这些地区使用蒙古语蒙古文或使用汉语汉文的幼儿园的鄂温克族幼儿，到上学小学年龄时，一般都没有什么语言方面的障碍，能够自然而然地跟着教学课程课本用蒙古语蒙古文或汉语汉文学习掌握开发性启蒙教育文化知识。1965~1976 年，受政治运动和社会动乱影响，这些地区政府建的幼儿园先后停办，幼儿教育受到直接严重冲击，其结果是鄂温克族幼儿近十年没有受到幼儿园开发性启蒙教育。

就如前面所说，这些地区的绝大多数幼儿还是通过家族式或家庭式教育使他们幼儿时期的智慧得到很好的开发，基本上学习掌握了幼儿时期应该学的母语、数字、基本礼节、传统文化基础知识等。虽然他们在家族式或家庭式教育中均使用母语，但伴随家族或家庭中的民族成分越来越多样化，包括幼儿时期接触的小伙伴中有越来越多不同民族的孩子，所以他们也都不同程度地学习掌握了不同民族语。正是这个缘故，鄂温克族幼儿在上学之前，基本上都会掌握两到三种语言，甚至有的会掌握鄂温克语、鄂伦春语、达斡尔语与汉语四种民族语言。也就是说，鄂温克族幼儿，从小成长的家庭环境和社会多语种环境，对于他们幼小智慧世界的开发、建立多种思维方式、学会多角度看问题和思考问题等打下较理想的基础。

在这里还应该提出的是，家族式或家庭式教育中，根据其家族或家庭

成员，也就是父母或老人的文化知识水平的不一样，鄂温克族孩子们幼儿时期受教育的情况也有所不同。父母及家里老人有一定文化知识的幼儿，在家族式或家庭式教育中获得的开发性启蒙教育要多一些、丰富一些、扎实一些；与此相反，则得到的教育也不多、不扎实。有的家长还用幼儿园编的幼儿教育教材，语言文字相结合传授幼儿文化知识；有的只是口头进行教育，不使用任何教材或文字资料——用这种形式教育的孩子，学的文化知识不是很扎实，而且所学知识的巩固率也不是很理想。与此相反的是，利用相关文字进行开发性启蒙教育的幼儿，其效率和作用就十分明显。

还有一件很有趣的事情是，这一时期家长们根据接受教育的不同语种，用不同民族语言给孩子们起名字。也就是说，本来孩子刚出生时，已经给起了鄂温克语名字，但到了3岁上幼儿园的年龄，就给孩子起蒙古语名字或汉语名字。起初，内蒙古呼伦贝尔鄂温克族生活区域的幼儿园几乎都用蒙古语文传授幼儿知识或进行开发性教育，这时许多鄂温克族家长把孩子的母语名字改为蒙古语名字。到了20世纪60年代中期以后，鄂温克族地区的幼儿园开始强调用汉语文讲解幼儿知识，结果不少鄂温克族家长给孩子们都起了汉语名字。特别是从1966年年底到1976年年底出生的鄂温克族幼儿，基本上都取了汉语名字。由此，我们也可以同新中国成立以后，鄂温克族幼儿起名用的不同民族语名字，从另一个侧面了解他们从幼儿时期接受的不同语言文字的教育；也可以了解，鄂温克族从新中国成立初期到改革开放时期的近30年时间里，受到的不同民族语言文化的直接或间接的影响。

第二节　小学教育

新中国成立初期到20世纪60年代中期的15年间，鄂温克族地区的小学教育取得了十分理想的发展，特别是在小学时期的启蒙教育、基础教育、智力开发教育方面取得了鼓舞人心的成绩，进而在很大程度上展现了解放以后鄂温克族地区鄂温克族小学教育的崭新面貌和强劲发展势头，充分说明了鄂温克族有史以来重视教育，尤其是重视小学基础教育的思想理念。本节分别从鄂温克旗小学教育、陈巴尔虎旗鄂温克苏木中心小学教育、阿

荣旗小学教育、新中国成立后鄂温克族小学教育四个角度分析阐述鄂温克族小学教育。

一 鄂温克旗小学教育

内蒙古呼伦贝尔地区于1947年得到解放，呼伦贝尔盟政府的成立使包括鄂温克族在内的内蒙古东部少数民族从民国中后期的奴化教育的桎梏中解放出来，开始了新的社会、新的时代、新的生活，民族教育事业迈向健康、进步、全新的发展道路。鄂温克族聚区地区小学的学校建设、教学设备、教员队伍、教学质量都发生了全新的变化。当时，鄂温克旗被称为索伦旗，解放后的索伦旗教育事业同样在中国共产党的领导下，迎来了新的曙光、新的美好发展前景。

1948年初，鄂温克族等民族生活的索伦旗将铁路沿线的9所学校划给喜桂图旗[①]、海拉尔之后，旗内还剩下8所小学。其中，完全小学[②]2所、初级小学6所。这8所小学共有28个班级，有33名教职员工，443名小学生。1950年初，又将设在哈克、扎罗木得、免渡河三地的3所小学划给喜桂图旗。这时，索伦旗留下1所完全小学和4所初级小学，教职员工共31人，全部有16个班的431名学生。

1958年，政府尊重鄂温克人的意愿，将索伦旗改称鄂温克旗。当时，在民族地区实施的全新意义的教育制度，使旗民族教育事业得到空前快速发展。同时，在旗辖范围内兴起了普及小学教育的热潮，从此彻底地改变了封建社会遗留的落后教育教学体制及教育落后局面。

1950~1953年，内蒙古呼伦贝尔教育管理部门在鄂温克旗的辉苏木、陈巴尔虎旗的那吉、额尔古纳旗的奇乾、阿荣旗的查巴奇、莫力达瓦旗的杜拉尔，以及黑龙江省齐齐哈尔教育管理部门在讷河县的占仁村等鄂温克族聚居的地区，先后建立了鄂温克族民族小学。据统计，到1957年底为止，仅在

---

① 喜桂图旗是指现在的牙克石市。
② 完全小学是指设有初级小学和高级小学的学校。就如前面的章节里所分析的，解放前鄂温克族地区有初级小学，也有高级小学，还有高级小学和初级小学合并到一起的小学，同这里说的完全小学大同小异。

呼伦贝尔鄂温克族生活区域就建了 11 所鄂温克族小学。其中，鄂温克旗辉苏木小学虽然早在 1946 年就开始筹建，当时新建时校方从鄂温克族牧民处借了 3 个游牧包作为学校的教学课堂，教员自制学生的桌椅板凳和教学用的黑板，有 4 名教员和仅有的 12 名鄂温克族学生。可想而知，这里的教学条件很差，尤其是春秋换季的时候，以及寒风肆虐、风雪交加的严寒冬季，按期、按教学计划完成教学任务是一件很困难的事情。就是在这种情况下，鄂温克族教员和学生尽量克服困难，每学期、每年努力完成教学和学习任务。1948 年，在地方政府和广大鄂温克族牧民的大力支持下，辉苏木又建了一所土房作为小学。校舍虽然只有 150 平方米，但包括了教室、宿舍、办公室及厨房等。该小学有 3 名鄂温克族教员，1 名鄂温克族伙夫，以及 16 名鄂温克族学生。尽管有了教师，但是教科书、教学用的工具，包括学生用的纸张和笔都十分紧张，甚至经常出现短缺现象，加上师资力量薄弱、教学质量不够理想等因素，也在一定程度上影响了学生们的学习热情。一些派来的蒙古族或达斡尔族教员，鄂温克语功底不扎实，遇到鄂温克族小学生用母语提问题时，很难用学生听得懂的鄂温克语进行解释，因而给师生之间的沟通带来一些困难。这种现象的出现，同样不同程度地影响了鄂温克族小学生的学习成绩，使那些只懂母语而根本听不懂蒙古语或达斡尔语的鄂温克族学生在初级小学毕业后很难顺利升入高级小学，进而也给他们考入初中带来负面影响。还有一些鄂温克族家庭，在民国时期经受外国列强的残酷掠夺和剥削，生活极度困难，虽然政府出面解决了相关学费和伙食费等费用，但家庭经济状况还是对小学生们的学习产生不同程度的负面影响。由此，也出现小学还没有读完就退学的现象。其实，不只是鄂温克旗辉苏木的小学出现这些问题，该旗的其他鄂温克族生活区的学校教育同样面临不少困难。

20 世纪 40 年代末，鄂温克旗辖区内小学教育教学不太理想的状况，从 20 世纪 50 年代开始有了很大转变。特别是在旗政府和教育管理部门强有力的支持下，牧区鄂温克族乡村的学校教育越办越有起色、越办越有活力。更为重要的是，国家对鄂温克族等人口较少民族针对性实施的特殊照顾的教育教学办法及政策规定，使鄂温克旗学校教育得到很多实实在在的经费、物质、教材、教学用具方面的支持。比如，1956 年内蒙古民族事务委员会拨付 4 万元专款，扶持辉苏木小学的改建、扩建及基础建设工作。

在当时来说，这4万元是一个不小的数字。在此后的两年里，各有关部门用不同名义和途径又相继拨付了一些专用经费，到1958年时该小学校舍的建筑面积已达到888平方米，比建校初期增加了5倍，使学校形成相当规模，学生人数也发展到148名，比1946年增加了9倍以上。新式校舍室内有天花板、油漆木地板、玻璃门窗，外面是铁皮房盖、白灰刷墙、红砖砌角，还有了宽敞明亮的新办公室、新教室、新宿舍及卫生体面的厨房与食堂等。特别值得一提的是，还有一个可容纳400人的学校俱乐部。可以说，在当时真可谓鄂温克族首屈一指的小学，标志着鄂温克旗鄂温克族教育事业、教学工作进入了一个崭新的发展阶段。

1956年，按照中央提出的普及小学教育的指示精神，紧密结合牧区教育事业发展的实际情况，当地在紧锣密鼓地开展普及小学教育宣传工作的同时，不断改善和提高学生教学质量、学习环境、住宿条件，很快该旗小学入学率得到明显提高。与此同时，当年在各旗属小学颁布实施了教育部制定的《小学生守则》和《中小学教学计划》。在此基础上，不断强化小学教学秩序、学生守则纪律、小学教学计划，并对小学生进行尊老爱幼、热爱学习、热爱劳动、道德理想等方面的教育，并取得较好的实际效果，在很大程度上提升了鄂温克旗小学生的道德文明、思想文明、行为文明。1957年，遵循毛泽东主席提出的"应该使受教育者，在德育、智育、体育几方面都得到发展，成为有社会主义觉悟的有文化的劳动者"的指示精神，全旗各小学开展争做德智体"全面发展"的"又红又专"的社会主义新人活动。通过这些活动，初步解决了该旗在小学教育中出现的只注重教育而忽略学生思想品德教育，以及学校教育脱离劳动、脱离社会实践、脱离理想信念教育的错误倾向。由于小学教育在各方面逐渐步入正常发展轨道，以及学校建设和教学质量不断提高，该旗辖区的鄂温克族及其他民族适龄儿童入学率不断上升。据1957年的统计，该地区鄂温克族等适龄儿童入学率在83%以上。各有关小学，主要是偏远牧区小学，针对鄂温克族困难家庭学生受经济条件制约而退学、辍学及不愿意上学等实际情况，校方拿出相当可观的奖学金，鼓励鄂温克族的适龄儿童报名入学，解决他们在学期间遇到的经费紧张等问题。比如，该旗鄂温克族学生占绝对优势的辉苏木小学，从1955年开始实施了对40名家庭经济困难的小学生

发放每月 8 元助学金的特殊扶持政策，这使鄂温克族小学生中占总数 30% 左右的学生得到资助，顺利完成了小学时期文化知识的学习。另外，学校方面还给所有在校生统一发放了校服。

伴随该旗草原牧区教育事业的不断发展，牧区小学的鄂温克族教员出现人力紧张状况，为了及时解决这一新问题，强化鄂温克族居住区小学的师资力量，旗政府教育管理部门抽调熟练掌握鄂温克语的蒙古族、达斡尔族、汉族优秀教员，经过一段时间的专门培训后派往鄂温克族居住区小学负责教学工作。毫无疑问，这一举措给鄂温克族集中生活的牧区乡村的学校教育注入了活力，使其师资力量不断得到强化。到 1958 年底，辉苏木小学教职工数增加到 12 名，其中有校长教员 1 名、教导主任教员 1 名、专职教员 6 名，一共 8 名教员，其他 4 位是会计、保健员、厨师和勤杂工。而且，这 8 名教员基本都有 3~8 年的教学经验。值得一提的是，8 名教员里师范学校毕业的教员有 3 名，师范专科培训班毕业的教员有 1 名，也有中学毕业后在具体教学工作实践中培养的教员。自新中国成立以来，教育管理部门有目的、有计划地每年从鄂温克族中学生中挑选优秀毕业生，派遣他们到师范学校或有关名牌小学强化教书育人方面的急训、短训培训，然后直接安排到鄂温克族居住区小学任教。这一措施在很大程度上缓解了鄂温克族居住区小学发展阶段鄂温克族教员紧张甚至出现空缺的棘手问题。

在这里还应该提出的是，鄂温克族较为集中生活地区的小学教育，同旗辖区其他小学一样，由于 1957 年以后着力培养"全面发展"的社会主义新人以及之前开展的道德理想教育，到 1958 年底教育发展情况有了很大起色，取得一定阶段性成果。比如说，辉苏木小学少先队员发展到 111 名，还成立了 3 个中队和 1 个大队，少先队员占了鄂温克族学生总人数的 88%。另外，在少先队员里优中选优，发展了 7 名共青团员，还在学生中成立了 1 个共青团支部。伴随思想教育和道德理念教育工作的不断深入和拓展，鄂温克族学生的学习态度、学习热情，学校的学习风气等得到端正和提升，鄂温克族小学生的学习成绩、学习质量也逐年提高。这一事实，从辉苏木小学毕业生升入中学的具体情况可以看得出来。1952 年，该小学的 11 名毕业生中只有 4 名考上中学，其中还有 3 名因跟不上班而中途辍学；1955 年，19 名毕业生中考入中学的有 11 名，考入卫生学校的有 2 名，考入兽

医学校的有 1 名；1956 年，毕业的 18 人当中有 14 人升入初中。另据不完全统计，到 1957 年为止，该校鄂温克族毕业生中考入中学的有 24 名，考入呼和浩特卫生学校的有 2 名、上会计学校的有 2 名、到北京中央音乐学院附中和中央民族学院附中学习的各有 1 名、考入乌兰浩特师范学校的有 1 名。后来，这些优秀毕业生被培养为各个领域的代表性人物，有的还当上大学教员、科研机构的研究人员、行政管理部门或机关单位的干部或领导。

1958 年，随着索伦旗更名为鄂温克旗，其教育系统也出现了许多新气象和新动态。首先进一步强化了素质教育，其次强化了实用性、应用性、学用性教育，最后加强了社会实践活动和劳动实践教育。也就是说，当时旗属各小学，大搞勤工俭学，积极参加各种社会实践、社会公益、社会服务及社会生产活动。通过学用结合的社会实践活动，小学生参与社会实践的功能得到一定程度的加强；但是另一方面，小学生在校期间的基础文化知识的学习受到不同程度的影响，有的小学没有按教学方案、教学计划、教学要求完成教学任务，有的小学甚至出现淡化课堂教学而过分强调社会实践学习的教学倾向。其结果在一定程度上影响了小学生在校期间基础知识的学习掌握。

进入国民经济调整时期以后，1959~1962 年的三年时间里，遵循国家全民办学普及教育的精神，旗辖小学广泛实行半日制教学、半工半读学制、简易小学制度等办学方针。在此基础上，不断扩大小学教育规模，以及通过民办等手段进行小学建设。到 1962 年底，旗辖范围内小学增加到 24 所，各种班级也从 51 个增加到 122 个，小学生人数达到 2541 名，小学教职员工从 107 人增加到 1653 人。然而，从 1963 年开始，各小学实行统一教学计划和教学大纲，在严格意义上贯彻执行了《班主任工作条例》草案和小学"七三指示"精神，其实质就是强调小学教育要劳逸结合，提倡减轻小学生的学习负担，控制学校过多参与各种政治活动等。这使鄂温克旗小学教学又回到以教学为主的正常轨道，教学质量很快得到根本性提高，涌现了一批教学先进小学、教学模范小学等；同时，也涌现了许多教学先进教师，以及学习优秀小学生。比如，旗所在地南屯第一完全小学、巴彦嵯岗完全小学等当时被呼伦贝尔盟政府评为盟旗重点小学及先进学校。由于这一段时间小学教育抓得紧、抓得实、抓得牢，到 1966 年全旗小学发展到 37 所，在读小学生增加到 4183 人，教职员工也增加到 300 余人。从这个

意义讲，1963~1966年的三年时间是鄂温克旗教育事业快速、健康、理想发展的美好时期。小学数量、学校班级数及学生数，包括小学毕业生数及教职员工数等都有了可持续增加。尤其是在小学教材方面，根据鄂温克族小学生单用母语，以及多种民族语言同时使用等实际情况，在单一语言使用区和双语使用区及其多语使用区分别实施不同语言的教学方案，也在不同语言区采用了用不同语言撰写的教材。换句话说，实行了在鄂温克语区域用鄂温克语讲授蒙古语课程内容，鄂温克语、蒙古语双语区域用鄂温克语、蒙古语双语讲授蒙古文课程内容，蒙古语区采用蒙古语文讲课，汉语区则用汉语文讲课的教学方案。不过，旗辖各小学，不论是民族语授课小学还是民族语言文字授课小学，从五年级开始强化汉语及汉语文授课。比如，鄂温克旗辉苏木的鄂温克族小学生就用鄂温克语接受蒙古文课程知识教育，伊敏苏木的鄂温克族小学生就用鄂温克语、蒙古语双语接受蒙古文课知识教育，锡尼河西苏木的鄂温克族小学生用蒙古语文读小学，巴音塔拉达斡尔民族乡的鄂温克族小学则用达斡尔语授课，五牧场和大雁镇的鄂温克族则用汉语文授课等。对于鄂温克族来讲，给读小学的孩子们用什么语言文字教书育人并无大碍，重要的是能够让孩子们听懂、学明白，开发智慧世界。如果用他们完全不懂的语言授课，会直接伤害孩子们读书学习的兴趣爱好，甚至会影响孩子们的一辈子，所以希望用孩子们最熟悉的语言文字进行小学教育，这样才能够达到小学教育的目的。与此同时，他们也希望在不直接影响小学生学习热情和积极性的前提下，让孩子们从小学时期开始尽量多学几种语言文字，多掌握几种开发智慧世界的途径和方法。

新中国成立后我国社会的发展变化毫无疑问地体现在鄂温克族教育事业的发展变化方面，在社会稳定和理想发展时期，鄂温克旗教育事业也会得到稳步快速发展；在社会发展遇到挫折或各种矛盾突出时期，鄂温克旗教育事业也会遇到诸多麻烦或处于停滞状态。比如说，从20世纪60年代中后期到70年代中期，受社会发展过程中遇到的各种突出矛盾的直接影响，旗属各小学处于一会儿停课、一会儿复课的状态，就是上课也全是用汉语文，除草原牧区小学课堂之外，位于旗所在地包括一些乡镇政府所在地的小学都硬性要求用汉语文教学，强调通过汉语文学习文化知识，许多用蒙古语文授课的课程内容被取消或用汉语文取代。这一时期，鄂温克族

小学生同样受社会影响,没有什么心思去读书,就是去学校也读不了该读的书,学不到该学的知识,有的小学高年级的学生还参与到社会各种运动中。所有这些,对于鄂温克族小学生的学习、身心健康,以及对于他们人生价值、思想意识、伦理道德、理想信念的培养教育产生了一定负面作用。

从 20 世纪 70 年代中期开始,鄂温克旗小学教育基本恢复正常授课。其实,在此之前一些小学已逐步削减社会动乱时期受到的负面影响,逐渐恢复原来的小学教育教学工作状态,许多小学教员重新回到教学岗位,重新迈入教学课堂,开始了新的教书育人的工作。特别是从 1975 年起到 1977 年 8 月中国共产党第十一次全国代表大会的召开,鄂温克旗小学教学工作几乎全部恢复,鄂温克族小学生们基本上都回到了学校,开始了新的小学读书生活。不过,虽然小学一一复课,开始进入正常授课阶段,但还是受前一时期社会动乱带来的一些负面影响,比如比较注重用汉语文授课,增加了汉语文授课时间,减少了用母语讲课或其他民族语文授课的课程内容。尽管如此,鄂温克族小学生还是带着强烈的求知欲望,全身心地重新投入了新的学习,用刻苦学习、优异成绩迎接更加美好的未来。表 2-2 是鄂温克旗从解放初期到 20 世纪 70 年代的几个特殊时间节点的小学教育发展情况。

表 2-2 鄂温克旗解放初期到 20 世纪 70 年代的几个特殊时间节点小学教育发展情况

年份	学校数(所)合计	其中 教育部门和集体办	其中 其他部门办	班级数(个)合计	其中 教育部门和集体办	其中 其他部门办	在校生数(人)合计	其中 教育部门和集体办	其中 其他部门办	教职员工数(人)合计	其中 专任教师
1949	8	8		28	28		443	443		33	27
1958	9	9		37	37		956	956		44	29
1960	13	13		68	68		1999	1999		98	82
1966	37	32	5	276	208	68	4183	3405	778	266	156
1970	25	20	5	263	192	71	5587	4063	1524	272	189

资料来源:《鄂温克卷》编辑委员会编《鄂温克卷》,第 261~262 页。

从表 2-2 可以看出，1949 年新中国成立初期全旗有学校 8 所，学生 400 多人，教师 30 多人；1958 年成立自治旗时，全旗有小学 9 所，其中完全小学 5 所、初级小学 4 所。完全小学在南屯、巴彦嵯岗、辉苏木、伊敏、哈日嘎那各 1 所。9 所学校在校生共有 956 人，其中鄂温克族学生有 296 人；教职员工有 44 人。1966 年全旗小学发展到 37 所，在校生 4183 人，教职工 266 人。在 1958~1960 年以及 1960~1966 年，鄂温克旗小学教育得到十分理想的发展，从而对鄂温克族小学生的教育培养产生深刻影响和积极作用。然而，1966~1970 年，学校数量开始逐年减少，不过小学生数却没有减少，反而进一步的增加。尤其可贵的是，农村牧区办的小学的学生数得到意想不到的快速增加。这些事实说明，从解放初期到 20 世纪中期，鄂温克旗小学教育及其小学建设，在学校数量、班级数、在校学生数及教职员工数均处于不断发展壮大的态势。这使人们清楚地认识到，鄂温克族无论在怎样的社会环境和条件下，都不会放弃求知的强烈愿望，不会放弃送孩子上学读书的责任。

二　陈巴尔虎旗鄂温克苏木中心小学教育

我国唯一的鄂温克苏木属于内蒙古呼伦贝尔陈巴尔虎旗辖区，位于陈巴尔虎旗东北部，东经 120°02′，北纬 49°55′。居住在鄂温克苏木的鄂温克人历史上被称为"通古斯人"或"通古斯鄂温克人"。[①] 早在 1917~1925 年，70 多户鄂温克族先后从额尔古纳河北岸迁居到陈巴尔虎旗特泥河两岸。过了 20 余年，也就是在 1948~1949 年，又有 20 余户鄂温克人家从当时的索伦旗[②] 迁到莫尔格勒河两岸，与原居住在特泥河孟根楚鲁、海拉尔河、毕鲁图地区的鄂温克人一起成立特泥河苏木。1953 年 5 月，特泥河苏木迁至那吉[③]，同年 10 月在此成立鄂温克苏木。陈巴尔虎旗鄂温克人在当时被称为

---

① 雅库特鄂温克人是指早期生活在俄罗斯西伯利亚地区的畜牧业鄂温克族。对于"通古斯""通古斯鄂温克"的词义和语用概念，朝克同样于 1995 年由远方出版社出版的《述说鄂温克》中刊发的"鄂温克母语是我们宝贵财富"一文里做过详细分析与阐述。

② 指今天的鄂温克旗。

③ 那吉属于鄂温克苏木政府所在地。

"通古斯人",1957年尊重这些鄂温克人更使用"鄂温克"自称的意愿,"通古斯人"的叫法也改为"鄂温克人"。这里的鄂温克人被周边民族誉为"具有语言天才的人们",因为他们除了母语之外,还精通俄语和蒙古语,还都不同程度地掌握汉语、满语、日语等语言文字。由于国内鄂温克族没有本民族文字,所以均用蒙古文或汉文学习掌握文化知识。

就如前面的相关章节里所说,鄂温克苏木最早的学校建于1938年,当时的校名叫"兴安北省索伦旗国立小学",主要用满文和蒙古文授课。民国后期,该小学由日本教官教授日本语言文化课程。当时共有6个班,其中初级小学4个班、高级小学2个班,均设有日语课和蒙古语课等课程。在此小学,前后有120余名鄂温克族小学生接受过不同语言文化的教育,也培养了不少后来的英雄人物和各条战线的骨干。

新中国成立后,在党的民族教育政策及人口较少民族教育优惠政策的鼓励下,鄂温克苏木的教育事业得到空前快速发展。1950年,生活在莫日格勒河两岸的鄂温克牧民召开大会,共同商议筹办学校的具体事宜,得到与会鄂温克牧民的普遍赞同和支持;到了1952年,还成立了由13人组成的小学筹备委员会,开展了广泛动员广大鄂温克族牧民捐资捐物的捐助活动。在当时,鄂温克族牧民的生活并不富裕,但他们为了实现办学让孩子们读书的美好愿望,给小学筹备委员会捐助了2栋木克楞房[①]、1辆四轮精制马车、1匹马、13只羊、14套木制学生桌椅等,还捐助了一些钱。经过一年多的共同努力,1953年6月25日,人们盼望已久的那吉泉小学正式成立,旗教育管理部门还派来两名懂鄂温克语的教员任教,其中一位还被任命为该小学的第一任校长。当年,一开学就有23名鄂温克族适龄儿童报名入学。该小学属于蒙古语文授课性质的学校,除汉语文课之外的所有课程内容都用蒙古语教学。这第一批小学生里,有12名男生和11名女生,男女学生人数几乎没有什么差异。从这一点也能够看出,鄂温克族有史以来就没有男尊女卑、重男轻女的封建思想意识。在他们看来,男孩和女孩都一样,都是自己身上的肉,应该无区别地进行教育。第一批入学的

---

① 木克楞房是指用一个个整根圆木木料搭建而成的冬暖夏凉的木屋。

学生，虽然在年龄上存在一定差异，但在教室里受到的教育基本一样，都是从一年级课程内容开始学习。同年9月，该小学又招了一批适龄儿童入学，小学也开始进入分班教学阶段。该小学教员中，除精通母语的2名鄂温克族教员之外，其他2名教员也懂鄂温克语，所以给教员的教学工作带来许多便利，教员们可以用学生们最为熟悉的母语进行授课，教各种基础文化知识。这种教育方式受到鄂温克族学生的广泛青睐和赞誉，学生们的学习兴趣不断高涨，学习成绩也不断上升，到这里报名上学的学生不断增多。当年年底，呼伦贝尔盟教育管理部门还专门下拨那吉泉小学教学专项资金300元，以此鼓励该小学在办学中积极采用灵活机动、多种渠道、因地制宜的办学方法和思路，短期内高效推动了民族教育事业发展，以及在此方面取得了鼓舞人心的成绩。

受到表彰和奖励性资助之后，那吉泉小学无论是在办学还是在教学方面都取得更快发展。同时，也引起相邻小学的关注和极大羡慕，牧民们纷纷把适龄儿童送来上学读书。到了1954年，相邻地区的三河特力布尔小学整体搬到那吉，并与那吉泉小学合并。合并后的那吉泉小学，教员增至5名、其他辅助性工作人员增至3名、学生人数达到128名。1955年，由于种种原因在校生减少了8名，在校生变成120名，其中鄂温克族小学生有98名，占在校生的81.7%。这时，那吉泉小学已成教学班级较为齐全的小学。后来，从该小学走出去的毕业生中，有的考入内蒙古医学院或其他大学。另外，生活在此地的俄罗斯人前后迁回国以后，苏木政府把俄罗斯人的300平方米的校舍移交给那吉泉小学，较理想地解决了学校教室不足的问题。1956年，那吉泉小学调来第二任校长，当时在校生有116名，其中鄂温克族学生有87名，占全校学生总数的75%。教职员工共有12名，其中教员6名，教学班级有6个，有不少毕业生考入海拉尔第一中学或其他中学，升学率达87.5%。1957年，该小学教学班级增至7个，其中蒙古文授课班6个、汉文授课班1个，共有130名学生。1958年，学生人数增加到148名，教职员工增加到14名，也有不少毕业生考入海拉尔一中，升学率达到88.2%，又创新高。

从1959年开始，那吉泉小学认真贯彻教育与劳动相结合以及勤俭办校的方针，在不影响正常授课时间的前提下，让在校生分批分班地参加校

办缝纫小组、理发小组、木工小组、织毛衣小组,落实服务于学校学生的勤俭办校方针。这一年,学校又开了3亩地作为学校的菜园,种了土豆等作物,解决了部分学生的伙食费用,改善了学生伙食。1958年的春季,学校因燃料短缺而差一点停课,全校教职员工和高年级学生,利用课外时间捡回一百多牛车的干牛粪,才解决了学生食堂的燃料短缺问题。由此,在1960年内蒙古自治区召开的群英会上,鄂温克苏木那吉泉小学被授予"勤俭办校先进集体"的光荣称号并获得奖励。

按照国家和地方政府提出的大力扶持人口较少民族教育事业的指示精神,陈巴尔虎旗把全旗50%的助学金用在了那吉泉小学。1958年起,该校的50多名鄂温克族学生每月得到14元的助学金,占学生总数的48.5%。1960年,学生人数增加到176名,其中鄂温克族学生有104名,占学生总数的59.09%,全苏木适龄儿童入学率达到95%。更加可喜的是,小学毕业生升学率达到100%。

1961年,那吉泉小学搬到鄂温克苏木所在地阿达盖,当时的学生有168名,鄂温克族学生有94名,占学生总数的56%。那吉泉小学搬到阿达盖之后,将校名改为鄂温克中心小学。1969年,根据上级主管部门的要求,鄂温克中心小学加设了初中班,同年招收了23名初一学生,鄂温克学生有20名,占初中生总数的87%。从1972年开始,为了提高适龄儿童入学率,也为了减轻学生家长的负担,有条件的生产队①办起了"马背小学",事实上是指在远离苏木所在地的生产队办的小学。当时,比较有名的生产队小学有毕鲁图小学、哈达敖宝小学等。到1976年除了苏木中心小学外,生产队小学发展到9所,全苏木小学教学班级发展到35个,其中初中班3个,学生总数达到556名,适龄儿童入学率达到100%。

三 鄂温克族农区、农牧结合区及林区的小学教育

就全国而言,鄂温克族主要集中生活在内蒙古和黑龙江两地,其中内蒙

---

① 生产大队、生产队为三级所有的经营体。1958年,草原牧区将苏木、嘎查整体改为人民公社、生产队时,鄂温克苏木及下属嘎查全改为人民公社和不同生产队。1984年,根据新制定的基层社队体制改革文件,该地区恢复了苏木、嘎查的社会称谓。

古的鄂温克族又占绝对多数。据课题组掌握的第一手资料，全国只有1个鄂温克族自治旗，另外有9个鄂温克民族乡（苏木）。其中，唯一的自治旗和8个民族乡（苏木）设在内蒙古。也就是说，内蒙古自治区内的鄂温克旗人口占多数，居住又集中，民族教育事业发展较理想，各方面都具有一定代表性。所以，本书在这一节一开始就分析了鄂温克旗的民族教育。另外，陈巴尔虎旗的鄂温克苏木也是我国唯一在纯牧区设立的鄂温克苏木，所以在生产方式、生活内容、风俗习惯等方面都和农区、农牧结合区及林区的鄂温克族有所不同。在这里，还应该着重提出的是，他们的语言环境，包括教学用的语言文字也都不同。鄂温克苏木的鄂温克族小学生除了母语，基本上都掌握巴尔虎蒙古语或布里亚特蒙古语，小学教材和教学语言也几乎都使用蒙古语文，只有汉语文课上使用汉语文。从这个意义上讲，鄂温克苏木的民族教育也很有特点和代表性。正因为如此，本书在这一节的第二部分特别阐述了该苏木的民族教育，以及该地区鄂温克族受小学教育的基本情况。然而，生活在广大农区、农牧结合区及林区的鄂温克族小学生，除了母语之外绝大多数都有达斡尔语、汉语会话能力，有的小学生还熟练掌握汉语口语，他们的小学教材和教学语言也几乎是汉语文，当然也有用鄂温克语或达斡尔语讲授汉语文课内容的情况。

如上所述，除内蒙古呼伦贝尔市鄂温克旗小学和陈巴尔虎旗鄂温克苏木小学之外，阿荣旗查巴奇鄂温克民族乡、得力其尔鄂温克民族乡、音河达斡尔鄂温克民族乡，莫力达瓦旗杜拉尔鄂温克民族乡、巴彦鄂温克民族乡，扎兰屯市萨马街鄂温克民族乡，根河市敖鲁古雅鄂温克民族乡等农区及农牧结合区或林区，也都是鄂温克族集中生活的地方。而且，从新中国成立初期到20世纪60年代中后期，这些鄂温克族民族乡的民族教育事业抓得都很有力度，都先后成立了乡小学、乡完全小学、乡中心小学等，使鄂温克族适龄儿童基本上受到小学程度的文化知识教育，鄂温克族小学生的入学率、巩固率、升学率逐年得到提高。特别是在这一时期，鄂温克族乡村逐年强化和狠抓落实中央提出的改进优化民族教育方针政策，使鄂温克族乡村的小学教育取得一定成绩，各小学的校舍建设、校园建设、教室和食堂建设，包括教学设备、教学课本、教学质量、教师队伍的建设等都不断完善和提高。一些民族乡小学还紧密结合本民族、本地区、本土

文化，开展富有成效的社会实践教育或学用结合的民族文化课程教育。其中，一部分品学兼优的学生受到好评和奖励，还被选送到县市中学继续学习。不论怎么说，在当时这些鄂温克族小学实施的学用结合的教育，对于乡村鄂温克族小学生走出校门、走入社会产生了积极影响。也就是说，鄂温克族乡村的民族教育在探索中改进，在改进中探索，也为人口较少民族的民族教育事业的开拓进取积累了丰富经验，取得了不少阶段性工作业绩，使鄂温克民族乡的教育工作出现新气象。毫无疑问，这使鄂温克族乡村教育落后的局面不断得到改善，并顺应小学教育不断繁荣发展的实际需要，有计划、有步骤地不断调整各方面工作。这也是鄂温克族等人口较少民族的教育事业自20世纪50年代以后同国家整体教育同步取得发展的基本条件。毋庸置疑，农区和农牧区及林区鄂温克族教育事业的崛起，同党和政府强有力实施的一系列因地制宜、各具特色、灵活多样的民族教育政策措施有关，这也是鄂温克族乡村教育在原来的基础上不断向前推进的决定性因素。

新中国成立以后，鄂温克族集中生活的农区、农牧结合区及林区发生了巨大变化，他们充分利用各自具有的得天独厚的丰富自然资源与优厚生活环境，不断有效开发优势资源，进而在很大程度上加快了乡村经济社会发展步伐。鄂温克族乡村经济社会的良好发展态势，以及发展过程中获得的经济效益，使送孩子到乡村学校读书的家庭越来越多，甚至一些地区适龄儿童入学率达到94%，升学在90%左右。与此相关，自然也强化了乡村政府对于乡村小学的支持和资助力度。随着乡民族教育事业的不断发展和巩固，乡里中心小学的成立成为民族小学教育事业发展的一种象征。从20世纪50年代初到60年代初，根河市敖鲁古雅鄂温克民族乡，扎兰屯市萨玛街鄂温克民族乡，阿荣旗查巴奇鄂温克民族乡、得力其尔鄂温克民族乡、音河达斡尔鄂温克民族乡，莫力达瓦达斡尔族自治旗巴彦鄂温克民族乡、杜拉尔鄂温克民族乡均成立了中心小学。尤其可贵的是，从20世纪50年代中后期开始，经济社会发展较快的鄂温克族一些村屯也相继建立了小学。以阿荣旗查巴奇鄂温克民族乡为例，1947年在原有的私立学校基础上成立了该乡第一所小学，20名在校生中有17名鄂温克族小学生，占85%；1953年56名在校生里有47名鄂温克族小学生，

约占 83.9%；1956 年除了乡小学，还建了东沟小学、文布奇小学、嘎达奈小学，学生数达到 157 名，鄂温克族学生占 45%；1973 年又增设榆树沟、团结、白桦泉等村屯民办小学；1975 年各村屯也都成立了小学，这使该乡基本普及小学教育，鄂温克族适龄儿童入学率达到 92%，升学率也在 94% 左右。再比如，莫力达瓦旗杜拉尔鄂温克民族乡于 1956 年在前沃尔奇村建了第一所完全小学，后更名为杜拉尔中心小学，有 10 个教学班，349 名学生，鄂温克族学生占 47%。1975 年以后，为了解决学生就近上学的问题，在吾都海拉松、瓦西格奇、特温浅、西沃尔奇、后沃尔奇、尼西空海拉松、达哈浅、初鲁格奇、杜克塔尔等村也建了民办小学。据不完全统计，该乡鄂温克族适龄儿童的上学率在 1976 年基本上达到 94%。在这里还应该指出的是，农区、农牧结合区或林区办的小学都是汉文小学，学校教学用的都是汉文课本。这些地区的小学教员，除了鄂温克族以外还有本地区的达斡尔族、蒙古族和汉族。教员中虽然也有初中或高中毕业生，但后来经过培训教育，或参加相关进修班的学习，其小学教学水平和职业能力均有较大程度的提高，当然其中也有师范类学校毕业的教员。与此同时，他们几乎都会说鄂温克语，也有的教员刚开始懂得不多，后来在和鄂温克族学生的交流谈话中很快熟练掌握了鄂温克语。所以，他们不论是什么民族，在课堂讲课时遇到鄂温克族学生听不懂的内容，都可以用他们的母语进行进一步讲解，这对鄂温克族小学生，特别是刚刚入学的学生及低年级学生的学习兴趣培养、学习成绩进步发挥了重要作用。再者，这些地区的小学，受不同时期教学改革和调整的影响，也出现过一系列变革。比如说，从新中国成立到 20 世纪 60 年代，推行的是小学五年制教育；1960 年开始搞教改实验，推行十年一贯制，小学教育调整为五年制；再后来，小学搞勤工俭学，办了农场、饲养场、木工厂等，强化学生的劳动素养和学用结合的能力，同时也解决了一些特殊时期教育经费不足的问题。

　　在此还应该提到的是，林区牧养驯鹿的鄂温克族的小学教育。如前所述，这部分鄂温克人在历史上被称为雅库特人或雅库特鄂温克人，只有 200 多人。早年在俄罗斯生活时期，他们的适龄儿童到俄罗斯小学通过俄文学习文化知识。1917 年前后，他们才从俄罗斯迁到我国境内，一年四季

伴驯鹿游牧于林区牧场,奇乾地区成为游牧者的家属较为集中生活的地方。新中国成立后,也就是1953年在奇乾还建了一所汉文初级小学,教学使用的都是汉文课本,鄂温克族适龄儿童都到这里读书,通过汉语文接受文化知识教育。当年就招了28名鄂温克族学生,可是后来逐年减少:1954年有21名、1955年有15名、1956年有14名、1957年也是有14名。这种现象的出现,同该乡适龄儿童入学前几乎没有接触过汉语汉文,用汉语文学习文化知识确实难度很大有关,在一定程度上影响了鄂温克族小学生的学习兴趣和热情。当时的教员是一位略懂俄语和鄂温克语的汉族,遇到学生不明白的地方也能够借助他们的母语做进一步讲解,但开始的几年还是会遇到用鄂温克语解释不清楚的情况。1957年在奇乾成立了鄂温克民族乡,乡政府进一步强化了小学教育,教员的鄂温克语水平也有了很大提高,也增加了一名教员,小学教学设备也趋于完善,教室变成两间宽敞明亮且有风琴和各种教学挂图的漂亮木屋,也有了女生2人一屋、男生3人一屋的宿舍和学生食堂。那时,虽然孩子们用汉语文学习很费劲,但家人充分认识到学习汉语文的重要性,鼓励孩子们学好汉语文及其文化知识。1965年牧养驯鹿的鄂温克人定居点从奇乾迁移到敖鲁古雅河畔,成立了敖鲁古雅鄂温克民族乡,奇乾小学也随着迁到敖鲁古雅,成为敖鲁古雅鄂温克民族乡学校,而且鄂温克族学生的学费和食宿费等全免,学生们也搬进了宽敞明亮的教室,教学设备得到进一步完善,教学质量也得到进一步提高。所有这些变化,在很大程度上带动了学生的学习积极性和学习热情,使学生入学率、升学率有了明显提高。

黑龙江省鄂温克族小学教育主要体现在讷河市兴旺鄂温克民族乡的教学工作方面。1947年冬,新办了一所讷河县[①]团结乡[②]鄂温克初级小学,设有一年级到三年级的三个班,1952年增加了四年级班,1956年又增加了五年级班,1959年才变成有六个年级的完全小学,学生从当初的30多名增加到70余名,其中鄂温克族小学生占17%。该小学是汉文学校,学校

[①] 1992年9月2日,国务院批准,撤销讷河县,设立讷河市(县级),改由省直辖,省政府确定由齐齐哈尔市代管。

[②] 兴旺乡的前身。

用的都是汉语文课本。教职员工有 4 人，其中有鄂温克族、达斡尔族和汉族，他们都懂鄂温克语、达斡尔语和汉语，所以教学用语也是这三种语言。因为学生中除了鄂温克族和达斡尔族之外还有汉族学生，加上该地区的鄂温克族小学生在上学以前都或多或少地接触过汉语，所以几乎都有一定的汉语会话能力。教员们用汉语文讲的课程内容学生基本能够听得懂，不懂之处教员也可以用学生的母语进行讲解。后来，伴随我国民族教育事业的发展，该乡的鄂温克族集中生活的村落也相继建了 3 所初级汉文小学。另外，在嫩江县临江乡大石砬子村办的民族小学、前进乡繁荣村民族学校等初级小学里，也有一些鄂温克族学生读书学习。

总之，从新中国成立到改革开放，鄂温克小学教育发生了巨大变化，教育质量和规模都得到不同程度的提高和扩大。其中，牧区鄂温克族小学生主要上蒙古文小学，使用蒙古文课本，通过蒙古语文学习小学文化知识；农区、农牧结合区或林区的小学生，都要上汉文小学，使用的是汉文课本，通过汉语文学习小学文化知识。鄂温克族小学教育也与国家的整体教育同步发展，伴随时代和历史的发展进程也做了几次重大调整和改革，使小学教育工作出现了新的发展和变化。特别是新中国成立以后实施的少数民族教育政策、人口较少民族和边疆地区重点照顾的特殊政策，在教育教学经费的倾斜、学杂费全免、免费上学、教学设施设备的改善、本民族教员及民族语教员队伍的培养等方面都给予了实实在在的优惠，党和政府采取了一系列的有效措施来发展鄂温克族小学教育，使鄂温克族小学教育取得鼓舞人心的成绩，为鄂温克族未来的发展打下坚实基础。与此同时，我们也应该承认，在发展过程中也遇到不少问题，尤其是我国社会发展遇到挫折或重大矛盾的特殊时期，鄂温克族小学教育也受到过不同程度的影响，甚至出现不重视教育或停课等现象。然而，这些在小学教育中出现的错误现象很快得到纠正，教育工作重新步入正常的发展轨道。另外，生活在城镇或城镇周边地区以及乡或苏木所在地的鄂温克族家庭的孩子，受小学教育情况十分理想；生活在偏远农村牧区村屯的个别小学生，由于种种原因出现过辍学、逃学、退学等现象，但其比例十分低，一些学生后来经过做工作，又重新回到了学校，再次迈入响彻琅琅读书声的课堂。如上所述，新中国成立以后的近 30 年里，鄂温克族小学教育出现了翻天覆地的变化，包

括偏僻村屯在内都建了小学，鄂温克族地区小学教育得到普及，适龄儿童基本上都上了学，得到系统、全面、完整的小学教育。据不完全统计，鄂温克族适龄儿童入学率在94%左右，一些地方甚至达到98%或100%。而且，鄂温克族小学生巩固率和升学率也逐年上升，在很大程度上提升了鄂温克族小学教育水平，充分体现了鄂温克族重视教育尤其重视小学教育、提倡教书育人从小学做起的教育理念。

第三节 中学教育

在鄂温克人看来，中学教育意味着孩子们已经进入接受教育的关键时期，也象征着他们迈入十分重要的受教育阶段。新中国成立以来，鄂温克族中学生数逐年上升，中学教学质量也不断提高，进而逐渐改变了新中国成立前小学生毕业后进不了中学读书的困难局面。再者，由于鄂温克族集中生活的乡村很少有中学，所以从乡村小学毕业的小学生都要离开父母，走很远的路到县城中学读书。尽管如此，家长们还是没有放弃，积极鼓励孩子们继续读书，接受中学时期的文化知识教育。下面分别从鄂温克族自治旗中学教育、阿荣旗中学教育、新中国成立以后的鄂温克族中学教育三个方面分析和讨论鄂温克族中学教育。

一 鄂温克旗中学教育

课题组掌握的调研资料表明，1957年鄂温克旗中学生达到100名。于1960年在内蒙古呼伦贝尔鄂温克旗政府所在地巴彦托海镇成立的完全小学，曾开设过用蒙古文授课的初中班，教员有3人，职员为2人，当年招收的初中生有41人，鄂温克族学生占43%；1963年，在此基础上，该镇正式建了第一所蒙古文授课的初中学校，也就是当时所说的巴彦托海中学，旗内接受蒙古语文授课教育小学毕业的鄂温克族学生几乎都到该中学，通过蒙古语文学习掌握初中文化知识。当年有一至三年级3个班，106名学生中大部分住校，学校有教员9名、书记1名、教导主任2名、工人2名。鄂温克族初中生占学生总数的41%，教职员工里也有鄂温克族。1964年，鄂温克旗在鄂温克族聚居地辉苏木完小设1个初中班，后来创办了一所中

学，也是属于初中类中学。而且，由国家拨款建了校舍、学生宿舍、学生俱乐部，以及购买了整套教学设备，学校教员里多数是从其他中学调任来或受过专门培训的鄂温克族中青年。该牧区中学内设初中3个班，学生有120名，鄂温克族学生占90%以上，有一半学生住学校的学生宿舍，学生学费和住宿费主要由国家负责。为了大力扶持鄂温克族中学教育事业，内蒙古政府及各有关部门不断加大鄂温克族中学生的助学金资助力度。与此同时，不断加强鄂温克族中学的师资队伍建设，特别是重点培养懂母语的鄂温克族中学教员，这使鄂温克族中学教员在整个鄂温克旗中学教员中所占比例逐年上升。

1966年，鄂温克旗中学发展到3所，即巴彦托海中学、辉河中学、半工半读中学；共有教职工35人，学生343人，其中，鄂温克族中学生占36%。1967年，巴彦托海中学改名为"反修中学"，采用蒙古语、汉语两种语言语授课，也就是说，该中学分有蒙古语文班和汉语文班，在这两种语言文字授课的班里都有鄂温克族中学生。相比之下，读蒙古语文班的鄂温克族学生比汉语文班的要多。1968年，全旗中小学合并调整，结果9所小学和中学合并成七年制学校。其中，小学读书年限为5年，中学读书年限为2年，在校生增加到631名，教职工也增到55人。这里所说的中学，很显然是说初中教育，七年制学校毕业生可以直接考入高中。1969年恢复"反修中学"，次年该中学定为四年制完全中学，有教职工44人，学生337人。其中，鄂温克族中学生占25%，教职工里也有鄂温克族教员。1973年，中学教育刚刚走上正轨，就受到"教育回潮"的冲击，旗属各中学无法正常教学。同年，反修中学改名为南屯第一中学，有教职工55人，学生631人，鄂温克族学生占21%左右。1974年，在伊敏苏木新建蒙古语授课的伊敏中学，招收学生148人，鄂温克族学生占34%。在这一时期，红花尔基和伊敏河两个镇以及大雁地区中学教学事业发展较快，1974年底企业办的初中增为3所23个教学班，而且1975年大雁中学就有了普通高中。同年9月，旗一中一分为二，所有蒙古语授课班全部被剥离，建了完全用蒙古语文授课的旗第二中学，也就是所谓的"蒙中"，教职员工有29人，学生有352人，鄂温克族学生占23%。旗一中汉授课班全部留在原校址，保留了原来旗一中的称谓，成为完全用汉语文授课的中学，当年旗一中实

行开门办学，并在红花尔基建了一个分校。

为了提高教员素质，同样也为了提高教学质量，自1975年以来，当地不断强化教员的进一步培训学习，鼓励鄂温克旗所有中学教员踊跃参加各种培训学班、进修班、函授班、成人高考班等，并在学习经费和学习时间上尽量提供方便。这使在旗中学任教的教员，特别是在牧区任教的绝大多数鄂温克族中青年教员获得进修学习的机会，并通过参加进修、函授、成人高考等各种学习获得大专文凭，另有36人获大专以上学历，教师学历合格率得到快速提高，其中就有10%以上的鄂温克族中青年中学教员。1975~1977年，旗内中学数量增速较快，牧区嘎查小学也办起了初中班。结果是，初中及初一班几乎普及到75%的乡村小学，由于初中教育的不断普及，特别是伴随乡村七年制学校及初一班教育的不断拓展，其数量很快达到12所，后来一些嘎查又先后办了七年制学校。由于中学建设抓得紧、发展快、成绩突出，给鄂温克族小学毕业生升入中学带来了诸多方便，小学毕业生的升学率也得到快速提高。与此同时，在这一阶段同时也出现师资力量不足，甚至出现教学水平不达标、教材紧张、校舍简陋、设备缺乏、理化实验课无条件进行等一系列现实问题。不过在旗教育局和乡村政府的共同努力下，面临的这些问题逐步得到解决。为了提高初中班教学质量，各村办学校从高中毕业的知识青年里挑选优秀人才，让他们以民办教员的身份给初中班学生上各门初中课程，一些教员还自己制作教学仪器或相关试验用具强化初一数理化课程教学内容。毫无疑问，由于着力解决初中教学遇到的问题，在一定程度上优化了初中教学队伍，加上乡村初中教育教学对自身存在的问题处理及时、处理得当、处理有效，自然给鄂温克族小学毕业生升入初学，在自家门口接受初中教育带来了诸多方便，小学毕业生的升学率也得到快速提高和巩固。课题组根据掌握的资料，将1960~1976年鄂温克旗中学发展情况做了统计，其中主要涉及不同年份的中学学校数，以及各中学不同班级数、在校生数、教职工数等具体数字（见表2-3）。

表 2-3　1960~1976 年鄂温克旗中学发展情况统计

年份	学校数（所）合计	其中 教育部门和集体办	其中 其他部门办	班级数（个）合计	其中 教育部门和集体办	其中 其他部门办	在校生数（人）合计	其中 教育部门和集体办	其中 其他部门办	教职工数（人）合计	专任教师
1960	1	1	—	1	1	—	41	41	—	5	3
1963	1	1	—	4	4	—	106	106	—	21	12
1966	3	3	—	12	12	—	343	343	—	35	18
1970	1	1	—	11	11	—	337	337	—	44	30
1974	6	3	3	54	31	23	1520	874	646	157	81
1976	7	4	3	119	68	51	3570	2040	1530	355	135

资料来源：摘自《鄂温克卷》，第 262 页。

从表 2-3 可以看出，1960~1966 年鄂温克旗的中学教育在各个方面都处于良好的发展时期，特别是在校生数增加速度很快。到了 1970 年，除教职员工增加之外，其他方面的数据都有所减少，这和当时社会发展遇到的一系列重大问题有关。1974 年后，鄂温克旗中学教育重新焕发了活力，各方面的数据都达到新高。而且，在 1974~1976 年，这里的中学建设规模，包括学校数、班级数、在校生数及教职工数都得到较理想发展。在这里还应该提出的是，表格中没有体现鄂温克族中学生数及教职员工数，后来课题组实地调研时也没有搜集到精确数目，但根据有关方面和有关人士提供的大概数字来看，1960~1976 年，鄂温克族中学生占在校生比例基本在 38%~43%，而女中学生占多数。再者，鄂温克族教职员工数也逐年增加，从而为本民族教育事业做出越来越多的贡献。

伴随鄂温克旗辖区内工矿企业的不断发展，职工人口的不断增多，工矿企业职工生活区域内办的中学数量也快速增加，这给周边生活的鄂温克族牧民，包括已进入这些工矿企业工作的职工子弟就读中学创造了方便条件。由于他们的孩子在上中学前就广泛接触汉语文，甚至许多青少年从小

就在工矿企业小学通过汉语文学习文化知识，所以他们到用汉语文教学的中学读书没有什么语言障碍。据不完全统计，在我国改革开放之前，鄂温克旗辖区工矿企业办的中学数达到6所，在校学生总数为6000多名，其中少数民族中学生有2000多名，鄂温克族中学生在400名以上。

如上所述，鄂温克旗中学教育事业在某一时期或个别地区出现过教师队伍知识水平参差不齐、教学设备和教学条件不完善、学生管理不到位等现象，然而所有这些现象最后都得到较好解决。也就是说，鄂温克旗中学教育克服社会发展时期遇到的一系列棘手问题，较好地完成了从新中国成立初期到改革开放时期的初中教学工作任务，向高中或社会输送了许多优秀人才。

在改革开放之前的7年里，鄂温克族初中毕业生上高中的数量也不断增加。由于这些年国家和地方政府实施了一系列鼓励少数民族初中生继续考入高中读书，进一步提升文化知识方面的各种优惠政策，50%的鄂温克族初中毕业生到县城或到相关城镇的汉文中学或蒙古文中学读高中，通过汉语文或蒙古语文学习掌握高中时期的文化知识，而且基本上都拿到了高中毕业证书。据不完全统计，1975~1977年，鄂温克旗高中毕业生人数有300余人，其中一些人升入大学本科、大专，升学率为16%。正因为如此，鄂温克旗高中教育在当时全盟高中优质教育评比中获得好评，并荣获奖励。毋庸置疑，这和该旗中学教育事业的快速发展有必然的内在联系。就以四年制中学为例，到1979年时学校数量已增加到13所。这里说的四年制中学，就如前面所述，是指初中与高中学年各为两年的读书年限。

由于高中教育和建设抓得紧、发展实，教学质量不断得到提升，接受高中教育的人数也不断得到增加，进而给鄂温克族初中生升入高中继续读书学习带来方便和诸多有利条件，初中毕业生上高中的概率也得到快速提高。再者，鄂温克族高中毕业生几乎都作为知识青年，到农村牧区生产第一线参加了具体的生产活动和劳动实践，为农村牧区建设发挥了重要作用。后来也有一部分鄂温克族高中毕业生被推荐到中级师范学校、中专师范学校、农机学校、农牧学校、技术学校读书，也有一些鄂温克族高中毕业生被推荐为工农兵大学生，到北京大学、中央民族大学、内蒙古大学、内蒙古师范大学等各大院校学习大学文化知识。所有这些，在一定程度上提高

了鄂温克族文化知识水平，同时也培养了各方面的高层次人才。

二 阿荣旗及其他地区的中学教育

从历史角度来讲，内蒙古呼伦贝尔阿荣旗是索伦鄂温克族先民在清代屯垦戍边开发的沃土，也是历来鄂温克族集中生活的地方之一。然而，清代以来不间断的南征北战，使这里的鄂温克族人口剧减。抗日战争和解放战争时期，该地区的鄂温克族同样付出了沉痛代价和巨大牺牲。但无论是灾难深重的年代，还是炮火连天的岁月，阿荣旗鄂温克族始终没有放弃抓教育。现在阿荣旗鄂温克族主要生活在查巴奇鄂温克民族乡、得力其尔鄂温克民族乡、音河达斡尔鄂温克民族乡，以及旗所在地的那吉镇。新中国成立以后，阿荣旗民族教育取得快速健康发展，同时也走过了自身历史进程中的曲折与艰辛，虽然遇到了一系列问题或困难，但也都最终合理有效解决，使这一地区的鄂温克族教育稳定在正常轨道。

根据课题组掌握的调研资料，旗政府所在地那吉屯于1953年建了一所汉语文中学，设有8个班，共有228名学生。1958年，顺应中学教育事业发展的迫切需要，旗内又建了4所民办中学，这使中学生人数达到567人。这些中学均属于汉语文授课的初中，教员基本上是汉族，有极个别的达斡尔族、蒙古族、朝鲜族和鄂温克族教员。生活在那吉镇的鄂温克族小学毕业生，包括周边地区的鄂温克族小学毕业生、鄂温克民族乡的鄂温克族小学毕业生，也有不少到镇上的这些中学读书，通过汉语文接受初中文化教育的情况。由于阿荣旗的鄂温克族同达斡尔族接触较多、关系较密切，甚至多数建立了婚姻关系，因此他们几乎都会说一口流利的达斡尔语。再者，从清朝末期开始，他们广泛接触汉族，所以也都不同程度地能听懂或会说汉语。尤其是自幼儿园直至小学毕业都接受汉语文教育的鄂温克族青少年，到初中用汉语文学习文化知识几乎没有什么大的语言障碍，他们到那吉镇汉语文中学读书也不会遇到太大问题。这里还应该提到的是，在该旗查巴奇鄂温克民族乡、得力其尔鄂温克民族乡、音河达斡尔鄂温克民族乡及那克塔乡等鄂温克族较为集中生活的区域，从20世纪60年代到70年代中后期，乡中心学校都先后办了初中或初中班，甚至是在一些村办小学里也办了初中班，可想而知在这些初中或初中班里都有相当比例的鄂温克族学

生。依据20世纪80年代初的实地调研数据,从20世纪60年代初到70年代中后期,这些地区的小学毕业生中约有67%以上的人升入初中,其真实比例还要更高。尤其是到了70年代中后期,鄂温克族初中生所占比例不断上升。与此同时,初中毕业生中不少人考入高中,继续学习高中文化知识。而且,从20世纪70年代前期开始,该旗范围内的鄂温克族高中生人数也不断增加。高中毕业生中除绝大多数到农村务农之外,也有的到中专类学校得到进一步培养和教育。不过,在中专类学校读书的学生中,除了高中毕业生之外,也有鄂温克族初中毕业的学生。比如,阿荣旗于1959年2月至1960年6月办的速成师范学校的学生中,就有鄂温克族初中毕业生到这里就读学习中专文化知识;在1965年办的半农半读中级师范学校的就读生里也有鄂温克族学生。阿荣旗于1975年10月建了师范学校,也就是当时所说的"扎兰屯师范学校阿荣旗分校",主要课程有汉语文、数学、理化等,学校还设有函授教育站。从该中专师范学校走出去的九届两年制共933名毕业生中,同样有鄂温克族毕业生。他们毕业后在鄂温克族集中生活的乡村学校任教,并对本地区民族教育事业做出了积极贡献。还有必要提出的是,鄂温克族乡村初中班的鄂温克族教员,还先后被选送到扎兰屯师范学校阿荣旗分校及其他中专师范学校或师范类学校进修学习,以此鄂温克族强化了师资队伍及提高了教学水平。另外还有一种现象,到鄂温克族农村牧区上山下乡的知识青年也在一定程度上缓解了鄂温克族乡村中学及初中班教员紧张的情况。特别是从县城下乡的鄂温克族高中毕业的优秀知识青年,被乡村政府选为民办教员,在鄂温克族乡村中学或初中班任教。也就是说,知识青年的到来,也给鄂温克族乡村中学或初中班教育教学带来了活力,发挥了十分及时的推动作用。

在这里,依据课题组搜集到有关资料,简要谈谈黑龙江省鄂温克族中学教育发展情况。就如前面有关章节里交代的,黑龙江省的鄂温克族主要生活在讷河市兴旺鄂温克民族乡,除此之外在讷河市、齐齐哈尔市、嫩江地区也有一些鄂温克族生活。生活在这些地区的鄂温克族在小学毕业后,无一例外地到用汉语文授课的中学,通过汉语文接受初中和高中时期的文化知识教育。而且,所有这些地区都不同程度、不同数量、不同范围地培养了诸多初中生和高中生,由于该地区的鄂温克族从小学甚至从幼儿时期

就接触汉语，用汉语文学习各种文化知识，所以到了中学时期上汉语文课没有什么障碍。从20世纪60年代初到70年代末期，在鄂温克族较为集中生活的兴旺鄂温克民族乡创办过1所农业中学，在乡中心学校也开过初中教育课程，甚至办过高中班。该乡的鄂温克族小学毕业生基本上都到这些中学或初中班、高中班接受教育；也有的小学毕业后，直接到讷河市中学读初中和高中。另外，也应该提到的是，兴旺鄂温克民族乡辖区的一些村办小学也开过初中班课程，由此培养过不少鄂温克族中学生。总之，从新中国成立初期到改革开放，讷河市兴旺鄂温克民族乡及其村办学校培养了不少鄂温克族中学生，其中一些还上了中专和大学，还有的就在本村当了小学教员，更多的在成为知识青年后上山下乡到其他农村或回到故乡农村参加农业生产活动。

第四节 扫盲教育

新中国成立以后，从中央政府到各级地方政府，包括民族地区的教育工作，下大力气抓的就是扫盲教育，而且该项教育工作一直延续到我国的改革开放。尤其是对于边疆地区人口较少民族的扫盲工作，显示了极大的紧迫性、特殊性和影响力。由于新中国成立前连续多年的战争、外国列强的侵略与掠夺、自然灾害等，许多民族地区村落刚刚建立学校，许多人从未得到上学读书的环境和机会，由此出现许多文盲。然而在当时，要进行新中国的建设及民族地区的建设，需要让广大少数民族群众深刻领会中央的各种文件精神和指导思想，齐心协力搞好建设，这就客观上迫切需要各有关部门和工作人员及时将中央各方面的指示精神和工作方针、路线传达给少数民族群众，同时又需要把少数民族的心声上报给中央或各级地方政府。在这种时间紧、任务重的现实面前，如何更好地调动少数民族群众的积极性，需要有文化、有知识、有思想的少数民族群众共同努力。就在这样一个关键、特殊、紧迫时期，若要让解放前没上过学、读过书的那些人在短时内接受完整的小学教育或从小学到中学的系统教育显然不可能，只能是通过扫盲教育，依靠夜校、快速培训、识字短训等方式来进行文化知识教育，这同时也满足了边境少数民族学习文化知识的迫切愿望。所以，

边疆民族地区根据中央提出的有关开展扫盲工作的一系列文件精神,在他们生活的农村牧区广泛而富有成效地实施了扫盲工作。毫无疑问,鄂温克族生活的边疆地区同样也强有力地推动了扫盲工作,而且陆陆续续地一直延续到改革开放,取得了鼓舞人心的工作成绩,使很多农牧民摆脱了不识字、没文化的日子,成为有文化、有知识的新社会的新型劳动者,走向了用所学知识建设新生活的幸福之路。下面以鄂温克旗、陈巴尔虎旗鄂温克族苏木、阿荣旗等地的扫盲工作为例,分析鄂温克族地区的扫盲工作。

一 鄂温克旗扫盲教育

鄂温克旗地处边陲,人口稀少,交通不便,加之上文提到的解放前遭遇的残酷无情的天灾人祸,这些因素给鄂温克族的生产生活,包括生存环境带来极大冲击,进而造成严重的后果。在这一现实面前,他们尽管克服一切困难,通过各种途径尽量让孩子们学习一些知识,但绝大多数人还是未能踏入校门,连最起码的启蒙教育都未能接受,在社会动乱、苦难深重的生活中错过了读书年龄,在一穷二白中迎来了翻身解放,迎来了新中国。可想而知,如同全国各地的劳苦人民一样,解放初期的鄂温克人中有文化、有知识的人并不多,很多都是属于未能上学读书的人。特别是在中青年中此类人数占有一定比例,由此也在一定程度上影响了解放后鄂温克族地区的经济建设和社会发展。为了使这些没进过学校读书的成年人尽快掌握文化知识,成为新社会有文化、有知识的劳动者,鄂温克旗政府各有关部门共同努力,广泛动员鄂温克族知识分子,有文化、有知识的鄂温克族干部职工、鄂温克族中小学教员,以及有知识的农牧民老人,积极参与到扫盲工作实践中,希望大家齐心协力、共同推动扫盲教育工作。与此同时,鄂温克旗各苏木嘎查先后建了不少扫盲学校、冬季扫盲夜校、扫盲识字班、扫盲速成识字班等,抓住鄂温克族农牧民劳动之余的一切空闲时间,富有成效地实施了因地制宜、因人制宜、因时制宜的扫盲教育工作。尤其是在冬季牧场不太忙碌的季节,各苏木嘎查的扫盲夜校里开展脱盲教学的教员数在200人以上,就以1个扫盲班有1名扫盲教员来算,鄂温克旗苏木嘎查有将近200个各种形式的扫盲班。据不完全统计,1960年鄂温克旗辖区从不同工作岗位参与到扫盲教育的兼职教员就达到194人,另外还有5名

专职扫盲教师。这使解放初期只有2万多人的鄂温克族，到20世纪70年代初，通过扫盲教育脱盲的人数就有4700余人，其中达到小学毕业文化水平的就有3000人以上，全旗有90%以上的农牧民摘掉了"文盲"的帽子，成为新社会有文化、有知识的劳动者和建设者。再者，鄂温克旗解放初期开展的扫盲教育，绝大多数是从教蒙古文字母、蒙古文文字、蒙古语文初级文化知识开始的，到了后期才教汉语拼音字母、汉字、汉语文课程内容。换句话说，他们的扫盲教育以蒙古语文为主，兼授汉语文识字教育。

课题组掌握的资料还表明，从解放初期至我国改革开放，除了有计划、有步骤地开展扫盲教育之外，还动员有文化、有知识的鄂温克族年纪大的农牧民，抓住生产生活空闲时间，在本村本地的鄂温克族群众中进行扫盲教育。值得一提的是，渴望知识、善于学习的鄂温克族，早在1948年就启动了扫盲教育。也就是说，于1947年5月1日内蒙古自治区成立之后，鄂温克族就自觉意识到新中国、新社会、新生活的建设离不开文化知识，离不开有文化知识的劳动者。为此，他们中曾经受过教育的老年人或中老年人，在草原牧区或山区对那些没有读过书的中青年人进行识字扫盲教育。那时，也没有什么可用的扫盲教材，所以最初在鄂温克旗草原深处开展扫盲教育的人们，因地制宜地紧密结合草原牧区生产生活实际需要，在教学员们初级的蒙古文字母的前提下，教他们如何写自己的名字、写苏木嘎查名称及相关地名、生产生活用品的名称，基础数词、常用代词和动词及形容词等日常生活中常用词及语句。开展扫盲教育的民间教员们自己编写简易扫盲教材，用于扫盲教育和教学。其结果是，接受扫盲教育的人们很快达到使用蒙古文字母、用蒙古文字母写字、能够阅读扫盲用的简易课本内容的水平。有的人还达到能够用蒙古文记账、写便条、写简易日记、简单算算术的程度。

1952年以后，鄂温克旗扫盲教育紧密结合当年中央发布的"速成识字法"，更大范围、更加广泛、更有规模地开展扫盲教育运动。各苏木嘎查都建立了"夜校""冬学""识字班"及其他各种扫盲教育教学培训组织，鼓励接受扫盲教育的人群腾出时间参加扫盲运动、接受扫盲教育，激励他们脱盲致富、脱盲改变生活、脱盲改变命运和不断提高生活质量。受其鼓舞，许多没上学读书的中青年或中老年鄂温克人自愿积极参加各种扫盲识字班

学习，通过蒙古文字母和汉文拼音字母的学习掌握，不断提高自身的文化知识水平。除此以外，为了进行思想教育、丰富文化生活，旗各有关部门在鄂温克族聚居区普遍建立了文化站、文化馆和电影放映队等，甚至把电影放映队直接拉到草原牧场，将放映电影和扫盲教育相结合，使鄂温克族牧民在轻松愉快、自然舒心的环境和氛围中接受扫盲教育和获得文化知识带来的精神享受。从这个意义上讲，在当时的草原牧场，也就是牧区生产第一线，放映露天电影是一件很新鲜、很能吸引鄂温克族牧民参加的文化教育活动，也是他们扫盲教育的一个重要组成部分。所以，每次在嘎查或草原牧场，放映电影时方圆几十里外的游牧点上的鄂温克族牧民都会赶过来观看，进而给扫盲工作带来积极影响和推动作用。畜牧业生产最为忙碌的时候，旗里还根据生产活动的节奏和空闲时间，强有力地推行"扫盲教育下牧场""边生产边学习边扫盲""边放牧边识字边学习"等生产生活学习扫盲紧密结合、学习生产两不误的扫盲运动。同时，还充分利用在读的小学生和中学生，组织"学生送字送文化知识上门""学生带字带文化知识回家""学生教我读书认字""学生帮我学知识"等一系列学生教家长读书学习认字的扫盲教育活动。所有这些灵活多样、切合草原牧区实际的扫盲教育，解决了鄂温克族村落扫盲工作中遇到的教员不够、教室不够、教学资料短缺、读书与生产活动时间冲突等棘手问题。

为了使草原牧区扫盲教育更有成效，也为了进一步巩固牧民扫盲教育成果，旗教育管理部门给嘎查扫盲学校及扫盲教员订各种报刊等识字资料，提供给接受扫盲教育的牧民们学习阅读，尽量丰富他们的文化知识，提升他们的学习兴趣和学习热情。另外，还选择不同季节、不同节日、不同时间段，派出乌兰牧骑、文艺工作团体或文艺宣传队，到草原牧区或到牧场和游牧点，紧密结合扫盲教育活动，开展形式多样、内容丰富、寓意深刻的文艺演出。用艺术表演的形式，赞美先进扫盲教员、扫盲工作者及工作队，宣扬接受扫盲教育后成为有文化、有知识的新社会牧民的先进事迹等，所有这些，都为扫盲工作注入了强盛活力。还应该提到的是，鄂温克旗从1956年开始不断扩大有线广播业务，在各个苏木嘎查建立有线广播站，甚至生活在偏僻山区或游牧场的人们也先后拿到由政府发放的无线电收音机，通过广播喇叭和收音机来进一步巩固扫盲教育教学成果。这对于普及

扫盲教育工作、让扫盲教育走进鄂温克族千家万户起到决定性作用。换言之，从20世纪40年代末到50年代中后期的几年里，鄂温克旗在扫盲教育以及群众文化建设方面取得了一定阶段性成绩，特别是进入20世纪50年代后期，鄂温克族扫盲教育取得鼓舞人心的工作成绩。1957~1960年鄂温克旗参加脱盲教育的人的脱盲率分别是：1957年达到89%、1958年是84%、1959年为81%、1960年是86%。青壮年里，除个别人之外，约占总数85%的人实现脱盲。此外，还建立了以苏木为单位的测评扫盲工作机制，奖励了一批扫盲教育积极分子和先进个人，从而进一步激活和鼓舞了群众参加扫盲教育的热情，在很大程度上推动了该旗扫盲教育工作。

牧区扫盲教育结合本民族、本地区的实际情况，在广泛听取鄂温克族牧民意见和要求的前提下，采用了自愿报名、自愿参加扫盲教育、自愿选择教学语种的措施，使接受扫盲教育的鄂温克族牧民，通过蒙古语文或汉语文学习掌握文化知识。不过相比之下，上蒙古语文扫盲学校者占绝对多数，这可能跟鄂温克语和蒙古语均属于阿尔泰语系，它们之间存在诸多共有词和语法现象，以及鄂温克旗鄂温克族牧民普遍会蒙古语等有必然联系。但是，在具体进行扫盲教育时，还需要用鄂温克语讲解蒙古语文扫盲课程内容；也有一些会汉语或接触过汉语的鄂温克族，自愿报名参加用汉语文授课的扫盲班，通过汉语文学习文化知识，但同样需要用鄂温克语讲解扫盲教育的汉语文课文。从这个角度来分析，从事扫盲教育的人或志愿者里，绝大多数是鄂温克族教员。即使有其他民族教员，也是懂或精通鄂温克语的人，否则很难按计划完成扫盲教育工作任务。

课题组的调研资料及掌握的第一手资料还充分证明，从新中国成立初期到20世纪70年代中后期，鄂温克旗扫盲教育虽然取得一定成绩，但草原牧区或者说草原深处牧民的脱盲情况还不是十分理想，一些牧民听了一半或上了几次扫盲课程就半途而废或干脆放弃不来的现象还是一定程度地存在。究其原因，主要是这些人忙于畜牧业生产活动而顾不上参加扫盲教育，有的人家常年跟随放养的畜群四处游牧，也有的人家孩子太多、家务活太忙而脱不开身，还有极个别的牧民不愿意读书等。所有这些，不同程度地影响了个别地区的扫盲教育，也给个别地区扫盲教育带来不少困难和问题，进而出现文盲人数反弹现象。根据1957年对鄂温克旗辉苏木偏僻嘎

查的鄂温克族进行的相关调研资料，我们可以一定程度地了解鄂温克族个别嘎查村牧民在当时接受文化知识教育的基本情况（见表 2-4）。

表 2-4 鄂温克族个别嘎查村牧民受教育的基本情况

序号	姓名	性别	年龄	文化程度	序号	姓名	性别	年龄	文化程度
1	关其格召	男	48	小学六年级	9	吉洛尔	男	39	会蒙古语文
2	吉儒木都曾格	男	48	小学六年级	10	敖恩代	男	38	会蒙古语文
3	王库	男	45	小学六年级	11	桑布	男	37	会蒙古语文
4	乌其热图	男	39	小学六年级	12	宁布	男	37	会蒙古语文
5	诺木汉	男	37	小学六年级	13	三哥	男	37	会蒙古语文
6	明德	男	48	会蒙古语文	14	道尔吉苏荣	男	36	会蒙古语文
7	呼和	男	41	会蒙古语文	15	甘特木尔	男	36	会蒙古语文
8	章克贵	男	39	会蒙古语文	16	老塔	男	34	会蒙古语文
17	额尔格金苏荣	男	33	会蒙古语文	32	宝力吉楞海	男	59	文盲
18	功嘎布	男	49	会满蒙古文	33	班地	男	56	文盲
19	高乐明	男	76	文盲	34	巴图尔	男	55	文盲
20	保杰	男	68	文盲	35	鄂面	女	55	文盲
21	乌尔黑苏	男	65	文盲	36	菊林花尔	女	54	文盲
22	敖根	男	64	文盲	37	努呼代	男	53	文盲
23	唐古达	男	63	文盲	38	却应布勒	男	50	文盲
24	额尔金珠	女	63	文盲	39	乌力吉	男	50	文盲
25	酸达	男	61	文盲	40	胡格金太	男	49	文盲
26	远东	男	61	文盲	41	西勒列	男	47	文盲
27	敖尔吉宝	男	60	文盲	42	老布松	男	47	文盲
28	额森毕勒格	男	60	文盲	43	藤台	男	47	文盲
29	兴阿	男	59	文盲	44	金戒	女	43	文盲
30	桑肯宝	男	59	文盲	45	赛音巴雅尔	男	38	文盲
31	班底	男	59	文盲					

资料来源：吕光天等：《鄂温克族社会历史调查》，内蒙古人民出版社，1986，第 501~502 页。

表 2-4 主要涉及调查对象的姓名、性别、年龄、文化程度等方面的信

息，而且这些被调研的对象都是鄂温克族牧民。在被调研的 45 人中，第一，有一定文化知识的人或脱盲的人为 18 名，占 40%。他们基本上出生于 20 世纪初，其中一部分人在清末民初学过蒙古语文，个别人还学过满语文和汉语文，也有的人在民国时期读过蒙古语文学校，还有的是解放初期通过扫盲教育掌握了蒙古语文知识。第二，被调研的人里有 27 位文盲，占 60%。并且年龄跨度大，不仅有 19 世纪 80 年代出生的老人，还有 20 世纪 20 年代初出生的中青年。课题组成员于 20 世纪 80 年代初，在鄂温克旗辉河苏木的嘎查村进行教育文化调研时，也专访过 20 世纪 50 年代中后期被调研的表格中的一些老人，结果发现，这些牧民在改革开放之前基本脱盲，都不同程度地掌握了蒙古语文，有的人还掌握了汉语文。另外，在 20 世纪 80 年代，课题组有关成员也跟吕光天、郭布库、乌云达赉等参加过"鄂温克族社会历史调查"的专家学者了解过 20 世纪 50 年代中后期对辉河鄂温克族牧民开展实地调研的一些情况。他们解释说，调研报告及表 2-4 中所说的文盲中，也包括半文盲或参加扫盲教育还未脱盲的一些人。从这个意义上讲，表 2-4 中的文盲人数并不都是完全意义上的文盲，其中也包括识字量较少而不能正常读写或使用所学文字的半文盲，以及正在上扫盲学校但还没有达到脱盲文化程度的牧民等。不过，课题组掌握的资料还显示，20 世纪 50 年代末，参加扫盲教育的人数虽然得到明显增加，但由于身体健康、家庭负担过重和孩子太多等原因而半途退出的情况的不断出现，直接影响了扫盲教育工作成绩。比如说，1958 年 162 名扫盲教员办了 162 个扫盲班，参加扫盲教育的学生约为 1500 人，其中只有 63% 的人达到脱盲程度；1959 年 178 位扫盲教员办了 178 个扫盲班，接受扫盲教育人数为 2600 名，最后完成学业得到脱盲证书的人只占 20% 左右；1960 年 174 名扫盲教员办了 105 个扫盲班，有 1300 余人参加扫盲教育，有 65% 的人摘掉了"文盲"的帽子。此外，脱盲人员中鄂温克族占一定比例。

在牧民中进行扫盲教育的同时，从 20 世纪 50 年代中后期开始，在职工作人员也开展了较大范围、较大力度的扫盲教育。因为在那时，各种服务行业和国营企业雨后春笋般地大量涌现，在旗政府的大力扶持下国营企业各项工作不断向深度和广度推进，所需要的职工数量越来越大、越来越急，因此属于国家经营管理范围的牧场、农场、林场、养殖场、服装厂、

皮革厂、毛纺厂、农机修理厂、木器厂、铁木工厂和职工食堂等部门，为解决自身发展所需的职工短缺问题，招聘了一大批没上过学、读过书的职工，其中也有一定数量的鄂温克族职工。然而，伴随社会的不断进步和发展，这些国营企业的劳动力强度及生产要求标准，包括对于劳动价值的衡量尺度不断提高和严格，为此旗政府根据上级的有关指示精神，紧密结合不同工作岗位及工种类型富有成效地开展了扫盲教育。职工扫盲教育中，除了进行小学文化知识层面的脱盲教育之外，还要针对小学文化的职工开展初中文化知识层面的培训教育。所有这些，在很大程度上提高了包括鄂温克族在内的在职员工的文化知识水平。以1962年为例，这一年办了4期小学教育扫盲班，有162人参加并均脱盲。同年，还办了5期初中文化知识集训班，有174人参加并达到相当于初一、初二的文化水平。这一时期，全旗牧民及职工摆脱文盲率在90%以上，他们基本上摘掉了文盲的帽子，走向了有文化、有知识的自我发展道路。不过，从20世纪60年代中后期以后，由于遇到的社会动乱和一系列社会矛盾，该旗的扫盲教育进入停滞不前阶段。就如前面所说，中小学也受到不同程度的影响，结果又出现了一批新的文盲。这种现象直到改革开放前两年才得以控制，重新启动了扫盲教育工作，但这两年扫盲教育成绩并不十分突出。

总之，鄂温克旗扫盲教育，从新中国成立初期到改革开放确实取得了鼓舞人心的成绩，鄂温克族没上过学、读过书的人基本上都参加了扫盲教育；但是也有一些人半途而废，没有完成扫盲教育就退出了。然而，这种现象基本上都出现在草原牧区的扫盲教育工作中，在国营企业职工的扫盲教育中很少遇到类似问题，所以他们的脱盲率在90%以上，甚至在一些国营企业脱盲率达到100%。另外，在该旗所辖的草原牧区实施的扫盲教育绝大多数使用的是蒙古语文，在国营企业开展扫盲教育时则基本上是用汉语文。不过，也有与此相反的情况，即草原牧区也有个别人通过汉语文摘掉"文盲"帽子的实例，以及国营企业职工的扫盲教育里也有通过蒙古语文学习掌握文化知识的案例。不论怎么说，鄂温克旗在扫盲教育方面取得的成绩，对于本地区经济社会的建设与发展产生了深远影响与积极推进作用。

二 陈巴尔虎旗鄂温克苏木扫盲教育

呼伦贝尔陈巴尔虎旗鄂温克苏木的扫盲教育工作也起步于解放初期，在苏木所在地及相关嘎查先后都办过扫盲教育班、扫盲教育识字班、扫盲教育夜校、扫盲教育冬季培训班等，相关工作陆陆续续、停停办办延续到20世纪70年代后期。不过，从20世纪60年代中后期至70年代中后期，受社会动荡和各种运动带来的负面影响，该地区的扫盲教育工作未能顺利推进，甚至出现文盲人数增加等反常现象。就如前面所说，生活在陈巴尔虎旗莫日格勒河两岸的鄂温克苏木的鄂温克人，于20世纪20年代之前为躲避战乱从俄罗斯后贝加尔湖迁移到我国境内，在当时他们的小孩大人都会说俄语，也有人在俄期间上过学、读过书，有较高的俄文水平，他们同时也都会说蒙古语。由于他们同布里亚特蒙古人接触时间较长，他们使用的鄂温克语语音系统受布里亚特蒙古语影响较大、词汇中也有不少来自俄语或布里亚特蒙古语的名词术语，包括某些形态变化语法现象也受到一定影响。所有这些，为他们用蒙古语文参加扫盲教育带来很大便利条件，他们除了在扫盲教育开始阶段学习蒙古语文字母时会费点劲之外，一旦掌握了蒙古语文字母，经过一段时间的文字写作训练和培训，就基本达到初步脱盲要求和标准。尽管如此，到了20世纪50年代中后期，由于畜牧业生产的忙碌，加上扫盲教员的短缺，还是出现参加扫盲教育人数相对减少的现象。这一数据，可以从吕光天、郭布库、乌云达赉等于1958年5~7月对陈巴尔虎旗鄂温克苏木进行实地调研时的相关资料看出来（见表2-5）。

表2-5 陈巴尔虎旗鄂温克苏木实地调研情况

姓名	年龄	性别	职业	文化程度	姓名	年龄	性别	职业	文化程度
蒙和	41	男	嘎查干部	识蒙古文	敬高	60	男	牧民	文盲
色木不堪	31	男	牧工	识蒙古文	道尔吉	58	男	木匠	文盲
巴拉丹	31	男	牧民	识蒙古文	敖尔莲娜	58	女	家务	文盲
巴塔尔	30	男	牧工	识蒙古文	图布信	58	男	牧民	文盲
甘朱尔	25	男	嘎查会计	识蒙古文	孟和	55	男	牧民	文盲

续表

姓名	年龄	性别	职业	文化程度	姓名	年龄	性别	职业	文化程度
丹金	70	男	人民代表	文盲	西苗恩	54	男	牧民	文盲
胡力嘎	79	男	牧民	文盲	西苗恩	50	男	牧民	文盲
吉格米德	79	男	牧民	文盲	马如卡	48	男	牧民	文盲
乌勒恩钦	68	男	牧民	文盲	沙立芬	46	男	牧民	文盲
苏那拉图	68	男	牧民	文盲	伊万	44	男	牧民	文盲
占德格	64	男	牧民	文盲	巴达玛	43	女	牧民	文盲
额热策	62	男	牧民	文盲	巴杂尔	42	男	牧民	文盲

资料来源：吕光天等：《鄂温克族社会历史调查》，内蒙古人民出版社，1986，第344页。根据再次调研内容，本书对于表格相关内容进行了删减。

表2-5中，所涉及的人都是鄂温克族，且以男性为主，这些牧民里有文化知识的占21%，文盲人数所占比例达到79%。不过，当时的统计数据里同样包括半文盲或参加扫盲教育而还未脱盲的一些人，也包括早期学过俄文的一些鄂温克族老牧民。这就是说，表2-5里的所谓文盲中，有半文盲及正在接受扫盲教育的牧民。再者，课题组成员在20世纪80年代初的调研资料充分显示，到20世纪60年代中后期，表2-5内出现的鄂温克族当中，20世纪初以后出生的鄂温克族文盲基本上先后摘掉了"文盲"的帽子，成为至少有小学文化知识的牧民。相比之下，20世纪初之前出生的一些老人，脱盲率比较低，有的虽然接受过俄式小学教育，但由于后来脱离俄语俄文使用环境而丢失了不少所学知识，进而退化到半文盲程度。如前所述，在20世纪60年代中后期至70年代中后期的十年里，由于当时的社会发展遇到的种种问题，鄂温克苏木的扫盲教育受到一定影响，结果也出现了文盲人数有所增长的现象。从表2-5可以看出，在当时有文化知识的人，都是在41岁以下，所谓文盲都是在42岁以上。这一事实说明，陈巴尔虎旗鄂温克苏木的鄂温克人于20世纪初迁徙到我国境内之后，他们的孩子们都不同程度地接受过教育。

课题组成员从20世纪80年代开始一直到21世纪初的30年当中，对该地区鄂温克族开展的实地调研充分证实这里的鄂温克族牧民在20世纪

70年代末之前基本完成扫盲教育工作任务，除了极个别的年纪大的牧民之外，几乎都摘掉了"文盲"的帽子。值得一提的是，一些鄂温克族牧民还掌握了汉语汉文，达到汉语文小学文化水平。就如前面所说，鄂温克苏木的扫盲教育都使用蒙古语文，在20世纪70年代中后期才有了加授汉语文课的现象。不论怎么说，陈巴尔虎旗鄂温克苏木的扫盲教育确实取得了鼓舞人心的工作成绩，使鄂温克族牧民们成为有文化、有知识的草原牧区建设者。再者，本来鄂温克苏木的鄂温克族人数不多，也只有2000多人，其中老年人在俄生活期间接受过俄式教育，迁徙到我国境内后他们的适龄儿童在不同历史时期接受过不同程度的教育。特别是新中国成立以后，他们的适龄儿童基本都上学读书，就是人数不多的文盲也经过扫盲教育达到脱盲程度，成为相当于小学文化水平的人。其间，鄂温克苏木的扫盲教育也遇到社会发展过程中出现的一系列曲折与问题，但最终都得到较理想的解决，使他们的扫盲教育较理想地完成了历史使命。

三　阿荣旗扫盲教育

农区生活的鄂温克族，同样在解放初期就积极开展了扫盲教育，并且取得了十分显著的阶段性成绩。比如，内蒙古呼伦贝尔的阿荣旗、莫力达瓦旗、扎兰屯、根河等地的广大农村或林区，以及黑龙江省的讷河地区的鄂温克族乡村等地，从1949年以后就紧密结合农业、林业生产生活内容，兴办乡村识字班、乡村速成班、冬季扫盲班、民间识字读书班、村干部扫盲识字班、识读汉字扫盲班、田间地头扫盲班，通过送字入户扫盲教育等多种形式，开展了针对不同阶段、不同层级、不同范围、不同人群的扫盲教育。而且，在农区或林区的扫盲教育活动中，基本上都使用汉语文扫盲教材，也就是说他们是通过拼音字母的学习掌握和汉字识读、汉字学习来摘掉了"文盲"的帽子，成为有小学文化程度及初中一年级文化水平的劳动者。根据课题组的调研资料，在当时的农村或林区扫盲教育中，使用率最高的是用汉语文编写的《农民识字课本》，这本扫盲教材很受鄂温克族欢迎，进而在农区或林区鄂温克族扫盲教育中发挥了积极推动作用。据不完全统计，经过20世纪40年代末期到改革开放前的30多年的扫盲教育，农区和林区的鄂温克族摆脱文盲率在92%左右。相比之下，农区的脱盲率要

高于林区的脱盲率，脱盲人群的扫盲教育巩固率也要高于林区。特别是阿荣旗和扎兰屯地区的扫盲教育开展得有声有色，很有实际效益，所以，这两个地区的鄂温克族文盲，经扫盲教育基本上都达到脱盲程度。不过，也有个别上了年纪的鄂温克族老人，认为自己年龄过大而没有参加扫盲教育，虽然孩子们放学后去动员老人学习文化知识，或者自己在家里教老人识读汉字，但由于他们没有什么兴趣，不主动接受扫盲教育而最终还是未能脱盲，或者说在被动接受扫盲教育的情况下还是未能达到脱盲标准。包括这些老人，加上从新中国成立初期到 20 世纪 60 年代中后期的扫盲教育达到脱盲标准和要求的一些中老年人，受从 20 世纪 60 年代后期至 70 年代后期出现的社会动乱的直接影响，所学的文化知识没有得到进一步巩固，反而导致他们的文化知识下降，进而出现文盲人数有所增长的反常现象。

阿荣旗鄂温克族生活的乡村积极响应国家及旗政府提出的扫盲教育工作指示精神，从 20 世纪 40 年代后期就不失时机地启动了扫盲工作，充分利用乡村有文化、有知识的鄂温克族中青年进行扫盲教育。尤其是在鄂温克族生活的农村，紧紧抓住冬季过长而又属农闲季节的有利时机，几乎在每个村落都办起了乡村冬季识字班、乡村冬季速成班、冬季扫盲班等冬学和民校，紧密结合农村、农业、农田生产生活实际开展扫盲教育。由于扫盲教育的课程内容同农村的日常生活紧密相连，与他们的农业、农场、农田、农具密切有关，都是属于他们在日常生活及生产活动中经常接触到的事物，所以阿荣旗辖区内的鄂温克族农民十分感兴趣，而且学了马上就能够用于生产生活实践，进而充分发挥了所学知识的实际作用。其中，于 1954 年办的鄂温克族乡村干部扫盲识字班，不只是参加识字班的全体学员摘掉了"文盲"的帽子，同时进一步强有力地推动了扫盲教育工作，直到 20 世纪 60 年代中后期这里的扫盲教育也开展得很有起色，用他们的话说："是《农民识字课本》把我们带入了有文化、有知识的新生活。"就在这一时期的扫盲教育中，鄂温克族农民不只是学习汉字，同时还要学习农业基本知识、历史基础知识、初级数学知识等。

由于鄂温克族农民对于掌握文化知识，以此来走出没有文化的困境之需求和愿望十分急切，大家都踊跃参加扫盲教育。尤其是他们充分利用东北地区冬季农闲季节过长的有利机会，在村屯采取乡村政府动员各方力量

办冬季汉字学习脱盲教育班的形式，还将鄂温克族冬季培训学习班承包给脱盲教员或小组来办，同时开展了请小学生、小先生送字到家式脱盲教育活动。毫无疑问，所有这些对于鄂温克族生活的广阔农村的扫盲教育产生深刻影响。其结果是，到 20 世纪 70 年代中后期，旗相关部门和扫盲教育委员会对于整个阿荣旗扫盲教育进行全面验收时，全旗鄂温克族乡村基本上达到脱盲标准，脱盲率达已经提升到 97%。

另外，阿荣旗鄂温克族职工扫盲教育，以及职工文化知识的提升、强化、巩固等方面的工作也开展得有声有色。自新中国成立之后，几乎没有间断在此方面的工作，加上鄂温克族在职员工十分重视自身文化素养的提高，早在 1950 年就组织鄂温克族工矿企业及不同岗位上工作的在职员工到职工业余文化学校进行最为基础的扫盲式初级小学文化培训，同时对于有一定初级小学文化知识的职工开展高级小学文化知识的教育培训。由于参加扫盲教育或强化基础教育的职工较多，当时教学用的场所和教室比较紧张，上课时就会分成早班和晚班来上。还应该提到的是，随着鄂温克族职工文化水平的不断提高，职工教育的标准要求也随即提高，因此于 1958 年开始办初中文化知识培训班，紧接着于 1959 年新增设高中文化知识培训班。所有这些与鄂温克族职工相关的扫盲教育，一直延续到 20 世纪 60 年代中后期，后来由于受当时社会发展过程中遇到的种种问题才停止了职工扫盲教育等工作。

四 中专技工学校教育

依据课题组获取的第一手调研资料，从 20 世纪 60 年代开始鄂温克族生活区域才有了中等专业及技工教育。在此之前，鄂温克旗境内也没有正式开办的中等专业学校及技工学校等。1966 年，旗医院开办了医护人员卫生学校，主要承担全旗基层医护人员的培训工作，每年培训教育医护人员 30 余名。与此同时，在 1975 年 3 月至 1976 年 3 月的一年间，旗医院还承担了呼伦贝尔卫生学校临床课程授课任务，为培养具有中等医护知识的基层医院、医疗所医护人员发挥了积极作用，使当地达到中等医护水平的人数增加到 45 人。在此基础上，也是为适应当时的农村牧区医疗卫生实业的发展，鄂温克旗建立了卫生学校，进而每年有计划、有成效地培训教育各

级医护人员，在很大程度上提升了鄂温克族医疗卫生工作人员的知识水平及服务质量。

鄂温克族从新中国成立以后，就根据本地区畜牧业生产及农业生产等方面的机械化发展需要，在旗里建了好几所畜牧业及农业生产机械小型维修站。在当时，该旗畜牧业机械化程度较低，规模化、集约化程度也不高，所以从20世纪60年代开始提倡提升机械化生产技术来提高草原生产力水平。实际上，早在1914年前后，鄂温克旗牧民就开始从俄罗斯购入割草机和搂草机用于割草。在1953年以后，该地区已经在牧场上使用我国自己生产的割草机和搂草机等牧区机械设备。后来，又有了较为先进的牧草收割机及拖拉机等机械。伴随鄂温克族草原牧区及农区机械设备水平的不断提高、机械设备的不断增多，1970年以后旗内经营农牧机械修理、改装，生产相关零部件的厂家开始逐年增多。与此相关，对农牧机械技术人员的培训教育成为当时畜牧业经济社会发展的必然要求，也成为畜牧业经济社会发展的当务之急。在这种需求的驱动下，旗农机管理站在1970~1974年连续四年开设农牧机械技术人员培训教育班，通过不同层面、不同范围、不同技术领域培训教育各种机械设备技术职工数百人，其中拖拉机驾驶员就有90余人。然而，这些零散性、季节性、非系统性的培训教育远不能满足鄂温克旗畜牧业经济快速发展的需求，在这一现实面前旗里于1975年成立了农牧机械技术学校。在当时，考虑到机械技术培训教育与畜牧业生产实践紧密结合，旗里将农牧机械技术学校设在鄂温克草原腹地孟根楚鲁苏木。从此以后，这里的农牧机械技术人员及人才的培训教育工作走上正规化发展道路。在这里还应该提到的是，于1978年在鄂温克旗大雁煤矿还建了一所中等教育性质的职业技工学校，主要招收初中毕业生或高中毕业生，开设两年制专业化技术实用型人才技能培养教育课程。至此，全旗技工学校数量达到2所，加上旗卫生学校和大雁师范学校等中等专业学校，该旗中等教育走上较为理想的发展道路，也为鄂温克族机械设备、技工方面培养了一定数量的优秀人才。

鄂温克旗紧密结合扫盲教育，还开展了半工半读性质的脱盲教育及提升职工水平教育的活动。1965年，旗政府教育管理部门决定建立一所学制为三年的半工半读性质的职工学校，校舍占地面积540平方米，有教师办

公室和 6 个教室。并很快组织了由校长 1 人、教导主任 1 人、教师 3 人、教学辅助人员 5 人共 10 人组成的教职员工队伍。当年开班，就招收了 82 名学生，分成两个班上课。在教学中，该校把教学和生产实践有效结合，注重培养学生们在学习中生产，在生产中学习文化知识和技能，使学生们很快将所学知识用于生产和指导生产。边学习边劳动的半工半读教育方式很受学生们的欢迎，这不仅解决了学生们的学费问题，同时解决了学生们的食宿费用，从而提升了学生们的学习热情，发挥了学用结合的作用。受其影响，旗所属职工学校、技校及其基层苏木各中心校积极参与"勤工俭学"活动，同时纷纷办起小农场、小牧场、小工厂基地，使那些半工半读或技校的学生或相关学校高年级同学按教学大纲的规定，定期到学校办的劳动场地、劳动基地上劳动课，在劳动实践中强化对理论知识的实际理解和掌握，增强知识与劳动实践相结合的劳动观念。当然，这从另一个方面也给学校增加了一定经济收入，改善了住宿生食宿条件，解决了学校经费不足或紧张的问题，使这些学校增添了不少急需教材、教学仪器、各种书籍及其他设施。

在当时，为了进一步普及半工半读性质的教学，使学生毕业后能够更好地适应社会发展需要，更好地发挥自身优势，旗里的一些中学于 1975 年实行半工半读式开门办学，还办起了具有劳动实践意义的分校，师生自己动手兴建土木结构的宿舍、食堂、劳动实践教育的教室，并以此为基础加强半工半读具有勤工俭学性质的教育。后来，类似于半工半读性质的分校归属旗教育局统一管理，成为旗教育局既勤俭办学又勤工俭学的"双勤"教学基地。有的教学基地不只是教基本的畜牧业生产知识、农业生产知识、农牧机械技术知识，还生产学生桌椅、办公桌椅、沙发、茶几等产品以及加工木料、灰条、三脚架等建筑材料。所有这些，不仅解决了一些学校本身存在的桌椅板凳不够用、教学设备不完善、经费紧张等现实问题，也解决了不少本地区其他学校面临的一系列问题。在那个经济困难和社会发展遇到诸多问题的关键时期，确实发挥了十分积极的作用。毫无疑问，以上举措也对鄂温克族在职职工或社会上的一些青年人强化知识教育及掌握基本劳动知识产生了积极影响。

除鄂温克旗之外，其他地区的鄂温克族居住的乡镇苏木从解放初期到

20 世纪 70 年代末，也通过速成师范、职工学校、中专技工学校及半工半读学校、半农半读中级师范学校等途径，培养了相当数量的有一定基础知识的鄂温克族工人、农民、牧民，也提升了乡村学校的教师队伍的文化知识水平。更为重要的是对那些没有接受过正规文化知识教育，以及只有小学初级水平或者没有任何职业技术知识的鄂温克族中青年职工，进行了一次革命性的全面文化知识教育，使他们成为有文化、有知识的技术工人及农牧民。

第三章 改革开放后的教育

从1978年开始，我国进入了改革开放的新时代，鄂温克族教育事业同全国各地各民族的教育事业一样，进入了一个十分理想而美好的发展时期，这一时期鄂温克族教育发生了从未有过的变化和进步，鄂温克族教育被摆在了本地区经济社会繁荣发展的重要位置，成为推动本民族科学技术进步的重要前提和条件。而且，这一切符合鄂温克族人民重视教育、追求科学技术知识的思想理念，符合他们遵循和尊重人类发展的必然规律，用与时俱进的教育和文化知识改变自身命运、用智慧的头脑创造未来幸福生活的迫切愿望。正因为如此，在改革开放的40年当中，鄂温克族教育事业如虎添翼，取得长足的发展并获得令人感叹的辉煌业绩。

第三章主要阐述改革开放后40年的鄂温克族教育，其中包括母语教育、幼儿教育及学前教育、小学教育、中学教育、职业技术教育、扫盲教育及基本普及九年义务教育七个方面的内容。在分析研究鄂温克族在教育事业方面取得的辉煌业绩时，首先，着重论证鄂温克族传统教育与现代教育科学融合而产生的学术价值与意义；其次，在幼儿教育及学前教育的讨论里，重点论述民族小学的崛起及健康发展的鄂温克族小学教育；再次，中学教育部分，主要从初中教育、高中教育、民族中学教育视角阐述健康发展的鄂温克族中学教育；最后，鄂温克族职业技术教育部分，着重探讨职业中学教育、半工半读教育、职业技术教育的繁荣发展。同时，这一章还会讨论成人教育、基本普及九年义务教育和基本扫除青壮年文盲工作取得的鼓舞人心的业绩，以及由此对经济社会发展产生的强劲动力与生命力。

第一节　鄂温克族传统教育与现代教育科学
融合与融通

前面的不同章节里，从不同视角、不同层面、不同程度地分别讨论过鄂温克族传统教育所产生的影响和作用，包括传统意义上的家庭教育和社会教育。家庭是孩子们走出家门，迈入社会各种学校之前的第一个教室，孩子的父母及长辈是孩子接受启蒙教育的第一位老师。孩子们从很小开始，也就是刚刚懂事的时候，就自然而然地接受来自父母或长辈的教育。父母或长辈特别注重通过孩子们身边的生活和生产实践来教育他们，使他们逐渐感悟或认识到生命、存在、社会的关系，认识到最基本的做人的道理，并初步掌握与此密切相关的语言知识、行为规范知识、思维规则知识、伦理道德知识等。通过前面的讨论，我们完全可以清楚地认识到，鄂温克族家族式或家庭式传统教育是传承下来的教学育人的弥足珍贵的财富，甚至成为鄂温克族子弟迈入学校大门，获得文化知识的重要前提和条件。绝大多数鄂温克族青少年在家族式或家庭式教育中，获得十分可贵的最初教育和为人处世的启蒙思想，从而给后来的学校教育打下较理想的基础。20世纪70年代以后，伴随改革开放的开始，以及全新意义的教育教学体制的不断完善和深度推进，鄂温克族传统教学教育是否已经走到尽头，是要由全新意义的现代教育取而代之，还是成为现代教育不可或缺的一个组成部分，或者说要成为现代教育的一个重要基础成为一个问题。反过来说，鄂温克族传统教育能否更多地吸纳现代教育的新鲜血液、丰富营养，不断与时俱进提升自身存在的价值，自觉、积极、科学地融入现代教育，从而更好地发挥本身具有的特殊功能和作用成为当前的一个重点。毫无疑问，这些问题都是我们必须探讨的学术问题。下面，本书对此展开分析讨论。

一　传统教育与现代教育

在这里首先需要说明的是，鄂温克族传统教育从历史走来，一直为鄂温克族这一人口较少民族自身发展发挥着不可估量的重要作用，无论是在

使用文字前的早期文明社会，还是人类创造了文字进入使用文字的后期文明时代，他们在千百年的历史进程中用共同的劳动，以及共同的生产生活实践与经验，用共同的思想与智慧创造了相当丰富、系统、完整的传统文化与文明，教育、启迪、鼓舞了一代又一代的鄂温克人。这也是鄂温克族传统教育与他们的传统文化与文明不可分割的重要原因。走过历史的长河，回顾鄂温克族走过的漫长岁月，他们经历了无数磨难与艰辛，其中作为他们文化与文明基石的教育，或者说这种传统教育本身体现的传统而优秀的文化与文明，成为该民族永不放弃的精神力量与追求美好生活的坚定思想信念。他们热爱大自然，把大自然视为人类的母亲，所以他们崇拜自然界的日月星辰、天地虹霞、风雷雨雪、冬夏春秋，崇拜大自然的海湖江河、草木花果，崇拜从渺小到庞大的自然界的一切生命和生命的一切。在他们看来，自然界或者说大自然的一切生命都有思想和灵性，都有相互沟通的语言和交流，不能因为我们人类听不懂它们的语言就否定它们的语言；不能因为我们人类感受不到或者说触摸不到它们的感情，就忽略它们内心深处富有的美好情感；不能因为我们人类不懂它们的生活环境就去随心所欲地破坏或毁灭它们的家园。鄂温克族传统教育告诉他们的孩子们，人要尊重自然界的一切生命，要尊重它们的存在和存在的权利，要保护它们生活的家园和生存环境。人类为了生存或生活，从自然界索取生存或生活所需的必要物质时，一定要对向人类无私奉献生产生活资料的大自然，包括奉献生命的动物和植物表示深深的谢意和感恩。比如他们上山狩猎时，就会向山神"白纳查"磕头，祈求山神给饥饿的孩子们一点食物；猎到动物后也要感恩山神和动物神给他们猎物；吃猎物的肉时还要感恩天神赐给了他们食物，甚至吃猎物肉时怕恼怒山神和天神会向山神和天神说"我们实在饿得不行才吃几口您恩赐的肉，我们吃一点就不吃了，我们不会浪费或扔掉一点点的食物，我们也不会贪婪而贪得无厌地吞噬任何生命和食物"，有时还会说"不是你们的孩子们在吃猎物的肉，而是一群不懂事的乌鸦在吃猎物的肉"等。他们想以此得到神灵的宽恕与保护，达到与自然界和谐共存的目的。不是在山上狩猎，就是在草原上狩猎，或者在江河湖泊里打鱼时，也会向草原神及水神祈求。

在他们看来，大自然是人类的母亲，其他所有的生命，包括人类和动

物都是大自然母亲的孩子,所以人类从大自然索取食物时,一定要得到大自然母亲的允许。而且,他们从来不会贪得无厌地索取或猎杀野生动物,他们只是为了填饱饥饿的肚子,他们更不会储备过多食物导致吃不完而浪费扔掉;不只是动物肉,就是野菜野果也不会积累到浪费的程度;储备的燃料,也都是属于森林中自然干枯、死亡的树木,从不砍伐活着的那些树木。在他们的信仰世界里,人如果随心所欲地采集野菜野果、砍伐树木同样会成为罪人受到天神、山神、树神等神灵的惩罚。另外,就如前面所述,在山里、河水中、草原上都不许随便丢弃生活垃圾,否则同样会受到神灵的惩罚。鄂温克族一代又一代人用这种流淌于血液中、深深植根于脑海的文化与文明,教育他们的孩子。应该明确指出的是,这种文化与文明同他们"万物有灵论"的信仰世界融为一体,成为他们精神生活里不可割舍的信仰内容,也自然而然地成为他们传统教育的核心部分。不过从另一个角度来分析,这种传统教育也有它的严肃、无情的方面,比如妇女最多只会生育三胎。对此他们解释说,自然界养育的人类是有数的,人类不能无限制地生育后代,人类繁衍如果超出自然界的养育能力,就会毁灭养育人类的自然界,最终就会毁灭人类自身。所以,在早期鄂温克族家庭一般都有两个孩子,有三个孩子的家庭也不是太多。对此,他们还有一种传统意义上的解释,那就是认为孩子多了不只是给家庭、家族、社会、自然界造成一系列供求矛盾,以及增加一系列的麻烦和负担,同时也会直接影响孩子们的受教育情况,会影响孩子们受教育的质量和孩子们的健康成长。他们坚定不移地认为大自然的存在同人类的存在之间有一个极其和谐合理、相互依存的关系状态。大自然虽然创造了人类和世间万物,但任何一种生命超越时空的发展、无限制地扩大规模或增加数量,都会给大自然带来预想不到的灾难。比如,自然界的任何一种野生动物无限制地增加,就会给创造并养育它们的自然界带来致命危害,这就需要用人类的力量和智慧来控制它们快速增长的数量。反过来说,人类自身的数量无限增加即人口的恶性膨胀,同样会给自然界带来无可估量的破坏或灾难,这也是鄂温克人自古以来自觉控制人口增长的重要意义。这些生存哲学及生命科学,扎根于他们的思想深处,融入他们对孩子们的教育中,进而成为他们教育孩子如何做人、如何同大自然和谐友好地相处、如何尊重和认识大自然的生存规

律、如何爱护和保护大自然的一切生命方面教育的重要内容。

　　他们的长辈和父母，在孩子出生以后就十分细心而认真地进行传统意义上的启蒙教育。他们深深地懂得，是他们把孩子带到了这个世界，他们是孩子们最初的启蒙老师，孩子们的家是最初接受教育的课堂。进而他们坚定不移地认为，父母和家里的老人，作为孩子们最初的老师，他们的语言及行为将直接影响孩子们的成长，关系到孩子们的性格及思想品德的形成，作用于孩子们的心理及为人处世，涉及孩子们的未来走向及人生的定位。所以，父母或大人十分注意自己的言谈举止，如果遇到什么问题或矛盾，即使是十分尖锐而严重的矛盾或问题，也一定要回避孩子们去交流或处理，避免或忌讳在孩子们面前大吵大闹或喊叫——在他们看来，这样做的结果就会培养或教育出一个不讲道理、野蛮、暴戾、残酷的人。特别是在孩子还没有上学、是非观念还未完全确立、对于身边事物完全处于感兴趣或感性认识阶段的时候，更加注重作为父母或大人的形象以及言传身教的作用。同时，从孩子们睁开眼睛看世界、迈开人生的脚步走向世界、打开思想认识世界时，就会教育他们学会用心灵去与自然界的万事万物进行接触与交流，触摸或感应它们的存在、它们的思想、它们的心灵，进而学会保护自然、珍爱自然、信仰自然。父母和长辈作为孩子们的启蒙老师，教育孩子们从小与自然和谐相处、与自然深度接触、与自然坦诚交流。在此基础上，才开始教育孩子如何做一个善良、纯洁、真诚、包容、智慧、勇敢的人。或许正因如此，人们到鄂温克族生活的草原牧区，经常会发现刚刚学会说话或走路的孩子与太阳、月亮、星星、山、水、森林、花草，以及各种动物交流的场景，好好听一听他们幼小而稚嫩的心灵发出的声音，确实会让人感受到人与自然刚刚接触时的纯洁、天真、质朴、自然与美好。

　　也就是说，在鄂温克族自古以来的家族式或家庭式教育，包括后来的私塾式、社会化及清朝时期的八旗教学，以及解放以后的学校教育中，他们的传统教育始终发挥着不可忽视的基础教育、启蒙教育的作用，对于孩子们的成长产生重要影响。改革开放以后，伴随我国经济社会的快速发展和崛起，人们对于文化知识的需求越来越大，特别是对于当今世界主流文化知识的需求变得越来越迫切、越来越强烈，在以电视、电脑、手机等为平台传播的主流语言文化及其知识铺天盖地影响着鄂温克族语言文化、思

想意识、社会生活的今天，他们的传统教育将何去何从，如何更好地融入现代教育发挥其应有的作用，是摆在全体鄂温克族面前的极其迫切的问题。对此问题我们必须要有一个客观实在的思考，要有一个实事求是的认识，更应该有一个认真明确的态度。家庭是我们走入社会的前提，家庭是我们人生的第一课堂，父母和家里的老人是我们人生的最初的启蒙老师，他们的教育会直接影响我们的一辈子。所以，鄂温克族常说：

oondi　ening　amingxi　bikki　oondi　urulxi,
怎样的　母　父　　　是　　什么样的　孩子
juuni　tatigalning　oondi　bikki　urul　ujigutti　oondi　tegguwu　ulireng.
家庭　　教育　　怎样的　是　孩子　未来　怎样的　路　　走
　　　有什么样的父母就会有什么样的孩子，
　　　有什么样的家庭教育就会有什么样的孩子的未来。

ening　amingdihi　urulni　ujigutti　ulir　tegguweni　saarang,
母　　　父　　　孩子　未来　　走的　路　　　知道
uruldihi　ening　amingni　tatigalbani　ooqqi　juuni　tatigalbani　saarang.
孩子　　　母　父身　　教育　　　和　家庭　　教育　　知道
　　　从父母身上可以看出孩子的未来，
　　　从孩子身上能够看出父母的教育和家庭教育。

juuni　tatigalning　aya　urul　ujiduwi　nandahan　ulireng,
家庭　　教育　　好的　孩子　未来　　美好　　发展
juuni　tatigalning　eru　urul　ujiduwi　eruji　ulireng.
家庭　　教育　　不好的　孩子　未来没　不好　发展
　　　家庭教育好的孩子未来会有出息，
　　　家庭教育不好的孩子未来没出息。

在现代文明社会迅猛发展、现代科学技术日新月异、现代教育无处不在的今天，鄂温克人理性地懂得，只有与时俱进才有自身的发展这一硬道

理，同时他们也懂得"温故知新""吐故纳新""古为今用"的深刻哲理。正是这一缘故，即使是在现代教育进入鄂温克族千家万户的现实面前，他们也没有放弃传统意义上的家庭教育和启蒙教育：教育孩子们如何做人，如何同大自然接触，怎样爱护自然界的一草一木、一山一水、一切生命；教育孩子大自然是人类的母亲，人类是大自然的孩子；教育孩子们要尊老爱幼、要遵循自然规律和社会文明进步的发展规律办事等。而且，在他们看来这些传统意义上的教育对于孩子们的成长十分重要，应该让孩子们从小就牢牢地记在心里，进而去影响孩子们的一生。与此同时，他们不断更新、丰富、提升传统教育的内容，不断融入现代教育的思想内涵，使他们的传统教育与现代教育相互交融、相互辉映、相互补充。换句话说，他们将现代教育科学地融入传统教育之中，给传统教育注入新的生命力和新鲜血液，使它成为现代教育的一个重要组成部分。事实上，他们的传统教育中提倡的人和自然的和谐相处、爱护自然和生存环境、尊老爱幼等方面的内容，也是现代教育的核心部分。

鄂温克族为了更好地让他们的传统教育与现代教育融为一体，紧密结合孩子们在学校学习的新知识，讲许多与此有关的本民族的神话故事。他们还把本民族的历史编成传说故事讲给孩子们听，让孩子们在美妙生动而神奇的故事情节中了解自己的历史。他们还给孩子们讲鄂温克族为什么崇拜太阳，太阳姑娘是如何用善良的心灵、辛勤的劳动拯救了人类，给人类带来了阳光和温暖；小梅花鹿的母亲临死前对孩子教导，任何时候都不能接近恶魔，要用自己智慧的头脑创造自己美好的生活；为什么说大自然是人类的母亲，大自然母亲是怎样创造了人类，人类应该怎样爱护爱戴母亲；猎人如何拯救了苦难中的老虎，老虎是怎样用厚爱回报了猎人善良的心灵，后来他们是如何和谐幸福地生活；没有善心的恶婆，如何伤害了美丽善良的姑娘，如何成为恶魔的朋友，最终又如何被恶魔活活吃掉的等神话故事。以此不断强化现代教育中热爱自然、爱护环境、珍爱生命、尊老爱幼、诚实善良等概念。他们不仅给孩子们讲这些太阳神的女儿等神话故事，还依据桦树皮将传统的太阳神及太阳神女儿等神明的形象制作成各种各样的艺术品赠送给孩子们，让孩子们戴在胸前、记在心里，教育孩子们像太阳神女儿一样做善良、真诚、阳光灿烂而充满爱心的人。孩子们放学回来后，

还要教孩子们用现代先进的制作工具去制作桦树皮艺术品和生活用品、玩具,以及教他们制作弓箭、滑冰板、爬犁、牛车、游牧包以及现代各种小艺术品等。通过这些手工劳动,孩子们慢慢懂得了他们的传统生活和文化,孩子们也培养了热爱生活的情感,丰富了从传统教育中萌发的想象力,开发了他们的智慧世界。另外,还在轻松愉快的家庭环境中,紧密结合孩子们的教科书或课程内容,教给孩子们鄂温克族传统上的文明礼貌、待人接物、民俗习惯等方面的知识,使孩子们对课程内容有更加现实的、深刻的、客观实在的认识。家长们还用心培养读书的孩子们从小热爱劳动和积极参与传统生产活动的能力。比如,教孩子们从小学会骑马、学会用套马杆、学会放羊放牧、学会挤奶、学会制作奶食品等。

鄂温克族很重视对后代的教育,他们希望孩子能够从传统教育和现代教育中学到更多生活技能,掌握更多生活知识,感悟更多人生道理,成为对家庭、对社会有用的人。他们始终认为,每个人的成长过程离不开家庭教育、传统教育和现代教育,不能因为现代教育的优势而完全否定传统教育,更不能因为学校教育否定家庭教育。他们还用汉语拼音字母转写本民族语言、本民族神话传说故事、本民族谚语成语教给孩子们。而且,教本民族语时,充分利用一切可以利用的现代科技手段,包括电脑、手机、平板电脑等来教授本民族语言。过去,人们总认为现代科技时代的到来、科技手段的普及,会自然而然地给鄂温克语的使用带来致命冲击。然而没有想到的是,这对于鄂温克语的使用却带来极大方便,用汉语拼音字母创制的鄂温克语记音符号系统,对于鄂温克人用电脑、手机、平板电脑等现代交流工具进行母语交流带来了意想不到的便利,也对鄂温克语的使用和保护产生了重要作用和影响。这也是鄂温克族使用的母语科学合理地融入现代社会的理想途径和结果。这一事实充分说明,只要我们科学地认识和利用现代科学技术,它就会为我们的传统文化与文明的保护和发展发挥强大的生命力,任何一个优秀的传统文化与文明,都不应该否定、拒绝、脱离现代科学技术,只有我们科学地利用现代的一切科学技术,才能够更好地传承和弘扬优秀的传统文化。反过来讲,一切优秀的传统文化,必须科学地融入现代文明和现代文明社会,才能够更好地发扬光大、发挥它的作用。

二 鄂温克族现代学校教育

在这里，结合鄂温克族传统教育，概括性地谈一谈我国进入改革开放以后，鄂温克族现代教育的迅速崛起以及取得的辉煌成就。也就是说，在 20 世纪 70 年代末期，伴随改革开放及我国教育事业的繁荣发展，鄂温克族地区的教育工作也进入了一个新的发展时期。而且，不论是在教学环境、教学设施、教学规划、教学制度、教学质量，还是在教材与教师队伍等方面都不断得到改善、提升和优化。比如首先强化了幼儿教育，恢复或制定了小学六年制、初中三年制、高中三年制的教学制度，恢复了高考制度，进而制定了一整套严格意义上的教师考核制度等。可以说，从 20 世纪 70 年代末以后，尤其是从 80 年代开始，鄂温克族生活的城镇，包括各个乡村在内，基本上都得到专项经费用于从幼儿教育到中学教育的进一步完善、提升和优化。鄂温克族地区几乎都按照新标准、新要求、新理念调整教学方针和政策，使 20 世纪 60 年代中后期到 70 年代中后期受社会发展阶段遇到的种种问题或矛盾影响的学校教学状况在很短时间里得到根本性改变，进入了正常、科学、快速发展阶段，从而给鄂温克族地区的教学教育注入了新的更加强大的活力和生命力。由于生活在森林深处牧养驯鹿的鄂温克人在改革开放前基本没有接触过根据学前幼儿教育的实际情况来办的学前班，甚至一些幼儿除了母语之外，没有接触过包括汉语在内的其他任何民族语，因此一上学就全部用汉语学习确实十分困难，这种现实面前，给他们办学前班十分必要。1980 年 10 月 5 日，国家专项投资兴建了 200 平方米的砖瓦房学前班，学前班里还配备了懂他们母语和牧养驯鹿文化的幼师。第一批招收的 20 多名鄂温克族幼儿，在学前班得到很好的学前教育，掌握了上学前的拼音字母、汉语基本数词、简单的一些汉字词等。学前班的孩子们不懂或不明白的地方，学前班老师就用母语并紧密结合幼儿们最为熟悉的牧养驯鹿文化做进一步解释。所有这些，对于培养幼儿们的学习兴趣，乃至上小学后文化知识的学习都产生了深远影响。

鄂温克族历来重视幼儿教育和学龄前儿童教育。改革开放以后，旗里拿出专项经费兴建了一所设备齐全、功能齐全、教员齐备的分有大、中、小、幼儿四个班的现代幼儿园。旗办幼儿园除了有幼儿教员之外，还有训

练有素的保育员、教养员和保健医生等。此外还有企业办的 7 所幼儿园、个体办的 4 所托儿所、乡镇办的托儿所或幼儿园等。这样一来，改革开放几年内，全旗就有了 16 所幼儿园，入园儿童有 1200 多名，幼师及保育员等工作人员也有 200 多名。旗教育局为了打好适龄儿童入学前的相应知识基础，在各幼儿园开办学前班的同时，号召各小学也开办学前班，让孩子们在上小学前学习掌握基础文化知识。而且，这种做法很快普及到农村牧区，从 1983 年开始各苏木中心校和有条件的分校都招收年满 6 周岁儿童，让他们到学前班学习掌握入小学前的最基础的文化知识，从而解决了鄂温克族牧区儿童在用其他民族语和其他民族文字时遇到的一些困难。到 1987 年，旗辖区内共有 15 所小学办了学前班，开办了 32 个班，1244 名学龄前儿童入学。

改革开放以后，鄂温克族自治旗小学和中学教育，包括牧民业余教育很快步入正轨，各村都进一步完善了村办学校，乡镇也进一步完善了中学教学。到 20 世纪 80 年代末，旗办现代小学数量就达到 36 所，小学生人数达到 6000 名。另外，旗辖区内的矿区和林区等工矿企业也办了 17 所现代小学，招收学生近 7000 名。也就是说，在旗政府和企业办的 50 余所小学中，共有 13000 多名小学生就读，其中少数民族小学生有 3300 多名，鄂温克族小学生有 1200 多名。更加可贵的是，很快形成了以鄂温克旗教育局为中心，覆盖农村牧区、工矿企业小学的教学网。与此同时，还紧密结合牧区生产生活以及早期教育模式在偏远嘎查的冬营地和夏营地设立了新型教学点。考虑到鄂温克族传统教育，也考虑到他们的家族式或家庭式教育及在社会上接触蒙古语蒙古文较多的实际情况，在鄂温克族集中生活的草原牧区实施了以蒙古语蒙古文为主的教学制度，但是将汉字学习、汉语文课程、汉语教育作为重要的辅助性教学内容。不过，在鄂温克族与其他民族杂居区域，或者说汉族人口占多数的城镇，实行了汉、蒙双语教学或汉语教学制度。不论是蒙古语蒙古文教学的小学，还是汉、蒙双语教学的小学或是汉语授课的小学，都考虑到鄂温克族小学生的家族式或家庭式教育等上学之前的传统教育情况，几乎都配备有懂鄂温克语或鄂温克族传统文化的专职老师。当小学生遇到学习难题或不好理解的课程内容时，这些老师就会给他们用母语和最为熟悉的传统教育方式，结合他们的传统文化进

行个别辅导。由于改革开放以后，学校的教育内容、教学手段和教学形式不断得到改善，而且快速得到提升和优化，这给那些会母语且懂传统文化教育的小学教员们也带来不少新问题，如何用小学生听得懂的母语或传统文化知识讲明不断增加的新术语词或新知识，是一件很不容易的事情。尽管如此，在他们和校方的共同努力下，教师们还是实现了用当地人熟悉的母语和传统文化知识，把现代小学教学知识全部教给学生。为此这些老师和学校方面确实付出了辛勤的劳动和心血。

改革开放以后，国家十分重视民族教育事业，鄂温克族的文化教育事业获得长足发展。在基础教育方面，就如前面所说，该地区有了布局合理且覆盖所有乡村的小学教育，中学教育辐射到乡镇和个别嘎查村。加上教育经费的逐年不断增加，小学和中学办学水平不断迈上新台阶，以本民族、本地区传统教育为基础的现代教育体制日趋完善，各种教育服务机构日趋建全。为发展鄂温克族教育事业，为了使更多的鄂温克族小学毕业生受到中学教育，1982年内蒙古自治区政府还专拨260万元，在旗所在地新建了一所六年制的鄂温克民族中学，教学楼加上学生宿舍总面积达2200平方米，主要招收农村牧区的鄂温克族学生，让他们在完善的现代教学设备、全新的教学理念和教学体制的条件下接受中学教育。而且，鄂温克族中学生的学费和住宿费由国家资助。同时，为了支持整个鄂温克旗的教育事业，内蒙古政府还规定鄂温克族中学生每年每人的助学金增加为90元，小学生每年每人的助学金增加为70元，这使鄂温克族学生的入学率、升学率得到明显上升。由于教学教育经费及各种助学金、补助金的不断增加，鄂温克族地区中学教学中电子化教学设施不断得到完善，电子化教学不断得到普及和优化。尤其可贵的是，电子化教学给鄂温克族地区规范化教学、现代化教学、科学化教学注入了旺盛的活力与生命力，开启了崭新的教学教育事业。不过，中学电子化教学的迅速崛起，同样给农村牧区的个别鄂温克族中学生带来学习上的困难，针对教学中遇到的这些问题，学校方面同样用中学生们听得懂的母语，以及结合他们熟悉的传统文化开展辅助性教学或进行特别辅导。

鄂温克族教育事业的快速崛起，同样需要一批优秀、敬业、成熟且与时俱进的中小学教师队伍。事实上，改革开放以后鄂温克族地区一路走来

的这条理想而成功的教育道路，充分说明他们已经有了一支能够肩负起鄂温克族教育的经过实践检验的优秀教师队伍。这支队伍不仅熟练掌握现代教育所需的文化知识，同时也懂得鄂温克族传统教育为当今教育服务的实际内涵与意义，他们深深懂得古为今用、温故知新的道理。实际上，自改革开放以后，他们为了做好鄂温克族教育工作，付出了十分艰辛的努力和劳动。教学教育改革容不得他们徘徊与犹豫，全新意义的教学方案、教学方针、教学政策、教学制度迅速全面地向深度和广度推进。在这一极其特殊而关键的时期，鄂温克族地区的教育必须要与时俱进，在不断强化现代教育的同时，还要兼顾该民族有史以来传承的传统教育，把他们的传统文明与文化融入现代教育之中，使他们的现代教育更有吸引力、更有亲切感、更有生命力。比如，在历史文化课程中融入本民族的历史文化来讲学、在伦理道德课堂讲述本民族传统伦理道德、自然环境和生物课程紧密联系本民族环保意识和生物知识、文学课里结合本民族优秀文学作品来讲解、音乐课里让学生学唱本民族传统歌曲、体育课上讲授本民族"抢苏""摔跤"等传统体育活动内容等。这使他们的现代课程内容变得更加生动活泼、深入人心，更让学生入心入脑，更容易打开他们的智慧世界。毫无疑问，所有这些不仅需要教学的老师有扎实渊博的现代文化知识，同时也需要他们懂得本民族优秀传统文化知识。他们不仅要精通汉语，还要精通鄂温克语、蒙古语、达斡尔语等少数民族语言，甚至对于不同民族学生的心理、风俗习惯、历史文化都要有一定程度的了解和知识积累，这样才能够把现代文化知识、文明知识、科学知识给学生们讲明白、讲透、讲实。鄂温克族生活地区为了培养合格的、适应时代发展的、具有高素质高素养综合知识的本民族教师，分批分次地安排他们到内陆地区或各高等院校学习，以强化教学能力、增强教学智能、提升教学水平，使他们更好更快地适应教育改革，进而对鄂温克族教育事业的现代化进程发挥了决定性作用。到 20 世纪 90 年代中后期，鄂温克族生活区的教学人员增加到 3000 多名，其中鄂温克族教学人员占总数的 2 成左右。而且，这些教员绝大多数是大学或大专毕业生，也有一些小学老师是中师和高中毕业生，但中学毕业的老师后来经过各种进修学习和培训学习都获得了中专及以上学历和具有国家承认的教师资格，还涌现了一大批出色而优秀的教师，涌

现了不少国家级和自治区级的先进教育教学工作者或其他地区、盟市及旗县级的先进教师。毋庸置疑，这些先进教师是鄂温克族教育事业的中坚力量，也是传承和支撑鄂温克族优秀传统文化及其教育的核心力量，是将传统教育与现代教育融为一体来开发孩子们智慧世界的教育者。他们在极其平凡的教书育人的工作岗位上，做出了极其不平凡的工作业绩，使鄂温克族优秀的传统教育与现代教育科学、理想融为一体，使传统教育成为现代教育不可割舍的重要组成部分，现代教育成为传统教育能够生存和发展的全新手段和途径。

改革开放以后，鄂温克族地区各类专业人员的培训也取得理想发展，这其中就有上文提到的教师队伍的教育培训工作，以及环境保护、森林护理、医疗卫生、牧业机械、农业机械、饲养专业、企业管理等方面的人才的培养。在此方面，旗教师进修学校、旗卫校、旗农牧业机械技工学校等发挥了举足轻重的积极推动作用。特别是这些人才教育与培养工程，紧紧抓住鄂温克族传统文化、传统产业、传统教育的主要部分，紧密结合鄂温克族经济社会发展的基本规律及自身发展所需的现代文化、现代产业、现代教育，不断强化实事求是、针对性的教育，使各类专业人才学了就懂、学了就通、学了就灵，进而成为各类专业技术岗位不可忽视的重要力量。比如鄂温克旗于1984年建立了职业高中，有效利用本校的教学基地、草原牧场、农场苗圃和菜园地，利用现代先进的教学工具，紧密结合本民族、本地区传统文化，形式多样、内容丰富、学用结合地开展青年职业教育，使许多鄂温克族青年走向了自我发展的美好人生道路；1985年旗教育局成立的配备有电视摄影机、彩色电视监视器、录像机、卫星电视接收机、录像带等仪器设备的电子化教育中心，连续不断地演播高中优质课、中师课及大专文化课，进而同样也成为培养成熟电子化教育人才的主要渠道。还应该提到的是，对于过去扫盲工作中遗漏或新出现的文盲，继续开展拉网式扫盲教育工作，开展了群众性的扫除文盲教育活动。结果，21世纪初就基本扫除了鄂温克族文盲，使那些没有读过书的鄂温克族也成为有文化知识的劳动者。

改革开放以后，鄂温克族中学生考入大学的数量迅速增长。据不完全统计，从20世纪70年代末开始到2016年的近40年里，鄂温克族本科生

和研究生的人数共有2000多名，中等专业院校的毕业生有3000多名。也有不少优秀的鄂温克族儿女走出国门，到世界各国的名牌大学留学，读硕士研究生和博士研究生。其中不少已经学成回国，在各自的工作岗位上发挥着重要作用；也有的留在国外，在国外著名大学、科研机构或企业工作。更加可贵的是，鄂温克族涌现了一批具有丰富科学文化知识的尖端人才，成为国家顶端人才或领军人才、"四个一批"人才等。鄂温克族还培养了本民族的教育家、思想家、哲学家、军事家、科学家、作家、诗人、作曲家、音乐家等，进而充分体现出鄂温克族传统教育的影响力，以及现代教育的强大生命力和优越性。

第二节　母语教育

鄂温克语属于阿尔泰语系满—通古斯语族通古斯语支。鄂温克人是具有想象力和创造力的民族，所以他们使用的母语充满极强的生命力。鄂温克语的发音十分悦耳和舒服，语法规则严谨，有约定俗成的内部规律，也就是学术界所说的有极其严格而各自成体系的语音形态变化系统、名词类词的形态变化系统、动词类词的形态变化系统、副词类词的形态变化系统、句法变化系统等。鄂温克人说，他们的语言是源自大自然、回归于大自然的产物，是大自然馈赠给鄂温克人的美丽动听的语言，其声音中有来自大自然万物的声音，其词汇里有极其丰富的同样来自大自然的名词术语，其语法系统里有源自自然界万物变化规律的思维规则。鄂温克语是鄂温克族先民在与自然界、社会、人的接触中，用共同的劳动与聪明才智创造的极其宝贵的财富。在他们看来，母语不只是用于人们相互交流，同时也用于人与自然界万事万物的交流。对此他们进一步解释说，自然界的一切生命都有语言，只要细心、耐心、真心并充满爱心地和它们深度接触，人们就能够听懂它们的语言，就能够了解它们的思想情感，走入它们的内心世界，和它们进行交流，做它们的朋友。鄂温克族的父母和长辈，从小就给孩子进行与此相关的教育，使孩子们从小就懂得珍爱自然界的一切生命。

鄂温克语是鄂温克族开展家族式或家庭式教育，也就是上学之前的教育的主要语言，也是孩子们出生以后，接触世间万物、认识世间万物、了

解世间万物的语言基础。由于我国境内的鄂温克族没有本民族文字，因此到了上学读书的年龄，就会自愿选择用蒙古语文或汉语文讲课的学校，通过蒙古语文或汉语文学习文化知识。根据鄂温克族居住环境和地区的不同，他们使用的母语也有所不同，进而出现不同方言土语的区别性特征。其中，最为典型的是索伦、通古斯、雅库特三种方言的差别。鄂温克语索伦方言也叫辉河方言，通古斯方言通常被叫作莫日格勒河方言，而雅库特方言就是人们所说的敖鲁古雅河方言。另外，索伦方言内部辉河、伊敏河、莫和尔图河、雅潞河、阿荣河、杜拉尔河及讷河地区的不同土语间也存在微妙的区别性特征。很有意思的是，鄂温克语不同的方言土语几乎都以某一种河流为界来划分。其实这也并不奇怪，陆路或平原包括草原森林地区的人类文明，基本上都是以某一条江河为核心形成或发展的，这就如同汉语的黄河流域、辽河流域、三江流域、闽江流域、晋江流域、白龙江流域的方言土语差别，也都是以某一江河或某一江河的不同流段为界进行划分的。不过，鄂温克语作为鄂温克人的母语，除了索伦方言有土语差异之外，通古斯方言和雅库特方言里没有方言差异。并且，由不同河流为界划分出来的索伦鄂温克语土语之间，人们可以用彼此熟悉的母语进行沟通，不会遇到方言口音带来的太大障碍或麻烦。也就是说，鄂温克语索伦方言不同土语可以交流，只是相互觉得彼此的土语里存在一些微妙差异或不同点。而且，这些差异主要表现在个别语音音素或某些词方面，语法上表现的差异不是十分明显。与此相反，鄂温克语不同方言区的人们，要用各自掌握的方言进行交流时，就会遇到不同程度的麻烦或障碍，甚至会直接影响人们的正常对话与交流。在这种情况下，不同方言区的鄂温克人就会借助第二种共同熟悉的语言，也就是用蒙古语、汉语或用达斡尔语来解决母语交流的障碍问题。不论怎么说，不管是哪种方言土语，作为他们母语的鄂温克语，在该民族的早期教育和现代教育包括现代家庭教育中占据十分重要的地位，从而发挥着极其重要的语言教育作用。对于鄂温克族来讲，母语教育或者说用母语进行的教育，似乎更加贴近孩子们的心理和学习兴趣、更有亲切感、更加通俗易懂。因为他们自出生以后，听到最多的就是母语，最早也是通过母语接受了人生的启蒙教育。从这个角度来讲，母语对于孩子们是最为熟悉和最亲切的声音，是几乎在母胎里形成生命时第一次听到

的声音，正因为如此，孩子们学起母语来就有许多优势，学起来也比较容易和简单。毫无疑问，孩子们用母语学习文化知识，同样会有许多便利条件和好处。比如遇到学习上的问题，就可以请教身边的父母或兄弟姐妹，遇到的问题就会迎刃而解。其实，孩子们的学习过程或成长经历就是如此，一个个小问题不能够得到及时有效的答复或解决，久而久之就会逐渐累积成大问题，进而直接反作用于他们幼小的尚处于成长过程的心灵，导致学习兴趣的削弱。所以说，母语教育是孩子们启蒙教育中必不可少的教育手段，也是不可或缺的教育形式和内容。在人的成长过程中，幼年或少年时代是人对于世间万物都十分新奇或感兴趣的时光，同时也是身心快速成长而吸收大量知识的弥足珍贵的岁月，他们最渴望被了解与得到入心入脑的启蒙，他们需要一种听得懂的最为熟悉的声音与语言环境，以及最为亲切的师长或老师，使他们在轻松快乐的自然状态中不断获得知识并开发智慧；反之，就会由于语言环境的不适应、教学语言的不熟悉而给孩子们的成长带来许多烦恼和负面影响。这就是说，青少年要在母语教育下，或者说在从小熟悉的语言教育中成长，接受母语或最为熟悉的语言教育是最好的选择。

随着改革开放时代的到来，主流语言文字充分利用当今社会的一切先进的交流工具，从城市铺天盖地地辐射到鄂温克族生活的每一个村落，进而对鄂温克语造成了空前的冲击，甚至一些地区的鄂温克语很快进入濒危状态，个别方言土语的使用退化到只有几位老人会讲的地步。相较而言，草原牧区的鄂温克族母语使用情况较好，据20世纪80年代中后期中国社会科学院的调查报告显示，鄂温克人中有77%以上的人使用母语。同时，很多鄂温克族除母语之外，还掌握鄂伦春语、达斡尔语、蒙古语、汉语、赫哲语等民族语言，有些鄂温克族还掌握日语、俄语等外语。进入21世纪以后，伴随电脑、手机进入鄂温克族千家万户，无孔不入地影响着鄂温克族生产生活及语言交流，即使是牧区的鄂温克语也受到不同程度的影响，使他们母语教育的社会环境变得越来越不利和困难，这也是草原牧区的鄂温克语使用率再度下滑的根本原因。在农村，母语已经失去对幼儿或适龄儿童的开发性教育及启蒙性教育的功能和作用，而且处于完全无可挽回的劣势地位。也就是说，在黑龙江地区的鄂温克族中，使用母语者已经寥寥

无几，孩子们的母语教育更是无从谈起。他们的日常用语，从家庭到社会，包括在学校、机关单位、厂矿企业、农村社区都变成了汉语或达斡尔语。到了 21 世纪初，连达斡尔语的使用者都以惊人的速度减少，取而代之的是汉语交流。他们的孩子从幼儿园时期就接受汉语教育，上学后无一例外地通过汉语文接受文化知识教育。当然，同时还按学校的教学安排，不同年龄的学生不同程度地学习英语知识。为了改善母语使用者迅速流失的局面，在黑龙江省鄂温克族研究会的倡议下，讷河市兴旺鄂温克民族乡的一些民族村小学从 20 世纪 90 年代起开设母语教育课程，让鄂温克族儿童从小就学习掌握本民族语。这种做法一直坚持至今，但其效益并不像人们所期盼的那样理想，没能改变学生们不会说母语的现状，学生们仍旧把时间和精力用在汉语文的学习或英语学习上。从这个角度讲，鄂温克族生活的农区农村，母语基本上失去了教导育人的功能。林区的鄂温克族的母语，同样到了严重濒危的程度，特别是他们的孩子到了上学的年龄都要上汉语文学校，也就是用汉语文学习掌握文化知识，加上社会上的语言交流以汉语为主，上学的孩子们使用母语的能力退化得很快。值得庆幸的是，山林里牧养驯鹿的一小部分鄂温克族，一直到今天还是以母语为主进行交流，他们在山下学校读书的孩子们到了山林驯鹿牧养点，也会用半懂不懂的母语同父母和老人进行简单交流。换而言之，这一高度浓缩的山林深处的牧养驯鹿点，成为孩子们学用母语的特定社会环境。毫无疑问，这跟他们远离使用主流语言的城镇及乡村，常年生活在人们往来稀少的山林牧养驯鹿点有必然联系。正因为如此，林区鄂温克族虽然只有 200 多人，但其中山林牧场上以游牧形式牧养驯鹿的一部分鄂温克人，至今较好地保留并使用自己的母语，不过他们都是中老年人，且仅有 20 余人。

　　总而言之，鄂温克族母语的使用人口日趋减少，相反汉语的使用人数越来越多。过去，也有一定数量的人使用蒙古语或达斡尔语，现在除母语之外使用蒙古语和达斡尔语的人也不断减少。在这种现实面前，敖鲁古雅河流域的鄂温克语方言和农区农村的鄂温克语基本上都进入严重濒危状态，莫日格勒河流域的鄂温克语方言及其草原牧区的所有鄂温克语也都变成了濒危语言。对鄂温克族来讲，母语教育不断被边缘化，母语教育变得越来越少。鄂温克族是一个与时俱进的民族，他们十分理性而清楚地懂

得，由于我国境内的鄂温克族人口极少，又没有本民族文字，同时处在当下科学技术突飞猛进、社会主流语言充分利用一切先进的科学技术不断扩大使用范围的特定时代，要想发展就要学习掌握一切先进的科学技术，还要不惜代价地学习掌握社会主流语言文字。另外，他们从内心深处还是希望不仅要学好社会主流语言，还要不忘记、不远离、不丢失本民族语，使母语在他们中活得更久、更长远。为此他们也尽量利用现代一切先进的交流工具和技术，用拼音字母或阿拉伯字母创制易学易记、易掌握易使用的记音符号系统，开发母语交流软件用手机、平板电脑和电脑交流。比如，中国社会科学院从事鄂温克语研究的专家，对于鄂温克语语音研究、音位分析，确定的音位系统及标音符号是 a、i、e、o、u、ë、ö、ü、b、p、m、f、w、d、t、n、l、r、s、j、q、x、g、k、h、ng、y，在此基础上进一步简化的标音系统为 a、i、e（ë、ö）[1]、o、u（u、ü）、ie（e）、b、p、m、f、w、d、t、n、l、r、s、j(zh)、q(ch)、x(sh)、g、k、h、ng、y。它们分别代表国际音标 a[a][2]、i[i]、e[e]、o[o]、u[u]、ë[ə]、ö[θ]、ü[u]、b[b]、p[b']、m[m]、f[f]、w[w]、d[t]、t[t']、n[n]、l[l]、r[r]、s[s]、j(zh)[tʃ]、q(ch)[tʃ']、x(sh)[ʃ]、g[k]、k[k']、h[χ]、ng[ŋ]、y[j]。鄂温克族充分利用 a、i、e、o、u、ie、b、p、m、f、w、d、t、n、l、r、s、j、q、x、g、k、h、ng、y 这套易学易用的记音符号系统，十分理想地在全世界范围内用母语无障碍地进行交流。换句话说，现代科学技术的迅猛发展，不仅没有给鄂温克语的使用传承带来负面影响，反而带来了千载难逢的发展机遇。鄂温克人不论是在山林草原还是在世界各地，只要掌握了这 25 个记音符号，就可以使用手机、平板电脑和电脑用母语进行无障碍交流。例如：

xi　　exi　　ile　　bijindie?
你　　现在　　哪里　　在
　　　　你现在在哪里？

---

[1] 括号（）里的是原来的转写形式或简化之前的转写形式。
[2] 括号［］里的字母是国际音标转写法。

bi　ur　oroondu　moring　adolajimie.
我　山　顶　　　马　　　放牧
　　　我在山顶上放牧。

unaaj　xi　ohidu　amierikdihi　emiggindie?
姑娘　你　何时　　美国　　　回来
　　　姑娘你什么时候从美国回来？

bi　jahung　bie　ilangni　jaang　sagdu　niuyorkedihi　beejingduwi
我　八　　　月　三号　　十　　点钟　纽约　　　　　北京
emiggimie.
回来
　　　我八月三号的上午十点从纽约回到北京。

显而易见，这套易学易用的鄂温克语记音符号系统，经过短期培训学习就能够掌握和使用，也不需要学其他民族语言文字，会母语的鄂温克人搞明白哪个记音符号记写何种音，以及记音符号的具体使用原理，包括有关语法变化现象的转写法等，就可以用这些记音符号进行交流。而且，可以利用现代任何一种科技手段，就如在前面提到的手机、平板电脑和电脑等通信及语言交流工具进行沟通。说明只要我们用积极的态度去生活，只要我们与时俱进地探索自身的发展，只要我们不逃避而勇敢、智慧、理性地面对当今科学技术的发展带来的挑战，只要我们不放弃，就可以将先民留给我们的弥足珍贵的文化和母语保存得更加长久。

我们应该理性地承认，随着科学技术突飞猛进，人类一体化进程不断推进，强势语言文化越来越多地占有人口较少民族的语言交流空间，他们的母语交流遇到有史以来最为残酷无情的挑战。孩子们需要学习掌握现代文化知识，孩子们需要未来的发展和进步，孩子们必须在激烈的竞争和艰难的选择中求得生存和发展自己。这也使很多鄂温克人让自己的孩子从小学汉语，接受汉语文教育或外语教育，希望孩子们通过汉语文或外语学习掌握现代科学知识。结果，使用母语的鄂温克族孩童越来越少，鄂温

克语的濒危情况越来越严重。虽然一些鄂温克族家庭尽量让孩子在家里说母语，在力所能及的情况下强化孩子们的母语教育，可是伴随孩子们的成长，学校教的各种知识越来越多，学习任务和学习负担变得越来越重，在这一现实面前家长也很难持之以恒地给孩子们教母语，他们教孩子们说母语的时间也只能够坚持到小学三年级，小学三年级以后为了给孩子们减负基本都停止教母语，只有在鄂温克族集中生活的乡村牧区小学里，由于会说母语的鄂温克族学生较多或占绝对多数，孩子们的母语可以说到小学毕业，小学毕业后分别到不同中学读书，加上中学后的同学里鄂温克族学生会明显减少，自然说母语的鄂温克族学生也会变得越来越少。毋庸置疑，中学繁重的学习任务使孩子们的时间和精力也都集中到教学课本上来，说母语、用母语的时间会变得很少。尽管如此，孩子们如果一直到小学毕业都生活在母语环境中或掌握了一口流利的母语，就不会很容易地忘掉已经学习掌握的鄂温克语。在鄂温克族经济社会快速发展的今天，如何更好地保护他们的传统文化及对语言的保护、学习、传承是一个很重要的问题，也是每一位鄂温克人值得考虑和深思的问题。其实，每一位鄂温克人都希望鄂温克语能够像过去一样为鄂温克族乃至为人类社会的发展进步发挥自身的价值和作用，他们虔诚地祈祷鄂温克语永远不要消失，永远活在他们中间。

第三节　幼儿教育及学前教育

改革开放以后，鄂温克族生活地区的幼儿教育，逐步凸显双语教育和多语种教育的格局。实际上，几乎所有鄂温克族生活区域，不论是农村牧区还是森林草原，社会活动中的语言交流无一例外地使用两种民族语言，甚至是多种语言交流，从而充分展示出我国特有的多民族、多语言、多文化相互交融、和谐共存、相互学习、共同进步、共建梦想家园的中华民族多元一体的社会格局。比如农区鄂温克族除母语之外熟练掌握汉语和达斡尔语，林区鄂温克族除母语之外掌握俄语、汉语、鄂伦春语，牧区鄂温克族除母语之外熟练掌握蒙古语（沃鲁特蒙古语、巴尔虎蒙古语、布里亚特蒙古语）、汉语、达斡尔语等。鄂温克旗南屯镇的鄂温克族除掌握本民族语言外会说鄂伦

春语、达斡尔语、蒙古语、汉语；新疆的鄂温克族懂锡伯语、达斡尔语、哈萨克语、维吾尔语及汉语等。毋庸置疑，他们的孩子从幼儿时期就生活在双语甚至多语语境下，他们基本上从会说话起就循序渐进地学会了两种或多种民族语言，也学会了多种民族语言的思维方式和语言表达形式。而且，他们的家长也希望孩子们在自然语境中学习掌握多种民族语言，进而有目的地培养孩子们多重思维、多种语言表达、多种语言使用能力。这和欧洲许多国家从孩子们的幼儿时期就督促他们学习掌握多种语言的做法完全一致。从教育学的角度来看，尤其是从开发幼儿大脑或智慧世界的教育理念来看，在自然语境中让孩子们自然而然地学习掌握多种语言，为孩子们在错综复杂、日新月异的社会环境中的生存提供了极其有力且具有优势的思维空间和发展动力。不只是自然语境，就是在特定多语环境、局部性质的多语环境、人为营造的多语环境中，①这一能力同样显得十分重要。所有这些，对于幼儿的早期开发发挥了至关重要的作用。换而言之，鄂温克族幼儿从小生长的家庭和社会多语环境，使他们从小就具有两种或两种以上语言使用、交流、思维的功能，其中会三四种民族语的幼儿有不少。再加上一些幼儿园开设了幼儿英语教育，使鄂温克族幼儿的语言学习变得更加丰富多彩。在课题组实地调研时，那些鄂温克族幼儿园的幼师们说，对已经学习掌握两种或两种以上语言的鄂温克族幼儿来说，再教他们幼儿英语，不像教单一语言环境里成长的幼儿那么费劲，多语环境下成长的幼儿脑子比较灵活，形象思维能力也比较强。比如，教 dog "狗"时想起达斡尔语的 nog "狗"，说 nose "鼻子"想起蒙古语的 nos "鼻涕"，讲 eye "眼睛"时想起鄂伦春语的 aye "好"，教 door "门"时想起鄂温克语的 doo "里头"，说 heart "心脏"时想起蒙古语

---

① 这里所说的自然语境是指两种或两种以上语言共同使用的、自然形成的两种或多种语言使用环境；特定多语语境是指特定时期、特定环境、特殊情况下形成的非长期性、非持久性的两种或多种语言使用环境；局部性质的多语环境是指人们把部分时间拿出来有目标性、有计划地学习掌握外语的语言使用环境；人为营造的多语环境是指为了不同母语者相互接触、相互了解、相互学习而营造的人为性质的两种或多种语言使用环境。人为营造的语言环境还涉及语言学习者通过重复识记来巩固语言材料，以此防止语言记忆信息被遗忘而直接影响某一语言逻辑思维的形成与发展，也是为了人们对不同事物进行不同角度、不同层面、不同范围的形象化系统阐述。所以说，人为营造的多语环境下人们的相互接触、相互沟通的场景同样显得很重要。

及通古斯诸语的 hat "坚硬的"。以上这些词，同幼儿们懂的那些词的发音都十分相近或相同，虽然有的词义不是十分相关，但他们可以将这些词联系起来思考或琢磨。从某种意义上讲，在多种语言交流环境中成长的幼儿，在继续学习其他语言时思维比较活跃，接受能力也比较强。再加上鄂温克族地区在幼儿教育时期，无论是家庭教育还是幼儿园的教育，一直以来都十分重视幼儿们的双语或多语教育或使用，从不限制幼儿们说母语或讲其他民族语言，为此当地幼儿园还专门配备了懂双语或多种民族语的幼儿教师，进而在很大程度上有效推动了鄂温克族幼儿双语教育、幼儿们说母语或使用其他民族语的语言环境培养与自然提高语言思维功能的教育教学工作。

课题组的调研资料显示，1984 年鄂温克旗第一中学自己筹办 1 所幼儿园，主要接收本校教职工子女，当年就有 22 名幼儿入园。到了 1985 年，伴随改革开放的不断有力推进，个体经营性质的各种社会服务行业不断增多，鄂温克旗政府所在地巴彦托海镇已有了 4 所个人办的幼儿园，入园幼儿达到 85 名。这其中，不仅有旗属各部门职工的孩子，也有各种个体产业从业者的孩子。随后不久，根据社会的需求，该旗的伊敏河矿区、大雁矿务局、红花尔基林业局等国营企业职工密集的社区、街道、居民区先后办了 7 所幼儿园，有企业办的幼儿园也有个人办的幼儿园，这时幼儿教员和工作人员数量达到 169 名，入园幼儿人数多达 860 名，分属于大、中、小 32 个班，幼儿园建筑面积据不完全统计达到 8150 平方米。1990 年底，全旗共有 12 所幼儿园，入园儿童增加到 4075 人，幼儿教员及工作人员也有 193 人。值得一提的是，幼儿教育从单一的汉语拼音、蒙古文字母、英语、数字教学发展到语言习得、数字计算、生活小常识、音乐舞蹈、手工制作、图画美术、体育运动等课程，同时各幼儿园的食堂、寝室、活动场所、幼儿运动器具、幼儿玩具、幼儿教学设备、幼儿学习用具等条件不断得到完善。1995 年，旗辖范围内正式注册的幼儿园增加到 18 所，其中包括 1 所旗教育局办的民族幼儿园，以及 5 所企业办的幼儿园和 12 所民办幼儿园。大、中、小三个班共有 1925 名幼儿入园，幼儿教职员工队伍也不断得到补充，特别是幼儿教员队伍不断向着专业化、职业化、全面化方向发展。除此之外，也出现了一些没有注册登记的小型个体幼儿班、乡村幼儿园等。2000 年以后，随着全旗范围内贯彻落实少生优生计划生育政策，以及幼儿出生率的逐年下降和独生

子女家庭的不断增多,该旗内的幼儿园数量出现自然缩水现象,正式注册的幼儿园数减少到 18 所,幼儿园的幼儿人数、班数、教职员工数都相对减少。2005 年,根据上级部门的有关指示精神,旗里对于各种类型和性质的幼儿园进行了全面审查、调整、整合优化,尤其是对于那些还未注册的街坊、路边、乡村幼儿班进行了调整重组和优化,对包括幼儿园周边环境、幼儿园办园条件设施设备、幼儿教职员工等方面都做了调整优化。这时的旗内幼儿园虽然只有 17 所,但入园幼儿人数达到 2230 人。据统计,在 2005 年全旗 0~3 岁幼儿人数为 3452 人,4~6 周岁幼儿有 2968 人,然而入园率却只达到 75%。在幼儿园的幼儿中,鄂温克族幼儿就有 578 名,占全旗入园幼儿总人数的 25.9%。而且,多数在旗办民族幼儿园,以及在鄂温克人办的幼儿园或鄂温克族聚居区的幼儿园。从这个角度来讲,民族幼儿园等为鄂温克族幼儿的智力开发教育发挥了不可忽视的重要作用(见表 3-1)。

表 3-1 旗办民族幼儿园幼儿教育发展情况

年份	办园数(所)	班数(个)	入园幼儿数(人)	幼儿教职工数(人)
1978	1	2	61	14
1982	2	13	326	93
1984	3	15	486	94
1985	4	24	861	135
1986	6	38	1436	248
1988	11	32	808	137
1990	12	107	4075	193
1991	14	44	1582	368

资料来源:摘自《鄂温克卷》,中国大百科全书出版社,1993,第 269~270 页。

从表 3-1 可以看出,从改革开放以来到 20 世纪 90 年代初的 10 余年时间里,鄂温克旗民族幼儿事业发展的基本情况。

在这里应该明确指出的是,鄂温克旗幼儿园普遍重视民族语及汉语双语教育。在此方面,其在国内民族地区中走在前列。可以说,自旗里建第一所幼儿园起,就启动了幼儿双语或多语教育计划。幼儿双语教育中,主

要包括鄂温克语和汉语双语教育、鄂温克语和蒙古语双语教育、鄂温克语和达斡尔语双语教育、鄂温克语和英语双语教育、蒙古语和汉语双语教育等。幼儿多语教育，包括用鄂温克语、蒙古语、汉语多语教育，鄂温克语、达斡尔语、蒙古语多语教育，鄂温克语、达斡尔语、汉语多语教育，鄂温克语、蒙古语、汉语多语教育，鄂温克语、蒙古语、达斡尔语、汉语多语教育，鄂温克语、蒙古语、汉语、英语多语教育，鄂温克语、蒙古语、达斡尔语、鄂伦春语、汉语多语教育等。也就是说，所有这些双语教育或多语教育，完全取决于鄂温克族同汉族、蒙古族、达斡尔族等不同民族杂居的环境和条件。

鄂温克族聚居区的幼儿园是以鄂温克语和汉语双语教育，以及鄂温克语和蒙古语双语教育为主；鄂温克族和蒙古族杂居区，就以鄂温克语和蒙古语双语教育或鄂温克语、蒙古语、汉语多语教育为主；鄂温克族和达斡尔族杂居区，就在鄂温克族、汉族、蒙古族、达斡尔族、鄂伦春族的杂居区集中居住地设立幼儿园，并用蒙古语授课。这一切充分说明，鄂温克族地区幼儿教育的多样性、灵活性、实用性和科学性。或许正是这个缘故，鄂温克族地区幼儿教育普及程度逐年得到提高，接受不同语言文字教育的幼儿和儿童数量逐年上升，一直保持一定的生源数量和基础，进而自然形成民族语言幼儿教学从早教班到大班的五年系统化的幼儿教育教学制度，使更多的鄂温克族母语环境和家庭中成长的儿童从入幼儿园时期开口学蒙古语、汉语等民族语言文字。旗幼儿园还因地制宜、因需而定，当时就申报了国家级幼儿教研课题"以故事形式培养民族幼儿语感"，并取得鼓舞人心的幼儿教育成绩，在很大程度上推进了鄂温克族地区幼儿教育事业。根据《内蒙古年鉴——鄂温克自治旗》统计，2009年全旗官办、乡镇和街道办的幼儿园数量发展到19所，幼儿园的幼儿人数也达到1878名。

不过，在这里应该指出的是，在鄂温克族传统意义上的生育观念中，没有儿孙满堂、多子多福、重男轻女等说法或思想意识。在他们看来，人类的繁衍生息应该与自然界的供给、自然界养育人类的能力、自然界的物质能源相配套，人类的数量不能够超越自然界的负荷，否则不堪重负的自然界就会被人类毁灭，最后人类也将毁灭自己。鄂温克族的这些生存理念和生命哲学前文也说过，在这里就不再赘述了。不过，从20世纪50年代中后期到70年代末，受

我国人口论思想的影响,根据当时的有关政策规定,鄂温克族每家每户才开始多生多育。改革开放以后,我国政府实施的严格意义上的计划生育政策还没有完全推广,鄂温克族就很快自觉刹住人口增长速度,恢复了传统意义上的家庭生育思想理念。这也是鄂温克族在改革开放以后幼儿和儿童数量急剧下降的根本原因。再后来,伴随计划生育工作不断推进,鄂温克族之外的其他民族的生育理念也不断发生变化,这使独生子女家庭或生二胎家庭越来越多,同样也影响了鄂温克族地区幼儿和儿童的实际人口数量。毫无疑问,所有这些使20世纪90年代以来鄂温克族地区的幼儿园数、幼儿园的班数、入园幼儿和儿童数都出现逐年减少的现象。这一情况我们完全可以从鄂温克族自治旗统计局编制的《鄂温克族自治旗统计年鉴》(1990~2003年)以及《鄂温克族自治旗统计年鉴》(2005~2006年)等资料中统计的旗幼儿园教育发展情况表看出来(见表3-2)。

表3-2　鄂温克族自治旗幼儿园教育发展情况

年份	学校数（所）	班级数（个）	毕业生数（人）	招生数（人）	在校生（人）	教职工（人）	专任教师（人）	学校占地面积（平方米）	校舍占面积（平方米）
1991	14	99	2258	2411	3877	271	97		10822
1992	7	115	3021	2783	4272	292	124	33141	11245
1993	7	126	3076	3017	4597	160	135	33141	4285
1994	3	60			1925	129	98	22201	13859
1995	7	109		2981	4111	254	138	23140	13859
1996	6	111		2855	3804	262	133	23140	13859
1997	6	102		2197	3540	255	134	23140	17124
1998	13	107		2300	3084	230	110	23970	16099
1999	7	88		1694	2802	152	113	32310	16099
2000	7	86		2019	2756	193	113	32310	16099
2001	6	88	1956	1658	2659	230	105	28489	17265
2002	6	88	1944	1562	2462	181	94	28489	17265
2003	4	75	1737	1426	2147	135	80	21447	11475
2005	5	72	1371	1086	1759	149	92	23447	12675

根据表 3-2，2005 年的统计数据和 1991 年的统计数据相比，幼儿园数、在园幼儿数、招生数、毕业生数、班级数都有所下降。幼儿园数下降了 9 所，下降幅度为 64%；在园幼儿数下降了 2118 人，下降幅度为 54.6%；招生数下降了 1325 人，下降幅度为 55%；毕业生数下降了 887 人，下降幅度为 39.3%；班级数下降了 27 个，下降幅度为 27.3%。在园幼儿数、招生数、毕业生数下降主要是全旗生育率下降、学龄前儿童人数减少所致。

1991 年全旗幼儿教师为 97 人，师生比为 1:40；2005 年全旗幼儿教师为 92 人，师生比为 1:19。师生比的下降对于教学质量的提高有一定的好处，但是与国家规定的全日制幼儿园 1:8~1:7 的师生比还有一定的差距。这一情况在不同的幼儿园之间也不完全相同，例如 2002 年鄂温克族民族幼儿园在园幼儿人数为 3.25 人，教职工总数为 50 人，师生比为 1:6.5。2007 年，幼儿园有 18 所，在园幼儿有 1954 人，教职工有 259 人，师生比为 1:7.6。

1992 年幼儿园占地面积为 3.3141 万平方米，平均每个幼儿园（1992 年全旗幼儿园有 7 所）有 4734 平方米；2005 年幼儿园占地面积为 2.3447 万平方米，平均每个幼儿园有 4689 平方米，总面积减少了 9694 平方米，平均面积减少了 45 平方米。2005 年校舍占地总面积为 1.2675 万平方米，与 1991 年的 1,08223 平方米相比增加了 1853 平方米，增加幅度为 17%。2005 年平均每个幼儿园校舍面积为 2535 平方米，与 1991 年的 773 平方米相比增加了 1762 平方米，增长幅度为 127.94%。表明在这十多年的时间里全旗在幼儿园硬件建设方面有一定的投入，改善和优化了幼儿园的校舍条件。例如，鄂温克族自治旗民族幼儿园先后投资 205 万元（1992 年投资 50 万元新建了 728 平方米的三层楼，1997 年投资 155 万元增建了 1487.8 平方米的四层楼）建了两栋楼，极大地改善了办学条件。

根据本地区的特点以及幼儿教育教学事业的不断推进，幼儿教育部门也开始推广"两条腿走路"的办学方针：其一，每年招收一定数量的学龄前孩子入幼儿园，在这里同时进行幼儿教育和学前班教育，帮助学龄前儿童过语言关；其二，为保障有语言而没有本民族文字幼儿或学龄前儿童上学后顺利过渡语言关，在小学设立学前班，给他们提前教上学以后学的蒙

古语文或汉语文课，为他们上学读书打好教学语言文字的基础。从 1983 年起，鄂温克旗各苏木中心学校，以及有条件的嘎查小学基本上都办了学前班，招收年满 6 周岁的儿童入班学习。这一学前班教学模式，在一定程度上缓解了鄂温克族儿童上小学后学语言难等问题，使该地区少数民族学前班教育迈入稳步发展阶段。课题组掌握的资料显示，到 1991 年底鄂温克旗辖区有 21 所小学开办学前班，招收 55 个班级，有 2295 名学龄前儿童入学，其中也有一定比例的鄂温克族学生。在这里还应该提到的是，1992 年旗财政部分投资 50 万元，对 1956 年在旗政府所在地巴彦托海镇由旗妇联创办的托儿所进行改建，在原有基础上建立了鄂温克旗民族幼儿园。改建后的旗民族幼儿园，建有占地面积 728 平方米的三层楼房，而且更新了所有教学、生活设施，设有大、中、小 7 个班和 42 名教职员工，开设有语言、数学、美术、音乐、体育、常识等课程，当年就招收包括鄂温克族在内的 190 名幼儿入园。1997 年，旗财政部分又投资 155 万元增建了一栋四层楼，建筑面积达到 1487.8 平方米，使幼儿园总建筑面积达 2800 平方米。到 2005 年底，旗民族幼儿园班级增加到 10 个、入园幼儿人数达到 325 名、教职员工也增加到 50 名左右，开设的课程主要涉及语言、数学、美术、音乐、体育、常识等内容以及开办了英语、舞蹈、电子琴、鼓乐特色班，开办蒙台梭利实验班。这里还应提出的是，1992 年以后，旗幼儿园先后多次被评为市级精神文明单位、标兵市级先进基层党支部、市级巾帼文明师范岗、自治区级机关档案工作目标管理二级单位、自治区级示范幼儿园等。

要研究鄂温克族幼儿的学前教育，就得先谈论鄂温克旗学前教育的基本情况。在这里承担学前教育任务的基本上是幼儿园学前教育班的幼儿教师，以及在小学开办学前教语的学前班教师，学前班招收的儿童几乎都是年满 6 岁的孩子，不过也有部分 5 岁的儿童。据课题组掌握的 2005 年的资料统计，全旗 23 所小学都设有学前班，全旗学前班数量达到 39 个，接受学前班教育的儿童人数也达到 901 名，占所有儿童人数的 92.7%。2006 年，在鄂温克旗所在地巴彦托海镇建了一所"学前教育基地"，当年 9 月几乎该镇所有学前班儿童都集中到这一"学前教育基地"接受学前教育，同时几乎取缔了所有幼儿园和小学办学前班的资格。

鄂温克族是我国少数民族中人口较少的民族之一。据全国第五次人口普查，全国鄂温克族有近 3 万人，有近 1/3 的鄂温克族（1.04 万人）居住在内蒙古鄂温克族自治旗。鄂温克旗于 1958 年实行鄂温克民族区域自治，全旗总人口 14.43 万人，由 20 个民族构成多民族聚居地区。鄂温克民族教育是全旗教育事业的重要组成部分。鄂温克族中小学生共有 1925 人，占全旗学生总数的 16.1%。40 多年来，鄂温克民族教育已形成了从学前教育到小学、初中、高中、职业教育的既有蒙古语授课，又有汉语授课，适宜于自治旗民族实际和特点的民族教育体系。

鄂温克民族学前教育同所有少数民族学前教育一样，是由其民族的基本特征、共同的地域和经济生活，尤其是共同的心理状态和语言特点，反映在学前教育上形成的。改革开放以来，鄂温克旗的学前教育事业也取得了长足发展。20 世纪 80 年代初，鄂温克旗学前教育事业就已经被纳入全旗经济建设和社会发展的总体规划；80 年代中期，开始举办学前一年教育，全旗 19 所全日制完全小学内设有学前班，适龄儿童受教育率达 88%。随着教育改革的不断深入和发展，特别是《国务院关于基础教育改革与发展的决定》在明确 21 世纪初叶基础教育改革与发展任务时，进一步明确了包括幼儿教育在内的基础教育的基础性、全局性和先导性作用之后，全旗各级政府和教育部门出现了对学前教育由先前的一般重视到如今的大力开发的转变。同时：（1）把学前教育纳入"普初""普九"规划和政府教育督导评估方案之中；（2）建立了地方负责、分级管理和各有关部门分工负责的管理体制；（3）在实施"两基"达标的方案中，对全旗学前教育进行了统筹规划，统一领导；（4）教育部门认真履行职责，为发展学前教育做了大量的具体工作。

此处，还制订了《关于加强和改进教育管理的实施意见》，出台了《关于在幼儿园学前教育中实施素质教育，提高学前教育质量的几点意见》等文件，初步形成了以政府办园为骨干、社会力量为主体的格局，全旗学前教育有了可喜的发展。据 2003 年教育统计，全旗 0~6 周岁的幼儿有 6874 人，6 周岁的有 4090 人，在园（班）的有 2620 人，入园（班）率为 64%，其中牧区入园（班）率达到 42%。全旗现有学前教学班 56 个，其中公办 25 个、民办 12 个、个人办的 19 个、幼儿专任教师 62 人。全旗有

教办幼儿园（所）1所，旗民族幼儿园已晋升为自治区甲级示范幼儿园，为扩大学前教育的覆盖率，小学全部开设学前班，有的设有幼儿班，深受孩子和家长们的欢迎。

目前，鄂温克族自治旗学前教育发展状况大致可分为以下三种不同类型。

第一类，旗所在地巴彦托海镇及驻旗两大企业伊敏煤电公司、呼煤大雁煤业公司，由于人口较集中，交通方便，经济文化较发达，所办幼儿园和各小学学前班都有了较完备的办学条件和经过专业培训的保教人员，为全旗学前教育起着示范和培养幼儿教师骨干的作用。

第二类，牧区苏木（乡）原有的教育事业虽然比不上第一类地区，但由于近些年来牧区经济的迅速发展以及牧民群众对学前教育的重视，除举办的个体托儿所外，各苏木小学普遍采用附设学前班或设幼儿班的办法，让孩子在进入小学之前接受一年或半年的学前教育。

第三类，偏远的苏木（乡）嘎查（村），牧户居住分散，交通闭塞，经济落后制约着教育的发展，不能满足学龄儿童的入学需要，家长也认为学前教育无所谓，孩子8周岁了才送到学校。有的没有学前班可上，直接进入小学，办有学前班和托儿所的学校水准也较低，管理上缺乏应有的规范，老师在课堂上采取灌输式教学，家长望子成龙心切，接受学前教育普遍缺乏理性，把视点聚集到认字识数上，至于孩子的观察力、想象力、注意力、意志品质等是否得到发展较少过问，有的往往追求小学文化。

因此，党和国家对鄂温克族实施区域自治，建旗40多年来，十分关注并大力扶持民族教育事业。随着经济体制改革的不断深入，学前教育发展面临新的挑战，从数量和质量上看，同社会主义现代化、实施"科教兴国"战略对提高劳动者素质和整个民族素质的要求还远远不适应。在国家经济快速发展的大好形势下，民族学前教育发展却步伐缓慢。在新世纪刚刚开始之际，如何使学前教育在民族振兴、经济腾飞的过程中发挥其作用仍是一个问题，从鄂温克族自治旗的民族教育状况来看，应该对鄂温克族的学前教育进行整体改革，本书提出以下几点思路。

（1）提高对学前教育的认识。在民族学前教育的发展中，解决认识问题将是一个艰巨而永恒的课题，只有想办法解决好对学前教育的认识

问题，大力发展才会成为可能。学前教育是人终身学习和发展的启蒙教育，也是语言学习的最佳时期。若是没有良好的学前教育，既会浪费学龄前儿童学习汉语听说的好时机，又给小学阶段留下了语言障碍，影响了小学阶段的教学质量。近年科学研究表明，6 岁前是人脑发育最快的时期，国外研究也显示，对学前教育每投入 1 美元，日后能够获得 7.16 美元的收益。为了应对 21 世纪激烈的竞争和挑战，当前世界各国尤其是一些发达国家都非常重视本国的学前教育。《美国 2000 年教育目标法》将发展学前教育列在国家目标的首位，明确规定了"所有美国儿童都要有良好的学前教育"。而我国教育法也明确规定，学前教育是基础教育的第一环节，是国家基础教育的重要组成部分。为此，建议各级政府和教育部门领导，尽快提高对学前教育的认识，明确学前教育的性质和地位，充分利用学前教育解决学生语言障碍，为民族地区多出人才、快出人才打下基础。

（2）加快学前教育的立法工作。《2001—2010 年中国儿童发展纲要》"组织与实施"条款中明确要求"地方各级政府要结合实际制定本地区儿童发展规划，并纳入当地经济和社会发展总体规划，统一部署，统筹安排。要将《纲要》的实施纳入政府的议事日程，纳入政府主要负责人和主管负责人的政绩考核"。在"儿童与教育"条款中确定的主要目标也指明"适龄儿童基本能接受学前教育"，"农村儿童学前一年受教育率有较大提高"。在 2004 年国务院新闻发布会上，时任教育部长周济又一次明确表示，农村教育是我国未来几年教育发展的重心工作，农村教育是我国教育工作中的"重中之重"。地处西部地区的鄂温克旗牧区教育应被纳入"重中之重"，"优先、重点"地发展民族教育，作为奠基的学前教育也应为题中之义。鄂温克民族的学前教育同其他少数民族一样，其内容和形式都具有自己的民族特色。对于有语言无文字的鄂温克族来说，应十分重视学前阶段儿童的语言发展。一方面，在学前班课堂进行双语教学，鼓励用本民族语言辅助，依靠母语去帮助儿童认识事物、组织活动；另一方面，要积极创造条件，因地制宜，坚持多渠道发展学前教育。广大干部、牧民群众呼唤立法，应尽早颁布"学前教育法"，明确各方职责，制定发展学前教育的实施方案，积极探索民族地区学前教育形式，真正满足牧区鄂温克民族幼儿接受学前

教育的需要。

（3）重视学前教育教师的培训工作。鄂温克旗经过近几年的探索，学前幼儿园教师队伍的专业师资条件得到了很大程度的改善。据2003年统计，旗民族幼儿园专任教师有41人，31名为幼师毕业，旗所在地巴彦托海镇的4所小学学前班有教师10人，其中幼师专业（含小学高级教师）的有2名，苏木小学学前班教师中，幼师专业毕业生就很少，社会力量举办的个体幼儿园（托儿所）中幼师毕业生更是寥寥无几。这些没有受过正规幼师培训的教师，知识基础及教学水平相当有限，对幼儿身心发展的规律和个性特点知之甚少，缺乏结合幼儿的身心发展特点培养幼儿的学习兴趣、良好行为习惯的能力，对组织适龄儿童心理特点的活动和游戏缺乏系统研究。为此，这类教师很难适应学前教育和教学工作。要改变这一现状，可以在旗职业高中举办定期或不定期的长、短期结合的培训以尽快补充正规幼师师资力量的不足，同时向区内外培养幼师的学校输送来自偏远牧区的有双语和多语基础的少数民族学生，待毕业后分配到鄂温克族聚居的苏木嘎查工作。教师的作用与积极性的发挥是个综合性问题，本地、本民族教师有许多优势，如他们与当地民族有着天然血肉联、建设家乡思想稳定、发展自己民族教育的情感炽热、精通本民族语言、熟悉本民族儿童心理特点、容易与学生家长建立起融洽关系等，只要切实加以培养，就可以发挥他们在民族基础教育中的主力军作用。

（4）搞好与社区、家庭、教育的密切配合，办好家长学校。为了更好地促进学前教育工作，应发动家长与社区工作密切配合，把学前教育纳入社区教育内容中，做到有计划、有措施、有检查。充分发挥社区自身优势，帮助学校及幼儿园落实社会实践活动的基地和内容，组织家长自己教育自己。父母是孩子的第一任老师，也是最好的学前教育工作者。父母要舍得付出时间和精力来教育子女。要解决好学前教育的问题，当务之急是使家长树立正确科学的教育观。《全国家庭教育工作"十五"计划》"总体目标"中明确指出：提高家长的科学教育水平和能力，拓宽家庭教育知识传播渠道，广泛宣传"优生、优育、优教"的科学知识和教育子女的科学方法，构建家庭教育工作指导体系，加强家长学校、家庭教育指导队伍的同时，各地要在政府领导下，妇联、团委、教育部门、工会等相互配合，办好家

长学校，对家长们不仅要授之以"渔"，还要纠正其错误观点，改变落后的生育观，形成重视人口质量的生育文化，提高家庭教育质量。

（5）加强对学前教育的科学研究和指导评估。随着推进素质教育工作的大学习、大宣传、大讨论的深入，广大学前教育工作者逐渐以一种科学研究的态度从事自己的工作，普遍知道了哪些是先进的教育观念、哪些是应该改变的落后教育观念，也有一些幼儿教师能较好地把先进的教育理念用于自己的工作实践，在学前教育中解决好少数民族学生的语言障碍，使学前教育质量不断提高。但是，对大多数从事学前教育的老师来说，其在工作实践中的行为与理论认识还有差距，表现在学校的管理工作上，往往停留在表面性的模仿阶段，有的则是硬性照搬，研究的方法不能很好地为目标服务。中央教科所前所长朱小蔓教授曾撰文《俄罗斯教育科学研究在关注什么》剖析俄罗斯教育研究在转型中的特征及对我们的启示，其中指出"他们重视学前教育、家庭教育、补偿教育，加强对社会问题与儿童关系的研究。重新研究处在与原来社会不同的现今社会里的教育"，同时指出"教育科学研究在放眼世界追求国际性问题的同时，还要保持对国家民族自身传统的维护与坚守"。目前，我们对学前教育的研究既缺乏科学研究的氛围，也缺乏评估标准及权威的评估组织，有的研究课题只求获奖评职称，不求实践运用、更好地为指导实践者服务。建议学前教育工作的考核评估一般应采取举办单位自评、校际互评与上级有关部门验收复评的方法。认真实施《幼儿园管理规程》《幼儿园管理条例》，严格执行国家卫生健康委员会、教育部《关于托儿所幼儿园卫生保健管理办法》，严把审批关，按照《内蒙古自治区举办幼儿园（班）基本条件和城市、农村牧区办园综合评估标准办法》进行认真的评估。对学前教育工作的专题研究、总结和适时指导评估可以有的放矢地对办学过程出现的问题和不足采取针对性措施，以使工作更为规范化，体现督促、激励和齐抓共管的作用。

从1983年开始，旗直属及各苏木中心校和有条件的嘎查小学都招收年满6周岁的儿童，办学前教育班，解决多民族语言在教学中的困难。1987年共有15所小学办学前班32个，1244名学龄前儿童入学。

阿荣旗鄂温克族幼儿教育，于1979年10月恢复之后在各方面取得较

理想成绩，到 1985 年，全旗已有国家、集体、个体托幼园所 29 个，学前班 88 个。1985 年，入学和入园的儿童数有 2689 人，其中那吉镇内入学、入园的幼儿有 998 名，入园班率为 50.1%。这些受教育的幼儿中，也有鄂温克族孩子。该旗的幼儿教育中，旗妇联、总工会、教育局积极配合，组织动员社会各方面的力量，在全旗城乡陆续恢复建立起国家、集体、个体的托幼园所和学前班。1985 年，仅妇联就组织动员退休教师、家庭待业妇女与青年建起城镇个体托幼园所 4 个、农村民办园所 7 个，收托孩子 210 名。旗教育局在各乡镇学校都办了学前班，在那吉镇内的 4 个小学就办了 10 个学前班，有 524 名学龄前儿童入学。全旗有保育员 94 人，这些保育员和接受幼儿教育的幼儿里，也有鄂温克族。

除了阿荣旗的旗所在地之外，该旗的得力其尔鄂温克民族乡和查巴奇鄂温克民族乡，包括扎兰屯萨马街鄂温克民族乡、根河敖鲁古雅鄂温克民族乡，莫力达瓦达斡尔族自治旗杜拉尔鄂温克民族乡和巴彦鄂温克民族乡，陈巴尔虎旗鄂温克苏木，乃至讷河兴旺鄂温克族乡等鄂温克族较为集中生活的乡或苏木从 20 世纪 80 年代特别是从 90 年代开始，都先后开办了幼儿园，其中就有乡苏木办的幼儿园，更多的是属于个人办的幼儿园。毫无疑问，这些幼儿园里也有鄂温克族幼儿教师或鄂温克族高中毕业生、幼师班毕业生、中专毕业生，甚至有大专院校毕业生开办的私立幼儿园。到幼儿园的幼儿里有不少鄂温克族，进而对于鄂温克族幼儿的智力开发发挥了积极作用。21 世纪以后，鄂温克族乡村幼儿园得到快速发展，在教育手段、教学内容和方式，包括在幼儿园教师、教学设备、饮食内容、作息安排、活动场所等方面均有了很大程度的提升。有的乡或苏木还开办了鄂温克族幼儿园，鄂温克族幼师和孩子们用母语交流，还用母语教初级鄂温克语，教鄂温克族民俗文化方面的课程，开展鄂温克族幼儿民族服饰展示活动，举办手工制作鄂温克族文化产品或艺术品活动等。在此基础上，循序渐进地强化鄂温克族幼儿的母语会话能力，从小培养他们对本民族文化的兴趣和热爱。

总之，大力发展鄂温克族的学前教育，已成为他们民族教育的一个重要环节、一项重要内容和形式，也成为他们不可忽视的任务和使命。在新时代，如何更好地加强政府对鄂温克族幼儿开展学前教育的支持力度，如

何更好地统筹及明确鄂温克族幼儿教育的主管职责，如何更加理想地为鄂温克族学前教育的孩子们创造良好的学习和娱乐环境，如何更持久地解决鄂温克族幼儿教育的经费及专项经费问题，如何进一步优化鄂温克族幼儿园学前教育、教学必需的基本教具、室内设施、室外大型组合玩具、文体器材学具的配备等方面成为今后的工作着力点。同时，对于如何更好地提升从事鄂温克族学前教育队伍素质，不断改善城镇、苏木与偏远村落间鄂温克族幼儿教育发展不平衡问题，采取行之有效的措施来保证鄂温克族儿童3岁入园、6岁入学，不断探索新的发展之路。另外，各级地方政府还在不断普及幼儿教育学与心理学知识，提高鄂温克族幼儿的学习质量。所有这些，目的就在于让大家都来关心孩子们的健康成长，确保鄂温克民族学前教育得到理想发展。

第四节　小学教育

由于我国境内的鄂温克族没有本民族文字，所以鄂温克族小学生要通过汉语文和蒙古语文学习文化知识。而且，根据社会环境、生活区域、文化背景的不同，教学使用的语言文字也不同，其教学教育方式也有所不同。比如说，生活在内蒙古以蒙古族为主的草原牧区的鄂温克族，如鄂温克旗和陈巴尔虎旗鄂温克苏木的适龄儿童都要上蒙古语文小学，通过蒙古语文学习掌握文化知识，同时将汉语文作为辅助性教学手段。后来，因为不断强化双语教学，这些蒙古语文教学的小学也自然而然地加强了汉语文教学课程。这使在蒙古语文小学读书的鄂温克族小学生除了听蒙古语文课之外，还要听汉语课。这种蒙汉双语教育，在起步阶段虽然不受学生们和家长的欢迎，但很快就见了实效，那些在蒙古语文小学的鄂温克族小学生，小学期间不仅学会了蒙古语蒙古文，同时在一定程度上学习掌握了汉语汉文。不过，生活在城镇的鄂温克族小学生从小生活在以汉族、达斡尔族、蒙古族、鄂温克族、鄂伦春族等民族组成的多民族居住的地区，多民族的语言环境使他们从小就懂得双语甚至多种语言。根据这一实际情况，相关政府部门对鄂温克族小学教育实施了双语教学，进而为培养鄂温克族少数民族人才，为其继承和弘扬鄂温克族优秀传统文化奠定了人才基础。在当

时，内蒙古在语言文字工作条例中明确提出，新课程标准中使用蒙古语授课的小学从一年级开设汉语课程，从三年级开设外语课，并将其列入了课程计划。加强中小学双语教师培训，提高汉语文和蒙古语文教学水平，鄂温克旗把大力推进并实施好双语教学作为全面提高教学质量、加快"普九"进程、提高民族素质的重要措施和重要教学手段，为双语教育提供了政策保障。

那么，生活在农区农村从事农业生产的鄂温克族，以及生活在以汉语为主的语言社会里或生活在城镇的鄂温克族，如在阿荣旗得力其尔鄂温克民族乡和查巴奇鄂温克民族乡，扎兰屯萨马街鄂温克民族乡、根河敖鲁古雅鄂温克民族乡，莫力达瓦达斡尔族自治旗杜拉尔鄂温克民族乡和巴彦鄂温克民族乡及黑龙江省讷河兴旺鄂温克族乡的鄂温克族适龄儿童都要上汉语文小学，通过汉语文学习掌握文化知识。而且，这类课程计划没有蒙古语文或母语等辅助性教学内容。也就是说，没有汉语和民族语"双语"教学，只是在汉语文之外不同程度地讲授初级英语。

20世纪60年代中后期以后，鄂温克族生活区域受当时社会动荡的影响，正常教育秩序遭到严重破坏，教学质量很快大幅下降，许多小学连年停课，小学生们成了不去上学、不进教室、不见老师的社会闲散人员，由此错过了少年时期上学读书、学习文化知识的美好时光。这种状况到了20世纪70年代末才得到逐步改善，得以恢复正常教育秩序，教育事业走向正常发展道路。1978年，鄂温克旗小学很快增加到66所，但由于当时学校布局、教学水平、教育经费、校舍设备等方面都存在不少问题，在一定程度上也影响了小学教育事业的正常发展。到了1982年，整顿后的鄂温克旗小学从66所减少到53所，学生总数为13258名。1985年，根据相关文件精神，旗教育局再次全面调整优化了旗所属各小学，其结果是小学数从53所再次减为38所。到1991年，全旗小学数量为37所，有436个班级，在校生为15837名，共有1232名教职员工。到这时，经过十余年不断调整、整合、优化之后，小学教育和教学才在真正意义上完全回到了正常教学轨道，从根本上改变了办了小学却达不到班班有教室、人人有桌椅、学校无危房的局面。更为重要的是，这跟适应新的教学要求和质量相匹配的小学教学队伍的培养以及他们在各自教学岗位发挥的积极作用有着必然联系。

1985年以来,鄂温克旗制定了一系列教育改革实施方案,不断强化基础教育,重点扶持办好鄂温克族生活区域小学的指导思想,紧紧抓住苏木中心学校,带动嘎查小学,不断提高小学教学质量和改善办学条件,加强学校管理和完善教学制度。到20世纪90年代初期,全旗各小学已进入一个稳定发展时期,不断落实教育管理科学化、教师队伍合格化、普及教育标准化的小学教学要求(见表3-3)。

表3-3 1978~1991年相关年份鄂温克旗小学教育发展情况

年份	学校数(所) 合计	其中 教育部门和集体办	其中 其他部门办	班级数(个) 合计	其中 教育部门和集体办	其中 其他部门办	在校生数(人) 合计	其中 教育部门和集体办	其中 其他部门办	教职员工数(人) 合计	其中 专任教师
1978	66	44	21	502	310	192	11985	6013	5972	759	628
1980	67	46	17	430	231	199	12102	6021	6081	691	557
1982	53	36	20	366	183	183	13258	6081	7177	829	689
1985	38	18	17	410	189	221	13890	6101	7700	889	724
1987	36	19	17	452	213	239	15620	6518	9102	1024	845
1989	37	20	17	450	209	241	15100	6258	8842	1094	910
1990	37	20	17	437	211	226	15799	6357	9142	—	—
1991	37	20	17	436	211	225	15837	6448	9389	1232	1017

资料来源:《鄂温克卷》,第261页。

根据表3-3我们可以清楚地对1978~1991年鄂温克旗小学在学校数、班级数、在校生数、教职员工数等方面有一个较全面的认识。另外,1982年,鄂温克旗小学语文及格率仅在10%左右,经过5年的努力,到1987年提高到74.7%,其中全旗8所汉语授课小学的语文、算数及格率由19%提高到90%以上和70%左右,鄂温克族聚居的辉苏木中心校在1985年的双科及格率是0,1986年提高到9.4%,1987年又提高到11.4%。而且,全旗小学不仅解决了学校危房、班级教室不够、学生上课的桌椅板凳

紧缺、住宿紧张或条件差等问题，还实现了学校建设砖瓦化、学生用餐食堂化及在各小学都建了"少年活动中心"等。特别是对于那些远离苏木镇的牧区嘎查适龄儿童寄宿入学难的问题，及时采取集中和分散办学相结合的多种方式、多种规格的办学形式，在偏僻嘎查办初级小学，主要教语文和数学两门课程，读完两年多嘎查小学后经考试到苏木中心校寄宿学习。1987~1990年，鄂温克旗儿童入学率、双科及格率、毕业率、巩固率都不同程度的提升（见表3-4）。

表3-4 鄂温克旗儿童入学率、双科及格率、毕业率、巩固率

单位：%

年份	入学率	合格率（及格率）	毕业率	巩固率
1987	93	55.3	89.6	94
1989	98.2	87.9	95.9	98.5
1990	98.9	71.1	98.4	98.9

1991年，不含企业办的小学，全旗有19所小学。2002~2004年，旗教育局在调整小学布局时，将旗辖或旗境内企业办的小学归入管理范围；把哈日嘎那小学并入试验站学校、维纳河小学并入红花尔基学校、鄂温克旗第三小学并入旗第二实验小学、旗第四小学及纳文小学并入巴彦塔拉小学、大雁和红花尔基小学移交给本地教育管理部门。至2005年，全旗共有小学19所，有蒙古语授课小学6所，包括236个教学班，在校生7047人。同时，旗辖区各小学在此期间不断强化素质教育与教学改革，有计划、有步骤地提高教学质量，进而取得了阶段性的教育成绩。

根据旗教育局提供的统计资料，1996~1997年、1997~1998年、1998~1999年学年度，全旗7~12周岁儿童分别为14291名、14218名、14012名，实际入学率均达到100%。2002年小学入学率为100%，巩固率为100%，毕业率为100%，升学人数为1468名，升学率为100%。截至2005年底，小学适龄儿童入学率同样达到100%。2005年度鄂温克旗各小学班级数、在校生数、住宿生数、教职员工数、校舍总面积详见表3-5。

表 3-5　2005 年度鄂温克旗各小学班级数、在校生数、住宿生数、教职员工数、校舍总面积

序号	小学名称	班数（个）	在校生数（人）	住宿生数（人）	教职员工数（人）	校舍总面积（平方米）
1	旗第一实验小学	13	378	350	62	3729
2	旗第二实验学校	16	667	144	68	3591
3	旗第四小学	19	782	308	80	4460
4	伊敏学校（小学部）	7	117	68	35	1991
5	西苏木小学	10	167	78	34	2199
6	巴彦嵯岗学校	5	53	25	24	1980
7	东苏木小学	7	50	25	31	1565
8	巴彦塔拉小学	5	73		43	1409
9	辉河中心校	10	191	113	40	3324
10	北辉小学	5	42	13	18	1252
11	孟根中心校	7	98	50	26	3706
12	合营小学	4	39		14	718
13	河东小学	5	50	15	15	911
14	永丰小学	5	64		17	614
15	慈爱学校（小学部）	9	243	35	26	1743
16	伊敏河镇学校（小学部）	12	485	49	46	4450
17	红花尔基学校（小学部）	18	285		49	2822
18	大雁矿区一校	22	911		62	5292
19	大雁矿区二校	20	723		52	5211
20	大雁矿区三校	19	641		59	3825
21	大雁矿区四校	16	585		55	3580
22	大雁矿区五校	12	499		32	2600
23	大雁矿区六校	8	189		42	3400

注：这其中包括 4 所九年一贯制学校。这 4 所学校都有小学部，也就是有小学，表格中用"小学部"来做说明的均属于九年一贯制学校。

以上分析和讨论的鄂温克旗小学里，均有鄂温克族学生，其中有就读于蒙汉双语教学小学的鄂温克族小学生，也有就读于单纯用汉语教学小学的鄂温克族小学生。由于鄂温克族有史以来十分重视教育，这对于鄂温克旗小学教育事业的发展产生了深远的影响，在很大程度上强有力地推动了本地区文化教育事业的发展。换言之，改革开放之后鄂温克旗小学教育取得突飞猛进的发展，充分体现出鄂温克族重视教育、尊重知识的传统文化。

虽然到了2005年底鄂温克旗共有20所小学，但是在改革开放初期的1991年，那时鄂温克旗小学数量变得越来越少，很显然这和学生数量的不断减少有必然的内在联系。再深入分析，小学生数量的减少，毫无疑问和计划生育政策的实施以及人们对于生育观念的改变等有直接关系。1991~2007年鄂温克旗小学数、班级数、招生数、在校生数、毕业生数及其教职员工数与专任教师数的具体变化数字见表3-6。

表3-6　1991~2007年鄂温克旗小学数、班级数、招生数、在校生数、毕业生数及其教职员工数与专任教师数情况

单位：所，人

年份	学校数	班级数	招生数	在校生数	毕业生数	教职员工数	专任教师数
1991	37	436	3031	15837	2398	1232	1017
1992	37	442	3123	15881	2520	1282	1072
1993	37	443	3131	15952	2484	1295	1094
1994	37	442	3290	16165	2641	1317	1108
1995	37	448	3269	16263	2760	1308	1094
1996	36	441	2909	16103	2510	1318	1099
1997	36	441	2701	15884	2577	1326	1118
1998	35	413	2236	15122	2840	1081	924
1999	31	398	2055	13887	3040	1083	896
2000	30	355	2100	12036	3866	1076	899
2001	26	339	2022	11238	2890	1041	873
2002	23	324	1990	10662	2584	998	864

续表

年份	学校数	班级数	招生数	在校生数	毕业生数	教职工数	专任教师
2003	23	322	1725	9992	2202	1003	867
2005	20	284	1197	8281	2091	976	890
2007	11		1245	7544	1746	1009	871

资料来源：鄂温克旗统计局编制《鄂温克族自治旗统计年鉴》(1990~2003年)；《鄂温克族自治旗统计年鉴》(2005~2006年)；《鄂温克族自治旗2007年国民经济和社会发展统计公报》。

可以看出，在表3-6的小学统计中没有把2005年的4所九年一贯制学校放入其中。另外，1991年全旗小学有37所，共有436个教学班；2005年小学有20所，共有284个教学班，学校数减少了17所，减少幅度为45.9%；班级数减少了152个，减少幅度为34.9%。1991年小学在校生有15837人，到2005年减至8281人，减少了7556人，减少幅度为47.7%，年平均递减4.35%。1991年每所学校平均有11.8个教学班，每个教学班平均有36.3个学生；2005年每个学校平均有14.2个教学班，每个教学班平均有29.2个学生。从以上数据可以了解到在这14年当中，学校、班级和学生数在总量上都有所减少，但是减少幅度有所不同。到2005年，每所学校所设的班级数平均增加了2.4个班，平均每个教学班学生人数下降了7.1个人，这些将对教育资源的整合和教学质量的提高带来一定的好处。

1991年全旗小学共招生3031人，到2005年下降至1197人，减少了1834人，减少幅度为60.50%，平均每年递减3.52%。就如上面所说，这与计划生育政策的贯彻落实、人口出生率逐年下降、学龄人口减少有着直接的联系。1991年以来出生人口数虽然在总的趋势上趋于下降，但是其中也有一些不稳定因素，有些年份的出生人口数比其他年份的出生人口数要高，例如1993~1996年和2001~2002年的出生人口数比其他年份要高，这与人口惯性增长和"千禧年生龙子""千禧婚礼"等文化现象以及人口流动等都有一定的关系。小学生数量变化与人口出生变动呈现正相关关系（见表3-7）。

表 3-7　人口出生变动情况

单位：人

年份	1991	1992	1993	1994	1995	1996	1997	1998	1999	2000	2001	2002	2003	2005
出生人口	1881	1416	3610	2018	2089	2332	1594	1490	1380	2221	1939	1969	999	1092

资料来源：鄂温克旗统计局编制《鄂温克族自治旗统计年鉴》（1990~2003年）；《鄂温克族自治旗统计年鉴》（2005~2006年）。

课题组的分析还表明，改革开放以后实施的计划生育政策对于人口数只有3万多的鄂温克族来讲，确实带来了人口发展方面的一些负面影响。就如在前面的有关章节里所讨论的那样，鄂温克族历来不提倡多生多育，在他们的传统生育理念中，人口的增长必须要和自然界的供给配套，不能够超越自然界养育人类的底线去恶性膨胀，否则会导致人类的自我灭亡。所以，国家实施的计划生育政策恰巧符合了鄂温克族传统意识上的生育理念。虽然国家在政策上允许鄂温克族生育两个孩子，但他们在改革开放以后成立的新婚家庭很少有生育两个孩子的，一般都只有一个孩子，甚至一些家庭根本就不要孩子。所有这些，自然造成鄂温克族人口没有什么发展，上学读书的适龄儿童数也不断减少的局面。

根据课题组掌握的资料，2005年全旗小学教职工总数为976人，其中专任教师有890人。与1991年相比，教职工总数减少了256人，减少幅度为20.8%；专任教师减少了127人，减少幅度为12.5%。2005年小学师生比为1:11.8，与1991年的1:7.8相比，师生比有所提高，这与小学资源整合、撤校并校有一定关系。在班级数量减少和班级规模缩小的情况下师生比上升，在一定程度上反映了部分教师资源的闲置。值得一提的是，近些年大专院校毕业的鄂温克族专任教师数量有所增加。

表 3-8　鄂温克旗小学 1991~2007 年占地面积等方面的统计数字

单位：平方米

类别 年份	学校占地面积	校舍占地总面积	其中					
			校舍占地实际面积	教室占地面积	行政办公用房面积	生活用房面积	其他占地面积
1991	1147	62538	57175	42278		1241	4122
1992	67362	62427	47194	31986		2071	13162
1993	625332	62196	47141	34124		4539	10516
1994	635639	66165	45993	27119	10663	9509	
1995	697013	69912	48071	37699	13926	7915	
1996	716381	68948	48264	38647	13029	7655	
1997	713720	73097	51863	41925	13296	7938	
1998	764899	76346	56251	44747	11961	8134	
1999	745637	78846	57776	39224	10924	10146	
2000	802430	79590	58212	41771	11022	10356	
2001	760858	73594	41999	31468	9142	8551	13902
2002	679845	67319	3841	27365	8655	8464	11359
2003	603219	74610	41013	30596	9891	9734	3972
2005	654074	70861	38062	28925	9484	9285	14030
2007	683569	69403	37665	27265			

资料来源：鄂温克族自治旗统计局编制《鄂温克族自治旗统计年鉴》（1990~2003 年）；《鄂温克族自治旗统计年鉴》（2005~2006 年）。

从表 3-8 可以看出，鄂温克旗小学占地面积在不同年份有不同程度的变化，有的变化较大，有的变化不太大。事实上，校园占地面积的扩大或缩小，都不同程度地反映了小学学生数量的增加或减少，也说明了与此相伴的小学校园和校舍建设变化。其中，教室占地面积的减少也跟全旗范围内的教育资源的重新调整、撤校并校有关。另外，小学生活用房占地面积的大幅度增加，与巴彦托海镇和伊敏河镇等人口聚居区大量建设学生宿舍有密切联系。

与此相关，鄂温克族较为集中生活的陈巴尔虎旗鄂温克苏木，阿荣旗得

力其尔鄂温克民族乡和查巴奇鄂温克民族乡，扎兰屯萨马街鄂温克民族乡、根河敖鲁古雅鄂温克民族乡，莫力达瓦达斡尔族自治旗杜拉尔鄂温克民族乡和巴彦鄂温克民族乡，乃至讷河兴旺鄂温克族乡等苏木和乡所在地，还有不少嘎查或行政村，在改革开放之后都先后成立了含有小学教育的中心校或小学。这些地区的鄂温克族适龄儿童的入学率达到100%。以莫力达瓦达斡尔族自治旗的巴彦鄂温克民族乡为例，根据1997年的相关统计资料，全乡有中学1所、小学21所，在校生达到2321人，教员有203人。其中，鄂温克族等少数民族教师就有158人，鄂温克族小学生也占一定比例。还比如，到2005年底，黑龙江讷河兴旺鄂温克族乡就建了4所鄂温克学校。其中，兴旺鄂温克族乡中心小学建筑面积有1100平方米，在校生有189人，鄂温克族小学生占一定比例，12名教职员工中以鄂温克族为主的少数民族教员有8位，还配置有计算机12台、藏书2500册；索伦小学建筑面积为757平方米，57名在校生中鄂温克族学生有14名，10名教职员工中有5位鄂温克族，藏书3000册；百路小学建筑面积为480平方米，48名在校学生中鄂温克族小学生为16名，8名教职员工中有7人是鄂温克族，藏书1400册。其中索伦小学、百路小学的教学设施及管理水平均达到市级标准化要求；同时，这两个学校开设了鄂温克语教学课程，对本民族语的传承发挥了积极作用。此外，鄂温克族师生占比较高的百路小学属于讷河市示范校。总之，改革开放以来，鄂温克旗之外的鄂温克族苏木或乡办的小学，都与时俱进地开展小学教育，使符合年龄要求的鄂温克族儿童无一例外地能够上学读书，校方也不断提升教学质量和水平，从而已经取得相当理想的教学成绩。

第五节　民族小学教育

据鄂温克旗在1991~2005年做的统计数据，1991年旗内有民族小学10所，即旗第一实验小学、伊敏小学、哈日嘎那小学、锡尼河西苏木小学、巴彦嵯岗小学、锡尼河东苏木小学、辉河小学、北辉小学、孟根小学、合营小学。2002年9月，哈日嘎那小学并入试验站学校后更名孟根中心校。至2005年，全旗有9所民族小学、68个教学班、在校生1125人；在全旗22所小学中少数民族学生有3610人，其中鄂温克族学生有971

人。为强化民族教育管理,提高民族教育质量,旗教育局注重民族学校的领导班子建设,使民族小学的办学水平不断提高,办学条件得到进一步改善。同时,依据《义务教育法》,全旗所有民族乡镇小学实现义务教育目标(见表3-9)。

表3-9 2005年鄂温克旗各小学的在校生数、鄂温克族在校生数一览

单位:人,%

学校\项目	在校生数	鄂温克族学生数	百分比
旗第一实验小学	378	149	39.4
旗第二实验小学	667	108	16.2
旗第四小学	782	252	32.2
伊敏苏木中心校	117	64	54.7
西苏木小学	167	24	14.7
巴彦嵯岗中心校	53	24	45.3
东苏木小学	50	23	46
巴彦塔拉小学	73	9	12.3
辉河中心校	191	129	67.5
北辉小学	42	41	97.5
孟根中心校	98	16	16.3
合营小学	39	1	2.6
河东小学	50	12	24
慈爱学校	243	10	4.1
伊敏河镇学校	485	24	4.9
大雁矿区一校	911	23	2.5
大雁矿区二校	723	11	1.5
大雁矿区三校	641	10	1.6
大雁矿区四校	585	7	1.2
大雁矿区五校	499	1	0.2
大雁矿区六校	189	3	1.6
红花尔基学校	285	30	10.5

从表 3-9 可以看出，这些中心校和小学里，鄂温克族小学生占比最高的是北辉小学（97.5%），其次是辉河中心校（67.5%）、伊敏苏木中心校（54.7%），另外像东苏木小学（46%）、巴彦嵯岗中心校（45.3%）、旗第一实验小学（39.4%），旗第四小学（32.2%）等也占有一定比例。第二层面是像河东小学（24%）、孟根中心校（16.3%）、旗第二实验小学（16.2%）、西苏木小学（14.7%）、巴彦塔拉小学（12.3%）、红花尔基学校（10.5%），这些学校内鄂温克族小学生占比在 10.5%~24%。在其他中心校或小学里，鄂温克族小学生的占比在 5% 以下，特别是像大雁矿区五校的鄂温克族小学生占比都达不到 1%。也就是说，在矿区小学或汉族生活十分集中的小学里鄂温克族小学生占比非常低，基本都在 5% 以下；相反，鄂温克族人口多集中生活的乡村，鄂温克族小学生的占比就很高，甚至达到 97.5%。

以最具代表性的辉河中心校为例，该校有在校生 97 名，教学班 10 个，其中蒙授班 5 个、汉授班 5 个，有学前班 2 个、幼儿班 1 个，适龄儿童入学率达 100%、辍学率为 0；有教职工 40 名，教师学历合格率为 100%，其中大专以上学历占 50%。由于在民族教育方面做出的突出成绩，该校于 1998 年荣获"盟级义务教育示范校"称号，于 1999 年被评为自治区级机关档案工作目标管理三级单位。2000~2004 年连续五年被评为中小学全面管理及实施素质教育综合评估优胜单位，并先后获得"综合治理先进集体""民族团结进步先进集体""关心下一代先进集体"荣誉称号和中小学田径运动会组织优秀奖，2003 年被评为市级文明单位。

鄂温克旗重视民族教育事业。1991 年，旗教育局在学校布局管理教师配备、教学方法等方面根据民族教育特点及各级学校所在地具体情况，分别采用蒙、汉两种语言文字教学。在教学中，对少数民族集中居住地区的学校选派精通民族语言的教师任教，并以本民族语言授课。同时实施助学金制度，助学金标准为鄂温克族小学生每人每年 200 元。成立鄂温克族教育基金会，为鄂温克族贫困家庭小学生提供资助。鄂温克族和达斡尔族学生享受民族助学金，其中鄂温克族中学生每人每年享受民族助学金 90 元，小学生标准为 70 元。2003 年，内蒙古自治区人大常委会批准鄂温克旗颁布实施《鄂温克族自治旗民族教育条例》，该条例的实施为鄂温克旗民族

教育的发展提供了法制保障。为发展民族地区小学教育，上级政府及旗政府对鄂温克族聚居地区小学从财力和物力上给予重点照顾。1997年，投资160万元建成1158平方米的辉河中心校教学楼。

2005年，鄂温克旗有小学22所，其中蒙古语授课小学有4所，以蒙古语授课为主、有汉语授课班的小学有4所，其他14所小学属于汉语授课学校。

与1991年的全旗少数民族在校生（9697人）相比，2005年少数民族在校生减少了2696人，减少幅度为27.8%，年平均递减2.30%。其中鄂温克族减少了477人，减少幅度为20.9%。鄂温克族小学生减少主要是由于出生率下降和部分学生转至海拉尔区小学就读等（见表3-10）。

表3-10　2005年鄂温克族小学生的统计数

单位：人

学校	授课语言	在校生总数	鄂温克族学生数	备注
第一小学	蒙古语	378	149	
第二小学	汉语	667	108	
第四小学		782	252	
伊敏学校	蒙古语、汉语	117	64	汉语授课2个班共计25人
西苏木小学	蒙古语	167	24	
巴彦嵯岗小学		53	24	
东苏木小学	蒙古语、汉语	50	23	汉语授课两个班共计17人
巴彦塔拉小学	汉语	73	9	
辉河中心校	蒙古语、汉语	191	129	汉语授课五个班共计100人
孟根中心校		98	16	汉语授课两个班共计27人
合营小学	蒙古语	39	1	
河东小学	汉语	50	12	
永丰小学		64		
慈爱小学		243	10	
伊敏河镇学校		485	24	

续表

学校		授课语言	在校生总数	鄂温克族学生数	备注
大雁矿区	第一小学	汉语	911	23	
	第二小学		723	11	
	第三小学		641	10	
	第四小学		585	7	
	第五小学		499	1	
	第六小学		189	3	
	矿区小校		273	30	

资料来源：鄂温克族自治旗教育科技局提供的"修志材料"，2006。

根据统计，2005年鄂温克旗少数民族小学在校生人数为3458人，占小学在校生总数（7278人）的47.5%，其中鄂温克族有930人，占小学在校生总数的12.8%。另外，从表3-10的统计数字可以看出，鄂温克族小学生中完全通过蒙古语文读书的人有198名，占鄂温克族小学生总数的21%；接受蒙汉双语教学的小学生有232名，占鄂温克族小学生总数的25%；用汉语文读书的小学生有500名，占鄂温克族小学生总数的54%。而且，现在越来越多的鄂温克族把孩子们送到汉语文教学的小学，让孩子们通过汉语文学习文化知识。只有牧区的鄂温克族送孩子们到蒙古语文教学的小学，或者让孩子们到蒙、汉双语教学的小学读书。比较而言，到蒙、汉双语教学的小学读书的鄂温克族小学生，要比去蒙古语文教学的小学读书的鄂温克族小学生多。在他们看来，从小学习汉语文的孩子们未来发展可选择道路更多，发挥的作用更大。在这一思想的影响下，包括纯牧区的小学生在内，就读汉语授课学校的鄂温克族小学生也变得多了起来。

不过，陈巴尔虎旗鄂温克苏木的民族教育抓得也特别好，该苏木适龄儿童的入学率也达到100%，巩固率和升学率也保持在很高的水平。而且，

鄂温克族学生一直以来保持60%~70%的占比，教员里鄂温克族也占50%左右。比如，1980年鄂温克苏木有6所小学，25个教学班，有474名学生，其中鄂温克族学生有245名，占学生总数的51.7%。1984年，苏木中心小学和那吉分校共有9个教学班级，256名学生，其中鄂温克族学生有137名，占学生总数的53.5%；2005年，在现有的23名教职工中，鄂温克族教职工有26名，现有的139名学生中鄂温克族学生有91名，占学生总数的65.5%。校内还设有实验室、电脑室、读书室、展览室及师生活动室、会议室等场所。每个班级都有电视机、VCD、录音机等设备。读书室里有3332本书籍。鄂温克苏木为了不让在校的80名贫困家庭的学生因贫失学，副院长张江自2001年以来持续努力，号召社会各界通过各种途径捐款捐物，从而保证了学校没有出现特困学生失学的现象。

除此之外，农区或林区的鄂温克族乡村中心校或小学里，鄂温克族学生一般都保持在10%~30%的比例，鄂温克族教员比例也占7%~26%。当然，也有的小学数据会在这一区间外。

第六节　健康发展的中学教育

为发展鄂温克族中学教育事业，1982年内蒙古人民政府拨款260万元，建了鄂温克民族中学，并设有初中部3个年级以及高中部3个年级共6个年级，所以也叫六年制中学。该中学教学楼加上学生宿舍总面积有2200多平方米。该中学建成后，招收鄂温克族学生接受完全中学教育，学费和住宿费主要由国家资助。为了大力扶持鄂温克族教育事业，内蒙古规定鄂温克族中学生每年每人的助学金增为90元，并且培养了一支受过系统教育且训练有素的中学教育师资队伍。全旗中小学教师和职工，1958年只有40余名，到1983年增加到1490余名。其中，旗办中学教职工690名，鄂温克族中学教职工占47%左右。同时，为了进一步增强师资力量，旗教育局采取进修、函授、短期培训、业余自修等措施，提高教师的文化水平和教学质量。1979年旗教育局设教师进修学校，对有关中学教师进行更有深度的专业教育培训。同时，有关教学管理部门领导和工作人员到学校及教研室开展深入扎实的调查研究。在此基础上，全旗不断提高教学质

量、改进教学方法并制定相关措施。自1982年以来，全旗教育系统进行了一系列的改革，如实行教学责任制、推广先进教学方法、对教师考核、严明奖惩制度、调整教师队伍、轮流培训师资、鉴别教师教学质量以学生的实际成绩作为衡量标准，大大提高了中学教师的工作积极性和教学质量。1987年以后，在整顿教育工作的几年中，涌现了一批在改进教学方法、提高教学质量方面的先进学校和先进教师。

本节主要从初中教育、高中教育、民族中学教育以及鄂温克族中学教育四个部分，分析和讨论改革开放以后鄂温克族地区中学教育发展的基本情况。毋庸置疑，改革开放之后，鄂温克族地区包括农村牧区在内，不断强化和进一步完善中学教育工作，进而在中学阶段的教育中取得了鼓舞人心的教学成绩。特别是一批又一批受过系统而严格教育的师范大学、师范学院、师范学校以及各重点院校教育的大学生、研究生到鄂温克族地区中学任教，在很大程度上弥补了该旗中学老师短缺，解决了中学老师教学质量不高、中学教师队伍不健全等方面的问题，从而使这里的教学水平得到很大程度的提升。这些中学教员中，就有相当比例的鄂温克族中青年研究生或大学毕业生。

1984年，南屯第一中学、第二中学、职业中学、锡尼河西苏木中学中的南屯第一中学和第二中学调整为初中。在撤销伊敏中学和辉河中学的同时，新建了占地约4平方公里（2246平方米的教学楼，2400平方米的宿舍与餐厅等辅助建筑）的鄂温克中学。该中学设有物理、化学生物实验室。到1987年，设初中8个班、高中3个班，学生共有447人，其中鄂温克族中学生就有18人。在该校的65名职员工中，包括316名鄂温克族教员。1991年全旗中学发展到17所，其中教育部门办学6所；在校生也达到8270人，其中教育部门派人督查或办学的小学有学生2563人；教职员工有700多人。

到了21世纪，鄂温克旗中学教育开始向更加理想的目标快速健康发展。2005年，全旗共有16所中学，其中有2所高中和1所还未隶属旗教育管理系统的矿区高中；另外还有8所初中，以及还未隶属旗教育管理系统的2所矿区初中，以及4所九年一贯制学校和2所完全中学。这些学校分别坐落于3个镇、1个矿区，巴彦托海镇有2所完全中学，即鄂温克中学和鄂温克第一中学；大雁矿区有1所高中、6所初中，其中大雁一中为

高中，大雁二中、三中、四中、五中和七中为初中；伊敏河镇有 2 所九年一贯制学校，即伊敏河镇学校和慈爱学校，还有 2 所还未隶属旗教育管理系统的华能伊敏煤电公司所属初中；红花尔基镇有 1 所九年一贯制学校，即红花尔基中学。鄂温克旗普通中学 1991~2007 年学校数、班级数、初中和高中的招生数、在校生数、毕业生数、教职工数及专任教师数发展情况见表 3-11。

表 3-11　1991~2007 年鄂温克旗普通中学概况

类别 年份	学校数（所）	班级数（个）	招生数（人）	其中初中（人）	其中高中（人）	在校生数（人）	其中初中（人）	其中高中（人）	毕业生数（人）	其中初中（人）	其中高中（人）	教职工数（人）	专任教师数（人）
1991	15	181	2746	2450	296	7675	6516	1159	1815	1497	318	881	660
1992	14	183	2778	2490	88	7769	6859	9106	1961	1588	373	831	658
1993	13	178	2724	2422	302	7621	6923	98	1924	1550	374	869	656
1994	14	188	3041	2592	449	7937	7095	842	2065	1885	180	866	668
1995	14	194	3096	2637	459	8287	7255	1032	2151	1984	167	893	673
1996	14	204	2885	2424	461	8623	7425	1198	2198	1985	213	920	691
1997	14	205	2980	2460	520	8455	7143	1312	2500	2168	332	953	721
1998	13	204	3291	2761	530	8786	7292	1494	2633	2284	349	865	693
1999	14	221	3541	2922	619	9811	8157	1654	2065	1674	391	913	722
2000	14	258	4228	3593	635	11550	9796	1754	1922	1449	473	975	779
2001	16	264	3323	2680	643	11756	9798	1958	2527	2007	520	1030	815
2002	17	270	3406	2516	890	11657	9499	2158	2703	2158	545	1004	823
2003	17	255	3099	2198	901	11263	8865	2398	2791	2275	516	936	786
2005	16	246	3228			9990			3647			1009	866
2007	14		3106	1932	1174	9512	6518	2994	3068	2300	768	1053	876

资料来源：鄂温克族自治旗统计局编制的《鄂温克族自治旗统计年鉴》（1990~2003 年）；《鄂温克族自治旗统计年鉴》（2005~2006 年）。

从表 3-11 可以看出，2005 年鄂温克旗 16 所中学内共有 9990 名在校生，与 1991 年的 15 所中学共有在校生 7675 人相比，在校生增加了 2315

人，增长幅度为30%，年平均增长7%；但是与2000~2003年的4年高峰期相比已经有所下降。1991年共有181个教学班，2005年增加至246个；1991年每个教学班平均学生数为42人，2005年下降至40人，下降幅度为4.8%。1991年师生比为1:8.7；2005年师生比为1:9.9；2007年师生比为1:9.0。

1990年全旗普通中学教职工人数为861人，专任教师为631人。在专任教师中，大学本科毕业生有87人，大学专科毕业生有316人，中专或高中毕业生有217人，学历合格率为63.87%。到2005年初中教职工有868人，专任教师有704人，其中大学本科毕业生有312人，大学专科毕业生有387人，中师毕业生有5人，学历合格率为99.29%；高中教职工有210人，专任教师为183人，其中大学本科毕业生为154人，大学专科毕业生为28人，中师毕业生为1人，学历合格率为84.15%。2005年初中和高中教师平均学历合格率为96.17%，与1990年相比提高了32.30个百分点。

根据调研资料，包括鄂温克族中学生在内的中学在读生，一般都集中在少数几所中学内，其原因有以下几个方面。首先是与学校所在地人口和经济地位有关。据2005年的统计数据显示，巴音托海镇人口为2.3901万人，占全旗总人口的16.74%；大雁矿区为7.218万人，占全旗总人口的50.55%；伊敏河镇为2.3584万人，占全旗总人口的16.52%；三个地区合计占全旗总人口的83.89%。大雁矿区和伊敏河镇是以煤和煤电为基础的能源开发型经济区，是鄂温克旗经济较发达的地区，按照2005年可比价格计算大雁矿区的地区生产总值为83737万元，伊敏河镇为127256万元，分别占全旗地区生产总值的31.48%和47.84%。其次是与学校所在地政治地位和文化教育的发展情况有关。巴音托海镇是旗政府所在地，是全旗政治、文化中心，交通发达，与呼伦贝尔市政府所在地海拉尔区相邻。在巴彦托海镇有两所完全中学，分别是鄂温克中学和鄂温克第一中学，在校生达到1880人，其中住宿生和借宿生有1007人，占在校生总人数的53.56%。最后是学生多、资源利用率高的学校的软硬件设备比较优越。比如，大雁矿区二中校舍总面积为5590平方米，大雁四中校舍总面积为6700平方米，两校占地面积是五所初中总面积的52.2%。两所学校在校生

数为 2185 人，占当地五所学校总数的 67.21%。旗教育局一直严肃认真地考虑义务教育学校资源在各地不同中学里的合理配置，并不断发挥着自身积极调节作用。

鄂温克旗初中毕业生可以报考普通高中和职业高中，也可报考相关的职业中专。2005 年升学学生有 812 人，占毕业生总数的 83.13%，总升学率为 89.82%。据相关材料，在鄂温克旗初中毕业后，有升学愿望的学生就可以进入职业高中就读，贫困学生享受减免学费政策。旗教育局以此鼓励鄂温克族初中毕业生能够进一步接受高中时期的系统教育，以及到职业中专或高中得到某一专业方面的系统培训。

除了鄂温克旗之外，陈巴尔虎旗鄂温克苏木的中学生，包括初中生和高中生都到旗所在地的中学或到海拉尔一中，通过蒙古语文学习掌握初中和高中文化知识。而且，在入学率和升学率方面一直保持相当高的比例。再者，生活在矿区、农区、林区的鄂温克族学生由于从小就接受汉语文教育，所以小学毕业后都要到县城上初中和高中，同样都通过汉语文学习掌握初中和高中时期的文化知识。

一　初中教育

1960 年以前，全旗中学教育还处于起步阶段。1960 年，在鄂温克自治旗所在地巴彦托海完小附设一蒙古语授课初中班，招收学生 41 人，教员 3 人，职员 2 人，行政业务归属小学领导，1961~1962 年每年招 1 个班。辉苏木完小设 1 个初中班，招收学生 2 人，教职工 5 人，其中教员 3 人、工人 2 人。

1963 年，第一所蒙古语授课的初中，也就是巴彦托海中学成立，学生来源除纳入原完小附设的初中班外，还招收各苏木完小毕业生。当年有一至三年级 3 个班，106 名学生中大部分住宿，学校教职工有 14 人，其中教师 9 人、书记 1 人、教导主任 2 人、工人 2 人。1966 年，全旗中学发展到 3 所，即巴彦托海中学、辉河中学、半工半读中学；教职工 35 人，学生 343 人。这三所中学也都属于初中性质，教的也都是初中教学课程。1967 年，巴彦托海中学改名为反修中学，蒙古语、汉语双语授课。1968 年，伴随鄂温克族所属中小学的合并，包括反修中学在内的 9 所学校合并为七年

制学校，即小学 5 年，中学 2 年的小学加初中的学校。1969 年，根据强化中学教育的相关文件精神，又恢复了反修中学，次年定为四年制完全中学，也是以初中课程教学为主。这其中都有相当比例的鄂温克族初中生。

1973 年，反修中学改为南屯第一中学（南屯一中），有教职工 55 人，学生 631 人。1974 年，在伊敏苏木新建初中性质的蒙古语授课中学，就叫伊敏中学，当年招生 148 人，鄂温克族学生约占一半。1975 年，南屯一中的蒙古语授课班分离出来，建了旗第二中学，也就是人们所说的蒙古文中学，有教职工 29 人，学生 352 人，鄂温克族初中生占一定比重。同年，南屯一中实行开门办学，在红花尔基建分校，师生分批分期到分校参加劳动。受其影响，当时红花尔基、伊敏河两地初中教育发展较理想，1974 年，企业办的初中有 3 所，23 个教学班。到 1990 年，全旗 15 所中学中企业办的有 10 所，其中初中有 8 所。

1975~1977 年，旗内中学数量有所增加，条件较好的一些小学也办了初一班，全旗四年制中学发展到 4 所，七年制学校有 12 所。但由于教学队伍和教学质量跟不上，特别是七年制学校的初中班办学条件达不到教学标准，在师资力量、管理水平、校舍建设、设备要求等方面都出现需要进一步提高和完善的实际问题。尽管如此，根据当地教学需要，初中教学还是尽量向前推，于 1979 年四年制中学达到 13 所，七年制学校达到 12 所。但是，初中教育仍然徘徊在原来的教学水平，难能得到突破或者说得到新的提升，无法实现应该达到的初中教育教学的要求和标准。

这种局面在 1977 年底以后才有了一些变化，也就是说 1977~1981 年，按照上级有关"普及小学，加强初中，控制高中"的指示，当地重新开始调整学制，七年制学校中的初中班被纳入正式中学教育。经过几年的调整，到 1981 年七年制学校的中学班全部被撤销，设立了 15 所中学，145 个班级，在校生 6524 人，教职工 593 人。1981 年，在调整的基础上，加强学校管理和教学管理，教学质量有了明显提高。1981 年高考升学率为 22%，1982 年为 24%。就在这一时期，鄂温克旗南屯二中在上级教育部门的教学质量评比中，连续两年被评为一等奖。

1984 年以后，按照"普及小学，加强初中"的精神，全旗中学布局再次进行调整：将原来旗所属的 6 所中学调整为 4 所，改称鄂温克旗一中、

鄂温克旗二中、职业中学和锡尼河西苏木中学;将一中、二中两所完全中学设定为初中;撤销伊敏中学、辉河中学,在巴彦托海建立鄂温克中学。到1985年,对中学布局进行第三次调整,经调整缓解了师资力量不足的问题,将原有的15所中学调整为11所,165个班级,在校生7722人,教职工692人。从此,鄂温克旗初中教育进入平稳发展阶段。到1991年,全旗各级中学发展到17所,其中2所为九年一贯制学校,196个班级,在校生8270人,教职工974人。1960~1991年鄂温克旗普通中学在学校数、班级数、在校生数、教职员工数方面的发展变化情况见表3-12。

表3-12　1960~1991年鄂温克旗普通中学概况

年份	学校数(所)合计	其中 教育部门和集体办	其中 其他部门办	班级数(个)合计	其中 教育部门和集体办	其中 其他部门办	在校生数(人)合计	其中 教育部门和集体办	其中 其他部门办	教职工员数(人)合计	其中 专任教师
1960	1	1		1	1		41	41		5	3
1963	1	1		4	4		106	106		21	12
1966	3	3		12	12		343	343		35	18
1970	1	1		11	11		337	337		44	30
1974	6	3	3	54	31	23	1520	874	646	157	81
1976	7	4	3	119	68	51	3570	2040	1530	355	135
1979	13	8	5	142	65	77	6313	2810	3503	412	307
1981	15	6	9	145	55	90	6524	2466	4058	593	448
1982	12	6	6	133	45	88	6212	2193	4019	634	508
1985	11	4	7	165	60	105	7722	2900	4822	692	536
1987	14	5	9	173	57	116	7568	2548	5020	788	586
1989	14	5	9	140	45	95	6706	2055	4651	822	632
1991	17	6	11	196	56		8270	2563	5707	974	726

资料来源:摘自《鄂温克卷》,第273页。

从表3-12可以看出,鄂温克旗普通中学在学校数、班级数、在校生数、教职员工数方面出现的发展变化。具体分为以下三个阶段:第一阶段

是 1960~1970 年，第二阶段是 1971~1975 年；第三阶段是 1976~1991 年。上述数据在这三个阶段都出现了不同程度的发展变化，而且后一阶段的变化总是要比前一阶段的变化大。尽管在这期间出现了不少挫折和困难，但各中学始终向着总的发展目标不断推进教育教学改革工作，特别是改革开放之后，这种发展和理念更加显示了强盛的生命力。

1998 年学校布局调整，鄂温克旗第二中学合并到鄂温克中学。2004 年有中学 4 所，同年再次调整学校布局，大雁红花尔基中小学移交给地方。至 2005 年，全旗有中学 13 所，其中初中有 6 所。据统计，1996~1997 学年度全旗 13~15 周岁人数为 6935 人，在校生达到 7963 人；1997~1998 学年度 13~15 周岁人数为 7171 人，在校生有 8252 人；1998~1999 学年度 13~15 周岁人数为 6751 人，在校生有 8289 人。一直到 2005 年，全旗初中阶段入学率均保持在 98%~100%，初中升学率在 90% 上下。

在这里还有必要提出的是，1984 年的中学调整中，将旗二中改为蒙古语授课的初中以后，设了 12 个教学班，6 个教研室，每年招 4 个班 180 人左右的新生，学生来源除旗第一实验小学毕业生外，还有各苏木的小学毕业生，其中住宿生有 300 人左右。该蒙古语授课初中的成立，在很大程度上缓解了牧区鄂温克族小学毕业生用汉语读初中时遇到的困难与心理压力。这是由于牧区鄂温克族小学生基本上用蒙古语文读小学，从小除了母语就只接触蒙古语，蒙古语和鄂温克语同属于一个语系而且有许多共同之处，所以接着在初中用蒙古语文学习文化知识有很多便利条件；然而，旗里蒙古语文初中班招生名额有限，一些用蒙古语文读小学的鄂温克族小学毕业生只能到汉语文授课的初中或初中班，通过汉语文学习初中文化知识，这自然给他们的初中学习带来许多压力和困难。因此，蒙古语授课初中的成立，给他们初中时期的学习创造了较好的学习条件和环境。毋庸置疑，这使蒙古语授课初中的鄂温克族学生连年增多，他们的学习成绩也都保持在相当理想的状态。或许正因为如此，在 1981~1990 年，在该地区 16 所蒙古语授课初中评比中，二中先后获一等奖 2 次、二等奖 6 次，1988 年还经严格评比进入旗级文明单位行列。10 年中，初中毕业生有 931 人，其中 771 人升入高中和其他学校，升学率为 82.8%。这其中，就有相当比例的鄂温克族初中生。

为了提高鄂温克族等少数民族初中教师的素质，1975年以来包括鄂温克族教师在内的39名教师先后参加进修、函授、成人高考、自学等各种学习培训，其中25人获大专文凭。这使鄂温克族等任课教师中，大专以上学历的有36人，教师学历合格率从1981年的30%提高到1990年的66.6%。其中，鄂温克族等少数民族中的高级教师、一级教师、二级教师及三级教师的数量明显增多，还出现了一些国家级先进教育工作者、区级模范教师等。到1990年，二中校园占地面积已达40万平方米，学校建筑面积为3681平方米，其中教室1176平方米、实验室306平方米、图书室76平方米、学生宿舍726平方米、其他用房1401平方米，还有4.5公顷的校办农场及牧场等。其结果是，学校的年勤工俭学收入在2万元以上，在一定程度上改善了学校住宿生的伙食质量，并缓解了个别学生的生活困难问题。

初中是"国家九年义务教育"的组成部分。实现义务教育阶段的教育平等是教育公平的基本要求。教育平等的实现包括三个方面的内容：（1）实现入学机会的平等；（2）实现受教育条件和受教育过程的平等；（3）实现受教育结果的平等。下面从以上三个指标去分析鄂温克旗初中教育。2005年鄂温克旗初中教育的中学名称、在校生数、班级数、每班平均学生数、专任教师数、师生比例、住宿借宿情况及校舍面积等数据见表3-13。

表3-13 2005年鄂温克旗初中教育概况

序号	学校名称	在校生数（人）	班级数（个）	每班平均学生数（人）	专任教师数（人）	师生比例（%）	住宿/借宿	校舍面积（平方米）
1	鄂温克中学	840	20	42	95		320/410	8663
2	鄂温克第一中学	1040	24	43	106		74/203	7136
3	大雁二中	1091	22	50	99	11		5590
4	大雁三中	441	12	37	55	8	0/5	3100
5	大雁四中	1094	22	50	88	12	0/28	6700
6	大雁五中	318	12	27	49	6	0/6	3850
7	大雁七中	307	9	34	48	6		4300

续表

序号	学校名称	在校生数（人）	班级数（个）	每班平均学生数（人）	专任教师数（人）	师生比例（%）	住宿/借宿	校舍面积（平方米）
8	伊敏河镇学校	525	12	44	90		0/124	4450
9	慈爱学校	233	8	29	46		0/80	3512
10	锡尼河中学	215	8	27	32	6	11/106	1504
11	红花尔基中学	211	10	21	37		24/11	2451
12	伊敏中心校	81	4	20	45		20/88	2861
	合计	6396	163	39			1510	54117

资料来源：摘自鄂温克族自治旗教育科技局提供的《2005年统计表》，2005年9月。

从表3-13可以看出，2005年全旗有12所初中，共有163个教学班，在校生人数为6396人，住宿生和借宿生合计1510人，校舍总面积为54117平方米。平均每个教学班学生数为39人，但是各学校在校生数和分班情况有所不同。有1000名以上在校生的学校有3所，分别为鄂温克第一中学、大雁二中和大雁四中；有500~1000名在校生的学校有2所，分别为鄂温克中学和伊敏河镇中学；有200~500名在校生的学校有6所，分别为大雁三中、大雁五中、大雁七中、慈爱学校、锡尼河中学和红花尔基中学；不到100人的学校有1所，是伊敏中心校，共有在校生81名。每个教学班平均人数最多的是大雁二中和大雁四中，平均每个教学班有50人；平均每个教学班有40~50名学生的学校有3所，分别是鄂温克中学、鄂温克第一中学和伊敏河镇学校。住宿生和借宿生多的学校是鄂温克中学和鄂温克第一中学，分别有730人和277人。鄂温克第一中学、大雁二中和大雁四中三个学校的在校生总数占全旗初中在校生总数的50.4%。

另外，陈巴尔虎旗鄂温克苏木的中心校当时有初中班4个，92名学生，其中鄂温克族学生有73名，占学生总数的79.3%。鄂温克苏木中心校自1972年开办初中教育课程以来，到1984年初中毕业生已有300余名，其中考入高中、中专、大专的大约有100名。该校还为了方便师生课外科

技知识和社会知识的学习活动,在校内配备了实验室、电脑室、读书室、展览室及师生活动室、会议室等场所。每个班级都有电视机、VCD、录音机等设备。读书室里藏有3332本书籍,其中相当一部分是旗新华书店捐赠的。所有这些,给这里通过蒙古语文学习文化知识的鄂温克族初中生的读书学习创造了较好的学习环境、学习动力,使该校的鄂温克族初中生数量连年递增,在很大程度上推动了该苏木的初中教育事业,对于初中教育的普及发挥了十分重要的作用。

在初中教育方面,汉语文授课的中学也发挥了应有的贡献,而且越来越显示出在教育方面的重要性。鄂温克旗第一中学是一所完全中学。学校占地面积74466平方米,其中建筑面积为7136平方米,建有教学办公大楼、宿舍食堂、运动场、图书室、阅览室、语音室、计算机室、多媒体教室、第二课堂活动场所等。至2005年底,有初中班24个,其中也有一定比例的鄂温克族初中生,其中多数是来自农区农村、矿区或城镇小学从小通过汉语文学习文化知识的鄂温克族小学毕业生。改革开放之后,伴随该校教学质量的不断提高,该校的鄂温克族初中生的比例不断上升,绝大多数初中毕业生考入普通高中和职业高中。与此相关,旗内的汉语文授课的初中中学或初中班,包括其他矿区或林区、农区、城镇地区的用汉语文授课的初中中学或初中班,就像阿荣旗得力其尔鄂温克民族乡和查巴奇鄂温克民族乡、扎兰屯萨马街鄂温克民族乡、根河敖鲁古雅鄂温克民族乡,莫力达瓦达斡尔族自治旗杜拉尔鄂温克民族乡和巴彦鄂温克民族乡,黑龙江讷河兴旺鄂温克族乡等苏木和乡所在地用汉语文讲课的初中中学或初中班,乃至旗县所在地用汉语文授课的初中中学,都先后培养了不少鄂温克族初中生,同样给当地的高中、职业中学输送了不少生源。

二 高中教育

改革开放以后,鄂温克族地区高中教育事业取得十分快速且理想的发展,这一现象充分表现在鄂温克旗高中教育方面。其实,鄂温克旗的高中教育始于1970年,当时的反修中学就设有蒙古语文授课的高中班和汉语文授课的高中班。之后的十余年时间里,共培养了近400名高中生。其中,不论是汉语文授课的高中班,还是蒙古语文授课的高中班里都有鄂温克族

高中生。比较而言，在蒙古语文授课的高中班内鄂温克族高中生较多，汉语文授课的高中班中的鄂温克族学生比较少。尽管如此，当时的高中教育受社会动乱或一些错误思潮的影响，未能按照普通高中教育计划开展正常教育，加上高中教员教学质量的参差不齐，教材和教学设备的不到位、不完整、不系统，一直到改革开放初期，鄂温克旗高中教育都没有能够严格按照普通高中教学要求和标准来讲课，所以也未能够很好地发挥高中教育的作用，这一状况在20世纪80年代以后才逐步好转。经过调整，反修中学更名南屯第一中学，再从南屯第一中学改为旗第一中学。1985年，旗教育局对中学布局做了再次优化调整，使鄂温克中学有了6个普通汉文高中班。1987年，为使中等教育结构更趋合理，提高教学质量，旗教育局将职业中学的普通高中班分离出来，成立了汉语授课的普通高中，定名为鄂温克旗第三中学。至1991年，鄂温克旗有了1所独立高中即鄂温克旗第三中学，还有了1所完全中学即鄂温克中学及蒙古语授课高中部。1993年，对中学布局进行调整时，鄂温克旗第三中学并入鄂温克旗第一中学，分有高中班和初中班两大类教学系统。1994年，鄂温克旗第一中学成立汉语授课的高中部。2004年9月，旗教育局接收大雁煤业公司的大雁第一中学为高中教学部门。2005年，旗教育局管理范围内有了1所专授高中课程的中学，也就是鄂温克旗大雁镇第一中学；另外，还有了2所完全中学，即蒙古语授课的鄂温克旗第二中学和汉语文授课的鄂温克旗第一中学，共有40个高中教学班，其中蒙古语授课班3个，汉语授课班37个，共有在校高中生1989人，高中专任教师127人。

为了提高高中教员的教学水平，改革开放之后旗教育局连年派出在高中任不同课程的教员到内蒙古、辽宁、吉林、黑龙江、北京的各大院校接受培训、进修学习、旁听专业课程，以此提高高中教师队伍的知识水平、增强教学能力、完善工作职能。其结果是，在鄂温克旗高中执教的中青年教师们基本获得大专以上文凭，这使旗所属高中教师学历合格率从1981年的32%提高到1990年的70%左右。除此之外，还有了高级高中教师、一级高中教师、二级高中教师、三级高中教师等，其中就有相当比例的鄂温克族高中教师。下面简要介绍3所具有高中教学功能的中学。

1. 鄂温克旗第一中学

鄂温克旗第一中学始建于1963年，1994年正式成立高中部，是一所完全中学。学校占地面积74466平方米，建筑面积7136平方米。至2005年底，有高中班6个，包括初中生在内共有1280名学生，教职工有112人，其中专任教师有95人。教师中，本科学历的有46人、大专学历的有48人、中师学历的有1人；高级教师有15人、中级教师有52人、初级教师有28人。除教学办公大楼外，还有宿舍食堂、运动场、图书室、阅览室、语音室、计算机室、多媒体教室、第二课堂活动场所等。旗一中在高中教学与教育实践中，培养了相当数量的鄂温克族高中生，其中不少考入各地大专院校，成为鄂温克族各学科领域的优秀人才。该校于1991年以后先后获得过内蒙古和呼伦贝尔地区义务教育示范校等荣誉。

2. 鄂温克旗第二中学

鄂温克旗第二中学是盟级重点中学之一。该校的高中教学以蒙古语文为主，所以也被称为蒙古语文授课的中学。1975~1984年，该校的高中毕业生达到329人，升入大学本科的有21人，大专的有20人，升入中专的有12人，升学率达到16.1%。1980年在全盟高中毕业考试评比中，旗二中荣获一等奖。

3. 大雁第一中学

大雁第一中学是大雁矿区唯一的一所普通高中。学校始建于1975年，1990年成为独立高中，2004年归属旗教育局管理。校区占地面积9万多平方米，其中硬化区占30%、绿化区占30%；有两栋能容纳38个教学班的教学楼和两栋可供700人住宿的学生宿舍楼，有可同时满足近千名学生用餐的学校食堂。学校有先进的生物实验室、化学实验室、语音室、电教室，并安装有卫星接收系统，是呼伦贝尔市首家共享北大附中教育教学资源的网络示范学校。教师办公室配备P4电脑，随时可以登录宽带连接的互联网。2005年，学校有31个教学班、1706名学生、120名教职工，其中专任教师有96人，本科学历的教师有80人，专任教师中有高级教师30人、中级教师55人。教师队伍趋于年轻化，他们中有国家级骨干教师1人、自治区教学能手1人、盟市学科带头人1人、盟级骨干教师21人、市级教学能手5人。该校还以"高中学生心理问题实践与探究"和"研究性

学习在物理教学中的渗透"等教学课题为立足点，长期在教学实践中探索高中生的心理问题，以及物理教学中遇到的种种现实问题，进而不断提升具有针对性的高中教育。其结果是，该高中的升学率不断提高，学校先后被评为原东煤公司标准化学校、呼伦贝尔高中管理先进校，2003年还荣获内蒙古自治区"现代教育技术先进学校"荣誉称号。

除了鄂温克旗的高中教育之外，其他矿区、林区、农区、城镇地区的用汉语文授课的初中中学或初中班毕业的初中生，由于所属苏木和乡没有设高中课程的中学，纷纷到县城的高中通过汉语文学习掌握高中时期的文化知识。不过，陈巴尔虎旗鄂温克苏木的初中毕业生，除了到旗所在地的中学读高中之外，还有的到海拉尔一中用蒙古语文学习高中课程。其他像阿荣旗得力其尔鄂温克民族乡和查巴奇鄂温克民族乡，扎兰屯萨马街鄂温克民族乡、根河敖鲁古雅鄂温克民族乡，莫力达瓦达斡尔族自治旗杜拉尔鄂温克民族乡和巴彦鄂温克民族乡，黑龙江讷河兴旺鄂温克族乡等地区的初中毕业生，由于都是通过汉语文学的初中文化知识，所以自然地都到汉语文授课的县级中学读高中课程。说实话，这些从矿区、农区、林区的鄂温克族初中毕业生考入高中的比例相当高，也有不少优秀高中毕业生考入了各地高等院校。

三　民族中学教育

根据课题组掌握的调研资料，1991年鄂温克旗有4所民族中学，即锡泥河中学、鄂温克旗第二中学、鄂温克中学、伊敏苏木中学。其中，鄂温克中学也叫鄂温克族中学，旗里的鄂温克族小学毕业生几乎都到该中学读初中和高中，甚至也有其他旗县的鄂温克族小学毕业生到这里读中学的现象。旗政府和教育局规定，只要是鄂温克族学生到鄂温克中学读书，学费和住宿生的衣、食、住、行等费用基本上全免，基本上都由鄂温克旗政府来承担，即鄂温克族学生每人每年由旗人民政府承担的费用在3000~4000元。另外，鄂温克族中学生每人每月还享受一定的助学金。1998年3月，鄂温克旗第二中学并入鄂温克中学，2005年伊敏苏木中心校中学部撤并至鄂温克中学，从而进一步优化了该中学的教育资源，改善了民族中学的办学条件，提升了教学质量。

一直到 2005 年,该旗范围内保持并延续了 2 所民族中学,即鄂温克中学和锡尼河中学,有教学班 35 个,在校生 1096 人。据统计,在全旗 13 所中学里,包括 4 所九年一贯制学校在内,接受中学教育的少数民族学生不断增加,鄂温克族学生也有所增加。随着鄂温克旗教学改革的不断深入,民族中学的教育教学管理水平也不断得到提高。其结果是,鄂温克族学生在升学考试中,有相当一部分不需要分数照顾政策,用自己的学习实力以优异的成绩直接考入高中、中专或高等院校。许多鄂温克族让孩子从小就在城镇学校通过汉语文学习掌握文化知识,特别是上了中学以后更加注重孩子们受教育的实际条件和环境,让孩子们到条件较好的中学去读书;相对应的,读蒙古语文授课的中学的鄂温克族学生越来越少。表 3-14 统计的是鄂温克族中学生 2005 年就读于用不同语种授课中学的具体数据。

表 3-14 鄂温克族中学生 2005 年就读于用不同语种授课中学的情况

单位:人,%

学校	授课语言	在校生数	鄂温克族	百分比	备注
鄂温克中学	蒙古语、汉语	883	427	48	初中有 3 个汉授班,共 43 名学生
鄂温克一中	汉语	1280	216	17	
锡尼河中学	蒙古语	213	26	12	
伊敏苏木中学	蒙古语	80	42	53	
伊敏河镇学校	汉语	507	25	5	
慈爱学校	汉语	236	8	3	
红花尔基中学	汉语	211	24	11	
大雁一中	汉语	1706	22	1	
大雁二中	汉语	1091	13	1	
大雁三中	汉语	441	1	0.2	
大雁四中	汉语	919	14	1.5	
大雁五中	汉语	318	6	2	
大雁七中	汉语	307	2	0.7	

资料来源:摘自鄂温克族自治旗教育科技局提供的"修志材料",2006。

2005年全旗少数民族中学在校生人数为3543人，占中学在校生总数（8192人）的43.2%，其中鄂温克族为826人，约占中学在校生总数的10%。而且，从表3-14可以看出，接受蒙古语授课的鄂温克族中学生只有68名，占中学生总数的8%；接受蒙古语汉语双语教育的鄂温克族学生有427名，占中学生总数的52%；接受汉语授课的鄂温克族有331名，占中学生总数的40%。再者，接受蒙古语授课的鄂温克族中学生集中在牧区中学，接受汉语授课的鄂温克族中学生基本在矿区和林区，只有鄂温克中学用蒙古语汉语双语授课。还有，鄂温克族中学生大都在鄂温克中学或牧区中学读书，在林区或矿区读书的较少，基本上占在校生总数的10%以下，只有红花尔基中学的鄂温克族中学生占在校生总数的11%。根据课题组的调研，近些年上汉语授课班或到汉语授课中学的鄂温克族中学生越来越多。

在这里，还得提到鄂温克中学，该中学坐落于巴彦托海镇北郊，始建于1984年。1984年9月1日与鄂温克旗第二中学合并，建立了蒙、汉语授课的完全中学，1985年9月1日汉语授课高中班转到三中。学校占地面积13.21282万平方米，有教学楼两座，综合楼、礼堂、食堂、学生宿舍、车库及附属建筑等总建筑面积8663平方米。学校建有现代化的生物、物理、化学实验室，音、体、美活动室以及多媒体系统，配有计算机网络和电子备课设备等。有德育园、体育园、乒乓园、学习园等学习和活动场所，并且有抢枢园、围鹿园等具有民族特色体育的教学和学习基地。学校除了鄂温克族这一主体民族的中学生之外，还有蒙古、达斡尔、鄂伦春、满等少数民族的中学生，是一所进行蒙古语、汉语、英语"三语"教学的完全中学。1991年后，鄂温克中学深化改革，实施素质教育，发挥课堂教学主渠道作用，创办"马背家长学校"，提出"创设多种条件，实施素质教育，努力全面提高民族学生综合素质"的教改总体构想，确立"以提高教师整体素质为基础，以德育工作为灵魂，以教育科研为先导，以现代化教学设备为保证，以课堂教学为主渠道，以多层面校园文化建设为载体，以全方位评价为机制"的教育模式。在办学过程中，树立"服务、素质、全面"的观念，增强"改革特色未来"的意识，形成"善思、进取、勤奋、踏实"的良好学风和"团结、奋斗、求实创新"的校风。到2005年，鄂温克中学

已有 23 个教学班，在校生人数为 883 人，其中有 2 个蒙古语授课高中班，高中一年级有 28 人，高中三年级有 15 人，共有 43 名学生，但没有蒙古语授课的高中二年级班；初中在校生总数为 840 人，分蒙古语授课班和汉语授课班，蒙古语授课班在校生有 623 人，占初中在校生总数的 74.2%，汉语授课班在校生有 217 人，占初中在校生总数的 25.8%。不论是蒙古语授课班还是汉语授课班，都有鄂温克族学生。起初，上蒙古语授课班的鄂温克族学生占优势，后来，上汉语授课班的鄂温克族学生逐渐多了起来。鄂温克中学的学生绝大多数来自旗辖 10 个苏木乡镇，牧民子女占在校生总数的 80%，所以住宿生占在校生总数的 70% 以上，其中鄂温克族学生有 344 名，占在校生总数的 39%。教职工总数为 105 人，其中专任教师 87 人；大学本科学历的有 51 人，占专任教师总数的 58.6%，大学专科学历的有 46 人，占专任教师总数的 52.9%；高级讲师有 16 人，占专任教师总数的 18.4%，中级教师有 32 人，占专任教师总数的 36.8%；少数民族职工有 97 人，占教职工总数的 92.4%，其中鄂温克族有 18 名，占教职工总数的 17%。该中学对鄂温克族学生发放民族助学金，其标准为鄂温克族高中生每人每年 400 元，初中生每人每年 300 元。与此同时，还实施了鄂温克族贫困家庭寄宿生助学金政策，鄂温克族贫困家庭寄宿生每人每年享受 800 元助学金。针对鄂温克族等人口较少民族中学生实施的助学金制度，对于提高他们受教育程度和使其平等接受义务教育有很大的帮助。鄂温克中学还先后获得"地区级先进单位""义务教育示范校""自治区义务教育示范学校"及"蒙古语文教学先进学校"等荣誉称号。

课题组在调研中还发现，鄂温克旗不同中学里鄂温克族在校生在整个学校在校生中占比也有所不同，与其他少数民族的数量也有一定差别。表 3-15 是对于 2005 年度该旗中学在校生数、鄂温克族学生数、其他少数民族学生数所做的统计。

表 3-15 2005 年鄂温克旗中学在校生数、鄂温克族学生数、其他少数民族学生数

单位：人，%

学校名称	在校生数	鄂温克族学生数	其他少数民族学生总数	百分比
鄂温克中学	883	427	865	48
旗第一中学	1280	261	980	20
锡泥河中学	213	26	213	12
伊敏苏木中心校	80	42	80	53
伊敏河镇学校	507	25	220	5
慈爱学校	236	8	107	3
红花尔基学校	211	24	149	11
大雁第一中学	1706	22	343	1.2
大雁第二中学	1091	13	207	1.2
大雁第三中学	441	1	72	0.2
大雁第四中学	919	14	186	1.5
大雁第五中学	318	6	63	1.9
大雁第七中学	307	2	50	0.7

表 3-15 中，百分比指的是鄂温克族中学生在整个在校生数中的所占比例。比如，鄂温克中学的鄂温克族学生有 427 名，占全校 883 名在校生的 48%。从表 3-15 可以清楚地看出，鄂温克族中学生数占比最高的是伊敏苏木中心校，在 80 名在校生中，鄂温克族学生占 53%；其次是鄂温克中学，在全体 883 名学生中，鄂温克族学生占 48%；再次是旗第一中学，在 1280 名在校生中，鄂温克族学生有 261 名，占 20%；然后是锡泥河中学和红花尔基中学，鄂温克族学生分别占在校生的 12% 和 11%。其他学校里鄂温克族学生所占比例在 0.2%~0.5%，而且绝大多数是属于林区和矿区的学校，这些学校无一例外地使用汉语文授课。这些学校里最具代表性的、对于鄂温克族学生的培养教育发挥作用最大的还是伊敏苏木中心校和鄂温克中学，其次是旗第一中学，再次是锡泥河中学和红花尔基中学，其他中学对于鄂温克族学生的培养教育作用发挥得不是很大。

第七节　职业教育

改革开放后，鄂温克旗教育管理部门为了更好、更快、更全面地满足当时社会转型阶段各类人才的迫切需要，也是为了更快适应改革开放后鄂温克族经济建设发展的需要，根据上级有关部门的指示精神和教育工作部署，旗教育局开始兴办初中类型的职业中学教育。1984年首次创办一所有教职工26人（其中专职教师10人）的职业中学，主要招收初中毕业生，当年就开设了牧、林、电3个专业班，学制三年，在校生有89人。到了1991年底，职业中学发展到2所、15个班级，在校生达到595人，教职工有93人，这其中也都有鄂温克族学生和教职员工。与此同时，还根据本地区未来发展特点和社会需求，在绝大多数普通初中或初中教育中，开设了林业、畜牧、电子、美发、幼师、烹饪、裁剪等课程，着重培养本地区经济社会发展所需人才。毫无疑问，所有这些教学措施，使鄂温克旗职业教育快速崛起，从而对于该地区各方面职业化人才队伍的培养和建立健全发挥了极其重要的作用。改革开放初期，社会百业待兴，各行各业亟须职业化人才投身建设，显示出极大的紧迫性、必要性和重要性。怎样更快地解决这一难题，摆在了各级领导的面前。最好的办法就是在初中教育里增加更加实用、更加现实、更加被社会需要的一些课程内容，作为辅助性教学内容教给学生。除此之外，在不影响一些中青年教职员工正常工作的前提下，让那些还没有很好、很全面、很系统地学习掌握职业知识、职业技术教育、职业功能培训的在职人员去夜大、职工学校、职业中学、半工半读学校接受针对性、职业化、专业性教育培训。当地在这些方面的工作开展得十分有力度，经过几年时间就取得了十分显著的成效，在很大程度上解决了职业化人群的受教育水平低、不太适应快速发展的经济社会所需的问题，从而在很大程度上推动了鄂温克族地区的改革开放和经济社会的建设。在这里，本书从鄂温克族地区中专技工学校教育、职业中学教育、半工半读教育以及阿荣旗职业技术教育等角度，讨论改革开放后的鄂温克旗职业教育。

一　中专技工学校教育

鄂温克旗教育局于 1984 年就建了一所职业高中，学制三年，汉语授课。学校占地面积 52520 平方米，有教学楼 1 幢（1850 平方米），宿舍、食堂、实验室等（1027 平方米）。当年就招收 92 名学生，当时全校有教职工 28 人。招收的学生除了学高中文化课之外，还学当时最需要的林业和畜牧业专业知识，以及教学内容和实际操作紧密结合的实践课程等。1985 年该校还购买改良奶牛 12 头、羊 150 只，兴建牧场 1 处，学校经营苗圃、农田 19 公顷。1985 年 9 月，旗一中的电子高中班并入职业中学。1986 年，开始招收蒙古语文授课的职业高中班，设牧、林、电子 3 个专业。学校自行购置图书及微型计算机，教师也自己动手装配电视机等教学仪器。1987 年，全校包括蒙古语授课 2 个班共有 8 个班，学生总数为 301 人，教职工有 45 人。1990 年，调整后的职业高中进一步提高了招生分数线，强化了教学质量并充实了教师队伍，这时该校已有了 10 个班，优化后的学生数达到 263 人，教职工增加到 60 人。据不完全统计，在该校的学生和教职员工里，鄂温克族约占 21%。

根据调研，鄂温克旗职业技术教育立足于当地经济社会发展需要，面向农村牧区，以市场为导向，不断加强学校管理，提高教育教学质量，加强教学联系实践，强化实习实训基地建设，扎实有效地开展牧民实用技术培训和劳动力转移培训；同时，加大职教宣传力度，扩大招生规模，取得了良好的社会效益和经济效益。到了 1991 年，全旗已有 2 所职业中学，即鄂温克旗职业中学和大雁职业中学。1994 年，巴彦嵯岗学校增设了 2 个职业班。2005 年，职业中学布局调整后，其他职业学校或中学里设的职业班都归入旗职业学校，结果是旗里只有 1 所职业中学，即鄂温克旗职业中学。该职业中学不断拓展教学内容，后来还增加了财会、汽车驾驶、邮电、电脑维修等专业。而且，该校的升学率和就业率逐年提高，到 2005 年在 90% 以上，就业率也达到 94.2%。

1979 年 11 月，旗医院还根据本地区医疗卫生事业发展的需要，以及该领域所需人才缺口太大等实际情况，正式建立了旗卫生学校。不过，建校初期只有 5 人编制。尽管教师不够，在 1979 年 11 月至 1980 年 10 月，

该卫校还是办了为期1年的在职医护人员初级培训班，招收学员共75人，其中还有鄂温克族学员。紧接着于1981年6~9月办了护士培训班。从1982年起，该校实行独立核算，还建了300平方米的砖木结构的教室和办公室，教师队伍不断壮大，办学质量也不断提高，办班形式不断多样化，教学内容也不断更新、不断丰富。1989年3月起开办了学制三年的蒙西医结合的医生班，在校学员65人，学校成立的10余年中，举办各种类型的培训班多次，包括鄂温克族在内的受训医护人员达275人次。到1990年，卫校已有了12名正式职工，其中副教授级1人、讲师级2人、助教级2人、教员2人、行政后勤人员5人。旗卫校的成立，以及后来经培训教育成长起来的鄂温克族等少数民族医护人员，对于鄂温克旗医疗卫生事业的发展、农村牧区的各民族医疗服务的完善等方面发挥了不可忽视的重要作用。

与鄂温克旗中专技工学校建设有关，改革开放初期旗里还建了一所农机校，教学内容主要涉及拖拉机驾驶、牧业机械理论和牧业机械生产管理等方面，到1990年共办拖拉机驾驶员培训班21期，培训驾驶员1800名；机械剪毛培训班4期，培训剪毛机手213人；牧业机械培训班2期，参加人员90人，进而为该旗的畜牧业机械化事业的发展产生了相当积极的推动作用。到1990年时，农机校有讲课教师4人、辅导操作技师2人、管理和辅助工作人员5人，还有将近2000平方米的办公室、教室、宿舍、餐厅、车库、家属宿舍等设施。另外，有东方红-28型和丰收-35型拖拉机教练车等。

总之，鄂温克旗在改革开放之初开办的这些中专类技工学校（或者叫职业技术学校），从不同角度、不同专业领域、不同功能等方面，为刚刚起步的改革开放各项事业的顺利推进发挥了十分积极的作用。在这里还应该提到的是，陈巴尔虎旗鄂温克苏木以及阿荣旗得力其尔鄂温克民族乡和查巴奇鄂温克民族乡、扎兰屯萨马街鄂温克民族乡、根河敖鲁古雅鄂温克民族乡、莫力达瓦达斡尔族自治旗杜拉尔鄂温克民族乡和巴彦鄂温克民族乡、黑龙江讷河兴旺鄂温克民族乡等地区的鄂温克族初中毕业生，除到高中读书的学生之外，绝大多数人到旗县或城里办的职业技术学校，学习各种专业化基础知识，毕业后回到乡村开办各种专业性、服务型、市场化的服务部门、服务公司，为地方的经济社会发展做出了贡献。

二 职业中学教育

鄂温克旗职业中学始建于1984年9月，是采用蒙古语、汉语两种语言授课的民族职业中学。职业中学同普通中学有所区别，它是以市场为导向及以社会需求为宗旨兴办的中学教育，所以中学的教学课程设计及教学班的安排有一定灵活性、机动性、多样性。1989年该校还成立了畜牧专业实习基地，即兽医门诊。1991年，全校在校生包括鄂温克族学生在内达到263人，专任教师有37人，设家电维修、农机、快速养猪、俄语等短期班。1993年还办过财会班以及汽车驾驶员培训班，还先后与旗交警支队、旗教科局成教股、旗扶贫办、劳动就业局、团委、妇联、各苏木乡镇及多家厂矿企业联合办过各种培训班和短期专业化学习班，同时采用巡回讲课等形式进行汽车驾驶员培训、牧民使用技术培训、牧民劳动力转移培训、牧民成人高中培训、牧民团干部计算机培训、武警退伍兵计算机培训等多种培训和学习，共计培训学员5000人次，培养汽车驾驶员1300多人，这些学员服务于各个行业，有力地推动了地区经济的发展。1995年该职业中学开设计算机应用专业；1997年开设财会专业；1998年政府还划拨相当可观的专项经费兴建大型奶牛、肉牛基地和12000亩的学农学牧饲草基地以及与这些基地相配套的全套现代化生产设备，进而在很大程度上扩大了畜牧专业的实习基地及学用结合空间；1999年在饲草基地安装了30吨/小时的节水喷灌设备；2000年又打了3口深水井，并与畜牧局联合种植了200亩苏丹草；2002年开设汽车驾驶与维修专业，从而使学校有了以畜牧、计算机、财会、汽驾4个专业为龙头的诸多专业化教育内容，使教学内容和规模不断扩大和完善。该校从2005年建校初期的5个教学班、在校生143人、教职工27人及专任教师17人，发展为占地面积30万平方米、建筑面积7000平方米，有教学班15个、在校生390多人、教职工73人的内蒙古地区重点职业高中。学校也拥有了现代化教学设备，有较全的物理实验室、化学实验室、生物实验室、阅览室、语音室、财会模拟实验室、计算机室、电子备课室和多媒体教室等。

1995~2004年，学校先后获得本地区"职业高中语文教学研究先进单位""职业高中文化课理科教学研究先进单位""内蒙古职教系统先进集体"

等称号，还荣获国家级"农民科技培训星火学校"称号。与此同时，在2005年该校有10个班级获自治区级"教育先进班集体"、16个班级获市级"先进班集体"称号，有13篇论文荣获国家级论文奖、50多篇论文获省市级论文奖，12篇教研论文在省级以上杂志发表。1990~2007年，鄂温克旗职业中学学校数、初中和高中的班级数、招生数、在校生数、教职员工数等方面的具体数字见表3-16。

表3-16　1990~2007年鄂温克旗职业中学概况

内容 年份	学校数（所）	班级数（个）	毕业生数（人）	其中初中（人）	其中高中（人）	招生数（人）	其中初中（人）	其中高中（人）	在校生数（人）	其中初中（人）	其中高中（人）	教职员工数（人）	其中专任教师（人）
1990	2	18	125	13	112	207	17	190	549	78	471	89	66
1991	2	15	136	18	118	237	22	215	595	70	525	93	66
1992	2	19	180	36	144	233	26	207	641	81	560	110	79
1993	2	20	286	26	260	254	20	234	592	82	510	103	74
1994	2	26	117	38	79	327	18	309	780	80	700	109	75
1995	2	23	281	40	241	158	10	148	608	85	523	110	84
1996	2	24	288	41	247	271	24	247	598	85	513	98	77
1997	2	21	156	39	117	144	24	120	524	70	454	95	70
1998	2	21	231	24	207	322	39	193	554	81	473	85	67
1999	2	24	199	43	156	274	19	255	615	60	555	85	67
2000	2	19	225	23	202	162	22	140	523	51	472	89	69
2001	3	21	193	13	180	151	16	135	453	53	400	92	72
2002	3	23	186	14	172	283	14	269	543	46	497	94	67
2003	3	22	93		93	153		153	462		462	86	68
2005	2	16	171		171	140		140	377		377	86	69
2007	2		153			172			396		396	94	77

资料来源：摘自鄂温克族自治旗统计局编制的《鄂温克族自治旗统计年鉴》（1999~2003年）；《统计资料手册》（2005年）。

通过表3-16，可以看出鄂温克旗职业中学学校数基本上保持在2个。初中和高中的班级数、招生数、在校生数等在不同年份有不同程度的变化。

而且，招生数和毕业生数占在校学生比例一般都在72%以上，也有的年份比例在90%以上，当然也有毕业率60%左右的情况。另外，相比之下，初中学生数要远远低于高中学生数，也就是说高中学生数几乎在任何年份都要绝对多于初中学生数。教职员工数虽然没有太大变化，但任课教师的质量和教学素质得到不断强化和提升。再者，经过多次调整，截至2006年，担任职业教育任务的学校只剩下了鄂温克职业中学一所学校。毋庸置疑，伴随旗职业中学教学质量的不断提高，该校办的长期班和短期班的毕业人数、参加高等院校和专科学校的人数，以及就业人数等都有了不同程度的发展与变化（见表3-17）。

表3-17 旗职业中学概况

单位：人，%

内容年份	毕业人数 长期班	毕业人数 短期班	升学情况 高考人数	升学情况 大专	升学情况 本科	升学率	就业人数	就业率
1991	68	232	3	1		33.3	290	96.7
1992	64	82	5	3		60	130	89.6
1993	79	53	6	4		66.7	128	97
1994	79	310	9	6	2	88.9	360	92.5
1995	139	195	7	5		71.4	310	92.8
1996	190	168	10	7		70	340	94.9
1997	120	138	11		7	63.6	240	93
1998	190	105	12	8	1	75	278	94.2
1999	142	113	38	6	11	44.7	242	94.9
2000	98	92	58	21	11	56.9	175	92.1
2001	148	102	77	45	14	76.6	238	95.2
2002	105	99	92	54	21	81.5	193	94.6
2003	132	130	71	37	16	74.6	192	93.2
2004	78	158	66	54	11	98.5	218	92.4
2005	147	299	143	135	6	98.6	420	94.2

资料来源：鄂温克族自治旗教育科技局提供的"修志材料"，2006。

表3-17说明，1991~2005年，该校毕业人数不论是长期班还是短期班学生都属于不是很稳定的曲线上升状态。伴随高考人数的逐年增加，考入大专和本科的学生数也逐年递增。其中，考入大专的学生数要高于考入大学的学生数。升学率处于不断上升态势；就业率处于相对平稳状态，基本保持在92%以上。比如，2005年长期班毕业生是147人，与1991年的68人相比增加了79人，增加幅度为116%；参加高考人数为143人，考入大专的学生有135人，考入本科的有6人，因此升学率为98.6%。与1991年相比，升学率提高了65.3个百分点。1991年就业人数为290人，就业率是96.7%，到2005年就业人数为420人，就业率是94.2%。虽然就业率下降了2.5个百分点，但是就业人数净增了130人，增长幅度为44.8%。

不论怎么说，鄂温克旗在改革开放以后办的职业中学，已经发展成为初中毕业生新的选择对象，以及发展自我的新的空间、新的途径、新的平台，也成为该地区经济社会发展所需的新的人才基地。尤其是在改革开放初期和往后的相当长一段时间里，短、平、快而实用性强的人才培养方式确实发挥了极其特殊的作用。像陈巴尔虎旗鄂温克苏木以及阿荣旗得力其尔鄂温克民族乡和查巴奇鄂温克民族乡、扎兰屯萨马街鄂温克民族乡、根河敖鲁古雅鄂温克民族乡，莫力达瓦达斡尔族自治旗杜拉尔鄂温克民族乡和巴彦鄂温克民族乡、黑龙江讷河兴旺鄂温克民族乡等地区的鄂温克族初中毕业生里，也有不少人考入旗县或城立的职业高中，经过某一专业化培训学习，很快发展成为推动乡村建设的骨干力量，为乡村传统生产模式的改革以及乡村经济社会的开放性建设、乡村振兴做出贡献。

三 半工半读教育

改革开放以后，鄂温克旗半工半读教育发挥了一定的积极作用。虽然该旗的此类教育开展得比较早，但产生的实际效益没有像改革开放初期那么实际、那么明显、那么有力度。其实，改革开放之后，无论是政府部门还是已经参加工作的厂矿企业职工，都十分迫切地感觉到与快速发展的时代相配套的文化知识的需要。换句话说，在当时如果不及时给自己充电，提升自身的文化知识素养，就有可能被快速发展的社会淘汰。迫于这

一严酷的社会挑战，1985年旗教育局在摸清情况后很快成立"双勤办公室"，定编3人，组织开展各校的"双勤"活动。事实上，这里所谓的"双勤"活动，实际上讲的就是半工半读教育。1986年，"双勤办公室"建立了以塑料管厂、胶具厂、农牧场和基建安装队为主的三厂一队式双勤工作计划。1986年，全旗先后开办勤工俭学的中小学数达21所，纯收入22万元。1987年，旗里的"双勤办公室"改为勤工俭学办公室。同年，旗教育部门所辖的25所中小学都开展了勤工俭学式的半工半读教育，年纯收入达25.4万元。各校在开展勤工俭学的实践中，不断总结半工半读教育实践经验，不断提高对此项教育活动的认识。同时，按照上级部门指定的勤工俭学工作条例，循序渐进地调整和加强管理，不断深度落实经济承包责任制。毫无疑问，旗里和鄂温克族生活区内开展的勤工俭学教育活动，使包括鄂温克族学生在内的各族学生受到深刻的劳动教育、生动的实践教育、切合实际的文化知识教育，也强化和端正了包括鄂温克族学生在内的青年学生们的劳动意识、劳动观念、劳动态度，通过半工半读劳动，当地在很大程度上提高了实际经济效益，学校增加了经济收入，也解决了学生们在住宿、生活等方面的费用短缺问题。

与此相关，陈巴尔虎旗鄂温克苏木的鄂温克族厂矿企业的员工，以及阿荣旗得力其尔鄂温克民族乡和查巴奇鄂温克民族乡、扎兰屯萨马街鄂温克民族乡、根河敖鲁古雅鄂温克民族乡，莫力达瓦达斡尔族自治旗杜拉尔鄂温克民族乡和巴彦鄂温克民族乡，黑龙江讷河兴旺鄂温克族乡等地的鄂温克族在职员工，也都积极投身于乡镇或旗县办的各种边工作边学习、边劳动边读书的半工半读性质的文化知识学习班、初中知识业余学习班、职工文化补习班、农技科普班、农具技术专业班、畜牧专业技术班、土木建筑培训班、木工技术培训班、幼师学习班等，接受技术培训、技术教育、技术指导。所有这些，使那些刚刚参加工作的职工，以及将要走上工作岗位的毕业生得到良好而系统的各种职业技术培训和教育，从而为将来的工作打下较坚实的职业技术基础，也对本乡村的改革开放各项计划的具体实施产生了积极影响。

四 扫盲教育

改革开放以后，鄂温克族生活的地区主要针对历史上遗留的农村牧区的文盲，尤其是那些偏远落后地方的文盲开展了扫盲运动。同时，受众还有那些由于20世纪60年代中后期到70年代后期的10余年时间里，受当时社会动荡或错误思潮的直接影响没有上学读书的新出现的文盲。就如前面有关章节里分析的，在20世纪40年代末50年代初，在鄂温克族生活的地区就开展了扫盲运动，并取得十分理想的阶段性成绩。然而，受到后来的社会动荡或错误思潮影响，该项工作几乎从20世纪60年代起就进入非正常发展阶段，甚至许多扫盲工作站或工作点失去作用。尤其遗憾的是，经过几年扫盲工作接近脱盲的部分牧民和农民，由于没有进一步得到巩固而重新回到文盲程度。不过，改革开放以后面对的文盲群体，不像20世纪五六十年代的文盲范围广、人数多、条件差、环境复杂，而是范围小、人数少、各方面条件也较好，生活环境和社会环境也都比过去好得多。针对这些现象，改革开放后，鄂温克旗政府马上启动新的群众性扫盲运动。也就是说，1978年，旗牧民扫盲教育工作的重点在辉河、伊敏、锡尼河东、锡尼河西、巴彦嵯岗等鄂温克族较为集中生活的苏木拉网式铺开，涉及人口为13509人，12~40岁的扫盲目标人口为6825人，其中文盲和扫盲对象有1072人，占此段年龄人口的15.7%。自20世纪80年代起，该旗强有力地实施了以成人扫盲教育为工作中心，以彻底扫除青壮年文盲为工作目标的扫盲工作计划。比如，1981年旗总工会开始抓基层职工的扫盲教育。1982年自治旗组成了扫盲教育委员会，有计划地推进牧区牧民及厂矿企业职工的扫盲教育，对于扫盲教育后考试合格者发放证书；旗所在企业或相关部门还开办扫盲夜校，对于文盲或知识水平还处在半文盲状态的职工进行扫盲式文化知识教育。特别是在农村牧区，将中青年文盲作为重点开展扫盲教育。1983年，旗里成立扫盲性质的职工学校，举办业余班和脱产班开展扫盲教育和文化知识强化教育。1984年，为了加快扫盲教育，还办了2个脱产班。1985年，经过检查验收，旗里已达到国家指定的基本扫除文盲的标准（90%），脱盲率达到96.7%、年巩固率达到95%。对此上级部门发布第（85）232号文件，批复鄂温克旗已达到国务院规定的基本

扫除文盲的标准，成为基本无文盲旗。随着改革开放的推进，经济的不断发展，业余教育所承担的首要任务从扫盲教育转为巩固扫盲成果，提升牧民、农民、基层职工的小学、初中文化教育工作上，对他们进行更高层面的文化补习教育。与此同时，进一步提升了选派专职教育干部的文化素养和知识层面。

鄂温克旗还将成人文化知识教育纳入巩固扫盲教育、提升文化素养系统工程里，建立健全旗、苏木、乡镇（区）和嘎查居委会三级扫盲档案，利用各种媒体宣传扫盲工作的重要性以及取得的成绩，以此提高全社会对扫盲工作的认识和重视程度。另外，将扫盲工作的各项控制指标列入各级政府及领导的主要考核指标中，做到扫盲工作任务到人、责任到人，做到有领导、有布置、有检查、有结果。1991年后，旗政府加大投入，进一步开展成人基础知识教育，完善成人基础教育办学体制与运行机制。同时，充分开发利用基础教育方面的所有资源，加强成人基础教育与其他各类基本教育的统筹与协调，探索牧区社区的基础教育，树立大众化的终身教育理念，加强对牧民基础文化技术学校的建设，不断改善办学条件。旗里还紧密结合畜牧业生产自身发展的文化知识方面的实际需求，有针对性地举办各类基础性、实用性、急需性技术培训班。1991~1999年，旗所属苏木一级基础文化技术学校发展为12所，村嘎查级发展为124所，办学覆盖率为100%，全旗青壮年人口脱盲巩固率逐年得到强化，1999年达98.92%，脱盲人员巩固率为100%。2000年，旗里再次完善成人基础教育办学体制以及教学模式与运行机制，再次加大资金投入力度，不断组建各类实用技术基础知识培训班。2004年，全旗就有了苏木级基础文化技术知识学校7所、村嘎查级基础文化技术知识班63个，办学覆盖率为100%，扫盲工作专职与兼职教师共有122名。也就是说，从1991年至21世纪初，旗里创办实用技术培训班710期，培训达到基本技术标准的有26750人次。

这里还应该提到的是，2004年旗里还以学文化、学科学、学法制为目的举办了55期巩固扫盲成果的培训班，参加人数为215人。与此同时，进一步加强对成人基础文化技术学校的指导，不断改善办学条件，使此类基础文化知识学校成为牧民学基础文化、基本技术的主要园地。2005年，还以"学科学、用科技"为目标，举办基础科技知识培训班26期，培训脱盲

或具备基本文化知识者 2204 人次。旗里还派有关工作人员到培训班或教室听课，开展评比活动，努力提高脱盲巩固及基础文化知识的教育教学质量。广泛宣传《职业教育法》，提高全社会对职业教育的认识，并加强对职业中学招生工作的指导。

所有这些脱盲教育，包括脱盲巩固教育，以及初级文化知识、技术知识教育，使鄂温克旗不仅脱盲率达到 100%，脱盲人员巩固率也达到 100%。由此旗巴彦托海镇牧民基础文化技术学校被上级部门评为"市级示范学校"，锡尼河西苏木牧民基础文化技术学校被评为自治区级示范校，2000 年旗教科局成人教育部门被评为自治区级"扫除青壮年文盲工作先进集体"。更为重要的是，这些努力对于本地区经济社会的发展，改变单一的畜牧业产业结构，进行产业化调整，走以畜牧业为主、多种经营产业相结合的道路，更好地为建设新牧区服务产生深远影响。

另外，陈巴尔虎旗鄂温克苏木在扫盲教育中也取得了十分突出的成绩。该苏木总人口为 2656 人，其中鄂温克族 1424 人，占总人口的 53.6%。苏木有 7 个嘎查，直到 20 世纪 70 年代末还有一些文盲。经过改革开放以后的扫盲教育，到 2004 年的时候文盲半文盲只剩下 16 人；2005 年时文盲半文盲人数减到 7 人，经复查考核验收合格率为 100%，巩固率也达 100%。当年，在苏木所在地还成立了 1 所牧民基础文化知识教育学校以及 7 个嘎查级牧民基础文化知识技术班，安排兼职扫盲教师若干名，还拨付扫盲转型经费用于脱盲教育。到后期，还给扫盲工作人员配备了电脑、打印机、复印机等各类办公用品，配齐档案柜、盒，使档案管理实现规范化，还同步开展扫盲教育宣传工作，营造良好的扫盲教育社会氛围。为了确保苏木适龄儿童少年完成九年义务教育，做好防流控辍工作，苏木政府与各嘎查领导签订了中小学生控辍责任状，明确责任，落实到人，苏木政府与嘎查委员会及时深入牧户了解情况，对学生和家长进行思想教育工作，按照义务教育法的有关规定采取有力措施责令学龄儿童复学。对于家境困难的学生，长期开展捐资助学活动，2004 年苏木在职和离退休干部职工共捐款 12000 余元建立了扶贫助学基金，专门用于资助贫困生，从根本上解决了学生辍学问题，彻底堵住了新文盲产生的源头。同时，不断加大工作力度，专门聘请扫盲教师针对文盲的实际情况编写教案，集中举办了扫盲班，对

现有的文盲半文盲进行了有计划的逐年扫除。积极开展农牧民实用技术培训工作，加强农牧民实用技术学校建设，完善了组织机构，明确了任务目标，根据牧区实际举办了各类技术培训班、辅导班。在实际工作中，将扫盲与脱贫致富相结合，将学习基础文化知识与学习基本技术密切结合，增强了扫盲教育的实效性、实用性及实际意义。到 2008 年，该苏木基本完成扫盲工作任务，苏木辖区内没有了文盲。不过，苏木并没由此停止扫盲工作，而是继续开展富有成效的巩固扫盲成果的基础文化知识方面的教育工作，使扫盲成果的巩固率达到 100%。对于那些由于生活贫困和对学习文化知识不感兴趣的学生、由于牧区因各种原因不重视扫盲教育的牧民，开展及时、深入、耐心的思想工作，并采取各种各样的有效措施来遏止辍学现象，提高学生学习兴趣，强化文化知识教育，不断加大脱盲后的继续教育工作力度。总之，鄂温克苏木在扫盲教育中取得了鼓舞人心的成绩，使该苏木的所有鄂温克族成为有文化、有知识的新时代牧民。

改革开放以后，在农区、林区、山区生活的鄂温克族也都自觉、积极地参加并接受扫盲教育，同牧区的扫盲教育不同的是，这些地区的鄂温克族要通过汉语文来接受扫盲教育。由于这些地区的鄂温克族对于扫盲教育高度重视，特别是在农闲季节，在各村屯开办集中脱盲教育，加上成立包教组或组织小先生送字上门的活动，以及开展贴近农区、农村、农田、农活、农民生活的扫盲知识文化教育，对于鄂温克族农民很有吸引力。其结果是，从 20 世纪 70 年代末开始的扫盲教育到 21 世纪初就基本解决了鄂温克族农民的文盲问题，除了极个别的年纪大的老人之外，都达到了脱盲教育标准。紧接着，这些林区和农区还开展了巩固脱盲成果的基础文化知识教育、农业基础文化知识教育，以及其他市场化的工种手艺、技术、职能方面的基本知识教育，使他们的脱盲教育发挥了进一步作用，这也是他们的脱盲巩固率达到 100% 的前提条件和基本保障。毫无疑问，所有这些林区和农区，包括山区鄂温克族经济社会的发展，对于改革开放各项工作任务的顺利推进发挥了极其重要的作用。

附录 1

清代八旗索伦的旗学教育

麻秀荣　麻晓燕　那晓波

八旗索伦人是指清初陆续编入齐齐哈尔、墨尔根、黑龙江城、呼伦贝尔等地驻防八旗和布特哈打牲八旗之内的，以及移驻京旗和远徙新疆编入索伦营驻防的鄂温克人。有清一代，他们曾是满族统治者赖以维系其统治地位的重要的军事政治力量之一，因而与未隶旗籍者不同，他们的教育历来颇受满族统治者的重视，强调"以骑射为本，右武左文"，意在培养娴熟"国语骑射"的文武兼通之才，为维护其统治服务。可以说，接受旗学教育已成八旗索伦人入仕为官的基础，也是构成其历史活动的重要方面。事实上，八旗索伦人所受的旗学教育，其形式与内容、特点与作用也是各具特色。本文拟从索伦旗人子弟就读的八旗官学、义学情况考查入手，试就八旗索伦人所受旗学教育的发展特点及其历史作用等主要问题，进行一些初步的探讨。

一

旗学，这里是指清政府专为八旗子弟开办或以招收旗人为主的、以"国语骑射"教育为核心内容的所有八旗学校。确切地说，早在南迁嫩江流域、编入旗籍之初，八旗索伦人即已开始接受"国语骑射"教育，但在当时索伦旗人居住生活的黑龙江地区尚无专为八旗子弟设立的学校。《黑龙江志稿》记其事云："康熙三十年（1691），命选索伦、达呼尔人民披甲驻防齐齐哈尔，遣满洲兵二百人教练之。"所谓的"教练之"，这里则是指对以

打牲为业的索伦人等,利用旗佐建制予以组织、训以纪律、授以军事常识,使之最终成为娴熟"国语骑射"的旗下人。显然,强调的是军事知识教育和技能训练,以及学习与之相应的满语军事术语。因此,尚不具备完全意义上的旗学教育性质,即还未利用官学、义学等名目的八旗学校来对索伦旗人进行正规的文化教育。据记载,清政府在黑龙江地区专为索伦等族旗人设立旗学,则是康熙三十四年(1695)间的事情。

在清代,满族历代统治者都深信文化教育之于"忠君亲上,实有赖焉"这个道理,因而为了巩固和延续自己的统治,通过学校教育培养和造就了大批忠于自己的各类统治人才:"人才辈出,指不胜屈,良由上之教泽深,下之学校广也。"因此,对于维护其统治具有举足轻重作用的八旗索伦人之教育同样也是极为重视的,当康熙三十四年(1695)黑龙江将军奏请设立旗学之时,清政府立即同意"于墨尔根地方两翼各设学一处,每翼设教官一员,将新满洲、席北、索伦、达枯里等,每佐领选取俊秀幼童一名,教习书义"。嗣后,又相继在齐齐哈尔、黑龙江城、呼伦贝尔、布特哈等驻防地开办了旗学,"凡八旗子弟愿入学者,由各旗协领保送,习清文骑射"。在上述各驻防地所设旗学中,或多或少都有八旗索伦子弟入学就读。从地域上看,黑龙江地区曾是八旗索伦驻防重地,索伦旗人绝大多数也都居住生活在这里,因而其旗学教育也主要集中于此。此外,京旗和新疆索伦营也都专为旗人设有学校,驻防索伦子弟均可就读。总之,以培养索伦等旗人子弟为目标的八旗学校,主要分为官学、义学两种形式,其大致情形如下。

一是,八旗官学。清政府基于"广教化所以植才能,明人伦必先立学校"这一教育思想,在八旗驻防地各旗营内都设有官办学校,供旗人子弟就读。当时在索伦旗人驻防地也都设有八旗官学,主要有墨尔根官学、齐齐哈尔官学、黑龙江城官学、呼兰官学、呼伦贝尔官学、惠远城索伦营官学,驻防索伦子弟均可进入官学读书,他们主要学习满语文,有的地方同时学习蒙古语文,后来又学习汉文及翻译,同时也兼学马步骑射等军事知识和技能,并以此为阶获取功名利禄,进而跻身统治阶层。当然了,除墨尔根等个别官学,关于齐齐哈尔、黑龙江等地八旗官学的史料甚少,仅仅明了校舍、规模等情况,有的甚至未详确切的设立时间。一般来说,清政

府在黑龙江地区筑城驻防往往是与建学施教相辅相成的，如齐齐哈尔筑城驻防于康熙三十年（1691）、黑龙江城筑设防于康熙二十三年（1684），则此两城八旗官学势必设立于康熙年间。这些学校俗称满官学，其特点是规模一般较小，多数设在驻防地的旗营之内，学生额数很少，所学课程程度并不很高；教员多由驻防笔帖式或食饷兵丁兼任，各种规章制度也不十分严格。包括有（1）墨尔根官学：该学设立于康熙三十四年（1695），分成左右两翼，各设教习学官一员，由笔帖式充任，校舍初建在城内八旗衙署后院，康熙五十八年（1719）在城东门内复建校舍三间，额定学生十六名，由驻防十六佐领下每年每佐选送一名学生入学。当时，墨尔根驻有索伦佐领八员，这样每年至少有八名索伦子弟入学读书，一年后毕业，"有文艺、清语稍通者，各司挑充帖写"，或派遣到各旗屯当差。（2）齐齐哈尔官学：该学大约设于康熙末年，位于城东门外，校舍五间，额定学生四十名，由八旗驻防四十佐领每佐每年选送一名入学。时驻齐齐哈尔的八旗索伦有四个佐领，每年应当至少有四名索伦子弟入学就读。（3）黑龙江城官学。该学亦设于康熙年间，位于黑龙江城（即今黑河市瑷珲区）内八旗公署之南，校舍六间，八旗每佐每年选送一名幼童入学。时该城额驻八旗佐领二十六员，其中索伦一佐，其子弟至少有一名入学就读。（4）呼伦贝尔官学。雍正十年（1732）始设副都统衔总管统兵驻防，以移驻其地的索伦、达呼尔、巴尔虎、鄂伦春旗丁三千名编成八旗，共编设五十九个佐领。其中，索伦初设五十佐领，后于乾隆六年（1741）裁撤二十六员，保留二十四佐于呼伦贝尔八旗之内。据载，建城驻防之初，索伦诸族穹庐野处，迁徙无常，故未能设立旗学教授子弟，以至于"乡塾党庠，无从附丽城内"，直到嘉庆初年始于城内旗署设立官学。史称呼伦贝尔"旧有官学，学官以笔帖式兼充，所授者只满蒙古文"。学生由每佐每年选送一名入学，这样至少每年有二十四名索伦子弟可入学读书。（5）惠远城索伦营官学。八旗索伦驻防新疆，始于乾隆年间平定准噶尔之后，但其时未能设立旗学教授子弟。光绪八年（1882），清军收复伊犁后，锡伯、索伦驻防旗营百废待兴，时署锡伯营总管色布喜贤积极倡办旗学，并在锡伯营八佐领下各设义学一所。其后不久，他调任惠远城索伦营领队大臣，不废兴办旗学之志，在八旗衙署开办官学，招收索伦、达呼尔、锡伯旗人子弟入学。该学

额定学生六十名，习满汉文、马步射等课程。此后，从中又拣选优秀学生二十名，遣赴俄国阿拉木图学习俄文，以备边事之用。(6) 呼兰官学。雍正十三年（1735），黑龙江将军那苏图奏请于呼兰地方筑城设城守尉驻防，但其时"尚未设有官学教授子弟，以致拣选贴写、笔帖式时，或难其人"，直至道光十四年（1834）始立旗学，位于城内城守尉衙署，八旗各佐每年选送一名幼童入学就读。该学额定学生八名，但入学者"年仅数名"，主要习满语文、马步射课程。时该城额设佐领八员、披甲士一百名，其中索伦旗人数寡，未能单独成佐，与达呼尔人分居于蓝旗各屯内，故其子弟亦可由所在佐领送入呼兰官学就读。清末变通旗属改良旗学时，清政府本着"以汉文为融化之的，以满蒙古文为导引之阶"的兴学宗旨，将上述各城八旗官学均按新学制改办为初等小学堂，如呼伦贝尔"改前立官学为初等小学堂，继又改为两等小学堂，其学生由各旗挑送，其教员由提学司遴选派往，其学额先定六十名"。至于布特哈打牲八旗虽未详官学设立情况，但在此时亦于"东布特哈创设初级师范预备科一处，西布特哈创设初等小学一处"。从此，八旗索伦人的旗学教育开始步入一个新的发展阶段，史称"至索伦各旗，语言不通，文化各异，兴学之难，视新疆尤为棘手"。自变通旗属改立新学以来，"均经一律设学，渐臻进步，并拟随时扩充，期于教育普及"，其官学原设课程亦有所变通，以满文为主的同时，相应增设汉文教育内容，并辅之各种学科。

二是，八旗义学。由于八旗官学名额非常有限，各佐领下每年只能选送一名幼童入学，因而远远未能满足旗人子弟入学读书的客观需要。为了解决这个矛盾，清政府在为旗人开办官学的同时，又接着创设了八旗义学，以供未入官学的子弟就读。严格地讲，该学是在八旗最基层单位佐领内专为旗人子弟设立的初级学校，也是各官学选取俊秀的生源地，因而清政府规定八旗各佐领应须各设义学一所，要求驻防各佐领于本佐选派精通"国语骑射"者任教习，"教习读书"。有关记载来看，在清代八旗索伦编有佐领八十余个，其中驻防佐领为齐齐哈尔四佐、墨尔根八佐、黑龙江城一佐、呼伦贝尔二十四佐、惠远城索伦营八佐，布特哈打牲八旗还有四十七佐。这样，按照清政府的规定，清代八旗索伦人应有义学八十余所，但实际上远未达到这个数目，除驻防索伦佐领情形尚可之外，布特哈打牲八旗

官学尚不发达,其索伦各佐义学就更无从论起了。只是到了光绪朝以后,在东布特哈地区索伦各佐义学才有所兴起与发展,各旗屯相继设学兴教。

通常情况下,八旗索伦各佐义学只招收本佐领内十岁以上的幼童入学,学习满语文、骑射等课程,每所义学各设教习一人,"延师教习八旗幼童,尚无定额,所需束脩银两,向由八旗各佐筹给"。后来,随着各类官学的相继建立,以及清政府在政策上不给义学以优厚待遇,如义学生得不到官学生享受的"膏火银"等物资奖励,因而八旗义学吸引力日益见小,以致"徒有虚名而无实益"。于是,逐渐被清政府裁撤,或者被清政府改办为新式初等小学堂。总的来说,除少数八旗索伦官僚贵族子弟可入官学或延师在家读书者外,八旗义学基本上可以保证索伦各佐领内学龄儿童入学读书。这在当时社会条件下,对普通的索伦旗人子弟来说,还是比较容易迈进的学校。由于不似官学那样受到出身和数额的限制,因此客观上为索伦平民子弟接受文化教育提供了十分便利的条件。可以说,这是清代满族统治者为八旗索伦设立数量最多的一级学校,起着普及初级教育的作用,其意义是重大的。

二

清政府在黑龙江地区为索伦等族旗人设立旗学的根本目的,不仅仅是对其子弟进行文化教育,更重要的是培养他们出仕为官,为维护清王朝的统治服务。因此,为促使旗人子弟踊跃入学、勤奋读书,清政府还采取了各种鼓励措施,如"满官学生岁给膏火银二两,满官学生尝溢额,义学生尝不足额,膏火银有无所致也"。当时,编入旗籍的索伦旗人子弟理所当然也有进入官学读书的机会,不过每年各佐只能选派一名幼童入学。当然,在官学名额非常有限的情况下,索伦子弟进入官学读书的自然不会太多,并多为贵族官僚子弟。事实上,未能进入官学读书的则是绝大多数,他们只能进入八旗义学习识满语文,一般先从十二字头学起,逐步深入,然后再学习满文版的汉籍,如《三国演义》《封神演义》《东周列国志》等书。这样,才使八旗索伦各佐领有可能实行选拔"俊秀幼童"进入官学读书的规定。概而言之,八旗索伦所受的旗学教育具有如下几个特点。

(1) 从教育形式上看,八旗索伦的旗学教育虽不具有民族教育的特征,

但作为清政府专为旗人子弟开办的官办教育，具有比较灵活多样的办学方式。在清代，八旗索伦人的居住生活地区分布广泛，由于各驻防地情况不同，经济文化发展又不均衡，其办学条件也就差别很大，教育形式和教育内容明显呈现灵活多样的特点。例如，官学与义学并存，满文与骑射兼授；招生面向所有旗人子弟，毕业后就地量才委官使用；旗学设置因陋就简，经营管理因地制宜等诸多方面，都很好地体现了灵活多样的特点。应当说，这种从实际出发、不强求统一的办学方式，保证了旗学教育在八旗索伦社会中的普遍推行，其子弟"习清文、演骑射"已蔚然成风。

（2）从教育内容上看，八旗索伦的旗学教育是根据其文化水平和客观需要安排的，反映在学习内容上则十分注重学以致用。众所周知，八旗索伦人居住生活的黑龙江地区曾是满族的故里，清王朝的发祥地之一，清代前期曾为封禁之地，汉人稀少，文书往来唯用满文。因此，八旗索伦子弟在旗学中专习满文，"向读清书"。咸丰朝开禁放垦以后，关内汉族农民大量涌入黑龙江地区，随着旗民交涉事件的日渐增多，汉文应用范围逐步扩大。针对这种情况，八旗索伦所受的旗学教育中亦相应增加了汉文课程。同时，根据八旗索伦驻防地具体民族分布情况，其旗学教育课程也略有差异。如在呼伦贝尔，蒙古民族居于主体民族地位，故其官学"所教者只满蒙古文"，驻防索伦子弟学习满文的同时，还须学习蒙古文课程。此外，咸同以后，随着沙俄对我国东北、西北地区侵略步伐的加快，边疆危机日趋严重。为了巩固边防，清朝采取了许多措施，反映在旗学教育内容上则是增加了俄文课程，如惠远城索伦营官学即有俄文之设，甚至还向俄国派遣留学生，以备边事之用。这在八旗索伦旗学教育史上无疑是极其重要的篇章。

（3）从教育目的上看，八旗索伦接受的旗学教育特别重视"国语骑射"内容。在清代，满语文历来为满族统治者视为八旗根本而备受推崇，因而对索伦旗人子弟来说自然也是学习的首务，于是几乎所有的旗学生都学习满语文。同时，满族统治者也十分重视八旗索伦人的骑射，以确保其"人即为兵"的传统，因而骑射教育也就几成索伦子弟必修的一门功课，所在旗学也都设有专职骑射教习，并建立了严格的考试制度。当然，满族统治者如此重视八旗索伦的国语骑射教育，并非对在索伦社会中繁荣发展文化教育事业有

着特殊兴趣，其目的是极为明显的，意在培养文武并重的人才。

三

清代满族统治者为八旗索伦子弟开办旗学教育，促进了边疆地区经济文化的繁荣发展。可以说，旗学教育作为八旗索伦接受的新事物，同样对其社会历史的发展产生了深刻影响。其历史作用是不能被低估的，也是不应被忽视的。

首先，培养了一批满族化的封建贵族官僚，为清朝在边疆地区的统治提供了合格人才。清初黑龙江地区建政伊始，统治人才奇缺，各级政府的一些低级官员，甚至启用汉族流人担任。开办旗学教育之后，情况有了根本转变，这些低级官职则多由旗学毕业生担任，规定旗学生"以骑射、清语为重，出身入仕本不假科第阶梯"，其中"凡稍通文义者，始派行走，继而委官，则由笔帖式，以至主事，按格循资，立可坐致"。因此，出于满足统治边疆地的客观需要，清政府通过旗学教育手段，对索伦旗人子弟进行封建思想文化教育，有意识地培养和造就了一批接受"满洲礼法"的封建官僚。历史表明，清代八旗索伦人担任佐领、骁骑校以上官员者为数众多，有的甚至位至极品，若海兰察、穆图善等人贵为封疆大吏，其中多系旗学培养出来的统治人才。由此足见，接受旗学教育对八旗索伦人影响至深，涌现了一批熟通满族文化的封建官僚，满足了清政府在边疆地区的统治需要。

其次，提高了八旗索伦人的文化素质，培养了本民族的知识分子。在编入旗籍之前，八旗索伦人积累了丰富的渔猎生产知识和经验，人和人之间的关系，依靠氏族和家族的传统习惯来协调。这些生产生活知识和指导人们行为规范的习惯法，成为他们传统文化的精华，以口耳相传的方式，世代沿袭了下来。编入旗籍接受旗学教育之后，八旗索伦人的文化面貌发生了巨大变化，满语文开始流行于索伦人的社会，成为其发展民族文化的文字载体。例如，《三国演义》《水浒传》《封神演义》《东周列国志》等古典文学巨著的满文译本开始在八旗索伦人中流传，其民间文学也借助于满文记载，开始向书面文学转化发展。由此可见，接受旗学教育不仅满足了索伦旗人学习文化知识、提高文化水平的愿望，也扩大了满语文在索伦社

会中的应用范围和流行程度。"彼时不识清文不能当差",因而大批毕业和就读于各类旗学的索伦旗人子弟,均熟通满语文及满族封建礼法,从而成为推动本民族文化事业进步发展的一代知识分子。可以说,清代乃至民国时期满语文流行于索伦社会的状况,正是长期以来接受旗学教育、"先后佐习"的结果,这对提高索伦人的文化素质功不可没。清末改良旗学以来,旗学教育开始从满文教学转向汉文教学为主,从而为八旗索伦人接受汉族先进文化开辟了更为直接的渠道。

最后,维护了以骑射为特征的传统习俗。在清代,八旗索伦人的社会文化基本上是根植于渔猎生产生活方式之上的,崇尚勇武、擅长骑射成为其社会文化的一个显著特征,这在思想观念、价值取向上与八旗满洲大相径庭。虽然,清政府按照八旗满洲的管理方式,"令其披甲种地,顶补当差",使之最终成为"咸务檔稼"的旗下人。但是,作为八旗劲旅的重要力量,"索伦骑射名闻天下",因而清政府在生产生活方式上采取各种措施巩固其骑射传统。其中以国语骑射为核心内容的旗学教育,对巩固和维护八旗索伦的骑射传统是有极大作用的。索伦旗人子弟在旗学习识满文、练习骑射,既掌握了文化知识,又锻炼了身体,加强了武备,从而成功地维护了骑射传统。

在这里,还需要指出的是接受旗学教育之于八旗索伦社会文化发展虽有不可磨灭的功绩,但其重视国语骑射、维系旧有传统的特性,使之对先进的汉文化产生了排斥作用,以至于八旗索伦人直至清末仍大都不谙汉文,乃至于民国时期仍通用满语文而排斥汉文,从而使得索伦人的文化远远落后于其他兄弟民族,这不能不说是旗学教育的一个消极影响。

刊于《黑龙江民族丛刊》1995年第三期(总42期),第38~40页

附录 2

鄂温克旗双语教育事业

鄂温克旗是以鄂温克族行使自治，蒙古、达斡尔、汉、满、回等20个兄弟民族共同聚居的地方。各民族由于交错杂居以及经济、政治、文化等各方面的需要，长期互相接触，互相学习语言。有一定数量的人，除自己的母语外，还掌握了相邻语言乃至三四种语言。尤其是在牧区，汉族也会说少数民族语言和使用蒙古文。在当前，蒙古语在牧区仍是各民族间交际的中介语。就全旗范围而言，矿区、林区以及乡镇苏木的居民包括少数民族在内，操汉语的人在逐年增多，汉语已成为各民族最大的"族际共同语"。

鄂温克旗的学校教育，自成立自治旗开始就采用"蒙汉分校"或"蒙汉分班"的形式开展双语教学。双语教学作为中小学教育的主要教学语言形式，作为一种语言教育政策，正在各级学校中得到贯彻，并受到了少数民族群众的欢迎。几十年的实践证明，充分利用双语双文这个媒介，不仅能够使各族人民迅速正确地了解党和国家的方针政策，加深各民族人民同党和国家的亲密关系，而且由于民族语言文字深深地扎根于广大人民群众之中，人民群众对它有着极为深厚的感情，它成为发展各民族经济文化事业的有力工具。本节以双语教育为主要内容，从其特点与现状、发展成果及发展过程中所遇的问题方面展开讨论。表1至表3是2010年对鄂温克旗的一些学校抽查到的民族语言课程表。

表 1　2010 年对鄂温克旗的一些学校抽查到的民族语言课程

单位：人，节

内容＼学校	教师总数	本民族教师数	其他民族教师数	年级	课程内容	课时	民文课程	备注
第一实验小学	73	21	52	一年级	品德与生活/蒙古语文/数学/体育/音乐/美术	26	1	8	汉语授课小学
伊敏中心校	21	15	6	二年级	品德/蒙古语文/汉语/数学/体育/音乐/美术	29	1	8
辉苏木中心校	28	19	7	三年级	品德与社会/蒙古语文/汉语文/英语/数学/科学/体育/音乐/美术	33	1	8
				四年级	品德与社会/蒙古语文/汉语文/英语/数学/科学信息技术/体育/音乐/美术	33	1	7
红花尔基学校	48	2	23	五年级	品德与社会/蒙古语文/汉语文/英语/数学/科学/信息技术/体育/音乐/美术	33	1	7	蒙汉语授课九年一贯制学校
锡尼河学校	50	5	42	六年级	品德与社会/蒙古语文/汉语文/英语/数学/科学/信息技术/体育/音乐/美术	33	1	7
合计	220	62	130					

（这五个学校的分班科目课时民族文课程及课时）

表 2　2010 年的小学教学语言及民族语言课程调查

单位：人，节

内容 \ 学校	教师总数	本民族教师	其他民族教师	年级	科目	课时	民族文课程数	民族文课时	其他民族文课程时	备注
鄂温克中学	145	23	95	七年级	思想品德/历史/地理/生物/蒙古语文/数学/汉语文/体育/英语/音乐/美术/信息技术/鄂温克语选修	36	1	5	1	鄂温克语选修课
红花尔基学校	29	2	16	八年级	思想品德/历史/地理/生物/物理/蒙古语文/数学/汉语文/体育/英语/音乐/美术/信息技术/鄂温克语选修	37	1	5	1	
锡尼河镇学校	26	5	21	九年级	思想品德/历史/物理/化学/蒙古语文/数学/汉语文/体育/英语/音乐/美术/信息技术/鄂温克语选修	37	1	5	1	
伊敏河镇学校	54		22	七年级	思想品德/历史/地理/生物/语文/数学/体育/英语/音乐/美术/信息技术	32				
伊敏河镇第一学校	34		5	八年级	思想品德/历史/地理/生物/物理/语文/数学/体育/英语/音乐/美术/信息技术	33				
伊敏河镇第二学校	48		11	九年级	思想品德/历史/物理、化学/语文/数学/体育/英语/音乐/美术/信息技术	33				
第一中学	27	2	21	高一	蒙古语文/数学/英语/历史/汉语文/化学/体育/政治/物理/地理/计算机	36	1	5		蒙汉授课普通高中
				高二	蒙古语文/数学/英语/历史/汉语文/化学/体育/政治/物理/地理/生物/心理健康	38	1	5		

（说明：学校列中"蒙汉语授课九年一贯制学校的分班科目课时民族文课程课时"及"高中分班科目课时民族文课程课时等"为原表中合并说明栏。）

续表

内容 学校	教师总数	本民族教师	其他民族教师	年级	科目	课时	民族文课程数	民族文课时	其他民族文课时	备注
第二中学	105	1	10	高三	文科班：蒙古语文/数学/英语/历史/汉语文/体育/政治/地理	36	1	5		汉语授课普通高中
				高一	语文/数学/英语/历史/化学/体育/政治/物理/地理/计算机/心理健康/音乐	38				
第三中学	61	2	10	高二	语文/数学/英语/历史/化学/体育/政治/物理/地理/生物/心理健康/计算机	38				
				高三	语文/数学/英语/历史/体育/政治/地理	38				
合计	817	35	240							

备注列说明：高中分班科目课时民族文课程课时等

表3　2010年职业学校教学语言及民族语言课程调查

单位：人，节

学校名称	教师总数	本民族教师数	其他民族教师	年级	科目	课时	民族文课程数	民族文课时间	备注
职业中学	64	6	48	高一	数学/蒙古语文/体育/生物/音乐/政治/化学/畜牧/兽医/汉语文/计算机/心理健康	38	1	5	蒙汉语授课职业高中
				高二	数学/蒙古语文/体育/音乐/政治/化学/汉语文/计算机/心理健康/畜牧/兽医	35	1	5	
				高三	数学/蒙古语文/体育/政治/畜牧/兽医	35	1	7	

一　双语教育的现状与特点

对自幼懂得蒙古语和有条件从学前班起学蒙古语的儿童用蒙古语文授课，对自幼不懂蒙古语，又无条件从学前班阶段学习蒙古语的儿童一律用汉语文授课。按照自治区的规定，对蒙古语文授课的学生加授汉语文；对不懂蒙古语的儿童用汉语授课。中学阶段一般分为两种形式，蒙古语文授课，加授汉语文；汉语文授课，增设一门外语。对于只有语言无文字的鄂温克族等中小学学生，本着"自愿自择"的原则，根据其聚居区的实际情况、学生语言基础和语言环境，确定用汉语或习用的蒙古语授课，用学生的本民族语言作辅助教学语言。

近年来，全旗语言关系发生了变化，总的趋势是操蒙古语的人逐渐减少，操汉语的人逐渐增加，有以下几种因素。（1）汉族人口的不断增加。旗内大雁煤矿、伊敏河矿区、红花尔基林业局相继开发建设，使汉族人口猛增。仅 1978~1987 年，十年间共增 22535 人。（2）改革开放的深入发展、各民族相互交流的扩大，增强了人们对掌握双语的紧迫感。特别是随着北开南联、搞活经济，鄂温克族聚居的几个苏木也改变了过去的闭塞状态，通车、接电，设置了有线电视转台，扩大了鄂温克族与其他民族的交往。因而在牧区，汉语有取代蒙古语地位的趋势，有很大一部分年轻人逐渐放弃学习蒙古语、鄂温克语而转用汉语。（3）在用蒙古语授课的学校读书的鄂温克族小学生日渐减少，镇内一所用蒙古语授课的小学，过去有 700 多名学生，现在已不到 400 名。鄂温克族聚居的辉苏木有 50% 的学生，伊敏苏木有 1/3 的学生，巴彦塔拉达斡尔民族乡也有一半学生，从蒙古语授课班转入汉语授课班就读。

二　双语教育取得的成绩

双语教育加快了全旗扫盲工作，推动了牧区文化教育的发展。在牧区坚持用蒙古语言文字扫盲，从学习的时间、参加人数、学习的效率上，都远远优于单一的汉语扫盲工作。根据 1981 年统计，全旗牧业人口为 14000 多人，其中有青壮年 6825 人，文盲 885 人，文盲率为 12.9%，脱盲率仅为 87% 左右，与上级政府要求脱盲率要在 95% 以上的标准差距很大。为缩

小差距，鄂温克旗人民政府根据牧区生产、生活及各族人民习用蒙古语的特点，编印了《牧民蒙古语文速成识字课本》，坚持用蒙古语扫盲。1986年经自治区人民政府检查验收，鄂温克旗成为全盟牧业四旗中第一个基本无文盲旗。据1993年底统计，全旗青壮年文盲率下降到1.06%。通过扫盲教育，冲击了传统的"学文化无用"的愚昧观念，扫盲也为科技兴牧奠定了基础，促进了牧区商品经济的发展。

提高了适龄儿童入学率。鄂温克旗旗初等教育长期以来处于落后状况的原因是多方面的，但是最根本的原因是语言障碍。由于少数民族学生授双语教育比汉族学生学外语所遇到的困难还大，有的苏木学校曾搞过汉文单语教学，搞语言直接过渡教学，经调查发现能读到小学毕业的还不到20%，学生都是因为不通汉话学习无兴趣而中途辍学。这些小学生几年之后，由于不能用汉语交际，又变成了半文盲。自1985年全旗小学普遍增设了学前班，收5~6周岁儿童。编写学前班教材，规定通过语言关后可进入小学一年级。据反映，鄂温克族、达斡尔族学生经学前班再上一年级，智力发育较快。到二年级开始学习汉语文，使用母语和汉语都能顺利沟通，使学生进得来，留得住，入学率始终保持在95%以上。

教学成绩逐年得到提高。1984年以前，全旗小学双科及格率徘徊在30%，有几所小学连续几年不及格。初中毕业生考入中专、中师的也只有10名左右，达不到教学大纲所规定的要求。加强双语教学后，1985年全旗小学双科及格率已由37.5%提高到80%以上。近300名蒙古语授课初中毕业生中有150多名，其中一些学生被区内重点高中（海拉尔市一中）录取，还有30余人考入中师、中专。高考恢复后的几年间，已有50多名鄂温克族学生考入区内外大专院校。如今，鄂温克族已拥有一批本民族的大学生、工程师、专家、学者和教授。

坚持从地区和民族特点出发，进行教学方法的改革。组织和动员教研机构、教师进修学校、汉语文教学研究会及牧区学校，广泛开展对双语教育的研究。教育局从全局着眼，加强宏观调控，把双语教育作为一个整体来考察，明确提出了双语教育目标和必须遵循的三条原则：一是要正确认识和处理蒙古语授课和汉语授课情况，蒙古语文和汉语文教学以及多语辅助教学的意义、地位和作用；二是蒙古语文和汉语文教学改革要始终立足

于培养适应社会需求的蒙汉兼通的人才奠定坚实的基础;三是坚持统一性和灵活性相结合,探索最佳模式,在不同学校开展实验。鉴于蒙古文具有拼音文字的优越性,鄂温克旗从 1991 年引进了达茂旗的蒙古文"快速识字"实验。1986 年从黑龙江引进了汉语文"注、提"实验。具体做法是首先把汉语文的起始年级由小学一年级改为二年级;其次是注意改善教学手段,发展电化教学,使汉语教学情景化;最后是对教材进行增删调整,初中学制由 3 年改为 4 年,这些教学改进措施对鄂温克旗的教育发展带来了非常显著的积极效果。

附录3

鄂温克旗教师队伍建设

教师队伍建设是教育工作的重中之重，有一个好的教学队伍才会有一个好的教学条件、好的教学基础、好的教学结果。从这个意义上讲，教师队伍是教学工作的关键所在。下面我们从教学队伍及其结构特征、小学教师队伍建设、中学教师队伍建设、教师培训工作、教师待遇、教学研究、阿荣旗师资队伍建设等角度分析鄂温克族教师队伍建设情况。

一 队伍及其结构特征

1958年鄂温克旗成立时，全旗各类学校有教职工49名。1963年，师资队伍发展到232人。"文化大革命"初期，幼儿教师7人，小学教师266人，中学教师44人。"文化大革命"期间，各类学校教师队伍的发展受到不同程度的影响。1980年后，教师队伍得到恢复和发展。到1991年，鄂温克旗各类学校教职工队伍发展到2574人，比1958年增加51.53倍，年平均增长12.75%。

在相当长的一段时间里，各级教师的素质参差不齐，质量不高，专业不全，严重影响了中小学教育的发展和教学质量的提高。据1981年统计，全旗普通中学专任教师中，大学本科毕业生14人，占3.13%；专科毕业生73人，占16.29%。按中学专任教师需专科以上学历计算，缺员361人，缺员占专任教师总数的80.58%。小学专任教师中，高中、中师毕业及以上学历的352人，占51.39%。按小学专任教师需中师、高中学历计算，缺员333人，缺员占专任教师总数的48.61%。可见，全旗各类学校师资

队伍的文化素质比较低。

为进一步提高全旗各类学校教师队伍业务素质和文化水平，适应旗教育事业的发展，旗教育局采取进修、函授、短期培训、业余自修等措施，对各类学校中未受过专业教育的教师进行了专业教育。通过专业培训，大大提高了各类学校师资的业务素质和文化水平。据1985年调查：小学教师中符合学历要求的人数占66%；中学教师中符合学历要求的人数占51%。1984年以来，各级教师的专业培训以送外地代培为主。到1991年，在外地进修的各级教师达306人次。其中，幼儿教师6人，小学教师58人，中学教师242人。还有一部分教师考入自治区或区外大学举办的函授班、业务培训班学习。1991年，全旗普通中学专任教师中，本科毕业生100人，占普通中学专任教师的13.77%；专科毕业生372人，占51.39%。按中学专任教师需专科以上毕业生数计，缺员254人，缺员占专任教师总数的34.98%。小学专任教师中，高中、中师毕业及以上学历的857人，占小学专任教师的84.26%。按小学专任教师需中师及高中以上毕业生数计，缺员160人，缺员占专任教师总数的15.73%。

1991年，鄂温克旗有教职工2129人（含企业办学教职工1163人），其中专任教师1680人、行政和工勤人员449人。1995年，全旗有教职工2283人，其中专任教师1851人、行政和工勤人员432人。2000年，全旗有教职工2140人，其中专任教师1747人、行政和工勤人员393人。2005年，全旗中小学有教职工2276人（含企业办学教职工217人），其中专任教师1917人、行政和工勤人员359人，男职工666人、女职工1610人，鄂温克族147人，大学本科667人、大专1047人、中师314人，30岁以下的494人、30~39岁的1058人、40~49岁的614人、50岁以上的110人。

随着民族教育事业的发展，一支民族教育师资队伍正在茁壮成长。全旗各级学校教职工，1958年只有40余名，到1991年增加到2574人，其中少数民族学校教职工1092人，专任教师867人。在少数民族学校专任教师中用民族语言文字授课的教师432人，其中小学教师284人，中学教师148人，占少数民族学校专任教师的49.48%。教师中，大学专科以上学历的76人，中师及高中学历的27人，占民族语言文字授课教师的24%。为

了发展自治旗内偏远地区的民族教育事业，已实行在偏远牧区任教的教师向上浮动一级工资。请看表 1 中根据民族教育情况统计的鄂温克旗学校数、在校学生人数和教职工人数。

表 1 根据民族教育情况统计的鄂温克旗学校数、在校学生人数和教职工人数

单位：人

学校		普通中学	职业中学	小学	总计
学校数	计	6	1	25	32
	蒙古族学校	2	1	5	7
	蒙汉学校	1		5	7
	其他	3		15	18
	民族学校				
班级数	计	65	12	243	320
	蒙古语授课班	31	6	101	138
	加授蒙古文班	34	6	142	182
在校生数	计	2436	344	7084	9864
	鄂温克族	672	90	1516	2278
	达斡尔族	576	117	1974	2667
	蒙古族	1074	75	2818	3967
教职工数	计	354	76	727	1157
	专任教师	259	52	601	912
	民族语主授课教师	124	24	284	432

资料来源：摘自《鄂温克卷》，第 282 页。

鄂温克旗认真贯彻实施《中华人民共和国教师法》，全面落实国家、自治区和呼伦贝尔市有关教师队伍建设和管理的各项方针政策，维护教师合法权益，认真开展继续教育培训，进一步优化了师资结构，提高了全旗教师队伍的整体素质。2002 年，根据《鄂温克旗事业人事制度配套改革实施意见》和《呼伦贝尔市中等以下学校内部管理体制改革实施方案》的文件精神，在全旗范围内公开选聘了 20 名小学（幼儿园）校（园）长，并在此基础上完成了各校副校长、教导主任及副教导主任的选聘工作。一批优

秀人才脱颖而出，充实到领导岗位中。2002年9月，面向全旗公开招录了44名小学教师和26名初中教师，为学校教学工作注入了新的活力，各学科优秀人才的不断涌现，积极推动了全旗民族教育的发展。在优化教师结构的同时，不断加大教研教改力度和开展教师学历提高的继续教育。针对新课程改革，对全旗教师分期、分批进行了新教材、新课程的标准化培训，参加教师达909人次，有效地更新了教师的知识储备，提高了教师的专业水平和教学质量。

2004年，全旗教职工人数2056人，其中小学976人、中学996人、职业中学84人；在教职工人数中专任教师有1790人，其中小学874人、中学849人、职业中学67人。幼儿园教职工175人，其中专任教师90人。

1979年，成立旗教师进修学校培养在职教师。1980~1985年，共举办培训班8期，培训200人，使参加培训的教师基本达到了合格的小学教师标准。2001年，教师进修学校完成了新任教师岗位培训，培训47名教师，小学教师继续教育培训蒙汉授课各22名。开办了首届小学一级教师继续教育培训104人。2002年，小学一级教师继续教育培训45人，新任教师岗位培训68名。这些受教育培训的教师中也有鄂温克族。

1999~2005年，鄂温克旗教育局拓宽培训渠道，开创教师培训新模式。其间，制定《鄂温克族自治旗1999~2003年中小学教师继续教育培训计划》《鄂温克族自治旗2004~2008年中小学教师继续教育培训计划》《鄂温克旗中小学教师继续教育中实施信息技术培训工作方案》等计划和方案，采取新任教师岗位培训、教师岗位培训、骨干教师培训、提高学历培训、计算机全员培训等措施，共计培训校长及教师11483人次，其中仅"十五"期间用于培训的资金达73.2万元。通过各种形式的培训，鄂温克旗中小学教师的学历合格率不断提高，至2005年，小学教师学历合格率99.89%，初中教师学历合格率99.29%，高中教师学历合格率84.15%。旗教育局在教育教学中重视使用普通话的工作。2003~2004年，组织3期普通话培训班和两次普通话水平测试，全旗有1863人通过测试合格，培训率达到100%。2004年，鄂温克旗建立健全了中学教师和校长培训制度，认真开展了继续教育培训、骨干教师培训、校长培训等，不同层次、不同类别、

不同内容的教育培训工作等。全年共培训2134人次,由此得到上级主管单位的充分肯定,并被评为自治区中小学教师继续教育工作先进集体。同时,加强教师职业道德建设,制定了教师职业行为规范和作风建设评估细则。对于师德师风问题实行"一票否决"制。坚持"凡进必考"的原则,对所缺的学科教师通过公开、公正、公平考试择优录用。2004年,通过考试录用了54名教师,同时引入竞争机制,实行评聘公开,全员聘任,改革津贴分配制度,强化激励作用,不断提高师资队伍的整体素质。2004年,全旗公办学校专任教师学历合格率小学是99.43%,初中是99.58%、高中是47.1%。

尽管如此,在教师队伍建设中还是存在一些问题。而且,主要表现在全旗教师队伍结构不尽合理等方面。或许正因为如此,教师队伍不能完全适应素质化教育的更高要求。特别是,职业教育方面的各类人才严重缺乏,不能很好地适应职业教育自身发展。这就是说,应该进一步加强教师队伍建设,不断完善竞争机制,实行严格意义上的动态管理。一方面分流不合格教师,另一方面做好教师继续教育工作,通过学习培训提高教师的政治、业务素质,使教师队伍的整体水平得到提升,以适应素质教育的需要。全社会要尊敬教师,提高教师的地位,维护教师的合法权益,不断改善教师的工作学习条件,进一步稳定教师队伍。认真执行教师资格认证制度,对所缺学科教师通过公开、公正、公平招聘考试择优录用,并引入竞争机制,实行评聘公开、全员聘任。改革分配制度,强化激励作用,充分调动广大教师职工的积极性和创造性。

二 教学研究基本内容和要求

1. 教学研究会工作

1995年6月20日,鄂温克旗民族教育教学研究学会成立。2003年召开研究会会议,换届选举新的理事表彰一批优秀教导主任、优秀辅导员、教改先进个人及教改先进单位。研究会成立以来至2005年,先后开展的研究课题有汉语授课小学"教育与发展心理整合""小学语文整改""中学语文整改",蒙古语授课中小学"以课内外阅读为主,提高语文能力"等课题引进以及自己立项的"过程完整化教学模式",上述课题在实施新课程改革

中起到了重要的作用。

2004年，旗第二实验小学冬艳在中心课题组的总结大会上宣讲"成长导航"课，获国家级一等奖。2005年，"心理健康教育融入学科教学的途径和方法"研究的子课题在旗第四小学、旗第二实验小学和大雁矿区四校等几所学校进行试点。

研究会成立后，每学期征集各学科教学论文，逐层审评上报参评，此项工作在一定程度上提高了广大教师参与教育教学研究的积极性。此外，从2003年开始，主抓教师的教学反思工作，从指导教师如何撰写反思日记着手到征集反思册至提交优秀反思日记刊登在中心课题组的《课题研究通讯》上，层层深入，督促教师及时总结自己在教学中的闪光点和不足之处，为今后的教学打下了良好的基础。至2005年，已发表13篇反思日记。

2.教学研究工作

1989年，鄂温克旗教研室开始语文教学的"注·提"（注音识字、提前读写）试验，有多名教师及教研员获教改先进个人奖，教研室于2003年获全国"'注·提'实验先进单位"称号。

2005年，全旗有多项课题在盟、市、区教科所立项并分别结题，多名实验教师及自治区汉语教改先进单位进入新课程改革，教研组织新课程改革培训、校本教研及研讨、公开课活动、配合学校岗位练兵活动等一系列有效措施促进了教师伍建设。旗教研室于2001年被内蒙古自治区教育厅评为自治区级教研室，2005年获"内蒙古自治区初中汉语教改先进集体"称号。

2005年，鄂温克旗教研队伍得到进一步补充，除音乐、美术、地理外，基本配齐各学科教研员。教研室多次组织旗骨干教师到内蒙古自治区内外听课学习并组织教师听、看录像课，组织学科带头人、骨干教师送课下乡，聘请呼伦贝尔市内外专家教授到鄂温克旗就组织各学科教材教法培训方面开设讲座。

三 教育设施建设

鄂温克族地区的教育，一直以来在教育设施方面处于弱势状态。20世纪50年代以后，虽然政府拿出一定专项经费搞了一系列教育设施建设，

但还是没有从根本上改变教育设施不完备的现状。加上"文革"破坏，本来就较弱的教育设施建设冰上加霜，进入了更加困难的状态。那么，自改革开放以后，伴随民族地区教育设施建设投入的不断加大，特别是一系列额度可观的基础设施建设专项经费的及时拨付和到位，在很大程度上保障了鄂温克族地区教育设施建设工程的启动、实施和顺利推进，并取得了相当可观的阶段性工作业绩。以下，从教学条件的变化、基本建设工作、教育设施的改善三个方面讨论鄂温克族地区教育设施建设工作及其取得的业绩。

1. 教学条件的改善

20世纪80年代以来，随着鄂温克旗经济建设的不断发展，教育投资逐年增加，办学条件迅速得到改善。教育经费支出在全国自治旗财政支出中所占比例，从1958年的11%提高到1980年的16.7%，1985年的19.1%，1987年的18.4%，1991年的14.50%。教育经费的年平均增长速度高于全旗财政支出的年平均增长速度。到1991年，全自治旗教育经费为540.7万元，各级学校在校生每人平均占有经费210.48元。80年代以来，文化教育支出一直居于各项支出的第一位。

80年代中期以来，全旗用于修建校舍的基建设投资累计1190万元。到1991年年底为止，全旗各类学校校舍建筑面积为125281平方米。其中，教室67676平方米，实验室10566平方米，图书馆7309平方米，学生宿舍7816平方米，教职工宿舍8414平方米（见表2）。

表2 学校校舍的相关情况

单位：平方米

学校类别 占地面积	普通中学	职业中学	小学	幼儿园	总计
学校占地面积	1333	55	1147	45	2580
校舍建筑面积	51784	3814	62538	7145	125281

续表

占地面积 \ 学校类别		普通中学	职业中学	小学	幼儿园	总计
教学行政用房	教室	20554	1342	42278	3502	67676
	实验室	7236	56	2110	1164	10566
	图书	5353	56	1900	—	7309
	阅览室	7907	96	1241	415	9659
生活福利用房	教工宿舍	7421	96	897		8414
	学生宿舍	3480	214	4122		7816

随着教育经费的逐年增加，各类学校的桌椅教具、文体器材、理化实验室、图书馆、阅览室和各种教学仪器都有了一定的改善。到1991年，全旗各类学校的图书阅览室多达13个，实验室15个，微机室3个，电化教室1个。

2. 教学设施基础建设情况

1991年以来，鄂温克旗的办学条件不断改善，全旗各中小学的校舍得到维修和改建，2000年以后又新建许多教学楼和学生宿舍楼，大大改善了学生的学习环境。截至2005年，全旗小学校舍建筑面积91285平方米，生均7.94平方米；初中校舍建筑面积82462平方米，生均9.30平方米。全旗中小学均无危房。

1. 新建工程项目

2002年投资58万元（中央国债40万元，地方配套18万元）为旗第一实验小学新建610平方米多功能教室。同年，投资185万元（中央国债100万元，地方配套85万元），为伊敏镇慈爱学校新建1710平方米教学楼。

2003~2004年，使用中央专项资金30万元，为巴彦嵯岗中心校新建404平方米学生宿舍。2004~2005年，投资212万元（中央国债150万元自治区配套资金12万元，地方配套资金50万元）为鄂温克中学新建2075平方米学生宿舍楼。

2. 教育基础设施建设专项资金

鄂温克旗财政局在2000年前后投入的教育基础设施建设专项资金主

要来源如下：1998~2000年，义教工程专项资金总计579万元，其中中央专款150万元、内蒙古自治区198万元、呼伦贝尔盟45万元、鄂温克旗186万元；工程项目完成情况：土建453.8万元、仪器设备40.9万元、图书307万元、课桌椅35.8万元、教师培训17.8万元。

捐资项目84.5万元，其中逸夫捐款65万元，地方配套19.5万元（附加）为孟根苏木中心校新建学生宿舍；同年，职业中学新建教学楼，长江实业集团有限公司董事局主席兼总经理李嘉诚捐款50万元。表3是从1991年至2005年的旗教育基础设施投资情况。

表3　1991年至2005年的旗教育基础设施投资情况

单位：万元，年，平方米

校名　　　项目	投资额	建设时间	面积	用途类别
旗幼儿园教学楼	50	1992	867	教学用
旗第一中学教学楼	170	1993	3477	教学用
旗第一实验教学楼	140	1994	1752	教学用
旗第四小学教学楼	320	1996	3479	教学用
旗民族幼儿园教学楼	155	1997	1488	教学用
旗第二实验小学教学楼	342	1997	3597	教学用
辉苏木中心校教学楼	160	1997	1518	教学用
鄂温克中学教学楼	255	1997	2630	教学用
旗第三小学教学楼	330	1998	2979	教学用
旗第一中学教学楼	58	1998	551	教学用
职业中学教学楼	433	2001	4030	教学用
伊敏河镇慈爱学校	185	2002	1742	教学用
旗教科局办公楼	552	2002	5565	办公用
鄂温克中学学生宿舍楼	212	2005	2075	生活用

四　教育设施的优化

鄂温克旗委、旗政府落实"优先重点发展民族教育"的方针，在实际

工作中坚持优先研究部署教育工作，优先解决教育的人、财、物问题。"两基"达标后，旗政府克服财政困难继续加大对教育的投入，千方百计确保教育经费按时到位，不断改善办学条件。达标以来共投入资金11908万元，新建扩建及维修校舍8819平方米，购置教学仪器设备、图书总价值487万元。2003年，教育事业费拨款2414.3万元，教育附加费61万元；2004年，教育事业费拨款2974.8万元，教育附加费329.7万元，分别比上年增长23.22%和40.49%。随着旗政府对教育投入的不断加大，中小学办学条件得到改善。

2004年，中小学生人均校舍面积中，小学为5.6平方米、初中为8.0平方米。中心学校以上都建有实验室、图书馆、卫生室，教学仪器及图书达到了配备标准，全旗20所学校都配备了计算机教室。以现代远程教育为突破口积极开展计算机辅助教学，不断提高全旗中小学电化教育仪器设备的装备，已有14所学校安装了远程教育地面接收系统。

2003年以来，地方财政安排中小学生民族助学金198万元，落实农村牧区专项补助资金28万元，认真贯彻落实《自治区"两免一补"制度暂行管理办法》。2004年，全旗中小学生享受"两免一补"人数为15662人，补助金额为165.9万元，其中享受"一补"（住宿费）的人数为2837人。2005年春季，"两免一补"专项资金为126.4万元，接受资助人数为14574人，其中享受"一补"（住宿费）的人数为3174人。

随着内蒙古自治区企业分离办社会职能工作的全面展开，根据自治区《关于进一步推进国有企业分离办社会职能工作的意见》，在旗委、旗政府的统一领导下，红花尔基3所学校，大雁矿业集团5所小学、7所中学顺利移交地方，进一步扩大了公办学校的规模，做到统一管理。本着"做好、做细、做扎实"的原则，学校移交后的各项工作平稳顺利地展开。

教育设施现状及投入情况包括以下几方面。（1）各类学校办学条件得到改善。据2006年统计，全旗各类中小学占地面积为1720761平方米，其中校舍面积181260平方米，教学及辅助面积81980平方米，教室面积为53465平方米。小学占地面积683569平方米，其中校舍69403平方米，教学及辅助面积37665平方米，教室面积27265平方米。中学占地面积911745平方米，其中校舍面积9374平方米，教学及辅助面积37402平方

米，教室面积24426平方米。职业中学占地面积30000平方米，其中校舍面积5841平方米，教学及辅助面积2682平方米，教室面积1774平方米。幼儿园占地面积95447平方米，其中校舍面积12675平方米，教学及辅助面积5231平方米。（2）图书配备情况。2004年，小学学生用书139880册，学生平均14册；初中学生用书166713册，学生平均20册；全旗小学教师用书40185册，师均47册；初中教师用书41759册，师均64册。（3）全旗现有小学按标准配齐各类仪器、器材，配齐率为100%；10所初中按标准配齐各类仪器、器材，配齐率为100%。（4）全旗中小学均无危房。（5）教育经费投入不断增加。2001~2003年，鄂温克旗财政收入分别是12281万元、12375万元和13436万元。财政对教育的拨款分别是2393万元、2824万元和3205万元，三年增长率分别为29.70%、18.01%、13.49%，三年教育拨款分别占财政收入的19.49%、22.82%、23.85%，比重逐年提高。2001~2003年，小学教育事业费分别是1017万元、1223万元和1438万元，小学生人均教育事业费分别是2160元、2275元和2628元；初中教育事业费分别是418万元、498万元和550万元，初中生人均教育事业费分别是1800元、2235元和2437元。2001~2003年，小学公用经费实际支出分别为297万元、237万元和205万元，学生人均公用经费实际支出数分别为632元、441元和374元，初中公用经费实际支出数分别为102万元、83万元和102万元，学生人均公用经费实际支出数分别为445元、374元和450元。1999年以来，上级补助经费为298万元，本级财政安排的专项经费及本级财政安排的基本建设费为123万元。2001~2003年，社会向教育捐资经费为117万元。

教育设施和投入方面存在的主要问题有以下几个方面。按照内蒙古自治区人民政府指示精神、呼伦贝尔市人民政府的总体要求和驻旗企业的现状，从2000年开始先后接收了伊敏煤电公司2所学校、大雁矿业集团5所学校和红花基林业局3所学校。驻旗大企业曾经为鄂温克旗的教育事业做出了重大贡献，随着市场经济的不断发展，企业的社会负担日趋沉重，发展步入低谷，在这种情况下企业对教育的投入很少，已接收的10所学校条件较差，按"两基"巩固提高的标准，缺口资金有200多万元。此外，地方接收的10所学校在过渡时期结束后，旗财政每年增加支出900万元，这

无疑给地方财政增加了新的负担。

进一步加大对教育的投入，加快教育事业的发展。鄂温克旗坚定不移地坚持"科教兴国"战略和"优先发展民族教育"方针，树立以人为本的思想，加快经济发展步伐，在提高广大人民群众的生产、生活水平的同时，进一步加大对全旗教育事业发展的投入。本着"穷什么不能穷教育，苦了谁不能苦孩子"的原则，千方百计保投入，千辛万苦办教育。不仅加大对常规教育的投入，而且注重对职业教育和成人教育的投入，把提高广大农牧民的整体素质作为建设社会主义新农村、新牧区工作中的一个重点来抓紧抓好。

五　教育管理机构

1. 旗教育局

1991年，鄂温克旗教育局（以下简称旗教育局）有行政科室8个，即人事师资股、普及义务教育股办公室、计划财务股招生办、成人职业教育办公室、团队办、基建办等，有职工39人，其中男职工24人、女职工15人，本科4人、大专21人、中专4人、高中及其他学历10人，鄂温克族7人。

1995年2月，在旗党政机关机构改革中旗科学技术委员会与旗教育局合并为旗教育科技局，有职工45人；2004年12月，为加强对大雁地区的教育管理，成立大雁教育分局，分局内设综合办、基教办、教研室，下辖13所学校，其中小学6所、初中6所、普通高中1所；2005年，旗教育局有行政科室5个，即人事师资股、基础教育股、科技办、计划财务股、办公室；共有职工15人，其中男8人、女7人，本科6人、大专9人，鄂温克族3人。此外，鄂温克旗人民政府教育督导室设在旗教育局，有专、兼职人员21人。

2. 企业教育管理机构

（1）大雁煤业公司教育分局：1991年，大雁矿区的教育教学管理工作主要由大雁矿区教育处负责，教育处机关设10个科室。2004年，教育处机关设政工办、电教科、普教科、财务科、人事科、教研室、督导室、工会、团委办公室等。大雁煤业公司将创办的5所小学、7所中学移交旗人

民政府后，教育处撤销，成立旗教育局大雁分局，主管矿区教育的全面工作。（2）伊敏煤电公司教育培训中心：1991年，伊敏河矿区的教育教学管理工作由伊敏河矿区教育处负责。2001年10月，伊敏煤电公司撤销教育处，成立教育培训部。2002年9月，公司将教育培训部改为教育培训中心，是公司的教育培训管理机构，负责公司的普教、职教、培训工作。（3）红花尔基林业局教育科。1991年，红花尔基林业局设教育科，主要负责管理局办学校的教育教学管理工作。2004年7月，红花尔基林业局所属3所学校移交旗人民政府后撤并为九年一贯制的红花尔基学校，直接受旗教育局管理。

3. 旗属事业机构

1991年，旗教育局下属三级机构有3个，即勤工俭学办、教研室、电教仪器站。所管辖事业机构有幼儿园16所，其中包括教办民族幼儿园1所，企业办园7所和民办幼儿园（班）8个；有学校25所（不含企业办学）其中小学16所，中学4所，九年一贯制学校2所，职业中学2所，高中1所。2005年，旗教育局下属机构7个，即后勤保障中心、招生考试中心、成人职业教育办公室、教研室、电教仪器站、学生生产实习基地、基建办。有幼儿园（班）17所，其中包括教办民族幼儿园1所、企业办园4所和民办幼儿园（班）12个；学校36所，其中教办学校33所，企业办学3所。在教办学校中小学19所，九年一贯制学校4所，初中6所，高中1所，完全中学2所，职业中学1所。

六 教育体制改革

在鄂温克旗政府的领导下，于1989年3月开始在一些学校试行校长负责制和教师聘用制。根据规定，由校长对学校的全面工作实行领导，对外代表学校，并对上级主管机关负责。实行校长负责制，在一定程度上扩大了学校的自主权，确立了校长在学校的中心地位，强化了教学和行政工作的统一领导，提高了行政管理效能。在校长的统一领导下，对学校的行政领导班子进行了优化组合。

各试点学校对教师实行了聘用制。教育体制的改革，调动了教师的积极性，增强了教师的责任感和紧迫感。

1. 管理体制

1989年，各苏木乡镇的学校由当地人民政府负责，形成分级办学的体制。1999年以后，苏木乡镇学校在人事、经费、管理等方面彻底实行"以旗县为主"的牧区义务教育管理体制。

2. 校长聘任制

中学属科级单位、中心校属股级单位，其领导人员按干部管理权限分属旗委组织部和旗教育局。随着学校内部管理体制改革全面推行，依据《鄂温克族自治旗事业单位人事制度综合配套改革实施意见》和《呼伦贝尔市中等以下学校内部管理体制改革实施方案》，各中小学于2002年开始全面推行校长聘任制。同年，在全旗范围内经过公开选聘，有20名小学（幼儿园）校长、园长竞聘上岗，实行校长任期目标责任制，签订目标化管理责任状，实行末位淘汰制。同时加强校长队伍的管理，充分调动校长的积极性和主动性，从而有力地促进了学校工作。

3. 教育督导制度

1996年，旗人民政府落实教育督导制度，以聘任形式聘请政府首届教育督学。同年4月，在旗教育局设置政府教育督导室，其成员为专职督学1人、督学15人（由旗教育局各股办公室负责人和旗人大、旗政府办公室等人员组成），聘请兼职督学5名。其具体职责为开展综合督导、专项督导、随访督导检查评估、调查研究等，并参加对学校工作全面评估工作。

4. 调整学校布局

鄂温克旗学校布局调整工作是与旗党政机构改革城镇化建设以及教育"两免一补"（免学费、免杂费、补生活费）相配套同时进行的。"十五"期间，根据"村不办小学、乡不办中学"的集中办学原则，全旗先后撤并学校7所，调整学校1所，使旗属学校数目由44所下降为36所，优化了学校布局结构，促进了教育资源的合理利用。

5. 牧区学校人事管理制度改革

根据《教师资格条例及其实施办法》鄂温克旗从1996年开始实施教师资格证书制度，2002年重新认定，2005年这一工作开始全面展开。至2005年底，全旗共有2566人取得教师资格。根据上级有关规定，鄂温克旗从2000年开始教师考录工作，坚持"凡进必考"原则，严把入口关，共

招录 233 名教师。同年 8 月，1998~2000 年高校毕业生中考试招录教师 73 人（其中中学教师 22 人、小学教师 51 人），主要补充中小学音体美、英语、计算机及语文等所缺学科。2002 年 9 月，在全旗范围内招录教师 69 人（其中中学教师 25 人、小学教师 44 人）。2003 年，在全市范围内招录初中教师 39 人。2004 年，在全市范围内招录教师 52 人（其中中学教师 49 人、小学教师 3 人）。

2000 年，旗教育系统引入竞争激励机制，实行教师业务年度考核制度和末位淘汰制，职工采取全员聘任、评聘分开制度，明确聘期内的岗位职责和工作任务。

6. 学制改革

1991~1998 年，鄂温克旗实行小学五年、初中三年的"五三"学制。1999 年，鄂温克旗基础教育开始普及九年义务教育。2005 年之前，属学制改革过渡时期，九年义务教育"六三"（小学六年、初中三年）学制与"五四"（小学五年、初中四年）学制并行。2005 年，执行的是内蒙古自治区调整后的九年义务教育"六三"学制。

附录 4

兴旺鄂温克民族乡的教育教学建设

　　黑龙江省讷河市兴旺鄂温克民族乡是在 1987 年 3 月建立的以鄂温克族为主体的民族乡。全乡有民族中学 1 所，小学 7 所，其中民族小学 2 所。建乡初，由于经济贫乏，加之诸方面的原因，民族乡的教育水平极为低下，具体表现为"两低一差，结构不完善"。"两低"即教师素质低，小学教师达标率仅 31.4%，中学教师达标率为 0，教师素质低导致了教学质量低，全乡平均分数为 42.7 分；"一差"即办学条件差，全乡学校除两所办学条件较好外，其他学校均有桌凳不足、仪器残缺、环境脏乱等情况，尤其是两所民族小学校舍顶漏墙面斜，亟待重建；"结构不完善"即全乡没有独立的乡中学，好多学生都寄读他乡。可见，这种落后的教育现状如不改变，势必影响九年义务教育的实施，影响民族地区人才素质的提高，也将影响民族乡经济建设的发展。为了改变民族乡教育落后状况，乡人民政府确定发展民族乡教育分两步走的目标：第一步，用 3~5 年的时间，改变"两低一差，结构不完善"的落后面貌；第二步，再用 3~5 年时间，使一些方面的工作跨入全市先进行列。10 年来，兴旺鄂温克民族乡的教育工作围绕解决"两低一差，结构不完善"的落后现状而进行。

一　改善办学条件，创建良好育人环境

　　在改善办学条件工作中，乡人民政府综合分析了讷河市的教育形势、兴旺鄂温克民族乡教育状况在讷河的位置，充分认识到讷河市教育有好多项工作在黑龙江省及国家都处于比较先进的地位。而兴旺鄂温克民族乡如

此落后的教育现状，必然影响讷河教育的形象。尽快改善办学条件，解决教育落后状况是发展民族乡教育的当务之急，也是民族乡各项事业发展的当务之急。

为了迅速改善办学条件，兴旺鄂温克民族乡各校都在尽快实现学校建设的规范化，在乡党委、政府主持下制定了村校规范化学校建设限期达标责任状。凡按时、按标准建成规范化学校的，乡政府奖励书记、村长、校长每人400元；对没按期按标准实现者，对3位各处以200元的罚款。同时又制定了《教育合格村评估细则》，在年终达到合格标准的，对村主要领导给予奖励。几年来，乡人民政府共举办改善办学条件、实现规范化学校建设现场会6次，分别对6个村进行了表彰。近3年，乡人民政府重点抓了创建良好校园环境工作，制定了全乡《校园环境建设规划》和《校园美化评估细则》，每年对学校环境美化工作进行专项评估检查，就环境美化工作中，做出突出贡献的单位领导给予奖励。

经过10年的不懈努力，那种残垣断壁、环境脏乱、设备残缺的现象已一去不复返了。全乡共投资180多万元，新建中学校舍1800平方米，维修小学校舍2210平方米，修建围墙2400米，增添体育设备121件，增购教学仪器1341件。变化最为显著的是索伦、百路两所民族学校。这两所学校由于历史原因及管理不善，校舍破损，操场杂草丛生，而现在校舍崭新，操场平坦，设备充足，绿树环绕，花香四溢，由原来的"脏、乱、差"变为现在的"净、新、美"。1993年，全乡村小学办学条件都达到了基本合格规范化以上标准。学校管理100%达到优秀。经过5年的努力，民族乡的改善办学条件工作率先进入讷河市的先进行列。现在已有4所小学达到市级合格学校标准，索伦村被评为省级改善办学条件先进单位，现在百路、索伦两所民族学校正向省级标准化学校迈进。

二　加强师资队伍建设，培养素质过硬的教师队伍

众所周知，没有高素质的教师队伍，就培养不出高素质的学生。为了提高教学质量，必须改变兴旺鄂温克民族乡教师素质低的现状。对此，兴旺鄂温克民族乡人民政府做了如下几个方面的工作。

1. 提高教师思想素质

教师思想素质的提高是教师做好工作的动力。兴旺鄂温克民族乡人民政府重点培训教师"爱岗敬业"的思想，树立"争先创优"的意识。几年来，乡人民政府在教师中广泛开展了"为人师表，育人楷模"活动、"应语忌语，应事忌事"活动、"五心"活动，并坚持开展评选"十佳教师"活动。通过各项活动的开展，极大地调动了教师工作的积极性，他们能以事业为重，为民族教育事业的发展做出巨大的贡献，很多事迹感人至深。如百路学校鄂温克族教师涂黎红同志身患重病（肾炎），但她带病坚持工作，而且克服家庭的种种困难，创出优异的成绩，她所在的学校连续5年获全乡教学首位，学校管理、环境建设，连续多年被评为优秀，可谓"女中强人"。再如，达斡尔族教师王淑芝，被病魔缠身，动了两次大手术，家庭负担又重，公公婆婆瘫痪在床，夫妻二人又同是教师，但她除了住院耽误上岗外，从未因病和家事离岗一日，多次被省市评为模范教师。这些教师的崇高品质、敬业精神影响着全乡教师共同为培养高素质的民族人才而奋斗。

2. 提高教师的文化素质

正所谓"名师出高徒"，一个教师自身水平的高低决定着教学质量的高低。兴旺鄂温克民族乡人民政府为了尽快改变教师素质低的现象，支持动员教师参加各级各类的函授学习，并采取鼓励和督促的措施，凡中小学教师通过进修取得大专以上学历的，每月工资向上浮动一级，并一次性补贴1000元，对不达标者每月下浮一级。现兴旺鄂温克民族乡35岁以下教师有96.2%都有大专进修学习经历，并有一部分人已获得本科学历。现兴旺鄂温克民族乡小学教师达标率由原来的31.4%上升到98.7%，其中大专毕业或有大专进修经历的占小学教师的32.7%，中学教师达标率已达69.8%，有大专函授进修经历的占27.2%，有本科函授经历的占12.1%。

3. 提高教师的业务素质

几年来，兴旺鄂温克民族乡人民政府在中小学教师中坚持开展了"五功六能""十项基本技能"的训练活动，做到分阶段、有目的、有针对性地进行强化训练，做到人人有规划、有目标。中心校定期检查抽测，并把检测的结果纳入教师岗位责任制中，与教师的津贴挂钩。同时乡人民政府也加强了薄弱学科教师业务能力的培养。兴旺鄂温克民族乡音、体、美教师

业务素质极低，根本完不成教学大纲和教材规定的教学任务。为了改变这个现实，兴旺鄂温克民族乡利用寒暑假举办音、体、美教师短期培训班，并聘请行家里手任课，本着务实、求实的态度，从基础知识、基本技能开始，重点开设对教学大纲、教学内容的培训。经培训，教师们的教学水平和教学方法均得到了较高的提升。

经过对教师业务能力的培训，广大教师业务能力有较大幅度的提高，教师业务胜任率由原来的58%提高到92.4%。经过几年的培训，兴旺鄂温克民族乡教师素质低下的现状已成为过去，不但学识水平有了新高度，而且骨干教师队伍基本形成。兴旺鄂温克民族乡有市、县、乡三骨干教师58名，各级教学能手24名，学科带头人12名。这为提高教育、教学质量奠定了基础。

三 加强教学管理，提高教学质量

加强教学管理，提高教学质量是学校的中心工作，是学校工作的核心。民族地区的教学工作有它的特殊性，民族地区大多处于偏远地区，经济薄弱，由此导致了教育的落后，基础差、底子薄，再加之历史的原因，民族地区人们的智力没有充分开发，造成人才素质低下的情况。因此，要想提高民族教学质量，培养较高素质的人才，就要加强教学管理，并且着眼于民族教育的特点、民族学生的特点，从实际出发，注重科学性。对此，兴旺鄂温克民族乡重点抓了以下几个方面。

（1）民族学校的教学工作，在借鉴汉族学校教学经验的基础上，必须遵循民族教学规律，既要考虑科学性，又要注重实效性。学校让所有任课教师对所教学生的智能特点、学习兴趣、学习方法、实际基础进行了详细的调查，使教师在按大纲教学的基础上因材施教，个别辅导。在教学方法上多让学生阅读、分析、动手、动脑，侧重培养学生的技能技巧。同时针对民族学生喜欢活动的特点，在活动中学习，在学习中活动，寓动于学，寓学于动，发挥特长，培养特长。由于在教学中从实际出发，遵循民族教学规律，民族教学质量普遍得到了提高。如百路学校，教学质量连续5年都处于兴旺鄂温克民族乡的领先地位，尤其是该校的鄂温克族教师涂立辉、涂黎红等所任的学科多次获得教学优秀奖。再如索伦学校各科教学质量全

方位得到提高，尤其是音、体、美学科尤为突出，多次代表兴旺鄂温克民族乡到讷河、齐齐哈尔市会演、比赛，并取得突出的成绩，被评为"双全"学校。

（2）优化教学过程，对教学各环节实行监控。为了提高教学质量，兴旺鄂温克民族乡人民政府对教学过程进行了优化管理，制定了科学的教学岗位责任制。对教师的备课、授课、辅导、作业批改、成绩检测诸方面提出了具体的要求。在实施中，随时对教学工作的各个环节实行监控制度，增大考核的力度，做到日记载、周检查、月评比、期末总结，同时注重学生的反映和期末成绩。学生对教师工作反应如何，能体现出教师教学方法、态度、效果的优劣，能真实反映教师教学工作情况。期末成绩的考核是体现教师教学效果优劣的依据。但学校不是片面注重各科分数的高低，还注重全体学生的合格率，两项相加，作为教师教学效果的最终成绩。克服片面追求分数、只顾少数尖子学生的错误做法。由于校方强化了教学过程的管理，又制定了较为完善的监控、考核制度，能对教师的教学工作的优劣进行准确的评定，从而调动了教师工作的积极性，对提高教学质量发挥了作用。

（3）开展教研活动，促进教学质量的提高。兴旺鄂温克民族乡人民政府在抓民族教学工作中，狠抓了教学研究活动的开展。对培养学生素质、促进教学质量的提高，起到了先行作用。学校教学研究的宗旨是：以实验教学为龙头，以改革传统教法为重点，以培养学生的素质为目的。自1987年以来，兴旺鄂温克民族乡进行了"注音识字，提前读写""三算结合"的实验教学研究。从完成情况来看，收到良好的效果。以"注提"实验教学为例，效果尤为显著。鄂温克族儿童在入学前，普通话说得极不标准，多为东北土语加民族语序（倒装句较多），而入学后，进行的汉语教学必须有一段适应期才有所效果，直接影响了教学质量的提高和学生智力的开发。进行"注提"实验教学后，学生通过对汉语拼音的掌握，矫正了读音，同时为汉语的读、说、写学习奠定了基础，使学生提前进入读、说、写阶段。实践证明，少数民族学校进行"注提"实验教学，对开发少数民族的智力、学说普通话、发展学生阅读写作能力、提高民族教学质量是大有益处的。兴旺鄂温克民族乡的实验教学，受到上级科研部门的充分肯定，此实验成

果被省文字研究学会和科研部门评为科研一等奖。兴旺鄂温克民族乡连续8年被讷河市评为"注提"实验先进单位。在民族学校中，兴旺鄂温克民族乡政府开展发扬民族传统、继承民族文化遗产的研究。这也是乡政府重点研究的课题。鄂温克民族既是一个勤劳、勇敢、尊老爱幼的民族，又是一个能歌善舞的民族。在历史的长河中，形成了自己的独特的民族传统和风格。作为民族学校，学校把此项内容的教育融进教学中。每周学校在民族学校增设一节民族课，从民族语言、习俗、美德、历史进行讲解，增强了民族学生的民族自豪感、民族自信心，在这方面教学研究中收到了良好的效果，受到鄂温克民族各界人士的好评。

由于加强了教学管理，教学质量有了较大的飞跃，由建乡初的全乡平均 42.7 分上升到 82.9 分，也收到了良好的教学效益，近 3 年来，兴旺鄂温克民族乡全乡共考入高中学生 84 名，考入中专的 23 名，考入中师的 12 名。

总之，经过 10 余年不懈努力，彻底扭转了兴旺鄂温克民族乡办学条件差、教师素质低、教学质量低的落后状况，打开了兴旺鄂温克民族乡教育的新局面，多次受到齐齐哈尔市教委、讷河市教委的表彰。回顾过去的工作，兴旺鄂温克民族乡教育事业确实取得了可喜的成果。总结起来，有如下几点体会。（1）政府对教育的支持和共识是做好教育工作的保证。一个地区教育办得好与坏，在于教育内部的努力，也在于当地党委领导是否重视。几年来，党委政府对教育事业的发展给予了大力支持，在经济上给予了大量投入，为教育发展提供了坚实的物质基础。（2）培养、选拔少数民族干部，提高民族教师的素质，建立一支合格的民族教师队伍，是办好少数民族学校的重要条件。兴旺鄂温克民族乡政府认为，用少数民族干部管理民族学校，从语言、行为、生活习俗及心理状态方面都易于与学生融洽、与社会协调。事实证明，用一些少数民族干部对民族学校的管理，提高民族教师的素质，提高民族教学质量，培养民族人才等方面都是必不可少的。几年来，全乡共培养出优秀的民族干部 7 名，培养出具有大专水平的民族教师 8 名，中师水平 28 名，这些干部和教师都成为兴旺鄂温克民族乡学校领导和教学工作的骨干，为提高兴旺鄂温克民族乡民族教育水平发挥了巨大作用。如金英华、涂黎红两名鄂温克族女教师，在分别担任索伦、

百路学校校长后，对教育事业兢兢业业，不辞辛苦，积极进取，在极短的时间内，就把学校建成齐齐哈尔市级合格小学，也被讷河市评为"管理优秀"校，成为兴旺鄂温克民族乡校长中的楷模。（3）建立健全岗位责任制，实行教育内部管理体制的改革，是振兴兴旺鄂温克民族乡教育的必要手段。实行教育内部管理体制的改革，建立健全岗位责任制，明确各项工作规范要求，形成严密的责任网络。消除"大锅饭"，把民办教师的工资、公办教师津贴与工作实效挂钩，职责和利益相统一，启动了学校内部的活力，调动了教师积极性，对改变兴旺鄂温克民族乡教育的落后状况奠定了思想上的动力基础。

10余年过去了，兴旺鄂温克族乡当年"两低一差，结构不完善"的落后状况已成为历史，崭新的发展中的鄂温克族教育正展现在兴旺鄂温克民族的面前，兴旺鄂温克民族乡人民政府有决心在各级政府和业务部门的指导下，进一步发展兴旺鄂温克民族乡的民族教育，再创辉煌。

附录 5

鄂温克族自治旗民族教育条例

2003 年 7 月 25 日

第一条 为了发展鄂温克族自治旗的民族教育事业，根据《中华人民共和国民族区域自治法》、《中华人民共和国教育法》等有关法律、法规和《鄂温克族自治旗自治条例》，结合自治旗实际，制定本条例。

第二条 本条例所称民族教育，是指在自治旗行政区域内，对少数民族成员实施的各级各类教育。本条例所称民族学校，是指公办的民族幼儿园和民族小学、中学、职业中学、教师进修学校等以少数民族成员为主要教育对象的各级各类学校。

第三条 民族教育是自治旗教育事业的重要组成部分。自治旗人民政府必须把民族教育摆在优先、重点发展的战略地位，把民族教育发展规划列入国民经济和社会发展总体规划。自治旗人民政府采取特殊政策和措施，在少数民族适龄儿童、少年中实施九年制义务教育，发展各种形式的少数民族职业技术教育和以岗位培训、继续教育为重点的成人教育，促进基础教育、职业教育、成人教育协调发展。采取措施扫除少数民族青壮年文盲。

第四条 自治旗人民政府教育行政部门主管本行政区域内的民族教育工作。自治旗人民政府其他有关部门，在各自的职责范围内，负责有关的民族教育工作。

第五条 少数民族适龄儿童、少年的父母或者其他监护人，应当配合学校及其他教育机构对其未成年子女或者其他被监护人进行教育，保证他们接受并完成九年制义务教育。

第六条 自治旗人民政府要统筹规划，合理确定和调整民族教育结构、

学校布局、发展规模和办学形式，全面推进素质教育，促进自治旗的民族教育发展。

第七条　自治旗各级人民政府为居住分散、走读困难的边远地区少数民族学生，建立以寄宿和助学金为主的民族学校。以寄宿制为主的民族学校，其校点设置应当有利于优化教育资源，有利于学校管理，有利于提高教育、教学质量。

第八条　自治旗民族学校的设置，应当经自治旗人民政府批准，并报自治区和呼伦贝尔市人民政府教育行政部门备案。

第九条　各苏木（乡、镇、区）人民政府应当办好其所在地民族幼儿园，并创造条件使牧区少数民族儿童接受学前教育。学前班应当纳入学校管理。

第十条　自治旗人民政府应当重视民族教育科学研究工作，积极推广各类民族教育的科研成果和改革实验成果。加大远程教育网络建设的投入力度，加快自治旗民族教育的现代化教育建设进程。

第十一条　自治旗人民政府应当建立稳定的民族教育经费投入机制和保障机制，确保民族学校教职工工资、正常运转经费和危房改造及校舍建设等所需资金。

第十二条　民族教育经费要全额纳入自治旗财政预算。民族教育经费由自治旗财政部门核拨，教育行政部门管理，专款专用。民族学校学生人均经费和公用经费标准应当逐年增加，增长幅度应当高于自治旗财政经常性收入的增长幅度。自治旗收取的教育费附加，应当主要用于民族教育事业。

第十三条　自治旗人民政府每年安排鄂温克民族专项教育资金，用于发展鄂温克民族教育事业。

第十四条　各苏木（乡、镇、区）人民政府设立民族教育专项资金，扶持民族教育。

第十五条　国家下达的民族教育补助专款，要全部用于民族教育事业，任何组织和个人不得挤占、挪用和截留。国家下达的民族机动金，每年应当安排一定比例的资金用于扶持民族学校改善办学条件。

第十六条　自治旗人民政府应当提高鄂温克族学生助学金标准，并逐步提高鄂伦春族、达斡尔族学生以及其他少数民族贫困学生的助学金标准。鄂

温克族学生和其他少数民族贫困学生，在义务教育阶段免交杂费。户籍在自治旗的少数民族贫困学生，在义务教育阶段免交借读费。在寄宿制中小学就读的少数民族贫困生，享受生活费补助。本款规定免交的费用，由自治旗人民政府纳入财政预算，拨出专款，作为学校公用经费的补充。户籍在自治旗的鄂温克族学生考入国内高等院校的，享受自治旗提供的学费补助和奖学金。

第十七条　自治旗依法扶持各类民办学校发展民族教育。鼓励自治旗内外组织和个人对民族教育捐资助学。自治旗人民政府对民办学校义务教育阶段的鄂温克族学生和其他少数民族贫困生，给予适当的学费或者生活费补助。户籍在鄂温克族自治旗的鄂温克族学生，从民办学校考入国内高等院校的，适用本条例第十六条第三款规定。

第十八条　民族学校校办企业，按照国家和自治区的有关规定，享受减免税费待遇。

第十九条　自治旗人民政府人事、教育等有关部门在评聘教师专业技术职务时，根据国家有关规定，适当增加民族学校中、高级职务数额。对边远地区民族学校的教职工编制，应当适当放宽。

第二十条　自治旗各级人民政府及其有关部门，应当采取具体措施，改善民族学校教师的工作条件和生活条件，保障教师的合法权益，提高教师的社会地位，稳定少数民族教师队伍。鼓励大、中专毕业生到边远少数民族聚居的苏木、嘎查中小学任教。对边远少数民族聚居的苏木、嘎查中小学校工作的教师、职工，在原工资基础上，实行向上浮动工资制度，并享受交通费补贴等待遇。

第二十一条　自治旗人民政府教育行政部门，可以根据实际需要，有计划地聘请自治旗内外优秀教师到民族学校任教，聘任其间的工资等待遇按国家有关规定执行。

第二十二条　民族学校的教师必须具备国家规定的相应学历，取得教育行政部门颁发的教师资格证书。

第二十三条　自治旗人民政府教育行政部门，应当加强民族学校在职教师的继续教育和民族中小学校长的培训工作，有计划地选送民族学校教师和校长到师范院校或者教师进修院校培训。自治旗人民政府应当在经费上给予保证，做到专款专用。自治旗人民政府教育行政部门，应当逐年提

高民族中小学校具有专科和本科学历的教师比重，采取措施吸引具有双学历和研究生学历的教师到学校任教，提高教师队伍的整体素质。

第二十四条 自治旗人民政府采取多种形式，帮助少数民族学生接受高等教育，依照国家规定和自治旗对人才的需求，有计划地制定并实施对鄂温克族、达斡尔族、鄂伦春族和其他少数民族学生定向招生计划，并定向分配。

第二十五条 自治旗人民政府教育行政部门，对民族学校所需教材、图书、仪器、音体美教育器材和现代化教学设备等，应当优先安排。任何组织和个人不得侵占学校室外活动场地和体育设施。

第二十六条 义务教育后阶段的各级各类学校，在录取鄂温克族、达斡尔族、鄂伦春族等少数民族考生时，应当放宽录取分数线，并保证一定的录取比例，使鄂温克族、达斡尔族、鄂伦春族等少数民族学生基本接受高中阶段教育。

第二十七条 民族学校可以使用民族语言辅助教学。使用民族语言辅助教学的民族学校，提倡利用活动课学习本民族语言会话。使用蒙古语言文字授课的民族学校，要加强汉语文教学和外语教学。

第二十八条 民族学校应当重视对学生进行民族优秀文化和民族历史教育，开展具有少数民族特色的文化和体育等各种活动，促进少数民族语言、文化、艺术和体育事业的发展。

第二十九条 民族学校要对学生进行爱国主义、集体主义、社会主义的教育，进行理想、道德、纪律、法制、国防和民族团结教育及心理健康教育。

第三十条 自治旗督导机构应当加强对民族教育的督导工作。

第三十一条 违反本条例的组织和个人，依据有关法律、法规承担法律责任。

第三十二条 自治旗人民政府根据本条例制定实施细则。

第三十三条 本条例自 2003 年 9 月 1 日起执行。

《鄂温克族自治旗民族教育条例》已经内蒙古自治区第十届人民代表大会常务委员会第四次会议于 2003 年 7 月 25 日批准，现予公告。

鄂温克族自治旗第九届人民代表大会常务委员会 2003.8.2 日（2003 年 3 月 7 日鄂温克族自治旗第九届人民代表大会第五次会议通过 2003 年 7 月 25 日内蒙古自治区第十届人民代表大会常务委员会第四次会议批准）

参考文献

朝克:《鄂温克族精神文化》,社会科学文献出版社,2017。
朝克:《鄂温克族民间故事》,社会科学文献出版社,2017。
朝克编著《东北人口较少民族优秀传统文化》,方志出版社,2012。
朝克等著《鄂温克族社会历史文化》,社会科学文献出版社,2018。
朝克:《中国鄂温克族》,宁夏人民出版社,2013。
乌热尔图编著《述说鄂温克》,远方出版社,1955。
乌热尔图编著《鄂温克史稿》,内蒙古文化出版社,2007。
乌云达赉:《鄂温克族的起源》,《内蒙古社会科学(汉文版)》1992年第4期。
杜刚主编《鄂温克族百年实录》(上下册),中国文史出版社,2008。
林幹:《中国古代北方民族通论》,内蒙古人民出版社,2007。
吴守贵:《鄂温克族社会历史》,民族出版社,2008。
吴守贵:《鄂温克族人物志》,内蒙古文化出版社,1996。
吴守贵:《鄂温克族人》,内蒙古文化出版社,1996。
马戎:《民族与社会发展》,民族出版社,2001。
包路芳:《社会变迁与文化调适——游牧鄂温克社会调查研究》,中央民族大学出版社,2006。
中国少数民族社会历史调查资料丛刊修订编辑委员会编著《鄂温克族社会历史调查》,民族出版社,2009。
孔繁志:《敖鲁古雅鄂温克人的文化变迁》,天津古籍出版社,2002。
卡丽娜:《驯鹿鄂温克人文化研究》,辽宁文化出版社,2006。

吕光天:《鄂温克族》,民族出版社,1983。

高平等:《鄂温克卷》,中国大百科全书出版社,1993。

孛·蒙赫达赉:《鄂温克苏木的鄂温克人》,内蒙古文化出版社,2003。

孛·蒙赫达赉等:《通古斯鄂温克族社会历史》,社会科学文献出版社,2016。

孙兆文等:《腾飞的鄂温克》,社会科学文献出版社,2008。

刘殿贵:《阿荣旗情》,黑龙江人民出版社,1987。

内蒙古少数民族社会历史调查组:《鄂温克族资料汇编1958-1960》上中下三册(油印本),内蒙古少数民族社会历史调查组,1961。

白兰:《鄂温克族》(讨论稿),呼伦贝尔盟史志办公室印,1993。

王咏曦等《鄂温克民族志略》(内部印刷),黑龙江省民族研究所与黑龙江省鄂温克研究会。

鄂温克族自治旗史志编纂委员会:《鄂温克族自治旗概况》,内蒙古人民出版社,1987。

鄂温克族简史编写组:《鄂温克族简史》,民族出版社,2009。

史禄国:《北方通古斯的社会组织》,吴有刚等译,内蒙古人民出版社,1987。

那云平等:《黑龙江鄂温克族村屯名人物录》(内部印刷),黑龙江民族研究所鄂温克研究会分会,2005。

那显峰主编《查巴奇鄂温克乡志》(内部印刷),查巴奇鄂温克乡,2006。

刘殿贵等主编《阿荣情》,黑龙江人民出版社,1987。

后　记

　　国家社会科学基金重大委托项目"鄂温克族濒危语言文化抢救性研究"的子课题"鄂温克族教育文化"是一个难度较大的学术课题。特别是分析讨论该民族历史上的教育文化分外困难，因为早期历史书或文献资料很少记载该民族教育文化方面的内容。课题组成员为完成该项学术研究任务，利用相当多的时间查阅了一切可以利用的历史文献资料，还是没有得到十分满意的结果。我们不得已只能从历史文献资料的那些零散、碎片化且很不完整的记载中找寻所需的内容和答案。从南北朝（420~589）时期就活跃于西伯利亚、白令海峡、日本海、长白山、大小兴安岭、黑龙江流域、呼伦贝尔草原广阔地域和海域的北方鄂温克族，除了赫赫战绩之外，怎么会没有他们教育文化的记载呢？鄂温克先民开发了山林牧鹿产业及呼伦贝尔草原畜牧产业，并在13世纪初就开始从事温寒带农耕生产，难道没有任何教育文化吗？若真是如此，他们在漫长的历史进程中是怎样不断开发文明，不断传承文明，不断创造历史的辉煌呢？再者，鄂温克先民还学习、掌握、使用过契丹文、女真文、满文、蒙古文等历史上的北方民族文字。据美国的《古代书》一书记载，鄂温克人的先民还使用过桦树皮里书写的一种特殊文字。总之，鄂温克族的教育文化和文明，特别是远古时期的教育文化和文明，是一个十分神秘而被历史尘封已久的疑难问题。值得庆幸的是，从事鄂温克族教育或教育文化研究的专家学者们，经过艰苦的探索，产出了一些较好的研究成果，这些成果以及他们所搜集整理的历史资料，给课题组成员完成该项子课题增添了很大的勇气和信心。在此非常感谢这些学者前期付出的劳动和所做出的努力。

中华人民共和国成立以后，鄂温克族教育事业进入了全新的发展阶段，所有鄂温克族生活的农区、牧区及林区均兴建了学校，包括偏僻山村和草原深处牧场的孩子们都受到了平等、系统、全面的文化知识教育。与此密切相关的鄂温克族教育方面的资料越来越多、越来越丰富。关于鄂温克族教育特点的分析资料及研究成果也逐年增多，内容和涉及的方面比较全面，从新中国成立初期的鄂温克族扫盲教育到科普教育，从幼儿园到高中及技校教育等都涵括在其中。不过，我们还是认为，一些资料不翔实、不够系统也不够全面，有些不符实际存在的客观事实。尽管如此，该项成果还是采用了不少地方政府、地方教育局或教育部门，包括幼儿园、小学、中学、职业中学及其学校领导和教师提供的相关资料。他们提供的资料和课题组在鄂温克族生活区域经调研获取的第一手资料，成为该项课题能够具体实施、顺利推进、按计划完成的可靠保障。在此，向鄂温克族自治旗教育局及其旗所属幼儿园（包括个人办的幼儿园）、小学、中学、民族中学、职校领导及教职员工给予的帮助、提供的资料、诚信合作表示深深谢意。就像我们在地方调研时，有关部门领导及其广大教职员工所说的那样，这是我们共同的事业，只要我们携起手来共同努力地认认真真去做，就能够一步一个脚印，脚踏实地地圆满完成该项事业，也给后人留下我们这一代人共同劳动的成果。

在这里，还要感谢全国哲学社会科学规划办的领导及专家委员会的专家，感谢中国社会科学院及科研局领导和项目处的课题管理工作人员。该项课题在他们的支持和帮助下才得以批准、按期启动、顺利实施、圆满完成。

每一次科学探索、每一项科研工作，追求的都是最理想的结果和最完美的结论，然而都会留下一些遗憾和问题，该项课题也同样存在这样或那样的不足或问题，我们在未来的工作中会不断完善和不断修改补充，进而将该项研究推向更加成熟、更加完美、更加理想的境界。在此，诚恳地希望大家提出宝贵的批评意见。

朝克

2019 年 7 月

图书在版编目(CIP)数据

鄂温克族教育文化 / 朝克,汪立珍,凯琳编著. -- 北京：社会科学文献出版社,2019.9
（鄂温克族濒危语言文化抢救性研究）
ISBN 978-7-5201-5226-6

Ⅰ.①鄂… Ⅱ.①朝… ②汪… ③凯… Ⅲ.①鄂温克族-少数民族教育-文化研究-中国 Ⅳ.①G759.2

中国版本图书馆 CIP 数据核字（2019）第 164541 号

鄂温克族濒危语言文化抢救性研究（全二卷）
鄂温克族教育文化

编　著 / 朝　克　汪立珍　凯　琳

出 版 人 / 谢寿光
组稿编辑 / 宋月华　袁卫华
责任编辑 / 孙美子
文稿编辑 / 杨鑫磊

出　　版 / 社会科学文献出版社·人文分社（010）59367215
　　　　　　地址：北京市北三环中路甲29号院华龙大厦　邮编：100029
　　　　　　网址：www.ssap.com.cn
发　　行 / 市场营销中心（010）59367081　59367083
印　　装 / 三河市东方印刷有限公司

规　　格 / 开　本：787mm×1092mm　1/16
　　　　　　本卷印张：16　本卷字数：251千字
版　　次 / 2019年9月第1版　2019年9月第1次印刷
书　　号 / ISBN 978-7-5201-5226-6
定　　价 / 398.00元（全二卷）

本书如有印装质量问题，请与读者服务中心（010-59367028）联系

版权所有 翻印必究